옮긴이 ───◇
최파일

서울대학교에서 언론정보학과 서양사학을 전공했다. 역사책 읽기 모임인 헤로도토스클럽에서 활동하며, 역사 분야를 중심으로 해외의 좋은 책들을 기획, 번역하고 있다. 축구와 셜록 홈스의 열렬한 팬이며 제1차세계대전 문학에도 관심이 많다.
역서로 『지금, 역사란 무엇인가』 『상하이의 유대인 제국』 『피렌체 서점 이야기』 『나폴레옹 세계사(전 3권)』 『봄의 제전』 『왜 서양이 지배하는가』 등이 있다.

해제 ───◇
김동춘

서울대학교 사범대학을 졸업하고 같은 대학교 사회학과 대학원에서 석사 및 박사학위를 받았다. 《역사비평》 편집위원, 《경제와사회》 편집위원장, 참여연대 정책위원장, 참여사회연구소 소장을 역임했고, 진실화해를위한과거사정리위원회 상임위원으로 활동했다. 제20회 단재상, 제15회 송건호언론상, 제18회 임종국상을 수상했다. 현재 성공회대학교 명예교수이다.
저서로 『전쟁과 사회』 『미국의 엔진, 전쟁과 시장』 『권력과 사상통제』 『고통에 응답하지 않는 정치』 『시험능력주의』 등이 있다.

전 쟁 의 문 화

Cultures of war:

Pearl Harbor, Hiroshima, 9-11, Iraq
Copyright © 2010 by John W. Dower. All rights reserved.

Philos 034

미국과 일본의 선택적 기억, 집단적 망각

전 쟁 의 문 화

존 다우어 지음
최파일 옮김 **김동춘** 해제

CULTURES
of
WAR

arte

애슐리와 케일리에게,

사랑을 담아
그들이 진정한 평화의 문화를 알게 될 것이라는
희망을 담아

『전쟁의 문화』가 조명하는
미일 관계와 한반도의 과제

김동춘 성공회대학교 명예교수

1. 수정주의 역사학자의 제국주의 비판

존 다우어는 미국의 대표적인 일본 연구 역사학자, 태평양전쟁 연구자다. 허버트 빅스(Herbert Bix), 차머스 존슨(Chalmers Johnson)과 함께 지난 수십 년 동안 미국에서 일본 현대사 연구를 이끌어 왔다. 그의 대표적인 저작『패배를 껴안고』(최은석 옮김, 민음사, 2009)[1]는 퓰리처상과 밴크로프트상을 받았다. 국내에는 이 책과 더불어『폭력적인 미국의 세기』(정소영 옮김, 창비, 2018)[2]가 번역되어 있다. 그러나 그의 일본 현대사 및 태평양전쟁 연구의 기념비적인 저작은『무자비한 전쟁』[3]이다. 그는 일본 수상 요시다 시게루(吉田 茂)를 다룬 저작을 비롯해서 일본 및 전쟁을 다룬 여러 저작을 발표했고,[4] 이번에 번역된『전쟁의 문화』[5]는 9·11 이후 미국의 이라크 공격을 1941년 일본의 진주만공격과 비교하는 것을 중심 테마로 해서 1945년 이후 미국의 대아시아 전쟁사를 종합적으로 살펴본다.

1938년생인 그는 현재 매사추세츠공과대학교(MIT)의 명예교수이자 지금도 MIT의 '문화를 시각화하기(Visualizing Cultures)' 프로젝트에서 활발하게 활동하는 은퇴 교수다. 그는 대학생이던 1958년 일본을 방문한 이후 일본에 매료되어 일본 문학, 일본 문화에 깊이 빠졌고, 일본 여성과 결혼했으며, 이후 애머스트대학(Amherst College)에서 석사를 그리고 1972년 하버드에서 전 일본 수상 요시다 시게루에 관한 논문으로 박사학위를 받았다. 이후 그는 위스콘신대학교, 캘리포니아대학교(UC 샌디에이고) 등에서 교편을 잡았다.

그는 일본에 대한 자신의 초기 이해가 매우 일면적이었다고 회고한다. 전후 일본, 미국과 일본의 관계 등을 제대로 이해하지 못했기 때문이다. 그는 냉전 초기 일본과 동아시아에서의 미국을, 그리고 일본의 놀라운 경제 기적을 무비판적으로 보았다고 고백한다. 그가 전후 일본 및 태평양전쟁, 그리고 미국의 동아시아 개입을 비판적으로 보게 된 계기는 1960년대 초 미국의 베트남전쟁 개입, 그리고 미국에서 일어난 반전운동과 흑인 인권운동이었다. 그는 베트남전쟁과 반전운동을 지켜보면서 그 이전 미국이 개입했던 전쟁, 특히 일본과의 전쟁을 다시 돌아보게 됐고, 미국 내의 흑인 인권운동을 보면서 인종주의, 미국의 인종차별주의에 눈을 떴다. 즉 미국이 베트남전에 개입해서 베트남 인민들에게 자행한 부도덕한 일들은 처음이 아니라는 사실, 일본이나 유럽에서 자행한 무차별적인 폭격과 민간인 살상의 연장이라는 것을 깨닫게 된다. 그리고 히로시마와 나가사키에 원폭 피해를 입은 일본도 1930년대 이후 중국이나 만주 침략에서 매우 비인도적인 전쟁범죄를 저질렀다는 사실을 새삼 확인하게 된다. 그는 태평양전쟁을 인종주의적 시각으로 볼 수 있는 시야를 갖게 되고, 미국의 전쟁 개입, 특히 '선한 세력의 승리'로 알려진 제2차세계대전, 특히 태평양전쟁을 완전히 새롭게 보게 됐다.

일본 연구자인 그에게 일본은 자신의 조국인 미국의 '맨얼굴'을 발견하게 해 준 거울이었던 셈이다. 그가 보기에 후발 제국주의 일본이 주변 아시아 민족에게 가한 잔혹한 폭력과 학살은 그 이전 서유럽과 미국이 아프리카나 아시아 식민지 주민들에게 가한 폭력, 잔혹성과 다르지 않거나 그보다 훨씬 더 극악한 것이었다. 이 두 국가가 태평양전쟁 이전에 세계의 여러 식민지에서 편 정책을 돌아보면 사실은 제국주의 국가로서 유사한 특징을 갖고 있었다는 것을 알게 된다. 그러나 미국은 일본을 인종주의적 시선으로 바라본다. 미국 내에서 주류 백인들이 흑인들에게 가하는 차별, 비하는 외적으로는 일본, 베트남 등 다른 아시아 국가에 대한 정책과 동전의 양면을 이룬다.

68혁명, 베트남전 반대운동, 흑인 인권운동 등을 계기로 해서 그는 냉전 초기 미국의 대학과 학계를 지배한 전통주의 역사관과 결별하였다. 그의 개인적·사상적 변화는 냉전적 세계관을 비판한 수정주의 역사관 등장의 일환이었다. 초기 미국중앙정보국(CIA)의 지원을 받아서 공산화된 중국을 연구하기 시작했다가 이후 일본, 동아시아 연구를 계속한 차머스 존슨도 그와 거의 동일한 자기 변신의 과정을 겪는다. 물론 평화봉사단의 일원으로 우연히 한국에 왔다가 한국 현대사와 미국의 개입, 특히 한국전쟁과 미국의 대한(對韓) 정책의 진실을 새롭게 발견하여 한국전쟁 연구자가 된 브루스 커밍스(Bruce Cumings)도 이러한 수정주의 역사학의 한 흐름에 있다고 볼 수 있다. 즉 베트남전쟁과 미국 내 인권운동이 미국의 수정주의 역사관이 태동하는 데 결정적인 계기가 된 것이다.

2. 『무자비한 전쟁』과 『패배를 껴안고』
— 존 다우어가 전쟁의 진실에 접근하는 법

19세기까지 고립주의를 택한 미국은 20세기 초 제1차세계대전 개입을 시작으로, 이후 제2차세계대전에 연합군의 일원으로 참전한다. 특히 동아시아에서는 일본에 진주만공격을 당한 이후 태평양 전선에서 일본과 전면전에 돌입한다. 그의 초기작인 『무자비한 전쟁』은 이 점에서 매우 기념비적인 저작이라는 평가를 받는다. 왜냐하면 그는 이 책에서 태평양전쟁의 감추어진 측면, 매우 잔혹하고 비인도적인 양상을 아주 자세하게 들추어냈을 뿐만 아니라, 특히 인종 전쟁이라는 성격을 부각함으로써 교전 양측인 일본과 미국 모두 매우 추악한 범죄를 저질렀다는 것을 강조했기 때문이다. 제2차세계대전을 오로지 좋은 전쟁(The Good War)이라고 알고 있으며, 승리의 신화에만 도취된 미국인들에게 강력한 충격을 주었다는 점에서《뉴욕타임스》도 이 책을 매우 창의적인 책이라고 칭찬을 마다하지 않았다.

모든 현대 전쟁에서 교전 양측은 심리전 수행을 위한 온갖 선전물로 전황을 도배하기 때문에 진실은 감춰진다. 그래서 태평양전쟁의 진면목도 이러한 선전물에 의해 감추어져 왔다. 그러나 존 다우어는 각종 기록물과 참전자들의 수기를 재구성해서 이 전쟁의 진실에 접근하였다. 그것은 일본 측의 상상할 수 없는 잔혹성이었다. 전투 현장에서의 야만성, 미군이나 연합군 포로들에게 가한 학대, 강제 노동 동원, 오키나와 전투와 주민 학살 등이 대표적이었다. 위안소 운영과 성폭력, 이런 연구는 대체로 1990년대 이후에 본격화되었기 때문에, 외국인으로서 그가 한 연구는 매우 선구적인 것이었다.[6] 그런데 그는 상대방이 황인종 국가인 일본이라는 점에서 미국과 연합군의 일본에 대한 시각은 독일과의 전쟁에서 독일에 대한 시각과 성격이 달랐다고 보았다. 전쟁에서는 의례, 적과 나의 대립 구도가 만들어지는 법이지만, 연합군에게 적인 일본인은 인간이 아니라 그냥 원숭이, 고릴라, 개, 쥐새끼, 인간과 동물의 중간 존재였다. 미국의 일본계 미국인들에 대한 처우가 매우 비인도적이거나 굴욕적이었던 것도 모두 이러한 인종주의가 깔려 있었기 때문이다.

그는 서구의 인종주의와 일본이 인근 아시아 민족들에게 갖는 우월의식 및 인종주의를 사실상 동일한 것으로 보았다. 일본의 아시아 멸시, 서구 추종주의는 사실 근대 일본 문화의 가장 핵심적인 요소들이다. 『무자비한 전쟁』에서 그는 두 인종주의, 즉 미국의 일본에 대한 인종주의와 일본의 동북아시아 피침략국 · 피식민지 국가에 대한 인종주의를 부각한다. 그런데 『무자비한 전쟁』이 미국인들의 관심을 끈 점은 서구인의 아시아 · 아프리카 유색인종에 대한 인종주의를 고발함과 동시에 황인종인 일본이 같은 황인종인 아시아 여러 민족에 대해 갖는 추악한 인종주의와 대동아공영권이라는 허구적인 선전 논리에 기초하여 아시아 여러 피침략국에 폭력, 강제 동원 등을 자행한 그들의 폭력성을 고발했다는 점이다. 이 책에서 그는 일본이 미국, 오스트레일리아, 영국 포로들을 얼마나 잔혹하게 대했는지도 강조한다. 그래서 나치 독일의 유대인에 대한 인종주의와 학살을 주로 알고 있는 서방세계에, 제국주의 일본이야말로 독일을 능가하는 인종주의와 잔혹성을 보여 주었다는 것을 강조한다.

그런데 그는 이 책에서 일본인의 자의식과 대적 의식, 일본의 문화적 성격, 그리고 미국의 일본 및 황인종에 대한 태도를 분석하기 위해 매우 새로운 방법을 동원한다. 즉 언론 만평, 선전 구호, 만화, 영화 등 각종 이미지, 편지, 회고록, 소설 등 문화적 생산물을 중요한 연구 재료로 활용한다. 특히 만평 등 시각적인 문화 생산물은 그 시대 일반인들의 생각이나 의식을 잘 보여 준다고 판단해서 이런 문화적인 소품을 이용하여 일본이라는 사회의 특징, 그리고 태평양전쟁의 인종주의적 측면을 분석했다. 이런 사회사의 방법은 프랑스의 아날학파에서 선구적으로 시도한 것이지만, 시각 자료나 문화적 생산물을 이용해 그 사회의 저층과 문화를 이해하는 방법은 이후 『패배를 껴안고』에서 더 전면적으로 활용됐다. 그는 이러한 접근 방법을 통해 딱딱하게만 여겨지는 역사를 훨씬 더 쉽고 재미있게 이해할 수 있도록 해 준다.

미국과 일본은 태평양전쟁기에는 불구대천의 적이었으나 놀랍게도 1945년 이후에는 가장 가까운 이웃, 정확히 말하면 일본은 미국에 종속적인 독립국이 되었다. 그렇다면 전후 일본에 미국은, 그리고 미국에 일본은 무엇인가?

『패배를 껴안고』는 태평양전쟁과 전후 일본 사회를 역사사회학적으로 재구성한 걸작이다. 전후 맥아더 사령부의 대일본 정책, 전쟁으로 완전히 파괴된 전후 일본 사회의 실상, 그리고 천황제를 통해 자신의 권력과 지위를 집요하게 지키려 한 일본 지배층의 행태 등을 적나라하게 보여 준다. 『패배를 껴안고』는 이웃 민족에게 극도로 잔혹했던 1945년 이전 제국 시절의 일본과 미군의 점령에 순응하면서 패배의 잿더미 위에서 새 국가를 건설하려는 일본인들을 대조적으로 보여 준다. 여기서 그는 점령군인 미군의 위선적이고 관료적인 모습을 비판적으로 보여 줌과 동시에 그들에게 빌붙어 기득권을 유지하면서 재기를 노리는 일본 지배층의 모습을 폭로한다. 그리고 패전 후 일본에서 과거 전쟁을 벌인 군국주의에 대한 비판의식과 천황제의 철폐를 주장하는 여론이 매우 높았던 것과 그것이 좌절되는 과정을 잘 드러낸다. 그는 어떻게 패배한 일본이 미군정의 지배를 받아들이게 되었으며, 자신의 과거 전쟁범죄에 대한 기억을 지워 버리고 오히려 피해자 의식을 갖게 되었는지, 냉전이 격화되고 샌프란시스코강화조약을 체결하면서 아예 이웃 나라 침략과 식민지 지배의 기억을 지워 버리게 되었는지를 잘 보여 준다.

　수많은 자료를 동원해서 보통 일본 시민의 일상과 의식에 아주 자세하고 흥미롭게 접근한 이 책은 근현대 일본을 다룬 어떤 역사적·사회학적 연구보다도 강한 설득력을 갖고 있다. 한국인들도 일본이라는 국가와 국민을 일체화된 그 무엇으로 생각하는 경향이 있지만 이 책은 신분, 계급, 젠더, 도시와 농촌이라는 각 사회적 범주들이 전쟁의 패배, 전후 질서를 각각 어떻게 다르게 생각하고 있었는지 지식사회학적으로 보여 준다. 그리고 전쟁범죄의 실제 책임자인 일본 지배층이 무리한 전쟁을 개시하여 결국 동료 시민에게 엄청난 희생과 고통을 가져왔음에도 불구하고, 그것을 제대로 청산하지 않은 이유, 즉 일본의 지배층이 한국, 중국 등 인근 피침략 국가에 대해 사과를 하기는커녕, 천황이라는 상징을 동원하여 전후에도 계속 기득권을 누릴 수 있었던 이유를 보여 준다.

　1945년 8·15 이후 미군이 점령했던 남한과의 분명한 차이는 있으나 미군정은 아시아에서 미국이 구성한 새로운 패권 체제를 유지하기 위해 일본의 구 집권 세력의 편에 서서 급진적인 변혁을 차단하였다. 즉 오늘 일본의 우경화는 내재적으로 존재했던 것이 아니라 전후 평화, 민주를 지향하는 일본 민중의 저항을 미군정이 반혁명 전략으로 효과적으로 진압하여 전쟁범죄자들과 극우파들의 입지를 보장해 준 정책의 결과임을 추적할 수 있다.

3. 이전 저작들의 종합판인 『전쟁의 문화』
— 전쟁이 문화일 수 있는가?

『전쟁의 문화』는 그의 초기 저작인『무자비한 전쟁』에서 다루었던 진주만 피습 이후의 미국과 일본 간의 태평양전쟁, 그리고 60여 년이 지난 후 미국 뉴욕의 쌍둥이빌딩이 무슬림 테러 세력에게 공격을 당한 9·11 이후 미국의 이라크 침략을 비교한다. 그 점에서 이 책은『무자비한 전쟁』의 후속편이라 볼 수 있다. 9·11은 과거 미국이 기습 공격을 당했던 1941년의 진주만을 소환했고, 9·11 이후 미국의 대응도 진주만의 데자뷔였기 때문이다. 기존의 태평양전쟁 관련 저작이 주로 일본이 벌인 전쟁에 초점을 두었다면 여기서는 미국이 '테러 세력'에게 보복 공격을 하고, 일본과 이라크를 점령한 이후 통치하는 과정까지 비교한다.

'전쟁의 문화'라는 제목처럼 과연 전쟁이 '문화'일 수 있을까? 문화는 그 사회의 일상을 살아가는 사람들의 생각, 일반화된 태도나 의식, 습관, 그리고 더 나아가 신념 혹은 믿음 체계 등을 지칭한다. 그렇다면 '전쟁의 문화'란 무엇인가? 국민이 군사 지휘자나 지도자에게 일방적으로 충성을 하는 상황인가? 그는 "적과 나의 이분법으로 세상을 보는 것", 그리고 각종 심리적 · 정신적 트라우마 때문에 오직 자신이 보고 싶은 측면만 보고 듣고 싶은 이야기만 들으려 하는 것, 그리고 적을 죽이지 않으면 내가 죽는 상황에서 교전 측은 모두 심리전을 일상적으로 수행하기 때문에 자기편의 잘못이나 약점을 드러내지 않고, 상대방의 위협을 과대 포장하는 정치 선전, 문화, 미디어가 지배하는 상황이라고 말한다. 그것은 편견, 신앙, 희망적 사고 등 인간이 저지를 수 있는 모든 인지적 오류가 만연한 상황을 통칭한다. 이것은 헤겔이 말한 것처럼 자신과 타인을 제대로 알지 못하는 불행한 의식의 상황, 즉 재난이나 대파국이 계속 발생해도 과거의 과오를 반복하는 정치 문화를 말한다.

그런데 미국의 전쟁문화란 무엇인가? 그는 진주만 피습 이후 일본에 대한 미국의 전쟁, 그리고 9·11 이후 알카에다, 빈라덴, 그리고 이라크 등 이슬람권에 대한 미국의 전쟁 선포의 판단 근거, 심리와 담론 등을 꼽는다. 미국은 제2차세계대전이 끝난 이후 오히려 만성적인 전쟁 국가가 되었고, 전쟁의 문화는 미국 정치와 경제, 그리고 사회의 일부가 되었다. 한국전쟁, 베트남전쟁, 이라크전쟁으로 이어지는 계속된 전쟁 개입, 그리고 전쟁에서의 패배는 미국이 저지른 오판, 정치적·군사적 실수라고 말할 수도 있을 것이다. 그런데 이러한 실수는 결국 미국의 전쟁문화의 결과이자 그 일부라고 볼 수 있다. 그는 미국이 진주만공격을 받은 이후와 9·11 이후 이라크 점령 전쟁에서 다른 방식으로 오류와 실패를 반복하고 있다고 본다. 그것은 미국의 의도적 망각, 기억의 정치적 편집, 잘못된 정책 결정의 악순환이다. 물론 그것이 패권 유지를 위한 선택의 결과인지, 아니면 의도적 실수인지, 아니면 세상이 자기중심으로 돌아가고 있다고 생각하는 나르시시즘 문화의 결과인지는 논란의 여지가 있다.[7]

이러한 전쟁의 문화의 핵심에는 인종주의과 기독교적 메시아주의가 있다. 『무자비한 전쟁』이나 『전쟁의 문화』에 공통으로 등장하는 가장 중요한 개념은 인종주의다. 미국은 일본인, 아랍인에게 모두 인종주의적 시각으로 접근했다. 진주만 이전에는 서구 제국이 비서구 지역의 주민과 접촉했던 세계 모든 곳에서 인종주의가 나타났는데, 미국은 필리핀 원주민에 대한 학살에서 그러한 인종주의를 가장 전형적으로 드러낸 전력이 있다. 모든 근대 제국주의는 문명화, 서구의 짐, '백인의 짐'이라는 그럴 듯한 용어로 이 인종주의를 슬쩍 감추었지만, 20세기 들어서 인종주의의 선두 주자는 독일이 아니라 미국이라고 봐도 좋을 것이다. 미국은 유대인 학살을 자행한 독일에 대해서는 그들의 야만성을 탓하지 않았으나 '황인종' 일본의 진혹성에 대해서는 그 인종적 비문명성을 강조했다.

미국의 '전쟁의 문화'는 언제나 용서할 수 없는 '절대 악'을 설정하고 자신은 절대 선으로 설정한다는 점에서 그 자체가 매우 기독교적이다. 진주만과 9·11 이후 미국인들이 갖게 된 트라우마는 이러한 선과 악의 대립, 복수심과 잔인한 보복 공격, 관타나모 기지에 체포된 테러범에 대한 인권침해 등을 모두 정당화하는 근거가 된다. 여기에는 언제나 의도된 망각이 깔려 있다. 즉 자신이 저지른 민간인 학살 등의 과거 범죄를 슬쩍 감추고 상대방의 기습 공격은 마치 공중에서 떨어진 것인 양 설명한다. 태평양전쟁기 미국은 필리핀 점령과 학살, 그 이전의 아메리카 인디언 학살의 과거를 감추고 오직 일본의 야만성과 침략성만을 부각했다. 그리고 백인과 황인종의 대립 구도 위에서 과거 스페인, 영국, 프랑스 등 제국주의 국가들이 식민지에서 벌인 학살과 범죄를 감추고 오직 황인종의 비문명성과 야만성을 부각하면서 전쟁 개입을 정당화한 것이다. 9·11이 터지자 미국은 1945년 이후 미국이 전 세계 거의 모든 지역에서 저지른 전쟁범죄 특히 한국전쟁 시기 북한 지역에 대한 폭격, 베트남전쟁기의 학살과 폭격, 코소보 폭격 등은 모두 감추어 버리고, 오직 '무슬림의 테러'만을 비문명적인 것, 야만적인 것으로 강조했다. 이것은 과거 서유럽 국가들과 지식인들이 견지한 전형적인 오리엔탈리즘 사고다.

미국과 9·11을 감행한 알카에다 테러 세력은 각각 기독교와 이슬람이라는 종교적 언사를 통해 자신의 행동을 정당화한다. 그래서 미국에서 전쟁은 단순히 군산복합체의 이해관계, 지구적 패권을 보장받기 위한 전략 이상의 것이 되었다. 또한 미국에서 전쟁은 그것을 떠나서는 생존 자체가 어려운 전쟁 중독에 빠진 제국의 일상이 되었다. 20세기 후반 미국에서 전쟁은 크리스 헤지스(Chris Hedges)가 말하는 것처럼 존재의 '의미를 주는 힘(War is a Force that gives us Meaning)'일지 모른다.[8] 그것은 개인과 국민의 정신세계를 사로잡고 있는 신화이자 신앙이다. 이러한 신화는 언제나 권력층과 기득권 세력, 언론이 조성하고 유포한다.

그런데 일본도 '전쟁의 문화'에 사로잡혀 있다. 일본은 여타 아시아 민족과의 관계에서 야마토 민족이 갖는 우월성의 신화에 사로잡혀 있었고, 그러한 인종주의, 황인종의 대표자라는 헛된 사명감에 기초해서 전쟁을 벌였다. 일본의 진주만공격도 오판에 기인한 것이다. 그것은 낙관주의, 장기적 계획의 부재, 기술 관료주의, 그리고 적인 미국에 대한 정확한 정보 부재의 결과였다. 일본은 사실 진주만공격 이전에 타이완, 조선, 중국, 만주 침략 과정에서 이미 수없이 많은 전쟁범죄를 저질렀다. 그런데 일본은 히로시마와 나가사키에 입은 원폭 피해, 제2차세계대전에서 패배한 경험을 절대화하여 그 이전 일본이 자행한 모든 전쟁범죄를 잊어버렸다. 그래서 전후 일본은 오직 피해자라는 자신의 정체성을 갖게 된다. 전후 일본의 국가 정체성은 바로 '패배' '오욕'이라는 정체성 위에 서 있다. 이것은 매우 기만적인 것이고, 자의적이고 선택적인 기억이다. 기억상실증은 미국과 일본에 공통된 것이다.

9·11 직후 미국이 60년 전의 진주만을 소환한 것, 그리고 이라크를 공격한 것도 전쟁문화의 결과였다. 일본의 진주만공격, 미국의 이라크 공격에서 나타나는 공통점은 정보 실패다. 진주만을 공격한 일본과 이라크를 공격한 미국은 전략적 근시안, 기술 관료주의 등에서 닮았다. 그리고 그것은 적에 대한 파악 능력 부재 또는 확대·과대 포장으로 나타났다. 그리고 이런 전쟁 시작 시점에서 나온 국가의 각종 선전과 담론은 매

우 유사하다. 일본과 미국 모두 희생자 코드를 사용한다. 9·11 이후 미국에서는 희생자 코드가 유행했다. 그러나 희생자 코드는 그 이전에 미국이 아랍권에서 어떤 일을 했는지를 모두 지워 버린다. 미국은 '테러와의 전쟁'이라는 성립할 수 없는 개념을 일반화하였다. '테러와의 전쟁' 논리는 '범죄와의 전쟁' '빈곤과의 전쟁'과 같은 레이건 시대 이후에 등장한 정책 구호의 연장이다. 그것은 명백한 적이 설정되지 않는 전쟁이고, 시작과 끝을 알 수 없는 전쟁이다.[9] 과거 진주만을 공격한 일본은 주권국가였으나, 9·11은 주권국가의 소행이 아니었다. 즉 테러와의 전쟁은 전쟁이 아닌 것을 전쟁으로 호명하는 것이다. 그것은 노골적 날조와 과장이다.

이 책의 2부는 그라운드제로(Ground Zero)라는 개념을 동원해서 미국이 히로시마와 나가사키에 자행한 핵폭탄 투하와 2001년 9·11의 그라운드제로를 비교한다. 이미 많은 연구에 나와 있지만 '왜 미국은 핵을 사용했는가'를 묻는다. 그것은 일본의 항복을 받기 위한 것이었는가? 지상군의 피해를 줄이려고 핵을 사용했다는 미국의 논리가 과연 타당한가? 왜 미국은 한 도시도 아닌 두 도시를 핵 공격의 대상으로 삼았는가? 그리고 왜 미군 폭격의 피해가 없던 민간인 밀집 거주 두 도시를 폭격 지역으로 설정했는가? 미국의 히로시마·나가사키 공격과 9·11 이후 이라크 침략은 어떤 유사성이 있는가? 이런 질문들에 대한 답으로 그는 미국의 핵 공격은 일본의 항복을 받기 위한 것이 아니었다는 점, 그리고 미국인들은 핵 사용과 도쿄 공습 이후 일본 민간인들이 겪었던 고통을 거의 외면하거나 역사적 기억에서 지워 버렸다는 점을 강조한다. 민간인 살해는 9·11 이전에 이미 미국이 일본과 독일과의 전쟁에서 가장 부도덕한 방식으로 시행한 것이었다. 미국은 무슬림 테러 세력의 '비인간적 야만성'을 부각하였으나, 그것은 미국 자신에게 해당하는 말이었다.

이 책의 3부는 미국의 일본 점령, 그리고 9·11 이후 이라크 점령을 비교한다. 앞은 냉전 초기의 것이고, 후자는 탈냉전 신자유주의 국면에서 발생했다. 그는 이 두 점령의 공통점과 차이점을 비교한다. 승전국의 점령은 과연 피점령국에서 '자유'였나? 1945년 8월 15일 이후의 일본, 2003년 3월 이후의 이라크는 각각 군부와 독재자로부터 인민이 해방되는 날이었을까? 일본 점령은 일본인에게 '자유'를 주었으나, 이라크 점령은 혼돈과 실패였다. 그는 이미 근대국가의 틀, 시민 역량을 갖춘 일본에서는 점령 정책을 성공으로 이끌 수 있었으나, 종교적·민족적으로 이미 심각한 갈등의 씨앗을 갖고 있었던 이라크에서는 그렇게 되지 않았다는 점, 일본은 국가를 재건할 역량이 있었고 이라크는 사실 그런 역량이 없었다는 점을 비교했다. 그리고 2003년 3월 이후 이라크는 미국의 신자유주의 경제정책의 실험 대상이었다는 점도 강조한다.

　"미국은 어떻게 전쟁을 시작하는지는 알지만 어떻게 끝내는지는 모른다".[10] 한국전쟁이 가장 대표적인 사례다. 그리고 베트남에서의 철수, 아프가니스탄과 이라크에서의 무책임한 철수가 그것을 웅변적으로 보여 준다. 즉 미국은 압도적인 군사력과 경제력으로 전쟁에서 승리할 수는 있으나 전쟁이 내전과 결합하여 지속될 경우에는 고전을 면치 못했고, 일본을 제외하고는 적국 점령 정책에서 성공한 예가 없다. 그것은 전쟁은 언제나 정치와 연결되어 있고, 미국이 적의 군사력은 제압하였으나 적국 인민들의 마음은 얻지 못했기 때문이다. 근원적으로 미국은 자국의 국가이익을 넘어서는 세계 경영의 헤게몬이 될 수 없기 때문이다.

　제2차 세계대전 이후 언제나 그랬지만, 특히 1989년 소련과 동구 사회주의 붕괴 이후 단일 패권 국가가 된 미국에 국제 문제는 곧 국내 문제였다. 사실 미국이 베트남전쟁을 종결한 것이나 아프가니스탄과 이라크에서 철수한 중요한 이유는 국내 여론의 악화, 군인들의 사기 저하, 자살 등의 문제가 있었기 때문이다. 자기의 치명적인 약점과 대외적인 전쟁 명분의 상실은 동일한 것이다. 더 근본적인 문제는 전쟁으로 부자의 자식들은 돈을 더 많이 벌었으나 소수자, 흑인, 가난한 가정의 자녀는 주로 전쟁에서 희생됐고, 돌아온 이후에도 실업 상태, 심각한 외상후스트레스장애, 자살 사고 등이 잇따르자 이에 대한 분노가 사회 저변에 확산됐다. 미국의 빈라덴 사살은 미국 대통령이 자랑스럽게 선포한 '정의의 실현'이 아니라 부정의의 시작이었다. 이후 중동에서의 반복적인 자살폭탄테러는 무고한 이라크, 아프가니스탄 주민의 목숨을 앗아 가고 수만 명을 장애를 지니게 만들었을 뿐만 아니라, 두 전쟁을 거쳐 돌아온 미군도 100만명 중 2만 6000명이 부상으로 신음했고, 4만 5000명은 귀국 후에 포스트 트라우마 증후군으로 고통을 받았다.[11] 특정 기간에는 전쟁에서 사망한 군인보다 더 많은 군인이 귀환 이후 자살로 생을 마감했다.[12] 이라크인 200만 명 이상이 난민이 되어 인근 국가나 미주로 이주했고, 이산가족 수백만 명이 발생했다.

4. 우리에게 존 다우어의 저작들이 갖는 의미는 무엇인가?
— 미국의 선택적 기억, 일본의 의도적 망각 사이에서

존 다우어의 전쟁 연구는 평화를 강력하게 희구한다. 미군의 지속적인 전쟁 벌이기, 아시아 여러 국가에 대한 군사점령 및 중동과 동아시아 긴장 조성은 누구를 위한 것인가? 미국의 군산복합체가 1950년대 이후 전쟁을 계속 부추기고 또 지속하였지만, 미국의 군사적 점령은 피점령지 주민을 진정으로 '해방'하는 것이 아니었고, 미국 자신에게 전쟁 개입과 점령은 미국 시민들의 복지와도 무관하다. 전쟁을 벌인 미국 지배층과 군부의 무책임성과 이해는 아시아 여러 피점령 국가의 민간인들이 겪은 참담한 삶에서만 드러나는 것이 아니라 사실 자국의 군인들과 시민들에게서도 동일하게 나타났다. 미국이 벌인 전쟁은 언제나 미국 내부의 병리를 전면에 드러냈다. '반테러 법안' '미국 애국법안' 등 9·11 이후에 통과된 전쟁법을 보면 전쟁은 법의 지배를 실종시킨 대표적인 사례였다. 전쟁 중독증에 걸린 미국의 '자유민주주의'는 적에게는 물론 자국에도 적용되지 않았다.

기독교적 구원론, 근대화와 문명화는 서구 제국주의 침략의 일관된 논리다. 이 급진적인 근대화, 문명화의 논리는 언제나 전쟁과 폭력을 정당화했다. 일본의 침략은 황인종과 백인종의 대립이라는 대립 구도의 설정과 아시아인의 단결(대동아전쟁)이라는 논리로 침략과 지배를 정당화했다. 그러나 이 모든 제국의 논리는 식민지 주민의 삶과 정신을 심각하게 파괴했다. 20세기는 전쟁의 세기였고, 이 전쟁은 사회 구성원의 물질적 발전을 대가로 다수에게 회복할 수 없는 상처를 남겼다. 그러나 제국주의, 강대국이 벌인 전쟁의 틈바구니에서 고통을 겪으면서 살았던 구식민지 주민의 희생은 제국주의 본국에서는 물론이고 식민지 종속국의 어떤 주류 미디어나 학문적 논의에서도 제대로 거론되지 않는다. 오늘 한국에서 창궐하는 반일 종족주의, 식민지 근대화론은 바로 이런 제국의 지배 논리, 침략과 점령의 논리를 내면화한 피식민지, 피점령국 엘리트들의 희극적이고 비극적인 부활이다.

존 다우어의 저작이 강력한 평화 메시지를 담고 있으나 그는 일본이 한국에 가한 고통, 그리고 한국전쟁에 대해서는 거의 스치는 정도로만 언급한다. 진주만 이전의 일본 제국주의와 일본군의 잔혹성 역시 중국과 만주, 그리고 남경대학살만 사례로 언급할 따름이며 조선에서 벌인 동학군과 의병 초토화 작전, 청일전쟁기에 중국군과 조선군에게 저지른 야만과 광기, 3·1운동 진압, 만주에서 일본군이 벌인 초토화 작전 등 학살 사건은 언급하지 않는다. 그는 태평양전쟁기 황군이 보여 준 잔혹성은 중국 침략 이전에 한반도에서 먼저 나타났다는 사실을 거의 언급하지 않는다. 그리고 도쿄 공습 등 진주만 이전 미군의 무차별적인 민간인 거주지 폭격은 비판하지만 한국전쟁기의 폭격, 특히 북한 지역에 가한, 제2차세계대전 전(全) 시기에 투하된 폭탄의 양을 능가하는 폭격에 대해서도 거의 언급하지 않는다. 스페인 내전 시 게르니카 폭격 등에서 시작한 공중 폭격은 미국의 일본 공습과 히로시마, 나가사키에서 극단화되었다가 한국전쟁기 폭격에서 가장 대규모로 확산된 '공중 살육'이다. 남한 지역에까지 무차별 폭격을 가한 미군에게 한국전쟁은 이라크, 아프가니스탄 폭격과 마찬가지로 '자유를 위한 전쟁'과는 거리가 먼 '그들을 위한 전쟁'이었지만,[13] 베트남전쟁의 전사로서 한국전쟁은 거의 언급되지 않는다.

즉 그의 책은 미국과 유럽의 일본 연구자들이 지닌 아시아 연구의 한계를 드러낸다. 서구 제국주의의 식민지 침략을 모방한 일본의 전쟁범죄는 미군 혹은 연합군과 대면하기 이전에 한국과 중국에서 먼저 나타난 것이었다. 즉 일본과 서구의 제국주의 침략과 지배의 진면목은 제국주의 국가들 간의 전쟁에서가 아니라 제국주의가 식민지 주민의 저항을 진압하는 과정에서 이미 나타났고, 전후 미국의 냉전정책과 제3세계 정책은 사실 1945년 이전에 이미 다른 방식으로 전개되었으나 그는 그런 점들에 대해서는 주의를 기울이지 않는다. 이는 미국의 다른 수정주의 역사학자들과 마찬가지로 연구 관심이 주로 미국 비판에 초점을 두기 때문이며, 제3세계나 지구적 남(Global South)에 대한 관심은 상대적으로 약하기 때문일 것이다.

전후 미국의 선택적 기억과 일본의 의도적 망각의 결과로 미국과 일본은 어제의 적이었으나 오늘의 친구가 되었고, 그 결과 천황제와 보수 우익의 기득권이 보장되었다. 이것은 결국 미국과 일본의 지배층이 결탁한 결과였다. 그런데 희생자는 일본의 민간인과 미국의 군인에 국한된 것이 아니라, 한반도의 남북한 주민 모두다. 중국의 공산화를 견제하기 위한 미국의 '일본의 평화 체제 복귀' 전략, 미군정의 역진(Roll back) 정책과 반공주의 정책 기조의 강화, 그리고 한반도의 분단과 일제의 식민지 침략 및 각종 폭력 행사에 대한 망각은 동시에 진행된 일이었다. 이런 점들이 존 다우어의 책에서는 드러나지 않는다. 그는 일본과 미국이 벌인 전쟁 기억의 왜곡과 굴절이 누구에게 가장 큰 피해를 주었는지 묻지 않는다. 즉 태평양전쟁으로 한국이 '자유'의 기회를 얻는 것 같았으나 그것은 전쟁과 분단을 예비하고 있었다. 한반도의 고통은 1945년 8·15 이후에 더 비극적으로 진행되었기 때문이다.

한반도 분단 극복과 평화 체제 수립을 희구하는 한국인의 입장에서 보면 일본과 미국이 각각 벌인 전쟁과 미국의 점령 정책을 비판하는 것만으로는 충분하지 않다. 남북한 당사자가 한반도의 평화를 위해 의지와 방안을 가져야 하는 것은 당연하지만, 일방적인 압박을 가하는 양대 강국 미국과 중국, 과거사를 반성하지 않는 일본 사이에서 동맹과 자주성의 줄다리기를 해야 한다. 더구나 남북한의 긴장 고조, 일본의 재무장, 한미일의 새로운 동맹의 논리는 한반도를 또 다른 전쟁터로 만들 위험을 안고 있다. 19~20세기 내내, 독자적 지휘권을 행사해서 어떤 나라를 침략한 적도 없고, 또 독자적으로 방어해 보지도 못한 한국, 한국군, 그리고

한국인들에게 미국이 개입한 아시아 전쟁사는 한국에서 현재진행형이
고 동시에 많은 생각거리를 안겨 준다. 한국인들이 자신의 주체적 위치
와 시선으로 20세기 전쟁사를 해석하고 쓸 수 있는 때는 언제일까? 그의
책은 한국인들에게 묵직한 숙제를 던져 준다.

차례

2부 1945년의 그라운드제로와 2001년의 그라운드제로

테러와 대량 살상 240

일러두기

- 국립국어원의 한글맞춤법과 외래어표기법을 따르되, 일부는 현실발음과 관용을 고려하여 표기했다.

- 책은 겹낫표(『 』), 정기간행물은 겹화살괄호(《 》), 연구물·보고서·교본 등 짧은 글은 홑낫표(「 」), 영화·다큐멘터리·미술작품·음악은 홑화살괄호(〈 〉)로 묶었다.

- 원주 및 해제의 주석은 후주로 두었다.

- 대괄호 사용에서 [ ] 기호로 묶은 것은 저자가, [ ] 기호로 묶은 것은 역자가 이해를 돕기 위해 추가한 것이다.

- 원문에서 이탤릭으로 강조한 부분은 고딕체 볼드로 옮겼다.

- 찾아보기에서 고딕체 볼드로 표시된 페이지는 도판을 가리킨다.

탐구의 진화

나는 2001년 9월 11일 직후부터 이 연구에 들어가 글을 쓰기 시작했다. 알카에다의 기습 공격을 60년 전 일본의 진주만 기습 공격과 비교하는 이야기가 미국 미디어를 뒤덮던 때였다. 일본과 아시아에서 일어난 제2차세계대전은 다년간 역사가인 내 관심을 끌었고, 새로운 갈등과 옛 갈등 간의 유비는 예상치 못한 방식으로 도발적이었다. 시간이 지나면서 9·11이 미국이 선택하고 주도한 이라크전쟁으로 비화하고, 그 전쟁과 이후 점령이 해방됐다는 땅에서 혼란과 커다란 고통을 야기함에 따라 그 유비는 더욱 도발적으로 다가왔다.

역사와 동시대의 사건을 하나로 묶는 일은 결코 일방통행이 아니다. 한편으로—그리고 더 익숙한 측면에서—9·11과 결부된 많은 것은 즉각적으로 진주만과 제2차세계대전을 떠올릴 만한 친숙한 요소를 거의 빠짐없이 갖추고 있었다. 기습 공격, 미국의 엄청난 정보 실패, 비전투원 표적화를 동반한 테러, 대량살상무기와 "버섯구름"의 망령, 사방에서

들려오는 성전의 수사(修辭) 등이 그것이다. 이슬람주의 테러리스트들이 유대-기독교 서방을 규탄하고 중동과 남아시아를 가로지르는 새로운 칼리프 국가를 꿈꾼다는 사실도 "백화(白禍, White Peril, 백인종이 유색인종에게 제기하는 위협이라는 의미에서 '황화'에 대립되는 개념)" 및 한국과 만주, 그리고 중국을 거쳐 동남아까지 이어지는 범아시아 신질서 비전에 관한 일제의 앞선 프로파간다를 떠올리게 하면서 더 깊은 울림을 자아냈다.

과거에서 굴절되는 빛은 오늘날의 갈등을 조명하는 데 도움이 될 수도 있지만 빛은 반대 방향으로도 떨어진다. 우리는 현재라는 입장에서 과거를 다르게 바라보는 것이다. 이것이 바로 역사의 심판에 관한 근거 없는 말들이 암시하는 바이고, 이 책에서 일어난 일이다. 나는 중국과 서구 열강을 상대로 한 일본의 전쟁에 관한 옛 문헌과 논의—일본 문화의 독특성과 20세기 중반 일본 군국주의와 침략의 특이성에 관한 온갖 상투적인 이야기들—를 다시 들춰 보았고, 수십 년 전 일본과 미국 및 여타 연합국에 관해서만이 아니라 한 문화로서의 전쟁 그 자체에 관해서, 또 그 문화가 왜 언제나 우리 곁에 있는지에 관해 새로운 질문을 던져 보게 됐다.

이것은 뚜렷한 지역적·국가적 차이들로 이루어진 세계에서 우리가 문화에 관해 보통 말하는 방식에서 벗어난 것이며, 오랜 세월 동안 일본을 연구해 왔다는 이유로 때로 나도 결부되는 이른바 지역연구 분야에서 흔히 통용되는 방식으로부터도 확실히 벗어난 접근법이다. 공유된 믿음과 가치관, 태도, 관행으로 결합된 서로 뚜렷하게 구분되는 사회들이라는 구식 의미에서 "문화"는 중요하다. (대학생 시절 내가 처음 일본에 매력을 느낀 것도 어느 정도는 그곳의 전통적인 미의식과 그 미의식 배후에 자리한 종교적 영향력에서 연유했다.) 하지만 그 문화의 내부자나 외부자 어느 쪽에서든 문화적 고유성에 집착하면, 이상화된 특정 가치들이 오랜 세월에 걸쳐 희석되지 않고, 분화되지 않고, 근본적으로 불변하고 도전받지 않은 채 남아 있다는 상상된 "본질주의"를 전제하는 태도로 흔히 귀결되기 마련이다. 이런 종류의 신화 만들기는 지역이나 종교, 종족적 경계들을 가로질러 대상을 비교할 때 유사성보다는 차이점들을 곱씹게 만든다. "( )은 어때?"라고 우리는 묻는다. 그러면 예상되는 대답은 그 괄호 안의 대상이 우리 자신과는 다른 여러 가지 방식을 어김없이 강조한다. 이를 극단으로 밀어붙이면 모든 것이 본질적으로 흑백 대립인 마니교적 세계에 이르게 되며, 최후의 심판을 부르짖는 예언자들은 화해 불가능한 문화들 간 거대한 충돌의 미래상을 기꺼이 끌어안는다.

문화차이의 중요함은 두말할 나위가 없으며 작금의 아수라장을 정당화하기 위해 어떻게 그 차이들이 조작되는지는 신문을 집어 들거나 텔레비전만 켜 봐도 알 수 있다. 하지만 구식의 "문명충돌"이라는 관점에서 문화결정론은 근현대 세계의 폭력을 이해하려는 노력에서 제한적 쓸모만 있다. 더 큰 과제는 근대성 자체의 다양한 문화를 비교하고 분석하는 일이며, 그 많은 문화 가운데 하나가 9·11의 여파 속에 떠올라 줄곧 내 머릿속을 맴돌다가 이 책의 제목이 됐으니 바로 『전쟁의 문화』다.

✜ ✜ ✜

9·11 이후에 떠오른 부제는 **진주만/히로시마/9·11**이었고 처음에 예상한 바는 1년이나 2년 안에 구상해 대략 다섯 장으로 책을 써내는 것이었다. 이 계획은 일단 미국의 전쟁 기계가 이라크를 침공하기 위해 돌아

가기 시작하자 백일몽이 되고 말았는데, 이라크 침공 때문에 어떠한 진지한 비교연구이든 범위와 성격이 바뀔 수밖에 없었기 때문이다. 그럼에도 9월 11일 공격으로 촉발된 질문들은 이 책 전반부 두 부분의 큰 틀을 잡아 준다. 즉, 1부는 "코드로서의 '진주만'"이라는 제목으로 1941년과 2001년에 미국에서 일어난 처참한 정보 실패와 기습 공격을 살펴본다. 두 사건에서 드러나는 평행관계—제도적·지적·심리적 병리를 동반한—는 진지한 성찰을 불러온다. 1부는 12월 7일과 9월 11일에 벌어진 일과 같은 파국들이 알고 보면 권력자들에게 뜻밖의 선물이 될 수 있음을 간단히 고찰하며 마무리된다. 참사가 부시 행정부에 뜻밖의 선물로 귀결될 수 있다는 것은 일찍부터 명백해 보였는데, 그들에게는 60년 전 프랭클린 D. 루스벨트라는 일종의 선례가 있었던 것이다. 하지만 양자 간 커다란 차이는 루스벨트는 자신에게 찾아온 기회를 잘 이용한 반면 부시는 그 기회를 처참하게 이용했다는 것이다.

2부는 테러 폭탄 공격(terror bombing)과 쑥대밭이 된 맨해튼 세계무역센터가 서 있던 자리가 "그라운드제로"로 명명된 것을 출발점 삼아 제2차세계대전 당시 영미의 공중전에서 테러 폭격(terror bombing)이 표준적인 작전 절차로 등장한 것을 재고찰한다〔저자는 우리가 뉴스에서 종종 접하는 폭탄테러와 전시의 무차별 공중폭격을 본질적으로 같은 범주라고 보고 'terror bombing'이라는 표현을 양쪽에 똑같이 쓰고 있다. 따라서 원칙적으로는 둘 다 '테러 폭격'이라고 옮겨야 하는데 알카에다의 폭탄 공격(폭격)을 테러 폭격이라고 하면 적절하지 않아 테러리스트의 공격은 '테러 폭탄 공격', 공중폭격을 가리킬 때는 '테러 폭격'이라고 옮기고 원문을 병기했다〕. 최근 국제 정세에 대한 대다수 논평, 특히 반이슬람 진영의 논평에서는 알카에다를 비롯한 여타 비국가행위자의 테러 전술과 제2차세계대전의 전략폭격 작전 같은 국가 테러 간에 분명한 구분 선을 긋는 것이 일반적이다. 양자 사이에는 실제로 의미심장한 차이점들이 존재한다. 물론 9·11 이후에 미국인들이 열렬히 수용한 차이점―이슬람주의자, 그리고 더 일반적으로 무슬림과 아랍인은 기독교도와 유대교도가 그러는 것만큼 인명을 귀히 여기지 않는다는 주장―은 터무니없지만 말이다.

적의 사기를 무너트리기 위해 인구가 밀집된 시가지를 의도적으로 겨냥하는 관행은 일본과 독일을 상대로 한 공습에서 절정에 달했다. 이는 국제연맹(The League of Nations)과 미국(은 비가입국이었다)이 그때까지 소리 높여 주창해 온 "정의로운 전쟁" 관행으로부터 벗어나는 일이었다. 일단 추축국(Axis Powers)과 전면전에 돌입하자, 비전투원 대량 살상은 불가피할뿐더러 "총력전" 시대의 심리전에 불가결한 요소로 합리화됐다. 민간인을 상대로 한 공습은 가증스러운 적에 맞서 필요하고 정당한 것이라고 도덕적으로 열렬하게 옹호됐다. 정확한 사망자 수는 영영 알 수 없겠지만 1943년과 1945년 사이 연합군의 폭격 작전으로 독일인과 일본인 비전투원 100만 명가량이 죽임을 당했다. 더욱이 세계무역센터 만행의 현장을 그라운드제로로 명명하는 것은 하늘에서 쏟아지는 이런 죽음의 비의 정점, 다시 말해 원래는 히로시마와 나가사키 원폭과 결부되어 있던 이름을 전용하는 행위다.

9·11 이후 그라운드제로가 미국의 희생자화 코드로 변신하는 과정을 지켜보면서 두 가지 생각이 내 머리를 스쳤다. 첫째는 그라운드제로는 본래 원자폭탄을 개발하고 사용한 역사와 결부되어 있음에도 이에 관해 한순간의 자기 성찰도 없이 너무나 재빨리 그리고 아무렇지도 않게 그 이름이 전유된다는 생각이었다. 둘째는 비록 "테러 폭격"이 전략폭격에

관한 공식 문헌과 학술 문헌에서 익숙한 용어―나와 같은 역사학자들이 오랫동안 당연하게 사용해 온 용어이자 제2차세계대전에 관한 여타 무수한 숙고가 담긴 글들에 파묻혀 있는 용어―임에도 나는 이것이 히로시마와 나가사키보다 앞서 여타 64개 일본 도시를 상대로 한 소이탄 집중포화 공격(firebombing)에 정확히 어떻게 적용되는지 스스로 곰곰이 생각해 본 적이 결코 없다는 사실이었다.

지난 10여 년 사이에 독일을 상대로 한 영국과 미국의 공중전은 상당한 주목을 받아 왔다. 이 책의 2부에서 나는 독일과 관련한 연구와 논평을 바탕으로 이 같은 사유를 일본의 경우로 이어서 검토하고, 그 검토를 토대로 현재 우리가 직면한 절멸의 맥락에서 원자폭탄 사용을 다시 사유하고자 했다. 이는 비단 오늘날 세계를 위협하는 대량살상무기의 내력과 계보를 인정하는 데 그치지 않는다. 최대의 폭력을 동반한 첨단 재래전에 대한 전후 미국 군사 계획가들의 강박관념에도 주목해야 하는 것이다. 순전한 무력의 효능에 관한 오만함뿐 아니라, 물질적으로 부족한 적의 본성과 열망, 역량을 평가할 때 보이는 편협함과 망상을 반영하는 강박관념 말이다. 제2차세계대전 이후에 벌어진 더 국지적인 전쟁들 가운데 어느 것도―심지어 베트남전이나 1991년 소련 붕괴를 재촉하는 데 이바지한 아프가니스탄에서 소련의 대실패조차도―미국 계획가들에게서 섬멸전식의 "충격과 공포" 전략에 대한 궁극적 믿음을 떨쳐 내지는 못했다.

비국가행위자들은 국가 행위자들과 다르고, 테러리스트 공격은 선전포고와 함께 공식 군대를 동원하는 정식 전쟁과 다르며, 수 킬로미터 상공의 폭격기나 수 킬로미터 바깥의 포는 희생자들의 얼굴을 똑바로 바라보며 자폭하는 폭파범과는 다르다. 하지만 그와 동시에 테러는 테러다. 살해당한 민간인과 비전투원은 모두 죽은 사람들이다. 그러한 테러에 동반하는 도덕적 정당성과 심지어 준신학적인 합리화는 양날의 검이다. 2부는 이슬람주의 변론자들이 자신들의 테러 양식을 정당화하기 위해 동원하는 논리와 수사로 끝맺는다. 이는 모든 게 똑같다거나 상대적이라고 주장하려는 게 아니다. 그렇지 않다. 그보다는 우리의 전쟁문화들에서 또 다른 측면을 살펴 프레임을 짜 보려는 시도다. 우리 인간이 폭력과 대량 살상을 수용하는 이유는 전쟁계획가들이나 대다수 정책분석가들이 인정하는 것보다 더 복잡하고 난해하며, 우리는 이러한 복잡성을 무시함으로써 위험을 무릅쓰고 있는 것이다. 그것이 개인과 사회로서 우리에 관해 말하는 것을 꺼리게 하는 것일지도 모른다.

✥ ✥ ✥

2002년 6월 "선제공격" 독트린과 2003년 이라크 침공에 대한 미국 정부의 명확한 진술은 "코드로서의 '진주만'"에 관한 사유의 매개변수들을 예기치 못한 방식으로 확대했다. 부시 행정부는 "스스로 선택한 전쟁"으로 이제 1941년의 일본과 2001년의 알카에다에 합류하게 됐다. 그 자체로 도발적인 관념이지만 이야기는 이걸로 끝이 아니다. 왜냐하면 그와 동시에 9·11에 앞서 미국의 정보 실패는 이라크와 관련하여, 그리고 더 일반적으로는 이슬람주의자와 테러리스트의 위협과 관련하여 더 당혹스러운—거의 범죄 수준으로 태만한—정보 평가의 실패로 심각해졌기 때문이다. "이라크자유작전(Operation Iraqi Freedom)"은 재빨리 좌초했다. 그리고 이라크가 혼돈 상태로 빠져들면서 탐구의 부제는 **진주만/히로시마/9·11/이라크**로 연음(連音)됐고, 짧은 책으로 제법 빠르게 완성하겠다는 계획도 포기할 수밖에 없었다.

이라크 침공으로 노출된 정보와 상상력의 실패는 1941년과 2001년을 병치시키지만 한편으로 다른 종류의 실패를 드러냈다고 할 수 있다. 왜냐하면 그 실패들은 기습 공격을 막지 못한 것이 아니라 침략전의 계획과 결부되어 있기 때문이다. 이 대실패는 이라크의 대량살상무기 보유에 관한 허위나 조작 정보 쟁점을 넘어선다. 물론 그 쟁점이 특히 치열한 검토 대상이 됐던 것은 이해할 만한 일이지만 말이다. 더 큰 정보 실패는 진주만에 관한 뜻밖의 다른 비교적 관점을 가리켰다. 이는 바로 전략적 멍청함이다. 1941년 일본의 공격처럼 미국이 이라크를 상대로 선택한 전쟁은 전술적으로는 뛰어났지만 전략적으로는 바보 같았다. 두 경우 모두 전쟁을 계획한 사람들은 적의 심리와 능력을 간과했다. 두 경우 어디에서도 그들은 위험 부담을 평가하거나 최악의 시나리오를 예측하거나 일관되고 현실적인 최종 단계(endgame) 전략을 세우거나 충돌의 장기화에 대비한 계획을 마련하는 데 마땅한 주의를 기울이지 않았다.

"전략적 멍청함(Strategic imbecility)"이라는 말은 진주만과 동남아시아에 있는 서양의 식민지 영토를 공격하기로 한 일본군 지휘부의 유별난 비합리성을 부각하기 위해 1950년대에 등장한 유명한 영어 표현이다. 나는 거듭되는 이 과도하게 단순한 문화적 비판과, 나중에는 백악관 대통령 집무실(Oval Office)과 펜타곤을 향하게 된 비판들, 다시 말해 내 귀에는 거의 재미날 정도로 다양한 바이브레이션으로 변주된 비판의 말들을 직업적으로 여러 해 동안 관찰해 왔다. 반세기 넘게 통념으로 통용되어 온 일본의 비이성적인 군 지도자들과 진주만공격에 관한 상투적인 논평들을 가져와서 "미국" "부시 행정부" "이라크"를 집어넣고 군데군데 표현을 조금만 수정해 보라. 그 비판은 흠잡을 데 없이 타당해 보일 게다.

1941년의 도쿄와 이라크전쟁을 준비하던 워싱턴에서는 희망적인 사고가 이성적인 분석을 압도했다. 망상과 무모한 무능력은 거기서 끝나지 않았다. 일본의 전쟁계획가들은 참사의 앞날이 모습을 드러낸 지 한참이 지나서도 여전히 꿈나라를 헤매고 있었다. 그리고 부시 대통령과 그의 고위급 보좌관들도 마찬가지였다.

도쿄의 진주만공격과 워싱턴의 이라크 침공에서 똑같이 엿보이는 이와 같은 전략적인 근시안은 논리적인 "서양" 대 비논리적인 "동양"을 전제하던 서양인들과 특히 미국인들을 그토록 흡족하게 만들었던 "합리성"의 신비를 허물었다. 달리 말해 대다수 서양인이 비서양 사회들에 흔히 부여하는 "무리 행위(herd behavior)"와 "집단사고(groupthink)"(학자들이 보통 막스 베버와 여타 사람들로부터 이끌어 낸 사회학적 설명으로 뒷받침하는 관념들)가 이라크를 상대로 선택한 전쟁의 처참한 결과들에서 명백하게 보편적인 현상으로 드러난 것이다. 이는 침공이 수렁으로 바뀌고 비판이 유행하게 될 때까지 최고위층 전쟁계획가들만이 아니라 미국 거의 어디에서나 진실이었다. 집단사고가 입법부와 주류 언론에 만연한 것은 물론 조지 W. 부시를 2004년 11월 대통령선거에서 재선시킨 유권자들에게서도 횡행했다. 사회과학 교과서들에 따르면, 그런 무리 행위는 민주주의가 작동하는 곳에서는, 특히나 단단한 개인주의를 자랑하는 민주주의에서는 일어날 수 없는 것이다.

집단사고는 단순한 병리가 아니다. 복잡한 시스템에서는 의견이 다른 사람들이 일정한 층위에 항상 존재하며, 대(大)정책의 입안 시에는 표면상 합리적인 숙의의 절차가 항상 존재하기 마련이다. 부시 행정부의 "테러와의 전쟁"에 수반된 강박적인 비밀주의에도 불구하고 상당한 막후의 기록은 공식 청문회와 보고, 기밀 해제된 문서, 내부자가 집필한 책과 글,

광범위한 인터뷰와 때로 특별히 접근할 수 있었던 기밀 자료를 바탕으로 한 일급 탐사저널리즘의 형태로 조금씩 접근할 수 있게 됐다. 이는 부시 행정부의 전략적인 어리석음을 서술하는 역사 초고의 밑바탕이다. 내가 지금까지의 필자들과 갈라지는 지점은 역사가로서 구체적인 사실들을 바탕으로 부시 행정부를 넘어 우리 시대와 근현대 전쟁들의 더 넓은 동학과 병적 상태를 얼마간 해명해 보고자 했다는 것이다.

일본이 재앙적인 전쟁으로 나아가는 경로와 관련해서는, 기록상 여러 공백이 있긴 해도 부시 행정부의 경우와 유사하게 기본적인 정책 요지를 믿음직하게 재구성하는 일이 가능하다. 여기서 특히 귀중한 것은 전쟁에서 거의 기적적으로 살아남은 상세한 회의록인데, 이 회의록은 1941년 4월부터 12월까지 수뇌부의 숙의 내용을 담고 있다. 예상할 수 있다시피 전쟁이 불가피하고 또 정당하다는 논지는 60년 뒤 미국 지도자들과 마찬가지로, 일본 지도자들의 극비 회의에서도 강력하게 제시됐다. 더욱 흥미로운 부분은, 왜 일본이 위험을 무릅쓰고 도박을 할 만했는지, 다시 말해 그들이 어째서 장기적으로 모종의 유리한 군사적 결과를 기대할 만했는지 외견상 합리적으로 보이는 논거들을 제법 긴 리스트로 나열하는 일도 가능하다는 것이다. 비록 일본 수뇌부가 살아가던 그 세계는 꿈나라였지만, 그곳을 구성하는 세간은 상당히 단단해 보였다. 부시 행정부와 그 지지자들이 살아가던 꿈나라의 경우처럼 말이다. 따라서 일제의 전략적 멍청함은 더 이상 그리 특별해 보이지 않는다.

일제의 권위주의도 마찬가지다. 일본은 민주주의 체제가 아니었고 미국은 민주주의 체제다. 양자 간 차이는 거대하지만, 실질적 정치권력의 차원에서 1941년 도쿄와 9·11 이후 워싱턴의 정책 결정 과정은 아예 비교불가능한 수준이 아니다. 여기서 닮은꼴은 미국인들이 수시로 언급하지만 유의미한 방식으로 이의를 좀체 제기해 본 적이 없다는 모순으로 포착된다. 다름 아닌 "민주주의"와, 심지어 기존의 법을 어기면서까지 집행 권한을 뻔뻔하게 확대하고 행사하는 데 열중한 "제왕적 대통령제" 간의 모순이다. 일본의 전시 이데올로그들과 선전가들은 대놓고 천황을 떠받들고 민주주의를 멸시하거나, 충과 애국은 지고의 미덕인 반면 반대의견은 반역이나 다를 바 없다고 떠들어 대거나, 언론을 검열했다. 그와 동시에 당시 일본의 천황제는 헌법으로 규정돼 있었고, 선출제 하원이 포함된 제국 의회가 있었으며, 천황 아래 최고위 지도자들에게 책임을 물을 수 있었다(진주만공격과 히로시마 원폭 투하 사이의 기간 동안 일본 총리직은 세 사람이 거쳐 갔고, 다른 많은 각료가 교체됐다). 천황제 권력의 이용과 남용은 고분고분한 정치 계급과 일반 대중이 있어 가능했고, 이 역시 일본에만 특유하거나 이전의 민주주의 체제들에서도 낯선 현상으로 보이지 않는다.

여기서 정치적 쟁점은 부시 대통령과 히로히토 천황 간의 그럴싸한 (하지만 거부하기 힘든) 비교를 넘어선다. 천황은 국가 대계를 추진하기보다는 재가하고 상징하는 세습 군주였다. 워싱턴의 최고위 정책결정자들이 대통령직의 카리스마를 빌려 오듯이 각료들은 그의 제도적인 카리스마를 빌려 왔다. 1941년 전쟁을 선택한 긴밀한 집단은 9·11 이후 테러와의 싸움을 이라크에 맞선 선제공격으로 둔갑시킨 이른바 대통령 집무실 파벌보다 더 작지 않았다. 그리고 흥미로운 방식으로 일본의 군 지도자들은 부시 대통령과 그의 군사 계획가들보다 정책 결정의 공식 절차들을 더 철저히 따랐다. 천황제와 제왕적 대통령제는 다르지만 상호 강화하는 관점에서 권위와 권위주의, 유능과 무능, 책임과 무책임, 그리고 해명 책임과 어마어마한 결과를 낳는 순간들에서 해명 책임의 부재와 관련한 불편한 질문들을 우리 앞에 던진다.

지독한 태만 이상으로, 천황의 전쟁 지도자들과 제왕적 대통령직이 불러온 구체적인 전쟁 행위들은 고문과 여타 위반행위들과 같은 노골적 전쟁범죄들에 대한 비교 분석을 필요로 한다. 나는 이 논쟁적인 주제를 지나가듯이 다룰 뿐이지만 양자의 경우가 제네바협약에 대한 논의를 필요로 한다는 점은 주목할 만하다. 일제의 어두운 행위들은 일본 국가의 명예와 명성에 지울 수 없는 오점을 남겼으며, 또 미국의 훼손된 평판이 언제까지 이어질지는 두고 볼 일이다. 이런 측면에서 부시 행정부의 전쟁계획가들은, 제2차세계대전이 끝난 뒤 연합국이 역사적 사실을 투명하게 밝히고 법의 지배를 존중한다는 명목으로 일본과 독일을 상대로 실시한 조사와 조금이라도 비교될 만한 공식적이고 진지한 조사를 피할 수 있었으니 운이 좋았다고 할 수 있다.

이 다양한 포스트 9·11 쟁점들—선택한 전쟁과 전략적 어리석음의 맥락에서 논의되는—은 결국에 "코드로서의 '진주만'"을 다루는 1부의 상당 부분을 차지하게 됐다.

❖ ❖ ❖

개전의 근거로 제시된 대량살상무기를 이라크가 보유하고 있지 않다는 사실이 분명해지자 부시 행정부의 정보 "체리피킹(cherry-picking)"에 비판적 시선이 적잖게 쏠렸다. 부시 행정부는 실제로 데이터와 표면적 사실들을 선별적으로 수집했다. 이런 행태가 어디까지 마키아벨리적인 조작이었고, 어디까지 보고 싶은 것만 보는 자기기만이었는지는 영영 알 길이 없을 수도 있지만, 어쨌거나 체리피킹은 미가공 정보 데이터에만 국한되지 않았다. 그것은 크고 작은 방식으로 역사에도 확대 적용됐다. 자잘한 역사 왜곡 중에는 침공 후 이라크에서 기대할 수 있는 안정과 민주주의를 예시하는 매력적인 거울로서 부시 행정부가 전후 일본과 독일을 거론한 것도 포함된다.

이 잘못된 유비는 2002년 10월 무렵에 떠돌기 시작했고, 그것이 최악의 주마간산식 역사 이해라는 점은 처음부터 알아차렸어야 했다. 전후 일본과 독일이 분명히 남겨 준 것은 두 패전국의 개혁과 회복에 기여한 사실상 모든 요소가 이라크에는 존재하지 않거나 심각하게 부족했다는 점이다. 하지만 점령된 이라크가 악몽으로 바뀐 지 한참 뒤에도 대통령과 그의 연설문 작가들은 미래를 위한 희망을 제시하는 청사진으로서 특히 점령기 일본의 선례를 계속해서 끄집어냈다. (인종적·문화적·종교적으로 비서양적 성격을 띤 덕분에 성공적인 전후 점령과 재건의 이른바 적절한 모델로서 일본이 독일보다 더 매력적인 사례였다.) 그러한 암시와 환시 들은 부시 대통령 임기 말까지 이어졌다.

나의 연구 상당 부분은 점령기 일본을 다룬 것이며, 이라크에서 비극이 펼쳐짐에 따라 "전쟁과 점령"은 불가피하게 이 탐구의 3부가 됐다. 'O'로 시작하는 한 단어[O-word, 점령(occupation)]는 이라크자유작전을 계획한 미국 정관계에서 사실상 금기어였는데, 이 작전이 "해방"으로 정의됐기 때문이다. 2003년 4월 바그다드에 미국 주도의 연합국임시행정당국(Coalition Provisional Authority, CPA)이 들어서면서 점령이 공식적으로 뒤늦게 시인됐을 때 이라크는 주권을 상실했고 미국은 사실상 모든 신용을 상실했다. 비록 연합국임시행정당국은 2004년 6월에 해체됐음에도 사실상의 점령은 계속됐다. 이라크 국내의 폭력과 테러는 증가했고, 점령 당국은 기괴하게 요새화된 바그다드의 "그린 존(Green

Zone)"에 대체로 머물렀다. 대략 이라크인 200만 명이 결국 나라를 떠났고, 이보다 더 많은 사람이 국내 난민이 됐다. 2009년 1월에 부시가 백악관을 떠날 무렵 폭력은 감소했지만 일상생활은 여전히 엄혹하고 위태로웠다. 침공 이래로 사망자 수는 가장 적게 잡아도 수만 명에 달했으며—대체로 민간인 사망자가 차지하는 그 수치는 십중팔구 수십만에 가까울 것이다—미군 사망자 수는 4000명이 넘었다.

이와 대조적으로, 점령된 일본이나 독일에서 살해된 연합국 군인은 없었다. 비록 일상생활은 여러 해 동안 여전히 힘들었지만 외세가 촉발한 폭력으로 죽은 일본인은 없었다. 6년간 점령당했던(1945년 8월부터 1952년 4월까지) 일본은 전쟁의 상처를 재빨리 치유하고 무사히 빠져나왔다. 이라크에는 그러한 행운이 주어지지 않았다. 왜일까? 그에 대한 대답은 정책결정자들이 시간을 내거나 의향을 보이는 것보다 역사를 더 진지하게 취급하는 데 있다. 그리고 이 문제를 논의하기 위해 3부에 세 장을 길게 할애했다.

이 장들 가운데 첫 번째는 다소간 예상이 가능하다. 이 장은 1940년대 후반의 일본과 미국을 21세기 첫 10년간의 이라크와 미국 옆에 두고 중요한 차이점들을 조명하고자 한다. 여러 중대한 측면에서 이라크는 일본이 아니었음은 두말할 필요가 없다[2002년과 이후의 "체리피커(cherry picker)"는 그 점을 이해 못 했던 것 같긴 하지만]. 다른 한편으로 현재의 미국이 제2차세계대전을 빠져나와 해외에서 "국가 건설"에 나설 준비가 된 과거의 미국과 비교해, 국민·정부·정치체(body politic) 차원에서 어떻게 다른지는 좀 더 짚어 볼 만하다.

또한 알고 보니 점령지 일본이 점령지 이라크와 단순한 대립 항이 아니라는, 다시 말해 한쪽은 성공 스토리이고 한쪽은 그저 비극이 아니라는 점을 밝히기 위해서는 얼마간의 사유가 필요했고, 그게 몇 마디로 설명될 수 있는 일도 아니었다. 이라크에서 참사가 펼쳐지면서 나는 극명한 대비만이 아니라 전쟁과 점령 연구를 복잡하게 만드는 "일종의 수렴(convergences of a sort)"에도 관심이 쏠리게 됐다. 패전국 일본을 다스리던 미국인 지배자들은 나중에 이라크에서는 재앙으로 드러난 편견과 정책들로도 문제를 겪지 않았다. 그들은 예를 들어 일본의 언어와 문화에 대체로 무지했고 흔히 자민족 중심적이었으며 오만하기까지 했다. 또한 전범재판에서뿐만 아니라 사회를 싹 뜯어고치는 개혁 의제들을 도입하는 과정에서 때로 법을 왜곡했는데, 이는 헤이그 협약에서 가장 두드러지게 명시된 국제법상으로도 전혀 근거가 없는 행위였다. 다른 측면을 보자면, 영국과 프랑스, 네덜란드, 중국은 모두 미국의 묵인하에 해외에서 항복한 일본군을 종전 뒤에도 노동력으로 계속 붙잡아 뒀고 때로는 장기간 억류했다. 심지어 인도차이나(베트남), 네덜란드령동인도(인도네시아)에서 계속되던 무력분쟁과 중국 내전에 참전하라고 일본 병사들에게 강요하기까지 했다. 부시 행정부처럼 연합국은 그런 권력남용을 방조하고 아마도 합법화할 요량으로 자신들 수중에 들어온 적군에 새로운 꼬리표 붙이기를 마다하지 않거나 아예 전시규약을 못 본 척해 버렸다.

일종의 수렴은 구체적인 점령 정책 층위에서도 일어났는데, 이라크에서는 재앙으로 드러나게 되는 정책의제들—무엇보다도 군의 해체와 바트당원의 무조건적인 숙청—은 언뜻 봐서는 선례가 있었고, 일본의 경우에는 순조롭게 실시됐다. 일본에서는 대략 20만 명이 공직 진출이 금지된 한편 탈군사화를 통해 꼭대기부터 말단까지 제국 육해군이 제거됐다. 악마는 디테일에 있으며, 이러한 디테일들을 좀 살펴보는 것이 내게는 미국, 일본, 이라크, 그리고 더 일반적으로 사회공학(social engineering)에 관해 생각해 보는 또 다른 새로운 길이 됐다.

사회공학은 일본과 독일 점령 같은 제2차세계대전 전후의 대형 사업을 묘사할 때 쓰는 표현이며, 이것은 여러 기본 전제가 뒷받침됐다. 국가는 본국과 더불어 해외에서도 수행해야 할 적절한 역할이 있다. 군은 점령지의 민간 행정을 비롯한 업무를 수행하며 지휘 계통은 명백하다. 초당파주의와 기관 간 진지한 협조는 해외 작전들의 성공에 불가결하다. 점령지 재건은 대체로 점령지 주민들에 의해서 이뤄질 수밖에 없다 등등과 같은 전제들이다. 이 가운데 거의 어느 것도 사회공학이 "국가 건설(nation building)"로 재명명된 조지 W. 부시의 미국으로 넘어오지 못했고, 부시의 미국에서 국가 건설은 이데올로기적으로 모두가 질색하는 것이었다.

이데올로기적인 차이는 미국이 어째서 분쟁 후 만일의 사태들에 대비한 진지한 계획을 세우거나 소요와 반란에 대응할 능력도 갖추지 않고 이라크를 침공했는지를 얼마간 설명해 준다. 21세기의 제왕적 대통령제는 국가 건설 과업을 얕봤고, 시장의 합리성과 효율성을 떠받들며 각종 정부 계획 수립과 실행의 커다란 부분을 아웃소싱했으며, 사담 후세인 이후의 이라크가 "자유시장" 근본주의 이데올로기를 위한 중동의 전시장이 되게 하는 데 여념이 없었다(그리고 거기에 태평하게 낙관적이었다). 미군은 이라크를 점령하고 안정화하는 데에 필요한 훈련을 받거나 준비를 갖추지 못했고, 자체의 필요를 충족할 여건도 갖추지 못했다. 돌이켜 봤을 때, 그러한 상식의 결여는 경악스러울 정도였으며, 하위급 정부와 군 관계자들이 이 점을 의문시하며 이의를 제기했다는 것은 이제 주지의 사실이다. 하지만 제왕적 대통령하에서 확고하게 똬리를 튼 집단사고에 그렇게 이의를 제기해 봤자 헛수고였다.

2003년부터 점령지 이라크로 민간 계약업자들이 밀려들고 외국 용병들이 그곳에서 주요 안보 업무를 담당하던 그 순간, 연합국임시행정당국은 극단적인 민영화가 이라크 국가와 경제의 개혁 및 재건에 가이드라인이라는 점도 분명히 했다. 이는 이라크 국민의 자존심 및 즉각적인 필요와 욕구를 무시한 오만함이었고, 시간이 흘러 테러리스트와 반군 들에게는 선물이나 다름없었다. 민영화는 단명한 연합국임시행정당국보다 훨씬 길게 이어진 혼돈과 무책임성, 재앙으로 가는 지름길이었다. 표면상의 "합리적 선택권"의 행사는 실제로는 미국을 대다수 세계의 눈에 비합리와 무책임의 상징으로 만들었다.

✥ ✥ ✥

이런 쟁점들에 대한 글을 조금씩 써 나가면서 나는 다른 실들을 서사에 엮어 넣었다. 성전(聖戰)은 그 가운데 하나였는데, 대다수 전쟁은—그리고 이 책에서 다룬 전쟁들은 확실히—거기에 참여한 사람들에 의해 성스럽게 되기 때문이다. 독선이라는 치명적인 자만, 그리고 압도적인 군사적 화력의 효능에 미국인들이 보내는 엄청난 신뢰인 오만(hubris)은 또 다른 실이 됐다. 이른바 필요악이나 차악의 까다로운 지형을 비롯해 악은 내가 예상했던 것보다 더 많은 관심을 끌어당겼다. 일부 장들의 제목과 부제가 가리키듯이 나는 마니교적 세계를 상정하는 것의 오류를 탐구하면서도 악을 진지하게 다루고자 한다. 이중 잣대와 위선은 되풀이되는 또 다른 테마이며, 기억과 비탄의 강력한 역할도 중요 테마다. 비극은 사회과학에서 그렇게 인기 있는 개념이 아닌데 (양가적인 모호성과 비합리성처럼) 쉽게 모델화되지 않기 때문이다. 나는 인문학으로 출발해 역사를 전공하게 됐고, 내게 비극은 악처럼 우리의 전쟁문화들을 이해하는 데 반드시 필요한 것인 듯하다.

역사의 이용과 오용, 그리고 말 그대로의 무시는 또 다른 서브텍스트가 됐다. 이것은 여러 층위에서 작동한다. 일본인, 이슬람주의자, 미국인들은 모두 자신들의 십자군을 선전하는 데 "역사"를 끄집어냈다. 유용한 과거의 단편들만 골라내고 자신들의 목적에 맞지 않는 것은 무시해 버린 것이다. 하지만 그들이 선택적으로 골라낸 것보다 더 흥미로운 것은 적 및 그들 자신과 관련하여 그들이 위험천만하게 무시해 버린 것들이다. 21세기 미국의 전쟁계획가들의 경우에 불편한 과거를 이렇게 수정액으로 지워 버리는 일은 비단 대량살상무기의 개발과 사용, 그리고 사기를 꺾기 위해 민간인을 표적화한 미국의 역할만이 아니요, 제1차세계대전 이후 중동에서 진행된 서구 세력들의 역사 전체만도 아니다. 그것은 비대칭전쟁, 반군 활동, 국가적·초국가적 자부심, "스마트" 파워 대 하드 파워, 오만과 태만이 이내 역풍과 수렁뿐 아니라 헤아릴 길 없는 피해와 고통을 낳는 많은 방식에 관한 제2차세계대전 후의 구체적인 교훈들을 지우는 일이기도 하다.

그리고 마지막 한 가지 실이 있다. 바로 언어다. 전쟁의 말들이 이 분석을 도배하고 있다―성전의 참여자들이 왜 싸우는지를 가능한 한 생생하게 전달하기 위해서만이 아니라 더 나아가 그러한 수사가 전쟁을 개시하기는 쉽지만 거기서 빠져나오기는 어렵게 만들면서 어떻게 쉽사리 덫이 될 수 있는지를 규명하기 위해서다. 하지만 전투 구호의 반대 면은 평화, 자유, 정의의 언어다. 이는 아시아-태평양 전쟁의 일본인들의 경우에 해당된다. 평화, 자유, 정의의 언어는 오사마 빈라덴 같은 이슬람주의 성(聖) 전사들의 장광설을 관통하며 미국의 애국적인 웅변의 생명줄이다.

그리고 그것은 냉소주의적 프로파간다 그 이상이다. 그것—평화와 화해의 공유된 문화들에 대한 가능성—은 전쟁의 문화들 반대편에 자리한 머나먼 해안〔우리가 도달하고 싶은 목적지〕이다.

✤ ✤ ✤

이상의 테마들을 고민하고 글로 써내는 작업은 부시 대통령의 임기가 끝나 갈 무렵 대부분 마무리됐다. 하지만 결론을 작성하려고 했을 때 다시금 놀라운 사태가 전개되면서 큰 그림이 바뀌었다. 월 스트리트에서 시작되어 글로벌 자본주의의 근간을 뒤흔든 금융 붕괴가 일어난 것이다. 돈의 문화(cultures of money)에서의 이 위기는 충격으로 다가왔지만, 민간 부문 기저에 존재하는 대다수 병리가 워싱턴의 전쟁의 문화(culture of war)와 결부된 믿음 기반의 사고 및 조직적인 병리와 비슷하다는 것이 금방 드러났다. 세속의 사제들, 무리 행위, 체리피킹, 무능한 리스크 평가, 합리성으로 포장된 희망적 사고, 역사와 시사와 관련하여 상상력의 엄청난 실패, 투명성, 해명 책임성, 단순한 상식의 결여—이러한 것들과 여타 수렴 요소들은 표면상으로 냉철하고 합리적인 전쟁꾼들(war makers)의 헛수고, 그리고 복잡한 "도구들"과 초정밀 컴퓨터 모델들을 갖춘 돈벌이꾼들(money makers)의 빛 좋은 개살구 간의 당혹스러운 중첩을 가리켰다.

『전쟁의 문화』는 헛수고와 개살구 간의 이 같은 병치 그리고 구체적인 정책 쟁점들과, 전쟁과 전쟁의 문화들 그 자체를 넘어서는 성찰로 끝을 맺는다. 다시 말해, 또 다른 탐구의 출발점, 이 경우에는 그 자체로 역시 문화에 버금가는 행위 및 조직의 병리와 관련한 탐구의 출발점으로 끝을 맺는다.

　도판 일러두기: 본서에 수록된 도판은 여러 가지를 염두에 두고 골랐다. 한 가지는 특정 이미지들은 너무도 친숙해서 아이콘이라고 부를 만하다는 사실이다. 그런 이미지들은 처음 공개됐을 때 대중의 의식을 형성했고, 이후 세대들도 여전히 즉각 알아볼 수 있다. 두 번째 선별 기준은 많은 시각이미지, 더욱이 여기에 소개된 역사적 성격의 이미지들은 확실히 그 자체로 "텍스트"로 간주되어야 한다는 점이다. 이미지들은 말로 서술된 것을 그저 되풀이하거나 강조하는 것이 아니다. 그보다는 과거나 현재를 이해하는 다른 방식들로 통하는 창문을 열어 준다. 때로 그 효과는 직접적(이거나 심지어 암묵적인) 병치로 증폭된다. 충격적 효과는 흔히 아이콘적인 것의 정반대, 다시 말해 뜻밖이고 익숙지 않은 데에서, 심지어 거슬리는 데에서 기인한다. 아이콘적인 도상과 예리하거나 거슬리는 도상의 중첩은 사람들이 당시 경험하던 반복적인 시각 세계를 진짜로 재현하는 것처럼 보인다는 측면에서 막연하게 일반적(generic)이라고 부를 만한 이미지 범주다. 그것은 그만의 독특한 방식대로 시각적 수사다. 어쨌든 간에 도판을 고르는 작업은 그 자체로 하나의 탐구였으며 수록 도판 수를 줄이는 일은 난제였다.

CULTURES of WAR

1부

코드로서의
"진주만"

선 택 한 전 쟁 과 정 보 실 패

1장

오욕 그리고 금이 간 역사의 거울

1941년 12월 8일 정오 직후 프랭클린 루스벨트 대통령은 미 상하원 합동 회의에 나타나 역사상 가장 유명한 전쟁 교서 가운데 하나를 전달했다. 다음은 그의 교서 첫머리다.

어제, 1941년 12월 7일—오욕 속에 길이 남을 날—에 미합중국은 일본 제국의 해군과 공군에 고의적으로 갑작스레 공격당했습니다.

오욕 속에 길이 남을 날. 미국사에서 재빨리 지울 수 없는 일부가 된 표현. 이 멋진 수사가 나중에 원고를 수정한 결과물이라는 사실은 거의 알려져 있지 않다.

일본은 일부러 조용한 날인 일요일을 공격 개시일로 선택했다. 여섯 척의 항공모함에서 이륙한 일본군의 첫 공격 편대는 오전 여덟 시 직전에 항만을 급습했다. 세 시간 뒤 워싱턴 시각으로 대략 오후 다섯 시에 대통령은 비서를 불러서 대국민 연설문을 받아쓰게 했다. 연설문 비서관들은 개입하지 않았다. 연설문은 루스벨트가 작성한 것이며, 합동 회의에서 낭독한 이 타이핑된 연설문 원고는 지금도 남아 있다. 대통령은 나중에 연필로 많은 부분을 수정했다. 타자기로 친 초고는 다음과 같이 시작한다. "어제인 1941년 12월 7일, 세계사에 길이 남을 날에……."[1]

이러한 수정은 엄청난 차이가 아닌가?

코드로서의 "진주만"

"오욕"은 즉시 일본의 배신과 기만과 더불어 "진주만"을 가리키는 미국의 코드가 됐다. 그것은 보복을 부르짖게 하는, 영영 잊지 못할 등에 칼을 꽂는 행위였다. 그로부터 진주만공격 60주년까지 불과 몇 달 남은 9월 11일에 뉴욕과 워싱턴에서 테러 공격이 일어났을 때, 이것이 얼마나 극악무도한 범죄인지를 전달하기 위해 많은 미국 논평가가 가장 먼저 끄집어낸 단어는 "오욕"이었다. 전문가와 정치인, 경악한 미국인 들은 어디서나 거의 반사적으로 "진주만"을 떠올렸다. 과거와 현재는 한순간, 마치 영화 속 플래시백처럼 접합됐다.

나는 9월 11일에 버몬트에 있었다. 다음 날 한 신문은 헤드라인에 "오욕!"이라는 두 글자만 실었다. 또 다른 지역신문의 헤드라인은 "오욕의 날!"이었다. 내가 사는 곳의 신문인 《보스턴글로브》는 9월 12일 자 헤드라인으로 "새로운 오욕의 날"을 뽑았다. 며칠 뒤에 도착한 《워싱턴포스트》주간 판은 표지에 루스벨트 대통령의 발언을 그대로 인용해 실었다. "오욕 속에 길이 남을 날."

조지 W. 부시 대통령은 9월 11일 밤에 일기를 구술하면서 동일한 역사적 비유를 이용했다. 그는 "오늘 21세기의 진주만이 벌어졌다"라고 기록했다. 정치 스펙트럼에서 정반대편에 위치한 리버럴한 칼럼니스트 폴 크루그먼(Paul Krugman)은 9·11 1주기를 성찰하면서 다음과 같이 썼다. "9월 11일을 진주만에 도덕적으로 상응하는 것으로, 그날 시작된 투쟁을 제2차세계대전에 상응하는 것으로 생각하는 일은 이 세대에게 자연스러웠다."[2]

크루그먼이 환기하던 것은 오욕의 반대 면, 즉 12월 7일의 범죄처럼 9월 11일의 범죄가 촉발한 파렴치한 적에 대한 도덕적 공분과 복수에 대한 갈망이었다. "진주만을 기억하라"라는 미국에서 단연코 가장 대중적이었던 구호는 고작 3년 8개월 뒤, 히로시마와 나가사키에 원폭을 투하하고 나서 사그라들었다(미군 내에서 그 슬로건은 때로 더 생생하게 "진주만을 기억하라—그들을 죽게 하라"로 표현됐다). 세계무역센터가 파괴되고 펜타곤이 공격받은 뒤 어디서나 들리는 슬로건은 "9·11—잊지 않겠습니다"였다.[3]

이러한 구호들의 유사성은 비단 우연이 아니었다. "오욕"이라는 언어처럼 9월 11일을 길이 기억하라는 요청은 대다수 미국 성인이 두 참사 간의 공명을 즉각 이해했으므로—또는 붙들었으므로—더욱 효과적이었다. 시카고 케네디고속도로의 대형 광고판이 분명히 드러낸 것처럼 아무런 각주가 필요치 않았다. 광고판 가운데 **잊지 마라!**라는 구호 양옆으로는 두 날짜가 적혀 있었다. **1941년 12월 7일**과 **2001년 9월 11일**.[4]

딱한 일본. 과거를 묻고 평화로운 국가이자 미국의 헌신적인 동맹국으로서 스스로를 입증하기 위해 전후 그렇게 긴 세월을 바쳤는데, 납치한 비행기에 탄 이슬람주의자 자살테러범 열아홉 명이 난데없이 나타나

1941년 12월 7일: 폭격당하다

1. 배틀십 로(Battleship Row, 진주만 내 미 전함 정박 구역)에서 불타고 있는 미 전함 애리조나함. 진주만의 태평양함대를 겨냥한 일본의 기습 공격으로 군인 2345명과 민간인 57명이 사망했고, 전함은 4척이 침몰하고 4척이 파손당했으며, 항공기는 188대가 파괴되고 155대가 파손당했다. 그날의 공습을 기려 1962년에 건립된 추모관은 침몰한 애리조나함 선체 위 수상에 쭉 뻗어 있으며 연간 100만 명 이상이 방문한다.

2. 진주만에서 치솟는 연기와 대공 포화.

3. 구조선 한 척이 미 전함 웨스트버지니아함에 접근하고 있다.

4. 폭발하고 있는 미 전함 쇼함.

5. 히컴공군비행장 지상에서 공격당해 부서진 B-17기.

6-9. 가장 강력한 전시 구호였던 "진주만을 기억하라"는 9·11의 여파로 새로운 의미를 띠게 됐다. 이 포스터들이 드러내듯이 기습 공격이 미국인들의 사기를 꺾을 것이라는 일본의 희망과는 반대로 뇌리에 박힌 12월 7일의 기억은 복수를 향한 맹렬한 갈망과 떼려야 뗄 수 없었다.

표면상으로는 지나간 옛 전쟁의 강렬한 기억을 되살린 것이다. "오욕"과 "진주만을 기억하라"는 점점 확장되는 과거와 현재 간 수사학적 상호작용의 도입부에 불과했을 뿐이다. 맨해튼과 펜타곤 공격은 가미카제 공격에도 비유됐다. 일본의 자살 공격 전술은 1944년 후반에 가서야 채택됐고 진주만만이 아니라 민간인 표적화와는 아무 관련이 없음에도 말이다. 초토화된 세계무역센터 현장 자체는 "그라운드제로"라고 명명됐으니, 이는 원래 1945년 히로시마와 나가사키의 원폭 파괴 현장과 결부된 이름이다. 연기가 피어오르는 맨해튼 폐허 한복판에 깃발을 게양하는 소방관들의 사진은, 1945년 초 이오섬 스리바치산에 성조기를 게양하는 해병대의 유명한 연출사진을 빤히 환기하는 가운데 적을 분쇄하고 승리할 때까지 싸우겠다는 미국의 영웅적 결의의 상징으로 널리 퍼져 나갔다. 1945년 미군 장병들과 2001년 뉴욕시 소방관들의 이 같은 아이콘적 이미지들은 흔히 나란히 재현됐다.

대통령과 연설문 비서관들은 새로운 위기를 옛 전쟁의 틀로 찍어 낼 기회를 놓치지 않았다. 루스벨트가 기억에 남을 만한 연설로 일본에 전쟁을 선포한 것처럼 부시도 재빨리 "테러와의 전쟁" 선언에 나섰다. 그 과정에서 놓친 것은 2001년과 1941년 간의 방대한 차이였다. 가공할 군사력을 보유했던 일본 및 독일과 달리 새로운 적들은 초국적이고 무장이 조잡하며, 느슨하게 조직됐고, 대치와 파괴의 임기응변식 "비대칭적" 전술에 충실했다. 그들은 유령처럼 나타났다가 사라졌다. 그러나 그러한 차이점들보다 정치적으로 더 중요한 것은 앞선 프랭클린 루스벨트와 해리 트루먼처럼 부시 대통령에게 전시 대통령이라는 정체성을 부여하고 그의 권한을 강화하는 것이었다.[5]

9·11 두 달 뒤에 대통령은 더 에둘러서 또 다른 도발적인 제2차세

계대전 인유(引喩)를 끄집어냈는데 바로 나치의 인종학살이었다. 그는 11월 10일 유엔총회 연설에서 테러리스트들이 "자신들의 증오를 홀로코스트로 탈바꿈시킬 대량살상무기를 찾고" 있다고 말했다. 얼마 지나지 않아 대통령은 2002년 1월 29일 연례 국정연설에서 이란, 이라크, 북한을 "악의 축(axis of evil)"이라고 명명하며 한 두름으로 엮으면서 제2차세계대전 비유는 한발 더 나아갔다. 이 알기 쉬운 인유는 1940년 9월 삼국동맹조약(Tripartite Pact)을 공식 체결하며 5년에 걸쳐 갈수록 긴밀해지던 관계가 정점에 달한 나치 독일과 파시즘 이탈리아, 일본 제국 간 "추축(Axis)" 동맹을 암시하는 것이었다.

제2차세계대전의 추축 동맹은 정복에 혈안이 된 강력한 세 국민국가 사이 공식 군사협정을 동반했다. 반면 이란, 이라크, 북한은 그들에 비견될 만한 강대국의 위상이 없었고, 또한 추축 동맹에 비견될 만한 공식(또는 비공식)적 유대, 군대와 보유 무기, 팽창주의적 계획도 없었다. 이 경우에 억지스러운 비유는 세 나라가 이미 존재하거나 임박한 핵 능력과 미사일을 포함해 무기 프로그램을 갖고 있으며, 이 능력이 알카에다나 여타 테러리스트의 수중에 들어갈 수 있다는 주장에 의존했다. 역사를 환기하는 그러한 발언들과 나란히, 부시 대통령 임기 초부터 마지막 순간까지 테러와의 전쟁 수행을 비판하는 사람들은 툭하면 추축국의 위협에 대한 제2차세계대전 이전의 대응 가운데 가장 비겁하고 불명예스러운 "유화주의(appeasement)"라는 오명을 뒤집어썼다.[6]

진주만, 추축, 심지어 홀로코스트까지 지난 "좋은 전쟁"에서 실컷 끌어오는 행태는 자연스럽고 거부할 수 없으며 심지어 중독성까지 띠어서 어느 순간 그 자체로 탄력이 붙게 됐다. 일례로 2003년 5월 1일, 테러와의 전쟁이 이라크를 상대로 한 "선제" 공격으로 비화한 뒤 대통령은 항공모함 에이브러햄링컨함 선상에 극적으로 등장하여 유명한 "임무 완수"라고 적힌 플래카드 앞에서 사담 후세인의 오합지졸 군대에 거둔 승전을 축하했다. 근래의 군사사를 샅샅이 뒤져 연출한 여타 공식 행사보다 더 교묘하게, 부시의 위풍당당한 무대 설정은 1945년 9월 2일 도쿄만에 정박한 전함 미주리호 선상에서 더글러스 맥아더 장군이 일본의 공식 항복을 받았던 일을 재연했다. 심지어 언어도 그 순간을 상기시켰다. 맥아더는 그 웅장한 순간을 놓치지 않고 "신성한 임무가 완수됐다"라고 선언했다.[7]

더 노골적이고 지속적인 것은, 사담 후세인과 그의 전제적인 바트당 정권의 타도 이후에 뒤따르는 미래상을 프레이밍하기 위한 역사의 이용과 오용이었다. 이 조직적인 움직임은 전쟁 당시가 아니라 패전 뒤의 추축국으로 시선을 돌렸다. 침공 전에 고위 관리들은 이라크의 밝고 안정된 앞날에 대한 미리보기로 전후 일본의 "성공 스토리"를 들먹였다. 그것은 정복자에 대한 정중한 환영과 뒤이은 재건 그리고 인상적인 민주화 성취에 관한 이야기였다. 그리고 그들은 맥아더와 같은 부시의 순간이 순식간에 증발해 버리고, 이른바 이라크 해방이 폭력적이고 파괴적인 장기 점령으로 탈바꿈한 뒤 한참 지나서까지도 이 비유를 장황하게 되풀이했다. (점령지 독일은 긍정적인 선례로 덜 유용했는데, 패전한 그 추축국은 미국, 영국, 프랑스, 소련 점령 구역으로 분할됐고 냉전으로 인해 이내 우리가 아는 동독과 서독으로 분단됐기 때문이다.) 예를 들어 2005년 8월 30일, 부시는 캘리포니아 노스아일랜드 해군기지에서 행한 연설에서 거의 전체를 이 특정한 일본 코드 변주에 할애했다.

널리 보도된 이 연설에 대한 역사적 시금석은 "V-J 기념일" 60주년이었다[제2차세계대전 종전을 알린 대(對)일본 전승(Victory over

Japan)―"V-J"―기념일은 사실 날짜가 두 가지다. 일본 천황은 1945년 8월 14일에 항복을 선언했지만, 항복문서 공식 조인식은 9월 2일 미주리함 선상에서 열렸다]. 초청받은 청중 가운데는 제2차세계대전 참전 군인들도 있었다. 대통령은 "일본 제국을 무찌른 막강한 군대에 다 같이 합류한" 할아버지들의 뒤를 이어 이라크에서 싸우고 있는 미군들을 호명하는 것을 잊지 않았다.

그렇게 개인들에게 초점을 맞춘 터치들은 부시 연설의 전반적인 특징이지만, 그 V-J 기념일 연설은 "국가의 제복을 입은 과거와 현재의 애국자들" 사이에 친밀하고 세대를 넘나드는 "신성한 유대"를 강조하려는 특히나 노골적인―그리고 여태까지 가장 필사적인―시도였다. 그와 동시에, 부시 본인을 프랭클린 루스벨트의 빛나는 후광으로 공들여 감싸려는 의도도 존재했다. 비록 국내 정책과 관련해서 부시 행정부는 루스벨트와 그의 진보주의적인 뉴딜정책들을 성토했지만, 전승 기념일 연설은 전시 지도자로서 루스벨트("와 후임 트루먼 대통령")의 지혜와 비전, 결단력에 대한 찬가나 다름없었다.

백악관 연설문 작가들이 형광펜으로 강조 표시가 된 제2차세계대전사 요약 노트를 펴 놓고 작업하는 모습이 그려질 정도다. 진주만과 뒤따른 "어두운 나날들"은 으레 강조됐다. 하지만 전승 기념일 연설은 1942년 중반의 미드웨이해전과 2년도 더 뒤에 "이오섬의 국기게양"과 같은 힘든 싸움과 결정적 승리의 순간들을 더 줄기차게 강조했다. 사나운 일본 적군이 무덤에서 새삼 소환됐다 ― "자살 공격에 나선 가미카제 조종사, 최후의 1인까지 싸운 병사들, 자국이 아시아 대륙을 지배할 사명을 타고났다는 광신적 믿음에 불타는 지휘관들". ("대담하게 최초 일본 본토 공격"을 이끈) 지미 둘리틀(Jimmy Doolittle)과 ("60년 전 이 금요일

깃발을 올리는 영웅들 1945/2001

10-11. 미국인들에게 태평양에서의 전투와 세계무역센터에서의 구조 활동은 영웅주의와 애국주의
를 전달하는 데 다른 모든 것을 능가하는 사진 한 장을 낳았다. 세 소방관이 세계무역센터의 폐허
에서 성조기를 올리는 토머스 프랭클린(Thomas Franklin)의 컬러사진은 그에 대응하는 제2차
세계대전의 가장 유명한 이미지와 나란히 놓이곤 한다. 1945년 2월 23일 이오섬의 스리바치산
에 깃발을 올리는 다섯 명의 해병대원을 찍은 조 로즌솔(Joe Rosenthal)의 흑백사진 말이다(어
느 논평에 따르면 "사진 역사상 가장 많이 복제된 사진"이라고 한다). 9·11 이후 한 웹사이트는
나란히 놓인 두 이미지에 다음과 같은 설명으로 지배적인 정서를 포착했다. "다른 시대, 다른 적,
같은 깃발, 같은 감정……."
아이콘이 된 두 이미지는 적당한 구도로 잘려 우표로도 나왔다. 이오섬 우표는 생존 인물은 우표에
묘사하지 않는다는 미 우정국의 오랜 정책을 뒤집고 대중의 요구와 의회의 압력에 못 이겨 1945
년 7월에 나왔다. 100만 장 이상 팔려 나간 이 우표는 여러 해 동안 미국 우편 역사상 가장 잘 팔린
우표였다. "2001년 미국의 영웅들"이라는 글자가 박힌 소방관 우표는 2002년 3월에 발행됐다.

에…… 도쿄만 미주리함 선상에서 일본의 항복을 받은") 맥아더 장군의 유령들도 마찬가지였다.

이 모든 것에는 이중의 교훈이 있었다. 첫째, 역사의 수레바퀴가 원점으로 되돌아왔다는 것이다.

이 날을 기념하는 가운데 우리는 다시금 교전국 국민이 됐습니다. 다시금 수천 명의 목숨을 무참히 앗아 간 기습 공격과 함께 전쟁이 우리 땅으로 찾아왔습니다. 다시금 우리는 미국이 대변하는 모든 것을 경멸하며 무자비한 이데올로기를 따르는 결연한 적과 직면했습니다. 다시금 미국과 우방국들은 사실상 모든 대륙에 배치된 군사력을 가지고 전 지구적인 싸움을 벌이고 있습니다. 그리고 다시금 승리가 미국의 것이 되고 자유가 안전해질 때까지 우리는 쉬지 않을 것입니다.

그리고 둘째, 미래로 시선을 돌리면 우리는 패배한 일본에서 희망과 영감을 얻을 수 있다는 것이다. 대통령은 연설에서 "미국과 일본의 전문가들은 일본인들이 민주주의에 준비가 되어 있지 않다고 주장했다"라고 밝혔다(아닌 게 아니라 1945년 종전 당시 미국과 일본의 보수적인 일각에서 이런 평가는 대체로 사실이었다). 하지만 대통령은 그들이 틀렸다고 역설했고, 이는 이라크의 경우에도 사실로 드러날 것이라고 했다. 미국인들이 낙심하여 훌륭한 싸움을 포기하지 않는 한 말이다.[8]

"진주만"의 부메랑

말은 중요하다. 역사는 중요하다. 자유와 민주주의도 중요하다. 하지만 "임무 완수" 축하 행사를 한 지 2년도 더 지나서 나온 대일본 전승 기념일 연설은 공허하게 들렸다. 온 세상에 광고했던 이라크 침공의 근거—이라크가 대량살상무기를 보유하고 있으며 알카에다를 지원한다는 추정—는 진즉에 신빙성을 잃었다. 점령된 이라크는 살인적인 혼돈으로 급전직하했다. 백악관의 대필 작가들은 제2차세계대전과의 비교에 강박적으로 그리고 어쩌면 진심으로 이끌렸을 수도 있지만, 그들이 반복적으로 늘어놓은 대다수 유비는 대중을 오도하는 것이었다. 오용되는 역사는 금이 간 거울이다. 이를 깨닫지 못하면 비극을 초래할 수 있으며 이 경우에는 실제로 비극을 초래했다.

하지만 심지어 금이 간 거울도 알아볼 수 있을 만한 상을 반사해 주며, 대다수 미국 성인이 본능적으로 인지하는 9월 11일과 12월 7일의 대략적인 상관성은 도발적이었다. 시금석이나 코드로서 "진주만"은 많은 것을 의미한다. 부정적이면서 긍정적이고, 악명 높으면서 변화를 촉발하며, 궁극적으로는 대단히 교란적인 것을. 예를 들어 9월 11일에 진주만 코드는 도덕적 공분과 신속하고 철저한 보복을 바라는 맹렬한 욕망만이 아니라 이를 전혀 대비하지 못했던 국가에 대한 깊은 충격도 포착했다. 진주만 기습 공격 뒤에 쏟아져 나온 각종 "우리가 잠들어 있는 동안"이라는 이미지—철통같은 미국(Fortress America)이 사실은 결연한 적의 공격에 취약하다는 섬뜩한 깨달음—가 갑자기 되돌아왔다.

12월 7일처럼 9월 11일의 충격은 미국 정보체계의 실패에 대한 열띤 분석을 불러왔다. 그리고 나중에 드러나듯이 그러한 분석—특히 2002년 양원 합동 위원회 청문회와 널리 찬사를 받은 2004년 9·11 조사위원회 보고서라는 공식 형태로 나온 분석—은 일반적으로 "시스템 실패"라는 진단과 반세기 전 진주만 대참사에 대한 공식 대응에 비견될 만한 조직적 개혁을 권고 사항으로 들고나왔다. 관료조직은 교체되지만 바뀌는 것은 없으며 관료조직을 조사하기 위해 임명된 위원회도 마찬가지다. 양자는 예측 가능하며, 관료조직은 위원회가 권고하는 어떠한 실질적 조치든 약화하거나 우회할 수 있다.

인간 심리와 오류, 어리석음에도 같은 말을 할 수 있다. "진주만"은 알고 보니 다른 것들—예를 들어 미국의 무고함, 희생자화, "예외주의"의 신화와 더불어 상상력과 상식의 실패—의 코드이기도 한 까닭이다. 편견과 선입견은 구조적 실패에 초점을 맞추는 이들이 보통 인정하는 것보다 잠재적 적들의 의도와 능력에 대한 평가를 왜곡한다. 인종, 문화, 종교의 차이들이 개입하는 경우에는 특히 그렇다. 게다가 그러한 편향들은 적대자들이 품은 불만을 이해하는 데 방해가 된다. 그들이 그런 불만을 호소해 지지를 동원하는데도 말이다.

상상력의 실패는 일본의 지도자들이 분명히 전쟁에 나설 태세였음에도 워싱턴의 관리들과 하와이의 지휘관들이 1941년 12월의 기습 공격에 왜 전혀 대비하지 못했는지 설명해 준다. 9월 11일의 경우는 더욱 확연하다. 세계무역센터에 대한 첫 테러 공격은 9·11 8년 전에 일어났다. 오사마 빈라덴과 다른 이슬람주의 전투원들은 종교적 명령인 파트와(fatwa)를 내렸다. 그들은 2001년 공격이 일어나기 무려 3년 반 전에 "유대-기독교의 동맹"에 대한 성전을 선언하고 전 세계의 무슬림에게 "군인과 민간인을 가리지 않고 미국인과 그 우방 국민을 죽일" 것을 촉구했다. 이는 비밀스러운 의제가 아니라 오히려 공개 선언이었다. 워싱턴 정책 수립의 내부 성역 바깥에서 활동하던 분석가들은 너무 늦기 전에 본토에 대한 테러리스트 위협을 국가안보의 우선적 의제로 올리려고 애썼지만 헛수고였다.[9]

예를 들어 전직 상원의원 두 사람이 주관하여 2001년 1월에 「신세계의 도래: 21세기 미국 안보(New World Coming: American Security in the 21st Century)」라는 제목으로 발표한 중요 연구 결과물은 "국가, 테러리스트, 여타 불만 집단들이 대량살상무기와 대량파괴무기를 획득할 것이며, 일부는 그 무기를 사용할 것이다. 미국인들이 미국 땅에서, 아마도 많은 수가 사망할 가능성이 크다"라고 예측했다. 이후 초당적인 조사에 따르면, 그 보고서가 나온 그해 1월과 9월 11일 사이에 중앙정보국(CIA)과 국가안전보장회의(National Security Council, NSC)의 대테러 전문가들이 그 위협에 관해 여러 차례 긴급 발표회를 가졌음이 밝혀졌다("시스템에 빨간불이 깜빡거리고 있었다"). 대통령은 빈라덴과 관련한 내용이 담긴 극비 대통령 일일 약식 보고(President's Daily Briefs)를 40차례 넘게 받았다. 9·11 공격 음모로 보이는 10여 가지 구체적인 수사단서를 그 누구도 끈기 있게 좇지 않았다. 진주만의 경우에도 이러한 신호가 있었지만 미국 본토에 임박한 공격을 가리키는 경고와 신호는 진주만보다 훨씬 많았다.[10]

그러나 부시 행정부 최고위층의 누구도 이러한 경고를 진지하게 받아들일 만한 상상력이 없었다. 대통령의 보좌관들은 「신세계의 도래」 연구를 주도한 한 사람과 대통령의 만남을 가로막기까지 했고, 콘돌리자 라이스(Condoleezza Rice) 국가안보보좌관이 "어제의 세계가 아니라 오늘과 다음의 세계가 맞닥뜨린 위협과 문제"를 주제로 9월 11일 저녁에 하기로 예정되어 있었지만 취소된 정책 연설에는 빈라덴이나 알카에다, 이슬람 극단주의자들에 대한 언급이 없었다. 연설의 일차적 초점은 미사일 방어를 옹호하는 데 맞춰졌고 테러리즘은 불량국가 맥락에서 지나가듯이 언급될 뿐이었다. 9·11 이전의 전략 기획 집단들은 중국이 앞으로 미국의 헤게모니에 커다란 위협이 될 것임을 예측하는 데 에너지를 쏟았다. 국내 정책 전망에서 테러리즘은 존 애슈크로프트(John Ashcroft) 법무장 관이 법무부에 제시한 "톱텐" 우선순위에 포함되지도 않았다. "9·11"은 틀에서 벗어나 사고하지 못하는 최고위층의 무능력과 태만을 폭로하는 측면에서 진주만의 대참사를 능가했다.[11]

　게다가 진주만 유비는 9·11에서 끝나지 않았다. 끝나기는커녕 이라 크에 맞서 스스로 선택한 전쟁으로 인해 "오욕"의 소재지가 늘어나고 정 보와 상상력의 실패도 커지면서 진주만과의 유비 역시 갈수록 더 도발적 으로 커져 갔다. 2003년 3월 19일─미군이 "이라크자유작전"이라는 암 호명으로 침공을 개시한 날짜─은 무단 침략 행위의 결정적인 표지로서 12월 7일과 9월 11일의 대열에 합류했다. 80대 미국 역사학자 아서 슐레 진저 2세는 이라크 침공에 대한 고뇌에 찬 반응으로 이 거슬리는 인식을 드러냈다. 그는 "대통령은 앞서 본인이 오욕 속에 길이 남으리라고 말한 날에 일제가 진주만에 채택했던 정책과 우려스러울 만큼 유사한 '예방적 인 자위' 정책을 채택했다"라고 썼다. "프랭클린 D. 루스벨트는 옳았지 만, 오늘 오욕 속에서 사는 쪽은 우리 미국인들이다."[12]

　이는 애국적 열정이 고조되고, 요란한 최첨단의 개전 공습 "충격과 공 포" 작전이 미디어를 도배하며, 추후 이라크가 혼돈에 빠져들면서 테러 리즘에 맞서 싸우는 데 순전히 군사력에 의지하는 결정을 내리는 치명적 인 근시안이 아직 노출되지 않았던 시기에 나온 의견이었고, 또한 미국 인들 사이에서도 확실하게 소수의견이었다. 미국 바깥에서는 이른바 부 시독트린에 대한 슐레진저의 비판이 이례적이지 않았을 것이다. 하지만 국내에서는 이단이었다. 물론 시간이 지나면서 침공 근거가 신빙성을 잃 고 약속된 해방이 피비린내 나는 파탄의 땅으로, 지긋지긋한 점령으로 탈바꿈하면서 슐레진저의 의견은 더 이상 이단이 아니게 된다.

이라크자유작전이 전술적 성공이자 전략적 재앙임이 분명해지면서 "진주만"은 또 다른 층위에서 상징적 의미를 띠게 됐는데, 이는 미국이 표방하고 공언한 그 원칙들을 스스로 위반하고 있다는 슐레진저의 우려를 공유했던 사람들조차도 생각지 못한 의미였다. 여기서 코드는 도덕적이거나 법리적인 차원이라기보다는 심리적이고 실제적인 차원이었다. 이는 전략적 어리석음, 달리 말해 최고위층의 비합리성과 희망적 사고, 집단사고(groupthink)의 문제였다.

집단적 비합리성은 미국 및 연합국과 맞붙기로 한 일본의 처참한 결정을 설명할 때 대다수 논평가가 내놓는 진단이다. 진주만은 1941년 12월 동남아와 태평양 전역에서 개시된 일본의 수십 가지 공습 가운데 하나일 뿐이었다. 장기적으로 그것은 찰나적인 "임무 완수", 정말이지 피로스의 승리[Pyrrhic victory, 희생이 너무 커서 결과가 무의미해지는 승리]였다. 일본의 개전 결정에 관한 가장 신랄한 (그리고 가장 많이 인용됐을) 평가는 미국의 해군 역사가 새뮤얼 엘리엇 모리슨의 반(半)공식적인 태평양전쟁 해전사에서 나왔다. 그가 보기에 진주만공격은,

일본이 심지어 전후에도 주장한 것처럼 "전략적 필요"이기는커녕 전략적 멍청함이었다. 군사사에서 공격자가 일으킨 것 중에 그보다 더 치명적인 작전을 찾으려고 해 봐야 헛수고다. …… 전략적 층위에서 그 결정은 멍청했다. 고도 정치[high politics, 군사·안보 등 국가의 생존과 직결된 사안을 다루는 국내·국제 정치] 층위에서는 처참했다.[13]

미국이 이라크를 침공해 점령한 뒤 1941년 12월 7일에 비견될 만한

전략적 멍청함을 찾아 군사사를 뒤지는 사람들의 노력은 이제 더는 헛수고가 아닐 것이다. 하지만 우리는 이 문제를 어떻게 생각해야 할까? 이때까지 일제의 처참한 정책 결정에 대한 일반적인 설명, 특히 미국인과 유럽인 들의 설명은 단순했다. 역사, 문화, 심지어 종족성을 이유로 일본인들은 한마디로 서양인들처럼 합리적으로 사고하지 않았다는 것이다.

여기에서도 우리는 거의 정전(正典)이 되다시피 한 관찰 내용들을 갖고 있는데, 1931년부터 진주만 때까지 주일 미국 대사를 역임한 (그리고 모리슨이 일본의 "멍청한" 행동에 관한 테제를 제시할 때 인용한) 조지 프 그루(Joseph Grew)의 관찰이 그것이다. 1942년에 일본에서 귀국한 뒤 그루는 국무부 고위 관료로서 적의 생각과 행동에 관해 수시로 언급하면서 활발하게 글도 발표했다. 전쟁 발발 전 그가 워싱턴에 종종 보낸 장문의 공문들은 1943년에 국무부가 펴낸 두툼한 간행물에서도 많은 페이지를 차지했는데, 이 책자에는 진주만까지 이어지는 10년 동안 작성된 원래 기밀인 외교 공문 다수가 실려 있다. 1944년에는 그루가 자신이 보낸 글 전문과 파란만장한 도쿄 주재 시절에 작성한 상세한 일기를 바탕으로 한 대중서를 출간했고. 이 책의 서평이 여기저기 실리면서 이 호랑이 굴 속 견해들은 한층 폭넓게 일반 대중에게도 전파됐다.

그루의 캐리커처는 시종일관 똑같았다. 예를 들어 전시 간행물들에 재탕된 어느 긴 전문은 1941년 9월 29일에 발송된 전보 원문으로서 다음과 같다.

대사는 서양의 어느 나라와도 근본적으로 다른 일본인들의 심리를 이해해야 할 중요성을 강조한다. 어느 특정 상황들에 대한 일본인들의 반응은 서양의 잣대로 잴 수 없고 일본인들의 행동 역시 서양의 잣대로 예측될 수 없다. 이러한 사실은

아주 최근까지 봉건적이었던 나라의 경우에 딱히 놀랄 일이 아니다.

그루의 또 다른 캐릭터 스케치(전후 진주만 관련 의회 청문회와 후대의 논평가들이 받아들인)는 "일본인들의 사리(事理)는 우리의 논리 기준으로 잴 수 없다"라고 주장한다.[14]

이것은 "문명적인" 차이들과 서양의 우월성을 함축한 판에 박힌 언어다. 비합리적인 비백인 외국인은 유럽과 미국의 제국주의와 식민주의 팽창에 쓰이는 수사학에서 전형적인 인물이며, 아시아-태평양 전쟁은 서양의 잣대로는 이질적인 인종이자 국민인 일본인에 대한 그루의 인식으로부터 수많은 변주를 촉발했다. 일례로 맥아더의 정보 부장이자 일본인 심리 전문가라는 보너 펠러스(Bonner Fellers) 준장은 "사고방식 측면에서 오늘날 일본인과 미국인은 마치 **수백 광년** 떨어진, 다른 세계에서 살아온 사람마냥 다르다"라고 결론 내린 진주만 이전 자신의 보고를 특히 자랑스러워했다.[15]

제2차세계대전 이후, 비합리성은 중국인에서 한국인, 동남아 민족들, 무슬림과 아랍인에 이르기까지 서양인이 접하는 비백인 상대에게 차례차례 적용됐다. 일례로 1955년에 중국인에 관한 어느 발언에서 드와이트 아이젠하워 대통령은 "동양인들이 우리처럼 논리적으로 생각한다고 믿으면 언제나 틀린다"라고 말함으로써 조지프 그루의 시각을 전달했다.[16] 2003년과 2004년 이라크 점령지 총독인 L. 폴 브리머 3세(L. Paul Bremer III)는 추앙받던 현지 지도자 중 한 명인 아야톨라 시스타니(Ayatollah Sistani, 그는 미국 주도의 연합국임시행정당국이 새 헌법과 여타 과격한 개혁 정책들을 강행하기 전에 민선을 치러야 한다고 주장했다)에 관해 유사하게 논평했다. 브리머는 이라크 주재 시절에 관한 회고록에서 "안타깝게도 이라크에서 사태는 항상 논리적으로 전개되지는 않았다. 아야톨라 시스타니는 확실히 우리 서구인과는 이성적 차원에서 다르게 활동했다."[17]

뒤집어 보면 비합리적인 동양인이라는 이런 스테레오타입은 이성, 질서, 문명화된 행위의 계몽주의 이상들이 실제로 현대 서양인의 사고와 행위를 이끌어 왔다는 변치 않는 가정을 반영한다. 서양인들은 때론 합리적으로 사고하고 행동한다. 하지만 그렇지 않은 경우도 많으며 근대 전쟁과 평화의 역사만큼 이 점이 더 명백하게 드러나는 곳도 없다. 도덕적 쟁점들은 차치하고라도, 과학기술적이고 기술 관료주의적인 정교한 사고가 수뇌부의 희망적 사고와 망상, 무리 행위와 나란히 가는 경우는 허다하다. 이는 1941년 일본 군사 계획가들의 경우에 사실이었으며, 60년 뒤에 이라크 침공을 적극 지지한 미국의 계획가들과 전쟁 열광자들의 유사한 여러 사고방식에서도 드러난 사실이다. 진주만으로 귀결되는 일본의 정책 결정을 담은 상세한 극비 회의록을 다시 읽어 보면 정신이 번쩍 든다. 일본의 숙의 과정은 우리가 아는 부시 재임기 백악관 집무실의 정책 결정 과정보다 훨씬 더 절차를 따랐다. 똑똑한 문민 관료와 군 관계자 들이 표면상으로 합리적인 토론에 참여했다. 그렇지만 결국에는—9·11 직후의 워싱턴 관계(官界)의 경우처럼—토론에서 이긴 것은 지혜도 상식도 아니었다.

1941년 일본의 선택과 2003년 미국의 선택에서 비슷한 수사와 근거들을 생각해 보라. 둘 다 국가안보에 관한 깊은 불안과 항구적 평화 수립을 위한 전주곡으로 해외에서 "해방"을 가져오겠다는 공언된 목표에 기대고 있다. 양자 모두 전략적 자원의 통제가 큰 그림에 들어온다. 도쿄와 워싱턴 양쪽 모두 최초 공습 계획이 다른 모든 고려 사항을 압도해 버린다. 적의 성격, 자원, 예상되는 심리적 반응에 대한 진지한 평가는 안중에도 없다. 선제적이거나 예방적인 전쟁이 정당한지 묻는 일은 금기며, 현실적인 근거에서 전쟁계획을 비판하면 패배주의와 반역이나 다름없다고 매도당한다. 궁극적으로 양측의 전쟁 선택은 걷잡을 수 없는 파괴의 힘들을 풀어헤쳤고, 이루 말할 수 없는 고통을 야기했다.

1962년에 출간되어 이제는 고전이 된 진주만 참사 분석에서, 사회과학자 로버타 월스테터(Roberta Wohlstetter)는 일제의 다가오는 위협에 대한 미국의 반응과 관련하여 "비관적인 현실주의를 드러내는 표현에 실제로는 막연한 낙관주의가 결합되어 있는 역설"에 놀라움을 금치 못했다.[18] 이 같은 판단은 일반론으로서도 잘 적용된다는 사실이 드러난다. 그것은 진지한 장기적 계획을 세우지 않은 채 연합국과 맞붙기로 한 일본 지도자들의 명청함에 적용될 수 있다. 또 일본의 침략을 예상하면서도 일본 지도자들의 실제 정신상태와 일본군의 역량을 진지하고 면밀하게 살펴보지 않은 루스벨트 행정부의 무사안일에도 잘 들어맞는다. 그리고 이는 이라크와의 전쟁에 성급하게 돌입한 부시 행정부의 역설도 포착한다—표적으로 삼은 국가의 무기와 성향, 전 세계적인 테러 위협에 대한 종말론적 예감과, 침공 이후 만일의 사태에 대한 대비와 관련해서는 범죄적인 태만에 가까운 무사태평함이 결합된 꼴이다. 만약 백악관 집무실의 계획가들이 일본인들이었다면 백인 전문가들이 벌 떼처럼 달려들어 그들은 애초에 논리적으로 사고하지 않는다는 설명을 늘어놓았을 것이다.

차고 넘치는 진주만과 제2차세계대전 유비에서 나온 최대의 부메랑 효과는 옛 추축국 적들처럼 무력으로 테러리즘을 패배시킬 수 있다는 치명적인 가정일 것이다. 워싱턴 수뇌부의 거의 모든 사람이 이런 가정에 넘어갔고, 대통령보다 이를 더 확신한 사람도 없었다. 부시는 "전시 대통령"의 역할을 끌어안고 나서 여러 해 동안 반미주의와 반군 활동의 근원을 무시하고 지휘관들에게 사살된 적의 숫자만 물었다. 작은 비국가 조직의 공격은 가공할 국민국가의 공습과 동일시됐다. 다방면에 걸친 다각적인 대응이 요청되는, 근본적으로 범죄적인 도전으로 인식되어야 할 것이 그 무엇보다도 재래식 군사력으로 대응해야 할 위협으로 취급됐다. 이런 대응은 몰지각하고 역효과를 낳는 것을 넘어 참사였다.[19]

물론 제2차세계대전과 "테러와의 전쟁" 간 차이는 크다. 그와 동시에 코드 언어―그리고 더 일반적으로는 역사의 이용과 오용―는 정치적·이데올로기적 방아쇠일 수 있음을 유념하는 것이 좋다. 그러므로 막후 실세들 사이에서 "진주만"은 유용한 파국을 가리키는 코드이기도 하다. 미국 외교와 군사정책의 급격한 수정에 열성적이었고 나중에 부시 행정부의 외교정책 형성에 영향력을 행사한 보수파는 9월 11일보다 꼬박 1년 전에 이미 군사적 팽창과 중동에서, 특히 이라크를 상대로 더 공세적인 정책을 용이하게 할 만한 "어떤 파국적이고 촉매가 되는 사건, 즉 새로운 진주만 같은" 사건을 심사숙고하고 있었다. 그들은 이런 참화가 나라를 덮치기를 바라지는 않았지만, 그 참화는 그들의 전략적인 목표들에 기여했다.

우리가 끊임없이 배우고도 잊는 것처럼 예언은 자기실현적일 수도 있으며, 파국은 기민하고 냉소적인 이들에게는 뜻밖의 선물이 되기도 한다.[20]

2장

정보 실패

진주만의 전주곡

힘과 위험에 대한 전통적인 잣대로 볼 때 1941년 일본의 위협과 2001년 알카에다와 이슬람주의 테러의 위협은 공통점이 거의 없었다. 일제는 고도로 기계화된 거대 육해군을 보유한 국민국가였다. 일본은 국제연맹이 만주 점령을 규탄하자 발끈하여 탈퇴한 뒤 1933년부터 갈수록 국제사회로부터 고립되어 갔다. 1937년부터 일본은 중국과의 전면전이라는 수렁에 빠져들었다. 인구가 많은 해안 지방을 점령했지만 내륙의 국민당과 공산당 세력에 발목을 붙들린 처지였다. 일본의 "남진(南進)"과 동남아 식민지(프랑스령인도차이나, 네덜란드령동인도, 영국령 홍콩·말레이·버마, 미국이 지배하는 필리핀) 탈취 결정—진주만 선제공격을 촉발한 치명적 결정—은 주로 중국에서 전쟁을 계속 이어 가는 데 필수적인 전략적 자원에 안전하게 접근하기 위해서였다.

원래 일본은 중국 침략에 필요한 철강, 연료 등의 수입을 미국에 크게 의존했다(중국보다는 일본이 미국의 아시아 주요 시장이었다). 전쟁이 늘어지면서 친중적 국내 여론이 루스벨트 행정부를 압박하자 미국은 다른 식민 열강들과 함께 그러한 수출 품목을 점차 엄격하게 제한했고, 이에 따라 일본은 "경제적 목조르기" "ABCD 포위"[미국(America), 영국(British), 중국(China), 네덜란드(Dutch)]라고 비명을 지르는 것으로 반응했다. 중국이 일본을 포위하고 있다는 주장은 궤변이겠지만, 이런 생각이 일본인들에게는 그럴듯하게 보였던 것 같다. 거기서는 ABCD의 "C"가 "공산주의(communism)"를 의미할 수도 있었을 테니까 말이다. 1930년대에 일본이 내건 전쟁 프로파간다의 상당 부분은 중국에서 공산주의 영향력의 대두에 초점을 맞췄다. 미국인과 유럽인 들이 일본의 팽창을 "황화"의 맥락에 위치시켰다면, 일본의 이데올로그들은 유럽과 미국 제국주의의 "백화"만이 아니라 소련 주도의 국제 공산주의의 "적화"에도 신경을 곤두세우고 있었다.

중국과 일본 간 공공연한 전쟁이 발발한 뒤에도 반공을 부르짖는 목소리는 서양 외교관들과 정책 결정자들에게 적잖은 호소력이 있었다. 도쿄의 그루 대사는 아시아에서 "안정화 세력"으로서 일본의 중요성을 하도 고집스레 역설하여 결국에는 유화주의자라는 비난에 맞서 자신을 변호해야 할 정도였다. 19세기 유럽과 미국, 일본의 제국주의가 강요한 불평등조약들과 외국 조계지들을 1941년에도 여전히 떠안고 있던 중국은 1937년에 전면전이 터졌을 때 실제로 불안정하고 혼란에 휩싸여 있었다. 혁명적 변화의 기운이 감돌고 있었고, 배외 정서는 마오쩌둥이 이끄는 공산당과 장제스가 이끄는 국민당 세력 양측에 활기를 불어넣었다. 이 격동의 이데올로기적 투쟁에서 중국의 사실상 모든 정파가 "해방"의

기치 아래 지지를 결집시켰다.

비록 미일 관계는 1941년까지 긴장이 심화하고 악화했지만 진주만 전야에 두 나라는 의견 차이를 해소하고자 워싱턴에서 여전히 대화 중이었다. 미국의 관점에서 볼 때 가장 결정적인 쟁점은 일본의 중국 침략, 동남아에서의 팽창 야심, 1940년 9월에 맺은 독일·이탈리아와의 동맹이었다. 일본 쪽에서는 미국에 전략적 수출 품목에 대한 금수조치를 풀어줄 것과, 정복되지 않은 중국 내륙의 충칭을 근거지로 하는 국민당 정권 주도의 중국 저항 세력에 대한 지원을 중단할 것을 요구했다.[21]

11월 말에 이르자 양측은 교섭이 실패했다고 결론 내렸다. 헨리 스팀슨(Henry Stimson) 전쟁장관은 곧 유명해질 11월 27일 자 일기에 코델 헐(Cordell Hull) 국무장관이 일본과의 대화가 결렬됐음을 알려 왔다고 적었다. 그는 코델이 "나는 여기서 손을 뗐네. 이제는 자네와 녹스[해군장관 프랭크 녹스(Frank Knox)] 손에 달렸어. 육군과 해군 소관이야"라고 말했다고 기록했다.[22] 이틀 뒤 일본의 공격 부대는 이미 쿠릴열도의 비밀 훈련 기지에서 진주만을 향해 출발했다. 대함대는 항공모함 여섯 척을 비롯해 대략 전함 60척을 아울렀고, 엄격한 무선통신으로 침묵을 유지했다. 유령 함대가 임무 수행에 나선 것이다. 미국 전쟁계획가들이 오랫동안 이야기해 왔고 심지어 거기에 계획도 세웠지만 누구도 실제로 진지하게 받아들이지 않았던 임무 수행에.

미국 고위 관료들은 전쟁이 임박했음을 인식하긴 했지만, 전쟁이 일어나더라도 동남아시아의 서양 식민지 침공, 특히 네덜란드령동인도(인도네시아) 혹은 싱가포르를 비롯한 영국령 말레이, 어쩌면 미국의 아시아 고립 영토인 필리핀 침공 형태를 띨 것이라고 예측했다. 일본 관계에서는 진주만공격 계획 자체는 잘 엄수된 비밀이긴 했어도—진주만공격에 관한 역사 연구에 수십 년을 바친 고든 프레인지(Gordon Prange)가 분명히 보여 주었듯이—"초특급 기밀"은 아니었다. 실제 공격 날짜가 가까워지면서 비밀 계획에 관여하는 특별 기동부대의 해군 장교들은 점차 늘어날 수밖에 없었다. 필리핀을 비롯해 동남아 전체의 점령을 겨냥한 동시다발적이고 복잡한 "남방 작전" 계획에 관여하는 육해군 장교의 경우도 마찬가지였다. 다른 한편으로 일본 행정부 최고 기관인 내각에서는 진주만 계획에 대한 지식이 대단히 제한적이었다. 비록 도조 히데키(東條英機) 총리(총리직을 수행하는 동시에 육군 장성이었다)는 공격 계획을 알고 있었지만, 나중에 자신은 작전의 실제 세부 사항들을 알지 못했다고 주장했다. 천황은 앞서 간략한 보고를 받았다. 외무대신은 약식 보고를 받지 못했고 더 나아가 워싱턴에서 미 국무부와 협상을 벌이고 있던 사절들도 마찬가지였다.[23]

공격 개시 전에 관계를 단절하겠다고 미국에 알리는 것이 일본의 의도였다. 진주만공격 작전을 구상하고 관장한 야마모토 이소로쿠(山本五十六) 제독은 명예가 걸린 사안으로서 이 점을 강력히 주장했다. 이를 염두에 두고 워싱턴의 사절단은 정확히 어느 시점에 이 최후통첩을 전달해야 하는지에 관해 엄격한 지령을 받았다. 사소한 말썽과 커다란 파국을 뒤섞는 흔한 운명의 장난처럼 일본 대사관이 사무(事務)상 일처리를 서투르게 하여 이 최후통첩의 암호해독과 번역, 전달이 지연됐다. 최후통첩은 진주만공격이 개시된 직후에 국무장관 헐에게 전달됐다. 그리고 이 최후통첩은 외교관계단절을 알리면서도 전쟁에 관해서는 전혀 언급하지 않았다.

실상 이 의사전달 실패는 중요하지 않았다. 미국은 1940년 8월에 이미 일본의 외교 암호를 풀었다(하지만 1941년 12월 7일 이전에 일본 육해군의 기본 암호는 풀지 못했다).²⁴ 최고위 관료들은 그러므로 외교관계단절이 진행 중이며 일본이 새로운 국면의 군사적 팽창에 나설 태세임을 이미 알고 있었다. 그리고 이 점을 둘러싸고—미 정부와 군 최고위층에서 누가 무엇을 실제로 알고 있었는지 아니면 알아차렸어야 했는지, 그리고 군은 왜 전혀 대비하지 못한 채 그렇게 처참하게 기습당했는지를 둘러싸고—향후 수십 년 동안 엄청난 양의 잉크가 할애될 터였다.

진주만공격에서 일본의 목표는 미국 태평양함대를 무력화하고 그리하여 동남아 진격에 즉각 대응하지 못하게 하는 것이었다. 진주만은 최초 투입 병력으로 항공기 2000대와 선박 160척, 잠수함 60여 척을 동원해 개별 목표물 약 29개를 타격하는, 기막히게 복잡한 "1단계" 합동작전의 여러 공격 행위 가운데 하나일 뿐이었다.²⁵ 미국인들에게서 예상되는 반응에 관한 심리적 고려 사항은 보통 나중에서야 살짝 나타날 뿐이었다. 그러므로 1941년 1월 7일 자 편지에서—대담한 진주만공격 제안을 채택하라고 여전히 촉구하고 있으며 구체적인 계획 수립에 들어가기는 아직 한참 전이다—야마모토 제독은 해군대신에게 다음과 같은 말로 의견을 개진했다.

미국과의 전쟁에서 최우선적으로 해야 하는 가장 중요한 일은 미 해군과 국민의 사기가 땅에 떨어져 도저히 회복할 수 없도록 전쟁 벽두에 미국의 주력 함대를 맹공격하여 파괴하는 것입니다.

이런 생각은 얄팍하고 안일했을지도 모르지만, 기본계획 수립 과정에서 신줏단지처럼 모셔졌다. 진주만공격 몇 주 전(11월 15일)에 승인된 주요 문서는 "전쟁 종식"을 위한 계획의 골자를 서술하면서 일본이 일찌감치 군사적으로 성공을 거두면 "미국은 전쟁을 이어 갈 의지가 꺾일" 것이라는 희망을 피력했다. 새뮤얼 엘리엇 모리슨이 나중에 진주만공격에서 "전략적 멍청함"이라고 조롱한 것은 그러므로 이 속 편한 희망적 사고로의 후퇴에 시종일관 존재했다.[26]

개인적으로 야마모토는 미국에 적대행위를 개시하는 데 반대했다. 옛 해군의 카리스마 넘치는 노장(청년 장교 시절인 1905년 러일전쟁에 참전, 일본이 러시아 함대를 격파한 유명한 쓰시마해전에서 부상을 당했다)인 그는 제1차세계대전이 끝난 뒤 하버드에서 체류했고 1920년대에는 워싱턴에서 대사관 소속 해군 무관으로 두 차례 재임했다. 1936년과 1940년 사이에는 미국과의 전쟁을 초래할 것이라는 이유로 독일과의 관계 강화에 반대했고, 1941년 10월까지도 사적인 글에서 전쟁 결의는 "전적으로 내 개인적인 견해에 반한다"라고 쓰고 있었다. 일본이 기대할 수 있는 최상은 일본이 남방 지역에서 지배권을 공고히 하는 사이 미군을 6개월 또는 1년간 저지하는 것이라는 점을 한두 차례 분명히 밝히기도 했다.[27]

그러나 군인이자 천황의 충성스러운 신민으로서 야마모토는 외교가 실패한다면 전쟁을 개시한다는 결정을 받아들였다. 그리고 그 전쟁을 승리로 이끌기 위해 헌신했다. 강력한 내부 반발(특히 원로 "전함 제독들"의 반발)에 맞서, 시간을 벌기 위해서는 미국 함대를 상대로 반드시 항공모함을 이용해 선제공격을 해야 하며 또 그 전술만이 실행 가능성이 있다고 상관들을 설득했다. 이 점에서 진주만에서 거둔 눈부신 전술적 성공은 그가 옳았음을 입증했다. 1941년 9월에 실시한 모의훈련에서 일본 해군은 항공모함 여섯 척 가운데 두세 척을 잃을 수도 있다고 내다봤다. 공격 부대로 뽑힌 수병과 조종사 들은 죽음을 각오하고 공격 전야에 선상에서 유서를 쓰고 가족과 친지에게 작별 메시지를 남겼다. 나중에 보니 일본 측 손실은 항공기 29대와 소형 잠수정 5기, 전사자 64명(조종사 55명과 잠수정 승조원 9명)에 불과했다.[28]

전술적으로는 탁월했을지 모르지만 야마모토가 고안한 작전은 치명적일 정도의 심리적인 패착이었다. 미국의 사기를 약화하기는커녕 공습은 "진주만을 기억하라—그들을 죽게 하라"라는 구호 아래 온 나라를 결집시켰고, 일본 해군이 침몰하고 중핵이 되는 노련한 조종사들이 대거 전사하고 병사들이 전멸하거나 태평양의 섬들에 꼼짝 못 하고 고립되어 아사하게 했으며, 소이탄으로 본토가 불길에 휩싸이게 했다. 그리고 그 구호는 핵폭탄이 떨어질 때까지 그치지 않았다.

9·11로 가는 전주곡

이 모든 것은 9·11과 날카롭게 대비된다. 일본은 재래식 전쟁을 치르는 주요 열강이었다. 그 목표물은 순수하게 군사적이었으며, 심리적 효과는 기껏해야 나중에 고려한 것이었다. 심리적 효과가 테러리스트의 의제에서 중심적 위치를 차지하는 것과는 대조적으로 말이다. 하와이 자체는 당시 미국인의 의식에서 주변적이었다. 1898년에 병합된 머나먼 이국적 땅, 1959년에야 주(州)로 정식 승격될 해외 영토일 뿐이었다. 심지어 진주만은 1940년 봄에야 태평양함대의 주요 기지가 됐고, 그때까지는 샌디에이고가 함대의 모항이었다.

"대량살상무기"는 제2차세계대전의 주역들에게 확실히 차고 넘쳤다. 대량 살상에 꼭 핵무기가 필요하지 않다는 사실은 전 세계적인 사망자 수─최소 600만 명이 죽었다─만 살펴봐도 금방 알 수 있다. 하지만 당대의 동원 가능한 무기는 21세기의 항공기, 전함, 미사일, "스마트 무기", 핵무기, 생화학무기와 비교하면 초보적인 수준이었다. 마찬가지로 암호와 암호해독은 진주만 이전의 정보수집에서 실제로 중요한 일익을 담당했고 이후 전쟁 국면 동안 훨씬 더 중요해졌다. 하지만 다시금 오늘날 정보수집의 기술적 정교화와 그 주변으로 울창한 숲처럼 자라난 거대 안보 기관들에 비하면 기초적으로 보이는 수준이었다. 제2차세계대전이 끝난 뒤 대외 정보 수집·분석 업무의 중요성을 격상한 것은 상당 정도 12월 7일 참사의 여파였다. 1980년대 중앙정보국장이었던 윌리엄 케이시(William Casey)가 표현한 대로 중앙정보국은 "또 다른 진주만이 일어나지 않게 하려고" 1947년에 창설됐다.[29]

인종적 동질성과 극렬 민족주의, 육중한 전쟁 기구를 갖춘 일본 제국과 달리 알카에다는 국가와 종족의 경계를 넘나드는 느슨한 네트워크였다. 아프가니스탄 기지는 테러리스트를 훈련시키는 데 중요하긴 했지만, 알카에다 조직은 국가 후원에 의존하지 않았다. 육군이나 해군, 대량 화력을 보유하지 않은 알카에다 전사들은 지하드, 즉 성전의 정치적·종교적 열정으로 불타는 자원자들이었다. 외진 곳에서 숨어서 활동하는 오사마 빈라덴은 테러 공작원만이 아니라 아랍어권 전체에 자신의 메시지를 전달하고자 위성 텔레비전과 사이버공간을 활용했다. 그는 1996년 8월에 "두 성지(사우디아라비아의 메카와 메디나)를 점령하고 있는 미국인들과 맞서 지하드 선언"을 처음 발표했고, 1998년 2월에는 이슬람 급진주의자 네 명과 함께 "사탄의 병사들인 미국인들과, 그들과 한편인 악마의 지지자라면 누구에게나"[30] 맞서 싸우라는 두 번째 파트와를 선언했다.

빈라덴은 1991년 이래로 "미국은 이슬람 세계의 가장 성스러운 땅인 아라비아반도를 점령하고서 그 땅의 부를 약탈하고 그곳의 지도자들에게 명령을 내리며 그 땅의 사람들을 모욕하고 그 이웃들을 공포에 떨게 하고 그곳의 기지들을 이웃 무슬림 민족과 싸우는 선봉으로 탈바꿈시켰다"라고 비난했다. 파트와는 제1차걸프전 이후 미국 주도의 UN이 부과한 경제제재의 결과로 이미 "100만 명이 넘는" 사람이 죽은 이라크를 장래 미국 침략의 주요 목적지로 콕 집었다. 예상 가능하게도 이 선전포고는 더 나아가 미국인들의 종교적·경제적 목표가 "예루살렘 점령과 그곳의 무슬림 살해에서 주의를 분산시켜 보잘것없는 유대 국가의 이해관계"에도 복무한다고 공언했다.

1998년 2월 파트와에 이어 빈라덴은 ABC방송 기자에게 왜 미국이 공격 대상으로 지목됐는지를 자세히 설명하며 "미국에 암담한 미래가 닥칠 것을 내다본다"라고 말했다. 이 인터뷰 직후인 8월 7일에 알카에다는 케냐와 탄자니아의 미국대사관에 동시다발적 자살폭탄테러를 감행해 200명이 넘는 사람을 죽였다. 이 사건은 명백하게 알카에다와 연계된 최초의 반미(反美) 만행이었다. 클린턴 행정부는 빈라덴이 있다고 여겨지는 아프가니스탄 훈련 캠프에 순항미사일을 발사하여 보복했고, 빈라덴을 잡을 수 있는 정보에 500만 달러의 보상금을 내걸었다. 성공적이지 못한 미사일 타격 작전의 암호명은 돌이켜 보면 비대칭적 분쟁의 신세계에서 초강국의 오만을 제대로 반영한 것이었으니, 작전명은 바로 "무한도달작전(Operation Infinite Reach)"이었다. 2년 뒤인 2000년 10월에는 소형 보트에 탄 자살폭탄테러범들이 예멘의 아덴항에 정박 중이던 미 구축함 콜함(USS Cole)에 심한 피해를 입혔고 이로 인해 미군 승무원 17명이 목숨을 잃었다.[31]

12. 9월 11일: 두 번째로 공중납치당한 비행기인 175편이 불타는 세계무역센터로 접근하고 있다.

미국의 대테러 분석가들은 사우디아라비아와 손잡고 1996년 봄, 첫 번째 파트와 직전에 처음으로 빈라덴의 활동의 규모와 형태, 이름을 알아냈다. 1992년부터 국가안전보장회의의 기관 간 대테러 보안 그룹 책임자였던 리처드 클라크(Richard Clarke)가 나중에 썼듯이, 이 네트워크는 그 조직자들에 의해 "전 세계적인 신정정치가 될 건축물인 위대한 칼리프 국가에 반드시 필요한 토대"로 여겨졌다.[32] 1998년 파트와를 통해 빈라덴과 동지들은 공개적으로 미국을 주적으로 삼았고, 미 정보 당국도 알카에다 지도자를 분명하게 자신들의 목표물로 삼았다.

13. 세계무역센터 남쪽 타워에서 충격과 함께 불길이 치솟는 순간.

하지만 추후 미국의 해외 공관과 주둔군에 대한 알카에다의 요란한 공격조차도 일제와, 중국을 거쳐 진주만으로 이어지는 일제의 경로와 딱히 적절한 유비를 맺지 못한다. 2000년을 전후로 알카에다는 여전히 깨지기 쉬운 조직이었고 내부 분열에 시달렸다. 그리고 빈라덴이 막연하게 상상한 신정 제국과 그의 명령을 따르는 폭력의 양상은 거의 모든 측면에서 일본의 영토적 목표와 전쟁 수행 능력과 달랐다. 9·11 공격의 놀랍고도 희한하다시피 한 성공은 이 모든 것을 바꿔 놓았다. 불만에 찬 많은 무슬림과 아랍인 사이에서 빈라덴의 네트워크는 전에 볼 수 없던 유명세와

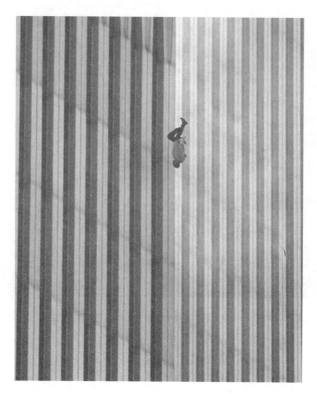

14. 리처드 드루의 "떨어지는 남자" 사진은 불지옥에서 탈출하려고 불타는 고층 빌딩에서 몸을 던지는 이들과 이를 목격하는 이중의 충격을 포착했다.

호소력을 얻었다. 진주만이 일제의 끝의 시작을 알린 반면, 9·11은 알카에다의 시작의 끝이었다.

진주만과 달리, 테러범들의 목표물―세계무역센터, 펜타곤, 그리고 백악관 또는 국회의사당(공중납치 비행기를 이용해 네 번째로 공격하려고 했지만 성공하지 못한)―은 전통적인 군사 목표물이 아니었다. 1941년과 2001년에 죽은 사람의 수는 꽤 비슷하지만(진주만에서는 2400명가량이, 9·11 때는 3000명보다 약간 더 많은 사람이 죽었다) 2001년에 죽은 사람은 대부분 민간인이었고, 로런스 라이트(Lawrence Wright)가 상

15. 9월 15일 세계무역센터의 잔해에서 한 소방관이 구조대원 열 명을 더 요청하는 신호를 보내고 있다.

기시키듯이 약 62개국 출신에 "전 세계의 거의 모든 종족집단과 종교"를 아울렀다.³³

알카에다가 선택한 전쟁은 60년 전 일본 침략자들이 선택한 전쟁처럼 나름대로 대담무쌍했지만 군사적 의미에서 엄밀하게 보면 선제적인 공격은 아니었으며 시간을 버는 것과는 상관이 없었다. 9월 11일 공격은 미국의 주변부가 아니라 뉴욕과 워싱턴 심장부를 강타한 전례 없는 심리전의 수행이었다. 미국 국가를 상징하는 제도적 중추—금융, 군사시설, 민주 정부—만이 아니라 나라의 핵심 가치도 겨냥했다. 항상 소름 끼칠 만큼 직설적인 빈라덴은 9월 11일 직후 인터뷰에서 그 공격을 당연스럽게 "정당방어"와 복수, 불신자 서방세계 자체의 세속적 가치들을 타도한다는 맥락에 위치시키며 이를 분명히 했다.

아프가니스탄의 알카에다 훈련 캠프에 미국의 응징 폭격이 시작된 10월 7일 알자지라 TV에 방송될 예정이었던 영상에서 빈라덴은 "오늘 미국이 맛보는 것은 우리가 수십 년간 맛본 것의 극히 일부에 불과하다"라고 단언했다. "80년 넘게 우리의 **움마**(umma)[이슬람 국가 또는 공동체]는 이 굴욕과 업신여김을 견뎌 왔다. 움마의 아들들은 그동안 죽임을 당하고, 그 피가 줄곧 흘렀으며, 성지는 더럽혀졌다. 이 모든 일이 신이 계시하신 바와 달리 누구도 듣거나 응답하지 않은 채로 벌어졌다." 몇 주 뒤에 그는 알자지라방송과 긴 인터뷰(2002년 1월에야 방송됐다)를 가졌는데, 여기서 "미국이 후원하는 이 서구 문명"에 대한 빈라덴의 경멸은 세계무역센터의 폐허라는 필터를 거쳐 표현됐다. "자유와 인권, 평등을 설교하는 물질만능주의의 거대한 타워가 파괴됐다."**34**

상상할 수 있는 거의 모든 방식으로 9·11은 세계를 충격에 빠트리고, 넋을 빼놓고, 감전시켰다. 1941년에는 꿈도 못 꿀 매스커뮤니케이션 기술의 방조하에서. 검은 연기를 뿜어내며 기울어지는 전함을 찍은 사진 몇 장을 빼면 진주만 외부의 누구도 실제로 그 공격을 "보지"는 못했다. 아카데미상을 수상한, 존 포드의 1943년 작 〈12월 7일(December 7th)〉 같은 영화에서 나중에 나오는 "다큐멘터리" 화면도 대부분 꾸며 낸 것이었다. 반대로 9·11은 선진국 진영이라면 거의 누구나 목격자가—몇 번이고 거듭해서—될 수 있었다.

그러한 실질적 차이점들에도 불구하고 진주만과 9월 11일은 같은 질문을 제기한다. 미국은 왜 기습을 당했나? 두 경우 모두 상대방의 적의는 사전에 충분히 명백했으며 뿌리가 깊었다. 또한 암호가 해독되어 정보 전문가들이 오가는 비밀 메시지를 읽고 있었다. 양측 모두에서 뭔가 **어마어마한 일**이 곧 일어나리라는 것은 분명했다. 유일한 질문은 어디에서 일어날 것인가였다.

양자의 경우에 미국이 왜 그렇게 대비가 형편없었는가에 대한 가장 설득력 있는 설명은 유사하다. 첫째는 인간의 오류를 방조하는 관료제의 구조와 절차의 문제이고, 둘째는 심대한 정보 실패 탓이라는 것이다.

사후 부검: 진주만

진주만 직후, 미국인들은 사람들이 일반적으로 인재를 대하는 방식으로 대응했다. 그들은 (사태를 이 지경으로 몰아간 더 깊은 원인들 대신에) 눈앞의 재난에 초점을 맞추고, 희생양을 지목하고, 다소간 정파적으로 행동하고, 공식 조사를 개시하고, 대체로 예측 가능한 결론을 이끌어 내고, 관료조직의 재편을 제의했다.

1941년과 1946년 사이에 미국은 정보 실패의 책임을 규명하기 위해 무려 아홉 차례 조사를 실시했다. 행정부는 전시에 일곱 차례, 전후에는 딱 한 차례 조사를 실시했다. 이 조사들은 군이 수행하거나 군과의 긴밀한 협력으로 이루어졌다. 양원의 청문회를 포함한 가장 광범위한 조사는 일본이 항복한 후에 실시됐다. 1945년 11월 15일부터 1946년 7월 15일까지 이어진 청문회는 40번에 나눠서 제출된 회의록을 낳았고 이는 대략 100만 자에 달했다. 500쪽이 훌쩍 넘는 최종 보고서는 조사 위원 여덟 명이 지지하는 다수의견과 두 명의 소수의견을 담았다. 이 문서들은 곧장 추후 논평들의 기초 자료가 됐다.[35]

최초와 마지막 조사는 특히 가혹한 희생양 몰이를 했다. 1942년 1월에 진주만의 육해군 지휘관들이었던 허즈번드 키멀(Husband Kimmel)

제독과 월터 쇼트(Walter Short) 중장은 "직무 유기"가 인정됐다. 이는 워싱턴에서 발생한 개인적·절차적 실패들에 면밀한 검토의 시선이 쏠리는 것을 일시적으로나마 돌리는 중대한 혐의였다(진주만공격 아홉 시간 **뒤에** 필리핀의 휘하 공군이 지상에서 기습당하게 방치한 맥아더 장군은 이해할 수 없게도 그러한 불명예 퇴진을 면했고 미 육군의 태평양 전역을 계속 지휘했다).[36] 비록 키멀과 쇼트의 혐의는 전후 청문회 다수의견 보고서에서 완화됐지만 청문회 보고서는 그들이 "직무 유기가 아니라 판단 오류"를 범했다고 인정했으며 두 사람의 경력과 평판은 무너져 버렸다.

정치적으로 전후 청문회는 야당인 공화당에 전쟁 막판까지 지속된 초당적 태도를 바꿔 루스벨트 대통령(일본이 패배하기 넉 달 전인 1945년 4월에 죽었다)과 그의 "전시 내각"이 진주만 참사에 무거운 책임이 있다고 주장할 수 있는 선명한 기회를 제공했다. 이러한 주장들은 확대된 형태로 오늘날까지 이어진다. 전후 초기에 이 주장들은 진주만 "수정주의", 또는 "전쟁으로 가는 뒷문"이라는 테제로 통하는 일단의 저술들을 낳았는데, 이는 루스벨트가 나치 독일에 맞선 영국을 도와줄 수 있도록 전쟁을 바랐다는 주장이다. 이 테제를 지지하는 사람들은 이를 위해 대통령이 고의적으로 일본을 도발하고 모종의 타협을 이끌어 내려는 대화 시도를 무시했다고 주장한다. 1982년 대중작가 존 톨런드(John Toland)는 『오욕(Infamy)』이라는 베스트셀러에서 이 수정주의 테제를 자세히 설명하고, 미국이 명시적으로 진주만공격을 예측한 이제까지 간과된 정보를 보유하고 있었다고 주장함으로써 루스벨트의 유명한 표현을 거꾸로 뒤집었다. 톨런드가 볼 때, 수치스러운 것은 일본이 아니라 1941년 미국의 행위였다는 것이다.[37]

'전쟁으로 가는 뒷문' 테제는 복잡하고 논쟁이 분분한 주제이며 주의를 기울일 만하나, 그러한 음모론들은 설득력이 떨어진다. 당파적인 사고가 깔려 있었음에도 불구하고 심지어 전후 청문회도 더 큰 문제는 제도와 절차상의 구조적 문제였으며, 개인적인 잘못은 그 틀 안에서 저질러졌다고 파악했다. 이 주장은 로버타 윌스테터와 고든 프레인지 같은 학자들의 저술에서 더 길고 자세하게 설명됐으며, 프레인지의 경우는 진주만공격에 관해 엄청난 양의 영어와 일본어 사료를 모두 검토했다. 프레인지의 연구원들이 요약했듯이(프레인지는 사료를 총망라한 연구서가 세상에 출판되기 전인 1980년에 별세했다), 수십 년에 걸친 연구 끝에 그가 내린 결론은 다음과 같다. "진주만 악당은 없었다. 진주만 희생양은 없었다. 루스벨트부터 말단까지 직접적인 관계자들 누구도 책임이 없지 않았다. 그들은 모두 잘못을 저질렀다." 건조한 접근법으로 시스템 분석에 더 단단하게 초점을 맞춘 윌스테터는 정보의 수집, 분석, 배포를 담당한 기구 전체에 결함이 있었기 때문에 이러한 잘못들이 일어났다고 주장했다.[38]

상충하는 정보의 홍수에서 어떤 질서를 찾아내야 할 때 내재하는 어려움을 설명해 주는 윌스테터의 열쇠 말 가운데 하나는 "잡음"이었다(영향력 있는 윌스테터의 1962년 연구서 가운데 한 장의 제목은 "하와이의 잡음"이었고 또 다른 장 제목은 "본국의 신호와 잡음"이었다). 어느 대목에서인가 윌스테터는 다른 사람의 표현을 빌려 와 모호한 신호들의 불협화음을 "웅성웅성 커져 가는 혼선"이라고 묘사한다. 현재의 논의에서 잡음과 본질적으로 동의(同意)인 유행어는 "잡담(chatter)"이다. 2001년 국가안보보좌관을 역임한 콘돌리자 라이스는 예를 들어 9·11 공격의 경고를 알아차리지 못한 실패를 "시스템에 잡음이 많다"라는 사실 탓으로

돌렸다. 우리는 말 속에서 허우적대며 더 많은 말을 가로챌수록 거기에 압도될 가능성도 커진다.[39]

잡음 논쟁에서 벌어지는 사후 뒷공론을 통해 우리는 수집된 정보를 재검토하고 뒤늦게나마 중요하다고 알려진 신호나 메시지를 뽑아낼 수 있다. 사후 뒷공론은 확실히 진주만 직전 몇 주 동안 루스벨트부터 말단까지 미국 정부 내 "거의 모두"가 "대서양과 유럽의 전장"에서 벌어지는 사태에 푹 빠져 있었다는 사실을 무시할 수 있게 해 준다. 9·11 이전 몇 주, 몇 달 간 부시 행정부가 테러리즘 말고도 미사일 방어 및 중국, 러시아, 유럽, 동유럽과의 관계를 비롯한 여러 가지 우선 사항들에 사로잡혀 있었던 것처럼 말이다.[40] 진주만에서의 실패 책임을 둘러싼 열띤 논쟁의 상당 부분은 위와 같이 발굴되고 해독된 메시지에 초점을 맞췄다. 그들은 왜 더 활발하게 단서를 좇지 않았나? 그 메시지들이 불길하게 암시하는 바는 분명하지 않았나? (보통은 분명하지 않았다.)

하지만 사후의 깨달음이라는 이점이 없는 상황에서 효과적인 분석을 저해하는 것은 단순히 소리의 크기라는 의미에서 잡음을 뛰어넘는다. 불확실하고 급변하는 1941년의 세계에서 신호는 종종 적이 펼치는 정책 과정 자체의 망설임이나 오락가락하는 태도, 또는 급격한 변화를 반영했고, 따라서 본디 모순적이고 혼란스러울 수밖에 없었다. 한층 더 문제적인 것은 1941년에 정보를 처리하는 관료조직은 융통성이 없고 부서별로 엄격히 구획되어 있었을 뿐 아니라 텃밭 싸움에 시달리고 있었다는 사실이다. 1946년 청문회에서 나온 다수의견 보고서는 예를 들어 전체적으로 "관리 감독과 행정, 조직상의 결함"에 주목했고, 특히 군대 내의 "책임 분할의 함정"에 초점을 맞췄다. "1941년 동안 지휘의 통일과 관련한 논의 전체가 부서별 특권을 악착같이 고수하고 육군과 해군의 이해관계를

위해 양보하지 않으려는 모습"이었다고 보고서는 파악했다.[41]

　대통령과 그의 최고위급 보좌관들을 가장 혹독히 비판한 다수의견 보고서는 유사한 논조로 "감청 메시지를 번역하여 정보를 평가하고, 하와이의 지휘관들에게 적절한 지침을 하달하는 데 신속하고 일관되게 대처하지 못한 워싱턴 당국의 실패는 상당 정도 워싱턴 관료들 사이에 만연한 지연, 관리 부실, 비협조, 미비 상태, 혼선, 태만 때문이었다"라고 결론내렸다. "기능장애"는 종전 직후 시기에 통용되는 용어가 아니었지만, 다수의견 보고서의 경우처럼 소수의견의 요약 결론도 일반론적이며 표현을 크게 바꾸지 않고도 9월 11일의 참사에 적용될 만하다. "진주만의 비극은 기존의 책무들을 실행하고 필요한 일을 하기 위한 법이나 권한의 실패 탓이 아니라 주로 인간의 실패 탓이었다. 어떤 입법으로도 1941년 12월 7일 진주만에서 파국으로 귀결된 사건들과 관련한 당국자와 기관원 들이 보여 준 것과 같은 공식적 판단, 운영, 협조, 행동상의 결함을 고칠 수는 없었을 것이다."[42]

　진주만공격에 대한 이후의 사후 부검들도 조직적인 난맥상에 대한 이같은 묘사에 동의했다. "당시 워싱턴에서 언제든 입수 가능한 신호를 모두 보유하고 있던 단 한 명의 사람이나 단 하나의 기관"은 없었다고 월스테터는 결론 내렸다. 워싱턴과 하와이 간 커뮤니케이션은 "아주 기본적인" 수준이었다. 코델 헐 국무장관은 번번이─11월 말 국무부가 일본과의 협상을 결렬하려고 하는 가장 중대한 시점에─"육군이나 해군과 상의하지 않고" 행동했다. 육군과 해군은 하와이와 워싱턴 어느 쪽과도 서로 간에 "정중하고 우호적이지만 내용 없는 커뮤니케이션"을 유지했다. 그러한 기관 간 정보분석과 커뮤니케이션 장애는 더욱이 "기관 내" 경쟁 관계에서도 관찰됐다.[43]

이를 넘어서 기밀 자체가 이중의 문제였다. 일본 쪽에서 진주만은 심지어 최고위 장성과 문민 관료 대다수도 모르는 극비 작전이었다. 외무부 전체가 논의 과정에서 제외됐다. 그런데 미국 쪽 암호해독자들이 1940년에 유일하게 해독한 일본의 주요 암호는 외교 암호["퍼플(purple)"로 알려져 있었다]였으므로 군의 계획과 유관한 감청 내용은 기껏해야 간접적인 것들뿐이었다. 다시 말해 그 감청 내용들은 워싱턴이나 하와이, 베를린 및 여타 지역의 외교관들에게 도쿄의 외무부 관리들 본인들도 온전히 이해하지 못한 채 그저 요청을 받아 내리는 지시 사항이었다.

그러나 더 골치 아픈 문제는 비밀 감청 내용을 취급하는 데 내재한 딜레마였는데, 그런 민감한 내용을 공유했다가는 가장 커다란 비밀, 바로 미국이 일본의 외교 전문을 읽고 있다는 사실이 폭로될 수도 있다는 것이었다. 즉 해독된 감청 내용이 정부 내에 더 많이 유포되고 그에 따라 행동할수록 일본이 "퍼플"이 해독됐다는 사실을 알아차리고, 그리하여 암호를 바꿀 위험도 컸다. 미국의 암호해독(과 번역) 작전의 이름은 "매직"이었고 누구든 그런 마법의 결실을 다른 사람과 아무렇지도 않게 공유하지는 않았다. 1946년 의회 청문회의 다수의견 보고서는 보기 드문 아이러니한 어조로 이 점을 짚었다. "이 첩보가 워낙 철저하게 극비로 함구되어 일본 암호가 해독됐다는 사실이 해독된 전문에서 얻어 낸 **정보**보다 더 중요하게 간주됐던 것 같다." 월스테터도 "매직〔MAGIC, 매직 프로젝트로 감청·해독한 일본의 메시지〕의 유포와 논의를 세심하게 제한한 일은 우리가 암호를 알고 있다는 비밀을 감추기 위해 불가피했지만 그 결과 이 신호 집단이 거의 들리지 않는 지경까지 이르고 말았다"라고 평가하며 유사한 결론에 도달했다. 비밀 유지는 극도로 은밀한 세계에서 쉽사리 덫이 된다.[44]

사후 부검: 9·11

진주만의 대비 태세 부재에 대한 이러한 사후 부검은 2004년 7월에 요란하게 공개된 9·11 조사위원회 보고서에서 제시된 정보 실패 분석을 예시한다. 악마는 디테일에 있을 수도 있으며, 양쪽 모두 시선을 사로잡는 디테일들이 있다. 하지만 개혁을 권고하는 문제에 이르면, 9·11 참사에 대한 진단은 진주만 관련 문헌을 관통하는 직무 유기로 악화된 시스템 기능 장애에 대한 동일한 일반적인 비판에 의지한다.

15개 주요 정보기관의 도표가 포함된 2004년 보고서는 중앙정보국, 연방수사국, 국가안보국, 국방부 "베헤못"〔behemoth, '리바이어던'과 나란히 성서에 등장하는 동물로 거대하고 육중한 기구나 권력에 대한 은유〕 사이에 그리고 그들 내부에서, 기관 간 그리고 기관 내 경쟁 관계에 관해 혹독한 비판을 서슴지 않았다. 이러한 혹평은 관료제적 구획화와 결부된 익숙한 토대를 모두 건드렸다. "활동 중복", "문민과 군 간의 갈등", 행정적 "연통"〔stovepipes, 중간 절차를 건너뛰고 상부에 정보를 곧장 전달하는 관행. 이 경우 중간 책임자는 정보 전달에서 소외된다. 첩보의 맥락으로 국한하면 정책결정자들에게 첩보 전문가들의 타당성 검토 없이 미가공 정보를 곧장 전달하는 관행을 가리킨다〕과 "텃밭" 싸움, "공동 정보 작업을 가로막는 구조적 장벽", "정보분석의 관리 분산" 등이 거론됐다. 진주만과 마찬가지로 9·11 정보 실패는 비밀 유지 문화 탓으로도 돌려졌다. 예를 들어 국가안보국은 "정보원과 〔정보 수집〕 방법 보호에 강박적 수준으로 집착"했다는 비난을 받았지만 문제는 시스템 전체에 걸쳐 있었다. 다시 말해, 문제는 "자기들이 수집한 정보는 자기들 소유라고 생각하는 기관 문화"에, "'알 필요' 정보 보호 문화"〔need-to-

전쟁의 문화
096

know, 보안 수위와 상관없이 알 필요가 있다고 생각할 때만 정보를 내준다는 의미)에, "기관들 사이에 과도한 기밀 지정 및 과잉 구획화"에, "정보 공유에 대한 인적이거나 시스템적인 저항"에, "정보 공유보다는 정보 보호에 보상해 주는 보안 체계와 안보 기관 직원들의" 분위기에 뿌리박혀 있었다.

놀랄 일도 아니지만 9·11 조사위원회의 조사 자체도 비밀 엄수 게임에 방해를 받았다. 백악관과 여타 기관들의 관료제적 "벽 쌓기"는 핵심 자료들에 대한 접근을 가로막았는데, 이는 1945~1946년에 의회 조사관들도 맞닥뜨렸던 문제다. 조사는 최상층부의 정보 **이용**에서 개인적 태만과 책임성에 대한 사정은 제외한다는 합의에 의해서도 제약을 받았다. 조사위원회는 처음부터 만장일치의 "초당적" 보고서를 내놓기로 했었고, 이런 입장은 정치적으로는 이해가 갈지라도 문제가 될 만한 요소는 사실상 싹 제거해 버리는 무균처리법이었다.[45]

그래도 최상층부에서 누가, 왜 태만했는지라는 문제를 추적하지 않았음에도 초당적 조사 결과는 잘못을 입증하기에 충분했다. 첩보활동의 예리한 분석가인 토머스 파워스(Thomas Powers)가 간단히 말했듯이 정보기관 담당자들은 "9·11 이전 아홉 달 사이에 오사마 빈라덴이 제기하는 위협에 관해 행정부에 무려 40차례 경고했지만, 그것은 행정부가 듣고 싶어 한 이야기가 아니었고 실제로 듣지도 않았다."[46]

2004년 무렵부터 탐사 저널리스트들과 성난 중간급 간부들이 너나없이 책을 펴내면서 9·11 조사위원회의 사후 부검을 보충하고 최고위층의 태만을 특징지은 난맥상과 주의 분산을 더욱 날카롭게 조명했다. 예를 들어 2001년 1월에 부시 행정부가 백악관에 자리를 잡자마자 국가안전보장회의의 대테러 최고 책임자인 리처드 클라크는 신임 최고위 관리들(딕 체니 부통령, 콘돌리자 라이스 국가안보보좌관, 콜린 파월 국무장관 등)에게 알카에다는 미국과 전쟁 중이며 이 나라에 잠복 테러조직(sleeper cell)을 갖고 있고 곧 대형 공세를 개시할 참이라고 경고했다. 1월 25일, 대통령이 취임한 지 몇 주 만에 클라크는 이 위협을 검토하기 위해 장관급 수준의 모임을 상관들에게 "긴급히" 요청하는 서신을 보냈다. 그러나 4월이 될 때까지 그 주제에 관해 하위급 "국장" 모임도 열리지 않았고, 뒤늦게 열린 하위급 모임에서도 폴 울포위츠(Paul Wolfowitz) 국방차관은 공언된 위협의 긴급성을 일축했다(클라크는 울포위츠가 빈라덴을 "아프가니스탄의 이 하찮은 테러리스트"라고 불렀다고 말한다). 1월 25일에 요청한 "주요 기관장들"의 만남은 정확히 9·11 공격 발생 일주일 전인 9월 4일에야 열렸고 클라크는 그날 "기대와는 달랐던 대체로 실망스러운 만남"에 속이 상했다.[47]

알카에다의 위협에 백악관의 시선을 돌리려고 한 다른 시도들도 유사하게 무산됐다. 7월 10일 CIA 국장 조지 테닛(George Tenet)과 그의 대테러 부장 코퍼 블랙(Cofer Black)은 알카에다의 "제로 아워(행동 개시)" 공세가 가까워지고 있음을 암시하는 감청 메시지 증가에 우려를 느끼고 국가안전보장회의의 라이스와 "정례에서 벗어난" 회의를 가졌지만, 이 만남은 그들의 보고가 심각하게 받아들여지고 있지 않다는 인상만 남겼다. 8월 6일 부시 대통령은 휴가차 머물고 있던 텍사스의 대목장에서 나중에 유명해진 것처럼 "미국을 타격하려고 작정한 빈라덴"이라는 제목으로 CIA로부터 대통령 일일 약식 보고를 받았지만, 이번에도 이 보고는 최고위 공직자들에게 별반 흥미롭지 않은 일반적인 잡담 속에 묻혀버렸다.[48]

진주만으로 이어지는 전주곡에도 상층부의 기능장애, 주의 분산, 중

과실이 맞물려 있지만, 부시 행정부의 태만 수준과는 여전히 주목할 만한 차이가 있다. 루스벨트와 그의 고위 보좌관들은 적어도 일본의 전쟁 대비 태세를 가리키는 감청 통신 내용과 여타 정보에 관심이라도 보였다. 미국을 향한 공격이 임박했음을 나타내는, 2001년에 그렇게 차고 넘친 분명한 신호에 대응하는 것이 1941년에는 없었다. 정보 전문가들이 진주만공격을 몇 주, 몇 달 앞두고 보고를 들어 달라고 거듭 간청했지만 허사였거나 대통령 본인에게 경고를 전달했다는 사람 또한 없었다. 그래도 모든 것을 고려할 때 역사 기록에서 지울 수 없게 남은 것은 유사한 정보 실패 사례가 두 번 일어났다는 사실이다.

✢ ✢ ✢

9·11 조사위원회 보고서의 마지막 장은 진주만과 9·11 간 공명을 인정한다.

"불의의 사건이 정부에 일어나는 경우, 그것은 보통 복잡하고, 여러 차원에 걸쳐 있는 관료제적인 문제일 가능성이 크다. 여기에는 책임의 유기도 포함되지만, 책임이 너무 부실하게 규정되거나 모호하게 위임되어 있으면 어떤 조치도 소용이 없다." 마지막 논평은 무려 40년 전에, 진주만을 두고 나온 말이다. 우리는 장래에 또 다른 위원회가 또 다른 공격에 관해 보고서를 쓰면서 이 인용문이 딱 들어맞는다고 여기게 되지 않길 바란다.[49]

아이러니하게도 그 인용문은 보고서가 발표됐을 때 다시금 적절해졌는데, 2004년 7월에 이르러 미국은 이라크에서 자신들이 초래한 비극의 수렁에 빠져 버렸기 때문이다. 그들은 중동에서 미국에 대한 울분과 테러리즘의 성격 및 뿌리에 관해 9·11로부터 배운 것이 거의 없었다. "불의의 사건"은 이 답답한 둔감함의 결과로 다시금 무섭게 찾아왔다. 미국 정부는 2001년 9월에는 도저히 상상할 수 없었던 일을 해내게 된다. 미국에 대한 전 세계적인 존경과 지지를 일제히 깎아내리고, 피로 물든 빈라덴을 머리부터 발끝까지 무장한 골리앗에 맞서 싸우는 다윗 같은 인물로 탈바꿈시키고, 이라크에서 혼란과 대학살을 재촉함으로써 세계 곳곳의 무슬림들을 격앙시키고, 지독한 무능으로 이제까지 미국 파워의 신비를 지탱해 온 무적의 군사력과 "무한 도달"의 신화를 산산조각 낸 것이다.

이 정신이 혼미해지는 위업은 애초에 9·11이 일어나게 만든 일반적인 정보 실패에 대한 교정이라기보다는 오히려 심화된 형태로 나타났다. 하지만 텃밭 싸움, "연통형 정보 전달", 강박적 비밀 유지, 단순한 개인적 오만과 무책임은 문제의 일부였을 뿐 가장 중요한 부분은 아니었다. 9월 11일과 12월 7일에 불시에 당한 것처럼 이라크를 해방하는 대신 결국 갈가리 찢어 놓은 2003년의 정보 대참사는 역시 상상력의 거대한 실패, 즉 9월 11일 이후 몇 달 동안 줄어들기는커녕 확대한 실패를 반영했다.

3장

상상력의 실패

"쪼그만 노란 개자식들"

1941년의 정보 실패에 관한 산더미 같은 문서와 증언, 논평 가운데 1945년과 1946년 사이 의회 청문회가 열리는 동안 키멀 제독이 무심결에 내뱉은 말보다 더 의미심장한 것도 없다.

진주만의 지휘관들은 일본 비행기들이 공격을 하기 열흘 전인 11월 27일에 워싱턴으로부터 "전쟁 경고" 메시지를 받았다. 그러나 1차 공격이 들이닥치자 쇼트 장군은, 휘하 공군이 지상에 단단히 묶여 있고, 탄약 대부분은 무기고에 그저 안전하게 보관되어 있으며, 히컴 같은 주요 비행장들에 대공포가 없는 채로 기습을 당했다. 키멀 제독의 태평양함대는 (순전히 운 좋게도 기동 연습을 위해 바다에 나가 있던 항공모함들은 빼고) 항만에 평화롭게 정박해 있었다. 이것들은 최초의 진주만 진상 조사에서 두 지휘관이 직무 유기라는 판결을 받고, 나중에 의회 조사 결과에서는 중대한 판단 착오라는 완화된 판결로 이어진 충격적인 잘못이었다.

쇼트(1949년에 타계)와 키멀(1968년에 86세로 타계) 두 사람 모두, 여전히 비밀이었던 매직 암호해독 작전으로 얻어 낸 일본의 공격 계획에 관한 정보를 워싱턴이 공유해 주지 않았다고 주장했다. 그들은 실제 공격에 대비하라고 명시적으로 지시받은 적이 없다고 항변했다. 전후 청문회에서 변론 기회를 얻었을 때 쇼트는 청문회에 출석하여 타자기로 친 61쪽짜리 진술서를 낭독했고, 키멀은 108쪽이나 되는 진술서를 준비했다. 자신이 왜 불시의 기습을 당했는지에 관해서, 불명예 퇴진을 당한 제독의 가장 아리송하고도 설득력 있는 해명은 에드워드 모건(Edward Morgan)과 청문회 중간 점심시간에 나눈 대화에서 나왔다. 모건은 나중에 다수의견 보고서 초안을 작성한 변호사였는데, 그가 여러 해 뒤에 회고한 바에 따르면 대화 내용은 다음과 같았다.

모건 **11월 27일에 이 "전쟁 경고" 메시지를 받고 나서도 왜 함대를 진주만에 그대로 놔뒀습니까?**

키멀 **좋아요, 모건, 내 대답해 드리리다. 난 그 쪼그만 노란 개자식들이 일본에서 그렇게 멀리 떨어진 곳에 그런 공격을 해낼 수 있을 거라 생각 못 했소.**[50]

비록 날것 그대로의 이 언어는 청문회 의사록에 기록되지 않았지만 다수의견 보고서는 실제로 "첩보가 의미하는 바에 대한 더 큰 상상력과 더 예리한 의식이 존재했다면…… 누군가는 진주만이 일본의 공격 지점이 될 가능성이 있다고 결론 내렸어야 한다고 주장해 마땅하다"라고 적시하는 것을 잊지 않았다. 틀에 박힌 사고에서 벗어나지 못한 것은 진주만에 관한 진지한 저술 전반에 거듭 등장하는 테마다. 예를 들어 고든 프레인지는 "심리적인 미비 상태"를 이야기하며, 로버타 월스테터는 "적의 행위에 관해 현재의 기대를 지지하는 신호에 주의를 기울이는 매우 인간적인 성향"을 언급한다.[51]

야마모토 제독은 미국의 제독이 언급한 상상력의 실패를 좀 더 평이한 언어로, 그가 공격 직후에 쓴 두 통의 사적인 편지에서 표현했다. 12월 19일 그는 동료 제독에게 다음과 같이 썼다.

커다란 운이 따른 데다 적이 오만하게도 태만했던 덕분에 우리는 기습을 성공적으로 감행할 수 있었소.[52]

이틀 뒤 학생인 어느 친구의 아들에게 편지를 쓰면서 야마모토는 미국의 오만을 말할 때 염두에 두고 있던 것을 약간 더 분명하게 설명했다. 이 편지 전문은 다음과 같다.

1941년 12월 22일

다카무라 요시키에게

편지를 보내 주어 고맙구나. 우리가 전쟁이 발발했을 때 적을 무찌를 수 있었던 것은 그들이 방심하고 있었기 때문이고 또 우리를 얕잡아 봤기 때문이다. "위험은 무시할 때 가장 먼저 찾아온다"와 "작은 적이라고 무시하지 말라"라는 말은 정말로 중요한 문제란다. 이 금언들은 전쟁만이 아니라 일상의 문제에도 적용될 수 있을 게다.

몸 잘 챙기고 학업에 힘쓰길 바란다. 그럼 이만 적는다.

야마모토 이소로쿠[53]

야마모토는 기습 공격이 적의 사기에 치명상을 입힐 거라는 희망을 표현했을 때 미국인들의 심리를 끔찍하게 오독했던 것 같다. 하지만 미국인들도 일본인들을 끔찍하게 오독하고 과소평가했다. 일본이 "작은 적"으로 얕보이고, "무시당하고" 있다는 야마모토의 인식을 "그 쪼그만 노란 개자식들"이라는 키멀의 솔직한 언급보다 더 정확하게 확인해 주는 게 있을까?

합리적인 세계라면 미국은 일본을 얕보지 말았어야 했다. 잠재적 상대로서 일본에 대한 미국의 인식은 일본이 (1894~1895년의 청일전쟁과 1904~1905년의 러일전쟁으로) 중국과 제정러시아를 연달아 격파하며 세계를 깜짝 놀라게 한 세기전환기로 거슬러 간다. 두 전쟁의 승리로 일본은 세계의 몇 안 되는 제국주의 열강 가운데 하나로서 코카서스인종에 기독교를 믿는 서양 팽창주의 국가들에 합류했다. 뉴욕과 런던의 금융가들은 러일전쟁에 자금을 대는 데 기여했고, 서양의 많은 관찰자는 굳센 "태평양의 양키(혹은 영국인)들"에 대한 감탄을 표명했지만 그런 지지와 칭찬이 100퍼센트 순수한 것만은 아니었다. 일본과 일본이 이룩한 눈부신 "서구화"에 대한 지지와 존경의 이면에는 "황화"에 대한 두려움, 다시 말해 아시아 대중이 이제까지 서양이 독점해 온 과학기술과 전쟁 기구를 획득할 것이라는 두려움이 자리 잡고 있었다.[54]

1890년부터 진주만 전야까지, 허스트(Hearst) 소유 신문들 같은 미국의 유력 미디어는 일본이 미국에 직접적 위협을 가한다는 요지의 논설을 지칠 줄 모르고 실었다. 1945년 9월 일본의 공식 항복에 발맞춰 허스트의 언론 연합체는 《비즈니스위크》에 2쪽짜리 광고를 자랑스레 게재하여 "50년이 넘는 동안 허스트 신문들은 일본에 관해 미국에 계속 경고해 왔다"라고 조목조목 설명했다. 양면 광고는 1905년에 해를 등지고 한반도에 서 있는 일본 병사의 긴 그림자가 태평양을 가로질러 미국 서해안까지 드리워진 모습을 그린 "놀랄 만큼 예언적인 만평"을 실었다. 또 1890년대에 "허스트 신문은 처음부터 태평양에서 미국의 목표와 국익을 위협하는 일본의 '황화'를 지적"했으며, 1898년에는 "태평양에서 커져 가는 일본의 힘에 맞서는 방어 수단으로 하와이제도의 미국 병합을 촉구"했고 1912년에는 "바하칼리포르니아주를 식민화하려는 일본의 시도에 국가적 관심을 집중시켰다" 등등, 1941년까지 "허스트 신문은 진주만에 폭탄이 떨어지던 바로 그 순간까지 태평양 방비의 강화와 해군 예산 증대를 여전히 소리 높여 외치고 있었다"라고 자랑했다.[55]

여기에는 상상력과 "심리적 대비 태세"가 넘치도록 존재했던 듯하다. 그리고 사실 미국은 일본의 대두를 고려한 전략적 정책들을 채택했다. 하와이를 1898년에 병합했고 1905년부터 해군 계획가들은 일본을 태평양에서 주요 가상의 적으로 상정했는데, 물론 애초에 다른 후보는 존재할 수 없었다. 제1차세계대전 전에 해군이 도입한 비상사태 대응 계획 색별 코드에서 일본을 상대로 한 전쟁계획은 "오렌지"색이었다. 향후 몇십 년에 걸쳐 해군대학의 장교들은 오렌지 계획을 최소 127차례 점검하고 가다듬은 것으로 추정된다.[56]

1940년 5월에 동남아와 남태평양으로 진출하려는 일본의 의도가 분명해지자 미국 태평양함대는 더 가시적인 "억지력"을 행사하고자 미국 서해안에서 하와이로 이전했다. 진주만공격 이전 여러 달 동안 이 표면상의 "억지력"은 필리핀 주둔 미군을 "하늘의 요새" 첨단 B-17 폭격기로 증강하는 방안을 조심스레 흘림으로써 증대됐다(1941년 10월에 스팀슨 전쟁장관은 이 폭격기들의 위협으로 일본이 싱가포르를 노리는 것을 막고 "운이 좋다면 일본을 추축 진영에서 떨어낼 수 있으면 좋겠다"라는 희망을 피력했다). 하와이의 육해군은 1941년 세 차례—6월과 7월, 10월에—에 걸쳐 양국 간 관계 악화로 특히 긴장된 시기에 경계 태세에 들어갔다.[57]

이렇게 깊은 불신과 공포의 역사 이상으로 군사적 발전과 관련하여 눈앞에 빤히 보이는 기본 사실들—진주만에 앞선 시기에 이뤄진 육상 병력과 공군의 증강, 전함 건조0—을 통해 일본이 분명히 만만찮은 적이 될 것임을 예상했을 만도 하다. 하지만 사태는 그렇게 돌아가지 않았고, 그 결과 미국을 충격에 빠트린 것은 비단 불시의 공격만은 아니었다. 미국을 더욱 겁나게 만든 것은 일본군의 역량이었다.

적어도 이것은 놀라움으로 다가오지 않아야 했다. 일본은 1930년대 초반 이래로 "총력전"을 수행할 수 있을 만한 역량을 꾸준히 길러 왔다(총력전에 관한 교훈은 또 다른 대전쟁이 벌어질 경우 국민의 모든 자원을 동원할 방법을 고심하도록 세계 전역의 군사 전략가들을 자극한 제1차세계대전으로 거슬러 간다).[58] 1931년 만주 점령 이후 일본은 국제사회에서 고립되자 이러한 계획들을 가속화했고, 1932년부터는 군부가 줄곧 일본 정부를 지배했다. 진주만을 공격했을 때 일본은 중국과 이미 4년 넘게 전쟁 중이었다. 끝날 기미가 보이지 않는 이 무력분쟁의 성격은 일본의 군사적 결점과 지나친 확장의 신호로 받아들여질 수 있겠지만, 이를 뒤집어 보면 중일전쟁이 노련한 전투 병력을 탄생시키고 군사 기술의 주요 발전을 자극했다고 평가할 수도 있다.

이러한 발전상은 감춰져 있지 않았지만 전문가들조차도 분명하게, 아니 적어도 그 전체를 보지는 못했다. 그러므로 미국인들의 허를 찌른 일본의 군사적 능력 목록을 돌이켜 보면 꽤 놀라워 보인다. 일본의 어뢰 기술은 미국보다 앞서 있었다. [진주만공격이 그토록 치명적이었던 것은 막판에 개발된 어뢰 덕분이었는데 이 어뢰는 비행기에서 투하되며 수평타가 있어 물속에서 얕게 항주(航走)할 수 있었다.] 미국이 자국보다 열등하다고 생각한 일본의 수중음파탐지기는 당시 미군이 보유한 것보다 성능이 너덧 배 강력했다. 1940년 8월에 중일전쟁에 처음 투입된 미쓰비시의 "제로"기(Zero Fighter)는 당시 미국의 어느 전투기보다 더 효과적이었으나 미국인들은 제로기의 항속거리와 속도, 조종성(maneuverability)을 과소평가했다.

목록은 계속 이어진다. 의회 청문회에서 나온 증언에 따르면 일본은 "소염화약, 탄두 폭약, 광학 장비와 같은 중대 분야에서 더 좋은 자재"를 보유했다. 1941년 12월에 이르자 군용 항공기의 월간 생산량은 미국이 추정한 것의 두 배 이상이었다. 집중 훈련을 받고 중국에서 전투 경험을 쌓은 일본 조종사들은 세계 최고 수준이었다. 제2차세계대전 미 공군에 대한 권위 있는 역사서에서 서술한 대로 "미국에 맞서 적대행위를 개시할 항공모함 타격대 소속 조종사들의 평균 비행시간은 800시간을 넘었다". 제국 공군의 "일선 전력"은 "태평양에서 일본이 우위를 점하게 해주었다".[59]

1941년 12월 7일 프레인지의 확고한 평가에 따르면 "일본은 해군 항공력에서 다른 어느 나라보다 한참 앞서 있었다". 영국의 군사사가 H. P. 윌모트(H. P. Willmott)는 "1941년 12월에 일본 제국 해군은 모든 유형의 함대 단위에서 미국의 아시아-태평양 함대에 비해 분명한 수적 우위를 누렸고", "의도한 목표물"인 항공모함 범주에서 "우위"를 점했으며, 전술적 기량으로도 전쟁 개시 국면에서 "최고" 수준이었다고 결론 내린다. 윌모트는 또한 1930년대에 일본이 개발한 육상 기반 베티(Betty) 중형 폭격기가 "세계 어디에서 운용되는 중형 폭격기보다 우수한 속도와

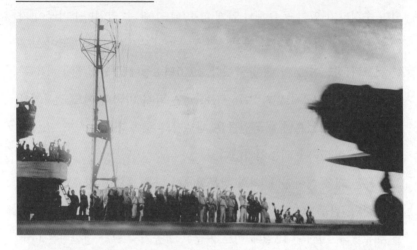

16. 일본 해군 승무원들이 타격단 항공모함 여섯 척 가운데 하나인 쇼카쿠함에서 이륙하는 뇌격기 [어뢰 투하용 비행기]에 환호성을 보내고 있다.

17. 이륙을 지켜보고 있는 장교. 칠판에 적힌 글은 임수 수행에 최선을 다하라고 승무원들을 격려하는 내용이다.

18. 엔진 회전 속도를 높이고 있는 공격기들.

19. 어뢰가 배틀십 로에 있는 미국 전함들에 처음 명중한 순간을 포착한 일본군의 사진.

항속거리를 자랑했다"라고 평가한다. 다른 문헌들은 일본 제국 해군의 탁월한 야간 포격 능력과 순양함 어뢰 발사 기술에서 초창기 강점에 주목한다. 대담무쌍한 12월 7일 공격이 고통스러울 만큼 분명히 보여 준 것처럼 대단히 복잡하고 대담한—특히 항공모함을 동원한—작전을 계획하고 실행하는 일본 해군 장교들의 능력은 한마디로 상상을 초월했다. 물론 일본은 그 작전을 마지막 세부사항까지 철저히 상상했다는 점만 빼고 말이다.[60]

미국의 이 같은 상상력의 실패는 무엇 때문인가?

인종주의는 그 대답의 일부이지만 말 그대로 일부일 뿐이다. 일본인들은 그저 "개자식"이 아니었다. 그들은 "쪼그맣고" "노랬다". 미국의 일상적 구어에서 "쪼그만 노란 녀석들(little yellow men)"이라는 표현은 너무 흔해져서 거의 한 단어나 다름없었다. "노랗다"는 것은 낯설면서 위협적인 것이었다("황화"에서처럼 말이다). 하지만 반사적으로 붙은 형용사 "쪼그만"은 그냥 멸칭이었는데, 일반적으로 체격이 작은 사람들만 뜻하는 게 아니라 더 넓게는 백인 유럽-미국 세계에서 선천적으로 능력과 성취가 떨어진다고 여겨지는 인종과 문화를 뜻했기 때문이다.

진주만공격 이후 일본군이 휩쓸고 들어와 철옹성 같다는 싱가포르를 함락하자 영국인들도 믿을 수 없다는 반응을 보였다(그리고 똑같은 인종적인 악담을 서슴지 않았다). 객관성이 편견을 기각하는 곳마다 법칙을 입증하는 것은 보통 예외가 되기 마련이다.[61]

하지만 인종적 눈가리개만으로는 진주만을 예상하지 못한 상상력의 실패를 제대로 설명하지 못한다. 미국인들은 또한 도쿄에서 세상을 어떻게 바라보는지 상상하지 못했다. 일본의 시각에서는 지구 전체가 격랑과 중대한 위기에 휩싸여 있었다. 일본의 처지는 절박했고 자신들의 명분은

정당했다. 그리고 사태는 필연적인 위험을 무릅쓰는 것 말고 다른 대안
이 없는 상황에 이르렀다.[62]

합리성, 절박함, 리스크

외교적·군사적 결정들이 천황의 공식 재가를 받았던 "어전회의"를
비롯해, 1941년 봄부터 일본 수뇌부가 개최한 극비 정책회의들은 독특
하게 일본적이라기보다는 일반적인 세계관을 드러내기 때문에 이제 와
서 보면 도발적이다. 일본 국가 지도자들이 만주를 비롯해 중국이 일본
의 경제적 생명선이라거나 거기서 벌어지는 전쟁이 국가적 생존에 불가
결하고 도덕적으로도 정당하다는 전제를 의문시한다는 것은 생각할 수
없는 일이었다. 아닌 게 아니라 일본이 중국을 침략해 점령하는 데 이미
"수만 명이 희생됐으므로" 미국이 진주만공격 이전 협상 과정에서 요구
한 대로 중국 대륙에서 철군을 고려하는 것은 더욱이 생각할 수 없는 일
이었다. 동남아의 전략적 자원들에 접근하지 않고서는 중국에서의 군사
적 교착상태를 깨트릴 수 없다는 것도 당연시됐고 시간은 점차 줄어들고
있었다. 어느 중대 회의에서 "우리 제국의 국력은 하루하루 줄어들고 있
다"라고 기획원 총재는 설명했다. "대동아공영권"의 수립은 "국가의 안
전과 보존" 및 전 아시아의 안녕뿐 아니라 궁극적으로 "세계평화"에도
이바지할 것이라는 주장에는 아무런 이의도 제기되지 않았다.[63]

이는 대내외적인 선전용 발언이 아니었다. 그것은 이 사람들이 믿었던
것, 즉 그들의 숙의 과정과 결정을 이끈 정서와 가정들이었다. 그리고 결
국에 정책결정자들은 미국과의 관계를 단절하고 "남방으로 진출"할 수밖

에 없다고 뜻을 모았다. 미국의 요구사항에 굴복하는 것은 "국가적 자살"
이 될 것이다. 도조 총리는 11월 초의 중대 회의에서 "우리가 현 상태를
고수한다면 2, 3년 뒤에 3류 국가로 전락하게 될 것 같다"라고 말했다.[64]

미국과 여타 연합국을 상대로 전쟁을 선택함으로써 아시아에서 자국
의 입지를 안전히 지키기로 한 치명적 결정은 언뜻 봐서 분별 있고 합리
적인 여러 전망을 바탕으로 강화됐다. 여기에는 유럽에서 특히 영국과
소련을 상대로 한 독일의 승리, 양면 전쟁을 치를 때 미국이 직면할 어려
움들, 미국 내 강한 고립주의 정서, 그에 따라 태평양에서 전쟁이 길어질
경우 대두될 국내의 반대 여론, 그리고 조지프 그루가 예시하듯이 중국
의 "혼란과 공산주의"에 맞서 일본이 "안정화 세력"으로서 건설적 역할
을 한다고 보는 조류가 미국 지배층 내에 존재한다는 사실 등이 포함됐
다. 여기다가 일본이 미국만 한 산업적 잠재력은 없는 반면 거대한 육해
군을 보유한 데다, 공군력을 비롯한 병력은 중국에서의 전투로 다져졌
고, 천황의 충성스러운 병사들이 보여 주는 단결심은 미국인들이 끌어모
으길 기대할 수 있는 어떤 투지보다 우월하다는 논점이 추가됐다(패전
한 일본에 도착한 지 몇 달 뒤 가벼운 간담회에서 맥아더 장군은 한 영국
외교관에게 자신이 필리핀에서 맞닥뜨린 일본군 같은 "병사들을 얻을
수만 있다면 뭐든 내놓았을 것"이라고 말했다). 그러한 논점들을 고려할
때, 양측이 아시아에서 평화 유지에 협조하기로 합의하고 전쟁이 모종의
협상에 의한 타결로 끝나리라 기대하는 것도 그렇게 터무니없어 보이지
않았다.[65]

반(反)사실적 반추("만약에" 역사학파)는 일본 전쟁계획가들의 헛짚
은 낙관주의를 규명하는 데도 도움이 된다. 일본이 진주만 이후에 3년
반이 넘게 전쟁을 오래 끌 수 있었던 것은 상당 부분 미국이 유럽 전장을

우선시한 덕분이었다. 그와 동시에 좀 더 운이 따르고 작전상의 기민함을 보였다면 일본은 전쟁을 그보다 더 오래 끌 수 있었을지도 모른다. 예를 들어 다음과 같은 **만약에**를 가정해 보자. 만약에 (1) 일본이 점차 전쟁으로 미끄러져 가는 동안 독일이 소련을 공격하지 않았고 그리하여 유럽 전선에서 영미 군대를 상대로 더 강하게 항전할 수 있었다면? (2) 진주만공격 당시 미국의 항공모함들이 순전히 우연으로 바다에 나가 있지 않고 항만에 정박해 있었다면? (3) 진주만공격 부대가 제3차 타격을 실시하여 정비 시설과 중요 연료 자원들을 파괴했다면? (4) 진주만 이후 미국의 암호분석 작업에 획기적 돌파구가 마련되어 미드웨이해전 같은 결정적 전투들 외에도 미국 잠수함들에 의한 일본 전함과 상선의 대량 파괴에 지대한 공헌을 했는데, 일본인들이 1942년에 군사 암호를 바꿔서 이를 저지했다면? (5) 일본의 해군 지휘관들이 미드웨이해전과 솔로몬 해전 같은 결정적 전투들에서 덜 소심했다면? (다른 모든 질문을 압도하는 반사실적 가정은 어떤가? 만약에 일본이 1941년 공세에서 진주만과 필리핀을 제외했다면? 그랬다면 온 국민을 보복의 기치 아래 똘똘 뭉치게 한 "진주만을 기억하라"와 같은 분노는 없었을 테고 루스벨트 행정부는 계속되는 고립주의 반대 여론에 직면한 채 선전포고를 할지 말지 결정해야 했을 것이다.)

역사의 "만약"에는 사실상 끝이 없으며 어쩌면 군사사는 특히 그런 분야일 것이다. (소련을 공격하기로 한 히틀러의 어리석은 결정은 서양에서 전개된 전쟁과 관련하여 커다란 전략적 **만약**이다.) 그것은 그렇다 치고, 일본의 절박한 처지와 그에 따라 극도의 위험을 기꺼이 무릅쓰려는 의사도 전략적 고려에 들어가야 한다. 진주만공격이 미국인들에게 미칠 심리적 충격을 오판하고 그 대신 사기 저하를 초래할 것이라고 기대한 것은 비합리적이었다. 하지만 동일한 잣대로 봤을 때, 미국의 지도부는 일본이 중국에서 퇴각할 수 없으며 서양 열강이 전략적 수출 품목에 대한 금수조치를 해제하지 않는다면 동남아로 진출하는 것 외에 다른 대안이 없다고 결론 내렸는데도, 일본의 공격 가능성을 무시하는 중대한 태만을 저질렀다.

군 관계자들은 정치인들처럼 자기들 구미에 맞게 선별한 역사와, 과거의 도전과 영광을 가리키는 상징과 수사를 좋아한다. 맥아더가 1945년 9월에 미주리함 선상에서 일본의 항복을 받았을 때 오전 8시 정각에 게양된 깃발은 1941년 12월 7일에 워싱턴 국회의사당에서 휘날린 성조기였던 한편, 항복식이 거행된 선실 격벽에는 1853년에 매슈 페리(Matthew Perry) 부제독이 포함외교(砲艦外交)를 통해 일본에 봉건적 쇄국을 포기하도록 강요했을 때 기함에 휘날린 별무늬 31개가 박힌 깃발이 내걸렸다. 12월 7일 기습 공격 당시 일본인들도 유사한 상징적 제스처를 취했다. 공격대가 진주만으로 접근하는 동안 기함 아카기함에서는 35년도 더 전인 1905년 쓰시마해전에서 도고 헤이하치로(東郷平八郎) 제독이 올렸던 "Z" 수기 신호를 올렸다. 그 결정적인 전투에서 도고의 현대적 전함들은 발트해에서 먼 길을 달려온 러시아 대함대를 전멸시켰고, 그리하여 열강으로서 일본의 지위를 굳혔다. 수기 신호는 "제국의 흥망이 이 전투에 달렸다. 모두가 최선을 다해 임무를 수행할 것"이라는 의미였다.

그 직전에 진주만공격 함대의 지휘관은 휘하 장병들에게 천황이 미리 준비한 "칙어"를 낭독했다. 칙어는 "연합 함대가 맡은 책임은 매우 엄중하며 제국의 존망이 함대가 달성할 것에 달려 있다"라고 말했다. 일본의 군주는 함대가 오랫동안 훈련해 온 대로 목표를 달성할 것이며, 그리하여 "적을 섬멸하고 그 빛나는 위업을 만방에 떨칠"[66] 것임을 믿어 의심치 않았다.

한쪽의 치욕이 다른 쪽의 빛나는 위업이었고, 거기에 다름 아닌 제국의 운명이 걸려 있었다.

적을 방조하다

알카에다는 9월 11일에 군사 기구를 거느리고 있지 않았다. 미국과 협상을 벌이고 있지 않았고 국민국가가 아니기 때문에 그럴 수도 없었을 것이다. 1988년 알카에다 창립 이후 시간이 흐르면서 오사마 빈 라덴의 야심도 커져 갔고, 미국의 정보 전문가들은 "위대한 칼리프 국가"에 대한 그의 비전을 심각하게 받아들였지만, 그가 갈수록 자립권(autarky)—공식적이고, 안전하고, 자급자족적인 세력권에 대한 군사적이고 경제적인 지배—의 추구로 치닫고 있었던 것은 아니다. 다시 말해 빈라덴은 1931년 만주 점령 이후로 줄곧 일본을 사로잡아 온 목표에 비견될 만한 것을 추구하지는 않았다.[67]

하지만 심지어 여기서도 몇몇 비교 지점을 주목해 볼 만하다. 만주를 둘러싼 교착상태에서 출발하여 진주만공격 때까지 꼬박 10년에 걸쳐 미일 간 긴장은 줄곧 심화됐다. 이슬람주의 테러의 경우에 첫 미국 공격은 1993년, 주차된 대형 승합차에서 터진 폭발물이 세계무역센터에 광범위한 손상을 입힌 것이었다. 비록 이후의 인텔리전스[intelligence, 가용한 첩보를 수집, 처리, 평가 및 해석한 결과로 획득된 지식]는 이 사건을 알카에다와 연결했지만 이 점은 여러 해 동안 불분명했다. 1995년에 배포된 국가정보 판단 보고서는 미국을 상대로 한 그리고 미국에서의 향후 테러리스트 공격을 예상했지만, 9·11 조사위원회는 알카에다 자체는 1999년 무렵까지 딱히 주목을 끌지 않았다고 결론 내렸다. 이는 국가안 전보장회의의 리처드 클라크가, 미 정보 당국이 알카에다를 "발견"한 것으로 추정하는 해에서 3년 뒤이고, 알카에다 조직 창립 11년 뒤이자 세계무역센터에 첫 공격이 가해진 지 6년 뒤이며, 그리고 9월 11일 공격이 벌어지기 고작 2년 전이다.[68]

1941년과 2001년의 실제 공격 계획으로 말하자면 둘 다 꽤 오랫동안 구상되어 왔다. 진주만 작전은 1940년 말 아마도 12월에 야마모토 제독이 착상했고 작전 계획서 초안은 이듬해 3월에 작성됐다[겐다 미노루(源田實) 해군 중령과 1944년에 가미카제 공격의 주요 추진자가 되는 오니시 다키지로(大西瀧治郎) 후위 제독이 작성했다]. 4월이 되자 이 프로젝트는 지휘 계통으로 이동했고 공중어뢰 투하 연습 같은 훈련 활동은 5월과 6월에 시작됐다. 하와이를 포함한 전체 "남방 작전"에 대한 모의 훈련은 9월 11일에 시작하여 열흘에 걸쳐 도쿄에서 실시됐다.

"하와이 작전" 계획은 10월 중순에 해군 참모총장에 의해 원론 수준에서 승인됐고, 히로히토 천황은 10월 20일과 25일 사이에 황궁에서 이에 관해 간략한 보고를 받았다. 함대의 "최종 예행연습"은 10월에 시작됐고, 계획은 11월 초에 해군 총참모부의 최종 승인을 받았다. 11월 17일 공격대에 배정된 선박들이 쿠릴열도(러일전쟁 이후로 일본이 지배했다)의 히토캇푸만(単冠湾)으로 이동하기 시작했고 거기서—11월 25일(일본 시각으로는 11월 26일)에—함대는 공격을 위해 출발했다. 우리에게 정보가 더 없는 알카에다의 경우에 9월 11일 작전은 "수년에 걸친 계획의 산물"이었다.[69]

두 경우 모두 미국 측과 적 사이에 공모나 최소한 엇갈린 신호가 파국적인 기습 공격에 앞서 존재했다는 사실도 사유를 자극한다. 미일 관계에서 이는 여러 형태를 띠었다. 1937년 중국 침략과 점령이 미국에서 중국에 대한 제법 광범위한 동정과 일본에 대한 규탄을 촉발했음에도 불구하고, 1940년대 중반 무렵까지 일본에 유화적 태도를 취해야 한다는 압력도 여러 방면에서 들어왔다. "요새 미국(Fortress America)"과 "미국 우선" 활동들과 결부된 고립주의자들은 평화 및 반전 집단들과 사실상 같은 입장에 서게 됐다. 양측 모두 미국이 해외의 무력분쟁들과 거리를 두고, 어떤 식으로든 적대행위로 이어지지 않게 일본을 도발하지 않는 것을 원했다. 1941년 10월에 열린, "전쟁 방지"를 위한 어느 비공식 회의에서 극동 관계 분야 학자들은 여전히 정부에 일본과 "타협"하라고 촉구하고 있었다. 공식적 그리고 대중적 층위에서도 미국의 시선은 특히 독일이 1939년에 전격전을 벌인 뒤로는 아시아보다는 유럽에 쏠려 있었다. 유럽 전쟁에 대한 이 같은 고정된 시선이 어느 정도 아시아에서의 무력충돌에 일체의 개입을 반대하는 대중의 여론을 강화했다.[70]

당연히 그런 여론에 민감한 일본 지도자들은 미국 정부와 더 명시적으로 관련된 집단들에서도 비슷한 정서를 발견할 수 있었다. 그루 대사 같은 관료들은 중국 내부의 혼란과 소련 주도의 국제 공산주의에 맞서 일본이 보루가 될 수 있다는 주장에 조심스레 수용적인 태도를 보였던 것이다. 비록 그루는 1940년대 중반부터 일본의 행위들에 갈수록 비판적이 됐지만 1941년 9월까지도 "건설적인 화해"를 촉구했다.[71]

더는 아니라 해도 그만큼 고무적인 것은 미국 재계의 태도였다. 1937년 미국의 대일 수출액은 대중 수출액의 다섯 배 이상이었고, 1940년에도 여전히 대중 무역의 대략 세 배 이상이었다. 이 수출품 대다수는 원유와 정유로 이루어진 항공기 연료와 고철, 강철 같은 전략물자로, 모두 일본의 전쟁 기구를 돌리는 데 매우 중요했다. 사업계의 정서를 제법 잘 반영하는 지표는 미국 대형 회사 750곳의 임원들을 비롯한 "사업가 1만 5000명"의 시각을 알아봤다는 설문조사 결과였다. 1940년 9월에《포춘》에 게재된 이 조사 결과에서 응답자의 40퍼센트는 일본에 대한 "유화"를 선호했고, 또 다른 35퍼센트는 "상황이 흘러가는 대로 놔두는" 쪽을 택했다.[72]

미국은 1940년대 중반에 가서야 수출품에 엄격한 제한을 가하기 시작했는데, 프랑스가 나치 수중에 떨어지자 일본이 프랑스령인도차이나의 북부로 병력을 이동시키고, 추축 세력을 상대로 그해 9월 동맹으로 이어질 구애를 시작한 다음이었다. 미국의 우려에는 부분적으로 구식 식민지 이해관계가 개입되어 있었는데, 다시 말해 동남아를 잃으면 영국이 중요 자원을 빼앗길 것이라는 걱정이었다. 이후로 전개된 시나리오는 익숙하기 그지없는 맞대응 게임이 됐다. 다시 말해, 미국 정부가 일본의 침략을 저지하기 위해 경제적으로 더 강하게 옥죌수록 일본 지도자들은 일본 제국이 재앙에 직면했으며 "남진" 말고는 대안이 없다고 확신하게 된 것이다.

비록 이슬람주의 테러리즘의 대두에는 이와 비견될 만한 경제적 차원이 없지만 이와 유사하게 9·11 이전의 지원과 유화의 전사(前史)는 있다. 냉전이 끝나 가던 마지막 10년간 미국 전략계획가들은 중동에서 시작되어 무신론적인 소련의 취약 지역을 따라 동쪽으로 뻗어 가는 반공주의 "이슬람 원호 지대(arc of Islam)"의 전망을 열렬히 끌어안았다. 그러한 사고방식에서 탄생한 정책은 1979년과 1989년 사이에 소련 병력에 맞서 싸우는 급진적 아프가니스탄 무자헤딘을 훈련시키고 무장시키고자 파키스탄, 사우디아라비아와 은밀히 협력하는 형태를 띠었다. 로널드 레이건 대통령은 1986년에 백악관에서 무자헤딘 지도자들과 함께 사진을 찍었고, 독실한 가톨릭 신자였던 윌리엄 케이시 CIA 국장은 한때 우즈베크어 사용 성전사들에게 배포할 쿠란의 번역을 후원했다. 더 충격적인 것은 똑같이 유일신교도여서 기독교도와 급진적 이슬람주의자들은 뜻이 통한다고 설득된 워싱턴의 참 신자들이 이 반(反)소비에트 열성분자들에게 제공한 무기류였다. 스티브 콜(Steve Coll)이 조목조목 기술한 바에 따르면, 이 무기들로는 "대공미사일, 장거리 저격소총, 야간투시경, 플라스틱폭탄용 시간 지연 장치, 전자 감청 장비" 등이 있었다. 일본제 픽업트럭, 중국과 이집트산 로켓포, 밀란 대전차미사일과 2000~2500기에 이르는 열추적 스팅어미사일도 은밀히 지원했다. 비록 미국의 물질적인 지원은 (빈라덴 같은) 자발적인 아랍 전사들보다는 주로 아프간 저항군을 향했지만, 미 정부는 자원병들도 우호적으로 바라봤다.[73]

2008년에 암살된 파키스탄 정치지도자 베나지르 부토(Benazir Bhutto)는 사망하기 불과 며칠 전에 완성한 책에서 이 단견적인 현실정치(Realpolitik)에 관해 자세히 서술했다. 부토가 보기에 반소비에트 아프간 전쟁에 대한 은밀한 관여(이 과정에서 미국은 파키스탄 내 부토의 정적들과 긴밀히 협력했다)가 낳은 후폭풍은 중동에서 서구의 근시안적 정책을 보여 주는 예외적인 사례가 아니었다. 예외적이기는커녕 미국과 유럽 열강은 자유와 발전을 설파하면서 실제로는 독재자들과, 아프간의 경우에는 가장 과격하고 억압적인 이슬람근본주의자들 양쪽을 지원함으로써 "이중 잣대"를 들이대 온 긴 역사를 가지고 있었다. 지난 수십 년에 걸쳐 서구는 "뜻하지 않게 프랑켄슈타인의 괴물을 탄생"시켰다고 부토는 결론 내렸다. 이 거친 발언은 다소 기만적인데, 1993년부터 1996년까지 부토가 파키스탄의 총리였을 때 파키스탄 정부는—1989년 소련의 아프간 철군에 뒤이은 내란 상태에 놀라서—나중에 빈라덴에게 피난처를 제공한 극단주의 탈레반에 은밀한 재정적 지원과 물자, 군사 자문을 제공했기 때문이다.[74]

괴물들을 탄생시킨 창조자는 흔히 여러 명이며 그렇다고 해서 이슬람 급진주의 세력의 성장에 일찍부터 일조한 미국의 역할이 축소되지는 않는다. 중국의 전장에서 경험을 쌓고, 전략물자 무역을 통한 미국의 지원으로 처음에 물질적 혜택을 본 일본 육해군의 병사들처럼 무자헤딘—한때는 미국 정부를 위한 대리전의 병사들로서 워싱턴에서 "자유의 투사"들로 미화된—은 아프가니스탄에서 새로운 임무를 위해 단련된 전사로 거듭났다. 그들을 위한 임무를 규정하는 일은 1988년에 아프가니스탄에서 탄생한 알카에다의 몫이었다.

"아프가니스탄의 이 하찮은 테러리스트"

소련을 상대로 한 아프간과 무슬림 전사들의 놀라운 "비대칭적" 승리는 이슬람 급진주의자들을 대담하게 만들었고, 그들은 미국의 군사력을 상대로도 이길 수 있다는 자신감을 얻었다. 9·11보다 3년도 더 전에 한 TV 인터뷰에서 빈라덴은 무장이 변변찮았던 아프가니스탄 성전사들의 승리는 "이른바 초강대국의 신화를 완전히 무너트렸다"라고 의기양양하게 밝혔다(이 인터뷰 영상은 9·11이 일어나고 9일 뒤에 알자지라에서 다시 방송됐다). 반대로 미국의 정책결정자들은 소련과 아프간의 전쟁으로부터 그에 상응하는 교훈을 거의 이끌어 내지 못했다. 소련이 붕괴함에 따라, 자신들이 아프가니스탄에서 부추긴 정치화된 종교적 열성은 더 이상 워싱턴 고위층의 관심을 끌지 못했다. 미군 내에서도 이슬람 반군과 테러 집단의 유효성은 심각한 대테러 독트린에 대한 진지한 관심을 촉발하지 않았다.[75]

이는 소련이 1989년에 아프가니스탄에서 굴욕적인 철군을 하자 워싱턴 공식 관계자들이 아프가니스탄을 자신들의 레이더망에서 지워 버렸을 때 사실로 드러났다. 그리고 2001년 미국이 9·11의 여파로 아프가니스탄을 침공하고 탈레반을 패주시켰을 때에도 여전히 사실이었다. 그리고 2006년 무렵부터 시작된 이라크에서 대(對)반군 전술에 대한 뒤늦은 관심에도 불구하고, 그것은 아프가니스탄과 관련해서는 부시 대통령 임기 말까지 대체로 사실이 된다. 그 무렵 탈레반은 세력이 급증하여 다시금 빈라덴의 은신을 돕고 있었다. 2009년 초에 워싱턴에 새 행정부가 들어설 때, 나토 주재 러시아 대사는 소련 철군 20주년을 회고하며 그때를 아프가니스탄에서 괴로운 처지에 빠진 미국의 군사작전을 비추는 거울로 삼았다. 그는 "그들은 우리의 실수를 모조리 되풀이하고 있으며 자체적인 실수도 허다하게 저지르고 있다"라고 꼬집었다.[76]

왜 미국 정부와 군의 고위지도자들은 알카에다와 이슬람주의자들이 제기하는 비대칭적위협을 심각하게 받아들이지 못했을까? 앞서 일본의 군사적 역량을 심각하게 받아들이지 못했을 때처럼 대답의 일부는 인종적 오만과 문화적 자만심에 있다. 일례로 1991년 제1차걸프전 당시 사우디아라비아 주재 미국 대사였던 찰스 프리먼(Charles Freeman)은 소련의 아프간 철군 이후 사람들의 관심을 무자헤딘에 집중시키려고 애썼지만, CIA의 최고위급 간부들을 비롯해 아무도 흥미를 보이지 않는다는 것을 깨달았다. 그는 "워싱턴 일각의 태도는 '왜 우리가 거기로 가서 머리에 수건을 두른 사람들과 대화해야 하지?'였다"라고 회고했다.[77]

1999년 해임될 때까지 CIA의 "빈라덴 부서"를 이끌었던 마이클 쇼이어(Michael Scheuer)는 더욱 적나라한 언어로 유사한 이야기를 전한다. 그는 워싱턴의 고위 인사들과 정책결정자들은 "자기 잘난 줄만 알고 미국은 어떤 공격에도 끄떡없다고 생각한다. 나머지 세계가 우리처럼 되기를 원치 않을 수도 있다는 걸 상상하지 못한다. 그들은 21세기 아메리카 제국은 우리의 운명일 뿐 아니라 인류에 대한, 특히나 씻지도 않고, 글자도 모르고, 비민주주의적이고, 비백인이고, 수염을 안 깎고, 반(反)여성적인 무슬림 대중에 대한 우리의 의무라고 믿는다"라고 단언했다. 이런 지나친 자만은 "오만(아니 인종주의인가?)"이라고밖에 부를 수 없다고 쇼이어는 말을 잇는다. 워싱턴 엘리트들은 "다언어를 사용하고, 지저분한 수염에 헐렁한 외투를 걸친 채 아프간 사막과 산악지대의 모닥불에 둘러앉아 있는 몇몇 아랍인 무리가 미국에 치명적인 위협을 가할 수 있다"라는 것을 생각하지 못했다는 것이다.[78]

이는 "쪼그만 노란 인간" 사고방식이 중동으로 옮겨 간 셈이었다. 1941년의 경우처럼 정부와 군 계획가들은 적을 과소평가했고, 자신들이 옳다고 믿기 때문에 커다란 인명 손실과 엄청난 위험도 기꺼이 무릅쓰려는 적의 깊은 확신을 헤아리지 못했다. 가장 참담하게도 그들은 이 적이 복잡하고도 창의적인 공격 행위를 해낼 만큼 영리하고 유능하다고 상상하지 못했다. 9·11이 일어나기 5개월 전 울포위츠 국방차관이 빈라덴을 "아프가니스탄의 이 하찮은 테러리스트"로 일축했을 때 동료들 가운데 누구도 반박하지 않았던 것이다.

다시금 시스템 붕괴와 리더십 태만의 경우처럼, 9월 11일에 노출된 상상력의 실패에 관한 사후 부검의 진단적인 언어는 오래전 진주만과 직면하여 관계자들이 보인 믿기지 않는다는 반응을 묘사하면서 분석가들이 사용한 언어, 즉 **심리적인 미비 상태, 편견과 선입견, 적의 의도와 능력에 대한 심각한 과소평가**와 동일하다. 거의 동일한 증상을 설명하며, 똑같은 내용을 되풀이하는 병리학자의 진단 서류철을 보는 기분이다. 그러므로 로버타 월스테터의 표현을 빌리자면, 9월 11일 이전에 미국의 분석가들과 (일부 주변적인 예외들은 제외하고) 정책결정자들은 한마디로 "적의 대담성과 창의성을 예상"하지 못했다. 어린 학생에게 보낸 야마모토 제독의 편지를 빌리자면, 부시 행정부 계획가들은 작은 적을 멸시하는 오만 때문에 당했다. 키멀 제독의 뼈아픈 말을 빌리자면 지휘부의 누구도 그 쪼그만 무슬림 개자식들이 그런 입이 떡 벌어지는 공격을, 본거지로부터 그렇게 먼 곳에서 해낼 수 있을 거라고 생각하지 못했다.

이 자민족중심적인 세계에서 21세기의 테러리스트들은 복합적인 의미에서 "하찮은 사람들(little men)"이었다. 즉 그들은 인종적으로, 종족적으로, 문화적으로, 종교적으로 이질적이므로 하찮았다. 그리고 60년 전의 일본과 달리, 그리고 소련이나 중국, 심지어 이라크, 이란, 북한과 달리 국민국가가 아니므로 하찮았다. 리처드 클라크가 알카에다의 위협에 대한 부시 행정부의 무시와 추후 9·11에 대한 잘못된 대응을 비판하면서 묘사한 대통령 최측근 자문들의 즉각적인—그리고 못 믿겠다는—반응이야말로 이를 가장 선명하게 드러낸다.

12일 아침에 국방부의 초점은 이미 알카에다에서 벗어나기 시작했다. CIA는 이제 명시적으로 알카에다가 공격의 주범이라는 입장이었지만, 럼즈펠드의 부관인 폴 울포위츠는 설득되지 않았다. 그는 그것이 너무 정교하고 복잡한 작전이어서

테러리스트 집단이 국가 후원 없이 혼자서는 해낼 수 없다고 말했다. 틀림없이 이라크가 그들을 돕고 있었다는 것이다.

같은 날인 9월 12일, 클라크는 계속해서 부시 대통령이 자신을 비롯한 정보기관 전문가들 "몇몇을 붙잡았다"라고 기록한다. "그는 우리를 불렀다. '이봐, 자네들에게 할 일이 많다는 건 알고 있네…… 하지만 가급적 빨리 모든 것을 다시 샅샅이 파헤쳐 주면 좋겠어. 사담이 이 일을 저질렀는지 말이야. 그가 어떤 식으로든 연결되어 있는지 알아봐 주게.'"79

이라크를 침공한 뒤, 이 같은 반응들은 진심이었거나 마키아벨리적이었던 것(이라크를 상대로 오랫동안 원했던 전쟁을 개시하기 위해 9·11에 대한 공분을 이용할 준비를 이미 하고 있었다는 의미)으로 해석될 수 있지만, 십중팔구 둘 다였을 것이다. 이후에 온갖 첩보 자료를 왜곡해 가며 이라크 침공에 "테러와의 전쟁"이라는 표현을 사용한 것은 참으로 기만적이었다. 하지만 알카에다나 테러리스트 위협을 정말로 심각하게 받아들이지 않은 잘못은 끈질기게 남아 있던 냉전기 사고방식을 가리켰다. 9·11 조사위원회는 9·11 공격으로 드러난 "네 종류의 실패" 가운데 하나로 "상상력"을 꼽았다(다른 세 가지는 "정책, 능력, 관리"의 실패였다). 조사위원회는 심지어 "상상력을 제도화"함으로써 이를 바로잡으라고 권고하기까지 했다. 거대 관료 기구가 이 모순어법을 얼마나 마음 깊이 진지하게 받아들일지 쉽게 상상이 간다. 각종 위원회를 구성하고 업무 흐름도를 마련하며 어쩌면 초극비의 NIA(National Imagination Agency, 국가상상국)를 설치할지도 모를 일이다.80

❖ ❖ ❖

9·11 조사위원회는 지나가는 대목에서, 뜻밖의 파국이 벌어진 후 지금까지 하찮았던 사람들이 알고 보니 가공할 적으로 드러나면 무슨 일이 생기는지도 주목했다.

알카에다와 그와 연계된 단체들은 세계 곳곳에 뻗어 있으며, 적응력과 회복력이 뛰어나며, 고도의 조직화가 별로 필요하지 않고, 뭐든 할 수 있다고 대중적으로 묘사된다. 미국인들은 그러므로, 전능하고 도저히 처치할 수 없는 파괴의 히드라와 맞닥뜨렸다는 인상을 받게 된다. 이런 이미지는 정부의 효능에 대한 기대를 낮춘다.

조사위원회가 환기하고 있던 것은 미국 대테러 부서의 한 관료가 "슈퍼맨 시나리오"라고 부른 것이다. 하찮은 무슬림 남성들의 충격적인 출세는 별안간 그들에게 여태 꿈꿔 본 적 없는 힘과 능력을 부여했고, 이는 전 지구적인 전쟁을 선포하게 만들 정도였다. 그런데 **무엇에** 대한 전쟁이라고? 바로 전술(테러)에 대한 전쟁, 다시 말해 알카에다나 여타 테러리스트들이 대량살상무기를 손에 넣을 수도 있다는 최악의 시나리오에 대한 전쟁인 것이다. 결국에 이 편집증은 김빠지는 과장법이 포함된 테러리즘을 소재로 한 인기 대중문학에서 그 자체로 하나의 카테고리가 될 지경까지 이르렀다. 또 다른 대테러 전문가가 알카에다에 관해 쓰면서 표현한 대로 "조직의 맥락과 그 강점과 단점 들을 이해하는 데 실패함으로써 우리 마음속에서 부기맨(bogeymen) 같은 테러리스트 이미지가 커져 갔다". 또 다른 전문가는 "그들은 9척 장신인가?"라고 수사적인 질

문을 던진 다음 자답할 필요를 느꼈다. "그렇지 않다"라고 그는 청중들을 안심시켰다.[81]

이와 비견될 만한 인지부조화가 진주만 이후에도 일어났다. 미국인들의 눈에 일본인 적은 하룻밤 새 쪼그만 인간에서 슈퍼맨으로 변신했다. 1943년이나 전세가 의심의 여지 없이 일본에 불리하게 바뀐 1944년까지도 풍자 만평들에 그려진 적은 종종 괴물같이 거대한 모습이었다. 9·11 조사위원회처럼 더 냉정한 논평가들은 사기를 저하시킬 정도로 적의 자원과 능력을 과장하는 위험성을 경고했다. 예를 들어 1942년 3월 일요판 《뉴욕타임스매거진》에 실린 전형적인 시론은 처치할 수 없는 파괴의 히드라 망령에 휩쓸리는 것을 경계하는 포스트 9·11의 초안으로 쓸 만했을 것이다. 시론의 제목은 "일본인 슈퍼맨? 그것도 역시 오류다"였다.[82]

4장

무고함, 악, 기억상실

파국과 무고함의 전이

1942년, 칭송받는 할리우드 영화감독 존 포드는 〈12월 7일〉이라는 제목의 형편없는 흑백 "다큐" 영화를 대충 짜깁기해 냈다. 첫 편집본에서 82분짜리였던 영화는 극장에 개봉하기 전에 34분으로 대폭 줄어들었고, 〈12월 7일〉은 1943년 아카데미 최우수 단편 다큐멘터리 부문을 수상했다.

특히 〈12월 7일〉 무삭제판은 날것 그대로 시사하는 바가 많은 영화다. 영화는 하와이의 어느 안락한 방갈로에서 나른하고 몽롱한 이상주의적 인물과 뭔가 안타깝다는 듯 고개를 내젓는 냉소적인 "C"라는 인물이 논쟁을 벌이는 장면으로 시작한다. 앞의 사람은 엉클샘(Uncle Sam)을 대변하고 C는 샘의 "양심(conscience)"을 대변한다. 시간적 배경은 1941년 12월 6일이다. 샘은 하와이의 아름다움과 평온함, 그곳의 번창하는 상업(파인애플, 사탕수수, 무역회사 등등), 멋진 인구적 다양성에 관해 한참 열변을 늘어놓는다. 다양한 인종적 배경이 하나씩 거론되며, 대다수가 아시아인인 여러 인종이 카메라를 향해 자신이 어느 종족인지를 밝히는 모습, 아니 어눌한 발음으로 말하는 젊은 여성들의 모습이 등장한다.

"C"는 이 주민들 가운데 37퍼센트가 하이픈이 붙는 일본인, 즉 일본계 미국인(Japanese-Americans)임을 인식하지 못하는 샘을 보고 감상적인 바보라고 부른다. 겉보기에 그들은 완전히 미국화되어 나라에 충성하는 것처럼 보인다. 우리는 국기에 대한 맹세를 암송하는 보이스카우트와 걸스카우트의 귀여운 청소년들을 볼 수 있고, 성실한 지역사회 지도자가 흠잡을 데 없는 영어로 미국성의 정수를 보여 주는 연설을 길게 하는 장면도 볼 수 있다. 하지만 "C"는 실상 그들은 일본어 학교를 유지하며, 신도(神道) 같은 이교적인 "이른바 종교"를 믿고, 조상들과 일본천황을 받드는 것을 의무로 여긴다고 말한다. 샘의 양심은 말한다. "그게 아메리카니즘이라면 그건 하이픈으로 연결된(very hyphenated)" 아메리카니즘이라고.

"C"가 계속 차분하고 이성적으로 이야기하는 가운데 포드의 카메라는 하와이의 다양한 일본계들을 비추는데, 그들은 하나같이 스파이로 암약하고 있다. 해군 장교 클럽에 있는 정원사, 작은 배에 타고 있는 어부, 택시 운전사, 이발소에서 일하고 있는 젊은 여성, 댄스홀에서 외로운 백인 선원과 수다를 떠는 예쁜 아가씨, 미 군사시설에 수상쩍을 만큼 가까이 살고 있는 평범한 가족들 등등. 관객은 단정하게 차려입은 가족이 집 안에서 라디오 앞에 모여 일본어 방송을 듣고 있는 모습을 볼 수 있다. 일본 히라가나나 가타카나로 쓰인 상점 간판들이 화면에 스치고 지나간다. 시끄러운 징 소리가 배경음악으로 들려온다.

필리핀이나 싱가포르에서는 무슨 일이 벌어질 수도 있다고 샘은 자신을 자꾸 귀찮게 하는 양심에게 대꾸한다. 하지만 여기서는 그럴 리가 없다. 그는 용광로에 관해 주절거린다. 카메라가 수평으로 이동하며 목가적인 해변을 비추고 어디선가 "알로하" 하고 말하는 목소리가 들려오다가 어느샌가 샘은 깜빡 잠이 들어 온 세계가 전쟁에 휩싸이는 악몽을 꾼다. 그가 잠에서 깨어 보니 12월 7일 일요일 이른 아침이다.

실제 기록 영상처럼 표현되지만 기습 공격 자체에 대한 포드의 묘사는 거의 대부분 연출된 것이다. 9·11과 달리 자료로 쓸 만한 실시간 기록 영상은 없었다. 관객은 항만에 정박한 태평양함대와 히컴비행장에 줄지어 있는 비행기들, 야구공을 던지는 수병(水兵)들, 바닷가 야자나무 아래서 군인들에게 야외 미사를 베풀고 있는 머리가 희끗희끗한 가톨릭 사제를 볼 수 있다. 사제가 크리스마스가 다가오니 사랑하는 이들에게 선물 보내는 것을 잊지 말라고 회중에게 이제 막 당부하고 있을 때, 제1차 공격에 나선 일본 비행기들이 느닷없이 "자그마한 메뚜기 떼처럼" 나타난다. 접근하는 비행기들에서 들려오는 윙윙거리는 소리가 계속 이어진다. 그러다 내레이터의 목소리가 들린다. "지옥문이 열렸다. 사람이 만든 지옥이, 일본에서 만든 지옥이."

12월 7일의 기습 공격을 재현한 화면은 당대의 기준으로 볼 때 굉장하다. 보기에 괴로울 정도다. 심지어 편집된 버전도 마치 포드가 혼란과 살육에 완전히 사로잡혀 도저히 카메라를 멈출 수 없기라도 한 듯하다. 적기는 아주 오랫동안 그리고 여러 방면에서 끝도 없이 날아오는 듯하다. 무슨 일이 벌어지고 있는지 미처 알기도 전에, 근무지로 달려가는 미군 병사들이 총에 맞아 우수수 쓰러지길 반복한다. 카메라는 비행장과 전함들을 줄줄이 비추고, 곧이어 폭발해 파괴되고 불길에 휩싸이는 모습이 나타난다. 루스벨트의 유명한 표현이 반복된다. 오욕 속에 길이 남을 날. 내레이터는 쓰라리고 통렬한 슬픔을 말한다. 총사망자 수가 2343명이라는 내레이션이 들린다.

이제 화면은 공동묘지로 바뀐다. 죽은 자들을 애도하며 당시 전사한 일곱 명의 사진을 관객에게 천천히 소개한다. 그들의 신원이 하나씩 드러나는 동안 본국의 말 없는 유족들을 담은 짧막한 영상이 흘러나온다. 부모님과 아내, 고인이 생전에 보지 못한 갓난아기(고인의 생일에 태어나서 그의 이름을 땄다). 전사자들의 출신은 각계각층이다. 비록 전사자 일곱 명 중에 아시아계는 없지만, 그들은 미국의 사회적·종족적 다양성을 반영한다. 똑같은 내레이션 목소리가 그들 모두를 대변해서 말하며, 그 이유를 설명한다. "우리는 모두 같다. 우리는 모두 미국인이다"라고.

소등나팔 소리가 들려오는 가운데 카메라가 수평으로 이동하며 하늘을 배경으로 야자나무를 비추다가 화면은 자국의 눈부신 승리를 의기양양하게 떠드는 일본인 선동가의 새된 목소리로 전환된다. 내레이터가 "도조 씨"에게 틀렸다고 말하고는 일련의 강렬한 컷들이 이어진다. 우렁찬 음악을 배경으로 진주만에서 구조와 인양, 수리 작업이 이뤄지는 광경이 펼쳐진다. 해변을 따라 긴 철조망이 둘러쳐지고, 학교에서는 아이들이 기괴한 방독마스크를 쓴 채 공습 대비 훈련을 하는 가운데 하와이는 전쟁 태세를 갖추고 있다. "칼로 흥한 자는 칼로 망한다"라는 격언이 상기된다. 그리고 마지막으로 관객은 흰 십자가가 끝도 없이 줄줄이 늘어선 공동묘지로 이동한다. 제복을 입은 두 사람이 나란히 걸으면서 토론을 한다. 둘 다 유령이다. 한 명은 12월 7일에 전사한 수병이고, 다른 한 명은 제1차세계대전에서 전사한 병사다. 병사는 자신은 전에 이미 다 봤다고 말한다. 아무도 교훈을 얻지 못하고, 전쟁은 끝없이 일어날 것이라고, 젊은 수병이 말한다. 이번에는 아니라고, 그들은 대체로 야구에서 가져온 은유로 대화한다. 연합국의 여러 국기가 화면 위에 휘날린 뒤, 영화는 하늘에 더 많은 비행기가 떠 있는 장면—이번에는 (승리를 상징하는) "V"자 대형으로 날고 있는 미국 전투기들이다—과 이번 전쟁은 "평화"라고 새겨진 월드시리즈 우승기로 끝날 것이라는 장담과 함께 끝난다.

영화 〈12월 7일〉 무삭제판보다 진주만에 대해 더 시각적이고, 비통하고, 감정을 자극하고, 인종주의적이고, 이상주의적이고, 희망차며, 엇갈린 감정들을 드러내는 당대의 반응을 찾기는 힘들 것이다. "하이픈으로 연결된(외국계)" 미국인들의 "사보타주"에 대한 포드의 강박은 일본계 미국인에게서 제기되는 내부 위협에 대한 집착을 완벽하게 포착하며, 바로 그 집착이 일본에서 오는 진짜 위협으로부터 키멀 제독과 쇼트 장군의 주의를 분산시켰다. 하지만 그게 다가 아니다. 다른 어느 자료보다 영화 〈12월 7일〉은 1942년에 미 대륙 서해안에서 살던 일본계 미국인 약 11만 명(하지만 하와이 거주 일본계는 해당되지 않았다)을 구금했던 인종주의적 기후를 강력하게 전달한다. 미 의회와 행정부는 이 행위에 대해 1988년에 가서야 공식 사과를 했다. 구금 조치와 마찬가지로 포드의 무삭제판 영화는 일본계 지역사회에 의한 사보타주 행위가 단 한 건도 발견되지 않았음이 알려진 뒤에 제작됐다.[83]

9·11이 벌어지고 나서 진주만공격 이후 일본계 미국인들에게 가한 수치스러운 처우를 다룬 교훈적 기사들이 언론에 등장했고, 부시 대통령도 무슬림 및 아랍인 대변인들과 함께 공개석상에 등장하여 적은 이슬람주의자 테러리스트이지 이슬람 지역사회나 한 집단으로서 중동지역 주민들이나 그곳 출신 사람들이 아니라고 역설했다. 이런 측면에서 앞선 기습 공격으로부터 리버럴하고 건전한 교훈이 이끌어 내진 셈이다. 일본

20. 1942년 4월 캘리포니아. 일본계 미국인 어린이가 가족들의 소지품 옆에서 이송되기를 기다리고 있다. 버스를 타고 집합소로 이동하면 그곳에서 구금 절차가 진행됐다.

계 미국인에 대한 집단적인 학대에 비견될 만한 무슬림이나 아랍계 주민에 대한 핍박은 없었다.

하지만 1988년에 인식됐다고 하는 더 큰 교훈은 무시됐을 뿐 아니라 사실상 내팽개쳐졌다. 9·11 이후 "테러리즘"은 위기라고 인식되는 시기에 진정으로 민주적인 사회의 근간을 뒤흔드는 명분으로 "사보타주"를 대체했다. 각종 시민적 자유와 인권, 개인적 자유권, 헌법적 견제와 균형, 인신 보호(habeas corpus), 법의 지배 자체까지 모든 것이 공공연하게 또 은밀하게, 미래의 테러리스트 공격이라는 망령에 사로잡혀 어쩔 줄 모르는 정부에 의해 훼손됐다. 앞으로 "테러와의 전쟁" 법안과 관련 "국토 안보" 조항, 그리고 (고문 허용 가능성을 비롯한) 수정주의적 법 해석은 루

21. 1942년 7월 캘리포니아 만자나 일본계 미국인 강제수용소에 부는 흙먼지 폭풍.

스벨트 대통령이 악명 높은 "행정명령 9066호"에 의거해 실시한 일본계 미국인에 대한 권리침해보다 사법 정의와 민주주의에 대한 더 포괄적이고 악의적인 유린으로 평가될 수도 있다.[84]

✢ ✢ ✢

포드의 가편집본에서 지루하게 이어지는 인종적 히스테리는 최종본에서 살아남지 못했다. 그가 재구성한 공격 장면들의 아수라장과 살육은 살아남았다. 반세기 이상이 흘러 폭력이 크고 작은 스크린을 지배하는 세계에서도 이 지옥도는 대단하다. 비록 공습 장면에는 영웅적인 미군들이 포를 운용해 일본 비행기를 한두 대 격추하는 모습이 이따금 끼어 있지만 무고한 사람들이 학살당하고 있다는 압도적인 인상을 상쇄하지는 않는다.

12월 7일에 일어난 살육은 9·11에 뒤이어 널리 공개된 사진이나 영상 어느 것보다, 특히 세계무역센터 파괴 장면보다 놀랍게도 더 시각적으로 적나라하다. 세계무역센터 파괴 장면은 불길에서 도망치려고 고층 빌딩에서 뛰어내리는 남녀를 담은 심장이 멎을 듯한 사진들과 더불어 언론에 잠깐 등장했다가 이내 거의 다 자취를 감췄고, 잔해 속 시체들도 여간해서는 노출되지 않았다. 열정적으로 핍진감을 드러내려 하지만 학살당하는 포드의 어린양들은 대체로 구체성이 결여된 승무원과 병사 들이다. 어쩌면 그래서 그는 그들을 그렇게 오랫동안 고통스럽게 화면에 비출 수 있었을 것이다.

12월 7일이 9·11에 대한 반응을 더 긴밀하게 예견하는 부분은 영화가 묘사하는 분노(기습 공격이 미국인들의 "의지를 꺾을" 것이라는 일본의 어리석은 희망과 정반대의 반응)와 그보다 더 미묘하게 포착된 영화 종결부의 개별 희생자들에 대한 애도 장면이다. 후자는 장례식 형태를 띠며 더 친밀하고 효과적으로 진짜 사람들을 소개한다. 우리는 그들의 초상 사진을 보게 된다. 그들의 이름과 출신지가 소개되고 유족들을 찍은 짤막한 무성 기록 영상이 나온다. 이 장면은 대단히 감동적인데 추상적인 사망자 숫자와 총알에 우수수 쓰러지는 군인들을 연출한 장면들을 뛰어넘어 각각의 희생자들에게 개인성을 되돌려주기 때문이다. 그와 동시에—짐 크로법과 엄격한 인종 분리가 군대 내에도 적용되던 시기에—"우리는 모두 미국인이다" 초상 시퀀스는 미국 사회가 용광로라는 거대한 신화를 마치 실제인 것처럼 상찬한다. 이것은 전시 할리우드 전쟁영화들이 즐겨 묘사하는 테마가 됐고, 영화 역사가들이 "다인종 소대(platoon)"라고 말하는 형태로 아주 흔하게 전달됐다.[85]

9·11이 일어난 뒤 많은 미디어가 유사한 방식으로 테러리스트 공격을 받은 희생자들의 미덕을 기렸다. 예를 들어《뉴욕타임스》는 세계무역센터 희생자들의 초상 사진과 간략한 개인사를 실었고, 이 시리즈는 당연히 여러 주에 걸쳐 연재됐다. 이번에도 희생자들은 모두 맑고 화창한 날 각자 자기 일을 하고 있던 개인들이었다. 모두가 각자 인생을 살아갈 이유를 가지고 있었다. 여러 차이점에도 불구하고 결국 그들은 모두―12월 7일의 희생자들이 그랬던 것처럼―똑같은 목소리로 말했다.

그렇게 내밀한 초상들이 가져오는 반향은 가슴 저린다. 그리고 1941년과 2001년 둘 다 단순한 상실감이 아니라 특히나 무고한 사람들이 희생됐다는 느낌은 물리적 배경―맑고 깨끗한 일요일 아침, 낙원으로서 하와이와 도회적인 생이 약동하고 북적거리는 세계 무역의 중심지로서 맨해튼―으로 강화된다. 9·11은 바로 미국 심장부 민간 지역사회를 강타한 공격이라는 점에서 유린됐다는 느낌이 더욱 크게 다가온다.

그렇게 매우 생생한 방식으로 "9·11"은 "진주만"처럼 미국의 무고함을 가리키는 코드가 됐다.

악과 악의 전이

9월 11일에 리처드 아미티지(Richard Armitage) 국무차관은 마침 워싱턴에 와 있던 파키스탄의 삼군통합정보부장과 만났다. 아미티지는 "오늘 역사가 시작된다"라고 정보부장에게 말했고 나중에 전국 방송에서도 이 말을 되풀이했다. 이 말은 워싱턴 권력층 내에서 상투적인 표현이 되다시피 했다. 과거는 서막이 아니었다. 그 비행기들이 세계무역센터를 파괴하고 펜타곤에 충돌했을 때 모든 것은 새롭게 시작됐다. 전직 국방부 관료로서 보수와 신보수 외교정책 서클에 이례적인 영향력을 발휘한 리처드 펄(Richard Perle)은 나중에 이 견해를 백악관 집무실로 곧장 가져갔다. 그는 한 인터뷰에서 "9·11은 대통령의 사고에 심오한 영향을 끼쳤다"라고 말했다. "세계는 9·11에서 시작됐다. 여기에는 아무런 지적인 역사도 없다."[86]

행정부는 정치적 목적을 위해 제2차세계대전 역사를 열심히 뒤적이면서도 서구와 중동 간 상호작용의 근래 역사에 대한 진지한 관심에는 눈과 귀를 닫았다. 부시 대통령은 수사적인 차원에서 선두에 선 척후병이었다. 9월 20일 의회 연설에서 그는 미국이 아무런 경고나 이유 없이, 범행자들의 사악한 본성 이외에 그럴듯한 원인이나 설명을 찾을 수 없는 공격을 당했다고 단언했다. 나중에 백악관의 한 연설문 작가(데이비드 프럼)는 다음과 같이 역설하면서 이 연설에 찬사를 아끼지 않았다. "그 연설은 그것이 말한 것만큼 말하지 않은 것 때문에도 훌륭했다. 그 연설이 말하지 않은 가장 중요한 것은 이거다. 그것은 미국이 어쩌다 보니 테러 공격을 자초했다는 주장을 받아들이지―심지어 그런 주장이 존재한다는 사실 자체를 인정하지―않았다."[87]

이 유명한 연설에서 가장 많이 인용되는 말은 "그들은 우리의 자유를 증오한다"였고 이 말 역시 마법의 주문이 됐다. 알카에다만이 아니라 테러리스트 일반에 적용되는 주문 말이다. "징징거림"이나 미국의 정책과 관행에 관한 비판적 성찰을 거부하는 대통령의 태도―우둔한 악에 직면하여 국가적 무고함을 당당히 밝히는 그의 단호한 선언―는 국내에서는 정치적 명료성과 도덕적 용기의 발로로 널리 칭찬받았다. 이 흑백의 논리가 이후 "테러와의 전쟁"을 좌우했다. 적을 이해하기 위해서 악과 미국의 자유에 대한 증오 너머를 바라볼 필요가 없었다.

　이것은 부시 행정부 세계관의 흔들림 없는 축이었다. "역사에 대한 우리의 책임은 이미 명백하다"라고 대통령은 9·11 사흘 뒤에 국가 기도와 추모의 날에 공언했다. "이 공격들에 응답하고 세계에서 악을 제거하는 것이 우리의 책임이다." 이틀 뒤인 9월 16일 언론인들과의 담화에서 그는 테러와의 전쟁을 "십자군"으로 표현했다가 국제적인 논란을 불러일으켰다. 십자군은 무슬림과 아랍인 들에게 자신들의 땅을 침략하여 쑥대밭으로 만든 중세 기독교도들을 떠올리게 하는 단어였다. 대통령의 단어 선택은 어김없이 "악"으로 시작했다. 그는 기자들과의 이 즉석 대화에서 9월 11일은 "이 세상에는 악한 자들이 있으며…… 악한 사람들은 여전히 저기에 도사리고 있다"라는 경고였다고 말했다.[88]

　알카에다가 반동적이고 흉악한 조직이라는 주장은 반박 불가능했다. 9·11은 알카에다 조직의 기본 신조들[파들 박사(Dr. Fadl)라는 필명으로 알려진 사이이드 이맘 알샤리프(Sayyid Imam al-Sharif)가 작성한]에서 비롯된 논리적 소산이었고, 그 신조는 가장 극단적인 근본주의 신앙을 따르지 않는 무슬림들도 무차별적으로 살해할 것을 요구했다. 다른 한편으로, 급진적 이슬람주의자들은 정당한 불만 사유가 있을 수 없다는 잘못된 결론은 중동지역 대부분에 걸쳐 반서구적 주장들의 호소력을 진지하게 이해해 보려는 시도를 모두 가로막았다. "우리의 어떤 행위도 살인자들의 분노를 불러오지 않았다"(나중에 대통령의 또 다른 연설에서 나온 표현)라는 이 논지는 9월 11일 이전에도 이미 보수파들 사이에서 복음이었다. 예를 들어 1998년 8월 알카에다에 의해 케냐와 탄자니아 주재 미

22. 이 대중 광고판은 테러리스트 공격 일주일 뒤 맨해튼의 금융 지구에서 촬영됐다.

대사관에 폭탄테러가 일어났을 때, 레이건 행정부 시절 국무부 대테러 특사를 지낸 L. 폴 브리머 3세는 TV에 나와, 3년 뒤 부시 대통령의 9월 20일 연설문 초고로 써도 될 만한 발언에서 이 논리를 내세웠다. "빈라덴 같은 사람들의 경우에는 정말이지…… 그를 만족시키기 위해 우리가 정치적으로 할 수 있는 게 없습니다. 빈라덴이 우리한테 품고 있는 원한의 이른바 뿌리 깊은 원인들을 다뤄 봐야 소용이 없어요. 우리가 그의 테러리즘의 근원입니다. 그는 미국을 싫어해요. 우리 사회를 싫어하고, 우리가 대변하는 것을 싫어하고, 우리의 가치를 싫어합니다. 그러니 미국이 사라지지 않는 한 그의 테러리즘의 근원을 다룰 방법은 없습니다."[89]

9·11에 뒤이어 부시 행정부를 지지하는 가장 설득력 있는 공적 인사

23. 알카에다 공격 18개월 뒤, 이 애국적인 포스터는 2003년 4월 15일 제5함대의 티모시 J. 키팅 부제독이 휘하 장병들에게 연설할 때 배경 역할을 했다. 함대는 테러리즘에 맞선 전 지구적인 전쟁의 이름으로 시행된 이라크 침공인 이라크자유작전을 지원하기 위해 배치됐다.

다수는 '우리의 자유를 증오한다' 논지를 중심에 내세웠다. 예를 들어, 군사사가 빅터 데이비스 핸슨(Victor Davis Hanson)은 9·11 공격 9일 뒤에 "작금의 악"과 맞서 싸우는 데 반박해야 할 "전쟁 신화들"을 하나하나 따지면서 논쟁에 뛰어들었다. 그는 미국이 아랍 세계에 정당한 증오를 초래했다는 주장보다 "진실과 거리가 먼 것도 없다"라고 역설했다. 그와 정반대로 미국의 과격한 적대자들은 "영구적인 정체 상태의 중세적 세계에 얽매여" 있으며, 이 가장 최근의 만행에서 알카에다 지지자들은 "굶주림이나 착취 때문이 아니라 증오와 시기에 사로잡혀 살인을 저지른 것"이라고 했다.

핸슨의 결론은 절대적이다. "이 테러리스트들은 우리가 한 일 때문이 아니라 우리가 우리이기 때문에 증오한다." "전쟁은 아무것도 해결하지 못한다"라고 믿는 것은 신화다. 반대로 "20세기 세 가지 거악—나치즘, 일본 군국주의, 소련 공산주의—은 전쟁이나 지속적인 군사적 저항을 통해서 물리쳐졌다". 핸슨은 전쟁이 "우리 모두의 아버지"라는 헤라클레이토스의 평가(일제의 군 지도자들도 신봉한 정서)를 동의하듯 인용한다. 작금의 악을 뿌리 뽑기 위해 미국은 그러므로 필요하다면 도덕적 고지를 점하고 "독자적으로 행동"할 각오를 해야 한다.[90]

군사적 실력 행사를 부르짖는 이 낭랑한 목소리들은 알카에다가 전형적으로 예시하는 느슨하게 연결된 초국적 네트워크로부터 고위 정책결정자들이 더 편안하게 여기는 표적들, 다름 아닌 국민국가들로 악이 전이될 것이라고 예고했다. 테러 위협을 이란, 이라크, 북한으로 이루어진 "악의 축"과 연결했던 2002년 1월 대통령 국정연설의 요지가 그것이었다. 몇 달 뒤에 웨스트포인트(West Point) 졸업식 연설에서 선제공격이라는 "부시독트린"이 최초로 공개적으로 표명됐고, 악에 맞선 싸움이 미국 정책의 근간으로 확립됐다. "지켜야 할 국가나 시민 없이 그늘에서 활동하는 테러리스트 네트워크들"과 "대량살상무기를 지닌 정신적으로 불안한 독재자들"의 세계에서 "냉전기 억지와 봉쇄의 독트린"은 더 이상 신뢰할 수 없다고 대통령은 선언했다. 9월 11일 이후로 준(準)성서적인 수사만이 세계가 직면한 위협을 제대로 묘사할 수 있었다.

정의와 잔인성 사이에, 무고와 유죄 사이에 중립이란 없습니다. 우리는 선과 악의 대결에 빠져 있으며 미국은 악을 악이라 부를 것입니다.

그런 대립에서 안전하고, 정의롭고, 평화로운 세계를 이룩하기 위한 투쟁을 벌이는 미국은 "적에게 싸움을 거는" 수밖에 없다.

부시독트린은 군사화되고 군사주의적인 정책들을 전례 없는 수준으로 끌어올렸다. 미국은 외교가 통하지 않을 때면 무력 사용을 주저하지 않을 것이다. 복잡한 국제협정들이 미국의 행동을 제약한다면 거부하거나 탈퇴할 것이다. 적으로 인식하는 상대에 맞서 필요하다고 여겨지면 언제든 단독으로 행동하고 선제적 군사행동을 취할 것이다. 극비 "특수부대"에 의한 은밀한 작전들에 더 크게 의존할 것이며, 이는 비(非)교전국들의 영토에서도 예외가 아니다. 선제 타격 핵무기의 사용 가능성과 더불어 대단히 강력한 "벙커버스터(bunker busters)"와 심지어 "소형핵무기(mini-nukes)"의 전술적 사용 가능성도 모색할 것이다. 전 지구에 그물처럼 뻗은 장기 주둔 군사기지(이미 700개가 넘는 해외기지)를 재배치하고 확대할 것이다. 우주에서 미국의 군사적 헤게모니를 확대하고 보장할 것이다. 그리고 네오콘 이데올로기의 중심적인 특수한 "민주주의" 비전을 해외에 가급적 최대로 구현할 것인데, 그 비전이란 외국자본, 특히 미국 자본에 활짝 열린 극단적 민영화와 시장경제였다. 제임스 캐럴(James Carroll)의 적절한 표현으로는, 바로 이런 목표들을 위해 부시 행정부는 자신들만의 "성스러운 폭력"의 십자군을 개시했다.[91]

이는 2003년 3월 이라크 침공의 서막이었고, 이제 앞만 보고 가는 일만 남았을 뿐이었다. 역사가 다시 시작될 참이었다.

빈라덴에 대한 범이슬람주의적 지지

24. 2001년 10월 7일,
파키스탄, 카라치.

25-26. 2001년 9월 18일 런던과 2001년 9월 21일 인도네시아 자카르타. 아랍어 걸개에는 "알라만이 유일한 신이며 무함마드는 알라의 뜻을 전하는 자다"라고 쓰여 있다.

27. 9·11 공격 3주기에 파키스탄의
국경 도시 차만에서 한 아프간 소년이
빈라덴의 포스터를 들여다보고 있다.

기억상실과 프랑켄슈타인의 괴물

미국에 대한 불만을 받아들이거나 "심지어 그 존재도 인정해 줄" 생각이 없는 백악관 참모진의 신학은 돌멩이가 물에 튕기는 것처럼 현실을 튕겨 냈다. 9·11 3년 뒤에—이라크 침공 18개월 뒤에—펜타곤이 위촉한 한 대책 위원회는 악의 정치화를 거부하고, "무슬림은 '우리의 자유를 증오'하기보다는 우리의 정책을 증오한다"라고 강조할 필요성을 느꼈다. 보고서는 테러리스트 네트워크가 "이슬람 내부의 폭넓은 전환과 관용과 전체주의 사이의 20세기적 갈등이 지속되는 것을 보여 주는 징후"라는 데 동의하고, "미국이 서양과 무슬림 간 전쟁이 아니라 관념들에 관한 세대에 걸친 지구적 투쟁에 참여하고 있음을 이해해야 한다"라고 강조했다. 그와 동시에 보고서는 9·11 이후 아프가니스탄과 이라크 침공으로 야기된 고통과 불안정, 분노를 넘어서 오랫동안 쌓인 불만들을 열거했다. "압도적 다수는 팔레스타인의 권리에 반하여 이스라엘에 대한 일방적 지지라고 여기는 것과, 무슬림들이 집단적으로 독재라고 보는 정권들, 특히 이집트, 사우디아라비아, 요르단, 파키스탄과 여타 걸프 국가들에 대한 오랜, 심지어 갈수록 커지는 지지에 반대의 목소리를 낸다."[92]

몇 달 뒤인 2005년 1월, 펜타곤의 국방과학위원회에 제출된 이라크 위기에 관한 한 보고서를 "뒷받침하는 문서"는 행정부 전쟁계획가들의 편협성과 독선에 대해 한층 더 혹독한 비판을 내놓았다. "직설적으로 말해 그들은 상대방의 정치적·종교적 성격을 전혀 이해하지 못했다"라고 이 대책 위원회는 결론 내렸다. 보고서는 계속해서 그들은 심지어 자신들과 자신들의 나라도 이해하지 못한다고 꼬집었다.

상대의 동기를 이해하는 유일한 길은 그의 문화를 형성해 온 역사적·종교적 프레임워크를 진정으로 이해하는 것이다. 전쟁을 수행하고 그 전후 처리를 시도해 온 미국인들이 이라크인들의 태도와 성격을 형성해 온 프레임워크에 대한 명확한 이해가 없다는 것은 분명하다. 마지막으로, 미국인들과 그 지도자들이 오만을 덜 드러내고 자신들과 역사에서 자신들의 위치에 대한 이해를 더 드러낸다면 도움이 될 것이다. 어쩌면 다른 어느 국민들보다도 미국인들은 그들 주변 나라의 역사는 물론 자신들의 과거와 관련하여 지속적인 기억상실을 드러내는지도 모른다.[93]

역사적 기억상실은 베나지르 부토가 2008년에 마지막으로 펴낸 책에서 설명한 것이다. 다시 말해, 미국 그리고 영국과 프랑스로 대표되는 열강은 그들이 설파하는 것을 실천하지 않고 위선적이라는 마땅한 평판을 직시한 적이 없다는 것이다. 부토는 이슬람근본주의와 테러를 거침없이 규탄하지만, 이는 제2차세계대전 이전의 유럽 식민주의로 거슬러 가며, 40년 넘는 냉전을 통해 심화된 서구의 관행들과 떼려야 뗄 수 없다고 봤다. 부토는 "서구의 수사와 행위 사이의 어두운 그림자는 무슬림 대중에 환멸과 광신의 씨앗을 뿌렸다"라고 평가했다. "이중 잣대는 극단주의와 광신에 기름을 부었고" "무슬림 세계에서 서구에 대한 존경심이 가파르게 추락"한 이유를 "적어도 부분적으로는" 설명해 준다는 것이다.[94]

이 모든 것이 부토가 중동에서 "프랑켄슈타인의 괴물"을 탄생시키는 데 스스로 일조하고 있다고 미국을 비난했을 때 염두에 둔 것이다. "자유"에 대한 찬가와 힘의 정치(power politics)가 편의에 따라서 독재정권과 이슬람 광신자들을 지원해 온 역사의 간극은 9·11이 벌어진 뒤 워싱턴 관계에 내려앉은 '역사는 오늘 시작된다'라는 스모그로 인해 사실상 지워졌다. 현대사에 대한 이러한 냉소적 독해는 세계 여타 지역에서는 간과되지 않았다. 그것이 중동이나 지구적 테러의 새 시대에만 국한된 것도 아니었다.

✤ ✤ ✤

프랑켄슈타인의 괴물은 시간 여행자이자 지구 여행자였다. 중동을 짓밟아 온 외세들—19세기에 시작되어 20세기에 급격히 심화된—은 일제의 이데올로그들과 정책결정자들이 받아들일 수 없다고 선언했던 국제 환경도 형성했다. "새로운 칼리프 국가"라는 지리적으로 팽창하려는 이슬람주의의 꿈처럼, 앞선 일본의 "대동아공영권"이라는 선전도 서구 열강이 옹호하는 바와 그들이 실제로 실천하는 바를 대비함으로써 신빙성을 획득했다. 20세기 중반의 범아시아주의는 종교적 중핵이 결여됐지만, 서구의 전략적·문화적 침입에 반발하면서도 서구와 결부된 지적 조류들을 흡수한 측면에서 범이슬람주의 선동과 닮았다.[95]

미국과 유럽 열강의 이중 잣대는 진주만 직전에 손쉬운 표적이 됐다. 루스벨트는 "네 가지 자유"(표현과 종교의 자유 그리고 결핍과 공포로부터의 자유)를 찬양하며, 1941년에 윈스턴 처칠 총리와 손잡고 의기양양하게 대서양헌장("모든 민족이 자신들의 정부 형태를 선택할 수 있는 권리"에 대한 존중을 선언한)을 발표했지만, 일본은 이를 눈에 빤히 보이는 위선으로 일축하는 데 아무런 어려움도 없었다. 일본 선전가들은 외쳤다. 천황의 병사들이 백화에서 "해방하고" 있는 지역들을 봐라. 프랑스령 인도차이나, 네덜란드령동인도, 홍콩, 말레이, 버마, 그리고 지금도 불평등조약과 조차지의 멍에를 지고 있는 중국도 빼놓을 수 없다. 당시의 일본이나 훗날의 이슬람주의자들은 물론 자신들의 위선을 성찰해 보려 하

아시아에서 일본의 신질서 찬양

28-31. 힘센 손바닥 포스터는 군사기술의 혁신을 축하하며 "과학 일본의 선진을 향하여"라는 제목의 전시회를 홍보한다. 1943년에 나온 생생한 채색 전단지 "아시아의 대두"는 일본이 미국과

지 않았다. 독선적인 사명 의식에는 자기 성찰이 들어설 자리가 없다.

서구에서 탄생하고 서구가 주도한 발전들이자 범아시아주의자들과 나중에는 범이슬람주의자들이 상대했던 그 발전들을 우리는 보통 "~주의(ism)"—근대 세계의 경우 자본주의, 제국주의, 식민주의에서 시작하는—라는 관점에서 파악한다. 비록 제1차세계대전에서 연합국의 승리는 자유주의와 국제주의의 수사를 강화했지만, 불공평한 옛 세계 질서는 익숙하고도 새로운 형태로 계속 살아남았다. 그와 동시에 볼셰비즘이 무대 전면에 등장했고, 여타 "주의"의 불기둥이 뒤따라 올랐다. 공산주의와 반공산주의, 반제국주의와 반식민주의에 영감을 받은 민족주의, 과학기

영국이 이끄는 압제자들로부터 아시아를 해방하고 "ABCD"(미국, 영국, 중국, 네덜란드) 지배의 사슬을 끊어 내는 모습을 묘사한다. 1943년 점령지 필리핀을 겨냥한 "영미를 분쇄하라" 포스터는 "신질서"의 수사와 그와 떼려야 뗄 수 없는 격렬한 반영 정서를 결합한다. 만국기 포스터는 이른바 대동아공영권을 출범시킨 1941년 12월 공격을 기념한다.

술이 주도하는 군비경쟁으로 가속화된 군국주의, 1920년대 후반에 시작된 세계 대공황에 대한 대응으로 등장한 경제 보호주의, 그리고 스탈린주의, 나치즘, 파시즘, 일본 특유의 천황 중심 국가사회주의 등의 형태를 띤 전체주의. 또한 백인 인종주의는 도처에 있었고, 그에 대한 반발로 반(反)백인 인종주의가 촉발함과 동시에 비서구 세계에서 인종, 부족, 종파의 위계가 강화됐다. "반서구주의" 자체는 억압과, 현대 대중사회의 범속함으로 여겨지는 것에 대한 반발을 반영한 유럽 사상의 소산으로 출발했다.

사무라이 정신이나 (자주 인용되는 조지프 그루의 표현으로) "아주 최근까지 봉건적이었던" 역사가 아니라 이런 격변이 일제의 지도자들이 전쟁을 선택하도록 재촉한 국제적 환경이었다. 비록 그 선택이 아무리 무모해 보였을지라도 말이다. 그에 상응하는 방식으로 이슬람근본주의와 테러도 어떤 "영구적인 정체 상태의 중세적 세계"에서 나온 독특한 것이 아니라 지구적인 가마솥 속에서 끓어오르게 된 것이다. 이를 인식한다고 해서, 불만을 부정하는 것을 도덕적 명료성과 동일시하는 사람들이 천명하는 것처럼 악행의 죄를 면해 준다는 의미는 아니다. 그보다는 우리 자신과 더불어 적을 더 잘 이해하려고 노력하는 것을 의미한다. 과거 유산과의 인과관계는 취약한 경계선들과 지독한 권력 불균형의 세계에서 골치 아픈 사안이다. 하지만 깊이 자리 잡은 갈등과 불만의 형태를 띤 복잡성을 "인정하려" 하지 않을 때 정책결정자들은 재앙을 자초한다.

✠ ✠ ✠

현재를 비춰 주는 선례들이 첫눈에 명백한 경우는 별로 없다. 예를 들어 1895년과 1905년 사이에 팽창주의적 태평양 열강으로서 미국과 일본이 동시에 부상한 것을 살펴보자. 이 세기전환기에 분출한 미국 제국주의는 40년 뒤에 일본의 진주만공격을 촉발한 해외 영토인 하와이와 필리핀을 획득하게 됐다. 이러한 해외 팽창은 미국에 굴라크(1901년 미서전쟁으로 얻은 관타나모)와 9월 11 이후에 커다란 논란을 낳게 된 악명 높은 관행(필리핀 정복 당시 양측 모두 자행한 물고문)을 제공했다. 그리고 부시 행정부가 한목소리처럼 되풀이하게 되는 독선적인 팽창주의적 어휘도 확립했다. 테러와의 전쟁과 이라크 침공을 수사학적 갑옷처럼 감싼 무고, 미덕, 그리고 "우리의 자유"에 관한 표준 문안 대다수는 사실 한 세기 전 미국이 스페인과의 전쟁으로 필리핀을 전리품으로 빼앗고 1898년부터 1902년까지 지속된 원주민 저항에 맞선 격렬한 싸움에 휘말려 들었을 때 짜낸 것들이다.[96]

이 윤색된 언어는 수십 년 뒤에 살짝 편집이 필요했지만 수사학적인 열쇠 말과 전반적인 요지―"자애로운 동화(同化)"[윌리엄 매킨리(William McKinley) 대통령의 표현], "백인의 짐"[미국의 필리핀 병합을 명시적으로 지지하는 러디어드 키플링(Rudyard Kipling)의 시구], 문명화 사명, "우리의 작은 갈색 형제들"[미국 최초의 문민 총독이자 나중에 대통령이 되는 윌리엄 하워드 태프트(William Howard Taft)가 필리핀 엘리트층을 지칭할 때 쓴 유명한 표현]에 대한 기독교도의 의무―는 그대로였다. 앨버트 베버리지(Albert Beveridge) 상원의원은 미국이 마닐라만에서 스페인 함대를 격파했다는 뉴스를 마르스, 맘몬, 하느님〔각각 전쟁의 신, 돈의 신, 기독교의 신〕을 성조기로 감싼, 특히나 의기양양한 (그리고 길이 남을) 비전으로 반겼다.

우리는 미국 상품의 유통 지점으로 세계 전역에 교역소를 수립하고 우리의 상선으로 바다를 뒤덮을 것이다. 우리의 위대함에 걸맞은 해군을 건설할 것이다. 위대한 자치식민지들이 우리의 깃발을 휘날리고 우리와 무역을 하면서 우리의 무역 기지들 주변에서 자라날 것이다. 우리의 제도가 통상의 날개를 타고 우리의 깃발을 뒤따를 것이다. 미국의 법과 미국의 질서, 미국의 문명 그리고 미국의 깃발이 지금까지 피로 얼룩진 무지몽매한 해안에 자리를 잡을 것이며, 그곳들은 하느님의 저 도구들에 의해 이제 아름답고 밝게 바뀔 것이다.

또 다른 상원의원은 "섭리를 믿는 사람들은, 아무리 많은 어려움이 닥치더라도 이 섬의 사람들에게 자유의 원칙을 토대로 한 통치를 제공할 엄숙한 의무를 하느님께서 이 정부에 내리셨음을 보거나, 혹은 보고 있다고 생각한다"라는 근거로 필리핀 획득을 촉구했다. 종교 책자들은 필리핀 정복을 "올바른 전쟁"으로 옹호한 한편, 엘리후 루트(Elihu Root) 전쟁장관은 "행복과 평화, 번영"을 촉진할 식민 행정부 수립을 더 세속적인 표현으로 설명했다. 그는 필리핀이 "민주주의의 전시장"이 될 것이라고 했다.[97]

이것들은 조지 W. 부시의 유령 작가들[연설문 대필작가들] 뒤에 있는 유령들이었다. 이라크 침공 준비 기간에 그리고 이후로 수년 동안 대통령의 문장가들과 지지자들이 쏟아 낸 말의 향연에 진정으로 새로운 내용은 거의 없었다. "자애로운 글로벌 헤게모니"가 "자애로운 동화"를 대체했다. "백인의 짐" 같은 가부장적인 수사는 노골적인 인종주의를 빼고 그냥 미국의 "짐"이 됐다. "제국"은 "가벼운 제국[empire lite, 군사적 정복이나 식민화, 직접 통치보다는 단기적 군사 개입과 외교적 수단에 의지하는 제국주의로서, 고전적 제국주의에 대응하는 개념으로 쓴다]"이 됐지만 미국만의 독특한 선(善), 사명, 명백한 운명의 신비는 여전했다.[98] 개인적 차원에서 43대 대통령은 세계에 관한 지식과 관련해서는 매킨리 대통령과 동류인 것으로 드러났다. 비록 매킨리는 지도상에서 필리핀을 찾아내는 데 어려움을 겪었지만, 이 같은 사실이 그가 필리핀을 "자유와 법, 평화와 번영"을 위해 병합하겠다고 선언하는 것을 막지는 못했다. 전시 대통령으로서 신의 인도를 받는다고 수시로 말한 부시처럼 매킨리도 백악관을 방문한 감리교 대표단에게 자신이 "무릎을 꿇고 전능하신 하느님께 앞을 밝혀 주고 인도해 줄 것을 빌었는데" 이에 하느님이 "모든 것을 받아들이는 수밖에 없으며, 필리핀인들을 교육시키고, 그들을 향상시키고 문명화하고 기독교화하고, 하느님의 은총으로 네 이웃처럼 대하며 그들에게 최선을 다해야 하느니, 그리스도가 그들을 위해서도 죽었기 때문"이라고 대답하셨다고 말한 것으로 유명하다(출처가 불분명한 야사인 듯하다). (매킨리는 많은 필리핀인이 스페인 치하에서 기독교로 개종했다는 사실을 모르고 있었다. 부시가 수니파와 시아파 간의 분열은 고사하고 이슬람 일반에 관해 무지하고 관심도 없는 채로 이라크 전쟁에 돌입했던 것과 마찬가지다.) 신의 조언을 받지는 않았던 것 같은 태프트 총독도 미국이 필리핀인들을 미국화할 "신성한 의무"가 있다고 동의했다.[99]

에밀리오 아기날도(Emilio Aguinaldo)가 이끄는 필리핀인들 다수는 병합으로 향상되는 것을 원치 않았다. 끈질긴 게릴라 저항이 있었지만 결국 미군은 그들이 "필리핀 반란"이라고 부른(원주민 저항 세력은 독립을 위한 혁명 투쟁이라고 부른) 세력 활동이나 운동을 진압하는 데 성공했다.[100] 싸움은 처절했다. 1902년 4월 뒤늦게 공개된 미국의 한 공식 보고서는 "사병들은 거의 예외 없이 그리고 장교들 다수도 원주민들을 면전에서 '깜둥이(nigger)'라고 불렀고, 원주민들은 '깜둥이'가 무슨 뜻인지 점차 이해하고 있다"라고 보고했다. (그러한 인종주의는 9·11 전후로 아랍인들을 "모래밭 깜둥이" "사막 깜둥이" "모래밭 원숭이" 등등으로 조롱하는 모욕적 언사를 통해 좀 더 완화된 변형으로 나타났다.) 열 살 이상은 무기를 들 수 있는 잠재적 적으로 간주하여 "죽이고 불태우며", 교전 지역은 "황량한 광야"로 바꿔 버리라고 어느 장군이 부하들에게 지시했다는 증언은 반제국주의자들 사이에서 공분을 불러일으켰지만, 일부 참전자들 사이에서는 어떤 맹렬한 자부심을 자아내기도 했다. 여러 해 뒤 1939년에 출간한 회고록에서 예이츠 스털링(Yates Stirling) 제독은 경력 초기인 1899년에 어느 시골 하천 주변에서 싸운 경험을 거의 자랑 조로 회고했다. 그는 "우리는 그 강에서 확실히 일을 제대로 해냈다"라고 썼다. "우리가 임무를 완료한 뒤 거기엔 이렇다 할 게 남아 있지 않았다. 우리는 마을을 불태웠다. 실은 강둑 양쪽으로 2마일 거리에 있는 집들은 전부 파괴했다. 우리는 소 떼, 돼지, 닭, 그리고 귀중한 역축인 물소 등 그들의 가축을 죽였다. 너무 무자비한 것 같았다. 하지만 이러니저러니 해도 그건 전쟁이었고, 전쟁이란 잔혹한 것이다."[101]

양측은 잔학 행위를 저질렀고, 미군에 의한 "물 치료" 혹은 "중국식 물고문"이 한동안 미국에서 특히 비판의 중심으로 떠올랐다. 매킨리의 후임 대통령인 시어도어 루스벨트는 군에 의한 고문이나 여타 비인간적 행위는 용납할 수 없다고 강경한 발언을 했지만, 개인적 편지에서는 이 "오래된 필리핀식 순한 고문법"으로 "심각하게 다친 사람은 아무도 없다"라고 썼다. 심지어 사적인 담론에서는 이러한 심문 방식이 스페인 종교재판에서 흔한 관행이었다는 사실을 무시한 채 그러한 학대 행위를 아시아식—이 경우에는 "중국식"이나 "필리핀식" 물고문—으로 치부하는 경향이 있었다.[102]

한 세기 뒤 테러와의 전쟁과 마찬가지로, 필리핀 정복 당시 미군이 잔학 행위를 저질렀다는 주장에 대한 공식 반응은 두 가지였다. 첫째, 그런 행위는 드물고 일탈적인 사례로 치부됐다. 루트 전쟁장관은 "미군은 문명화된 전쟁 규칙을 성실히 따르고, 포로와 비전투원을 세심하게 진심으로 배려한다. 다른 어느 무력분쟁과 비교해도 칭찬할 만하고 미국 국민에게 명예가 될 만한 자제력과 인간적인 방식으로 필리핀에서 전쟁을 수행해 왔다"라고 단언했다. 하긴 공식 관계자가 달리 무슨 말을 할 수 있겠는가? 그와 동시에 전쟁의 "참혹함"은 (다시금 루트의 표현으로는)

"비문명 인종들에게 흔한 야만적 잔인성"에 대한 불가피하고 "놀랍지 않은" 대응으로 합리화됐다. 에드먼드 모리스(Edmund Morris, 시어도어 루스벨트 등 미국 대통령들의 전기를 쓴 미국 작가)가 간결하게 기록한 대로 루스벨트는 전쟁에서 "간헐적인" 포로 학대 "사례"가 불가피하게 발생한다는 것을 자신도 깨달았다고 말해 어느 장군을 안심시켜 주었다. 장군 본인도 "휘하의 병사들이 비무장 인디언들은 물론 스쿼(squaw, 아메리카 원주민 여성을 낮잡아 이르는 표현)와 어린이들도 죽였던" 운디드니 전투(1890년)로부터 잘 알고 있지 않은가? 1909년에 루스벨트의 후임 대통령이 될 태프트 총독은 "작은 갈색 형제들"에 대한 관심과 배려를 표명하면서 미국의 "도덕적 위임 권한"을 공개적으로 치켜세웠다. 하지만 사적으로는 자신이 상대하는 교육받은 필리핀인들조차도 "사탄처럼 야심이 많고 비열하다"라고 무시했다. 그는 그들이 "앵글로색슨식 자유가 뭔지 깨달으려면 50년이나 100년의 교육이 필요"할 것이라고 했다.[103]

최종적으로 미군 5000명 이상과 원주민 병사 2만 명, 그리고 필리핀 민간인 최소 20만 명이 필리핀 전쟁에서 죽은 것으로 집계된다. 일부 서술은 양측에서 자행된 만행과 전쟁이 초래한 기근으로 인한 사망까지 합쳐 민간인 사망자를 100만 명까지 잡기도 한다. 해외에서 미국이 벌인 추후의 모든 전쟁과 마찬가지로, 보수적인 추정치조차도 미군 사망자 수와 적군 및 민간인 사망자 수 사이의 비율이 대단히 불균형적임을 보여준다. 부시의 재임이 끝났을 때, 이라크에서 미군 사망자 수는 총 4000명 이상이었다. 침공이 직간접적으로 야기한 이라크인의 "폭력적" 사망이나 "초과" 사망 수치는 이견이 존재하지만 수십 만 명이었다.[104]

피비린내 나는 필리핀 정복이나 이후 수십 년에 걸친 해외 개입—중앙아메리카와 카리브해 지역에서 30차례가 넘는 미군의 개입을 비롯하여—어느 것도 미군 활동의 무고함과 선의를 의심치 않는 미국 주류의 믿음을 약화하지 않았다.[105] 이라크 침공 7개월 뒤인 2003년 10월에 필리핀을 방문했을 때 부시 대통령은 그의 트레이드마크와도 같은 또 다른 역사의 교훈을 제시했다. 그는 "우리 병사들은 힘을 합쳐 필리핀을 식민 지배에서 해방했습니다"라고 천명했다. "우리는 다 함께 필리핀제도를 침공과 점령에서 구해 냈습니다." 그가 가리키는 것은 늘 그렇듯이 제2차세계대전이었다("바탄반도, 코레히도르섬, 레이테섬, 루손섬"). 그리고 그 메시지의 핵심은 전후 필리핀의 민주주의가 회의론자의 말과 반대로 이라크 같은 비서구 국민들이 민주주의의 제도들을 채택하고 유지할 수 있음을 입증했다는 것이었다.《뉴욕타임스》는 이 연설을 "부시, 이라크 재건 모델로 필리핀 거론"이라는 헤드라인과 함께 보도했다.[106]

❖ ❖ ❖

세기전환기 제국주의부터, 9·11과 이라크는 고사하고 진주만까지 "인과관계"의 선을 긋는 것은 세상의 악을 부정하거나 서구의 팽창과 지배에 동반한 건설적 상호작용을 무시하는 것처럼 누가 봐도 터무니없는 일이다. 하지만 과거의 촘촘한 결(texture)과 그것이 낳은 유산과 생생한 기억들을 무시하는 것도 그만큼 터무니없는 일이다. 부시 행정부가 그랬던 것처럼, 다시 말해 타인들의 불만이나 견해를 멸시하고 적의 성격과 능력을 무시하며 적이 어떻게 그리고 왜 자원자들을 끌어들이는지에 대해 무지할 뿐 아니라 역사에 대해서는 체리피킹하는 사람의 존중만 품고서 "악과의 전쟁"을 개시하는 것은 비극적 결과를 불러왔다. 이는 왜 비서구인들이 서구와의 접촉과 서구의 영향들을 수용하면서 동시에 거부하는지, 그리고 인도주의적 개입에 관한 결집 구호들이 왜 오래된 제국주의 노래의 최신 후렴구로 치부되는지를 이해하기 불가능하게 만들었다.

오랫동안 중동지역을 보도해 온 저널리스트 로버트 피스크(Robert Fisk)는 "문명을 위한 대전쟁(The Great War for Civilization)"(제1차세계대전에서 가져온 아이러니한 그의 책 제목)에 관한 서글프고 긴 관찰을 소개하며 이를 잘 표현했다. 편을 불문하고 모두가 도덕성을 "굴레처럼 군마(軍馬)에 씌우지만" 결론은 죽음과 철저한 파괴라는 것이다. 이것은 도덕적 상대주의나 정당한 전쟁에 대한 부정이 아니라 오만한 독선에 따르는 시야의 상실에 대한 한탄이다. 빈라덴도 "물질주의의 사악한 세력"에 맞서 "믿음의 세력"을 이끈다는 의례화된 장광설로 마니교적인 굴레를 자신의 군마에 씌웠다.[107]

유독 신실한 척하는 특성이 두드러지긴 해도 미국의 선의를 이야기하는 수사는 선례가 많다. 『줄리어스 시저(Julius Caesar)』에서 브루투스가 "모두 '평화와 자유, 해방!'을 외치자!"라고 부르짖을 때 셰익스피어는 이런 언어가 얼마나 케케묵었는지를 상기시킨다. 영국과 유럽 열강은 문명화 사명이라는 미명으로 헤게모니와 지배를 수시로 감췄다. 1798년 알렉산드리아를 점령하자마자 나폴레옹은 이집트인들에게 자신이 "압제자들의 손에서 당신들의 권리를 회복시켜 줄 목적으로" 왔으며, 그렇지 않다고 말하는 자들은 "중상모략자들"일 뿐이라고 말했다. 한 세기 이상 뒤에 일어난 제1차세계대전에서 영국이 오스만튀르크를 무찔러서 이라크를 점령하고 그곳의 유정을 지배할 수 있게 됐을 때, 그 지역을 책임진 영국군 장교[소장 스탠리 모드 경(Sir Stanley Maude)]도 유사한 발언을 하며 현지인들을 안심시켰다. "우리 군대는 이 땅에 정복자나 적이 아니

라 해방자로 왔습니다." 힘의 정치를 듣기 좋은 말로 사탕발림하는 관행
은 미국과 소련의 대결이 중동에서도 이어진 냉전 시기를 거쳐서도 계
속됐다. 워싱턴은 1980년대 말까지 이라크에서 사담 후세인의 바트당을
비롯해 권위주의적이고 억압적인 정권들을 지지하는 게 미국에 유리하
다고 여겼다.[108]

9·11 전후에 빈라덴은 연설과 글을 통해 십자군과 더불어 제1차세계
대전 이후 유럽의 약탈과 점령을 언급하며, 불신자(infidel, 무슬림이 봤
을 때 진정한 종교인 이슬람을 믿지 않는다는 의미)인 기독교도와 유대
인을 여기저기서 맹비난한다. 하지만 처음부터 그의 프로파간다 상당 부
분은 당대의 쟁점들을 다뤘다. 팔레스타인 사람들의 수난, 1990~1991
년 제1차걸프전의 여파로 성지 사우디아라비아에 수립된 미군 기지, 서
구의 중동 에너지자원 지배, 그리고 사우디아라비아와 이집트 여타 지
역에서의 부패하고 억압적 정권에 대한 지지 등등이 그것이다. 의심할
바 없이 친서구 성향인 베나지르 부토와 같이 이슬람근본주의와 테러에
공공연하게 반대 목소리를 내는 이들의 개탄에서와 마찬가지로, 서구의
"이중 잣대"는 빈라덴의 논변에서도 거듭 등장한다. 그러한 인식과 불만
을 무시하는 일은 9·11 전후에, 그리고—놀랍게도—이라크자유작전의
처참한 실패 이후 수년 동안에도 테러리스트의 장단에 맞춰 주는 꼴이었
다.[109]

이 도덕적인 의로움이 얼마나 단순하고 신정주의적인지는 과장하기
힘들다. 그것은 백악관 집무실을 물들이고, "선과 악의 충돌"이라는 부시
독트린의 전제를 이의를 허용치 않는 복음으로 만들었으며, 9·11의 범
행자들로부터 사담 후세인이 체현한 "악의 축"으로 악의 전이를 재촉했
다. 미 행정부가 이슬람을 상대로 십자군을 벌이고 있지 않다고 부인할

때조차도, 2003년 3월과 4월에 침공이 진행되는 와중에 도널드 럼즈펠드 국방장관이 백악관에 직접 보고한 펜타곤 기밀 보고서는 성경에서 따온 문구로 멋지게 강조됐다. 예를 들어 3월 31일 자 "전 세계 첩보 업데이트"의 표지는 핏빛 하늘을 배경으로 검은 윤곽선이 또렷한 탱크 컬러 사진에 에베소서에서 따온 글귀를 실었다. "그러므로 지금 하느님의 무기로 완전무장을 하십시오. 그래야 악한 무리가 공격해 올 때에 그들에 대항하여 원수를 완전히 무찌르고 승리를 거둘 수 있을 것입니다." 미군 부대와 장갑차, 제트전투기를 찍은 세 장의 사진과 4월 3일 자 보고서 표지에 나란히 실린 인용문은 여호수아서에서 인용했다. "너는 내 명령을 듣지 않았느냐? 힘을 내고 용기를 가져라. 무서워 떨지 마라. 네가 어디로 가든지 네 하느님 야훼가 너를 떠나지 아니하리라." 4월 8일, 바그다드 승리의 손 개선문 아래를 지나가는 군 차량 사진과 함께 실린 그날의 성경 인용문은 이사야서에서 나왔다. "성문들을 열어라. 믿음을 지키는 의로운 나라가 들어오게 하여라."[110]

조야하고 안하무인격인 점령 행위도 이 성전의 이분법에 잘 들어맞았다. 침공 전후로 이라크 국민들은 실질적으로 미국에 반대하는 사악한 소수와 그들을 환영하는 착한 다수라는 납작한 이분법에 따라 나뉘었다. 그리고 점령 반대가 뜻밖에도 광범위한 것으로 드러나자 군사적 대응 역시 특유의 마니교적인 대응으로 나타났다. 미군은 문을 발로 차고 들어가 이라크 "맘스(MAMs)"[군 연령 남성(military-age males)]를 무차별적 표적으로 삼는 "죽이거나 생포하는" 정책을 채택했다. 총격전으로 죽은 이라크인들은 거의 자동적으로 "알카에다"로 분류됐다. 한때 "용의자"가 무려 2만 6000명이나 구금됐는데, 대부분 자의적 구금이었고, 많은 경우 학대를 당했다. 이 모든 것은 다시금 군의 용어를 따르자면, 사악

이라크 침공 당시 대통령 기밀 보고서에 등장한 성서 인용문

32. 이라크 침공은 2003년 3월 19일에 시작됐고 미국 주도의 병력이 4월 9일 바그다드를 점령
했다. 이 3주 동안 대통령은 국방장관으로부터 "전 세계 기밀정보 업데이트" 정기 보고를 받았는
데, 보고서 표지에는 컬러사진과 성서 인용문이 실렸다. 이하는 대통령에게 제출된 성서 인용문들
이다.

3월 17일   "내가 누구를 보낼 것인가? 누가 우리를 대신하여 갈 것인가?" "제가 있지 않습니
           까? 저를 보내십시오." [이사야서 6장 8절]

3월 19일   새벽의 날개 붙잡고 동녘에 가도, 바다 끝 서쪽으로 가서 자리를 잡아 보아도, 거기에
           서도 당신 손은 나를 인도하시고 그 오른손이 나를 꼭 붙드십니다. [시편 139편 9-10절]

3월 20일   "화살은 날카롭게 날이 섰고, 활시위는 팽팽하고 말발굽은 차돌같이 단단하고 병거
           바퀴는 돌개바람처럼 돌아간다." [이사야서 5장 28절]

3월 31일   "그러므로 지금 하느님의 무기로 완전무장을 하십시오. 그래야 악한 무리가 공격해
           올 때에 그들에 대항하여 원수를 완전히 무찌르고 승리를 거둘 수 있을 것입니다."
           [에베소서 6장 13절]

4월 1일   "무슨 일을 하든지 야훼께 맡기면 생각하는 일이 다 이루어지리라." [잠언 16장 3절]

4월 3일   "너는 내 명령을 듣지 않았느냐? 힘을 내고 용기를 가져라. 무서워 떨지 마라. 네가
           어디로 가든지 네 하느님 야훼가 너를 떠나지 아니하리라." [여호수아서 1장 9절]

4월 7일   선한 일을 하여 어리석은 자들의 무지한 입을 막는 것이 하느님의 뜻입니다.
           [베드로전서 2장 15절]

4월 8일   성문들을 열어라. 믿음을 지키는 의로운 나라가 들어오게 하여라. [이사야서 26장 2절]

4월 9일   "갑자기 사람의 손가락 하나가 나타나서 등잔대 맞은 쪽 왕궁 벽에 붙어 있는 판에
           글자를 썼다. 왕은 글 쓰는 손을 보고…… 그 뜻은 이렇습니다. '므네'는 '하느님께서
           왕의 나라 햇수를 세어 보시고 마감하셨다'는 뜻입니다.
           '드켈'은 '왕을 저울에 달아 보시니 무게가 모자랐다'는 뜻입니다.
           '브라신'은 '왕의 나라가 나뉘어……'" [다니엘서 5장 5-28절]

하고 거대한 적을 상대하는 데 적절한 "역동적" 접근법으로 여겨졌다. 많은 이라크인과 주변국 무슬림, 아랍인 들이 사담 후세인 정권이 가증스러운 정권이었다는 데 동의하면서도, 그 정권의 타도에 외국의 군대를 불러들이는 것은 용납할 수 없다는 점은 진지한 고려 대상이 아니었다. 그리고 죽이거나 생포하는 관행이 촉발한 커져 가는 분노도 마찬가지로 간과됐다. 미국에서 민족주의가 과열 상태로 부추겨질 때조차도—그러나 그것은 "민족주의"보다는 언제나 "애국주의"라는 이름으로 고양된다—타인들의 민족주의나 집단 정체성과 자긍심은 무시됐다.[111]

그러한 절대적인 양자택일의 렌즈를 통해 보면 미국의 적으로 인식되는 대상들은 다양성, 복잡성, 자율성, 역사와 역사적 의식, 타당한 두려움과 불만, 그리고 최후통첩과 물리력이 아닌 방식으로 취급되거나 억제될 가능성을 대체로 거부당했다. 이는 잠재적 동맹들에게도 해당됐다. "테러와의 싸움에서는 우리와 한편이 아니면 우리와 맞서는 것"이라고 대통령은 잘 알려진 2001년 11월 6일 기자회견에서 공언했다. 몇 주 전에 빈라덴이 공공연히 대결을 천명한 것처럼 말이다. 10월 20일 알자지라 방송과의 긴 인터뷰에서 빈라덴은 "말 한마디라도 부시를 지지하는 사람은 도움이나 지원, 여타 편의를 제공하지 않더라도 모두 반역자"라고 단언했다. 그의 간담 서늘한 공식에 따르면 9·11은 "테러의 균형"을 맞추는 방향으로 나가는 한 단계일 뿐이었다.[112]

대가를 치를 만한 가치가 있는 악

서구의 이중 잣대에 대한 빈라덴의 강한 성토는 위선적이었고 그 스스로가 이중 잣대였다. 예를 들어 1996년 무렵부터 그는 원폭 투하를 미국이 행한 비인간성의 실례로 수시로 들먹였다. 그에 따르면 원폭 투하는 "여자와 아이, 노인"도 희생자에 포함한 "테러리스트 행위"였다. 그와 동시에 빈라덴은 미국에서 또 하나의 "히로시마"를 부르짖는 데 거리낌이 없었다. 성스러운 폭력을 정당화하기 위해 알카에다가 9·11 이전부터 표방한 지하드에 대한 교리적 해석은 쿠란에 대한 가장 극단적 해석을 지지하지 않는 무슬림 "변절자"를 포함해 사실상 누구라도 죽여도 된다는 살인 면허였다.

9·11 이후로 "서구"를 향한 지하드가 치열해지는 와중에도 알카에다 테러의 희생자 대다수는 무슬림이었다. 그리고 미국의 이라크 점령이 무슬림이 서로를 죽이는 피바다를 불러오자, 9·11에 환호성을 보내고 서구의 중동 정책에 줄곧 비판적이었던 이슬람주의자들도 빈라덴의 수사를 고스란히 그에게 되돌리기 시작했다. 예를 들어, 9·11 6주기 무렵에 빈라덴이 존경하던 한 사우디 성직자는 이를 다음과 같은 직접적인 질문으로 표현했다. "나의 형제 오사마여, 그동안 얼마나 많은 피가 흘렀는가? 얼마나 많은 무고한 사람이, 어린이, 노인, 여자가…… 알카에다의 이름으로 죽임을 당했는가? 그대가 이 수만 수백만 [희생자]의 짐을 등에 진 채 전능하신 신 앞에 서면 행복할 텐가?"[113]

서구에 관해서라면, 빈라덴은 자신이 내세운 테러의 균형 신학에 관해 오싹할 만큼 직설적이었다. "그들이 우리를 대한 대로 우리도 그들을 대한다." 그는 9·11 직후에 알자지라에 말했다. "우리 여자와 무고한 이를 죽인 자들에 대해, 우리도 그들이 그렇게 하는 것을 멈출 때까지 그들의 여자와 무고한 이를 죽인다." 이것은 미국과 이스라엘이 자행하는 "무분별한 테러리즘"에 반하여 "좋은 테러리즘"이었고, 미국인과 유대인을 죽이는 일은 지하드에서 "가장 중요한 의무이자 가장 시급한 일"이었다. 언젠가 빈라덴은 9·11 공격을 거의 문자 그대로 상호성의 문제로 제시했다. 2004년 10월, 미국 대선 직전에 공개된 비디오테이프에서 그는 1982년에 베이루트의 파괴를 목격했을 당시의 충격을 회고했다. "그때 미국은 제3함대의 지원과 더불어 이스라엘이 레바논을 침공하는 것을 허용하여…… 많은 사람이 겁에 질려 달아나는 사이 그들을 폭격하고, 살해하고, 다치게 했다." 그는 그때 "레바논의 파괴된 고층 건물들"을 바라보면서 "미국의 고층 건물들을 파괴하여 같은 식으로 징벌해야겠다는 생각이 들었다. 자기들이 한 대로 보복을 당하여 우리 여자와 아이를 더 이상 죽일 수 없게 하겠다는 생각이 들었다. 그날 나는 무고한 여자와 아이를 고의로 살해하고 압제하는 것이 미국의 의도된 정책임을 확신하게 됐다. 그때 '자유와 민주주의'는 저항에 '테러리즘'과 '반동'이라는 딱지가 붙는 것처럼 실은 테러일 뿐인 듯했다"라고 말했다.[114]

빈라덴은 한번은 사담 후세인을 "도둑놈이자 변절자"라고 부르면서 그에 대한 경멸을 감추지 않았다. 반면 그의 논변에서 이라크는 부시 행정부의 논변에서보다 더 일찍이 한자리를 차지했으며, 다시금 "악"이라는 개념이 얼마나 교묘한지를 조명했다. 1996년 무렵부터 미국과 여타 국가들의 "무분별한 테러리즘"에 대한 빈라덴의 장황한 비난은 근래에 지속되고 있던 사태에 이목을 집중시켰다. 그것은 바로 짤막한 걸프전 당시와 그 이후로 부과된 경제제재로 인해 이라크의 영유아 사망률이 급증한 것이었다. 이는 능란한 프로파간다였는데, 이미 세계적으로 우려와 비난을 불러일으키던 인간의 비극을 지적했기 때문이다.[115]

✠✠✠

제1차걸프전쟁―1990년 8월 이라크의 쿠웨이트 침공으로 시작되어 1991년 2월까지 이어졌다―의 결정적 최종 국면인 "사막의폭풍작전(Operation Desert Storm)"에서 사람이 조종하는 폭격기와 순항미사일, 레이저유도폭탄을 이용하여 43일간 쉬지 않고 이어진 미국의 폭격은 수십 년 전 영미 연합군이 일본과 독일을 상대로 한 공중전처럼 이라크의 민간 기반 시설을 모조리 파괴했다. 대략 700곳에 가해진 이 대대적 파괴는 양수장, 정수시설, 통신시설, 댐, 발전소, 열차, 도로, 다리, 항구를 비롯한 운송 네트워크, 석유화학 시설, 그리고 금속과 섬유부터 의약품까지 모든 생산 공장을 아울렀다.

펜타곤 분석가들은 정수부터 하수처리와 병원 유지에 이르기까지 모든 활동에 핵심이랄 수 있는 전력 생산능력이 이라크가 1920년에 보유했던 수준으로 떨어졌다고 추정했다. 1991년 3월에 발표된 한 유엔 보고서는 폭격의 결과를 "거의 묵시록적"이라고 묘사했다. 보고서는 "현대적 생활 유지 수단 대부분이 파괴되거나 미미해졌으며", 나라가 "산업혁명 이전 상태로 전락했지만, 산업혁명 이후 과학기술과 집중적 에너지 사용에 대한 의존성이 야기한 불편함은 고스란히 남아 있는" 형국이라고 평가했다. 전쟁 2년 뒤에 아랍통화기금(Arab Monetary Fund)은 이라크 기반 시설 피해 규모를 대략 7500억 달러로 추산했다.[116]

사막의폭풍작전의 공식 대변인들은 이전의 전쟁들과 달리 이 초정밀 공격이 민간인 사상자를 최소화했다고 주장했다. 그런 주장들은 폭격으로 인한 직접적인 사망에만 초점을 맞추고, 이중 용도(민간용을 군사용으로도 쓸 수 있다는 의미) 기반 시설을 파괴함으로써 공중전 전략가들이 "전략적 마비"나 "시스템 마비"라고 부르는 사태를 만들어 내려는 더 큰 목표들을 가리기 때문에 부정직했다. 게다가 인명 피해 최소화를 주장한 사람들은 전쟁이 끝난 뒤 이라크 사회를 한층 어렵게 만들고, 그리하여 미국 정부의 희망에 따르면 "민간인 사기"를 저하시키고, 사담에게 "장기적 영향력을 행사할 지렛대"로 의도된 장기적인 경제제재 조치들은 무시했다. 예를 들어, 걸프전 폭격 작전이 시작될 무렵에 나온 미군 내장문의 문서는 정수처리 시설의 파괴와, 수질이 열악한 이라크의 수돗물을 정화하는 데 필수적인 장비와 화학약품의 접근 차단은 "인구 상당수에 식수 부족을 야기"할 것이라고 명시적으로 시인했다. "이는 전염병은 아니라 해도 질병 발생이 증가하고, 석유화학, 비료, 석유 정제, 전자, 의약, 식품 가공, 섬유, 콘크리트 건설, 화력발전을 비롯해 정수에 의존하는 특정 산업 부문들의 가동 불능을 초래할 수도 있다."[117]

미군 대변인들은 무심결에 이라크인들도 사담의 쿠웨이트 침공에 얼마간 책임이 있으며, 따라서 고통받아 마땅하다고 암시하기까지 했다. "무고한 양민들에 대한 정의가 약간 불분명한 것 같다"라고 걸프전이 발발한 뒤 어느 브리핑 자리에서 한 공군 고위 장교는 말했다. "그들은 거기 살고 있으며, 궁극적으로 이라크 국민들은 자국에서 일어나는 일을 얼마간 좌우한다." 나중에—9·11이 벌어지기 여러 해 전에—빈라덴도 미국에 맞선 지하드 선언과 관련해 유사한 설명을 내놓았다. 미국인들은 팔레스타인, 레바논, 이라크 및 여타 지역에서 자행된 미국의 범죄에 대한 책임을 모면할 수 없다는 것이었다. 그는 "그들은 이 정부를 선택했고 그 범죄들을 알고도 거기에 투표했기 때문"이라고 주장했다.[118]

✢✢✢

제1차걸프전은 41대 대통령 조지 H. W. 부시 재임 동안 일어났고, 12년 뒤 그의 아들 조지 W. 부시가 선택하여 일으킨 전쟁의 서막이기도 했다. 그때와 이후로 일어난 많은 일이 9·11에 따른 '역사는 오늘 시작된다'라는 기억상실증으로 지워져 버렸으므로, 여기서 얼마간 되짚어 볼 필요가 있다. 1991년에 싸움을 바그다드로 가져가고 사담을 타도하려는 시도에 반대하여 심사숙고를 거쳐 나온 주장들은 10년 뒤에 두 번 생각할 것도 없이 무시됐다. 그와 동시에 역시 대수롭지 않게 일축된 것은 특히 영아 사망률의 급증을 가져온 걸프전 이후 대(對)이라크 경제제재의 파멸적인 파급효과였다. 경제제재 효과와 더불어 "무고함과 악"은 반미와 반서구 정서를 악화시키는 방식으로 다시금 담론의 중심을 차지했다. 익히 예상할 수 있듯 사담은 금수조치를 "이라크 밖에서 유래하는 악의 경로들"의 또 하나의 사례라고 지적했다. 워싱턴과 런던도 역시 예상 가능한 반응을 내놓았다. 모든 고통은 이라크가 제재에 굴복하여 모든 대량살상무기를 포기했음을 무기 사찰단이 확인할 수 있게 허락하지 않은 독재자 탓이라고 주장한 것이다. 빈라덴은 빈라덴대로 제재의 처참한 효과를 미국과 그 동맹들이 자행하는 또 하나의 "테러" 사례로 꼬집을 기회를 놓치지 않았다.[119]

1991년 무력으로 사담을 축출하는 시도를 거부하도록 미국 고위 지도층을 설득했던 논변은 2003년의 침공이 혼돈의 소용돌이에 빠져든 뒤로, 버려진 실용주의의 시금석으로서 새삼 뼈아프게 다가왔다. 제1차걸프전 당시 합참의장이었고 나중에 침공이 벌어졌을 때 국무장관이었던 콜린 파월은, 예를 들어 진주만으로부터 도발적인 교훈을 이끌어 내어

1991년에 바그다드 진격에 반대했다. 1995년의 회고록에서 파월은 여러 페이지를 할애하여 당시 자신이 "일본인들은 자신들이 시작한 전쟁을 어떻게 끝낼지 별다른 고민을 하지 않았음"을 서술한 책에 영향을 받았다고 설명했다. 사막의폭풍작전을 지휘한 노먼 슈워츠코프(Norman Schwarzkopf) 장군은 당시 자신도 바그다드 침공을 반대했다고 회고하며 자신의 입장을 다른 역사적 맥락에 위치시켰다. 그는 침공을 둘러싸고 국내외 여론의 법정에서 "정당성"의 문제가 있었다고 봤는데, 이는 앞선 베트남전쟁에서 고통스럽게 깨달은 교훈이었다. 만약 자신의 군대가 바그다드로 진격했다면 "난 우리가 아직도 거기 있을 거라고 생각한다. 타르 구덩이에 빠진 공룡처럼 됐을 것이다. 거기서 헤어나오지 못한 채 지금도 점령 세력으로서 이라크 전역을 통치하는 비용을 100퍼센트 우리가 부담하고 있을 것이다"라고 했다. 아버지 부시 대통령과 그의 전략 자문 브렌트 스코크로프트(Brent Scowcroft)도 1998년에 한 회고에서 유사한 설명을 내놓았다. 두 사람은 "사담을 제거하려는 시도는 헤아릴 수 없는 인적·정치적 비용을 초래했을 것"이라고 주장했다. "우리가 침공 노선을 따랐다면 미국은 지독히 적대적인 땅에서 지금도 점령 세력일 가능성이 있다. 그것은 극적으로 다른—그리고 어쩌면 소득 없는—결과를 낳았을 것이다."[120]

제1차걸프전 당시 국방장관은 그 쟁점을 베트남전쟁이 남긴 큰 교훈의 언어인 **수렁**(quagmire)이라고 표현했다. "미군 병사들을 이라크 내전에 개입시키는 것은 말 그대로 수렁이 될 거라 생각한다"라고 그는 전국 방송 시청자들에게 설명했다. "일단 바그다드로 가고 나면 무얼 해야 하는가? 누구를 권좌에 앉힐 것인가? 우린 어떤 종류의 정부를 갖게 될 것인가? …… 미군에 사상자가 발생하고 미군이 이라크를 통치하는 책임을 떠맡기를 미국 국민은 원치 않는다고 생각한다. 그건 말도 안 되는 일이다." 그 문제의 국방장관은 아들 부시 대통령 행정부에서 부통령이 되어 이런 주장들을 무시하고 무력에 의한 이라크 "정권교체"를 시도하기로 결정한 주동자 딕 체니(Dick Cheney)였다. 점령지 이라크가 경고대로 수렁으로 바뀐 지 여러 해 뒤에 체니는 자신이 1991년에 주장한 것과 나중에 그걸 무시한 것을 어떻게 조화시킬 수 있느냐는 질문을 받았다. 그는 "글쎄요, 1991년에 말한 내 입장은 그대로 고수합니다. 하지만 그 이후로 무슨 일이 일어났는지를 봐요. 9·11이 일어나지 않았습니까?"라고 대답했다.[121]

걸프전 이후 이라크 제재에 따른 인적 희생을 무시한 것은, 무슬림과 아랍 세계에 팽배한 인식을 제대로 고려하지 못한 측면에서 비록 똑같이 크나큰 대가를 초래하긴 했어도, 위와는 다른 종류의 기억상실에 가까웠다. 이라크의 유아와 아동 사망률을 다룬 최초 보고서는《뉴잉글랜드의학저널(New England Journal of Medicine)》1992년 호에 실렸고, 다음과 같이 널리 인용되는 결론을 내놓았다. "이와 같은 결과들은 걸프전과 무역 제재가 5세 미만 이라크 아동의 사망자 수를 세 배 증가시킨 주요 원인이라는 강력한 증거를 제공한다. 우리는 1991년 1월과 8월 사이에 아동 4만 6000명 이상이 초과 사망한 것으로 추정한다." 감정을 자극하는 개인적인 관찰 내용들과 더불어 후속 연구들은 이러한 유아 사망이 금수조치의 지속으로 가속화됐음을 가리켰다. 대중의 이목을 집중시키는 데 정치적으로 결정적이었던 것은 두 유엔 소속 연구자가 영국 의학저널《랜싯(Lancet)》1995년 12월 호에 게재한 서신으로, 이 공개서한은 유엔이 승인한 금수조치의 "결과로 1990년 8월 이후로 이라크 아동 56만 7000명"이 사망했다고 결론 내렸다.[122]

그렇게 높은 수치—와 그 원인들—를 둘러싸고 다방면에서 이의가 제기됐고, 1995년의 추정치는 결국 다른 조사자들과 원래 서신의 작성자들에 의해 낮아졌다. 하지만 비극은 변함이 없었다. 무수한 후속 연구는 1990년대 5세 미만 이라크 아동 가운데 "초과 사망" 수치가 1980년대 초과 사망 수치의 두 배 이상이라는 결론에 대체로 일치했다. 일례로 1991년부터 2002년까지 전 기간을 조사한 저명한 어느 연구자는 걸프전과 추후 제재로 인한 아동 초과 사망의 유력한 수치를 34만 3900~52만 9000명 사이로 잡았다. 워싱턴이나 런던 어느 쪽의 공식 관계자도 이 부정확하지만 거대한 수치에 이의를 제기하지 않았다. 정치적 과제는 그 숫자들에 어떤 그럴듯한 해석을 덧붙일 것인가였고, 토니 블레어 영국 총리는 이라크자유작전이 진행 중이던 2003년 3월 27일에 캠프 데이비드에서 열린 아들 부시 대통령과의 공동기자회견에서 이에 관해 양국 간 합의된 노선을 완벽하게 표현했다. 그는 "지난 5년에 걸쳐 5세 미만 이라크 아동 40만 명이 영양실조와 질병으로 인해 때 이르게〔원문은 '예방적으로(preventively)'이나 블레어의 말실수로 보인다〕 사망했지만, 그들이 살아가고 있는 정권의 본질 때문에 사망한 것입니다. 그래서 우리가 지금 행동하고 있는 것이고요"라고 말했다.[123]

경제제재 논쟁에서 가장 유명한 순간은 7년 전 당시 유엔 주재 미 대사였던 매들린 올브라이트(Madeleine Albright)가 했던 텔레비전 대담에서 나왔다. 1995년 12월에 발표된 높은 추정치가 커다란 관심을 끌던 1996년 5월, 올브라이트는 대담에서 미국의 입장을 다음과 같이 묘사했다.

인터뷰 기자   **아동 50만 명이 사망했다고 들었습니다. 제 말은, 히로시마에서 죽은 아동 수보다 더 많은 수라는 거예요. 과연 그만한 대가**

를 치를 만한 겁니까?

올브라이트 대사   그건 무척 어려운 선택이죠. 하지만 우린 그만한 대가를 치를 만
                 하다고 생각합니다.

올브라이트는 나중에 이 부주의한 발언을 철회하고 아동 초과 사망의
책임을 전적으로 사담 후세인의 책임으로 돌리려고 시도했다. 올브라이
트는 질문에 의해 "함정에 빠졌다"라고 주장했지만, 그 일화는 국내적으
로 그에게 타격을 주지 않았다. 일곱 달 뒤에 올브라이트는 상원에서 국
무장관 임명 동의를 받았다. 인사청문회 동안 그는 "이라크 정권이 안보
리의 관련 결의안을 따르지 않는다면 받아들일 때까지 유엔의 대이라크
강경 제재 유지"를 지지하겠다는 입장을 확고히 고수했다.[124]

미국 바깥의 여론은 그보다 좋지 못했다. 1998년 바티칸 대사들을 상
대로 한 신년 하례에서 교황 요한 바오로 2세는 "무자비한 금수조치 아
래서 살아가는 이라크의 우리 형제자매들"에 대한 관심을 환기하며 정
치적·경제적·전략적 고려보다 연민을 우선시할 것을 요청했다. "무고
한 약자들이 그들에게 책임이 없는 잘못의 대가를 치러서는 안 된다"라
고 교황은 단언했다. 그해 후반에 이라크 주재 아일랜드의 유엔 "인도주
의 조정관" 데니스 홀리데이(Denis Halliday)는 제재가 "매달 이라크 영
아 6000명을 아사시키고, 이라크 일반 국민들의 인권을 무시한 채 한 세
대 전체를 서구에 등 돌리게 만들고" 있는 상황에서 더 이상 그 일부가
되고 싶지 않다는 이유로 사임했다. 그는 "인종학살의 정의(定意)에 부
합하는 프로그램을 집행하고" 싶지 않다고 말했다. 홀리데이의 후임자
로 온 독일 국적인 한스 폰 슈포네크(Hans von Sponeck)는 제재가 "진
정한 인간 비극"을 초래했다고 밝히며 2000년 초에 사임했다.[125]

1990년대 후반에 이르자 유엔 제재에 대한 비판은 여러 방면에서 나왔다. 한편으로 인도적 위기는 유엔과 이 정책을 지지하는 모두에게 "도덕적 딜레마"를 제기했다(이 표현은 코피 아난 유엔 사무총장으로부터 나온 것이다). 다른 한편으로 금수조치는 사담 정권을 약화하기는커녕 오히려 강화해 주는 동시에 이라크를 망가트리고 중동 전역에 분노를 키웠다. 9·11 직후에 미국 육군대학이 어느 군사 저널에 실은 한 논문은 제재가 이라크 정부의 경제 통제력을 강화하고, 전국적으로 빈곤을 증가시키고, 전문직 계층의 이주를 촉발하고 "중간층과 시민사회의 출현을 지연시켰다"라고 지적하여 이러한 도덕적·실용적 주장들을 간결하게 정리했다.[126]

✤ ✤ ✤

안전하게 멀리 떨어진 곳에서 참화와 고통을 야기하는 것은 상상의 가능성을 차단해 버린다. 타인의 심리에 대한 감수성과 더불어 도덕성도 무뎌진다. 머나먼 곳에서는 일어나는 파괴에 대한 간단하고 실제적인 이해 역시 추상적으로 흐르게 된다. 태평양전쟁의 경우가 확실히 그랬다. 1945년 미국의 폭격 작전이 60곳이 넘는 도시지역을 가루로 만든 뒤, 패전한 일본에 상륙한 미국인들은 거의 한 명도 빠지지 않고 대도시들이 온데간데없고 수백만 명이 집을 잃고 거리로 나앉은 모습을 발견하고 놀라움을 금치 못했다. 그와 동일한 반응이 2003년 봄에 바그다드를 점령한 미국인들에게서도 나왔다. 그들은 대량살상무기를 발견하지 못한 것뿐만 아니라, "시스템 마비"를 위해 10여 년간 실시한 전략적인 정책이 정말로 시스템을 거의 복구 불가능한 수준으로 마비시켰음을 발견하고 깜짝 놀랐다. 2003년 5월에 점령 정부의 수장이 된 폴 브리머의 반응이 바로 그랬다. 훗날 그는 이라크로 떠나기 전에 워싱턴에서 받은 "수차례의 정신없는" 브리핑들은 **"이 나라가 얼마나 철저하게 망가졌는지"** 제대로 된 그림을 전혀 전달해 주지 못했다고 회고했다.

다른 한편으로 브리머는 무엇이 이 시스템 붕괴를 야기했는지에 관해서는 일말의 의심도 없었다. 사담의 잔혹성과 부패, 그 독재자의 "비뚤어진 사회주의경제 이론"이 합쳐져 "나라의 중간계급과 민간 부문이 전멸하다시피 했다". "국가 독점"으로 발목이 잡히고 가격을 인위적으로 낮게 유지하기 위한 "왜곡적인 보조금"으로 숨통이 막힌 국가경제는 바트당의 계획경제하에서 수십 년간의 만성적인 부실 운영으로 완전히 망가졌다. 2003년 침공군이 맞닥뜨린 이라크 빈민 아동들 사이에 영양실조와 조기 사망이 만연한 것은 누구도 부정할 수 없지만, 제재가 이를 초래했다고 주장하는 것은 "바트당의 공식 프로파간다 노선"이나 다름없다고 브리머는 단언했다.[127]

로버트 피스크가 말한 대로 이라크자유작전의 해방자들이 주인이 떠난 바그다드 궁전들에 자리를 잡았을 때 제재는 "그림에서 '소리 소문 없이 사라져 버렸다.' 처음에 사담이 있었고, 그다음에 '자유'가 있었다".[128]

5장

선택한 전쟁들과 전략적 바보짓들

진주만과 "이라크자유작전"

진주만에 정박해 있는 키멀 제독의 함대를 기습하고, 쇼트 장군이 일본계 미국인의 사보타주에 대한 대비책으로서 비행장 한가운데 모아 두라고 명령한 전투기들을 맹폭한 지 9시간 뒤에, 일본군은 필리핀에 주둔하고 있던 맥아더 장군 휘하의 미군을 공격했다. 지상에 노출된 채로 기습을 당한 맥아더의 비행기들도 손쉬운 표적이 됐다. 공격 바로 전날 맥아더 장군은 필리핀은 일본의 공습 가능 범위에서 완전히 벗어나 있다고 설명했다. 공습 직후에 맥아더와 다른 이들은 공격 항공기 가운데 일부는 백인이 조종했던 것으로 보인다고 보고했다. 그들은 독일인들로 추정됐다.[129]

하와이의 지휘관들은 신임을 잃어 면직된 반면 맥아더가 그런 태만을 저지르고도 살아남아 이후 승승장구했다는 사실은 운명의 여신이 정치인들 및 군 기득권층과 더불어 변덕을 부린다는 점을 보여 주는 훌륭한 사례다. 60년 뒤 그런 변덕의 제2막이라고 할 만한 일이 일어났으니, 대통령과 그의 최측근들이 이라크가 알카에다를 조종하고 있음이 틀림없다고 결론 내린 것이다. 이는 9월 11일 공격이 일개 테러리스트 집단이 저지르기에는 "너무 정교해서" "국가 후원"이 있을 수밖에 없다는 울포위츠 국방차관의 즉각적 반응이 내포하는 바였다.[130]

그러나 맥아더의 망상은 잠깐 떠올랐다가 사라진 반면, 테러리즘을 국가 후원과 엮으려는 부시 행정부의 시도는 테러와의 전쟁의 핵심이 됐다. 궁극적으로 이 주장은 9·11과 이라크 간 연결 고리에 관한 여러 가정 이상의 것에 기초하고 있었다. 그것은 사담의 과대한 권력욕과 이라크가 생화학무기와 핵무기를 제조할 수 있는 잠재력에 관해 기존의 공포를 건드렸고, 중동의 한 가지 악을 또 다른 악과 하나로 합쳤으며, 많은 보수주의자가 1990년대 초반부터 옹호해 온 이라크 "정권교체"를 정치적으로 실현 가능하게 만들었다.

냉정한 분석과 이데올로기적 열성, 묵시록적 환상, 순전히 반(半)맹목적인 패닉이 정확히 얼마나 섞였든지 간에, 파악하기 어려운 비국가 위협에서 어떤 단일한 국가로의 초점이동은 끔찍한 결과를 가져왔다. 아프가니스탄에서 빈라덴과 알카에다를 열심히 추적하는 데 집중하는 대신 관심과 자원이 사담의 경찰국가를 타도하는 데로 돌려진 것이다. 9·11로 노출된 상상력의 실패에서 뭔가를 배우는 대신, 워싱턴의 전쟁계획가들은 애초에 아랍권의 불만을 심화하고 테러조직으로 신병들을 끌어들이는 데 일조하는 상황들—이를 테면 가장 만만한 표적인 외국 점령—을 계속 무시함으로써 이 실패를 더욱 악화시켰다. 행정부는 9·11 이전에 만연한 관료조직 간 텃밭 싸움과 정부 인사들의 갈등을 직시하고 이를 끝내기는커녕 조직 내분을 더욱 심화했다. 이라크전쟁 돌입 과정과 이후 여러 해 동안 부시는 통제가 안 되고 궁극적으로 극도로 무능한 행정부와 관료조직을 이끌었다.[131]

이라크를 상대로 선택한 전쟁은 애초에 미국의 고압적 자세가 반서구 정서를 불붙였다는 사실을 간과한 데서 비롯된 것만이 아니었다. 그것은 또한 빈라덴이 아프가니스탄에서 소련의 패배로부터 배운 교훈, 다시 말해 소위 초강대국도 "비대칭적" 저항에는 취약하다는 점을 인정하길 거부하는 비뚤어진 사고를 반영한 것이었다. 알카에다와 테러리즘이 제기하는 위협이 제2차세계대전에서 대면했던 대규모 적군과는 닮은 점이 전혀 없다는 사실에도 불구하고, 대통령과 그의 전쟁계획가들은 압도적 무력과 정교한 무기와 장비를 "군살을 뺀" 방식으로, 하지만 본질적으로는 재래식으로 그것을 배치하는 데 불나방처럼 이끌렸다. 그 방식이 계획하기 더 쉽고 훨씬 흥미진진하며, 자칭 "전시 대통령"과 그의 지휘관들에게 개인적 영광을 더 크게 약속했기 때문이다.

맥아더처럼 대통령과 그의 보좌관들은 자신의 자리를 계속 유지할 수 있었다. 개전 사유들이 잘못된 것으로 드러나고 이라크가 혼돈에 빠져든 뒤에도 미국 유권자들은 부시를 다시 당선시켰다. 하지만 비교는 거기까지다. 필리핀에서의 궤멸 이후 3년 9개월이 지나 맥아더는 도쿄만에 정박한 미주리함 선상에서 정복자 영웅으로 서 있었다. 제2차세계대전은 마지막 추축국의 무조건항복으로 막을 내렸다. 이라크자유작전을 감행하고 훨씬 더 긴 시간이 흐른 뒤에, 제2차세계대전과의 유비를 이끌어내는 데 푹 빠져 있던 부시와 연설문 작가들 그리고 지지자들은 중동을 바라보며 그저 눈물만 흘릴 뿐이었다. 미군이 바그다드에 입성하고 5년 9개월 뒤, 이라크는 전쟁이 찢고 할퀴고 간 상처에 여전히 신음하고, 아프가니스탄에서는 이슬람주의 성전사들이 다시금 고개를 쳐들고 있을 때 대통령은 백악관을 떠났다.

✤✤✤

언뜻 보면 이라크 침공을 일본의 진주만공격 및 동남아 진격과 비교하는 것은 괴상한 면이 있는 듯하다. 이라크자유작전이 개시되기 전 누구도 미국이 타격을 준비하고 있는지 또는 어디를 타격할 것인지 묻지 않았다. 이라크전쟁으로 이어지는 서막에 요란한 무력 과시가 있었으므로 문제는 그저 "언제?"일 뿐이었다. 막상 침공이 벌어졌을 때 유일하게 놀라운 점이란 적대행위 이후의 안정화와 점령에 대한 준비 부재, 다시 말해 만일의 사태에 대비한 진지한 계획과 세심하게 고려해 둔 최종 단계 전략의 부재였다. 하지만 그것이 바로 양자 간 두드러진 비교 지점이다.

1941년 12월 일본의 전쟁 선택처럼 이라크자유작전은 군사적으로 전술적 승리이자 전략적 참사였다. 양쪽 경우 모두 최고위 정책결정자들은 적의 심리와 대처 능력을 과소평가했고 자신들이 통제할 수 없는 분쟁에 뛰어들었다. 권력 핵심부 내 이성적인 사람들은 우려와 의심을 강력히 표명하는 데 소심했고, 확신을 갖고 용기 있게 행동하기보다는 권위에 충성했으며, 재빨리 손을 들어 주거나 갑작스레 주변으로 밀려났다. 최고위층에서는 이데올로기, 감정, 희망적 사고가 합리성을 밀어냈고, 일단 전쟁 기계가 실제로 굴러가기 시작하자 비판은 패배주의와 도덕적 나약함, 심지어 반역의 기미가 엿보인다는 오명을 썼다. 이는 도쿄에서 일어난 사실이었으며, 60년 뒤 워싱턴에서도 역시 그랬다.

이 두 전쟁의 전략적 실패만이 유일한 비교기준은 아니다. 기초적 쟁점은 자신들이 스스로 선택해서 전쟁을 개시했으며, 그것도 군사력 이외의 대안들을 진지하게 모색해 보지 않고, 위험에 대한 의심스러운 논거들을 가지고 국제법과 여론을 명백히 무시하며 그렇게 했다는 것이다. 이라크가 붕괴되기 전부터 아서 슐레진저와 몇몇 비판가들이 언급했듯이, 9월 11일 이후에 "진주만"은 돌연 그것이 원래 의미한 것—대비 태세의 결여, 희생자화, 기만적인 적이 미국의 등에 칼을 꽂았다—과는 매우 다른 것을 나타내는 코드가 됐다. 부시 행정부는 알카에다와 이슬람주의 테러에만이 아니라 이제 미국에도 "오욕"의 낙인을 찍었다.[132]

이런 시각에서 볼 때, 침공을 옹호하는 행정부의 기초적 논거들(대량살상무기, 이라크와 알카에다 간의 긴밀한 관계)이 사실무근으로 드러나기 전부터 미국이 선택한 전쟁은 미국이 떠받치고 있다고 주장하는 법과 가치들을 훼손했다. 이것은 도덕적인 데 그치는 것이 아니라 현실적인 쟁점이었다. 일방적인 전쟁 선택은 9·11 이후 미국에 대한 전 세계적 지지를 실추시켜 버렸고, 이미 미국의 이중 잣대를 비난할 태세를 갖춘 사람들에게 장단을 맞춰 주었으며, 힘과 권위를 뒷받침하는 무형의 정당성의 아우라를 약화했다.

그러한 비판을 반박하는 이들에게 미국이 선택한 이 전쟁을 1941년 일본의 선택과 비교하는 것은 그때나 지금이나 언어도단이다. 그들의 반론은 일제와 달리—아닌 게 아니라 지금까지 보아 온 그 어떤 제국이나 적대행위 개시자와 달리—미국이 전쟁을 선택한 이유는 방어적이고 인도적이며, 이상주의적이고 건설적인 의도를 띠고 있으며, 미국의 무력 전개는 절제되어 있다는 것이다. 사담 후세인의 "공포의 공화국"은 1941년에 일본이 공격한 미국 민주주의와 어떤 식으로도 비교 불가능하다. 마찬가지로 일본 천황과 그의 군 지도자들의 망령을 부시 대통령과 그

의 강경하지만 선의를 품은 자문들과 한자리에 두는 것은 명예훼손에 가깝다.[133]

일제와 부시 행정부의 보수적 미국 간 근본적인 차이는 정말로 차고 넘친다. 일본은 공화국이 아니라 입헌군주국이었고, 일본 국민들은 "시민"이라기보다는 "신민"이었다. 모든 학생은 히로히토가 공통 연대 이전 660년까지 거슬러 가는 황조의 124대 천황이라는 신화를 배웠다(그에 따라 1940년은 한 번도 끊긴 적 없는 천황 치세 2600주년이었다). 1889년 메이지 헌법에 따라 황위와 그 황위에 앉은 사람은 "신성불가침"이었고, 1930년대 후반에 시작된 전쟁에 신민들을 동원할 때 부르짖은 구호는 "황도(皇道)"의 수호였다. 부시 행정부가 선제공격을 옹호할 때 거론한 "자유"와 "민주주의", "자유시장과 자유무역"이라는 정치적 이상들은 일본의 전시 이데올로그들에게는 지독한 혐오의 대상이었다. 일본의 포괄적인 구호는 "대동아공영권"이었다. 중국에서 일제가 내건 구체적인 목표는, 군벌과 국민당 세력, 공산당 세력, "비적들"(게릴라 저항군)이 다투는 혼란한 세상에 "안정"을 강요함으로써 대륙과 이어진 경제적 생명선을 지키는 것이었다.[134]

차이점은 국력, (경제적) 번영, 취약성을 살펴봐도 두드러진다. 미국과 동남아의 유럽 식민 열강들을 공격하기로 했을 때 일본은 상대국들보다 군사적으로 왜소했다. 그 결과 1941년 전쟁 결의 당시 인식된 위험요소는 미국이 무너지기 일보 직전인 사담의 경찰국가를 공격할 때 인식한 위험부담보다 훨씬 컸다. 또한 일본은 상대적으로 가난한 나라였고, 일본 국민들은 성전을 위해 말 그대로 모든 것을 희생하도록 요구받았다. 9·11 몇 주 뒤에 부시 대통령은 국민에게 항공사들에 신뢰를 가져 줄 것을 촉구하며, 비행기를 타고 "미국 최대의 관광지들"을 찾아가고 "플로리다의 디즈니월드"를 방문하고 "우리가 원하는 방식대로" 가족과 함께 즐거운 시간을 보내라고 했고, 그는 이런 메시지를 결코 포기한적이 없었다. 이라크 침공 이후 3년 반도 더 지난 2006년 크리스마스 휴가 기간에 행한 기자회견 당시 대통령의 발언은 "여러분 모두 쇼핑하러 더 많이 나가십시오"였다. 반면, 전시 일본의 요란한 구호 가운데 하나는 "사치는 적이다"였다. 미국 본토 폭격이 시작된 후 또 다른 구호는 천황의 충성스러운 신민들은 모두 가미카제 특공대[일억총특공(一億総特攻)]처럼 죽을 각오를 하라는 구호였다. 결국에는 모든 일본 가정이 물질적인 내핍과 가족과 친지의 죽음으로 전쟁의 영향을 실감할 수밖에 없었다.[135]

하지만 천황과 그의 신료, 장성과 제독들을 대통령과 그의 측근 자문들과 대비하고 그들이 전쟁의 참화를 불러일으키는 과정을 살펴보면 차이점은 줄어든다. 각각의 경우에 그들이 말하는 언어는 그 민족주의와 정의로움에서 유사하다. 양자의 경우에 지정학적 비전은 기존 국제질서(그리고 국내질서도)의 틀을 부수려 한다는 점에서 급진적이다.[136] 부시 행정부가 전쟁을 향해 거침없이 돌진한 것처럼 일본 지도자들도 국가안보에 대한 위협들에 사로잡혀 있었고 자기 명분의 정당성을 결코 의심하지 않았다. 그들은 국가를 지키는 동시에 아시아에 번영과 안정을 가져올 것이라 믿었고, 그들의 비밀회의들은 구체적인 정보와 표면상으로는 합리적인 주장들로 점철되어 있었으며, 더욱 안정된 세계를 건설한다는 목표에 비굴할 정도의 헌신을 표명했다. 자신들이 보기에 그들은 도덕적이고 이성적인 사람들이었다. 일본 국가와 자신들의 행위가 너무나 자주 스스로 했던 말과 어긋난다는 사실은 그들을 괴롭히지 않았고 심지어 인지되지도 못했다.

이렇게 폐쇄된 전략 계획 충위에서 일본인들과 미국인들 사이에 가장 두드러진 차이점은 자신감과 활동 방식의 차원에 있다. 일반적으로 일본의 정책 결정은 부시의 성급한 이라크전쟁 결정보다 더 공식적이고 정례적인 방식으로 이루어졌다. 하지만 펜타곤과 백악관에서는 강성 정치가 활개를 쳤고, 대통령과 가까운 개인들은 그의 "보디랭귀지"를 읽으려고 상당한 시간을 보냈던 듯하다. 미국과 대결해야 하는 위험 부담은 일본 지도자들을 매우 주저하게 만들었는데, 그들은 한동안 워싱턴이 아시아, 특히 중국에서 일본의 "합리적인" 요구사항을 들어주도록 설득될 수 있다는 미약한 희망에 매달렸다. 11월 초까지도 도조 총리는 여전히 하급자들에게 미국과의 대화가 성공을 거두길 기대한다고 말하고 있었다. 그와 달리 유엔을 끌어들이는 데 마지못해 동의하긴 했어도, 이라크와 외교적인 해법으로 해결하려는 바람이 부시와 그의 전쟁계획가들에게 진지하게 영향을 미쳤다는 증거는 별로 없다.[137]

각자 자발적 전쟁으로 이어진 이 매우 다른 의사결정을 비교하는 것은 그야말로 금이 간 거울들의 방에 들어서는 일이다. 그래도 제법 분명하게 거울에 비춰지는 것은 본인들이 합리성에 기반하고 있다는 믿음과 정반대되는 과정과 사고 틀이다. 폭넓은 경험과 상당한 영민함을 지녔으나 알고 보니 부주의하고 슬기롭지 못한 개인들에 의한 근시안적이고, 독단적이고, 망상적이고 비극적인 "집단사고"의 발휘였다.

두 전쟁은 또한 군사 계획가들이라면 명심하고 있어야 할 오랜 교훈을 되새기게 한다. 즉 일단 전쟁 준비에 들어가면 돌이킬 수 없는 지점에 금방 다다르며, 대다수 전쟁은 개시하기는 쉬워도 종결하기는 어렵고 대가가 많이 따른다는 것이다. 언어와 수사 자체가 감옥이 되며, 파괴의 기계에는 자체적인 추진력이 생긴다.

천황제와 제왕적 대통령제

일제의 전쟁 결의는 정부예산을 통제하는 양원제 의회인 제국의회를 비롯한 입헌군주정 안에서 이루어졌다. 귀족원과 선출 하원으로 이루어진 제국의회는 기본적으로 국가의 전쟁 정책들에 무조건적으로 도장을 찍어 주는 역할을 했다. 1920년대로 거슬러 가서, 국가정책에 대한 비판을 대역죄와 동일시한 치안유지법은 정부를 거침없이 비판하는 사람들을 투옥했고, 진주만공격 당시에도 대다수가 좌익인 비전향 인사 수백 명이 여전히 구금되어 있었다[일본 공산주의자 대부분은 전향하여 천황의 "금기(錦旗) 아래 혁명"에 투신했고, 이는 전후에 좌익계에서 고통스러운 논쟁거리가 된다]. 공식 검열제도가 존재했지만, 언론은 대체로 자기검열을 했다.

부시 대통령이 이라크를 상대로 군사력을 사용하는 것을 승인한 2002년 10월 상원 의결에 상응하는 의회 절차가 일제에는 없었고, 전체적인 정부 정책에 대한 공개적인 비판도 9·11 이후 미국에서 일어난 것보다 드물었다. 중국에서의 전시 정책이나 미국과 유럽 식민 열강을 공격하기로 한 결정을 비판한 군 장교들과 정치인들은 공식적으로 질책당했다[가장 잘 알려진 사례는 1931년 만주사변에서 중심적 역할을 했으나 미국과의 대결은 반대한 선동적인 이시와라 간지(石原莞爾) 장군과 중국에서의 정책을 비판했다가 "성전에 대한 모독"으로 간주되어 1940년 2월에 같은 당 정치인들에 의해 의회에서 축출된 사이토 다카오(斉藤隆夫) 의원이다]. 일본 학계 일부에서 내린 합리적이고 따끔한 평가는 1931년 이후로 의회의 정당들이 "우스꽝스러운 행동으로 권력자들을 섬기는 궁정 광대의 역할로 전락했다"라고 결론짓는다. 2001년과 2006년 사이 부시 행정부의 전쟁 정책들을 지지한 공화당이 장악한 의회는 반대의견을 완전히 침묵시키는 수준으로 전락하지는 않았다.[138]

하지만 그런 차이점들에도 불구하고 일본과 미국의 경우는 권위주의적 지배 대 민주적인 견제와 균형의 날카로운 대비 사례라고는 도저히 볼 수 없다. 미 의회는 성급한 전쟁 결정에 진지하게 이의를 제기하거나 그 결정을 둘러싸고 폭로된 기만적 주장들을 자세히 조사하지 않았다. 포로 고문과 자의적 구금 같은 국제법과 국내법을 위반하는 관행들을 종식시키려는 움직임도 없었다. 어느 모로 보나 입법부는 수동적이고 고분고분했고, 주류 언론은 국가안보의 이름으로 내세워진 행정부 정책들을 선전하는 나팔수였다. 위기와 해외 분쟁의 시대에 특히나 "양순한 무리 (obedient herd)"—전시 일본인들을 한마디로 일축하는 가장 대중적 영어 표현—는 알고 보면 미국인의 행동 방식도 고스란히 포착하는 말이었다.

메이지 헌법에 따르면, 입헌군주로서 천황의 대권은 본질적으로 천황을 정책 결정 과정에서 분리했다. 헌법은 천황을 국가수반이자 명목상의 최고사령관으로 지정하면서도 동시에 "천황은 제국의회의 동의를 받아 입법 권한을 행사한다"라는 점을 분명히 했다. 그는 칙유를 내릴 권한이 있지만 한편으로 "어떤 칙유도 기존의 법을 일체 변경하지 아니한다". 재위와 통치 간 구분 선은 상호 침투 가능했고, 천황은 궁극적으로 군국주의자들에게 어마어마한 상징적 권위와 무게감을 실어 주었다. 하지만 대통령과 달리 그는 고위 정책을 발의하고 추진하지 않았다.

군주 아래 지도부 수준에서 일본의 의회제는 사실 부시 행정부하의 대통령제보다 양보와 타협—정책 실패에 대해 지도자들에게 책임을 더 많이 묻는—의 결과를 낳았다. 진주만과 1945년 8월 종전 사이에 일본은 총리 세 명이 거쳐 가고 각료 수십 명이 교체됐다. 전쟁(육군)대신도 겸한 도조 총리는 진주만공격 31개월 뒤인 1944년 7월에 그가 선택한 전쟁의 대실패가 분명해지자 실각했다. 후임자인 고이소 구니아키(小磯 國昭) 총리는 필리핀을 상실하고 미 공군의 도심 폭격이 개시되자 1945년 4월에 사임할 수밖에 없었다. 어느 한 개인, 심지어 천황도 부시 대통령이 행사한 권위에 버금가는 의사 결정권을 행사할 수 없었다. 그리고 일본의 자문들 가운데 누구도 천황이나 총리에게, 미국에서 대통령에게 쉽게 접근할 수 있는 소수 개인들이 행사한 것만큼 큰 영향력을 행사하지 않았다. 사실, 조지 W. 부시 재임 동안 제왕적 대통령제는 중대한 몇몇 측면에서 일제를 전쟁으로 끌고 간 군국주의 정부보다 더 절대적이고, 범접할 수 없고, 자의적이었다.

끝내 일본의 진주만공격과 "남진"을 초래한 최고위 의사결정은 문민 관료와 군 관료 6인으로 구성된 이른바 연락 회의의 정기 모임에서 이루어졌다. 참석자는 총리, 육군대신과 해군대신, 육해군 참모장, 그리고 외무대신이었다. "최고사령관의 권한"에 관한 헌법 규정에 따라 군부는 오로지 천황에게만 책임을 졌고, 천황은 군 인사의 임명을 좌우함으로써 무엇보다도 내각을 수립하고 해체할 수 있는 능력이 있었다. 연락 회의에서 도출된 주요 결정들은 천황이 참석하는 어전회의에서 공식적으로 승인됐는데, 연락 회의보다 더 드문드문 열리는 이 회의에는 다른 고위급 문민, 군 관료 들도 추가로 참석했다. 천황은 발언하는 경우가 거의 없었지만 모든 결정은 그의 공식 윤허가 필요했다. 1941년 4월 중반과 12월 초 사이에 정부는 연락 회의를 57회, 어전회의를 4회 개최했다. 일본이 패전한 뒤에 남은 이 회의록들 덕분에 우리는 일본 지도자들이 왜 그리고 어떻게 전쟁을 선택했는지 상당히 정확하게 재구성할 수 있다.[139]

부시 행정부에서는 이와 비견될 만한 비밀 기록을 구할 수 없다. 앞으로도 온전히 기록이 공개될 가능성은 거의 없다. 하지만 일본의 경우와 얼마간의 비교는 시도해 볼 만하다. 미국의 경우에 의사결정과정의 깔끔한 업무 흐름도는 연락 회의 및 어전회의와 유사한 합리화된 구조를 시사한다. 다시 말해, 이론상으로는 미 행정부와 군부 내 숙의 내용과 권고 사항 들은 기관 간 위원회들의 위계 사다리를 거쳐 올라갔고, 궁극적으로는 대통령, 부통령, 국가안보보좌관, 국무장관, 국방장관, 재무장관이 정기적으로 참석하는 국가안전보장회의에 도달했다. 합동참모총장과 중앙정보국장, 대통령 수석보좌관과 법률 자문 등등 여타 고위 관료들도 국가안전보장회의에 수시로 참석했다. 국가안전보장회의가 대통령 없이 열릴 때는 장관급위원회(Principals Committee)라고 불렸다. 이 회의 아래의 고위 정책 위원회로는 부기관장위원회(Deputies Committee)가 있었는데, 주요 참석자들로는 차장이나 차관 그리고 그에 상응하는 군 관계자들이 있었다.[140]

서류상으로는 아무리 질서정연하게 보일지라도, 내부자의 서술을 보면 관료적 절차가 실제로는 대체로 깨졌다는 걸 알 수 있다. 하위급 전문가들의 분석과 권고 사항은 종종 무시됐다. 텃밭 싸움과 대단히 개인적 차원이 된 의견 불일치가 고위급에서 절차 진행을 저해했다. 대통령은 진지하거나 길게 이어지는 정책 토론에 관심이 없었다. 반면에 주로 대통령 자신의 "직감", 그리고 나중에 분명해진 것처럼 체니 부통령과 럼즈펠드 국방장관 그리고 두 사람보다는 덜하지만 라이스 국가안보보좌관이 주도하는 소수 일파의 조언에 의지하는 "큰 그림"의 경영자라는 데 자부심을 느꼈다. 모든 지도자은 최측근 자문들에게 의지하지만, 이 행정부의 작동 방식은 특히나 자의적이고 왜곡되어 있었다.

더글러스 파이스(Douglas Feith)―펜타곤의 국방정책 차관으로서 선제공격의 논거를 정식화하는 데 기여한 인물―처럼 부시와 럼즈펠드 찬양자들도 나중에는 "기관 간 의사결정과정"에서 "명확성의 결여"를 이라크 낭패의 주요 원인으로 꼽았다. 그는 "기관 간 불화"는 9·11 전에 시작됐고, "대통령의 이라크 정책을 집권 초기부터 좌절시켰다"라고 평가했다. 파이스는 특히 침공 이후 정책 수립을 둘러싸고 국방부와 국무부 간에 일어난 갈수록 격렬해진 마찰에 격분했다. 그의 관료제 불협화음에 관한 당파적이고 고통스러운 경험담은 국방부 내부의 텃밭 싸움, 펜타곤에 맞선 CIA·NSC·CENTCOM(이라크자유작전을 책임진 중부 사령부), 그리고 궁극적으로 이라크에 수립되는 연합국임시행정당국의 충돌을 겨냥한 것으로, 라이플보다는 산탄총에 가까운 공격이었다.[141]

파이스의 서술은 9·11 조사위원회와 9월 11일의 참사에 관한 거의 모든 논평이 지적한 문제의 내밀한 세부 사항들을 제시한다. 그것은 바로 텃밭 싸움과 지배 영역 다툼, 뚫고 들어갈 수 없는 행정적인 장벽, 의사소통과 협조를 저해하여 일관된 정책형성을 거의 불가능하게 만드는 여타 관료제적 장애물이다. 파이스가 신나게 성토하는 개인적인 앙숙 관계도 알카에다 공격 이전과 이후에 정책 수립 집단 내부에서 파괴적인 역할을 했다. 하지만 이라크전쟁 계획과 관련해서 이러한 제도적·개인적 병리들은 다른 의미를 띠게 되는데, 이 경우 정보 실패는 방어 계획보다는 침공 계획과 엮여 있었기 때문이다. 미국은 침략자로서 계획 수립의 일상적 루틴과 시간표를 통제했으며 전쟁계획 수립의 현실들을 반영하는 업무 흐름도에 드러난 실패는 단지 "기관 간 불협화음"에만 기인한 게 아니다. 그 기저에는 이론상으로는 집행부 권력을 강화하고 실제로는―필요하다면 그냥 법 규정을 악용해 가며―거의 일방적으로 그 권

력을 행사하려는 일치단결한 노력이 깔려 있었다.[142]

백악관 집무실이 즐겨 쓰는 법리적 용어로는, 이러한 대통령의 권한 확대는 "단일 집행부"라는 개념으로 알려져 있었다. 더 친숙한 일반적인 표현으로는, 보수파가 보기에는 1974년에 워터게이트사건과 리처드 닉슨의 사임 이후로 심각하게 약화된 "제왕적 대통령제"를 되살리고 강화하려는 시도에 가까웠다. 더 세게 표현하자면, 의회와 사법부를 희생시켜 가며 이런 식으로 대통령 대권을 강화하는 일은 다른 나라에서 발견될 때는 미국인들이 권위주의적 통치나, 심지어 일종의 독재라고 부르는 것이었다. 정치학자 셸던 울린(Sheldon Wolin)은 이를 "뒤집힌 전체주의"의 한 형태라고 분석하기까지 한다. 텃밭 싸움은 의심의 여지 없이 합리적 정책형성을 저해했지만, 부통령 집무실이 주도하여 중앙에서 권력을 좌우하는 자들은 하급 분석가들과 관리들의 견해에 관심이 없었다. 그들은 이라크전쟁이 불가피하다고 일찌감치 결론을 내렸고, 자신들이 듣고 싶어 하는 말만 들었다. 그들은 재앙의 경고들을 듣고 싶어 하지 않았다.[143]

부시 집권 초기에 몇몇 고위 관리들은 반쯤은 농담조로, 또 반쯤은 우쭐거리며 자신들에게 "벌칸족(the Vulcans)"(SF 시리즈 〈스타트렉〉에 등장하는 외계 종족. 감정에 휘둘리지 않는 초이성적·초논리적인 존재들이다)이라는 별명을 붙였다. 체니, 럼즈펠드, 라이스, 파월 국무장관, 울포위츠 국방차관, 아미티지 국무차관으로 구성된 이 그룹의 초기 단합은 이라크전쟁 개전이라는 커다란 문제와 침공 이후 이행기 동안 이라크 망명자들이 중요한 역할을 하도록 미국이 지지해야 하는가라는 더 작은 쟁점을 둘러싸고 금방 깨졌다. 체니와 펜타곤은 "외부인들"이 미군의 신속한 침공과 철수에 불가결하다고 여겼다. 국무부는 미국이 그런 과도정부를 세우는 것은 정통성이 부족할 것이라고 주장했고, 국가안보보좌관은 이 같은 의견 차이를 해소하거나 대통령이 이 문제에 집중하도록 하는 데 아무 일도 하지 않았다. 결국에 벌칸족은 일관된 정책을 수립하지 못했고, 그들의 교착상태와 태만은 제왕적 대통령제가 평화 정착 방안을 수립하거나 테러와 반군 활동의 근원을 다루기보다는 전쟁을 벌이는 데에만 집착하도록 방조했다.[144]

침공과 점령의 대참사가 분명해지자, 전에는 충성했던 많은 내부자는 소위 일본의 전쟁 지도자들과 군벌(軍閥)을 묘사할 때만큼이나 심한 비난조로 행정부의 의사결정과정을 발설하고 나섰다. 백악관과 법무부 소속으로 대통령 권한 행사의 장애물을 제거하는 데 헌신하며 지나치게 영향력을 발휘한 비밀스러운 법률가 5인이 스스로 "전시 내각"을 자임했다는 사실이 드러났다. 바로 그들의 조악한 법적 견해가 잔혹한 포로 심문을 허가하는 수치스러운 "고문 메모(torture memos)"로 나중에 대중에 알려지게 된 것이다. 하지만 이는 제왕적 집행권의 무수한 발현 사례 가운데 하나일 뿐이었다. 저널리스트들과 파이스 같은 관계자들은 예를 들어, 한발 더 나아가 실제 정책 수립이 흔히 대통령 연설문을 작성하는 과정에서 이뤄졌다고 밝혔다. 대통령과 연설문 작가들은 공식 기관 간 협의 과정에서 결정된 사항을 "받아들이거나 안 받아들여도" 된다는 전제로 활동하고 있었다.[145]

제왕적 대통령제를 옹호하는 논거는 집행부가 특히 위기 시에 다른 부문보다 더 쉽게 접근할 수 있는 기밀정보를 바탕으로 신속하게 행동할 수 있도록 (법적 절차에) 구애받지 않아야 한다는 언뜻 봐서는 타당한 논리에 기댄다. 하지만 무수한 내부자는 실상 이 권한이 제멋대로 남용됐다고 한목소리로 말한다. 당시 CIA 소속의 근동과 동남아 지역 국가

정보관이었던 폴 필러(Paul Pillar)는 2006년 공개적으로 자기 신분을 밝히고 비록 CIA가 대량살상무기에 관해서 틀리긴 했지만, 부시 행정부는 이라크와 관련한 다른 중요 쟁점들에 관해 "전략적 수준의 어떠한 정보 평가도 요청하지 않고—그리고 아무리 봐도 어떠한 정보 평가에도 영향받지 않은 채—전쟁에 나섰다"라고 주장했다. 1년 뒤에 그는 이 사안을 더 자세히 설명했다. "아무런 회의나 정책 옵션(다양한 정책 선택지를 제시한) 문서도 없었고, 전쟁을 벌이는 것이 현명한지 토론하거나 전쟁 결정을 내리는 상황실에서 끝장 대결이 벌어지지도 않았다"라고 밝혔다. "원하든 원하지 않든 의사결정의 중심이 됐어야 할 정보 평가가 들어갈 기회가 거의 없었다는 소리다." "체리피킹" "사탕발림" "평가 정보의 정치화" "정책입안자의 자기기만"—필러의 성토에서 모두 강조된—은 내부자 논평들에서 전매특허 같은 표현이 됐다. 당시 국무부 정책기획부 수장으로서 조건부로 전쟁 결정을 지지했던 리처드 하스(Richard Haass)는 나중에 자신의 체험을 묘사하면서 그 같은 폭로 내용들을 뒷받침했다. "찬반을 토론하여 공식적인 결정을 내리는 아무런 모임이나 회의도 없었다"라고 하스는 썼다.[146] 본질적으로 행정부는 "날 밟지 말라"라는 모토를 새긴 옛 미국 국기 위의 방울뱀처럼 전쟁으로 슬그머니 미끄러져 갔다.

이러한 의사결정(혹은 그 부재) 방식에 대한 내부자의 초기 비판들 가운데 가장 통렬한 비판은 파월 국무장관의 참모장으로 일한 퇴역 육군 대령 로런스 윌커슨(Lawrence Wilkerson)에게서 나왔다. 2005년 10월 널리 인용된 발표에서 윌커슨은 자신이 "백악관 집무실 비밀 파벌"이라고 부른 집단에 비판을 쏟아 냈다.

여태껏 국가안보 의사결정과정의 일탈, 조악화, 교란, 변화를 연구해 오면서 지난 4년과 같은 경우는 본 적이 없다. 내가 목격한 것은 핵심 쟁점들에 대해 관료들은 존재조차도 모르는 결정을 내리는 미합중국 부통령 리처드 체니와 국방장관 도널드 럼즈펠드 간 비밀 파벌이었다. 그리고 실행해야 할 결정 사항을 제시할 때가 오면 말도 안 되고 앞뒤가 맞지 않는 방식으로 제시해서 관료들은 정책을 실행하려고 움직이면서도 흔히 자신들이 무슨 일을 하고 있는지 모를 지경이었다.[147]

1941년 연락 회의와 어전회의의 상세한 회의록은 일본의 전시 계획가들이 망상에 빠져 있고, 파벌 싸움에 시달리긴 했어도 확립된 절차를 따르는 문제에서는 적어도 비교적 관습적이고 흔들림이 없었음을 시사한다.

✢ ✢ ✢

개인적인 집무 스타일과 관련하여 부시 대통령은 전쟁을 선택하는 과정에 논의의 여지 없이 히로히토 천황보다 더 강하게 자신의 의견을 주장하고 적극적으로 관여했다. 천황의 지위는 종신 세습이었다. 군주로서 그의 권위는 헌법상으로 "신성불가침"이었고 명목상으로 (미국 대통령처럼) 군통수권자였지만, 천황의 카리스마는 대체로 제도적이며 의사결정과정에 대한 관여는 대체로 수동적이었다. 칙유로 알려진 전쟁 관련 선언들은 그의 이름으로 내려졌고, 1930년대 후반 공공연한 중국 침략이 일어났을 때부터 그는 전시 상태와 형언할 수 없는 황도를 두드러지게 상징하는 수단으로 공개 석상에 군복 차림으로 등장했다. 히로히토 천황은 중국과 향후 다른 지역으로 확대된 적대행위에 엄청난 위신을 실어 주었고 아랫사람들에게 다양한 방식으로 지지와 불편한 심기를 전달했다. 하지만 그와 동시에 그는 어떤 관습적인 의미에서도 사태를 주도하지는 않았다. 전쟁이 끝나던 그 순간, 라디오로 일본의 항복을 발표할 때까지 천황은 일본 국민에게 단 한마디도 직접적으로 말한 적이 없었다.[148]

부시 대통령은 현대와 동시대 지도자 대다수처럼 연단을 으름장을 늘어놓는 설교대로 줄곧 이용했다. 그가 근엄하고 과묵한 천황과는 정반대인 성품을 드러내는 방식은 그뿐만이 아니었다. 대통령이 구두 브리핑과 짤막한 요약문에 의존하는 것 말고 실제로 중요 문서들을 신경 써서 읽었는지는 불분명하다. 분명한 **것은** 그가 세부 사항들은 다른 사람들에게 위임하는 것을 자랑스러워했고, 국제 사안에는 악명 높을 정도로 무관심했으며, 정기적으로 운동을 하고 일찍 잠자리에 들었으며, 아침에 일어나면 성경을 읽고, 선악에 관해 훈계를 늘어놓는 그의 원수 빈라덴처럼 이분법적으로 사고하며, 휴가를 자주 가고, 직감이나 본능에 따라 결정을 내리기를 주저하지 않았다는 것이다. 그가 어느 기자에게 "나는 교과서적인 플레이어가 아니다. 나는 육감을 따르는 플레이어다"라고 말한 그대로다.[149]

반대로 히로히토는 정책, 특히 군사적 사안과 관련한 자잘한 사항들에 무척 관심이 많았고, 제위 후계자 시절에 군사 분야에 관해 철저하게 교육을 받았다. 그는 깊이 있는 보고를 받았고 때로 전술적인 의문점이나 견해를 제기하기도 했다. 그가 평소 말할 때와 공식 훈유를 내릴 때 사용한 지나치게 격식을 갖춘 궁정 어법을 비롯해, 예절 감각도 대통령의 스타일과는 천양지차였다. 예를 들어 9·11 공격 다음 고위 보좌관들과의 첫 만남에서 대통령이 호통친 것처럼 천황이 한 번이라도 "국제법 변호사들이 뭐라고 말하든 신경 안 써. 아주 본때를 보여 줄 거야"라고 소리쳤다거나, 대통령의 "염병할 사담, 우린 그자를 끌어낼 거다" 같은 언어를 썼다는 기록은 없다. 물론 대통령은 대통령대로 히로히토가 중대한 어느 어전회의에서 그랬던 것처럼 고위 자문들에게 조부의 시를 들려준 적이 없다.[150]

하지만 그와 동시에 대통령과 천황은 제도적 카리스마와 잘못을 인정하고 시정하지 못하는 무능력을 공유했다. 전시 일본에 관한 학술 문헌들은 오래전부터 히로히토와 일본 수뇌부의 주요 과오가 이 전쟁을 이길 수 없다는 것을 받아들이고 진지하게 출구를 모색하지 않은 채 시간만 끈 것이라고 지적해 왔다. 1942년 중반에 전황이 역전된 지 한참 지나, 심지어 1944년 후반에 일본 본토를 타격할 수 있는 범위 내에 적이 기지를 수립한 뒤에도, 일본의 대응은 그저 더 많은 군사적 광기, 바로 가미카제 자살 공격과 처참한 이오섬 전투와 오키나와 전투, 전 국민은 "옥쇄"를 각오하라는 훈시였다. 의사결정은 흥분한 몽중방황(sleepwalking, 현실 세계와 유리된 채 행동한다는 의미)을 닮아 갔고, 전시 정책을 과감하게 재고할 것을 촉구하는 제안은 쇠귀에 경 읽기였다.

히로히토는 몽유병자들 가운데에서도 가장 두드러진 사례였다. 적군이 점점 다가오고 공습이 시작되면 그는 당연히 괴로워했지만, 건설적으로 대응해야 할 때에는 거의 긴장증에 가까운 마비 상태에 빠져 버린 듯했다. 뒤늦게 몇몇 고위 자문들이 정책 변경을 지지할 것을 촉구했지만—가장 잘 알려진 간청은 일본 도시에 소이탄 폭격이 시작되기 전인 1945년 2월에 있었다—대다수는 보위에 대한 외경심에 압도당해 그저 군주가 듣고 싶어 하는 말만 했다. 계속 싸우는 것이 여전히 최선의 방책이라는 것이었다. 이와 관련한 적절한 학술적 표현은 "보위와의 가까움(proximity to the throne)"이며, 보위와 가까운 사람일수록 특별한 권위가 있었지만 동시에 권력자에게 진실을 말하는 것을 어려워했다. 자문들은 군주에게 그의 성전이 대참사가 되고 말았다는 사실을 알리길 주저했다. 대신 그들은 군사적 참패를 가능한 한 낙관적으로 윤색하여 보고하며, 오히려 더 큰 희생과 유혈만이 결국에는 협상에 의한 평화를 추구하도록 미국인들을 설득할 수 있을 것이라고 주장했다. 이라크전쟁이 해가 갈수록 늘어지자 이러한 "황궁" 시나리오가 백악관으로 그대로 옮겨온 듯했다. 현실 부정, 마비, 책임 회피, 권위에 압도당해 알랑거리는 궁정 패거리 등이 그것이었다.[151]

일제와 수십 년 뒤 미국의 그러한 상황에서 떠오르는 그림은 자가당착적이다. 한편으로는 다툼과 파벌주의가 기승을 부리고 다른 한편으로는 순응과 비굴한 묵인이 지배했다. "동양과 서양"에 관한 대중적 인류학에서는 일본인들의 집단 지향과 그들이 특히 방점을 찍는 조화를 강조하는 게 일반적이다. "일억일심(一億一心)" 같은 표현에서 볼 수 있듯이 "일억"은 일본의 이데올로그들이 이 조화를 표현하는 정형화된 방식이었다(전시 일본의 실제 인구는 700만 명이었다). 서양의 화법에서 소위 그런 조화는 흔히 곤충이나 동물 세계에서 유래한 비하적 은유로 탈바꿈했다. 예를 들어 벌(천황은 "벌집 속의 여왕벌"이고 일본인은 벌 '떼'였다)과 개미 군집이 양 떼와 말 잘 듣는 가축 떼와 더불어 인기 있는 은유였다. 단지 협소한 집단 지향만이 아니라 후진적이고 심지어 원시적이라는 함의를 담아 일본인의 행동을 "부족적(tribal)"이라고 묘사하는 관행도 똑같이 인기가 있었다. 영미식의 개인주의와 양심이 명하는 바를 따르는 미화된 서구식 영웅과의 대비가 이보다 더 극명할 수도 없었을 것이다.[152]

하지만 찬찬히 뜯어보면 이 같은 이항대립도 설득력이 없다. 고정적 실체가 없는 일치(consensus)라는 관념—그것이 신화, 현실, 저주 등 무엇으로 간주되든지 간에—은 실제로 전시 일본의 어리석음을 이해하는 데 유용할 수 있다. "일치"는 종종 프로파간다일 뿐이다. 오히려 그것은 협상을 통한 이해와 이성적 타협을 반영할 수도 있다. 하지만 일치와 상호 합의로 제시된 것은 근본적 차이들을 가리는 위장에 불과할 수도 있다. 이는 일제가 전쟁에 돌입할 때 표준적인 운영 절차였고, 이 과정에서 일례로 서로 우선권을 다투며 양립 불가능한 물적 요구를 한 해군과 육군의 대립은 공무상의 장황한 언설 속에 묻혀 버렸다. 예를 들어, 히로히토와 일본이 전쟁으로 나가는 길을 다룬, 상을 탄 한 연구서는 일본 엘리트 관료들이 "문서 작성자의 편의에 맞게 해석될 수 있는 애매모호한 공무 문안으로 각자의 입장을 나란히 줄 세우고" 그리하여 "의견 차이들을 적당히 가리는" 경향이 있었다고 강조한다.[153]

하지만 관료제적 조화를 가장하는 데 딱히 일본적이거나 "비서구적"인 구석이 따로 있는 것은 아니다. 똑같은 관행이 이라크전쟁 사전 단계의 국가안전보장회의 층위에서 미국 정책형성에 특징적으로 나타났다. 콘돌리자 라이스는 의견 차이를 기능장애로 보는 경향이 있었고, 기관 간 불협화음을 만장일치의 허울 아래 덮어 버리는 "가교 제안서(bridging proposals)"를 작성하고자 했다. 그러한 그릇된 합의는 미국이 이라크 침공 후 정책을 실제로 실행해야 할 때에 이르자 파국으로 치달았다. "해방된" 나라에서 누가 책임을 떠맡고, 또 얼마나 오랫동안 어떻게 책임을 떠맡을 것인가라는 기본 요점들은 펜타곤, 국무부, 중부 사령부, 그리고 여타 당사자들 간 합의에 대한 일체의 환상을 싹 날려 버렸다. 일례로 파이스는 "명확하고, 상호 배타적인 선택지들"을 대통령에게 직접 가져가지 않으려는 라이스의 태도는 "중요한 의견 차이를 해소하기보다는 어물쩍 덮어 버리는 접근법"이나 다름없었고, "라이스가 추구한 조화는 때로 일관성을 희생시키는 결과를 낳았다"라고 지적했다. 미국의 권력 실세들이 "조화"를 이런 식으로 드높이면 그것은 국민성이나 기술관료적인 익숙한 기술(奇術, 교묘한 속임수)의 반영이라기보다는 일탈적이고 특이한 것으로 취급된다. 그렇지 않다고 주장하는 것은 미국 "예외주의"에 관한 또 하나의 신화에 도전하는 일이다. [154]

9·11을 예측하지 못한 실패에 대한 고뇌가 이라크에는 대량살상무기가 없었고 미국은 일단 사담을 타도한 다음에 뭘 해야 할지 아무런 진지한 계획도 없었다는 깨달음에 대한 고뇌로 번지는 가운데, 폭넓은 스펙트럼에 걸쳐 여러 논평가는 그렇게 거대한 패착을 두고 일제히 집단사고를 탓하기 시작했다. 그렇지 않고서야 하위급의 심각한 경고에도 불구하고 잘못된 전쟁 선택이 궁극적으로 백악관, 펜타곤, 국무부, 국가안전보장회의, 정보 커뮤니티, 의회, 대중 미디어, 미국 국민 일반 그리고 영국과 일본 정상들 같은 미국의 충실한 동맹들로부터 지지를 받았다는 사실을 어떻게 설명할 수 있겠는가? 미국 담론에서 1950년대로 거슬러 가는 집단사고 개념은 그동안 대체로 역사에 묻혀 있었다. 그리고 마침 부활한 그 개념의 대중성은 민간 부문에서 나란히 발생한 충격으로 강화됐다. 9·11 고작 몇 달 뒤인 2001년 말 엔론(Enron) 붕괴 사태를 필두로 줄줄이 일어난 금융 참사 말이다.

은유상의 유순한 가축 떼는 진주만을 공격했던 함대의 악마적 환생인 양 서서히 태평양을 건너와 뒤늦을 때까지 아무도 눈치채지 못하게 영혼을 훔쳐 가며 미국을 장악해 버린 듯했다. 그리고 그러한 미국의 "집단사고"가 무엇을 불러왔는지를 설명하는 데에 이르러, 전시 일본에 관한 전통적인 문헌들은 집단사고의 자매격인 또 다른 비하적 단어를 제공했다.

그것은 바로 **부정**(denial)이다.[155]

전쟁 선택

그루 대사가 진주만공격 직전에 워싱턴에 전보를 쳐서 "일본인의 사리는 미국인의 논리 기준으로는 가늠할 수 없으며" 이는 최근까지 봉건사회였던 곳에서 당연한 일이라고 경고했을 때, 그는 일본 엘리트 지배층을 10년 동안 상대한 경험에 의존하고 있었다. 1941년 전쟁으로 이어진 일본 정책 회의들의 비밀 회의록을 살펴보면 상식이 부족했음에 동의하기 쉽다. 하지만 여기서 사유를 더 자극하는 것은 논리적 토론의 외양이 유지됐었다는 사실이다. 연락 회의와 어전회의 참석자들이 부시 대통령과 백악관 집무실 핵심 간부들의 회의를 보았다면 논의의 전반적 어조가 친숙하다고 여겼으리라. 물론 국가적 목적과 결의에 대한 표현들이 더 조악하고 저잣거리 언어처럼 들려서 거슬리기는 했겠지만.

부시와 그의 보좌관들처럼 일본의 정치 및 군사 지도자들도 권력을 휘둘러 본 경험이 많고 역경에서 빠르게 회복할 수 있는 사람들이었다. 그들이 그 자리까지 올라온 것도 그런 이유 때문이다. 모두가 국가안보에 사로잡혀 있었고 본토가 위험에 처해 있다고 믿었으며 중국 지배가 일본의 안녕에 불가결하며, 그에 따라 중국에서의 교착상태를 해소하기 위해 반드시 동남아 자원을 지배해야 한다고 믿어 의심치 않았다. 이라크전쟁의 계획가들처럼 그들도 전쟁을 준비하는 동시에 적어도 외교적 해법을 추구하는 시늉을 했다. 그리고 역시 유사하게 그들도 곧 전쟁 준비가 시간표와 정책형성 방향에 영향을 미친다는 사실을 깨닫게 됐다.

여러 고려 사항 중에서 일본의 전쟁계획은 특히 동남아 우기가 곧 시작된다는 사실에 영향을 받았다. 이에 상응하는 미국 쪽의 고려 사항은 사막 지형에서 계절적 여건들과 생화학무기에 대비하여 무거운 보호구를 착용해야 할 필요성이었다. 하지만 사태 전개에 더 큰 영향을 준 것은 거대한 진격 부대를 구성하고 준비시키는 일 그 자체였다.

　미국에서 "선제 원칙"은 보통 1990년대 초반으로 거슬러 간다. 훗날 부시 행정부에서 과도한 영향력을 행사하게 될 네오콘 지식인 그룹들에서 선제 원칙이 유력한 개념이 된 것은 바로 그 무렵이다. 9·11 이후에 이 개념은 공적 정책이 됐다. 2002년 6월 1일에 웨스트포인트 연설에서 선택한 전쟁(war-of-choice) 개념을 도입했을 때, 대통령은 대량살상무기가 테러리스트의 수중에 들어가는 무시무시한 그림을 그려 보이며, "우리는 그 싸움을 적에게 가져가서, 그의 계획을 분쇄하고 최악의 위협들이 출현하기 전에 정면으로 맞서야 합니다"라고 공언했다. 더 나아가 그는 "우리의 자유와 생명을 지키기 위해 필요하다면 선제적 조치를 각오해야 합니다…… 우리가 진입한 세상에서 안전으로 가는 유일한 길은 행동의 길입니다. 그리고 이 나라는 행동할 겁니다"라고 말해 갈채를 이끌어 냈다. 선제 원칙은 9·11 공격 이후 거의 1년 만인 2002년 9월 17일에 "미합중국 국가안보전략"에 포함되어 공식 정책이 됐다.[156]

　이때에 이르자 미국은 확고하게 전쟁으로 나아갔다. 비록 돌이킬 수 있는 단계는 이미 지나 버렸지만, 전쟁을 정확히 언제 개시할지는 여전히 의견이 분분한 문제였다. 일본의 경우와 달리 궁극적 결정은 단 한 명의 개인, 바로 대통령에게 달려 있었다. 그리고 대통령과 특히 국방장관은 즉각 이라크와 알카에다, 사담 후세인과 빈라덴을 뒤섞어 버렸다. 테러리스트들이 펜타곤에 아메리칸항공 77편을 충돌시킨 지 다섯 시간 뒤 증거들이 이미 알카에다를 가리키고 있을 때, 보좌관에게 휘갈겨 쓴 메모에서 럼즈펠드의 반응은 "UBL[우사마(Usama)—오사마(Osama)—빈라덴]만이 아니라 S.H.[사담 후세인]도 동시에 치는 게 좋은지 판단…… 크게 가자—싹 정리하자—유관한 사안과 무관한 사안 전부를"이었다. 크게 가는 것은 대통령의 기질에 맞았고, 부시는 두 달 뒤인 11월 21일에 이라크전쟁을 위한 새로운 주요 계획을 마련하라고 요구했는데, 침공 개시 대략 14개월 전이었다. 2002년 초반이나 아무리 뒤로 잡아도 그해 중반에 이르자 군과 행정부의 내부자들은 대통령의 전쟁 결심은 흔들 수 없다고 결론 내렸다.[157]

일본의 경우, 진주만공격을 위한 최초의 진지한 작전계획은 야마모토 제독이 공격 계획을 처음 구상한 지 여러 달이 지난 1941년 봄에 작성됐다. 최초의 모의훈련은 9월에 실시됐는데, 가능성이 낮은 미국과의 외교적 합의에 이르지 못할 경우 전쟁을 요청하는 "제국 정책 실행을 위한 필수 요령"이라는 문서를 천황이 어전회의에서 승인한 9월 6일 직후였다. 비록 제국 해군이 진주만공격을 10월 중순까지 공식 승인하지 않았고, 도쿄와 워싱턴 간 외교적 대화는 11월 마지막 주에 가서야 결정적으로 결렬되지만, 모의훈련 이후로 전쟁계획은 사실상 중단하기 불가능했다. 공격 부대는 11월 22일에 쿠릴열도 앞바다에 집결했고 며칠 뒤에 출정했다.

일본의 경우, 선제공격에 관한 명확한 "독트린"을 정식화하지 않았지만—대중에게 설명하기 위한 독트린은 확실히 없었다—9월 6일 어전회의 전후의 정책회의 내 발언들을 받아 적은 의사록에는 9·11 이후 미국 전쟁계획가들을 지배한 위기가 임박했음을 드러내는 언어와 사실상 동일한 언어들이 곳곳에 등장한다. "주도권을 잡아야 한다" "나라가……

갈림길에 서 있다" "시간이 바닥나고 있다" "전쟁의 시간이 곧 찾아올 것" 등등. 9월 6일 문서는 일반적이고도 간편한 주문인 "자위(自衛)", 즉 "자기방어와 자기보존"으로 전쟁 선택을 위한 근거를 압축했다.[158]

전쟁의 불가피성이 분명해짐에 따라 일본의 지도자들은 깊은 불안에 빠졌다가 하늘을 찌르는 자신감에 사로잡히는 감정의 극단을 오갔는데, 어쩌면 전투를 각오하는 대다수 군 지도자에게는 불가피한 아드레날린 분출의 결과일지도 모른다. 일본 군사 계획가들은 심지어 추가적인 목표물을 겨냥한 전역(戰役)들도 고려했는데, 시베리아의 자원을 확보하기 위해 1942년 봄 소련을 상대로 한 "북진" 계획이 특히 눈에 띄었다 (독일이 1941년 6월에 "바르바로사 작전"으로 대규모 소련 침공을 개시한 뒤로 이 작전은 현실성이 있어 보였고 대단히 유혹적이었다). 미군과 영국군을 상대로 한 개전에서 뜻밖에도 쉽게 승리하자, 일본의 가장 열성적인 전략가들 일부는 심지어 하와이로 되돌아가 그곳을 점령하는 방안까지 고려했다. 이런 측면에서 일본 지도자들이 펼친 전략적 환상의 나래는, 부시 행정부 내에서 가장 매파인 계획가들 및 지지자들이 품은 환상에 버금갔다. 이들은 이라크전쟁을 재빨리 해치운 다음 나머지 악의 축(이란과 북한)을 상대로 한 작전과, 가능하다면 추가로 주요 표적 국가 최소 다섯 곳(시리아, 레바논, 리비아, 소말리아, 수단)을 상대로 "5개년 작전"을 실시할 전망을 떠들어 댔다.[159] 1941년과 2003년의 공세는 "하이테크"에 대한 미혹도 반영했다. 이라크 작전은 럼즈펠드가 옹호한 최첨단 "스마트 무기"와 "군살을 뺀(lean)" 군사적 자세—1990년대 초반 이래로 국방 분야에서 주창되어 온 "군사 계획 수립에서의 혁명"을 반영하는 발전상—를 보여 주는 전시장으로 홍보됐다. 다소 유사하게도 진주만공격은 제국 해군의 구파(舊派) "전함 제독들"의 반대를 무릅쓰고 야마모토 제독이 옹호한 급진적 "해군 항공력(naval airpower)"이라는 개념의 타당성을 입증해 보인 듯했다.

더욱이 일단 적대행위가 개시되자 이러한 전략들은 훌륭하게 구상된 것처럼 보였다. 4월 9일 바그다드 점령 때까지 미국의 군사 전역은 정밀하게 배치된 막강한 화력에 쉽게 압도되는 모든 이들에게 깊은 인상을 주었다. 동남아 지역 그리고 9600킬로미터 이상 떨어진 하와이에서, 만만찮은 적이었어야 하며 실제로 만만찮을 수도 있었을 미군과 영국군을 상대로 대략 30가지 공세작전을 담고 있던 일본의 전투 계획은 그보다 더 복잡하고 인상적이었다. 하지만 병렬 관계는 거기까지다. 일본은 초반 승리를 토대로 전쟁을 계속 유리하게 끌고 갈 과학적·기술적·산업적 능력이 없었던 반면, 21세기 미국의 군사 기구는 정교한 전투 수행으로 압도적인 우위를 상실해 본 적이 없었다. 이라크와 아프가니스탄에서 미국의 문제는 기술적으로 제아무리 정교할지라도 복잡한 지역사회 곳곳에 박혀 있는 찾기 힘든 적과 싸울 때는 그러한 무력이 부적합하고 오히려 역효과를 낳는다는 점이었다.[160]

전략적 멍청함

새뮤얼 엘리엇 모리슨이 일본이 미국을 상대로 전쟁을 선택한 것을 두고 "전략적 멍청함"이라고 묘사했을 때, 그는 미국에서 가장 저명한 군사사가로서의 권위를 관습적인 견해에 실어 주고 있었다. 진주만공격 직후 미국 전역의 논평가들은 즉각적인 분노를 표출함과 동시에 일본인들이 당연히 미친 거라고 여겼다. 《뉴욕타임스》 사설은 "도쿄 군벌의 자기

기만은 이제 지고의 실성 수준에 이르렀다"라고 고찰했다.《필라델피아 인콰이어러》는 지고함은 언급하지 않고 대신 "도쿄의 군부 내 호전론자들이 이성을 내던져 버리고 광분하여 정신 나간 모험에 뛰어들었으니 세계사에서 타의 추종을 불허하는 체념적인 발악"이라고만 썼다.《로스앤젤레스타임스》는 진주만공격을 "미친 개의 행동"라고 묘사한 한편,《시카고트리뷴》은 "정신 나간 일본 군국주의자 파벌 때문에" 미국에 전쟁이 강요됐다고 봤다. "그들은 조국을 이렇게 이판사판으로 몰아넣어야만 자신들이 권력을 이어 갈 수 있다고 생각한 모양이다." 공격의 배후에 나치 독일이 있다고 생각한《시카고트리뷴》은 "도쿄의 미친 군벌이 베를린의 더 미친 군부 비밀 도당의 지시를 받아 우리에게 이 전쟁을 걸어왔다"라고 썼다.[161]

윈스턴 처칠은 12월 26일 미 상하원 합동회의 연설에서 평소처럼 유려한 화술로 일본의 광기를 시사함과 동시에 철저한 보복을 약속함으로써 긴 박수갈채를 이끌어 냈다. "일본과 비교하여 미국과 영국 제국이 보유한 자원을 고려할 때, 그리고 오랫동안 용감하게 침공에 맞서 온 중국의 자원을 기억할 때, 또 일본에 드리운 러시아의 위협을 생각할 때, 우리는 일본의 행동에 신중함이 있다거나 심지어 그들이 제정신이라고 생각하기는 힘듭니다. 그들은 대체 우리를 무엇으로 여기는 겁니까? 일본과 세상이 영영 잊지 못할 교훈을 배울 때까지 우리가 결코 굴하지 않을 것임을 깨닫지 못하다니, 이게 과연 가능한 일입니까?"[162]

이라크자유작전이 패착으로 탈바꿈한 뒤 전략적 어리석음이나 멍청함을 탓하는 언어는 미국 전쟁계획가들을 향했고, 이는 결국 2006년 12월 럼즈펠드의 사임으로 이어졌다. 그런 비판들 가운데 하나에서 럼즈펠드와 더 나아가 그의 펜타곤 정책은 전술적 영리함의 미덕마저 부정당했다. 이라크 침공 개전 당시 복무했던 한 퇴역 장성[폴 D. 이턴(Paul D. Eaton)]은 2006년 초에 국방장관의 사임을 요청하면서 럼즈펠드가 "전략적·작전적·전술적으로 무능함을 드러냈다"라고 잘라 말했다. 그에 따르면, 군 장교들과 문민 관료들은 이를 인식했지만 국방장관에게 감히 반대 견해를 내비친 소수 인사들이 무시당하거나 압력을 받아 사임한 걸 보고 금방 겁을 먹고 고분고분해졌다는 것이다.[163] 처음에는 최첨단의 군사작전으로 치켜세워진 이라크자유작전은 얼마 지나지 않아 조롱거리가 됐다. ("플랜 A는 금방 들어갔다가 나오는 것이었고, 플랜 B는 플랜 A가 성공하길 바라는 것이었다.")

"멍청함"과 "대실패"는 설명하기보다는 묘사하는 말이며, 표면상으로 합리적인 관리들이 그러한 어리석음을 왜, 그리고 어떻게 적극적으로 따르게 됐는지라는 질문을 낳는다. 일본을 전쟁으로 끌고 간 도조 히데키는 예리한 군사적·관료적 지능 때문에 "면도날"이라는 별명을 얻었다. 9·11이 일어났을 때 69세였던 도널드 럼즈펠드는 민간과 공직에서 대단히 성공적인 경력을 쌓았고, 그의 유능함과 날카로운 지성에 찬사를 쏟아 내는 사람도 적지 않았다. 비록 이들과 여타 고위 지도자들에게 어떤 치명적인 자만이 있었음을 전제한다 하더라도 그 같은 전제는 그들이 어떻게 정부와 국민 전체를 재앙으로 이끌고 갔는지를 설명해 주지 못했다. 이 점을 설명하려면 전쟁 자체가 만들어 내는 심리와 공유된 문화들을 좀 더 살펴봐야 한다.

1941년 일본의 전쟁계획가들이 도취되어 있었던 것처럼 9·11 이후 미국 대통령과 그의 군사 관련 자문들도 도취되어 있었다. 같은 식으로 그들은 전쟁 종결이나 최종 단계 계획에는 이렇다 할 관심을 할애하지 않았다. 그렇다고 해서 잠재적으로 불길한 시나리오들이 무시됐다는 뜻은

"이라크자유작전"

33. 2003년 3월 22일: 이라크전쟁을 개시하는 "충격과 공포" 단계에 연안 순항미사일 구축함에서 지상 공격 토마호크 미사일이 발사되고 있다. 원래 선택된 작전명 이라크해방작전(Operation Iraqi Liberation)이 공교로운 두음 문자(OIL)를 낳았기 때문에 이라크자유작전이 최종 작전명이 됐다. 전쟁은 3월 19일 대통령 관저에 대한 야간 타격으로 시작됐다. 정식 침공작전은 영국군과 미군이 쿠웨이트에서 이라크로 쏟아져 들어온 3월 20일부터 부시 대통령이 유명한 "임무 완수" 연설에서 주요 전투의 종식을 선언한 5월 1일까지 이어졌다. 연합군은 4월 5일 바그다드에 입성했고 수도는 나흘 뒤에 공식적으로 점령됐다.

34. 3월 21일: 불타는 바그다드.

35. 3월 29일: 이라크 남부 항구도시 움카스르 순찰 중에 한 이라크 여인과 마주친 영국군 해병대원.

36. 3월 31일: 두건을 쓴 이라크 포로가 네 살배기 아들을 달래고 있다. 미군의 전쟁포로 "재배치 센터"에 수감된 이 포로는 성도인 나자프에서 격전 당시 붙잡혔다.

37. 4월 9일: 미 해병대원들이 바그다드에서 사담 후세인의 대통령궁 건물 가운데 하나를 점거하는 과정에서 공격용 무기로 서로를 엄호하고 있다. 벽에 새겨진 글은 쿠란에서 가져온 인용문이다.

38. 4월 9일: 피르도스광장의 사담 후세인 동상이 바그다드 중심가에 가장 먼저 진입한 미 해병대원들 손에 받침대에서 쓰러지고 있다. 접근이 차단된 광장에 현지 주민들은 거의 보이지 않았고 이 철거 이벤트는 동상을 끌어내릴 장비와 장갑차를 제공한 미군 "심리전" 관계자들에 의해 연출됐다. 이 이벤트는 미국과 영국에서 환호하는 이라크 군중의 자발적 행위로 홍보됐다. 진짜로 더 자발적인 행동이자 앞날을 예시하는 사건은 독재자가 몰락한 뒤 관공서 건물에서 벌어진 마구잡이 약탈과 파괴였다.

아니다. 야마모토 제독은 장기전으로 갈 경우 일본의 전망이 밝지 않다고 공공연하게 비관적이었고, 진주만공격의 놀라운 성공은 병력과 항공기, 전함의 손실만 고려하는 경우 계획가들이 예상했던 것보다 더 컸다. 공격작전이 시작되는 순간까지 육해군의 적잖은 고위 장교들은 적대행위가 장기화될 경우 일본의 병참 능력에 관해 유보적인 태도를 보였고, 전쟁 결의를 따르기 전에 (천황처럼) 낮게 우려를 표명했다.[164]

  미국 전쟁계획가들도 이라크 공격에서 발생할 수 있는 많은 문제점에

39. 4월 9일: 한 미국 해병대원이 12미터짜리 사담 후세인 동상을 끌어내리기 전에 얼굴 부위를 성조기로 가리고 있다. 이 즉흥적 행위는 재빨리 시정됐지만 워싱턴의 전쟁계획가들에게는 심히 당혹스럽게도 점령의 상징이자 미국의 오만을 여실히 보여 주는 사례로 오랫동안 악명을 누렸다.

관해 지나가는 말로 질문을 던졌다. 일례로 침공 5개월 전에 럼즈펠드와 일단의 보좌관들은 궁극적으로 29가지에 달하는 잠재적 위기를 나열한 목록을 내놓았다. 파이스가 "호러들의 행진(Parade of Horribles)"이라는 암울한 별명으로 부른 그 목록은 어느 기준에서 보더라도 정신을 번쩍 들게 하는 것이었다. 목록에 열거된 가능한 재앙들로는 원유 생산 사보타주, 인도주의적 참사(피난민 발생, 유행병 등), 예상보다 큰 부수적 피해, 쿠르드족과 시아파, 수니파 사이에서 "전에도 그랬듯이" 민족 분규의 발생 가능성과 그로 인해 둘이나 세 나라로 쪼개질 가능성, 아랍-이스라엘 전쟁을 비롯한 지역분쟁으로의 비화, 침공의 결과로 테러리스트 모집 활동 급증, 그리고 심지어 사담 축출 이후 안정화와 재건 과정의 장기화도 있었다. (파이스의 요약에 따르면) 목록은 재건 과정이 "미국의 리더십과 군사적·재정적 자원을 빨아들이면서 2~4년이 아니라 8~10년이 걸릴 수도" 있다고 예상했다.[165]

여기서 중요한 점은 위험 항목들이 체크됐는가가 아니라 그 항목들이 진지하게 받아들여졌는가였다. 그것들은 진지하게 받아들여지지 않았다. 2004년 11월에 국무장관에서 사임하고 나서 몇 년 뒤에 콜린 파월은 럼즈펠드가 "일어날 수 있는 최악의 상황 리스트를 작성했지만 그에 관해 어떻게 할 것인지 우발사태 대비 계획을 짜지 않았다"라고 반추했다. 파월 본인도 이런 일이 일어나게 방치하는 데 작지 않은 역할을 했다. 1년 반에 걸친 전쟁 논의와 진지한 계획 수립 과정에서 개인적으로 그는 (2002년 8월에) 딱 한 차례만 대통령에게 진정으로 진지하게 물어봤을 뿐이다. 대통령과 럼즈펠드, 국방부 팀이 "전쟁의 여파에 관해 진짜로 철저히 숙고해 본 적이 있느냐"라고 말이다. 그들은 그때까지 숙고해 본 적이 없었고 그때도 숙고하지 않았다. 그리고 그것으로 끝이었다. "그건 큰 잘못이었다"라고 파월은 유감스러워했다. 정말이지 대단한 절제화법이다. 1991년에 바그다드를 침공하지 않은 이유를 설명하며 그가 1995년 회고록에서 꽤 길게 서술했던 "진주만" 교훈은 대체 어디 간 건가? 베트남 같은 "수렁"에 관한 체니의 앞선 예감은 어떻게 된 건가? 제1차걸프전 때처럼 최악의 시나리오를 진지하게 받아들이는 것은 이제 사실상 금기였다. 그것은 냉정한 판단이 아니라 패배주의의 증표였다.[166]

진주만과 이라크 침공으로 귀결된 계획 수립은 그러므로 기이한 분열증을 반영했다. 전쟁 선택을 강요한다고 인지된 위협들은 묵시록적으로 프레임됐다. 일본의 경우에 그것은 아시아에서 안정적이고 자급적인 세력권을 갖춘 한 대국의 종말이었고, 이라크 침공의 공식적 근거의 경우

40. 4월 16일, 바그다드: 한 병사가 이라크자유작전 동안 숨진 미군을 기리는 추도식에서 눈물을 흘리고 있다.

에는 이라크에서 제조된 대량살상무기가 전 세계 테러리스트들의 수중에 들어갈 가능성이었다. 하지만 가공할 적을 상정했음에도 불구하고 최상위에서 구체적 계획이 수립됐을 때, 1941년의 일본인들이나 9·11 이후의 미국인들 어느 쪽도 눈앞에 놓인 장기적 도전들에 진지한 주의를 기울이지 않았다.

✣ ✣ ✣

일본의 패전 이후, 이러한 실제적인 전쟁계획의 결여는—심지어 의기소침해진 일본인 다수에 의해서도—일본 문화의 비합리적인 성향의 증거로 제시됐다. 진주만공격 3주 전(11월 15일)에 연락 회의에서 나온 주요 대전략 문서는 희망적 사고의 결정체에 가까웠다. 문서는 "우리는 극동의 미국, 영국, 네덜란드 근거지를 재빨리 파괴하고 우리의 자위를 확실히 하고 그와 동시에 적극적 조치를 취함으로써 [점령되지 않은 중국 지역에서] 장제스 정권의 몰락을 재촉하고, 독일 및 이탈리아와 공조하여 영국의 항복을 이끌어 내고, 전쟁을 이어 가려는 미국의 의지를 꺾기 위해 노력할 것"으로 시작한다. 그리고 "적절한 시기에 다양한 수단을 동원하여 미국의 주력함대를 [일본 근처 태평양 해역으로] 유인하여 파괴하기 위해 힘쓸 것"이라고 예측한다. 비교적 짧은 이 문서에 이 밖에 더 구체적인 내용은 없었다.[167]

독일과 일본의 항복 직후 미국전략폭격조사국(United States Strategic Bombing Survey)은 일본과 독일로 조사자들을 파견하여, 전쟁에 이른 과정과 특히 두 추축국의 패배를 가져오는 데 공중전이 한 역할을 분석하도록 했다. 조사 팀은 일본에 관해서만 100편이 넘는 상세 보고서를 제출했는데, 그 가운데 하나는 일본의 전쟁 잠재력과 전쟁을 개시하기로 한 결정 간의 괴리를 지적하면서 서두를 연다. "국가적 사안들의 수행에서 계산 착오와 모험적인 비합리성 간 구분 선을 긋기는 언제나 힘들다. 12월 7일 일본을 파국으로 이끌고 간 정책들을 사후적으로 살펴보면, 그 정책들을 일본 군 지도자들의 팽창주의적 과대망상으로 간단히 치부해 버리고, 일본의 경제적·군사적 계획가들을 이끌었을 수도 있는 합리적 대계를 찾으려는 시도를 포기해 버리기 쉬울 것이다."

이러한 서두는 일본의 어리석음을 반(半)봉건적 후진성과 논리적으로 사고하지 못하는 무능력에 관한 조지프 그루의 판단에 따라 설명하려는 시도인 것 같다. 하지만 전략폭격조사국은 (분명히 그루 유파 전문가들을 염두에 두고) 그러한 표면적 설명은 "일본의 전략에 대한 이해를 불가능하게 만들 것"이라고 경고했다. 일본의 지배자들이 지난 15년에 걸쳐 중대한 실수를 저질렀고, 그중 최대의 실수는 미국을 상대로 한 전쟁이라는 점은 누구도 부정할 수 없었다.

그럼에도 불구하고 그들을 참사로 몰아넣은 것은 "실성"이 아니며 책임 있는 자리에 있는 구체적인 개인들에게 모든 잘못을 돌릴 수 있는 것도 아니다. 단점들이 충분하게 평가되지 않고 성공 가능성이 부적절하게 계산됐을지라도 그것은 신중히 숙고된 국가 정책이었다.[168]

미 점령군 소속의 경제학자도 일본이 항복하며 입수할 수 있게 된 두툼한 자료를 분석한 뒤에 유사한 결론에 도달했다. 그는 일본의 전쟁계획들이 "초기의 자신감…… 계획 수립의 결여, 부실한 운영…… 내부의 이해 충돌이 특징"이라고 썼다. 정책입안자들은 한마디로 "선견지명이 대단히 부족했다". 영국 외무부에서 수십 년간 일본 경제의 수석 분석가로 일한 조지 샌섬(George Sansom)도 일본의 지도자들은 "적의 힘을 오판했을뿐더러 자신들의 능력도 과대평가했음이 드러났다"라고 동의했다. 그래도 샌섬은 계속해서 "사후적으로 검토해 볼 때 그들의 정책은 잘못된 전제들에 입각했고, 앞날을 충분히 내다보지 않은 채 실행됐지만 결정이 내려졌을 당시에는 비합리적이지 않았다"라고 썼다. 정치적으로 그들은 독일이 영국과 러시아를 패배시킬 것이며, 그러면 미국과 협상에 의한 평화가 가능해질 것이라고 오판했을 뿐이다.[169]

그러한 관찰 내용들은 이라크를 상대로 선택한 전쟁의 여파 속에서 더욱 두드러져 보인다. 일본을 미국으로, 일본 지도자들을 미국 지도자들로, 1941년 12월을 2003년 3월로 바꿔 보면 이러한 일반화된 결론들은 똑같이 타당하다. 이와 동일한 노선을 따라서, 1950년대에 출간된 제2차세계대전 공중전에 대한 권위 있는 분석은 1941년 당시 일본 공군력이 보유한 고도의 효율성에도 불구하고 "그들은 장기전에 준비되어 있지 않았다…… 초기 승전에 자신감을 얻은 그들은 적의 잠재적 힘을 얕잡아 봤다"라고 결론 내렸다. 자신의 역량에 대한 과도한 자신감, 적에 대한 과소평가, 더 장기화되는 분쟁에 대한 준비 부족. 이것들은 본질적으로 이라크에서 미국의 대실패를 설명하는 데 흔히 제시되는 설명이다.[170]

당혹스러운 결론이다. 1941년의 일본과 21세기 미국 간의 차이점들은 명백하기 때문이다. 전자는 초강대국에 맞선 이류 열강, 민주주의 체제로 일컬어지는 적과 대조적으로 군국주의적이고 표면상으로만 "근대적"이라고 여겨지는 정권이었다. 하지만 발전 단계나 전통적인 의미에서 "문화적" 차이들 어느 것도 명목상으로는 합리적인 행위자들의 비합리성을 적절하게 설명하지 못한다.

기만과 망상

허위와 기만은 정치에서와 마찬가지로 전쟁의 문화에서도 표준적인 운영 절차다. 무수한 언어의 달인과 시각이미지의 장인은 진실과 반(半)진실, 상상된 진실, 아이콘적 이미지, 귀에 쏙 들어오는 구호, 완곡어법, 과장, 얼버무림, 대놓고 하는 거짓말을— 전쟁이 문제일 때는 어김없이 외국과 국내 관객을 모두 염두에 두고— 쏟아 냄으로써 밥벌이를 한다. 일제의 선전가들은 텔레비전과 인터넷이 나타나기 이전인 대중 커뮤니케이션 시대에 이 게임을 하는 데 능수능란했다. 라디오, 인쇄매체, 사진, 영화가 해외 팽창과 침략을 홍보하는 데 모두 이용됐다.

예를 들어, 만주는 일본 관동군 내 불량 군국주의자들이 일본이 통제하는 남만주철도 일부 구간을 폭파한 뒤 반일 지도자들의 소행으로 뒤집어씌운 뒤 점령됐다. 일본에 맞선 음모라는 것은 본국의 일본인들이 들은 이야기였다. 중국 대륙에서 일본 세력권의 확대는 "아시아의 '먼로독트린'"과 "대동아공영권"으로 윤색됐다. 유럽과 미국의 식민 정권을 일본이 지배하는 괴뢰정권으로 대체하는 것은 해방이라고 불렸다. 그리고 전쟁 사진, 뉴스 화면, 극영화 들은 당연히 압제와 만행을 자행하는 침략자들보다는 용감한 일본 병사들을 묘사했다. 선전가들은 전세가 일본에 불리하게 역전되고 전투가 갈수록 본토와 가까운 곳에서 벌어지는데도 계속해서 필히 승리한다고 설파했다.

1944년에서 1945년으로 넘어가고 소이탄 폭격이 일본 도시들을 차례차례 파괴하기 시작한 뒤에도 그런 선전과 기만은 전쟁이 끝날 때까지 이어졌다. 천황이 1945년 8월에 라디오로 신민들에게 일본의 항복을 발표했을 때 "패배"와 "항복" 같은 단어는 언급되지 않았다. "전황이 호전된 것만은 아니며 세계의 대세 역시 우리에게 유리하지 않았다"라는 것이 천황의 완곡어법이었다. 히로히토는 계속해서 적이 "인류 문명의 전멸을 초래"할 수도 있는 "새로운 잔학한 폭탄"을 사용하기 시작했다고 말했다. 천황은 충량한 그의 신민만이 아니라 인류를 구하기 위해서 일본 군대에 무기를 내려놓을 것을 명령하고 있었다.

부시 행정부의 경우에는 전직 백악관 대변인 스콧 매클렐런(Scott McClellan)마저도 "기만의 문화"에 빠져 있었다고 나중에 실토했다. 이 '내 탓이오' 고백이 나올 무렵(2008년)에 이르자 부시 행정부의 기만은 까발려져 매우 자세하게 기록으로 남겨졌다. 일찍이 정보 전문가 토머스 파워스는 부시 행정부가 이라크 침공을 옹호하는 표면상의 결정적인 공식 사유―2003년 2월 5일 파월 국무장관의 유엔 연설―로, 이라크의 "무기, 프로그램, 행위, 사건, 군수품"에 관해 29가지 주장을 내놓았는데, 이 주장들은 침공 이후 몇 달 사이에 거의 예외 없이 틀렸거나 검증 불가능한 것으로 드러났다고 평가했다. 《뉴욕타임스》의 프랭크 리치(Frank Rich)는 이 주제에 관해 자신이 여러 해 동안 쓴 글을 모아 2006년에『역대 가장 잘 팔린 이야기(The Greatest Story Ever Sold)』라는 책을 펴냈다. 2008년 상원 정보위원회는 "행정부의 공식 발표가 어느 정도까지 정보로써 확인되지 **않았는지**"를 조사한 장문의 보고서를 내놓았다. 하지만 천황의 충성스러운 신민들처럼 대다수 미국인도 지도자들이 하는 말을 믿고 침공을 지지했다. 그리고 일본인이나 다른 어느 국민들처럼, 자국 장병들이 위험에 처하게 되면 원래 밝힌 전쟁 사유가 아무리 이중적일지라도 장병들을 지지하지 않는 것은 생각할 수도 없는 일이었다.[171]

행정부의 길고 긴 거짓말 목록은 따분한 주제다. 더 큰 과제는 "스핀〔spin, 정보를 자신에게 유리하게 적당히 포장하여 제시하는 일)"과 기만을 윗사람들의 자기기만과 노골적인 망상과 구분하기 힘들게 만드는 집단사고를 이해하고, 이 집단사고가 어떻게 사회 모든 층위에 받아들여지게 됐는지를 이해하는 일이다. 일제의 경우에 통설은 분명하다. 즉, 검열과 자기검열, 사상 주입, "조화"와 "일치"에 대한 전통적인 문화적 강조, 그리고 아직 미성숙한 민주적 제도가 순종적인 무리를 설명한다는 것이다. 하지만 그렇다면 전쟁을 선택한 미국의 기만을 두고는 무슨 말을 할 수 있을까? 미국이 자랑하는 개인주의, 민주주의, 견제와 균형, 그리고 독립 탐사저널리즘으로 유명한 엄격한 "제4부〔fourth estate, 신문

·언론에 대한 별칭으로 쓰인다)" 자체가 일종의 기만이었다고 말할 수 있을까?

✛✛✛

이라크 "해방"이 점령으로, 점령은 야만적 폭력으로 탈바꿈한 뒤 미군과 행정부의 많은 전문가는 침공 이후 안정화와 재건과 관련하여 특히 이 전쟁을 유달리 위험한 도박으로 만드는 장애 요인들에 주의를 환기하려 애썼지만 헛수고였다고 밝혔다. 그들의 헛수고는 9·11에 앞서 건의를 무시당했던 CIA와 NSC 대테러 전문가들의 경험을 떠올리게 한다. 고위층 지도자들은 자신들이 들을 자세가 된 말에만 귀를 기울인다는 사실 말이다. 블레어 총리에게 보낸 2002년 7월 23일 자 기밀 첩보 메모는 이런 경직성을 더 분명히 각인해 준다. 침공 이후 세간에 드러났을 때 파문을 몰고 온 이 이른바 다우닝가(Downing Street) 메모는 워싱턴에서 "군사행동이 이제 불가피해 보였음" "부시는 군사행동을 통해서 사담을 제거하길 원하며, 테러리즘과 WMD[대량살상무기]의 결합으로 이를 정당화" "정보와 사실들이 이 정책을 중심으로 조작되고 있었음" "군사행동의 향후 여파에 관해서 워싱턴에서는 거의 논의가 없었음"이라고 결론 내렸다. 몇 달 뒤 웨슬리 클라크(Wesley Clark) 장군은 전후 계획 수립과 관련한 지점에서 동일한 인상을 받았다. 그는 "2002년 9월 상원에서의 증언을 앞두고 사실 확인을 위해서 펜타곤을 돌아다니다가 전후 문제들에 관한 토론이 단 몇 차례밖에 없었다는 사실을 알고 실망했다. 그건 '3층[국방부 정책이 문민 관료들에 의해 결정되는 곳]에서 인기 있는 주제가 아니'라는 말을 들었다"라고 했다.[172]

"군사행동의 향후 여파" 논의가 인기 없는 주제였다는 점은 침공 참사를 설명하는 데 큰 비중을 차지하는데, 그 대실패의 워낙 많은 부분이 가장 기본적인 우발사태 대책 마련, 다시 말해 즉각적인 법과 질서 수립 계획의 태만에 기인하는 것으로 보였기 때문이다. 이라크 망명자들은 2002년 8월에 워싱턴을 방문했을 때, 체니와 럼즈펠드에게 바트당 정권이 전복되면 그 즉시 약탈이 일어날 가능성이 있다고 경고했다. 이를 예견하는 데는 대단한 상상력이 필요하지 않았다. 10여 년 전 제1차걸프전 당시 사담의 지배력이 일시적으로 약화되었을 때 그런 무법천지가 이라크 곳곳에서 발생했기 때문이다. 이라크에 정통한 외교관이자 국립국방대학(National War College)의 교수로 재직 중이던 피터 갤브레이스(Peter Galbraith)도 몇 달 뒤인 2003년 1월에 같은 경고를 내놓았다. 갤브레이스는 추후에 출간된 발표문에서 "장기적인 항전보다는 급속한 붕괴 가능성이 훨씬 크다"라고 내다봤다. "하지만 1991년의 경험을 토대로 할 때 질서정연한 항복보다는 혼란이 발생할 가능성이 더 크다고 본다." 하지만 갤브레이스로서는 실망스럽게도. 펜타곤 계획가들은 행정부와 똑같이 전쟁을 옹호하는 정치적 근거를 마련하는 데만 집착하고, 침공 이후 무슨 일이 생길지에 관해 그에게 자문하기보다는 그가 "쿠르드족 독가스 학살을 비롯해 사담 후세인 정권의 악행에 관해 발언하게 하는 데" 관심이 더 많았다. 침공 그 자체를 넘어서는 생각에 관한 한 다우닝가 메모가 작성된 이후 반년 사이에 최고위층의 변화는 거의 없었다.[173]

갤브레이스의 경험은 전형적이었다. 일례로 그의 경고가 있기 한 달 전인 2002년 12월에, 육군전쟁대학(Army War College)에서 열린 이틀간의 회의에는 장교, 외교관, 중동 전문가 25명 안팎이 참가하여 평화를 이룩하느냐 마느냐에 관한 익숙한 클리셰에 초점을 맞춘 보고서를 내놓왔다. 이 보고서는 "미국이 전쟁에서 이기고 평화를 잃을 가능성은 현실적이고 심각하다"라고 진술하며, 적대행위를 계획하는 이들에게 본뜻을 거의 감추지 않은 다음과 같은 반론을 내놓았다. "지금은 전쟁을, 점령은 나중에 가서 생각하는 것은 수용할 수 있는 해법이 아니다." 이와 거의 동일한 경고가 CIA의 폴 필러의 권고로 착수된 두 가지 연구에서 나온 보고서에 되풀이됐고, 그 보고서들은 2003년 1월에 국무부 정책기획과에서 회람됐다.

당시 "사담 축출 이후 이라크에서의 주요 도전들(Principal Challenges in Post-Saddam Iraq)"이라는 제목의 글은 "이라크 민주주의 건설은 길고 힘들며, 이라크의 권위주의 전통으로 후퇴할 잠재성도 띤, 십중팔구 파란만장한 과정이 될 것"이라는 문장으로 포문을 연다. 보고서는 계속하여 "사담 이후 권위는 내부 집단들이 폭력적 분쟁에 엮일 가능성이 상당한, 깊이 분열된 사회에 직면할 것"이라고 예측했다. 또한 석유 자원에도 불구하고 경제적 선택지는 "얼마 없고 제한적"이며, 재건은 제2차세계대전 이후 유럽에 행한 마셜플랜에 버금가는 조치들을 요구할 것이라고 강조했다.

"이라크 정권 교체의 지역적 결과들(Regional Consequences of Regime Change in Iraq)"이라는 제목의 자매편 보고서는 "미국 주도의 전쟁과 이라크 점령은 정치적 이슬람주의를 신장시키고 최소한 단기적으로는 일부 테러리스트 목표들에 대한 대중의 공감을 높일" 것이라고 경고했다. 필러가 나중에 관찰한 대로—다우닝가 메모와 갤브레이스 및 무수한 사람이 나중에 확인시켜 준 것처럼—이 같은 판단들이 "정책 열차를 탈선"시킬 것이라는 허상은 없었는데, "전쟁 선동자들은 온갖 전문가 및 전문적인 조언을 (자신들의 목적에 맞을 때를 제외하면) 초지일관 묵음

처리"했기 때문이다. "전문가 견해에 귀를 기울이는 대신 이라크에 관해서 부시 행정부는 정보 커뮤니티를 이용해 대중이 이미 정해진 결론을 받아들이게 할 자료들만 제공했다."[174]

경고를 묵음 처리하려면 애초에 그 경고들이 청취 가능해야 하며 사실 이런 무시무시한 예측들 다수는 실제로 이런저런 보고서와 발표문 형태로 고위층까지 올라갔다. 일찌감치 2002년 7월부터 유관 부처와 NSC 문서들 곳곳에는 미국이 "점령 세력"으로 비치게 될 위험을 경고하는 말이 등장했다. 침공 두 달 전에 럼즈펠드의 10월 "호러들의 행진" 목록에서 강조됐던 논점들 다수는 "잠재적인 전후 도전들"에 관한 장관급위원회 브리핑에도 등장했다. 펜타곤이 중부 사령부를 위해 침공 5주 전에 작성한 14쪽짜리 "행동 메모"는 "공공질서 유지"의 중요성을 강조했고, 미국이 "전쟁에서 이기지만 평화를 잃을" 수도 있다고 재차 언급했으며, "일반적인 무법상태부터 민족적/종교적 보복과 커다란 무질서와 피해를 야기할 수 있는 정권이 자행하는 행위들에 이르기까지 어느 정도의 소요"를 예측했다. 이라크자유작전이 실시되기 대략 한 달 전에 수행된 "기관 간 예행연습과 기획 협의"에는 "법과 질서 유지는 침공 1일째부터 필수적일 것"을 강조하며 "세계정세 관련 전제들"이라는 절 제목으로 시작하는 52쪽짜리 파워포인트 브리핑도 포함됐다.[175]

하지만 입수 가능한 기록 가운데 어느 것도 대통령과 그의 핵심 자문들이 이러한 경고에 주의를 기울였다거나 일본의 11월 15일 자 연락 회의 문서에 표명된 묘책들보다 훨씬 더 실질적이고 구체적인 장기 계획 수립 형태로 뭔가를 내놓았음을 드러내는 것은 없다. 그들은 실제로 모종의 미국 주도 "이라크 임시정부" 수립에 관한 다량의 문서들을 내놓긴 했지만, 이는 없는 것이나 마찬가지였다. 반면에 일본인들은 적어도 필

리핀을 비롯해 동남아 전역에 재빨리 안정적 점령 정권을 수립하기라도
했다.

하지만 결정적인 큰 그림—최종 단계 전략—에 관해서는 다시금 유사
성이 두드러진다. 대통령과 전쟁계획가들을 최면에 빠트리다시피 할 만
큼 매혹한 것은 공격력 배치와 표적 선정의 과제(그리고 싸게 승리를 얻
어 낸다는 유혹)였다. 천황의 전쟁 지도자들처럼 그들은 "최상의 경우"
시나리오들에 빠져 이성을 잃어버렸고—일본의 어리석음에 관해 앞서
미국의 연구들이 결론 내린 것처럼—"적의 잠재적 힘을 얕잡아 봤다".

✢ ✢ ✢

전쟁 옹호론자들의 기만과 자기기만이 심하긴 했지만 이를 부시 백악
관 특유의 현상으로 보는 것은 오해의 소지가 있다. 망상과 부정이 시스
템 내에 어느 정도 뿌리박혀 있는지는 미군이 반군 활동에 대응할 준비
도 없이 이라크를 침공했을 뿐 아니라 실은 내부 계획 수립과 훈련 과정
에서 수십 년 동안 그러한 "비정규적인" 군사적 도전들을 간과해 왔다는
점이 알려졌을 때 폭로됐다. 상상력과 상식 양쪽에서 이 충격적인 실패
는 베트남전쟁으로 거슬러 간다.

비록 1960년대 후반과 1970년대 초반 베트남에서 물질적으로 열세
인 세력에 당한 패배의 기억은 계획가들과 정책입안자들의 뇌리에서 결
코 떠난 적이 없지만, 이 굴욕에 대한 그들의 반응은 직관에 반하는 것이
었다. 대반군 활동 훈련을 강화하는 대신 미군은 거기에서 눈을 돌려 버
렸다. 2006년, 베트남전과 이라크 작전에 둘 다 참전한 한 퇴역 장교[잭
킨(Jack Keane) 전 미육군부참모총장]는 이를 거의 초현실적인 말로 설

명했다. "베트남전쟁이 끝난 뒤 우리는 군대 내에서 비정규전이나 반군 활동과 관련된 것은 모조리 없애 버렸는데, 우리가 그 전쟁에서 진 것이 그것들과 관련이 있었기 때문이었다. 돌이켜 보면 이는 잘못된 결정이 었다."[176]

그것은 잘못된 결정에 그치지 않았다. 그 결정은 예를 들면 엘살바도르나 팔레스타인의 인티파다(intifadah, '봉기'라는 뜻으로, 팔레스타인인들의 반이스라엘 투쟁을 이르는 말)와 같이 다른 지역들에서 다른 반군 활동들을 상대하는 계획 수립과 합리적인 사고를 제거하는 것에 버금갔다. 가장 눈길을 끄는 것은 1980년대 후반에 소련군이 아프가니스탄에서 패배한 뒤 얻은 명백한 교훈에 대한 심리적 억압이었다. 미국이 10년 가까이 무자헤딘을 은밀히 지원했음에도 불구하고—그리고 무장이 신통치 않은 현지와 외국에서 온 전사들이 엄청난 인명 피해를 입었지만 그래도 거대한 소련군을 물리친 대단한 광경과 그 직후 소련의 붕괴라는 비상한 후기에도 불구하고—수뇌부에서는 소련 패배의 군사적 의미에 진지한 주의를 전혀 기울이지 않았다. "대반군 활동"은 군사훈련에서 여전히 거의 무시됐다. 오스트레일리아의 비정규전·대테러리즘 전문가인 데이비드 킬컬런(David Kilcullen)은 연합국임시행정당국이 혼란의 와중에 해체된 **뒤** 여러 달 지나 이 문제들에 관해 이단아적인 미국 동료들과 한 팀을 이뤄 일하는 임무를 맡았을 때, 이러한 아이디어들이 "너무 전복적이라 2004년 후반에 우리가 그것들에 관해 처음 논의하기 시작했을 때는 글로 남길 수도 없을 정도"였고, 2005년 말에 가서야 "일반적인 상식(이나 적어도 제도적인 립서비스의 대상)"이 됐다고 밝혔다. 육군과 해병대가 이라크 침공으로부터 무려 3년 반이나 지난 2006년 12월에 대대적인 공보와 함께 마침내 『대반군 활동 야전교범(Counterinsurgency

Field Manual)』을 발행했을 때, 공식 발표는 이에 관한 작업이 2004년까지 착수되지도 않았으며, "육군이 대반군 작전을 다룬 정식 야전교범을 간행한 것은 20년 만이고, 해병대가 그 주제에 관한 교범을 간행한 것은 25년 만임"을 인정했다. 그리고 대중은 이 와중에 베트남전쟁이 끝난 뒤 웨스트포인트가 교과과정에서 괴로운 기억과 결부된 대반군 활동 교육을 싹 없애 버렸다는 사실을 알게 됐다.[177]

왜 군과 문민 지도자들은 비대칭적위협을 진지하게 받아들이지 못했을까? 그 대답 중 일부는 아프간 전사들과 함께 아프가니스탄에서 싸운 외국인 무자헤딘들의 승리에도 불구하고, 그리고 정말이지 9·11에도 불구하고, 지속된 "머리에 타월을 두른" 사람들에 관한 문화적 무지와 인종적 오만에서 찾을 수 있다. 또 다른 대답은 웨스트포인트 '푸닥거리'에서 암시되듯이 미국에서 베트남전쟁의 기억을 둘러싼 숨 막히는 문화적 정치에서 찾을 수 있는데, 베트남 저항군이 전쟁에서 이긴 것이 아니라 정치인들과 물렁한 미국 대중이 전쟁에서 진 것이라는 보수파의 주장이 점점 먹혀들어 갔던 것이다. 그리고 그 대답의 또 다른 일부는 기술적인 (그리고 기업적인) 지상명령과 관련이 있으니 바로 냉전과 탈냉전기 대량 살상과 "군사적 분야에서" 하이테크 "혁명"에 대한 고착관념이다. 제2차세계대전 이후에 일어난 다수의 저강도분쟁과 반군 활동에도 불구하고—또한『손자병법』같은 고대 군사 고전들로까지 거슬러 가는 게릴라전과 여타 비정규전의 더 깊은 역사에도 불구하고—미군의 제도적 문화와 부시, 럼즈펠드 같은 탁상공론 지휘관들의 영광스러운 꿈은 압도적인 화력을 동원하여 적을 분쇄함으로써 승리를 얻는 데 꽂혀 있었다.[178]

그러한 지적이고 심리적인 현실 부정이 시스템이 되고 지속되면, 기만과 망상은 더 큰 정신 병리의 일부로 간주되어야 한다. 일례로 핵심적

군사적 사고에서 반군 활동(과 대반군 활동)을 집단적으로 지워 버리는 것은 고문에 관한 행정부와 정부 커뮤니티의 사고방식에서 비뚤어진 유비를 찾을 수 있다. 고문 관행은 완곡어법으로 부정적 의미가 거세됐고("강화된 심문 기법" 등등) 도덕적인 반감은 최소화됐다. 고문에 반하는 기존의 법적 제약과 관습 들은 시대착오적이고 "예스러운" 것으로 치부됐다. 하지만 이를 넘어서 고문에 반대하는 현실적인 주장들도 일소됐다. 그중 하나는 세계의 수많은 사람 눈앞에서 미국의 도덕적 위상과 정당성이 상실된 것이었다. 또 다른 하나는 고문이 심문자가 듣고 싶어 하는 내용에 맞춰진 틀린 정보나 오도하는 정보를 낳을 가능성이 크다는 사실이었다. 심지어 도덕성은 차치하고라도 평판과 오정보로 치르는 비용은 고문에서 얻는 이득을 능가한다.

미군이 비정규전과 베트남에서 "우리가 어떻게 졌는지"에 관한 교과를 대체로 삭제해 버렸다는 사실이 뒤늦게 드러난 것처럼, 고문과 관련한 이 같은 망각의 병리학에 대한 폭로는 이라크전쟁의 예기치 못한 또 다른 부산물이다. 2002년 12월부터 관타나모에서 미군 고문자들이, 한국전쟁 당시 중공군에 포로로 붙잡힌 미군들이 당한 "세뇌"에 관한 1957년 공군 연구서에 등장했던 고문 수법을 이용해 왔음이 2008년에 세간에 알려지며 이목을 끌었다. 이 음침한 교육학에서 삭제된 것은 원래 논문의 요점, 즉 한국전의 미군 고문 피해자들은 중공군이 듣고 싶어한 말, 그러니까 이 경우에는 한국에서 미국의 전쟁범죄와 관련하여 중공군이 듣고 싶어 한 말을 했다는 것이었다.[179]

이와 같은 예기치 못한 폭로들은 흔히 개별적이고 간헐적인 사건들로 독립적으로 취급된다. 하지만 삐뚤삐뚤하고 보기 흉하긴 해도 더 큰 패턴에 들어맞는 퍼즐 조각의 일부로 더 잘 이해될 수 있다.

승리병과 지옥문

  (1942년 중반에) 일본인들과 (2003년 4월 바그다드로 입성한 직후) 미국인들 머리 위로 군사적 지붕이 무너지기 전까지 이들은 모두 군사작전의 즉각적 성공에 도취하여 열광적인 찬사를 늘어놓았다. 바그다드에서 몇 주간 광범위한 약탈과 폭력이 자행된 뒤에도 백악관과 펜타곤은 현실을 부정한 채 들뜬 자화자찬의 분위기에 젖어 있었다. 마치 부시 행정부가 줄곧 경고해 왔던 그 화학무기를 누군가가 실제로 방출했는데 알고 보니 웃음 가스로 드러나기라도 한 것 같았다.

  1941년과 1942년 초반 승전들에 대한 일본의 반응을 특징 지은 행복감과 의기양양한 승리감은, 중국에서의 전쟁이 수렁에 빠지고 미국과의 관계가 악화함에 따라 나라를 뒤덮었던 이전의 흉흉한 분위기를 대체했기 때문에 더욱 눈에 띄었다. 진주만과 동남아, 필리핀에서의 승전보에 대한 대중의 반응은 먹구름 뒤에 솟아오르는 태양과 같은 어디서나 볼 수 있는 상투적 묘사들에서 포착됐다. 나중에 이 한순간의 행복감은 조롱하는 조로 "승리병(victory disease)"이라 알려졌다. 이는 초민족주의, 섬망, 망상, 심지어 어느 정도 순전한 유혈 충동 등등 심리학적 함의를 내포한 은유다.

  침공 전의 흉흉한 느낌은 미국에도 존재했다. 하지만 전쟁 개시일이 시시각각 다가옴에 따라 그러한 비관주의는 자기만족에 근접하는 믿음의 급증으로 상쇄됐다. 이 과도한 자신감을 이해하기는 쉽다. 역사상 전통적인 제국들은 제쳐 두더라도, 근대사에는 강대국이 현지 협력자들의 도움을 받아 타국에 자신들의 의지를 관철한 많은 사례가 있다. 1939년 이후 유럽에서 독일이, 제2차세계대전 이후 동유럽에서 소련이, 1931년 이후 만주와 1937년 이후 중국의 넓은 지역들에서 그리고 1941년 이후 동남아에서 일본이 그렇게 했다. 이 국가들 가운데 어느 나라도 냉전이 끝난 뒤 미국만큼 압도적으로 강하지 않았고, 미국만큼 리버럴한 의도들을 공개적으로 천명하고 나서지도 않았다. 게다가 선의와 성공적인 전후 협력이 만나는 지점이라면 이라크전 옹호자들은 제2차세계대전이 끝난 뒤 패전국 독일과 특히 일본을 지적할 수 있었다(그리고 실제로 그렇게 했다).[180]

그와 동시에 대통령의 군사적 충동은 내부 핵심층 바깥에서 들려오는 무수한 목소리들로 한층 강해졌다. 이는 중동 전문가들, 이라크 망명자들과 국외 거주자들, 그리고 미국의 여타 아랍인과 무슬림 친구들, 호전적인 이스라엘 지지자들, 인도적 개입에 찬성하는 리버럴한 지지자들, 영국 블레어 총리가 이끄는 외국 동맹들을 아울렀다. 2003년 1월 10일 백악관 만남에서 바그다드에 입성하는 미군이 "사탕과 꽃"으로 환영받을 것이라고 장담한 이들은 이라크 망명자들이었다. 망명자들은 대통령이 심지어 이렇게 늦은 시점에도 이라크 사회의 종교적·종족적·정치적 긴장들에 관해 거의 모른다는 사실을 발견했다. 하지만 그들은 지배층인 소수 수니파와 다수 시아파 간의 종교적 분열은 이라크 바깥 사람들에 의해 과장됐다고 대통령을 안심시켰다. 사담의 학정 아래 오랫동안 신음해 온 이라크인들이 외국에서 여러 해를 보낸 망명자들이 주도하는 임시정부를 환영할 것이라고 펜타곤과 부통령 집무실(하지만 국무부나 CIA는 아니다)을 설득한 것도 마찬가지로 국외 거주 이라크인들이었다. 하지만 그것은 이라크 국내 기후와, 다툼이 분분한 국외 거주자 커뮤니티 자체, 그리고 더 일반적으로 정치와 인간 본성에 관한 장밋빛 독해였다.[181]

바로 이 희망적 기대로 가득 찬 세계에서, 하급 공무원들과 군 장교들은 "민주주의" 이식은 고사하고 외국 땅을 침공해 점령하려는 시도의 위험들을 근래의 역사와 현 정세가 빤히 보여 주고 있다고 지적함으로써 이의를 제기하고자 했다. 일촉즉발 상태인 외국 땅을 침공해 점령하기로 결정하기 전에 극도의 신중함을 발휘해야 한다는 것을 분명히 보여 주는 설득력 있는 사례 연구들을 제시하기 위해, 이라크나 이슬람주의 테러리즘에 관한 기밀정보에 접근할 필요까지는 없었다. 베트남전, 1967년 이후 이스라엘 점령지역의 곪은 상처, 1979년부터 1989년까지 소련의 치명적인 아프가니스탄 침공과 점령, 그리고 9·11 이후 침공으로 아프가니스탄에서 커져 가는 미국의 어려움들을 보라.

아닌 게 아니라 타인들의 민족주의적 자긍심을 진지하게 받아들이지 않은 것에 관한 동일한 교훈은 진주만의 "멍청함"에 앞서 중국에서 벌인 일제의 전략적 어리석음에서도 이끌어 낼 수 있다. 1937년 내각의 육군대신은 중국이 기껏해야 6개월 안으로 굴복할 것이라고 히로히토를 안심시켰다. 1941년 9월에는 육군참모총장이던 그 각료는 "그것[미국과의 전쟁]을 대략 3개월 내로 끝낼 생각입니다"라고 밝혔다. 이번에 천황은 장군에게 그가 앞서 했던 예측을 상기시켰다. 하지만 그런 순간들은 잠깐뿐이었다. 천황은 이 사안을 다시 거론하지 않았고, 미국에 맞선 전쟁 결의로 이어지는 수십 차례 전략회의에서 누구도 감히 경고의 신호로 "중국"을 속삭이지 않았다. 열렬한 민족주의는 타인들의 민족적 혹은 집단적 자긍심과 관련하여 사실상 의도적인 근시안을 초래한다.[182]

✤ ✤ ✤

이라크 침공 직전에 아랍연맹의 대변인은 그러한 공격이 "지옥문을 열" 것이라고 경고했다. **전형적인 중동식 과장법**이라는 것이 그런 목소리들을 무시하는 일반적 반응이었다. 그러한 경고들에 반발하여 코웃음을 치는 사람들은 엄선된 중동 전문가들의 반론들, 특히 다음과 같은 말을 내세우곤 했다. 무엇보다도 아랍인들은 힘과 무력을 존중한다고 말이다. 저명한 역사가로서, 이라크전쟁 찬성론자들이 지지와 조언을 특히 구한 버나드 루이스(Bernard Lewis)가 그와 같은 요지로 말한 것으로 흔히 인용됐다. 권력층 내부자이자 부시 행정부의 일방적인 호전성에 속이 끓는 비판자인 브렌트 스코크로프트는 9·11 이후로 체니 부통령 같은 매파에 대한 루이스의 영향력이 백악관의 전쟁 결심을 더 굳혔다고 결론 내렸다. "그건 우리가 누군가를 세게 때려야 한다는 생각"이라고 스코크로프트는 평가했다. "그래서 버나드 루이스는 '네가 아랍인들에게 해야 할 일 가운데 하나는 커다란 방망이로 정통으로 한 방 먹이는 것이라고 생각한다. 그들은 힘을 존경한다'라고 말한다."[183]

주전파에서 극히 인기 있던 그러한 주장은 서구 열강에 대한 아랍과 무슬림의 역사적인 반감을 "인정해 주길" 거부하는 더 폭넓은 심적 태도의 핵심이었다. 보수파 논평의 대표지인《내셔널리뷰》2002년 4월 호에 실린 한 글은 어느 유명 전문가의 견해를 다음과 같이 설명하면서 거의 농지거리 같은 그러한 사고방식의 조악함을 포착했다. "세상에 우리가 장난이 아니라는 것을 보여 주기 위해서라도 대충 10년마다 한 번씩 미국은 어떤 쓰레기 같은 작은 나라를 집어 들고 벽에 내동댕이쳐야 한다."[184] 높은 원칙과 고상한 수사가 최종적으로는 이런 실제적인 정수로 압축되는 것을 보는 일은 유익하다. 그리고 그런 '벽에 내동댕이쳐라'나 '정통으로 한 방 먹여라'와 같은 어깨에 힘이 들어간 말들이 타인들에게 어떻게 들릴지를 상상해 보는 것도 유익한 일이다. 그런 경멸의 대상들에게, 유럽과 미국의 오랜 관행의 역사는 서구인들이 여지없이 큰 몽둥이로 중동 사람들에게 정통으로 한 방 먹이는 데 뛰어나다는 점을 확인시켜 주었다. 결국 게임의 이름은 언제나 이상주의 게임이 아니라 권력 게임이 아니었던가?

동네 깡패 같은 거들먹거림은 나중에 전쟁 옹호론자들에게 되돌아와 끈질기게 따라다닐 더 화려한 몇몇 언사들에서 최고의 표현을 찾아냈다. 그중 하나는 이라크에서 미국의 의지를 관철하는 일은 "케이크워크〔cakewalk, 식은 죽 먹기라는 뜻〕"—세계 무대에서 살짝 으스대며 걷기에 불과할 것이라는 주장이었다. 널리 인용된 또 다른 도발적인 수사는 "역사는 오늘 시작된다"는 세계관을 그 논리적 귀결로 이끌고 갔다. 2002년 여름 이라크전쟁 찬성 시류에 편승하는 움직임이 빨라지자 대통령의 고위 보좌관 가운에 한 명이 이 역사의 죽음이라는 관점을 거의 기가 찰 만한 오만과 함께 제시했다. 그는 전직 《월스트리트저널》 작가 론 서스킨드(Ron Suskind)에게 대통령과 대통령의 정책에 맞선 비판가들은 "우리가 현실 기반 커뮤니티라고 부르는 데서" 움직인다고 말했다. 그 커뮤니티의 사람들은 "인지할 수 있는 현실을 사려 깊게 연구하면 해법이 떠오른다고 믿는다". 하지만 "세상은 실제로 더는 그런 방식으로 돌아가지 않는다". 새로운 현실은 다음과 같았다.

우리는 이제 제국이며, 우리가 행동할 때 우리는 우리 자신의 현실을 창조한다. 그리고 당신이 그 현실을—사려 깊게—연구하는 동안 우리는 다시 행동해서, 다

른 새로운 현실을 창조하고, 그럼 당신은 그걸 또 연구한다. 그게 세상이 돌아가는 방식이다. 우리는 역사의 행위자들이고, 당신, 당신들 전부는 그저 우리가 하는 일을 연구한다.

이 세계적 수준의 얼빠짐(그리고 일제의 가장 오만한 이데올로그들의 "신질서" 자만과의 유사성)을 떠나서 금방 악명을 얻게 된 이 논평에는 직설적이고 뜻하지 않게 정확한 진술이라는 매력이 추가됐다. 부시 행정부는 실제로 새로운 현실들을 창조했고, 그 과정에서 세계가 연구해야 할 또 다른 비극을 남겼다.[185]

결국에 지옥문 시나리오는 식은 죽 먹기 시나리오보다 더 합리적이었던 것으로 드러났다. 이것은 무슨 대단한 예견이 아니라 호전적 이슬람주의자들이 앞서 아프가니스탄에서 소련군의 패배로부터 이끌어 낸 결론에서 도출된 것이다. 빈라덴이 1998년 후반에 말한 대로 "아주 적은 RPG[로켓추진 유탄 발사기]와 아주 적은 대전차지뢰, 아주 적은 칼라시니코프자동소총만 갖고 있던 사람들이…… 인류에게 알려진 역대 최대의 군사 기계의 신화를 파괴하고 이른바 초강대국이라는 관념을 완전히 깨트려 버렸다". 그는 "우리는 미국이 러시아보다 훨씬 약하다고 믿는다"라고 덧붙였다. 이것 역시 일종의 희망적 사고였다. 하지만 9·11은 그러한 사고를 반영했으며, 미국의 무능한 "테러와의 전쟁" 수행은 심지어 빈라덴의 터무니없는 꿈마저 능가했다. 9·11에 대한 미국의 즉각적인 군사 대응으로 2001년 말에 이르자 아프가니스탄 알카에다 세력의 80퍼센트 가까이가 제거됐다. 하지만 테러와의 전쟁이 이라크로 방향을 틀자 알카에다 세력은 이내 충원되어 사실상 그 새로운 전장(이라크)은 과거 소련군이 경험한 아프가니스탄과 비슷한 곳으로 탈바꿈하고 말았다.

빈라덴이 2006년 초에 관찰한 대로, 이라크는 무자헤딘들이 미국과 그 동맹국들에 대한 성전을 유럽으로까지 넓히도록 부추기면서, "사람들을 끌어모으고 [우리] 에너지를 회복시켜 주는 곳"이 됐다.[186]

시간이 지나자 9·11과, 알카에다와 여타 호전주의자들이 부르짖은 무고한 시민의 대대적 살해는 지하드 세력 내부를 분열시켰고 심지어 "무슬림들에게 참사"로 여겨지게 됐다. 그것은 물론 그 이상이었다. 그것은 미국의 대응으로 더 악화된, 전 세계에 대한 참사였다. 이 점은 미군이 역시 금방 수렁에 빠지게 된, 이라크전쟁 이전의 부시 행정부의 전쟁— 아프가니스탄 전쟁—에서도 분명했다. 2002년 여름에 정세를 관찰하면서 중동 인터넷 저널의 한 기고자는 미 행정부가 "자신들이 곧 대적할 적에 관한 면밀한 심층 연구로부터 출발하지 않았다. 그 대신 그들은 히스테리 상태에서 출발했고, 그리하여 결정을 내리기 전에 고려해야 하는 기초적인 과학적 규칙들이 결여될 수밖에 없었다"라고 논평했다.[187]

합리성과 논리 잣대에 관한 조지프 그루의 허위 보고는 거꾸로 뒤집혔다.

6장

천행으로서의 "진주만"

정치적이고 이데올로기적인 코드 단어는 흔히 쌍방향으로 선회한다. 대다수 미국인에게 "진주만"은 오욕, 취약함, 군사정보의 참담한 실패, 분노, 복수를 떠올리게 한다. 그것은 선택한 전쟁, 그리고 공격자에게 되튀는 공격을 내포하는 코드다. 하지만 그와 동시에 1941년 12월 7일은 루스벨트 대통령에게 정치적 천행이었다. 9월 11일이 부시 대통령에게 뜻밖의 요행이었던 것처럼 말이다. 부시의 두 번째 임기 말에 그의 흑막 심복인 칼 로브(Karl Rove)는 이를 에둘러서 인정했다. "역사가 일을 결정하는 방식은 묘할 때가 있지요"라고 로브는 대학생 청중에게 말했다. "이따금 역사는 당신에게 어떤 선물을 보내 주는데 우리 앞으로는 9·11이 온 겁니다."[188]

천행으로서 "진주만"은 그 자체는 비록 끔찍하다 해도, 지금까지 바라왔지만 좌절된 정책들을 실행하도록 문을 열어 줄 수도 있는 트라우마적인 사건을 의미한다. 같은 식으로 진주만 코드는 자기보존 및 적극적 공세 능력과 정책의 이름으로 과격한 군사적 변화를 촉진하기 위해 이용될 수 있는 강력한 경고성 단어이기도 하다. 천행과 경고성 단어는 모두 부시 행정부가 끌어안은 지정학적 의제에 박혀 있었다.

엄청난 참화에도 불구하고 12월 7일이 축복이기도 했다는 인식은 뒤늦은 사후적 깨달음이 아니다. 오히려 일본 공격이 불러온 긍정적 반향은 여러 미국 논평가에 의해 즉각 강조됐다.《뉴욕헤럴드트리뷴》은 이런 정서를 12월 8일 자 사설에서 포착했다. "충돌이 불가피했던 것으로 보이므로 실제로 일이 터지자 일종의 안도감이 든다. 상황이 더 또렷해졌다. 미국인은 과거의 논쟁들을 잊은 채 눈앞의 과제에 착수할 수 있다." 시카고의 신문들도 한목소리로 동조했다.《시카고데일리뉴스》는 "나라를 갈라놓고 마비시켜 온 깊은 여론 분열이 일본 덕분에 신속하게 치유됐다"라고 단언했다. "당연한 일이다. 적들을 완전히 그리고 철저히 제압함으로써 다시 한번 우리는 자유를 지키기 위한 확고한 일념으로 통합된 국민이 될 것이다."《시카고헤럴드아메리칸》은 "우리 모두는 이제 하나로 뭉치고, 강하고, 무적인 미국인"이라며 축하했고,《시카고타임스》는 "가장 극렬한 고립주의자들도 이미 국방에 대한 흔들림 없는 지지를 선언했다"라고 기뻐했다.

깊은 분열에 대한 이와 같은 언급들은 "미국 우선"의 고립주의자들과 개입주의적인 민주당 행정부가 맞선 격한 외교정책 논쟁들과 관련이 있었다. 그리고 12월 7일은 의사당에서도 이 같은 긴장을 해소했다. 정치인들은 "미국은 잠자고 있는 거인이었다. 일본의 공격은 우리를 잠에서 깨웠다. 우리는 더 이상 분열되어 있지 않다. 우리는 한 국민이다"라는 요지의 짤막한 발언들로 **연방의회 의사록**을 채웠다.《워싱턴뉴스》도 여기에 맞장구치며 "의심을 품을 수 없는 쿵쿵거리는 포성"이라는 키플링의 글을 인용한 12월 8일 자 사설에서 "많은 문제가 어느 안식일에 해결됐다. 이 가운데 핵심은 국민 통합의 문제였다…… 미국은 이제 키플링이 말한 대로 '고국으로, 당장 필요한 일들로 근심 없이 열띤 얼굴을 돌린다'"라는 사실을 반겼다. 신문은 계속해서 하와이 공격은 "미국을 공동의 참상과 공동의 결의로 통합했다. 마치 일본이 1억 8000만 미국인 한 명 한 명을 타격하기라도 한 듯 엄혹하고도 완전한 통합이다. 일본은 그러므로 우리의 주요 위험인 무관심과 분열을 제거해 주었다"라고 주장했다.[189]

시간이 지나고 1944년과 1945년 초에 종전이 점차 가까워지자 정치적·이데올로기적 반목이 다시 고개를 쳐들고 "해묵은 논쟁들"이 부활했다. 보수주의자들이 12월 7일을 그저 루스벨트가 자신이 원하던 바를 할 수 있게 해 준 대참사로 재평가함에 따라, '진주만을 기억하라'라는 통합보다는 불화를 불러오는 방아쇠가 됐다. 보수주의자들이 보기에 루스벨트는 원하던 대로 미국을 추축국, 특히 거침없이 유럽을 집어삼키고 영국을 위협하던 거대 독일에 맞선 전쟁으로 이끌 수 있게 됐다는 것이다. 이 "전쟁으로 통하는 뒷문"이라는 주장은 가장 심한 형태로 민주당 대통령과 그의 보좌관들이 짜고서 일본의 공격을 유도했다는 혐의를 제기했다. 막후의 기록들에 점차 접근 가능하게 되면서 이 주장은 공화당과 보수 진영에서 지지기반을 얻었고, 이는 앞으로도 결코 사라지지 않을 논쟁거리다.

루스벨트 행정부가 전쟁을 바랐다는 주장의 증거라고 하는 것에는 스팀슨 전쟁장관이 11월 25일에 작성한 일기가 있다. 11월 25일은 헐 국무장관이 일본에 제시한 "최후통첩"이 모종의 외교적 해법을 도출하려는 양국의 시도를 사실상 끝내 버리기 하루 **전**이다. 스팀슨은 그날 정오에 가진 만남을 언급하면서 루스벨트가 "일본인들은 경고 없이 공격하기로 악명이 높으므로 우리가 혹시 다음 주 월요일에 공격받을 가능성과 그렇다면 어떻게 대응해야 하는가라는 문제를 들고 나왔다. 문제는 우리가 과도한 위험에 처하지 않으면서 그들이 먼저 발포하는 입장으로 어떻게 몰아가느냐였다"라고 썼다. 이틀 뒤 전쟁부는 필리핀의 맥아더에게 동일한 견해를 담은 전문을 보냈다.

일본과의 협상은 일본 정부가 복귀하여 [협상을] 계속하자고 제의할지도 모른다는 일말의 가능성만 남긴 채 대체로 종결된 것으로 보임. 일본의 향후 행동은 예측 불가능하지만 적대행위가 불가피하다면 미국은 일본이 먼저 노골적 행위를 저지르기를 바람.[190]

이 비밀 기록 대부분은 전쟁이 끝난 직후 실시된 의회 합동 조사에서 공개됐다. 이 청문회에서 나온 다수의견 보고서(조사위원 8명이 지지한)는 실제로 워싱턴 수뇌부가 하와이의 육해군 지휘관들과 적절하게 의사소통하지 않았다고 질책했다. 하지만 보고서는 계속하여 "당 위원회는 의회로부터 선전포고를 더 쉽게 얻어 낼 수 있도록 대통령이나 국무장관, 전쟁장관, 해군장관이 일본으로 하여금 이 나라를 공격하도록 교묘히 유도하거나 도발하거나 선동하거나 회유하거나 강요했다는 청문회 이전과 당시에 제기된 혐의를 뒷받침할 만한 증거를 발견하지 못했다. 반대로 모든 증거는 그들이 혜안을 가지고 유능하고 뛰어나게 그리고 우리 외교 정책의 가장 훌륭한 전통을 따라서 책무를 수행했다는 사실을 확실하게 가리킨다"라고 강조했다. 다수의견 보고서의 비판은 "하와이 지휘부가 실패한" 데에 초점을 맞췄다.[191]

수뇌부에 대한 이 같은 조심스러운 태도는 9·11 이전 부시 행정부의 리더십 태만을 제대로 다루지 못한 9·11 조사위원회의 앞날을 예시하는 것이었다. 그렇다고 이 문제가 조용히 넘어간 것은 아니었다. 소수의견 보고서[공화당 상원의원 호머 퍼거슨(Homer Ferguson)과 오언 브루스터(Owen Brewster)가 작성]도 하와이의 키멀 제독과 쇼트 장군의 잘못에 주목하긴 했지만 가장 혹독한 비판은 루스벨트와 그의 "전시 내각"인 스팀슨 국무장관과 프랭크 녹스(Frank Knox) 해군장관, 참모총장 조지 마셜(George Marshall) 장군, 해군참모총장 해럴드 스타크(Harold Stark) 제독, 전쟁계획과의 부참모장 레너드 제로(Leonard Gerow) 소장을 향했다. 비록 소수의견 상원의원들은 (11월 26일 최후통첩부터) 기습 공격이 벌어지기 전 대략 열흘 사이에 감청된 일본 전문들과 최고위 논의에 특히 주목했지만, "일본이 진주만을 공격할 가능성, 아닌 게 아니라 그럴 개연성은 12월 7일 며칠, 몇 달, 몇 년 전부터 워싱턴 고위 당국자들과 진주만 지휘관들의 계산에 들어가 있었다"라고 주장하기까지 했다.

루스벨트와 그 보좌관들이 감청된 일본의 전문 내용을 들여다보고 임박한 적대행위를 예견하고 있었다는 이런 그림은, 알카에다에 관한 정보기관들의 경고를 흘려들은 부시 행정부와 날카롭게 대조된다. 일본이 "적대행위"를 개시할 태세를 갖추고 있었음을 미국 지도자들이 알고 있었다는 것은 반론의 여지가 없고, 군이 이 같은 만일의 사태에 대해 철저하게 브리핑을 받고 대비할 수 있게 하지 못한 잘못은 변명의 여지가 없다. 하지만 소수의견 보고서처럼 "일본의 진주만공격 개연성"을 루스벨트와 그의 참모들이 오랫동안 분명히 알았다고 주장하는 것은 완전히 다른 문제다. 군사 계획가들은 그러한 공격에 입각한 모의훈련을 여러 해 동안 실시해 왔고, 1941년 하와이에는 여러 차례 경보도 발령됐다. 하지만 만연한 심리 상태는 키멀 제독의 심리 상태였다. 다시 말해 그 쪼그만 노란 개자식들이 본국에서 그렇게 멀리 떨어진 곳에서 그토록 대담한 작전을 해낼 수 있으리라고 누구도 진지하게 받아들이지 않았던 것이다. 일본이 전쟁을 선택했다는 것이 아니라 그보다는 그들의 전쟁계획에 실제로 하와이가 포함되어 있었다는 사실이 미국으로서는 생각지도 못한 일이었다.

미국과 일본이 과연 의견 차이를 조정할 수 있었을까는 심각한 쟁점인데, 전쟁의 원인과 유화책의 위험 모두에 관한 질문을 제기하기 때문이다. 하지만 '전쟁으로 통하는 뒷문'이라는 음모론은 이치에 맞지 않는다. 만일 워싱턴 지도자들이 진주만이 공격 대상이라는 점을 정말로 알고 있었다면, 태평양함대가 공격당하도록 방치할 이유가 없었다. 그들은 하와이 지휘관들에게 진격해 오는 일본군에 맞서 선제 조치를 취하라고 명령만 하면 됐을 테고 당연히 그렇게 했을 것이다. 개전 사유는 골수 고립주의자들도 추축국 전체에 대한 보복을 지지하게 할 만큼 충분히 설득력이 있었을 것이며, 비록 온 국민의 뇌리에 박히도록 진주만을 기억하는 일은 없었겠지만 모두가 대통령 아래 결집했을 것이다. 이 대안적 시나리오에는 굴욕적인 정보 실패와 실제로 벌어진 대로 미국인의 무고함이 기만당하는 트라우마는 없었을 테지만, 그렇다고 "오욕 속에 길이 기억될 날"과 "진주만을 기억하라"라는 웅변이 완전히 부재하지는 않았을 것이다. 그리고 루스벨트는 여전히 천행을 얻었을 것이다. 국민 통합과 추축국의 위협에 맞선 좋은 전쟁이라는.[192]

✛✛✛

2001년, 대통령과 핵심 참모들에게는 미국 본토에 알카에다 공격이 임박했다는 예상이 있어야 했음에도 없었다. CIA 고위 인사들은 라이스 국가안보보좌관에게 7월 초에 알카에다 위협의 긴박성을 인식시키려고 애썼지만 헛수고였고, 부시는 한 달 뒤인 8월 6일에야 곧 유명해질 "빈라덴 미국 공격하려고 결심"이라는 제목의 대통령 일일 기밀 약식 보고를 받았다.[193] 이러한 경고들에 대응하지 못한 행정부의 실패(대통령은 그해 8월 대부분을 텍사스에 위치한 자신의 목장에서 지냈다)를 어떻게 해석하든지 간에 9·11 공격은 알고 보니 이중의 천행이었다.

첫째로 9·11은 혼란 속에 출범한 부시 재임 제1기를 구해 주었다. 2000년 11월의 대선은 민주당 후보(앨 고어)가 과반을 조금 넘게 득표했으나, 법적 분쟁에 들어간 플로리다주의 개표 결과(와 결정적인 선거인단 투표)가 연방대법원의 논쟁적인 개입으로 부시에게 유리하게 결정되면서 사실상 교착상태로 막을 내렸다. 그러므로 9월 11일 공격은 국민의 뚜렷한 위임이 부재하고 불확실한 지지기반에 기대고 있던 대통령직에 넝쿨째 굴러 들어온 호박이었다. 앞선 루스벨트처럼 부시는 전시 대통령의 역할을 자임했고, 분열된 정치체를 자기 뒤로 단단히 결집했다. 여론조사에서 대통령 지지도는 한때 무려 90퍼센트까지 치솟았고, 흔들림 없는 전쟁 지도자로서 지속된 아우라는 대다수 세계인의 눈에 이라크 전쟁이 참사로 바뀐 뒤에도 그를 재선시키기에 충분했다.

둘째로, 당시 일반 대중에게는 잘 알려지지 않았지만 9·11은 대통령의 핵심 참모 역할을 한 보수주의자들이 2000년 대선 전부터 주창해 온 급진적인 외교 및 군사 정책을 실행할 수 있게 해 주었다. 그들은 여러 사항 가운데 특히 국방예산의 대규모 증대, "군사 분야에서의 혁명"을 적극 활용하기 위한 포괄적인 병력 재편, 해외 미군 재배치, 사담 후세인 축출, 국제 평화유지활동에서 유엔보다는 미국의 정치적 리더십을 적극 주장할 것 등을 요청했다.

오랫동안 구상되어 온 이러한 제안들은 1997년에 수립된, 입장이 대단히 명확한 로비 그룹인 새로운미국의세기프로젝트(Project for the New American Century, PNAC)에 의해 매우 간명하게 정식화됐다. 제안들은 대선 직전인 2000년 9월에 발표된 「미국 국방 재구축: 신세기를 위한 전략, 병력, 자원(Rebuilding America's Defenses: Strategy, Forces, and Resources for a New Century)」이라는 PNAC 보고서에 일목요연하게 드러나 있었다. 그토록 과감한 군사 의제의 확대에 지지가 갑자기 생겨나기를 기대할 수 없으므로, 보고서는 "내일의 지배적인 세력 창출"이라는 장에서 다음과 같이 지적했다.

전환 과정은 비록 혁명적 변화를 가져온다 하더라도 장기적 과정이 될 공산이 크다. 새로운 진주만 같은 어떤 파국적이고 기폭제가 되는 사건이 일어나지 않는다면 말이다.

거의 정확히 1년 뒤에 그들이 얻은 것은 바로 그 기폭제였다. 9월 11일은 부시 대통령이 원하는 군사적 방향으로 나라를 끌고 나갈 수 있게 해준 "새로운 진주만"이었다. 알카에다와 이라크를 연결하는 그 어떤 첩보보다, 바로 이것이 대통령과 이제는 미국 군사정책에 가장 강력한 영향력을 행사하는 이들—체니 부통령, 럼즈펠드 국방장관 그리고 울포위츠 국방차관이 주도하는 집단이며 이 세 사람은 모두 PNAC 보고서에 서명했다—이 한순간도 주저하지 않고 관심과 적의의 초점을 알카에다에서 이라크로 돌린 이유다. "파국적이고 기폭제가 되는 사건"이 일어났고, 그들은 그 사건을 이미 정해진 방향으로 이끌고 갈 만반의 준비가 되어 있었다.[194]

루스벨트와 부시 둘 다 국내 정치를 능숙하게 조종했지만, 후자는 선임자와 현저하게 달랐다. 무엇보다 부시는 심리적으로 혐오감을 느낄 정도로 외부 세계에 관한 상세한 지식과 관련해서는 무관심했고, 심지어 자신이 선택한 전장들의 실제 현장 상황에 관해서도 냉담했다. 그와 그의 핵심 측근들은 또한 공포 자체를 정치적 호재로 이용하는 편을 택했다. 임박한 참사의 위협과 그 위협에 대한 행정부의 대응에 관한 어떠한 비판도 나라를 위험에 빠트린다는 점을 어김없이 강조함으로써 대통령과 공화당의 국내 정치 지배력을 강화하고자 했다. 이러한 공포 조장 수법들은 대부분 정치적 (그리고 개인적) 기회주의에서 기인하지만, 한편으로 편집증적이다시피 한 변치 않는 진짜 두려움이 깊이 깔려 있었다. 반면에 루스벨트가 국민에게 한 가장 기억에 남는 발언은 "우리가 두려워해야 할 유일한 것은 두려움 그 자체다"였다. 비록 대공황의 깊은 나락에 빠져 있던 1933년 첫 번째 취임 연설의 서두에 한 말이었지만, 이 발언은 연이은 루스벨트 행정부와 이후 전시 리더십의 기조를 세웠다.

역사는 분명 부시 행정부의 공포심 조성에 특별히 주목할 것이다. 그것이 이라크전쟁과 테러와의 전쟁 전반에 수반되는 법적 오남용 과정에서 일어났기 때문이다. 사담 후세인의 "공포의 공화국"을 해방한다는 인도적인 사명을 열렬히 부르짖으며 전쟁에 나선 행정부는, 세계 곳곳의 불안정과 테러 세력들을 오히려 강화하고 미국이라는 나라를 공포가 만연하고 공포가 계속 무대 중앙을 차지하게 함으로써, 막대한 부를 쌓는 경제가 득세하는 공화국으로 탈바꿈시키기에 이르렀다. 이 같은 공포심 조성은 국내용만이 아니었다. 부시 행정부의 고위급 논의 과정에 참여했다가 환멸을 느낀 국무부 관계자(리처드 아미티지)는 나중에 "9·11 이후로 우리의 주요 수출 품목은 공포였다"라고 발언한 것으로 알려졌다.[195]

✤ ✤ ✤

이처럼 끊임없는 불안과 패닉의 분위기에서 "새로운 진주만"은 사담 후세인과 맞선 전쟁의 문만 연 게 아니다. 그것은 더 넓게 볼 때 정교한 군사 하드웨어의 향상에 더 방대한 자원을 투입하는 것을 옹호한 이들에게 천행이었다. 이는 핵무기를 위한 의제 수정과 더불어 우주공간의 군사화라는 웅장한 비전으로 이어졌다.

이 역시 핵실험의 재개와 심층 지하시설물을 파괴할 수 있는 벙커버스터를 비롯해 "새로운 핵무기류" 개발을 요청한 PNAC 보고서에서 이미 예견된 바였다. PNAC 전략가들은 또한 우주와 사이버공간의 새로운 "국제 공유지"를 통제할 필요성을 역설했고, 이를 위해서 "미우주군(U.S. Space Forces)"이라는 잠정적 명칭으로 군대 창설을 제안하기까지 했다.

우주공간의 군사화는 로널드 레이건 대통령이 오랫동안 계획한 "스타워즈" 의제였다(스타워즈계획은 소련 미사일 요격을 목표로 1983년에 발표된 전략방위구상(SDI)의 대중적 명칭이다). 이 별칭의 유래가 된 1977년 할리우드 영화는 레이건이 소련에 갖다 붙인 "악의 제국"이라는 꼬리표도 선사해 주었다. 펜타곤 계획가들은 1980년대에 커뮤니케이션 혁명이 본격적으로 시작된 이래로 실제와 가상 공간을 통제하는 데 갈수록 많은 관심을 할애했으며, 이는 제1차걸프전에서 전자전

(electronic warfare)의 수행으로 가속화됐다. 이러한 프로젝트들은 다른 것들과 마찬가지로, 선한 세력으로서 미국의 독특한 역할이라는 가정에 기대고 있었고, 그 영역은 전 세계에만 국한된 게 아니라 천상도 아울렀다. 미국의 군사력은 세계 다른 주요국들의 군사력을 합친 것과 대략 대등했지만, 미국은 여전히 취약하다는 주장이 나오고 있었다. 그리고 그러한 취약성을 암시하는 코드는—심지어 우주공간에서도—다시금 진주만이었다.

이는 2001년 1월 11일—부시 취임 직전에 그리고 정확히 9·11 발생 9개월 전—에 미국 국가안보 우주공간 관리 및 조직 평가 위원회 (Commission to Assess United States National Security Space Management and Organization)가 의회에 제출한 보고서에서 명시적으로 드러났다. 위원회는 출범 때부터 최종 보고서가 발표되기 몇 주 전 국방장관으로 임명될 때까지 도널드 럼즈펠드가 이끌었다. 럼즈펠드의 위원회는 미국이 우주공간에 대한 통제력을 서둘러 다지지 않는다면 "우주 진주만"의 위험을 맞닥뜨릴 가능성을 한두 번도 아니라 무려 여섯 번이나 경고했다. 그 요란한 북소리 중 한 가지 버전은 다음과 같았다.

문제는 미국이 자국의 우주 취약성을 축소하기 위해 책임감 있게 그리고 지체 없이 행동할 만큼 현명할 것인가이다. 그렇지 않다면 과거와 마찬가지로 미국과 그 국민들을 무력화하는 공격—"우주 진주만"—만이 국민들을 전기충격처럼 자극하고 미 정부가 행동에 나서도록 할 수 있는 유일한 사건일 것이다.[196]

전쟁 수행의 새로운 개척지와 새로운 도전들에 대한 이와 같은 비전에서 언어는 교묘하게 조작되어 있었고— 예를 들어 "우주공간"은 "군비

제한"을 에둘러 반박하는 방식이었다—9·11은 새로운 핵무기 사용과 우주공간 통제력 확립을 위한 계획 수립을 가속화하는 길을 닦았다. 그러므로 2002년 1월 초, 부시가 새해 첫 국정연설에서 "악의 축" 개념을 소개하기 3주 전에 펜타곤은 북한, 이라크, 이란, 시리아, 리비아, 중국(특히 "타이완의 지위를 둘러싼 군사적 대치" 시에)과 관련한 "직접적·잠재적 또는 예기치 못한 우발사태"가 발생할 경우 핵무기 사용 가능성을 상정한 「핵태세검토보고서(Nuclear Posture Review)」에서 가져온 장문의 발췌문을 공개했다. 검토 보고서는 미국이 "기존 무기를 수정하는 것이 아닌 완전히 새로운 [핵] 능력을 개발"해야 하는지를 진지하게 고려할 것을 촉구하고, 지하 벙커, 중앙 사령부, 생화학무기 시설 같은 "단단하고 깊이 파묻힌 목표물"(HDBTs)을 관통하여 파괴할 수 있는 핵무기 사용과 같은 "새로운 임무들"을 떠맡을 것을 옹호했다. 또한 핵무기 비축량을 유지하고 새로운 핵 능력을 개발하기 위해서는 핵실험 중지(1992년부터 줄곧 준수해 온)를 계속 고수하는 게 "향후 무기한 가능할 수는 없을 것"이라고 솔직하게 시인했다.[197]

"우주 진주만" 사고방식은 아프가니스탄과 이라크에서 계속되는 부시 행정부의 전쟁들 덕분에 하이테크 전쟁에서 위성, 드론 등이 차지하는 중심적 역할이 일반 대중에게도 분명히 전해졌을 때 두드러지게 드러났다. 이 기회에 공군우주사령부(Air Force Space Command)는 25개년 "전략 마스터플랜"을 발표했는데, 이 계획서 곳곳에 튀어나오는 표현들과 비교하면 이전의 프로젝트들은 상대적으로 절제된 것처럼 보일 정도였다. 이는 바로 새로운 우주 "고지"의 "소유", "우주 전 영역 지배", "우주를 통제하고 우주 우위를 보장할" 적정 능력, 우주 능력의 기만·와해·부정·저하·파괴와 같은 살상과 비살상 효과를 지속적으로 추구함으로써 적을 억지하는 임무 등이다. 이 마스터플랜은 이라크전쟁에서 "충격과 공포"로써 신속한 승리를 이루려는 초기의 과도한 자신감이 길고 힘겨운 싸움에 대한 예감으로 바뀌던 순간과 시기상으로 일치했다. 그리고 워낙 자극적이고 호전적인 언어가 사용되어서 추후 발표된 계획서에서는 표현의 수위를 낮춰야 했다.[198]

✤ ✤ ✤

기밀에 대한 맹목적 숭배와 급증하는 관료제의 미궁처럼, 진주만을 천행이라고 여기는 사고방식은 덫이 될 수 있다. 이는 한편으로는 극심한 편집증과, 다른 한편으로는 상상할 수 있는 가장 정교한 대량살상무기를 보유했으니 가상이든 실제이든 모든 적을 저지하거나 무찌를 수 있다는 자신감이 뒤섞인 부시 행정부의 테러와의 전쟁의 실패를 어느 정도 설명해 준다. 이런 의미에서 진주만은 큰 전쟁(Big War)을 가리키는 하나의 코드나 상징 또는 제유가 됐다. 이는 1970년대에 쓰인 표준적인 군사사 서술이 "전멸 전략"이라고 부르는 세계관으로서, 제2차세계대전 훨씬 전부터 "특징적인 미국식 전쟁 방식"이 된 것이다. 그것은 9·11에 대한 럼즈펠드의 즉각적인 반응("크게 가자—싹 정리하자—유관한 사안과 무관한 사안 전부를")을 더할 나위 없이 자연스럽게 보이도록 만들어 준 사고방식이다.

하지만 큰 전쟁은 테러리즘이나 반군 활동과 맞서 싸울 때 요구되는 것이 아니었다.[199]

CULTURES of WAR

2부

1945년의 그라운드제로와 2001년의 그라운드제로

테러와 대량 살상

7장

코드로서의 "히로시마"

9월 11일 세계무역센터가 파괴된 직후, 별로 주목받지 못한 한 신문 기사가 테러 공격이 있기 전 "오사마 빈라덴이 미국을 상대로 '히로시마' 를 일으킬 계획을 세우고 있다고 자랑하는 어느 알카에다 조직원의 수수 께끼 같지만 소름 끼치는 메시지를 CIA가 감청"했다고 보도했다.[1]

진주만처럼 "히로시마"도 9·11을 역사적 시각 속에 위치시키는 일종 의 코드다. 미국인들 중에는 1941년 12월 7일의 기습 공격과, 1945년 8월 핵 시대의 탄생이라는 천지개벽과 함께 종식된 전쟁이 전 세계를 꼼 짝없이 사로잡은 맨해튼의 활활 타오르는 지옥 불 속에서 집약되고 융합 되어 부활했다고 느끼는 사람이 많았다. 탈냉전기 초강국 미국마저도 대 량살상무기 앞에 속수무책으로 노출됐다. 또 다른 강대국이 아니라 오합 지졸 광신자들의 수중에 있는 대량살상무기에 말이다. 9월 11일과 히로 시마 간의 접점은 정치인들과 미디어가 세계무역센터 쌍둥이빌딩이 서 있던 폐허의 현장을 즉시 "그라운드제로"라고 명명했을 때 확실하게 자리를 잡았다.

진주만과 "오욕"의 경우처럼, 히로시마와 그라운드제로도 복합적인 층위를 갖고 있는 것으로 드러났다. 미국인들에게 9월 11일은 비행기 두세 대에 탄 몇몇 테러리스트가 평화로운 거대 메트로폴리스에 파괴를 자행한 끔찍한 스펙터클이었다. 빈라덴과 알카에다의 광신도들에게 "히로시마"는 그와 비슷하게 미국에 해를 입히기 위해 몇 대의 비행기를 이용하는 것을 의미했다. 하지만 이것이 무엇을 상징하는지에 대해서는 해석이 완전히 달랐다. 9·11 대략 5년 전부터 히로시마 및 나가사키 원폭 투하와 "그곳의 여자, 아동, 노인을 포함한 전 인구"의 말살은 빈라덴이 미국의 반인도적인 범죄들에 관해 공개적으로 발언할 때마다 빠지지 않는 요소가 됐다. 그의 논변에서 원폭 투하는 중동지역에서 갈수록 억압적 양상을 띤 전후 강압적인 글로벌 헤게모니 추구의 출발점이었다. 이런 시각에서 볼 때, 미국인들과 여타 세계인들이 이슬람주의 테러를 비난하는 것은 "이중 잣대를 갖다 대는" 것이었고, 2001년의 지하드 전사들은 의로운 징벌을 내리는 신의 대리인들로 비춰졌다.[2]

9·11이 1년 조금 지난 시점(2002년 10월 6일)에 "미국인들"에게 보내는 조롱 조의 메시지에서 알카에다 지도자는 이 이중 잣대와 응분의 처벌이라는 테마를 특히나 신이 나서 연주했다.

인류 역사에서 너희들을 특별히 지목한 것은 너희들이 원칙과 가치 들을 옹호하기 위해서가 아니라 너희들의 이해관계와 이익을 손쉽게 확보하기 위해 역사상 어느 민족보다도 더 많은 무력을 사용해 인류를 말살해 왔기 때문이다. 너희들은 일본이 종전을 협상할 준비가 되어 있었음에도 일본에 원자폭탄을 떨어트렸다. 얼마나 많은 억압과 횡포, 불의의 행위를 저질러 왔느냐, 오, 자유를 외치는 자들

이여!³

빈라덴이 히로시마와 나가사키를 미국의 파괴성과 불의의 상징으로 서 끄집어내는 동안, 부시 대통령과 그를 대변하는 이들은 1945년의 핵에 의한 파멸을 이라크에 맞선 선제공격이 왜 불가결한지를 보여 주는 시금석으로 탈바꿈시키고 있었다. 이 캠페인에서 코드 단어는 "버섯구름"이었다. 2002년 9월 8일 널리 인용된 텔레비전방송 인터뷰에서 콘돌리자 라이스는 "우리는 스모킹건으로 버섯구름을 원치 않는다"라는 뜻을 밝혔다. 한 달 뒤(10월 7일) 대통령은 그 후렴구를 이어받았다. 그는 이라크가 보유하고 있다는 대량살상무기에 관한 주요 연설에서 "분명한 위험의 증거에 직면하여 버섯구름 형태로 나타날 수도 있는 최종 증명—스모킹건—을 기다릴 수 없다"라고 공언했다.⁴

이라크를 상대로 선택한 전쟁이 본격적인 카운트다운에 들어감에 따라 전쟁계획을 수립하는 관련자들과 미디어에서는 히로시마와 나가사키를 더 미묘하게 환기하는 세 번째 코드 단어가 유행했는데 바로 "충격과 공포"였다. 이 코드 단어는 언론인, 전문가, 일반 대중이 사담 후세인의 신속한 제거와 더 민주적인 이라크 국가의 신속한 등장을 위한 길을 닦으며, 미국이 이라크를 향해 벌일 엄청난 공습을 상상할 때 즐겨 쓰는 캐치프레이즈가 됐다. 시간이 흐르며 금방 드러나게 되듯이 이 캐치프레이즈가 실제로 포착한 것은 부시 행정부가 열성적으로 끌어안은 제2차 세계대전 유비와, 부시가 루스벨트와 트루먼과 유사한 "전시 대통령"이라는 이미지에 박혀 있는 치명적인 결함이었다. 일본이나 독일과 전혀 다른 위협과 싸울 때에 발휘될 압도적인 무력의 효능에 대한 순진하기 짝이 없는 믿음 말이다.

"충격과 공포"는 지나가는 표현에 불과하지 않았다. 이 용어는 1990

년대 중반 이래로 미군 내에서 줄곧 영향력을 발휘해 온 전략적인 전투 계획에서 유래했기 때문이다. "급속한 지배"를 위한 이 시나리오는 "사회에 현저하게 영향을 미치는 것을 목표로 거의 이해 불가능한 수준의 즉각적인 대량 파괴"를 강조했고, 반세기 전 일본을 상대로 사용한 원자폭탄으로부터 상당한 영감을 받았다. 이 독트린의 1996년 원본은 이를 분명히 한다.

> 이론적으로 볼 때 급속한 지배가 (극단적인 경우에) 추구하고자 하는 것은 비핵무기 공격을 통해 히로시마와 나가사키에 떨어진 원자폭탄이 일본인들에게 미친 충격과 같은 엄청난 공포를 낳는 것이다. 일본인들은 핵폭탄 두 기가 사용될 때까지 자살에 가까운 항전을 각오하고 있었다. 그 무기 두 기가 가져온 반향은 이 충격과 공포를 통해 일본 일반 시민들의 정신상태와 지도부의 세계관을 바꾸기에 충분했다. 일본인들은 비행기 단 한 대가 싣고 온 파괴력을 도저히 이해할 수 없었다. 이 불가해함이 경외의 상태를 낳았다.
>
> 우리는 유사한 방식으로 새로운 독트린과 기존 테크놀로지의 결합에 담긴 혁명적 잠재력이 이런 수준의 충격과 공포를 낳는 시스템을 만들어 낼 수 있다고 믿는다. 많은 경우에 이 충격과 공포는 핵무기나 첨단 재래식무기에 의한 철저한 파괴를 반드시 필요로 하지는 않겠지만, 그렇게 할 수 있는 능력이 뒷받침되어야 한다.[5]

충격과 공포는 '큰 몽둥이로 제대로 한 방 먹여라'의 단행본 분량 하이테크, 전략-덕후 버전이었다. 그리고 그것은 특정하게는 아랍인들을, 일반적으로는 적을 상대하는 방식에 관한 보수주의자와 신보수주의자의 처방에서 고동치는 맥박과 같았다. 또한 참상을 가리키는 코드인 히로시마에 대한 인식을 정반대로 뒤집었다. 빈라덴이 일본에 대한 원폭 투하를 미국의 반인도적 범죄로 환기한 다음 곧장 미국인들에게 "히로시마"
를 일으키는 것을 옹호한 것처럼, 미국 전략가들은 미국에서 버섯구름이
피어오르는 무시무시한 전망에는 몸서리를 치면서도 그런 핵무기의 파
국을 어떻게 예견하고 방지할 수 있는지를 입증하는 빛나는 사례로 히로
시마와 나가사키를 내세운다. 전소된 이 두 도시로부터 이끌어 낼 수 있
는 심리적 교훈들에 따라 핵무기 사용이 반드시 필요하지는 않다고 강조
하면서도 충격과 공포의 사도들은 핵무기 사용을 전적으로 배제하지는
않았다. 반대로 그들은 핵 사용을 용인하고 핵실험 재개와 소형 핵 "벙커
버스터" 같은 차세대 핵무기 개발을 요청했다.

현실은 충격과 공포 독트린의 예측을 입증해 주지 않았다. 이라크 침
공의 가장 충격적 측면은 엄청난 최첨단 군사력을 펼친 것이 실은 "사회
를 현저하게" 비굴한 복종으로 몰아넣지 못했다는 점이었다. 굴복은커
녕 최첨단 군사력은 기반 시설을 파괴하고, 권위주의 정권을 교체하지
않은 채 수뇌부만 제거하고, 전보다 더 잔혹하고 만연한 테러리즘의 씨
앗을 뿌렸을 뿐이었다. 21세기 여명기에 충격과 공포가 한 사회를 진정
으로 트라우마에 빠트린 가장 두드러진 사례는 9·11이며, 여기에는 민
간항공기 몇 대와 커터 칼로 무장한 열아홉 명의 남자들, 알카에다가 추
산한 50만 달러의 경비가 필요했을 뿐이다.

✤ ✤ ✤

이라크전쟁에 대한 심리적이고 전략적인 오판은 앞으로도 오랫동안
분석되고 토론될 것이다. 더욱 일반적인 전쟁의 문화가 연관된 지점에
서, 이라크전쟁과 9·11은 그만큼 오랜 토론이 필요한 역사적이고 도덕

적인 질문을 제기한다. 로어맨해튼 그라운드제로의 참상과 비탄을 정치화하는, 예를 들어 실감 나는 버섯구름 묘사와 함께 불안을 조장하며 히로시마와 나가사키로부터 이끌어 낼 수 있는 충격과 공포의 긍정적 교훈을 늘어놓는 사람들은 원조 그라운드제로에 관해서는 좀처럼 정면으로 직시하지 않는다. 그들은 1945년 8월에 버섯구름 아래에서 실제로 일어난 일을 애써 외면한다. 그리고 두 인구 밀집 도시를 지상에서 싹 지워버리기로 한 미국의 결정을 초래한 가차 없는 논리와, 이 모든 것이 군인과 민간인, 전투원과 비전투원 간의 경계가 사라진 세계의 등장에 어떤 의미가 있는지에 대해 고개를 돌린다.

이는 도덕적 상응이나 상대주의(미국 도덕성의 "예외주의"나 1945년 8월 원폭 투하의 필요성과 타당성에 의문을 제기할 수도 있는 일체의 탐구에 대한 본능적 민족주의적 반응)의 문제가 아니다. 그보다는 이미 대중 의식 속에 확고하게 자리 잡은 9·11과 히로시마/그라운드제로 간의 연결 고리를 어디까지 유미하게 추적할 수 있는가를 묻는 일이다. 도덕적 질문들은 철학 교과서와 백과사전 들이 말해 주듯이 "전쟁 자체만큼 오래된" 것이다.[6] 그 질문들은 정당한 전쟁(justum bellum)에 관한 쟁점과, 더 정확히는 한 전쟁의 정당성이나 정의(jus ad bellum), 그리고 공정하고 수용 가능하고 "비례적인" 전쟁 수행 방식(jus in bello)의 준수나 위반 쟁점을 제기한다. 일본의 중국 침략과 이후 진주만공격 그리고 부시 행정부가 선택한 이라크전쟁은 전쟁의 정당성(jus ad bellum) 쟁점을 제기하는 반면, 9·11과 더 일반적으로 테러리즘에서 볼 수 있는 반인도적 범죄는 전쟁행위적법성(jus in bello) 개념 위반으로 널리 규탄받는 관행, 다시 말해 고의적인 민간인 표적화와 관계가 있다.

9·11의 여파로 전통적인 전쟁행위적법성 개념 밑바탕에 깔린 도덕

적 비난들은 미국인들이 열렬히 울리는 종소리가 됐다. 더욱이 이것은 미국(그리고 더 일반적으로는 "서구 문명")을 테러리스트들과―그리고 사담 후세인과도―구분 짓고 그 간극을 부각하는 데 이용됐다. 부시 행정부는 "테러와의 전쟁"이라는 표현을 만들어 냈을 때 (여기서 더글러스 파이스를 인용하자면) "인명 존중의 쟁점에 관해 우리와 적들 간 차이점들"에 주의를 환기하고자 했다. 전투원과 무고한 비전투원 간 신성불가침한 구분이 강조됐고, 이를 통해 "테러리스트는 의도적으로 민간인을 겨냥함으로써, 그 구분을 부정하기 때문에 비난받아 마땅하다"라는 판단이 성립됐다. 2002년 1월 국정연설에 "악의 축"이라는 표현이 도입됐고 "이라크 정권"에 대한 대통령의 비난에는 "죽은 자식들을 부여잡은 채 쓰러진 어머니들의 시신"을 거론하며 "이 정권은 독가스를 사용해 이미 자국 시민 수천 명을 살해한 정권"이라고 한 고발도 포함됐다.[7]

1945년 버섯구름 아래서 벌어진 일의 생생한 시각적 기록과 친숙한 이들에게 대통령이 고른 이미지는 이중으로 불편하다. 숯덩이가 된 채 죽은 아이 위로 쓰러져 있는 어머니 사진은 히로시마와 나가사키 그라운드제로의 가장 상징적인 이미지이기 때문이다. 민간인과 비전투원을 겨냥하는 것은 제1차세계대전에서 서양 열강이 공중폭격을 도입한 이래로 익숙한 관행이었고, 영미 공군이 "시가지(urban area)"에 대한 무차별 폭격의 관행과 독트린을 도입하면서 제2차세계대전에서 표준적인 작전 절차가 됐다. 히로시마와 나가사키는 그런 군사작전들의 성격과 효율성에서 극적인 변화를 대변했지만, 전략적인 면은 물론 도덕적인 면에서 핵무기 시대 탄생 이전에 이미 루비콘강을 건넌 셈이었다. 비전투원의 고의적 살해는 전쟁에서 도저히 새로운 일이라고 할 수 없지만, 제2차세계대전에서 그것은 "총력전"과 표면상으로 세련된 "심리전"이라는 신시

대의 핵심 요소가 됐다.[8]

현대전은 자체의 문화를 낳는다. 그리고 민간인을 숯덩이로 만드는 것은 그런 문화의 일부다.

✢ ✢ ✢

대다수 미국인이 되살아난 충격과 공포, 버섯구름, 그라운드제로의 이미지들에 내재된 여러 모순이나 미국이 일본과의 전쟁 마지막 다섯 달 사이에 대량살상무기로 적국의 국민과 도시를 파괴하는 정책을 완벽하게 가다듬었다는 사실을 별다른 고민 없이 받아들였다는 것이야말로, 일반적으로 대중 의식과 특히 애국주의에 작동하는 인상적인 방어 기제를 드러낸다.

9·11의 여파 속에 미국에서는 알카에다의 반인도적인 범죄가, 과거는 물론 현재와 미래의 공중전과 테러 폭격 전반에 관해 대중 의식과 상상력을 기르는 데 도움이 될 수도 있을 거라는 희망이 잠시나마 존재했다. 그것은 편협한 애국주의와 똑같이 되갚아 주려는 반사적인 갈망을 초월한 것이었다. 하지만 그런 일은 일어나지 않았다. 반대로 그라운드제로라는 명칭은 핵 시대가 열릴 때 그 기원에 관한 진지한 논의나 고민 없이 전용—실은 도용—됐다. "제로"는 미국이 1945년 7월 16일에 세계 최초로 핵무기를 시험한 뉴멕시코주 앨라모고도 사막 내 폭심의 위치를 확인할 때 사용한 코드였다. "포인트 제로(Point Zero)"와 "제로 지대(Zero Area)"는 핵실험과 추후 히로시마와 나가사키 폭격에 관한 초창기 문서들에서 일반적인 표현이 됐고, 1946년에 이르자 "그라운드제로"가 대중매체에서 친숙한 용어가 됐다. 당시 오직 미국만 보유했던 핵무기와

41. 1965년에 찍은 이 사진에서 뉴멕시코주 앨라모고도 인근 사막 한가운데 꽂힌 조잡한 "그라운 드제로" 표지판은 1945년 7월 16일에 실시된 "트리니티" 시험에서 최초 핵폭발의 폭심을 표시 한 것이다.

불길하게 그리고 떼려야 뗄 수 없게 결부된 채로 말이다. 뉴멕시코주 실 험장의 폭심은 이 삼엄한 단어가 적힌 조잡한 표지판으로 알아볼 수 있 었고, 수십 년 동안 그 명칭은 특정하게 히로시마와 나가사키와 결부되 어 있었다. 물론 시간이 지남에 따라 그라운드제로라는 표현은 더 일반 적으로 거대한 폭력과 격동의 진앙과 결부되어 거론되게 됐다.[9]

반면에 테러 폭격의 스펙터클과 언어는 더 일찍이 일상화됐다. 1935 년 후반에 에티오피아를 침공한 이탈리아는 1936년에 그곳에서 스웨덴 적십자 깃발이 내걸린 병원을 폭격하는 것과 함께 새해 첫날을 맞이하 여 세계를 충격에 빠트렸다. 이탈리아군은 에티오피아에 폭탄 85톤을 투하했고, 머스터드가스 세례를 퍼부어 사람과 동물은 물론 목초지와 수로를 오염시켰다[폭격기 조종사 중 한 명이었던 무솔리니의 아들 브 루노(Bruno)는 나중에 "아주 즐거운 기분 전환이었다…… 폭탄 부착 장치가 깨끗이 비워지자 손으로 폭탄을 투척했다…… 무척 재미있었다"라고 회상했다]. 독일은 1936년에 시작된 스페인 내전 당시 프란시스코 프랑코(Francisco Franco)의 파시스트 정권을 지원하며 공중전 기법들을 연마했다. 이때 폭격당한 바스크의 어느 소읍은 1937년에 개최된 파리 세계박람회 스페인관에 파블로 피카소의 불온한 벽화 〈게르니카〉가 전시되자, 하늘에서 쏟아지는 테러의 참상으로서 전 세계적 상징이 됐다.[10]

도시 공습과 민간인 살해의 스펙터클에 일본이 자행한 가장 경악스러운 기여는 1937년 중국 침략과 함께 이루어졌다. 8월 후반에 일본의 침략으로 무수한 중국인이 목숨을 잃고 영국 대사까지 부상을 입자 영국 외무부는 "그런 사건들은 적대행위 시에 전투원과 비전투원을 구분하지 않는 비인도적이며 불법적인 관행과 떼려야 뗄 수 없으며, 양자 간의 뚜렷한 구분은 다름 아닌 인류의 양심인 국제법이 줄곧 누려 온" 원칙이라는 입장을 밝히는 항의서를 내놓았다. 《라이프》는 폭격으로 전파된 상하이 철도역 잔해에서 울고 있는 아기 사진 한 장으로 독자들에게 일본군의 도시 공습의 참상을 확실히 각인해 주었다. 이 잊지 못할 이미지—언론인 해럴드 아이작스(Harold Issacs)는 나중에 "역대 가장 성공적인 '프로파간다' 작품 중 하나"라고 불렀다—는 사실 허스트 신디케이트(Hearst syndicate)를 위해 일하던 중국인 촬영기사가 찍은 뉴스영화에서 가져온 것이었다. 《라이프》의 자체적인 추산에 따르면, 1938년에 이르자 전 세계적으로 무려 "1억 3600만 명"이 이런저런 형태로 이 사진을 본 것으로 추정됐다. 뉴스영화—텔레비전 이전 시대에 전시 "리얼리즘"을 가장 강렬하게 표현한 형식—와 각종 헤드라인, 공식 규탄 성명, 적나라한 사진 들은 모두 고의적인 민간인 폭격이 문명화된 행위의 한계를 넘어선 것이라는 주장을 강화했다.[11]

42. 1937년 8월 27일 일본 항공기가 상하이 남부역을 폭격한 뒤 그 잔해에서 울고 있는 아기 모습은 원래 허스트메트로톤뉴스(Hearst Metrotone News) 소속 중국인 카메라맨이 촬영한 것이다. 뉴스영화 속의 이 장면은 재빨리 사진으로 현상되어 《라이프》를 비롯해 여러 신문과 잡지에 실렸고, 사진은 《라이프》 독자 투표에서 "올해의 사진" 10장 가운데 하나로 뽑혔다. 일본과 독일 공습의 민간인 희생자에 대한 이러한 묘사는 1930년대 후반과 1940년대 아주 초반에 국제연맹과 영미 지도자들이 앞장선 전 세계적인 도덕적 혐오와 규탄을 불러왔다.

1937년부터 미국 정부는 그런 관행을 강경하게 규탄했다. 1939년 9월 1일 독일이 폴란드를 침공하면서 유럽에서 제2차세계대전이 벌어지자 루스벨트 대통령은 즉각 "프랑스, 독일, 이탈리아, 폴란드, 영국 정부에" 다음과 같은 호소문을 발표했다.

지난 몇 년 동안 지구상 여러 지역에서 자행되어 왔고, 방어력이 없는 무수한 남녀 성인 및 아동의 죽음과 장애를 초래한, 무방비 상태의 인구 밀집지에 대한 무자비한 공습은 남녀를 불문하고 모든 문명인을 괴로움에 빠트리고 인류 양심을 심한 충격에 빠트렸다.

현재 세계가 직면한 비극적 참화의 시간에 (교전국들이) 이런 형태의 비인간적 야만의 수단에 의존하게 된다면, 지금 막 발발한 적대행위에 아무런 책임이 없으며 간접적으로도 참여하지 않은 무고한 사람들이 목숨을 잃을 것이다. 따라서 나는 각국 정부에 적대행위 가담 시에 자국 군대가 어떤 경우나 어떤 상황에서도 무방비 도시나 민간인에 대한 공습을 하지 않을 것임을 공개적으로 확약하고, 이와 같은 교전규칙이 모든 교전국에 의해 성실하게 준수될 것이라는 양해를 다급하게 호소하고자 하며 이에 대한 즉각적인 답변을 요청한다.

루스벨트의 요청에 대해 영국, 프랑스, 심지어 독일도 민간인과 문화재는 표적으로 삼지 않고 오로지 군사적 목표물만 폭격하겠다는 의사를 천명했다. 이후 몇 달에 걸쳐 민간인 폭격에 대한 유사한 규탄 성명이 워싱턴, 런던, 제네바(국제연맹이 본부를 둔 곳)에서 나왔다. 1940년 초에 윈스턴 처칠—당시는 해군장관이었고, 곧 총리가 된다—은 민간인 폭격을 "새롭고 가증스러운 공격 형태"라고 성토했다.[12]

하지만 그런 도덕적 공분은 단명했고, 제2차세계대전이 시작된 뒤 인구 밀집 목표물에 대한 소이탄 폭격을 정당화하는 이론과 관행을 정교하게 가다듬은 쪽은 추축국이 아니라 바로 영국과 미국이었다. 영국 공군이 1942년 독일에서 개시하고, 미국 공군이 1945년 일본을 상대로 완벽하게 갈고닦은 전략폭격 작전은 이후의 학술 연구와 교과서에서 테러 폭격으로 수시로 묘사됐다. 히로시마와 나가사키에 대한 전주곡으로서 B-29 "슈퍼포트리스(Superfortress)" 폭격기—당시 새로 등장하여 태평양 전역에서만 운용된—는 일본 64개 도시에 대대적인 소이탄 공습을 벌였다. 영국의 공중전 전략가들은 독일 도시에 대한 공습을 "주택 제거

(dehousing)"라고 완곡하게 표현했고[이 완곡어법은 적잖은 예리한 영어 청자들에게 분명히 "이 제거(delousing)"를 상기시켰을 것이다], 이 표현은 미 공군 전략가들의 계획안과 보고서에도 금방 도입됐다. 일본 도시를 향해 출격하는 미 공군 승무원들은 자신들의 임무를 결국엔 "태우는 일(burn jobs)"이라고 부르게 됐다. 일본 시가지 공습은 슈퍼포트리스 폭격기 수백 대가 하늘을 새카맣게 뒤덮는 엄청난 작전이었던 반면, 방공 저항은 처음부터 간헐적이고 미약했으며 전쟁 막판에는 사실상 부재했다(방공 포화보다는 기계적 결함이 B-29 폭격기 손실의 더 큰 원인이었다). 히로시마와 나가사키 원폭 투하 당시에는 따로 호위를 받지 않은 기상관측비행기의 사전 활동과 관측 비행기 두 대를 대동한 B-29 폭격기 한 대가 필요했을 뿐이다.[13]

그런 대규모 파괴의 경우가 항상 그렇듯이 사망자 수 집계는 천차만별이다. 거의 모든 주요 도시가 목표물이었던 독일 공습으로 사망한 민간인 수는 총 40만~60만 명인 것으로 추산된다. 히로시마와 나가사키를 포함해 "시가지" 공습으로 사망한 일본 민간인 총수는 대략 다음과 같이 추산된다. 도쿄에서만 12만 명 가까이 사망했고, 히로시마와 나가사키 사망자 수는 합쳐서 21만 명 이상이며, 나머지 63개 도시에서는 10만 명이 넘었다(여기에 오키나와 전투 당시 민간인이 10만~15만 명 사망한 것으로 추정된다). 그러므로 제2차세계대전 당시 영미 공군의 공습으로 민간인이 최소 80만 명, 아마도 100만 명 이상 죽었다고 결론 내려도 무방하다. 전쟁 막바지에 이르면 주거 밀집 지역의 남녀노소 민간인을 의도적으로 겨냥한 "집중" "융단" "말소" 폭격은 전략적으로 바람직하며, 승전 연합국 사이에서는 확실히 도덕적으로도 용인 가능하다는 생각이 확고히 자리를 잡았다.[14]

9월 11일 이후로 이러한 제2차세계대전의 역사는 점차 의식에서 밀려났다. 그라운드제로는 사악한 세력들, 다시 말해 "우리와 달리" 인명의 신성함을 인정하지 않고 무고한 남녀노소 민간인을 살해하는 데 거리낌이 없는 이질적인 민족과 문화들의 희생자가 된 미국을 가리키는 코드가 됐다. 그러한 이슬람주의 야만성은 서구적 가치관과 비서구적 가치관 간의 심오한 차이를 드러내는 가장 분명한 예시로서, 문명 충돌의 소명된 〔반증이 없는 한 사실을 입증하기에 충분한 것으로 채택되었다는 뜻〕 증거로 제시됐다. "그라운드제로 2001"이 과거로부터 그 이름을 가져옴과 동시에 그 이름이 유래한 장소와 대상에 도달하는 모든 시선을 차단하는 하나의 벽이 되어 버렸다 해도 과언은 아닐 것이다.

8장

제2차세계대전의 공중전과 테러 폭격

유령도시들

패전국 일본에 가장 먼저 발을 디딘 미국인 중 한 명으로는 1945년 8월 28일에 미 해군과 함께 도착한 재능 넘치는 사진가 존 스워프(John Swope)가 있었다. 스워프의 임무는 포로수용소에서 포로들의 석방을 사진으로 남기는 일이었는데 수용소 대다수는 도회 지역 바깥에 위치해 있었다. 그는 히로시마나 나가사키를 방문하지 않았고 도쿄, 나고야, 하마마쓰(濱松), 가와사키(川崎), 센다이(仙臺)와 같이 폐허가 된 도시들을 서둘러 다녔을 뿐이다. 도중에 스워프는 전화(戰火)에서 회복하기 위해 안간힘을 쓰는 다양한 일본인과 소통했다. 스워프는 이 일본인 남녀 대다수에게 적대행위가 끝난 뒤 처음으로 접촉하는 적국의 대표자였지만, 카메라로만 무장한 채 다니는 그를 일본인들은 거의 언제나 정중하게 맞아 주었다. 이 경험은 그에게 방금 종식된 무력분쟁이 얼마나 미친 짓이었는지 새삼 성찰해 보는 계기가 됐다. 일본에서 몇 주 머무는 동안 그는 석방된 포로들과 평범한 일본인들을 사진으로 찍었을 뿐 아니라 아내에게 보내는 편지 형식으로 사려 깊은 장문의 일기도 남길 수 있었다.[15]

일본의 단조로운 도시풍경에 대한 스워프의 묘사는 이 종전 직후에 일본을 목도한 승전국의 거의 모든 대표자가 이런저런 형태로 되풀이하게 되는 묘사다. 비록 천황의 항복 선언 뒤 승자들이 실제로 도착하기까지는 2주의 간격이 있었지만, 도쿄는 어느 모로 보나 여전히 "죽은 도시"였다. 스워프가 목격한 한때 사람들로 붐볐던 다른 도시지역들도 마찬가지였다. 모두가 "폭격을 받아 아무것도 남아 있지 않은 도시", "유령 도시", 여기저기에 "주석 지붕 판잣집"만 간신히 서 있는 "악취가 진동하는 잔해"일 뿐이었다.

비일본인 관찰자들 사이에서 스워프만이 이러한 그림에 독특하게 덧붙인 것은 전쟁의 참화를 카메라의 눈으로 보는 데 익숙한 사람의 비교적인 시각이었다. 나치가 점령한 프랑스 일부 지역들과 독일에서 연합국의 폭격으로 남은 것은 한때 견고했던 석재와 모르타르 건물들이 앙상하게 골조만 남아 군데군데 삐죽 솟아 있는 돌무더기와 이따금 여전히 하늘 높이 솟아 있는 교회의 첨탑이었다(대성당의 첨탑들이 여전히 하늘을 향해 뻗어 있던 전후 쾰른을 담은 사진들을 떠올려 보라). 전쟁이 할퀴고 간 일본 도심은 달랐다.

폭격이 싹 휩쓸고 간 도시를 묘사할 길은 정말로 없다─그야말로 아무것도 남아 있는 게 없다─그게 전부다. 나는 르아브르(Le Havre, 나치가 점령한 프랑스 지역)가 심하게 폭격을 당했다고 생각했는데 도쿄 및 다른 일본 도시들에 비하면 아무것도 아니었다. 독일에서는 벽들은 여전히 서 있고 많은 집이 뼈대는 남아 있었

던 반면, 여기서는 서 있는 게 전혀 없고 심지어 폭탄 구덩이나 잔해 무더기도 없다. 그냥 아무것도 없이 반반하다. 도시 전체가 연기 속에 사라져 버렸다.[16]

지금 와서 보면 이러한 묘사는 언뜻 이해가 안 될 수도 있는 것을 설명해 준다. 공습으로 파괴된 독일의 모습을 담은 사진들이 패전 일본에서 나온 시각적 기록보다 흔히 왜 더 극적이고 더 기억에 남는지 그 이유를 말이다. 스워프 본인이 찍은 사진들의 강력한 힘은 처참하게 파괴된 장소들보다는 그곳의 사람들을 대상으로 남긴 기록에 있다. 사실상 일본 도시지역 대부분은 깡그리 불타 버렸다.

❖ ❖ ❖

폭격을 당한 이 도시들에 멀쩡하게 남아 있는 것이 없었던 것은, 일반적으로 그리고 특히 밀집한 주거·상업·공업 지구의 일본 건물들이 구조가 빈약하게 지어진 탓이었다. 도쿄(와 나고야)에 대한 첫 공습은 1942년 4월 18일에 단발성으로 실시된 대담한 "둘리틀 공습"이다. 항공모함 단 한 척에서 출격한 폭격기들만이 참가한 이 공습은 순전히 일본 내에 그리고 미국인들과 여타 연합국 일원들에게 미치는 심리적 효과를 의도한 공습이었다. 일본에 점령되지 않은 중국 지역을 기지 삼아 활동한 미 공군은 1944년에 일본의 공업 시설과 군사시설[야와타(八幡)와 나가사키도 포함]을 타깃으로 20여 차례 공습을 감행했지만 결과는 그다지 만족스럽지 못했다.

거의 기억되지 않는 1944년 8월 초 나가사키 공격은 폭격기 24대가 소이탄을 투하하는 소규모 야간 작전이었다. 둘리틀 공습처럼 이 공습은

43-44. 지상에서 싹 지워져 버린 "유령도시들"을 기록한 몇 안 되는 이미지 중 두 장. 존 스워프는 1945년 8월 후반에 일본에 도착하자마자 어딜 가나 이런 도시와 맞닥뜨렸고 사진으로 찍을 만한 게 거의 아무것도 남아 있지 않음을 발견했다.

부분적으로 "심리적 요인들 때문에" 실시됐다. 또한 이는 고성능 폭탄을 이용한 이른바 정밀 타격에 주로 의존하는 공격과는 달리 소이탄 공격의 유효성을 타진해 보는 테스트로 간주됐다. 격전 끝에 차지한 태평양 섬들(이 경우에는 사이판)을 작전 근거지로 하는 폭격기들이 수행한 최초의 대규모 도쿄 공습은 1944년 11월 24일에 가서야 실시됐다. 이 고고도 공습의 주요 효과는 근본적으로 심리적인 것이었다. 의도한 목표물을 맞힌 폭탄은 거의 없었지만, 공습은 일본인들에게 자국 군대가 적을 저지할 능력이 없다는 점을 확실히 각인해 주었다.[17]

공중전을 수행하는 내내 미국 전략가들은 초지일관 자신들의 목표를 전쟁을 수행할 수 있는 일본의 공업과 경제 능력을 파괴한다는 관점에서 정의했다. 그와 동시에 무엇이 이 능력을 구성하는지에 관한 정의는 고무줄이었다. 그것은 공장, 무기고, 정제소, 조선소, 부두 그리고 전쟁 수단들이 생산되고 집적되는 여타 시설들부터 이 전쟁 기계를 계속 돌아가게 하는 노동력까지, 그리고 마침내는 인구 전반으로까지 확대됐다. 그 인구 전반으로부터 받은 애국적인 사기와 지지야말로 지도부가 가망 없는 싸움을 헛되이 이어 가게 해 주는 원동력이었다. 이런 수준의 전쟁 수행에는 범주를 뚜렷하게 나누는 경계가 없었다. 노동자들을 죽이는 것도 육해군 병사들을 죽이는 것만큼 적에 대한 타격으로 똑같이 정당화할 수 있었다. 여자와 아이, 노약자—일반적인 민간인—를 죽이는 것은 명백히 노동인구와 전투 병력 모두의 사기를 꺾는 일이었고—적어도 이론상으로는—결사 항전에 대한 적국 정부의 호소력을 약화할 것이었다. 어떤 식으로든 모두가 전투원이라고 주장하기는 너무도 쉬웠다.

"비전투원" 제거

　"비전투원"이 자취를 감추게 된 것은 영미 공군이 실시한 유럽의 공중전에서 시작됐다. 일찍이 1941년 7월에 영국 공군 폭격기 사령부는 "민간인 전반 그리고 특히 산업노동자의 사기를 꺾는 것"을 독일 공습의 목표 가운데 하나로 명시적으로 확인하는 지침을 내렸다. 이 공중전의 개시 단계[중세 목조건물들로 이루어진 도시인 뤼베크(Lübeck)의 파괴를 계획 중이던 1942년 초]에 공군 원수 아서 해리스(Arthur Harris)는 이 폭격 지점들에는 소이탄과 고성능 폭탄이 최적의 조합이라고 주장했다. "불의 공포와 더불어 우리가 원하는 것은 석재들이 보슈(Boche)들 위로 무너지고, 보슈들을 죽이고, 보슈들을 겁에 질리게 하는 것이다." (보슈는 제1차세계대전 이전으로 거슬러 가는, 독일인들에 대한 프랑스어 멸칭이다.) 영국인들은 대독일 공중전에서 군인과 민간인을 구분하지 않았고, 미국인들도 일본을 상대로 할 때 마찬가지였다. 가장 커다란 차이는 일본에는 석조건물이 딱히 많지 않았다는 것이다.[18]

　전투원과 비전투원 사이 구분을 지워 버리는 것은 적국인 추축국의 정책과 프로파간다를 환기함으로써 합리화할 수 있었다. 독일에서 지도자가 이끄는 민족(Führer's Volk)의 경우와 마찬가지로, 일본의 지도자와 이데올로그들도 황국신민 한 명 한 명이 자신들의 군사적 사명에서 불가결한 일부라고 주장했기 때문이다. "일억일심(一億一心)"이나 "일억일환(一億一丸)", 일억의 "옥쇄(玉碎)", 또는 최후까지 싸울 태세인 "자살특공대"에 이르기까지 광분하여 쏟아 내는 일본의 그런 구호들은 남녀노소를 불문하고 일본인을 전부 전투원으로 탈바꿈시켰다. 총력전을 위한 총동원은 사회 각계각층을 아울렀다. 게다가 일본의 지도자들이 미국의 민간인 공격을 독선적으로 규탄하던 그 순간에도 일본의 해군 기술자들은 미국 도시들에 세균폭탄을 떨어트릴 의도로 거대한 센토쿠 I-400형 "잠수항공모함"을 진수시키고 있었고, 일본의 항공 기술자들은 가능하다면 뉴욕까지 포함하여 미국 도시들에 일방 공격(one-way attack, 공습 이후 귀환은 고려하지 않았다는 뜻)을 수행할 "후지산"이라는 별명을 가진 6기통 장거리 폭격기의 청사진을 만지작거리고 있었다. 그리고 일본 과학자들은 핵무기 개발 가능성을 들여다보고 있었다(그러고는 이론적으로는 가능하지만 가까운 시일 내에 기술적으로는 현실성이 거의 없다고 결론내렸다). 교전국 어느 쪽에서나 "사기(morale)"가 고려 대상이 되면 도덕(morality)은 그림에서 지워졌다.[19]

그와 동시에 일본인들을 (그리고 다른 유색인들도) 대량으로 죽이려는 비전이 영어권 세계에서 더 깊은 뿌리를 두고 있었던 것도 사실이다. 명시적인 재래식 군사 목표물에 대한 "정밀폭격"이 1945년 이전에 미군의 공중전을 관장한 사람들 사이에서 마법의 주문이었다고 말하는 것이 옳지만, 일본의 도시와 그곳 주민들이 잿더미로 화하는 이미지는 공군력의 시대가 열리던 그 순간부터—동양과 서양 간 묵시록적 인종 전쟁을 꿈꾸는 코카서스인종 몽상가들과 더불어—공중폭격 독트린의 주창자들을 사로잡아 왔다. 이런 사안들에서 미국의 비전을 거침없이 표명하는 대변가라고 할 수 있는 윌리엄 (빌리) 미첼[William (Billy) Mitchell] 장군은 1920년대 중반에 이미 일본을 "이상적인 표적"으로 묘사했으며, "나무와 종이 또는 여타 가연성 자재 건물"이 밀집한 일본 도시들의 특성을 고려할 때 미군의 공습은 "결정적"일 것이라고 내다보았다. 1930년대 초반에 이르자 미첼은 "황색 군사적 위험"에 맞선 전쟁을 거의 자제하지 않고 이야기했다. 일본의 "나무와 종이" 도시 및 소읍 들은 "지금까지 세계가 목격한 것 가운데 최고의 공중 표적"을 제공할 것이며 "소이 발사체들은 도시를 순식간에 남김없이 태워 버릴 것이다." 화룡점정으로 미첼은 이 소이탄 공습에 "가스 공격"을 동반시킬 것을 제안했다.[20]

비록 일본의 인구 밀집 시가지에 대한 체계적인 소이탄 폭격은 1945년 3월에 가서야 시작되고 일본이 항복할 때까지 "정밀폭격"이 계속해서 공중전의 중심 의제였지만, 미국 전략가들은 진주만공격 이전부터 이미 성냥갑 같은 일본 도시들에 불을 붙이는 게 얼마나 쉬운 일일지를 논의하고 있었다. 예를 들어, 1939년에 미 육군항공단 전술 학교 교관은 학생들에게 1923년의 간토대지진을 상기시키며, 평범한 가정용 화로에서 나온 불꽃이 무너진 건물들에 불을 붙여 도쿄와 요코하마 일대를 파괴한 대화재가 발생했다고 설명했다. 1923년의 재해는 일본 도시 건축물 대부분을 구성하는 "얄팍한 고도의 인화성 자재들"에 주목하게 만들었고, "소이탄 폭격이 가할 수 있는 무시무시한 파괴를 증언한다". 하지만 그와 동시에 교관은 학생들에게 "인도주의적 고려" 때문에 이런 종류의 전투 수행 방식을 제외한다고 일렀다.[21]

2년 뒤 그런 도덕적 거리낌은 한쪽으로 치워졌다. 진주만공격 직전 몇 달 사이에 미국 군사 전략가들은 일본 도시를 불사르는 계획을 염두에 두고 있었을뿐더러, 심지어 그 계획이 일본의 침략 의사를 억지하는 수단이 될 것이라는 희망적 계산을 하고 있었다. 이에 따라 1941년 11월 15일에 조지 마셜 육군참모총장은 워싱턴에서 언론인 일곱 명과 함께한 비공개 브리핑에 참석하여 B-17 "플라잉포트리스(Flying Fortress)" 폭격기를 필리핀에 추가로 배치하는 방안을 계획 중이라고 밝혔다. 그렇게 되면 이미 "세계 최대의 [B-17기] 집결지인" 필리핀의 폭격기 편대는 세 배 넘게 늘어날 것이며, 소련과 어쩌면 중국의 착륙장도 이용하여 일본 본토를 폭격할 수 있게 될 것이었다. 이 비공개 자리에서 오고 간 발언을 정리한 기록은 마셜의 발표 내용을 요약하면서 "미국은 일본과의 전쟁에 나서기 직전"이며 "우리의 입지는 이런 측면에서 대단히 유리하다"라고 적었다.

마셜은 기자들에게 일본 폭격에 이용할 수 있는 수많은 비행장을 표시한 상세한 지도를 돌렸고, 필리핀의 전력 증강 계획을 일반 대중에게는 아니지만 일본 지도부에는 "흘러 들어가게" 할 것이라고 언급했다. 이런 조치도 억지력을 발휘하지 못할 경우, 비공개 브리핑 기록에 따르면, 마셜은 "일본과의 전쟁이 실제로 일어나면 우린 무자비하게 싸울 것이다. 플라잉포트리스가 일본의 종이 도시들에 불을 지르러 즉시 급파될 것이고 민간인 폭격도 주저하지 않을 것이다. 전면전이다"라는 취지로 발언했다. 나흘 뒤인 11월 19일에 마셜은 다시금 적나라한 언어로 참모들에게 "인구가 밀집한 일본 도시들의 목재와 종이 구조물을 싹 태워 버릴 전면적인 소이탄 공격" 방안을 조사해 보라고 지시했다.[22]

마셜이 표면상으로는 비공개로 이런 계획들을 설명하기 전부터 미디어는 그런 시나리오에 이미 동조하고 있었다. 주간지 《유나이티드스테이츠뉴스(United States News)》 10월 31일 자 발행 호는 "현재 일본이 일곱 개 주요 지점에서 폭격기 공격 범위 내에 있음"을 보여 주는 화살표들이 그려진 2쪽짜리 극적인 위상학적 "일본행 폭격기 경로" 지도를 실었다. 출격 지점들은 소련의 블라디보스토크(일본 본토에서 645킬로미터 거리)부터 필리핀의 카비테(3000킬로미터)와 싱가포르(5230킬로미터)까지 널리 분포되어 있었다. 도쿄와 요코하마, 오사카가 주요 타격 지점이었고, 수도는 전형적으로 "창호지와 목조 가옥의 도시"로 묘사됐다. 겁에 질린 채 공습에 난타당하는 일본인들을 묘사한 선정적인 삽화는 사실 그보다 몇 년 전에 미국 정기간행물에 등장했다. 진주만 몇 주 전에 설문조사에 응한 미국인들 거의 절반이 일본과 향후 무력분쟁 발생 시 "비교적 쉽게" 이길 것으로 예상한다고 답한 것은 어느 정도는 이런 종류의 분분한 언론의 추측에 대한 반응이었다.[23]

미군 계획가들은 실제로 1941년 봄에 일본의 잠재적 폭격 지점들을 시험적으로 알아보기 시작했고, 이런 정보를 필리핀의 맥아더에게 전달하고 있었다. 오욕의 날 이전에 맥아더 장군은 일본 내 대략 600군데의 타격 유망 지점을 표시한 사진과 지도를 받았다. 이런 보고들은 어김없이 일본 도시들을 "항공 폭격의 효과가 큰 표적"으로 묘사했다. 비록 이런 추측 상당 부분은 당시 가용 폭격기의 실제 역량을 늘려서 잡았고 다른 국가들(특히 소련)과의 의지할 수 없는 연대(와 소련이 시베리아의 기지들을 제공할 것이라는 희망)에 기대고 있었지만, 그래도 진지하게 받아들여졌고 결국은 앞날을 예견했던 것으로 드러났다. 일단 미국이 진주만의 여파로 참전하자 그때 수립했던 계획들은 자연스레 완전히 새로운 단계로 진화했다. 진주만 직후에 미 정부는 대단히 광범위한 학자와 기업 컨설턴트 들을 기용하여 소이무기 개발에 관한 기술적 자문을 명시적으로 구했다. 1945년에 일본 도시들에 대한 전면적인 소이탄 폭격이 개시되기 훨씬 전에 미 육군항공대는 유럽 작전 권역들에서 도심지 소이 공격 기법을 계획하고 진지하게 훈련했다.[24]

치명적인 결과를 낳는 그런 고도정치 정책 분야에서 흔히 그렇듯이, 적국 인구에 대한 폭격 독트린과 관련하여 대중적 차원의 환상과 고위급에서 수립되는 비밀 계획은 나란히 발전해 나갔다. 1943년 7월 영미의 대독일 공중전이 치열해짐에 따라 월트디즈니스튜디오(Walt Disney Studio)는 진주만 6개월 뒤에 서점에 등장한 동명의 베스트셀러를 바탕으로 서둘러 72분짜리 애니메이션영화 〈공군력을 통한 승리(Victory Through Air Power)〉를 제작했다. 이 애니메이션영화에는 원작자인 러시아 전략가 알렉산드르 P. 드 세베르스키(Alexander P. de Seversky)의 인터뷰가 군데군데 삽입되어 있었고, 디즈니사의 일러스트레이터들은 관객들에게 갈수록 정교해지는 비행기들과 점점 더 커지다가 결국에는 그 옆에 서 있는 사람들마저 작아 보이는 대형 폭탄을 선보였다.

〈공군력을 통한 승리〉는 많은 논평을 낳은 마지막 시퀀스에서 알래스카 기지에서 출격한 폭격기들이 일본을 공격하는 애니메이션 영상으로 끝난다. 폭탄 투하실의 열린 문 사이로 시가지가 내려다보이고 폭탄이 떨어진다. 폭발이 일어나 공장과 기계, 해군 기지를 파괴한다. 그다음 이 장면은 높은 곳에서 내려다본 태평양 화면으로 서서히 전환된다. 사나운 독수리 한 마리가 주변으로 촉수를 길게 뻗고 있는 기괴한 문어(일본을 상징한다)를 향해 거듭 강하하여 긴 발톱을 박아 꽂는다. 어느 평론가가 "길게 이어지는 마구잡이 파괴의 시퀀스"라고 묘사한 장면이다. 승리에 도취된 마지막 이미지에서 독수리가 처치한 문어는 이내 불탄 잔해 화면으로 서서히 전환된다. 맑게 갠 하늘로 태양이 솟아오르며 〈아름다운 아메리카(America the Beautiful)〉라는 음악을 배경으로, 독수리가 하늘 높이 날아올라 사실적으로 묘사된 휘날리는 성조기에 내려앉는다. 마지막으로 영화의 제목이기도 한 자막 "VICTORY THROUGH AIR POWER(공군력을 통한 승리)"가 화면 위로 뜬다. 비록 이 디즈니 영화의 상당 분량은 독일을 다루지만 마지막 몇 분—독일이 패배하기 한참 전에 개봉했다—은 전적으로 일본을 초토화하는 장거리 폭격기를 다룬다.

강력하고 기술적으로 선진적이며, 경제적·군사적으로 효율적인 동시에 사악한 적을 일소해 버리고 연합군 병사들의 목숨을 구하는 전략폭격은, 이 찬가로부터 판단하건대 인간적 고통과 테러도 제거해 버리는 추가적인 매력까지 갖추었다. 영화비평가 제임스 에이지(James Agee)가 당시 지적했듯이 이 영화에 "폭탄이 제공하는 저 의기양양한 약속들 아래, 죽어 가는 적국 민간인들과 고통은 없었다. 사실 민간인은 전혀 나오지 않았다". 에이지는 "유쾌하게 홀로코스트를 꿈꾸는 영화의 마지막 장면"이 특히나 감수성을 해친다고 생각했다(반대로 《뉴욕타임스》는 "오락과 정보를 결합하여 재미와 자극을 주는 영화"라고 "디즈니 씨"를 칭찬했고, 일본이 활활 타오르는 불길에 휩싸일 때까지 쉬지 않고 폭탄을 떨어트리며 끝나는 "흥미진진한 숏들에서 눈을 뗄 수 없었다"라고 호평을 늘어놓은 뒤, "〈공군력을 통한 승리〉가 프로파간다라고 한다면 적어도 스크린이 오랜만에 우리에게 허락한 가장 고무적이고 영감이 넘치는 프로파간다"라고 결론 내렸다). 일설에 따르면, 어쨌거나 디즈니는 1943년 루스벨트와 처칠이 퀘벡에서 회담 중일 때 필름 사본을 두 사람에게 보냈고, 깊은 인상을 받은 루스벨트는 그 필름을 휘하의 합동참모회의에 보냈다고 한다. 대전략을 논의하는 이 중요 회의에서 미국은 "일본 패배를 위한 공중전 계획"을 내놓았으며, 이 계획안의 여러 목표 가운데 배배 꼬인 관료적 언어로 표현된 "사상자에 의한 노동력 교란(the dislocation of labor by casualty)"이 포함되어 있었다.[25]

독일에서의 "테러 증대"

유럽의 공중전에서 영국 왕립공군(Royal Air Force, RAF)은 독일 도시들에 소이탄 폭격을 하는 데 초점을 맞춘 반면, 미 육군항공대(U.S. Army Air Forces, USAAF)는 특정한 군사적·산업적 목표물을 겨냥한 고고도 "정밀폭격"에 주로 집중했다는 것이 통설이다. 심지어 특히나 충격적인 1945년 2월의 드레스덴— 건축학적 아름다움과 문화유산으로 독일에서 "엘베강의 피렌체"라고 불렸으며 진격하는 소련군을 피해 도망쳐 온 피난민들로 인구가 크게 불어나 있던 도시—폭격도 미국과 관련해서는 이 정밀폭격의 규칙을 확인시켜 주는 듯하다. 영국인들이 전형적인 야간 소이탄 공격으로 그 고도(古都)를 지상에서 지워 버리는 데 집중했던 반면, 이를 보완하는 미군의 공습은 철도 조차장(操車場)에 초점을 맞췄다.

영국과 미국의 공군 사령부가 독일을 상대로 그러한 일반적인 노동 분업을 고수하긴 했어도 실상 미 육군항공대도 의도적으로 또 의도치 않게 광범위한 무차별폭격을 자행했다. 예를 들어 철도 차량기지는 흔히 도시지역 한가운데에 위치해 있었다. 게다가 상공에 짙은 구름이 자주 끼어서 미 폭격기들은 최근에 개발된 "레이더 맹폭 장치(radar blind bombing device)"("H2X"로 알려져 있었다)에 크게 의존해야 했다. 일례로 제8공군 임무 보고서를 꼼꼼하게 분석한 고위 공군 역사가 리처드 G. 데이비스(Richard G. Davis)의 연구는 독일을 상대로 한 공중전 막판 18개월 동안 미 육군항공대가 25개 도시를 대상으로 명시적으로 "시가지"를 겨냥한 임무를 최소 69회 수행했음을 밝혔다. 이 공습마다 중폭격기가 최소 100대 이상 참가했고, 폭탄 총 6만 톤을 투하했다. 이 폭탄 투하량 가운데 35퍼센트는 소이탄이 차지했는데, 그 "한 가지 기능"은 주택, 상가건물, 관공서와 같은 이른바 소프트 타깃(연성 표적)을 파괴하는 것이었다.[26]

드레스덴 폭격은 이러한 패턴에 부합했다. 2월 13일 밤 왕립공군은 도시 중심가에 폭탄 2700톤을 떨어트리는 "기술적으로 완벽한 방화 공격"을 실시했는데, 폭탄 투하량의 40퍼센트는 소이탄이었다. 이튿날 미 육군항공대의 주간 "맹(盲)"폭〔blind bombing, 눈으로 표적을 확인하는 대신 레이더나 각종 유도장치에 의존해 주간이나 야간, 기상 상태와 상관없이 실시하는 폭격. 지금은 의미가 확대되어 무차별폭격을 뜻한다〕이 뒤따랐고, 300대가 넘는 B-17 폭격기가 표면상으로는 드레스덴 차량 기지를 겨냥해 폭탄 771톤을 투하했는데, 그 가운데 소이탄 비중은 다시금 40퍼센트였다. 드레스덴 공습에서 발생한 민간인 사망자 추정치는 천차만별이며 확실한 수치는 영영 알 길이 없을 것이다. 믿을 만한 집계들은 3만 5000명 정도가 개연성 있는 수치라고 본다.[27]

비록 제8공군의 내부 임무 보고서는 1944년과 1945년 초반부에 "시가지"와 "도시와 소도시"가 표적이었다고 심심찮게 표현하지만 그렇게 직설적인 언어는 대중에게는 좀처럼 공유되지 않았고, 종전 직후 시기에 대다수 미국 공식 문서에서 삭제됐다. 뜻밖의 논쟁을 불러온 드레스덴 폭격의 여파로 교묘한 눈가림의 중요성이 재차 강조됐다. 육군 항공대 언론 정책과 관련해 수뇌부에서 작성한 내부 전보문은 이를 다음과 같이 표현했다. "공보장교들은 향후 모든 경우에 공격하는 표적의 군사적 성격을 반드시 구체적으로 밝히고 강조하라는 지침을 받았다. 과거처럼 이러이러한 도시에 공격이 이루어졌다는 진술은 피하고 대신 구체적 표적들이 설명될 것이다." 이런 정책과 부합하여 제8공군의 표적 공격에 관한 전후 공식 조사는 임무 보고서에 나오는 "시가지"라는 용어를 지우고 구체적인 군사적 표적("조차장" "공업지역" "항구 지역" 등등)을 가리키는 용어로 대체했다.

45. 왕립공군 최초의 대규모 공습은 1942년 3월 2일 발트해 연안 중세도시 뤼베크를 상대로 실시됐다.

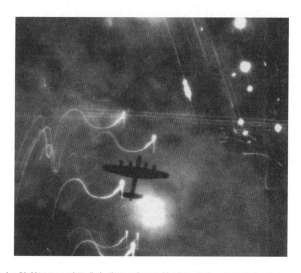

46. 1943년 3월 함부르크 상공에서 대공포와 조우한 영국 랭커스터 폭격기. 영미 공군의 합동 소이탄 폭격—"고모라작전"이라는 암호명으로, 7월 사흘에 걸쳐 야간에 진행된 대대적 공습—은 불 폭풍(firestorm, 일반적으로 대규모 폭격 뒤에 폭풍처럼 번지는 불)을 일으켜 드레스덴 주민들 가운데 3만~5만 명까지 다양하게 추정되는 사망자를 낳았다.

1993년에 공군의 후원하에 출간한 대형 연구서에서 데이비스는 정확하게 이름이 붙은 군사 표적들과 미군 공습의 실제 성격 간의 차이를 적나라하게 설명했다. "제대로 타격당한 조차장이란, 주거지역마다 집들이 내부까지 다 타 버려 수많은 가족이 살 곳을 잃고, 작은 상점들이 부서지고, 노동자와 여타 사람—여자와 아이를 포함해—수천 명이, 혹은 수백 명씩 산산조각 나거나 그보다 더 가능성이 있게는 불타거나 깔려 죽은, 제대로 타격당한 도시라는 뜻이다." 그는 실제 관행에서 "'철도 조차장'은 의심의 여지 없이 시가지에 대한 완곡어법"이었다고 결론 내렸다. 이는 때로 복잡한 여러 심리학적 이유로 전시의 많은 계획가 본인들도 끈질기게 액면 그대로 받아들였던 완곡어법이었다.[28]

독일을 상대로 한 전쟁 거의 막판에 벌어진 드레스덴의 파괴는 "테러"라는 개념 자체에 잠시나마 대중의 관심을 집중시켰다. 영국과 미국 사령부로서는 아연실색할 일이지만 AP통신은 "연합군 공군 참모들"이 "히틀러의 파멸을 재촉하기 위한 가차 없는 방편으로 독일 인구 중심지에 대한 고의적 테러 폭격을 채택하기로, 오랫동안 기다려 온 결정"을 내렸다는 요지로 어느 왕립공군 공보장교의 발언을 보도했다. 비록 군 대변인들은 서둘러 이를 부인했고 영국 언론에서—미국 언론에서는 아니다—이 발언은 금방 은폐됐지만, 이때쯤 테러는 유럽 공중전의 일상적 관행의 중심적인 요소로 확고하게 자리를 잡았다. 확실히 영국 쪽에서는 전쟁행위적법성원칙(jus in bello)은 여전히 "비례성(Proportionality, 특정한 목표물을 공격할 시 예상되는 군사적 이득에 비해 민간인 피해가 지나치게 크지 않아야 한다는 국제법상 원칙)"을 반영해야 하며 원하는 군사 목적을 달성하기 위해 선택 수단을 제약해야 한다는 구식 관념은 진즉 그림에서 사라져 버렸다. 해리스 공군 원수가 드레스덴 폭격을 둘러싸고 논쟁이 터져 나온 뒤에 내부 메모에서 표현한 대로 "도시에 대한 공격은 다른 여느 전쟁 행위와 마찬가지로 전략적으로 정당화되지 않는다면 용인될 수 없다. 하지만 도시 공습은 종전을 재촉하고 연합국 병사들의 목숨을 보존하는 한 전략적으로 정당화된다". 해리스는 드레스덴은 "대량의 군수품 집산지이자 온전하게 남아 있는 행정 중심지, 동부로 가는 핵심 수송 지점이었다. 하지만 [폭격 덕분에] 이제는 그 어느 것도 아니다"라고 단언했다.[29]

그래도 드레스덴과 그에 따른 비판 여론으로, 1940년에 공중폭격과 같은 관행이 저열하다고 규탄했던 과거가 있음에도 불구하고 결국 그 관행의 강력한 지지자가 된 처칠은 유럽에서 전쟁이 막바지에 다다른 이때 그런 전술의 현실적합성을 재고할 수밖에 없었다. (처칠의 우려들 중에는 피폐해진 전후 독일이 직면할 물자 문제와 더불어 소련의 승전이 임박했다는 것도 있었다). 3월 28일, 독일이 항복하기 몇 주 전 총리는 군 참모에게 다음과 같은 메모를 황급히 써 보냈다.

비록 다른 구실들도 있지만 오로지 테러를 증대하기 위해 독일 도시들을 폭격하는 문제를 재검토해야 할 때가 온 것 같다. 그렇게 하지 않는다면 우리는 완전히 폐허가 된 땅을 다스려야 하는 처지가 될 것이다. 이를테면, 독일인들을 위한 임시 대책을 마련해야 하기 때문에 우리에게 필요한 주택 자재를 독일에서 얻지는 못할 것이다. 드레스덴 파괴는 연합국 폭격 행위에 여전히 심각한 물음표로 남아 있다. 나로서는 앞으로 군사 목표들이 적의 이해관계보다는 아군의 이해관계의 관점에서 더 엄격하게 고려되어야 한다는 생각이다.

이 주제를 두고 외무장관과 얘기를 나눴고 나 역시, 아무리 테러와 무차별적 파괴 행위들이 더 인상적으로 보일지라도, 전투지대 후방의 석유 및 통신 시설 같은 군

사 목표들에 더 정밀하게 집중해야 할 필요성을 느낀다.[30]

일본 표적화

비록 다른 구실들도 있지만 오로지 테러를 증대하기 위해…… 폭격. 비감상적인 현실주의와 언어적인 곡예를 그 누구도 처칠보다 더 유려하게 결합하지는 못했고, 그가 가까운 참모에게만 밝힌 이 같은 판단은 지역 폭격(area bombing)과 관련하여 중요한 점을 훌륭하게 포착한다. 사람은 다른 명분하에 하늘에서 쏟아지는 무차별적 파괴와 테러를 기획하고 자행한다는 점을. 이 경우에 사실 언어가 지나치게 교묘하게 구사됐는데, 4월 1일에 처칠 총리는 공군 참모의 강력한 권고에 따라 나흘 전 메모를 철회하고 무차별적 테러에 관한 모든 언급을 삭제한 더 신중한 각서로 대체했기 때문이다.[31]

소이탄이 폭탄 투하량 가운데 상당 부분을 차지하고 보통은 맹폭을 요구하는 날씨에 공습이 실시될 때도, 표적은 군사용어를 빌리자면 여러 이름과 구실들 가운데 가장 양호한 "철도 조차장" 등으로 지시됐다. 비록 여전히 완곡어법이긴 하지만 표적을 두고 "시가지(urban areas)"와 "소읍과 도시(towns and cities)"라고 직설적으로 지칭한 제8공군의 임무수행 기록이 더 정확했다. 일찍부터 최고위급 전시 기밀 계획에 고이 자리잡은 더 완곡한 합성어에 따르면 공습의 표적은 "도시 공업지역(urban industrial areas)"이었다. 하지만 공중전이 일본으로 옮겨 가고 난 다음에야 미국은—독일에서의 왕립공군처럼—이를 자국 폭격 정책의 절대적 초점으로 삼았다. 게다가 심지어 그때도 공식 석상에서 표명된 정책은 여전히 이전과 똑같았다. 다시 말해 이런 임무들의 기본 의도는 명시적으로는 군사 표적을 파괴하는 것이었다.

일본의 폭격 지점을 본격적으로 선정하는 일은 1943년 2월에 시작됐다. 최첨단 장거리 B-29 중폭격기가 생산 라인에서 완성되어 나와 각종 결함과 오류를 제거하고, 아시아에 실전 배치되기 전이자, 그 폭격기들의 제1기지로 이용될 태평양의 핵심 섬들이 미국의 수중에 들어오기 전이었다. 이러한 사태 전개 배후에 자리한 전략적 사고는, 군수품 제조업 상당 부분이 도시들에 집중되어 있고, 소규모 사업장과 "납품업체" 그리고 "가내" 사업장 비중이 큰 일본 특유의 산업 인구 분포 때문에 도시지역 폭격이 특히 바람직하다는 것이었다. 군이 주도한 여러 프로젝트 가운데는 유타주 더그웨이성능시험장(Dugway Proving Ground)에 일본(과 독일) 노동자의 모형주택단지를 건설하고 각종 소이탄을 이용해 폭발 철거하는 시험도 있었다. 이 일본 모형 거주지는 네 줄로 늘어선 목조 복층 건물 열두 채로 이루어져 있었다(독일 모형 거주지는 공동주택으로 나뉜 대형 벽돌 복층 건물이었다).[32]

1943년 5월에 시작되어 1944년까지 이어진 폭발 철거 시험은 전쟁이 문화적 지식을 동원하는 방식을 살짝 엿볼 수 있게 해 준다. 일본 주거 모델을 설계하도록 선정된 건축가는 일본에서 살았던 적이 있고 일본 건축미학에 깊이 영향을 받은 앤터닌 레이먼드(Antonin Raymond)였다. 레이먼드는 폭격이 전쟁을 신속히 종결할 가장 효과적인 길이라고 결론 내린 끝에 임무를 수락했고, 그 뒤 자신의 지식을 주도면밀하게 적용해 나갔다. 일본 건축자재와 가장 근접한 자재를 얻기 위해 민간 조사원들도 동원됐다. 일본에서 건물을 지을 때 사용되는 일본산 삼나무(히노키)와 가장 가까운 아메리카산 나무로 시트카가문비나무(Sitka spruce)가 선정됐다. 남서부 어도비(adobe) 흙이 일본 주택 벽에 이용되는 흙 반죽을 대신했고, 다다미 장판이 하와이에서 실려 왔다. 조립식주택 공장이 뉴저지주 포트딕스(Fort Dix) 인근에 들어섰고, 거기서 생산된 조립품들은 1600킬로미터 넘게 떨어진 유타까지 트럭으로 수송되어 시험 과정에서 파괴된 앞선 조립품들을 대체했다. 이 폭격 시험에 자신이 기여한 바를 설명하는 레이먼드의 묘사는 그 내밀한 디테일로 정감 있게 느껴질 정도다. "집들은 '푸톤〔布団, 이부자리〕'과 '자부톤〔座布団, 방석〕' 그리고 일본 집에서 보통 볼 수 있는 모든 것을 빠짐없이 갖추고 있었다. 심지어 '아마도〔雨戸, 빈지문〕'도 있었고, 폭격 시험은 주간과 야간에, '아마도'를 닫거나 연 상태로 실시됐다." 비록 왕립공군은 일본 공중전에는 참가하지 않았지만, 이 초기 단계에서는 영국인들도 "일본 건물을 좀" 지었고 폭격 시험을 실시했다(레이먼드는 그들의 설계도를 보고서 "어디 책에서 베껴" 왔으며 "대형 목재를 이용한 절을 설계한 것에 가까워 실상을 완전히 오도한 것"이라고 코웃음을 쳤다).[33]

"소이탄 공격"은 미 육군항공대의 표적 항목에 1943년 5월(노동자 모형주택 프로젝트가 시작됐을 때다)에 명시적으로 추가됐고, 10월에 이르러 기술자와 과학자, 전략가 들은 상식과 묵시록적인 싸구려 소설들이 수십 년간 이미 시사해 왔던 바를 예상대로 확인해 주는 보고서를 최종 완성했다. 요지는 일본 군수산업과 인구는 소수 도시들에 밀집되어 있고, 이 도시들은 불붙기를 기다리는 성냥갑이라는 것이었다. "일본, 소이탄 공격 데이터"라는 제목의 이 보고서는 첫 페이지에 일본 도시들이 독일 도시들보다 소이탄 공격에 한층 더 매력적인 표적인 네 가지 이유를 열거했다. ① 주택의 인화성이 더 크고, ② 더 밀집되어 있으며, ③ 공장과 군사적 목표물이 주거지와 인접해 있고, ④ 몇몇 대도시에 전시 산업

47. 1943년부터 일본과 독일의 모형 도시 주택이 건설되어 신형 소이무기의 실험용 표적으로 이용됐다. 벽돌과 석재로 지은 독일 주택은 사진 오른쪽에, 내부 세간까지 꼼꼼하게 재현된 목조 일본 가옥은 사진 왼쪽에 있다.

이 집중되어 있다.

보고서는 또한 소이탄 폭격의 (생산설비와 군사시설, 저장시설 등에 대한) "직접적 효과"와 (노동력 효율 감소, 노동자 가운데 사상자 발생, 운송과 공공시설에 대한 피해, 복구작업에 들어가는 자원, 일본인들의 사기 저하 형태로 나타나는) "간접적 효과"의 상호 보완성에 주의를 환기했다. 이것은 두 달 전 퀘벡 회의에서 일본을 패배시키는 데 불가결한 요소로서 도입된 "사상자 발생에 의한 노동력 교란" 시나리오 배후에 자리한 계획 수립이었다. 11월 11일에 미국 최고 사령부에 제출된 "일본, 소이탄 공격 데이터" 보고서 최종 판본에서 "소이탄 공격에 취약한 **도시 공업지역**"은 "유익한 항공 표적 시스템" 여섯 가지 가운데 하나로 제시됐다.[34]

이렇게 진화하는 표적화 계획들은 재빨리 자체 추진력을 얻기 시작했다. 1944년 6월에 이르면 전략 계획가들은 일본 본토 혼슈에서 가장 중요한 도시지역 여섯 군데를 파괴하는 데 초점을 맞췄는데, 그곳은 바로 도쿄와 나고야, 오사카, 고베, 요코하마, 가와사키였다. 9월에 이르러, 그들은 그 공격으로 사망자가 대략 50만 명 이상 발생할 수도 있다고 추정하는 계획안을 내놓았다. 육군항공대 정보 분과(A-2)의 한 내부 계획 보고서가 표현한 대로 "분과위원회는 사망자 58만 4000명을 발생시키며 여섯 도시를 완전히 혼돈에 빠트리는 최적의 결과를 고려했다". 10월에 이르자, 잠재적 표적 도시 목록은 22개 도시로 늘어나 있었다. 일본의 군수산업이 "몇몇 주요 도시"에 집중되어 있다는 앞선 주장들은 새로운 공중 대량 살상 능력들을 신나게 고려하는 와중에 이미 한편으로 치워지고 있었다.[35]

비록 서늘하도록 우아한 엔진 4개짜리 B-29기는 1944년까지 일본을 상대로 배치되지는 않았지만, 그 구상과 개발은 1939년으로 거슬러 간다. 하지만 일찍이 이루어진 시가지 표적 식별화 작업과 독일 도시들에 대한 소이탄 폭격의 선례에도 불구하고, 1945년 3월 이전에 중국과 이후 마리아나제도(특히 괌, 사이판, 티니언) 기지에서 출격한 미국 승무원들의 임무는 약 9100~1만 600미터 사이에 이르는 고도에서 구체적인 군사 복합 시설을 주간에 공격하는 것이었다. 이 초창기 출격에서 미국쪽 손실은 임무 수행 중인 폭격기 가운데 5퍼센트가 넘었고, 정찰 사진들은 이 이른바 정밀폭격 작전의 결과가 대단히 부정확하고 불만족스러웠다는 것을 드러냈다.

작전 성과가 미흡했던 이유는 셀 수 없이 많은데, 특히 일본 상공의 제트기류가 때로는 대략 시속 320킬로미터에 이를 만큼 이례적으로 강력한 난기류였다는 사실이 컸다. 제트기류가 뒤에서 불어올 경우, 폭격기들은 예상 표적 위에서 너무 빠른 속도로 지나가게 되어 정밀폭격이 불가능했다. 또 측면에서 제트기류를 받을 경우, B-29 폭격기들은 종종 45도까지 경로에서 이탈했는데 이는 일반적으로 폭격 조준기로 상쇄하기에는 너무 큰 오차 각도였다. 반대로 제트기류를 맞바람으로 받을 경우, 비행 속도가 뚝 떨어져 대공포 방어망의 먹잇감이 되기 십상이었다. 더욱이 독일 상공에서처럼 일본 상공에도 구름이 자주 짙게 끼어서 눈으로 표적을 확인하기가 불가능했다.[36]

어쨌거나 일본 도시를 향한 융단폭격 계획은 이것이 실제로 표준 작전 절차가 되기 오래전에 이미 공식 채택됐고, 그냥 채택된 게 아니라 일정까지 잡혀 있었다. 일찍이 1944년 5월에 미국 전략 계획가들은 소이탄 공격을 감행할 최상의 날씨는 3월과 9월에 찾아올 것이라고 결론 내렸다. 그러므로 일종의 기상학적인 지상명령이 다른 고려 사항들(오래전에 수립된 시가지 공격 계획, B-29기가 일본에 쉽게 도달하게 할 태평양 출격 기지들의 획득, "정밀폭격" 공습의 지속적인 난관과 결점들)과 결합하여 미국이 수행하는 공중전의 성격을, 그리고 어떤 측면에서는 아마도 미국 자체의 성격도 바꾸는, 눈부신 새로운 전략을 도출시켰다.[37]

대도시 소이탄 폭격

1945년 3월 9일—기상예보관들이 추천해 온 대로—제20공군 지휘관 커티스 E. 르메이(Curtis E. LeMay) 장군은 도쿄 심장부를 남김없이 태워 버릴 대규모·저고도·레이더유도·야간·소이탄 공습에 B-29 폭격기 대원들을 출격시켰다. 야간 저고도 비행이 엔진에 부담을 덜 주고 이미 적에게 압도당한 일본 방공망(전투기와 지상의 대공포)의 효과를 떨어트려 줄 것이라는 점이 특히 고려됐다. 또한 르메이는 허약한 일본 방공망을 염두에 두고 대담하게, 폭격기들이 고고도 비행 때 탑재하는 방어용 포와 사수, 탄약, 강판을 제거하게 했고 그리하여 슈퍼포트리스의 폭탄 탑재량을 25퍼센트 증가시켰다(다시 말해 폭격기마다 대략 1.36톤의 소이탄을 추가로 실을 수 있었다).[38]

이론상으로는—그리고 불편한 내용을 뺀 미국 미디어의 공중전 보도상으로는—전쟁 관련 산업이 이번 도쿄 공습과 크고 작은 도시들에 대한 향후 공습의 1차 표적이었다. 실제로는 토머스 설(Thomas Searle)이 조심스럽게 기록한 대로 군 관계자들 사이에서, 민간인이 고의적으로 대량 살상되고 있다는 사실을 감추려는 시도는 거의 없었다. 3월 9일 공습을 위해 폭격기 탑승 장교들에게 배포된 "도쿄 시가 공업지역"이라는 제목의 "표적 설명(Target Description)"에는 "대략 10제곱마일〔25.9제곱킬로미터〕의 이 표적 지역 내에는 주민이 제곱마일당 평균 10만 3000명 있으며, 전 세계 어느 현대적 공업도시의 평균 인구수도 이 수치를 능가하지는 않을 것이다"라고 적혀 있었다. 그러므로 조종사들은 자신들이 대략 인구 100만 명이 살고 있다고 추정되는 지역을 소이탄으로 폭격할 것임을 명시적으로 공지받은 셈이었다. 「표적 설명」은 임무의 "중요성"에 관한 소제목 아래 다른 무엇보다도 "도쿄와 그 일대 전역에 위치한 수십 군데 군수공장의 고용인력은 사상자, 그 지역 노동자들의 이탈 및 복구 작업에 들어가는 인력, 그리고 아마도 노동자 사기 저하에 직접적으로 영향받을 것"이라고 설명했다. 1945년 3월부터 미 육군항공대의 부사령관을 지낸 아이라 C. 이커(Ira C. Eaker) 중장은 나중에 전후 인터뷰에서 이를 다음과 같이 표현했다. "그 일대를 싹 불태워서 숙련 노동자를 죽이자는 것은 매우 말이 되는 소리였죠."[39]

히로시마 원폭이 있을 때까지 이 최초 도쿄 공습은 단일 공습으로 일본을 상대로 한 가장 파괴적인 공습이었다. 폭격기 334대에 달하는 르메

48. 1945년 3월 9일 밤 도쿄 대공습에서 숨진 어머니와 아이의 새카맣게 탄 시체(어머니가 불길을 피해 도망치려고 할 때 아이를 업고 있던 등은 덜 탔다). 10만 명에 가까운 주민이 숨진 이 불 폭풍은 크고 작은 도시 65곳에 가해진 추후 소이탄 폭격의 전주곡이었고, 5개월 뒤에 히로시마와 나가사키에 원자폭탄이 떨어졌다.

이의 전력은 대략 5000~9000피트(1500~2750미터 사이)에 달하는 고도에서 실제로는 31제곱킬로미터로 계산되는 표적지에 폭탄 2000톤을 투하했다. 어느 권위 있는 초기 전후 기록은 "폭탄 투하 메시지는 향후 보고서에서 '눈으로 표적 타격, 대형 화재 관찰, 대공포 심하지 않음, 적 전투기 방해 전무'라는 패턴을 확립했다"라고 서술한다. 귀환하던 B-29기 대원들은 240킬로미터 바깥에서도 여전히 커다란 화염을 볼 수 있었고 공격 이후 항공사진정찰은 "공업지역의 18퍼센트, 상업지역의 63퍼센트, 그리고 인구 밀집 주거 지구"를 비롯해 40.9제곱킬로미터에 이르는 면적이 전소됐다고 추산했다.

일본을 상대로 한 이 최초의 전면적 소이탄 공습이 일으킨 불 폭풍의

49. 1945년 5월 26일 공습 당시 화염에 휩싸인 도쿄를 공중에서 찍은 사진. 전쟁이 끝날 때까지 일본 수도에서 135제곱킬로미터에 해당하는 면적이 파괴됐다.

맹위는 5개월 뒤 히로시마 때까지 되풀이되지 않았다. 대화재로 일어난 돌풍은 풍속이 시속 45~83킬로미터에 이르렀던 것으로 추정되며, 바다 까지 "불타는 나뭇조각들"을 날려 보내고—전후 미국의 공식 보고서를 믿을 수 있다면—스펙터클한 할리우드 영화에서나 나올 법한 난기류를 폭격기 편대에 발생시켰다. 전략폭격 조사 보고서가 표현한 대로 "조종 사들은, 기류가 너무 난폭해서 B-29기들이 6000피트[1800미터] 상공 에서 완전히 뒤집혔고, 열기가 너무 강해 그 고도에서도 대원 전원이 산 소마스크를 착용해야 했다고 보고했다". 이를 상상하고 싶어 했던 사람은 별로 없었지만 그래도 상상해 보라. 지상에 있던 남자와 여자, 아이는 어땠을지. 이를테면 실제로 그랬던 것처럼 사나운 불 폭풍을 피해 아기를 등에 업고 도망치다가 아기가 불에 타고 있는 걸 발견한 어머니는 어땠을지 상상해 보라.

항복 이전과 마찬가지로 이후에도 자국의 손실을 보통 과소평가했던 (그리고 통계와 관련해서 대체로 믿을 만하지 못한 것으로 드러난) 일본 관리들은 이 최초 도쿄 공습으로 도쿄 전체 건물의 4분의 1정도인 대략 26만 7000채 건물이 파괴됐다고 추산했다. 경찰들이 시체를 모두 치우는 데는 25일이 걸렸는데, 그 가운데 일부는 운하의 물길을 막고 있었다. 사람들이 불길을 피해 도망치는 와중에 흔히 이 수로에 뛰어들었다가 불 폭풍의 열기에 끓어오른 물에 데어 죽었던 것이다. 도쿄라디오방송(Radio Tokyo)은 이 재난을 "학살 폭격"이라고 불렀고, 인명 피해는 누가 추산하든 간에 어마어마했다. 일본 관계 당국은 사망자 수를 믿을 수 없을 만큼 정확한 숫자인 8만 3793명으로 잡았는데, 지금은 보수적인 수치로 간주된다. 추정 부상자 수는 사망자 수의 절반에서 두 배를 오간다. 50만 명 이상이 이재민이 됐다. 전후 회고록에서 르메이는 이 역사적인 공습의 희생자들이 "불에 그을리고, 삶아지고, 구워져 죽었다"라고 막연하게 묘사했다.[40]

도쿄 공습 이후 미 육군항공대는 열흘에 걸쳐 나고야(두 차례 공습으로 대략 13제곱킬로미터 면적 파괴)와 오사카(21제곱킬로미터에 가까운 면적 파괴), 고베(대략 7.5제곱킬로미터 면적 파괴)를 상대로 한 집중 폭격 작전을 실시하여, 3월 9일과 19일 사이에 도쿄를 포함해서 대략 총 83제곱킬로미터의 인구 밀집 도시경관이 폭파 철거됐다. 오키나와 전투 지역에 참가한 잠깐의 휴지기가 끝난 뒤, B-29 폭격기들은 4월 중순에 일본 본토 시가지 공습 임무에 복귀했다. (육군항공대의 지원이 대체로 전술적 지원에 국한되어 있었으므로, 공중전 사망자 수치에는 집계되지 않는 오키나와 민간인 사망자 추정치는 10만 명 이하에서 무려 15만 명까지 달한다.) 4월 13일과 15일에 연달아 이루어진 도쿄 공습으로 수도에서 44제곱킬로미터에 이르는 면적이 추가로 파괴됐다(그래도 "일본 천황은 현재 장애 요소가 아니며 어쩌면 나중에 유리한 요소가 될 수도 있다"라는 워싱턴에서 내려온 명시적 지시에 따라, 조종사들은 작전 브리핑에서 황궁 폭격은 피하라는 명령을 받았다). 나고야도 추가적인 공습 대상이 됐고, 그다음 주요 6개 도시 가운데 마지막 두 군데인 요코하마와 가와사키에도 공습이 뒤따랐다. 5월 후반부에 B-29기는 도쿄를 다시 찾아 대규모 물리적 피해를 입혔지만 3월 9일보다 사상자 수치는 훨씬 적었다.[41]

미국 관리들은 일본 6개 주요 공업도시 면적을 총 665제곱킬로미터로 추산했다. 1945년 6월 중순에 이르러 이 가운데 272제곱킬로미터 이상의 면적이 파괴된 것으로 추정됐다. 이는 대략 293제곱킬로미터로 합산한 6개 도시의 "예상 표적 지역" 면적에 사실상 매우 근접한 수치였다. 방만하게 뻗은 도쿄 광역권 한 군데에서만 145제곱킬로미터에 달하는 면적이 전파했는데 수도 면적의 절반을 살짝 넘는 수치였다.[42]

비록 수도와 여타 주요 도시의 추후 폭격들에서 발생한 사상자 수는 3월 9일과 10일의 어마어마한 수준에는 못 미쳤지만, 미국인들이 받은 인상은 달랐다. 1945년 5월 30일에 《뉴욕타임스》는 다음과 같은 3줄의 표제와 함께 3단짜리 1면 머리기사를 실었다. "해병대 슈리로 쳐들어가, 나하 북부 전역 장악, 르메이, 도쿄 지워졌다고 발언". 도쿄 일소 공습에 관한 독립적 기사는 오키나와의 진격 상황을 다룬 기사보다 뒷전이었으며

2단짜리 부제가 달려 있었다.

6회에 걸친 B-29기 도쿄 공격으로

51제곱마일 전소

르메이, 참화 현장 사진으로 수치 뒷받침

—1,000,000명 일본인이

불길 속에 숨진 것으로 짐작

괌에 있는 르메이의 본부에서 발송된 기사는 "수십 마일에 걸친 잔해…… 한때 중요한 무기고, 발전소, 엔진 공장 그리고 일본 경제에서 대단히 중요한 비중을 차지한 가내공장 들에 남은 것은 그게 전부"라고 언급했다. 기사는 도쿄에서 132제곱킬로미터에 해당하는 면적이 파괴된 것으로 추정된다고 합리적인 수치를 제공했고, 신문 안쪽 면으로 이어지는 열한 번째 문단에 가서야 입이 떡 벌어지는 사망자 추정치를 보도하여 부제는 사실 표현을 자제한 것일 수도 있음을 시사한다. 《뉴욕타임스》는 "100만 명, 어쩌면 그 두 배에 달하는 천황의 백성이 죽었을 수도 있다"라고 보도했다. 기사의 나머지 부분은 여섯 차례 공습이 실시된 날짜와 손실된 B-29 폭격기 숫자에 초점을 맞췄다.

도쿄 공습의 사망자 추정치는 10배나 20배가량 과장됐지만, 이제 와서 보면 그렇게 어마어마한 민간인 사망자 추정치가 아무렇지도 않게 보도됐고 지금까지도 기사가 고스란히 남아 있다는 사실은 시사하는 바가 크다. 이 기사는 심지어 1면 머리기사도 아니었다. 《뉴욕타임스》와 같이 저명한 신문조차도 100만 명이나 200만 명에 달하는 "천황의 백성"이

무기고, 발전소, 엔진 공장, 가내공장을 상대로 한 공습에서 숨겼다고 태연히 보도했고 거기서 더 이상 자세히 따지지 않았다는 점 역시 시사하는 바가 크다.[43]

"태우는 일"과 "이차적 표적"

시가지 소이탄 공습의 기초가 된 보고서에서 미국 전략 계획가들은 그런 공습을 특히 바람직하게 만드는 일본 경제의 특징 중 하나는 군수 산업이 몇몇 대도시에 집중되어 있는 점이라고 강조했다. 그러나 조만간 드러나다시피 일본의 6개 주요 도시 폭격은 궁극적으로 다른 60개 도시들을 추가로 겨냥한 심화 작전을 위한 전주곡에 불과했다.

6월 중순부터 그리고 8월 초 히로시마와 나가사키 원폭 투하에 앞서, 르메이의 폭격대는 추정 인구가 3만 1000[쓰루가(敦賀)]~ 40만 명에 이르는[이세사키(伊勢崎)] "제2도시들" 58곳에 소이 폭격을 가했다. 이 도시들 가운데 20군데는 인구가 7만 5000명 미만이었고, 또 다른 20곳은 인구가 7만 5000~15만 명 사이였다. 소이탄 폭격을 당한 "제2도시들" 가운데 12곳의 인구는 15만~25만 명 사이였다. 폭격의 유효성을 보여 주는 가장 단순한 지표인 "파괴된 제곱마일" 면적 측면에서 보면 이 제2도시들 가운데 10곳은 40~49퍼센트가 파괴됐고, 6곳은 50~59퍼센트가 파괴됐으며, 11곳은 60~69퍼센트, 9곳은 70~79퍼센트 사이가 파괴된 것으로 추정됐다. 네 도시—후쿠이(福井), 하치오지(八王子), 누마즈(沼津), 도야마(富山)—는 소이탄 폭격으로 시가지의 80퍼센트 이상이 파괴된 것으로 나타났다. 인구 12만 8000명이 거주하는 도야마시는 무려 99.5퍼센트가 파괴된 것으로 추정됐다. [도야마 공습에 참가한 미국 무전 통신병은 일기에 이렇게 적었다. "투하 실시, 대공포와 전투기 전무. 우유 배달(milk run, 늘 하는 익숙한 비행을 가리키는 공군 속어), 첩보 정확."] 이른바 제2도시 폭격으로 파괴된 누적 면적은 대략 166제곱킬로미터에 달해, 원폭 투하 이전 시가지 파괴 면적은 총 440제곱킬로미터에 가까웠다. 사진가 존 스워프가 죽은 도시, 유령도시, 폭격을 맞아 아무것도 남지 않은 도시를 말했을 때, 그는 아주 살짝 과장하고 있었을 뿐이었다.[44]

충분하게 인력이 충원된 전후 미국전략폭격조사국은 "시가지 소이탄 공격은 해당 지역의 주택과 소형 상가, 공업 건물 및 중요 발전소 상당수를 완전히 제거"해 버렸다고 결론 내렸다. 히로시마와 나가사키를 비롯해 "일본 도시 전체 인구의 대략 30퍼센트가 집을 잃었다". 대독일 공중전과 비교할 때 일본 도시들은 과연 비용 대비 효과가 좋은 표적이었다. 일본 본토에 투하된 폭탄 총량은 독일에 투하된 양의 8.4퍼센트에 불과했고, 이 투하량 가운데 3분의 2는—그리고 1945년 5월부터 4분의 3은—소이탄이었다.[45]

이 대대적인 시가지 표적 공습으로 발생한 총사상자 수가 왜 더 크지 않았는지에 관해서는 여러 가지 설명이 있다. 우선, 3월 초에 도쿄를 초토화한 것과 같은 불 폭풍은 히로시마 원폭 때까지 되풀이되지 않을 조건들이 보기 드물게 딱 맞아떨어진 결과였다. (대독일 공중전에서는 단 두 표적 도시 함부르크와 드레스덴만이 불 폭풍을 경험했다.) 게다가 일단 공습이 시작되자 대다수 도시는 30~60미터 너비의 방화선을 치기 위해 가옥을 철거했다. 집중 폭격은 이런 방화선 양쪽에 불을 일으키긴 했지만 그럼에도 일부 방화선은 탈출로를 제공했다. 집 안에 판 구덩이와 뒷마당에 판 임시 방공호 및 공공 방공호를 비롯한 민간이 구축한 방어 조치들은 미흡했지만 사상자를 줄이는 데 어느 정도 도움이 됐다. 또한 어린 학생 다수가 시골로 소개(疏開)됐다. 물론 사춘기 연령 학생 다수는 어른들을 도와 방화선을 치고 공장에서 일하며, 갈수록 필사적으로 흐르는 전쟁 수행에 필요한 여타 저숙련 노동을 제공하기 위해 남아 있었다.[46]

일단 6대 주요 도회지가 섬멸되자 "2차 표적들"을 지정할 때 전략가들의 최우선 고려 사항은 "밀집도와 인화성" 또는 "가연성"이었다(그다음으로 전쟁 관련 산업이 차지하는 비중, 수송 시설, 규모와 인구, 레이더 폭격 적합성 등이 우선 고려 사항을 나열한 공식 목록에서 뒤를 이었다). 실질적으로는 전략폭격조사국이 평가한 대로 "일부 도시들은 사실상 산업적 중요성이 전혀 없었"고 "일본 민간 인구에 대한 광범위한 공격으로 최대한 사기 저하와 충격 효과를 이끌어 내는 것이 압도적으로 중요한 목적이었던 것으로 보인다". 시기적으로 볼 때, 인구 10만 이하인 표적 도시 대부분은 전쟁 마지막 달, 다시 말해 7월 중순경이 되고부터 폭격을 당했다. 그 도시들은 불이 붙기가 대단히 쉽고 여전히 멀쩡하게 서 있다는 이유로 파괴 대상으로 선정됐다. 한마디로 그곳들은 공격의 기회를 제공하는 표적이었다. 이 도시들에 대한 폭격은 "태우는 일"이자 "우유 배달"로 불리는 임무 비행이었고, 전후 미국의 한 공식 서술이 2차 표적 도시 공습 첫 회를 두고 평가한 대로 일본의 저항은 "거의 전무"했다.[47]

미군이 일본으로 진격해 오자, 미국 전시공보국(Office of War Information)과 육군의 심리전 요원들은 전방의 병사들과 후방에 있는 천황의 신민들에게 유포할 다양한 전단을 제작했는데, 이들 모두가 이런저런 식으로 전멸이 코앞에 닥쳤으니 저항을 그만두라는 내용이었다. 이

전단지들, 특히 폭격 작전과 관련한 전단지 대부분에는 한쪽 면에 긴 일본어 설명과 함께 반대 면에 최후의 심판을 경고하는 그림이 실려 있었다. 굵은 윤곽선으로 그려진 전함과 폭격기가 벌 떼처럼 일본 본섬으로 압박해 오고 있었다. B-29기에서는 폭탄이 쏟아져 나왔다. 여러 채색 전단지에는 일본 노동자와 도시 거주민 들이 불길에 휩싸인 그림이 실려 있었다. 선명한 붉은색의 어느 목판화는 화염을 피해 도망치는 일본인 무리를 묘사한다. 그들의 이목구비는 에드바르 뭉크의 유명한 그림 〈절규〉에서 불안에 사로잡히고 보는 이를 불안에 빠트리는 인물처럼 길쭉하게 늘어나 있다.

어느 전단지에는 "하루하루 저항이 길어질수록 더 큰 공포가 들이닥칠 것"이라고 적혀 있었다. "폭탄이 터지면 커다란 구덩이가 파이며 너희 도시를 날려 버릴 것이다. 공장을 겨냥한 폭탄은 너희가 필사적으로 피난처를 찾아 허겁지겁 도망치는 사이 너희 집도 파괴할 것이다. 피난처는 존재하지 않는다. 소이탄이 화재를 일으키고 그렇게 일어난 불은 너희를 에워싸고 집어삼킬 것이다. 비행기가 떠난 자리마다 참상이 남을 것이다. 도망칠 수도 숨을 수도 없다. 저항은 끔찍한 죽음을 의미할 뿐이다. 그런 가망 없는 저항을 끝내라고 요구하라. 이것이 나라를 살릴 유일한 길이다."

1945년 7월 막판에 르메이의 부하들은 가장 유명한 폭격 전단지를 선보였는데, 다름 아닌 탑재 폭탄을 떨어뜨리는 B-29기 다섯 대의 옆모습을 담은 푸른 색조의 사진이었다. 사진 맨 아래에는 동그라미 안에 열두 도시의 이름이 적혀 있고, 수십 개 도시가 이 같은 경고를 받았다. 전단지 뒷면에 인쇄된 메시지는 나열된 도시들을 곧 공습할 것이며, 주요 표적은 군사시설, 작업장, 공장이라고 공언했다. 하지만 "안타깝게도 폭

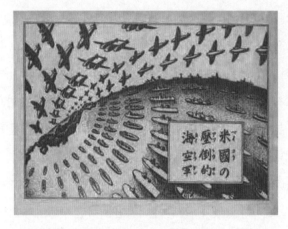

50. 이 1944년 전단지에는 붉은색 잉크로 "미국의 압도적 해공군"이라는 한자가 인쇄되어 있다. 뒷면에 적힌 일본어 메시지는 저항은 부질없다고 어김없이 경고한다.

51. 1945년에 뿌려진 "폭탄 생지옥"이라는 제목의 이 컬러 전단지는 "하루하루 저항이 길어질수록 더 큰 공포가 닥칠 것"이며 "비행기가 떠난 자리마다 참상만 남을 것"임을 자세히 설명한다.

52. 붉게 채색된 화염과 겁에 질린 대중을 묘사한 이 그림의 뒷면에는 미 공군의 파괴력은 1923년의 간토대지진보다 "천 배나 강하다"라고 설명하는 일본어 텍스트가 인쇄되어 있다. 이 "미국식 지진"은 집과 공장을 파괴하고 "너희 가족"을 죽일 것이라는 경고도 이어진다.

53. 팔다리가 부러지고 불타는 남자를 거의 섬세하다고 할 만한 색감으로 묘사한 이 총천연색 그림에는 미국이 "죽이고 파괴하려고" 개발해 온 새로운 소이무기들과 진격해 오는 폭격기들에 대한 자세한 설명과 더불어 거기에 저항해 봐야 소용없다는 경고가 딸려 있다.

54. 1945년 7월 27일, 7월 30일, 8월 3일에 미 항공기들은 30곳이 넘는 폭격 예정지에 임박한 파괴의 앞날을 경고하는 수십만 장의 "12개 도시" 전단지를 투하했다. 나열된 도시들은 심리적 효과를 제외하면 전략적으로 무시해도 될 중요하지 않은 도시였고, 히로시마나 나가사키는 포함되지 않았다.

55. 일본과의 공중전 막판에 도입된 전략폭격기 옆모습을 담은 전단지는 향후 한국전쟁과 베트남전쟁, 제1차걸프전, 코소보전쟁 당시 심리전의 붙박이 요소가 됐다. B-52 폭격기와 오사마 빈라덴을 나란히 배치한 이 전단지는 알카에다에 피난처를 제공한다는 이유로 미국이 아프가니스탄을 폭격한 지 일주일 뒤인 2001년 10월 15일에 아프가니스탄에 처음으로 뿌려졌다. 아랍어 텍스트는 이제 와서 보면 아이러니하게도 숨거나 도망칠 길은 없다고 경고한다.

탄에는 눈이 달려 있지 않다"라는 경고가 이어진다. "그러므로 무고한 이들을 해치고 싶지 않은 미 공군은 익히 알려진 미국의 인도주의적 정책들과 부합하게 이제 너희에게 표적으로 지목된 도시들에서 소개하여 목숨을 구하라고 경고한다." 미국의 목표는 일본인들을 군벌의 압제로부터 해방하고 "더 좋은 새 일본의 출현"을 가져오려는 것이다. 이 전단지들에 나열된 도시들은 전부 전략적으로 무시해도 좋을 소도시였다. 그리고 히로시마, 나가사키, 고쿠라(세 번째 원폭 투하가 예정된 도시였다)는 여기에 포함되지 않았다.[48]

사기, 충격, 심리전

공식적·반(半)공식적 공중전 서술에서 "사기와 충격 효과"는 작전 계획 수립과 물리적 피해에 관해 질릴 만큼 상세한 설명 아래 묻히는 경우가 많지만 결코 간과되지는 않는다. 전략폭격조사국이 실시한 100건이 넘는 태평양 전역 연구들 가운데 단 한 건만이 "전략폭격이 일본의 사기에 미친 효과"를 다루었는데, 이 제법 두툼한 연구 보고서는 그 효과가 상당했다고 결론 내린다. (일본 전쟁의 즉각적이고 더 장기적인 인적 희생에 대해 이 이상의 공식적 심화 연구는 없었다. 외상후스트레스와 같이 오늘날 연구자들이 관심을 가질 만한 고려 사항들은 조사되지 않았으며 지나가듯 언급되는 경우도 드물었다.)

전략폭격조사국의 전체 요약 보고서는 이러한 연구 결과들을 매우 간략하게 요약하면서 "과학적으로" 수행된 항복 이후 설문조사에서 "일본 인구 64퍼센트가 항복 이전에 전쟁을 도저히 계속해 나갈 수 없다고 개인적으로 느끼는 시점에 도달했다고 대답했고, 이 가운데 10분의 1 미만은 그 원인을 군사적 패배에, 4분의 1은 식량과 민간물자의 부족에 돌렸으며, 공습을 그 이유로 든 사람이 가장 많았다"라고 설명했다. 도시 주민 850만 명(이나 그 이상)이 공습 전후에 시골로 소개한 것으로 추정됐으므로, 그들의 사기 저하와 패배주의는 시골 주민들에게도 영향을 미쳤다.[49]

사실, 사기는 폭격 작전 내내 동전의 양면과 같은 고려 사항이었다. 하지만 이 간단한 사실은 총력전의 신시대에 심리전을 논의할 때마다 흔히 묻혀 버린다. 테러 폭격은 적의 의지를 파괴하는 것만 겨냥하지 않았다. 이제 가미카제 전술을 선보이고 사이판, 이오섬, 오키나와와 같은 곳에서 자살적 최후의 항전을 벌이는 광신적인 적에 맞서 태평양전쟁이 격렬한 최종 국면에 들어감에 따라, 파괴적인 시가지 공습은 적의 사기를 꺾음과 동시에 미국의 사기를 엄청나게 진작했다. 3월 초 도쿄 소이탄 공습 이후에 군 내부 보고서가 표현한 대로 새로운 폭격 정책의 놀라운 성공은 르메이의 부하들의 "사기와 투쟁심을 끌어올렸고" B-29기가 "효율적이고 믿음직한 항공기"라는 점을 확인시켜 주었다.[50] 물론 이를 넘어서, 마침내 일본 본토도 전쟁을 뼈저리게 실감했고, 천황의 충량한 신민들이 대량으로 "제거되고" 있다는 사실도 연합국 진영의 사실상 모두에게—전투가 진행되는 지역뿐만 아니라 영미 연합군의 후방과, 그러한 정보가 유포될 수 있는 중국과 아시아 나머지 점령지역들에 있는 모두에게—기운을 북돋아 주는 소식이었다.

동전의 양면 중 보통 더 잘 관찰되는 면을 보자. 전쟁 마지막 해에 일본의 산업 생산성과 영양 수준을 비롯한 생활 조건은 급격히 하락했다. 하지만 여기에 공중전이 어느 정도 기여했는지는 여전히 논쟁거리인데,

직접 폭격의 효과들은 미 해군의 일본 상선단 파괴와 일본 본토에 불가결한 자원 보급을 차단한 해공군 합동 봉쇄의 효과와 나란히 놓고 봐야 하기 때문이다. 한 극단적인 논법에 따르면, 일본의 항복을 재촉한 요인은 전략폭격 작전보다는 자원 보급선의 차단이었다.[51]

일본의 도시들이 줄줄이 잿더미가 되면서 부정할 여지 없이 저하된 사기를 어떻게 가늠할 것인지를 둘러싸고도 유사한 논쟁이 끊이지 않는다. 대다수 일본인이 히로시마와 나가사키 이전에 이미 정서적으로 탈진해 버렸다는 점은 누구도 부정하지 않지만, 침공에 직면했다면 역시 대다수는 나라를 지키기 위해 끈질기게 저항했을 것임을 거의 누구도 의심하지 않는다. 그와 동시에 일본 헌병과 대중의 정서를 민감하게 살피던 여타 관계 당국의 기록은 일본을 송두리째 뒤흔드는 패전이 대중 정서를 혁명적이거나 심지어 "공산주의적" 내부 격변으로 기울게 할 수 있다는 지배계급의 커다란 불안감을 보여 준다. 결국에는 이런 불안의식에서 황위와 가까운 자문들과 히로히토 천황 본인을 비롯해 초조해진 엘리트층은 너무 늦기 전에 커져 가는 이 위기에서 빠져나올 방도를 찾으려고 아등바등했던 것이다.[52]

논란의 여지가 없는 점은 시가지 폭격이 일반 대중에게 전쟁을 상상할 수 있는 가장 엄혹한 방식으로, 물리적 폐허만이 아니라 가장 잔혹한 종류의 심리전에 해당되는, 한마디로 테러에 해당되는 방식으로 실감시켰다는 점이다.

✛ ✛ ✛

9·11의 여파 속에서 경악한 대다수 미국인은 고의적으로 민간인을

겨냥하는 것은 오로지 야만적인 타인들이 하는 일이라고 여겼던 1930년대 후반의 도덕적 사고 구조로 회귀했다. 이는 딱히 놀랄 만한 일이 아니지만, 제2차세계대전에서 유래한 문화, 심리, 전쟁의 관행 상당 부분을 기억에서 지우는 일을 동반했다. "테러"는 당시(제2차세계대전) 미국과 영국의 인구에 회자되는 말이 아니었는데, 그런 솔직함은 민주주의 체제와 추축국 적들 간 엄청난 차이들을 흐리게 할 위험이 상존했기 때문이다. 처칠이 사적으로 시인했던 것처럼 사람들은 테러와 방종한 파괴를 "다른 구실하에" 자행했다. 하지만 그와 동시에 전쟁 당시나 이후 어느 때도 그런 직설적인 꼬리표가 묻히지는 않았다. 그러므로 1950년대에 정부의 공식 후원하에 출간된 제2차세계대전 미 육군항공대에 관한 여러 권짜리 연구서는 6대 도시지역 파괴에 뒤이은 "전면적 B-29기 공격"이 일본인의 사기에 심대한 효과를 미쳤다고 결론 내리는데, "앞서 몇몇 대도시에 국한됐던 공포가 나라 전역에 퍼졌기" 때문이다.[53]

다른 서술들의 어조는 덜 절제된 편이었다. 예를 들어 일본의 참패에 기쁨을 주체하지 못한 나머지 다름 아닌 미 육군항공대는 "일본을 말 그대로 싹 불태워서 전쟁에서 떨어져 나가게 한" "젤라틴 화염〔네이팜〕공격"의 "맹렬한 완벽성"을 치켜세우는 "제20공군의 하이라이트"라는 제목의 축하 공보물을 내놓았다. 뉴욕의 군 공보부가 준비한 이 보도 자료는 당시 표준이었던 대략적 사상자 수치(이 경우에는 일본 민간인 31만 명이 사망하고 41만 2000명이 부상을 입었으며, 900만 명 이상이 이재민이 됐다고 추정했다)를 재차 강조하며 "5개월간…… 모두 미국산인 비행기 1000대와 미군 승무원 2만 명이 오만한 적에게 테러와 죽음, 삶의 터전의 상실을 가져오고, 그들을 도시가 거의 사라진 땅에 사실상 유목민으로 전락시켰음"을 상기하는 데 애국적인 기쁨을 드러냈다.[54]

56. 이 극적인 포스터는 "공습이 닥친다면 그것은 우리 국토를 파괴하는 것이 아니라 우리의 사기를 꺾는 것을 겨냥할 것이다. 공습이 우리 야마토 정신(화혼)을 꺾도록 가만 놔둘 것인가?"라고 묻고 있다.

이는 물론 극악무도한 적을 상대로 한 좋은 테러였다. 이 경우에는 중국인이나 필리핀인, 인도네시아인 같은 다른 아시아인이나 한국인 같은 식민지 주민들, 또는 전장의 코카서스 적들에게는 말할 것도 없고 자국의 병사와 민간인에게도 아무런 자비를 베풀지 않는 적을 상대로 했기 때문이다. 전선의 반대편에 있는 연합국 병사들은 치욕 대신 "일억" 일본인들에게 주입된 불명예를 겪기 전에 죽음을 택하라는 자결의 교리에 일본인 본인들만큼 친숙했다(이는 재빨리, 일본인들은 천황을 위해 죽는 것이 의무라고 배우며, 미국인들의 의무는 일본인들이 그 의무에 따르게 하는 것이라는 전장의 블랙 유머를 낳았다). 일본 지도자들이 모종의 조기 항복을 추구할 만큼 용기가 있었더라면, 언제라도 항복 가능성을 모색해 볼 수 있었을 것이다. 그것이 전 총리 고노에(近衛)가 1945년 2월, 참혹한 도쿄 공습이 일어나기 전에 천황에게 헛되이 촉구했던 것이었다. 심지어 63개 도시가 추가로 초토화된 뒤에도 천황과 일본 최고사령부는 여전히 마비 상태에 빠져 있었다.

그런 고려 사항들은 민간인을 분멸(焚滅)하도록 명시적으로 설계된 네이팜과 여타 소이 물질로 인구 밀집 주거지역을 의도적으로 폭격하는 것이 정당한 전쟁에 대한 전통적인 이해에서 전쟁행위적법성원칙을 과연 위반하는지를 둘러싼 논쟁을 불가피하게 채색하기 마련이다. 물론 많은 이가 민간인에 대한 미국의 공습이 일본의 전쟁 행위에서 빈번히 드러난 극악무도함, 잔혹성, 광기에 "비례했다"라고 기꺼이 주장할 것이다. 종국적으로 이런 주장은 시가지 표적화와 테러 폭격이 종전을 앞당겼고 셀 수 없이 많은 연합국 진영 사람—1945년에도 여전히 학살당하고 있던 중국인들을 비롯해—의 목숨을 구했다는 논지로 이어진다. 1945년 8월 일본의 항복을 이끌어 내는 데 기여함으로써 이 테러 전술들은 전장의 무수한 일본 병사와 연합군이 일본 본토를 침공했을 경우 숨졌을 민간인의 목숨을 구했다는 주장도 때로 추기처럼 덧붙여진다.

다른 한편으로, 대일본 공중전의 각 단계를 간단히만 되짚어 보더라도 인간 살육에 대한 점진적인 냉담함과 무심함이 드러난다. 명시적인 군사 관련 시설에 대한 정밀 타격으로부터 추상적인 "도시 공업지역" 표적화로, 그다음 군수 생산에 결정적인 "몇몇 주요 도시" 선정으로, 또 그다음 더 일반적으로 인구 밀집 상업지역과 주거지역의 표적화로 가속화되는 과정을 생각해 보라. 그리고 일단 주요 도시들이 파괴되자, 여기서 다시 어디까지나 "밀집도와 인화성"이라는 기준을 가지고 우선적 표적으로 선정한 중소 도시들에 대한 "전면적" 폭격으로 이어지는 과정을 생각해 보라. 기술적 능력은 전쟁 전술을 밀고 나가는 동시에 "비례적"의 정의 자체와 용인되는 행위의 한계를 바꾸어 버렸다. 지역 폭격, 소이탄 폭격, 방화 폭격, 융단폭격, 포화 폭격, 말소 폭격, "젤리" 폭탄(즉 네이팜탄)으로 도시 노동자 집단 "주택 제거". 이 모든 완곡어법은 민간인 남녀와 아동을 고의적으로 표적으로 삼고 공포에 빠트리는 일을 의미했다.

히로시마와 나가사키에 앞서 공중전의 특징이었던 '태우는 일'과 '우유 배달'은 국내 운송 체계, 특히 철도 기능을 무력화함으로써 일본의 연료와 식량을 파괴하는 데 집중하지 않기로 한 결정—이는 그 자체로 또 다른 논쟁거리인데—도 대변했다. 주거·상업 지역을 파괴하는 데 지속적으로 강도 높게 집중했던 것을 고려할 때, 히로시마에 원폭이 투하된 뒤 도쿄처럼 멀리 떨어진 도시들에서 살아남기 위해 여전히 안간힘을 쓰던 주민들이 그곳에 살고 있는 가족이나 친지가 살아 있는지 알아보려고 그 초토화된 도시까지 곧장 기차로 이동할 수 있었다는 사실을 알고 나면 놀랍기 그지없다. 그들이 타고 간 기차는 물론 공중전의 주요 표적이었다고 하는 산업적 전쟁 기계를 돌아가게 한 수송 시스템이었다. 이런 측면에서 전략폭격조사국은 거의 지나가는 대목에서 폭격의 우선 대상들이 철도망이었다면 그런 공격들이 "매우 신속한 항복을 가져왔을 수도 있다"라고 믿을 만한 충분한 이유가 있다고 도발적으로 추측했다.[55]

❖ ❖ ❖

민간인에 대한 고의적 표적화를 "비인간적 야만성"(1939년 루스벨트 대통령의 표현)이라고 규탄한 것으로부터 1943년에 이르러 이를 현실주의의 정수로 끌어안기까지, 이러한 심리적·도덕적 비약은 "재래식" 대량살상무기로부터 핵폭탄으로의 기술적 비약만큼 그 나름대로 커다란 변화였다. 그 같은 비약적인 변화가—당시와 이후에도—딱히 대중적 주목을 받지 않았다는 점은 놀랍지 않다. 애국적인 피범벅은 언제나 도덕적 자기반성을 압도하며, 파격적인 대량 파괴는 점증하는 대혼란보다 더 매혹적인 법이다. 1945년 5월 30일 자《뉴욕타임스》의 한 무심한 기사가 암시하는 대로, 일본을 상대로 한 전쟁이 최종 국면에 접어들 무렵이면 인구 최대의 도시 한 곳을 "지워 버리고"(잘못) 추산된 일본 민간인 100만 명이나 200만 명을 죽이는 것쯤은 도덕적 공분을 불러일으키기는 고사하고 마땅히 1면 표제를 장식하거나 논설에서 주목을 끌지도 못했다. 전쟁이 끝나고 발행된 첫 호를 "대일본 공중전"에 관한 특집 기사로 장식한《포춘》편집장은 대일본 공중전이 전쟁 방식의 새 시대를 열었으며 원자폭탄은 그 새 시대의 화룡점정일 뿐이라고 주장했다. 그에 따르면 이 전쟁은 "정해진 절차에 따라 도시들을 차례차례 일소해 버리는 것"으로 특징지어지는 "공중에서의 최초 무제한전"이었다.[56]

하지만 히로시마와 나가사키에 선행한 전쟁행위적법성 관념 자체에 대한 심대한 도전이 비록 많이는 아니라 해도 독일과 일본의 침략에 맞선 전쟁에 참여한 일부 사람들을 괴롭혔다는 조용한 사실도 그만큼 주목해 볼 만하다. 그러한 비판적 사고는, 필리핀에서 맥아더의 정보부장이었던 보너 펠러스 장군의 내부 메모에서 드러나듯이 보통은 비공개 의견 교환에 국한됐다. 1945년 6월 17일—공교롭게도 일본 58개 제2도시에 대한 폭격 작전이 시작된 바로 그날—에 작성된 펠러스의 메모는 미국의 공중전을 "전 역사를 통틀어 가장 무자비하고 야만적인 비전투원 살해 가운데 하나"라고 규정했다.[57]

반세기도 더 지나서 당시 르메이 장군 휘하의 젊은 폭격 전략 계획가 중 한 명은 일본 도시들에 대한 전면적 소이탄 폭격을 무정하게 기획한 장본인조차도 그 행위의 법적·도덕적 모호성을 민감하게 의식하고 있었음을 시사했다. 아카데미상을 수상한 다큐멘터리영화(〈전쟁의 안개(The Fog of War)〉)에서 로버트 맥너마라(Robert McNamara, 베트남전쟁 시기에 국방장관을 지냈다)는 전쟁이 끝난 직후 자기 상관이 무슨 생각을 했는지를 떠올리며 이를 그 자신의 회고적 반추의 맥락 속에 위치시켰다.

르메이는 "우리가 전쟁에서 졌다면 우린 전부 전범으로 처형됐을 거다"라고 말했는데 그 말이 맞아요. 그는—그리고 제 생각엔 저도—전범처럼 했죠. 르메이는 자신이 하는 일이 만일 우리 편이 진다면 비도덕적으로 여겨질 것이라는 점을 인식하고 있었습니다. 하지만 당신이 전쟁에서 지면 어떤 행위를 비도덕적으로 만들고, 반대로 전쟁에서 이기면 그렇지 않게 만드는 건 대체 뭡니까?[58]

맥너마라의 수사적 질문에 대한 대답은 멀리서 찾을 필요가 없다. 승자는 역사책을 좌지우지하며 도덕적 규범도 다시 쓴다.

9장

"세계사에서 가장 끔찍한 폭탄"

그라운드제로, 1945

1945년 8월에 이르자, 일본 도시 중 극소수만이 B-29기와 그것들이 하늘에서 쏟아 내는 불의 비를 모면했다. 외관상의 그런 행운은 기만적이었다. 일본의 폭격 지점을 선정하는 것은 유럽의 경우처럼 대체로 전선의 계획가들에게 맡겨졌지만, 일본 본토를 상대로 한 공중전에는 한가지 커다란 예외가 있었다. 르메이 장군 휘하 폭격기 편대들은 긴 "제2차" 표적 목록에서 여러 도시를 빠트렸다. 이 도시들은 질적으로 새로운 수준의 테러를 위해 따로 떼어 둔 것이었다.

새로운 수준의 테러는 원자폭탄이었고, 신무기를 쓸지 말지와 어떻게 쓸지를 결정한 극비 "임시위원회[Interim Committee, 핵에너지 문제와 관련하여 대통령에게 자문하기 위해 1945년에 구성된 고위급 비밀 위원회. 특히 원폭 사용과 관련한 의사결정에 지대한 영향을 미쳤다]"에서 잠재적 표적으로 선정한 도시는 교토, 히로시마, 고쿠라(小倉), 니가타 (新潟)였고, 뒤늦게 나가사키도 포함됐다. 교토―일본의 고도이자 일본 최고의 종교적·문화적·건축적 보물을 다수 간직한 사적지―는 헨리 스팀슨 전쟁장관의 권유로 나중에 목록에서 제외됐다. 스팀슨은 1920년대 에 교토를 방문하여 그곳에 매료됐고, 일본인들의 의식 속에 성소로 자리 잡은 도시를 공격했다가 거센 저항을 불러일으키고 반미 정서만 굳히 는 역효과를 낳지 않을까 걱정했다. 완강한 반대에 부닥친 스팀슨은 트루먼 대통령에게 이 문제를 직접 가져감으로써 교토를 표적 목록에서 제거하는 주장을 관철해 냈다.[59]

미국은 7월 16일 뉴멕시코 앨라모고도 사막에서 세계 최초로 핵실험에 성공했다. 트루먼은 독일 포츠담에서 영국과 소련 지도자들을 만나 전후 유럽의 미래와 일본과의 계속되는 전쟁 수행을 논의하던 중에 이 소식을 들었다. 8월 초에 이르자, 미 군부는 두 가지 상이한 동위원소(우라늄 235와 플루토늄 239)의 핵분열을 토대로 한 핵폭탄 2기를 보유했다. "리틀보이(Little Boy)"라는 별명의 우라늄폭탄은 8월 6일 오전 8시 15분―많은 사람이 일하러 가거나 다른 오전 활동을 위해 집을 나서는 시각과 일치했다―에 히로시마 상공에서 낙하산으로 투하됐고, 폭발이 최대한 피해를 입힐 수 있도록 대략 지상 500미터 높이에서 터지도록 맞춰졌다. 폭심에서 방출된 열기는 화씨 5400~7200도 사이(섭씨 3000~4000도 사이)였다. 고열에 불타서 희생자 수만 명이 즉사한 것 외에도 폭발 반경 3킬로미터 이내의 사람들은 심각한 섬광화상을 입은 한편, 4.5킬로미터 반경 이내의 사람들은 그보다 덜한 화상을 입었다. 피해 지역 전역에서 동시다발적으로 불길이 치솟아, 몇 시간 동안 지속 48~64킬로미터에 달하는 "열풍"이 유입되며 3월 9일 도쿄를 초토화한 것에 비견될 만한 불 폭풍을 일으켰다.

사흘 뒤에 상공에 짙은 구름이 끼어서 고쿠라가 두 번째 원자폭탄[동 글납작한 모양 때문에 또 통통한 처칠 총리를 닮은 것을 장난스럽게 암 시하는 차원에서 "팻맨(Fat Man)"이라는 별명이 붙은] 표적에서 제외된 대신 나가사키가 피폭됐다. 이번 폭탄은 오전 11시 2분에 투하됐고, 계 획한 폭심에서 북서쪽으로 대략 3킬로미터 떨어진 거리에 떨어졌다. 팻 맨은 나가사키 내 우라카미(浦上)라는 구역의 고도 455미터 부근에서 터졌고 폭발 반경과 뒤이은 화재는 주변 언덕에 국한됐다. 불은 히로시 마에서보다 덜 맹렬했고, 전파(全破)의 반경도 더 좁았다. 나가사키 폭 탄이 우라카미의 가톨릭 성당 가까이에서 터졌고, 히로시마 폭탄은 대형 병원 바로 위에서 터졌다는 사실에서 어떤 상징성을, 적어도 원하는 사 람들은 읽어 낼 수 있었다.[60]

두 핵무기가 야기한 피해에 대한 전후 초창기 추정치는 각 표적 지역 의 "제로 지역"에서의 파괴 규모와 관련해서는 정확했다. 히로시마에서 는 대략 11.4제곱킬로미터에 해당하는 면적이, 나가사키에서는 4.7제곱 킬로미터에 해당하는 면적이 완전히 폐허가 됐다. 하지만 사망자 수는 대단히 과소평가됐다. 일본 측이 제공한 집계 자료에 의존해 미국전략폭 격조사국은 1946년 6월에 "히로시마 사망자 수는 7만~8만 명이며 같은 수가 부상당한 것으로 추정된다. 나가사키에서는 3만 5000명 이상이 사 망하고, 그보다 약간 더 많은 숫자가 부상당했다는 것이 가장 개연성 있 는 추정치다"라고 설명했다. 향후 무수한 출판물에서 우려먹는 이 초창 기 집계 수치는 도쿄에 대한 1차 소이탄 공습이 원자폭탄보다 더 많은 사람을 죽였다는 끊이지 않는 오도성 주장의 배후에 자리 잡고 있다. 일 반적으로 받아들여지는 더 최근의 추정치는 1945년 말까지 사망한 희생자 대다수를 포함하여 히로시마 사망자 수를 13만~14만 명으로 잡고, 나가사키의 사망자 수를 7만 5000명으로 잡는다. 대체로 책임감 있는(하지만 설득력은 덜한) 일부 통계자료는 두 원자폭탄에 의한 사망자 총수를 히로시마의 경우는 25만 명, 나가사키는 14만 명까지 잡기도 한다. 대단히 높은 이 마지막 추정치들은 두 도시 인구의 대략 절반에 해당한다.[61]

얼마나 많은 남녀 어른과 어린이가 목숨을 잃었는지 우리는 앞으로도 영영 모를 것이다. 사람들이 도시에서 소개하고 병력이 그곳으로 들어가거나 거쳐 가는 일이 잦던 당대의 혼란을 고려할 때, 8월 초에 두 표적 도시에 실제 거주하던 인구수는 불분명하다. 주거지역과 그 일대가 완전히 파괴되어 한때 거기에 누가 살았는지 재구성해 볼 수 있는 문서 기록도 남아 있지 않다. 질병의 확산을 방지하기 위해 시신은 재빨리 처리되어야 했다. 일부 생존자들은 배우자, 자식, 이웃, 동료 들의 시신을 알아서 화장했다. 폭발 며칠 뒤에 모인 어린 학생들은 죽은 급우들이 다시 불이 붙은 채 으스스한 불길 속에서 사라지는 것을 지켜보았다. 사람들은 신원이 확인되지 않은 시신들을 수습하여 재빨리 거대한 화장단을 쌓은 뒤 불을 붙였다. 수년 뒤에 일부 생존자들은 이렇게 고의적으로 지른 두 번째 불길의 광경을 여전히 잊지 못했다. 특히 폐허가 된 히로시마를 멀리서 바라본 밤 풍경은 여기저기서 피운 화장용 모닥불에서 반짝이는 주황색 불빛이 점점이 박혀 있는 모습이었다. 이후에도 사람들은 계속 죽어갔지만, 반드시 원폭 피해자로 확인된 것은 아니다. 숨진 사람들의 일부 친척과 생존자들에게 그런 끔찍한 운명의 희생자로 지목됐다는 것은 감춰야 할 낙인이었기 때문이다.

사망자 대다수는 핵폭발에서 나온 섬광화상, 무너진 잔해를 비롯한

1945년 8월 그라운드제로

8월 6일 투하된 히로시마 폭탄은 대략 14만 명을 죽인 것으로 추정된다. 사흘 뒤 나가사키 폭탄—원래 목표 지점에서 얼마 떨어진 우라카미 지구의 가톨릭 성당 위에서 터졌다—에 의한 사망자 수는 약 7만 5000명이었다.

57. 히로시마 상공 위로 솟아오르는 버섯구름.

58. 황무지가 된 히로시마를 가로지르는 교차로.

59. 나가사키 상공으로 솟아오르는 버섯구름.

60. 나가사키 우라카미 성당 근처 핵 황무지.

2부 1945년의 그라운드제로와 2001년의 그라운드제로— 테러와 대량 살상

307

"2차 폭발 효과", 그리고 뒤이어 발생한 화재에서 발생했다. 전략폭격조사국의 임상의학적인 언어로는 "이 사람들 가운데 다수는 이론적으로 틀림없이 여러 번 사망했다. 사망자들은 여러 부상을 입었는데, 그중 어느 것이든 치명상이었을 것이기 때문이다". 절대다수 사망자가 폭발 이후 즉사하거나 몇 시간 내에 사망했지만, 또 다른 많은 피해자는 며칠, 몇 주, 몇 달씩 극심한 고통에 시달리다가 숨졌다. 처음에는 사실상 아무런 의료지원이나 심지어 연고, 의약품, 진통제도 없었고(대다수 의사와 간호사가 목숨을 잃었고, 의료시설도 대부분 파괴됐다), 이후로도 오랫동안 의료지원은 형편없이 부족했다. 원폭 관련 부상과 질병에 의한 사망은 이후 몇 년, 심지어 몇십 년에 걸쳐 이어졌다.

섬광화상 외에도 가장 독특한 사망 원인은 핵분열 과정에서 방출되는 감마선 노출이었다. 최초 폭발 당시 폭심 근처에 있다가 살아남은 생존자들 사이에서 방사능증(radiation sickness) 증상은 보통 2~3일 안으로 나타났다. 먼 거리에서 방사선에 노출된 사람들과 처음에는 아무런 해를 입지 않고 살아남은 것처럼 보이는 사람들은 1~4주가 지난 뒤에야 심각한 증상이 나타났다. 이러한 증상에는 고열, 구토, 설사, 각혈, 내장 출혈, 피가 섞인 소변 외에도 (전략폭격조사국의 약술에 따르면) "탈모, 잇몸 염증과 괴저, 구강과 인두(咽頭) 염증, 위장관 하부 궤양, 피부 조직이나 점막으로의 혈액 침투에서 기인한······검푸른 반점, 잇몸·코·피부에서의 대량 출혈" 등이 있었다. 부검 결과는 "백혈구 사실상 전무 및 골수 불량과 같은 혈액상(像)의 놀라운 변화를 보여 주었다. 목, 폐, 위, 장 내의 점막에서도 급성 염증이 보였다".

여러 해 뒤에 히로시마 피폭에서 살아남은 한 남성은 알 수 없는 병으로 죽어 가던 남동생의 임종 당시 얼굴을 그림으로 그렸는데, 사망 원인은 한참 뒤에야 방사능증으로 확인됐다. 죽어 가는 사람의 코와 입에서 피가 흘러나오고 베갯머리에는 피가 가득한 그릇이 있었다. 그림 아래 적힌 글은 폭탄이 투하됐을 때 동생이 방화선을 설치하기 위해 건물을 철거하고 있었고, 나중에는 원폭 참사 대응을 돕기 위해 불려 갔다고 설명했다. "그는 8월 20일에 돌아왔는데 잘 걸어 다니고 건강해 보였다. 하지만 8월 25일경부터 코피가 나고 머리카락이 빠지기 시작했고 온몸에 빨간 반점이 솟아났다. 동생은 8월 31일에 피를 토하다가 죽었다." 다른 생존자 수천 명도 그와 비슷한 가족의 초상화를 그릴 수 있었을 것이다.[62]

전략폭격조사국의 1946년 추정에 의하면 "전체 사망의 무려 15~20퍼센트 정도가 방사선에 기인했는데" 나중의 다른 자료들도 대체로 지지하는 추정치다. 그와 동시에 미국의 조사자들은 또한 "원폭에서 폭발과 화재의 효과가 전혀 없었다고 해도 그라운드제로에서 0.5마일(0.8킬로미터) 반경 내 사람들 가운데 사망자 수는 실제 사망자 수에 버금갔을 것이며, 1마일(1.6킬로미터) 반경 내 사망자 수는 실제 숫자보다 살짝 줄어들었을 것이다. 주요 차이는 사망 시점이었을 것이다. 실제 피해자 대다수처럼 즉사하는 대신 그들은 며칠이나 심지어 3~4주를 더 생존하다가 결국 방사능증으로 죽었을 것이다"라고 했다.

잔류방사선의 효과는 평가하기 어렵지만 원폭 투하 후 100시간 이내에 두 도시에 들어간 일부 사람들은 여기에 노출됐다고 볼 수 있다. 폭탄이 투하될 당시 히로시마는 날씨가 맑았고 나가사키는 흐렸지만 두 도시 모두 폭발로 인해 대기 상태가 바뀌면서, 치솟는 재와 낙진에 응축된 수분이 방사능 "검은 비"가 되어 내렸다. 이후 몇 년 사이에 나타난 이른바 방사능 중독의 지발(遲發, 뒤늦게 발생하는) 효과 및 여타 원자폭탄 관련 상해에는 백내장, 백혈병과 다발성골수종 같은 혈액암, 갑상선암, 유방암, 폐암, 위암, 침샘암, 악성림프종을 비롯한 악성종양이 있었으며, 이들은 통계적으로 이상 증가 양상을 나타냈다. 화상 피해자들은 종종 상처가 나으면서 켈로이드(keloid)라고 알려진 보기 흉하게 부풀어 오른 흉터가 남았다.

여타 원폭 효과들과 더불어 방사선은 생존자들의 생식력에도 영향을 미쳤다. 원폭 투하 직후에 히로시마 폭발 진원지 반경 1500미터 이내에 있었던 남성들은 정자 개수가 급감한 것으로 드러났다. 그보다 더 극명히 가시적인 것은 임신부와 배 속의 아기 들이 입은 피해였다. 조사국은 이를 다음과 같이 요약했다.

그라운드제로에서 3000피트(900미터) 범위 내에 있었던 다양한 단계의 임신부들 가운데 파악된 모든 사례가 유산했다. 6500피트(1900미터) 이내에 있던 임신부들까지 유산이나 조산을 겪었고 조산아는 태어난 직후 죽었다. 6500~1만 피트(3000미터) 반경에 있었던 임신부 집단 가운데 약 3분의 1은 정상아를 출산한 것 같다. 원폭 두 달 뒤에 도시 내 유산, 낙태, 조산 발생 건수는 정상적인 비율인 6퍼센트와 비교해 27퍼센트였다.

방사능 열폭발에 노출됐을 때 임신 18주 이내였던 여성 수십 명은 선천성기형아를 낳았다. 비정상적으로 작은 머리와 때로 지적장애를 동반하는 소두증이 원폭 당시 태내에 있었던 아이 약 60명에게서 관찰됐다. 이들은 청소년과 성년으로 자라나면서 폭탄의 항구적인 유산을 보여 주는 안타까운 상징들 가운데 하나가 됐다.[63]

10여 년이 지날 때까지 일본 안팎의 일반 대중은 신체가 영구적으로 손상되고 불구가 되거나 흉터가 남는 것이, 혈액이 방사선에 오염되지 않았을까 혹은 그런 방사선 중독에 노출됐다고 할 경우에 자식들과 아직 태어나지 않은 후손에게 유전되지 않을까 걱정하며 살아간다는 것이 어떤 것일지를 묻지 않았고 보거나 듣고 싶어 하지도 않았다. 원폭에 의한 심리적 트라우마와 희생자화의 사회적 낙인—원폭의 고통에 관한 일본 신조어들로 때로 "정신의 백혈병"이나 "마음의 켈로이드"라고 일컬어진—은 계량할 수 없는 것이었다. 많은 생존자가, 사랑하는 이들을 비롯해 너무도 많은 주변 사람이 아무런 도움을 받지 못한 채 숨진 반면 자기들만 살아남았다는 지속적인 죄책감에 시달렸다. 많은 이의 1945년 8월 이후의 삶에 정신의학자 로버트 제이 리프턴(Robert Jay Lifton)이 나중에 특징적으로 규정한 "죽음과의 영구적인 조우"가 뒤따랐다.[64]

제로를 예상하기

이런 임상의학적 방식으로 묘사된 원자폭탄이 인간에게 초래한 결과들은 거의 초자연적일 만큼 악의적으로 보인다. 그 결과들은 사전에 상상될 수 있었고, 기이할 만큼 감정이 분리된 방식으로 실제로 상상됐다. 예를 들어 원폭 투하 임무에 선발된 탑승원들을 훈련시키기 위해 1944년에 수립된 제509혼성비행단(The 509th Composite Group)은 대단히 높은 고도(3만 피트, 즉 9킬로미터 안팎의 상공)에서의 정밀폭격에 초점을 맞췄고, 어느 설명에 따르면 사막에 리틀보이와 팻맨 [비핵] 시험 장치 155개를 투하했다. 또 기체에서 폭탄을 방출한 뒤 예상되는 원자폭탄의 폭발 기류에 휩쓸리지 않도록 급격하게 선회하는 비행 기술을 완벽하

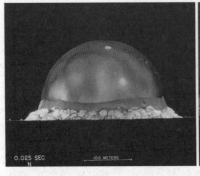 

61. 트리니티 시험, 폭발 0.025초 후 불덩이　　**62.** 폭발 0.09초 후 불덩이

게 연마하기 위해 무수한 시간을 훈련에 할애했다. 예상 위험 지역은 폭발 8킬로미터 반경 이내였고, B-29기의 목표 "이격거리(distance-away)"는 그 두 배였다.

　새로운 폭탄을 시험할 준비가 되기 두 달 전인 5월 중순에 "맨해튼계획(Manhattan Project)"의 과학 감독으로 미 육군의 후원하에 그 무기를 비밀리에 개발했던 J. 로버트 오펜하이머(J. Robert Oppenheimer)는 다른 방향에서 폭격기 탑승원만이 직면할 수 있는 특별한 위험을 다루었다. 오펜하이머가 "장치(The Gadget)의 방사선학적 영향들에 관해" 군사계획가들에게 발표한 내용은 회의록에 다음과 같이 요약되어 있다. "(1) 방사선학적 이유에서 어떤 항공기도 기폭 지점으로부터 2½ 마일(4킬로미터)보다 더 가까이 있어서는 안 되며(폭발 기류상의 이유로 거리는 그보다 더 멀어야 한다) (2) 항공기는 방사능물질 구름을 피해야 한다." ("장치"는 프로토타입 폭탄에 널리 쓰이는 암호명이었다.) 나중에 다른 기회에 오펜하이머는 임시위원회에 방사능이 "최소 3분의 2마일(1.07킬로미터) 반경 이내에……위험할 것"이라고 알렸다.[65]

63. 폭발 2초 후 생성 중인 버섯구름　　　**64. 폭발 10초 후 버섯구름**

　　폭격기 탑승원들의 안전과 관련한 이러한 세심한 대비책은 7월 중순 뉴멕시코주 사막에서 실시된 트리니티 시험에서도 이어져, 150명 안팎의 군 장교와 과학자 들은 그라운드제로에서 14.5킬로미터 떨어진 "베이스캠프"에 마련된 길이 7.5미터, 깊이 1미터, 너비 2미터의 개인용 참호에서 폭발을 관찰했다. 관제 센터를 비롯해 가장 근접한 관측점은 폭탄이 설치된 30미터 높이 철제 탑에서 9100미터 이상 떨어져 있었고, 두텁게 쌓인 지층 아래 판 시멘트 강화 대피호들이었다. 무려 32킬로미터 떨어진 곳의 관측자들조차도 "제로(폭파 순간)까지 2분"을 알리는 사이렌 소리가 들리면 "즉시 땅바닥에 엎드려 머리를 그라운드제로 반대편으로 두고 얼굴과 시선을 아래로 향하라"라는 지시를 들었다. 그들은 눈부신 최초의 섬광 이후에 펼쳐지는 스펙터클을 볼 수 있게 용접공들이 쓰는 짙은 색안경을 지급받았고, 비산하는 파편에 해를 입지 않도록 폭파 이후 2분 동안은 계속 납작 엎드려 있으라는 말을 들었다. 폭발 기류로 인해 유리창이 산산이 깨지지 않도록 반드시 자동차 창문을 열어 놓아야 한다는 지시도 받았다.

트리니티 폭심으로부터 1.6킬로미터 반경 이내에 있는 모든 생명체는—파충류, 동물, 곤충까지 빠짐없이—절멸했고, 폭발 당시 밤하늘을 가른 눈부신 빛은 일시적인 실명을 야기할 만큼 강력했다(히로시마와 나가사키 폭격 임무에 선발된 대원들이 티니언섬에서 실제 임무에 관해 처음으로 브리핑을 들었을 때—한 항공병이 기록한 대로—핵실험 당시 "32킬로미터 떨어진 곳에 위치한 텐트에 앉아 있던 병사가 섬광에 실명했다"라는 무서운 경고와 함께 특수 편광 고글을 지급받았다). 그러니까 원자폭탄의 개발과 사용을 계획하고 그 계획을 실행했으며, 그 과정에서 대량 살상의 새 시대를 연 미국과 영국, 그리고 유럽에서 망명해 온 엘리트 과학자 집단은 비록 색안경으로 보호한 상태이긴 했지만 두 눈을 빤히 뜨고 그렇게 했던 것이다. 자신들이 정확히 누구를 죽이는 것인지 그리고 그 살육이 실제로 얼마나 아무렇지도 않게 이루어지고 얼마나 클 것인지를 상상해 보는 일에만은 눈을 감은 채로. 후자에 관해서 오펜하이머는 폭탄 한 기로 인해 어쩌면 일본인 사망자 2만 명이 발생할 것 같다고 약소하게 추측했다.[66]

하지만 그와 동시에 과학자들도 포함하여 미국과 영국 지도자들은 세계를 뒤흔드는 파국을 초래할 신무기의 잠재력을 즉시 알아차렸다. 히로시마와 나가사키가 폭탄 단 한 기만으로 막대한 양의 폭탄을 실은 비행기 수백 대가 필요했던 이전 일본과 독일 공습들만큼 도시 하나를 철저하게 파괴할 수 있다는 사실을 확인시켜 주기 전에, 파괴의 현장을 직접 보는 것은 고사하고 가루가 된 두 일본 도시에서 흔적도 없이 지워져 버린 "제로 지역들"의 항공촬영사진을 누가 보기도 전에, 전략폭격조사국이 "히로시마와 나가사키에 원자폭탄이 초래한 효과들"에 관해 영향력 있는 보고서를 내놓기도 전에, 전문가들이 리틀보이가 일반적인 고성능

폭탄보다 사망과 부상을 초래하는 데 6500배 효율적이었다는 "표준화 사상률" 계산 결과를 내놓기 전에, 이 가운데 어느 것도 일어나기 전에 이미 묵시록적인 언어는 전쟁 관련 논의에 들어와 있었다.[67]

예를 들어, 7월 16일 실험에 관한 목격자 보고에서 토머스 패럴(Thomas Farrell) 준장의 생각은 즉각적으로 신과 어떤 한계를 넘어섰다는 생각, 파멸의 심판으로 향했다. "길게 이어지는 무시무시한 굉음은 최후의 심판을 경고하며 우리 하찮은 존재들이 불경하게도, 여태까지 전능한 신에게만 허용된 힘들을 감히 건드렸다는 점을 일깨웠다." 하버드 대학교 화학자이자 폭발물 전문가인 조지 키스티아코우스키(George Kistiakowsky)도 동일한 이미지에 사로잡혀, 트리니티의 장관을 "인간이 상상할 수 있는 심판의 날에 가장 근접한 것"이라고 묘사했다. 실험을 참관한 유일한 저널리스트는 키스티아코우스키가 "세계의 종말에—지구 멸망 1000분의 1초 전에—최후의 인간이 보게 될 광경이 방금 우리가 목격한 것"이라고 말했다고 기록했다. 실험이 성공했다는 소식이 포츠담에 닿았을 때 처칠은 그 신무기를 "진노의 재림"이라고 표현했다. 트루먼도 소감을 피력하기 위해 그와 비슷하게 성서적 예언에 의지했다. 7월 25일, 포츠담회담 동안 손에 잡히는 종이에 급하게 휘갈겨 쓴 일기에서 대통령은 "세계 역사상 가장 끔찍한 폭탄을 찾아냈다. 그것은 노아와 전설의 방주 이후에 유프라테스강 계곡 시대에 예언된 불의 파괴일지도 모른다"라고 적었다.[68]

오펜하이머도 전례 없는 수준의 대량 학살로 나아가는 문을 열었을 때 자신과 동료들이 느낀 바를 적절하게 표현하기 위해 최후의 심판에 관한 고대 신학을, 이 경우에는 힌두 신화를 소환했다. 그는 파괴적인 원자력을 이용하는 기분이 어땠는지 설명해 달라는 질문에 "우리는 세상이 예전과 더는 똑같지 않을 것임을 알고 있었다"라고 술회하며 다음과 같은 유명한 말을 남겼다. "몇몇 사람은 웃었고 몇몇 사람은 울었고 대다수 사람은 말이 없었다. 나는 힌두 경전 『바가바드기타』에 나오는 글귀를 떠올렸다. 거기서 비슈누는 자신의 의무를 다해야 한다고 왕자를 설득하려고 한다. 그는 왕자의 마음을 움직이려고 팔이 여럿 달린 형태로 변신하면서 말한다. '나는 이제 세계의 파괴자인 죽음이 되었노라.' 우리 모두가 이런저런 식으로 그렇게 생각했던 것 같다."[69]

죽음이 되기

그러한 묵시록적 비전들에도 불구하고 죽음이 되는 데 투신한 정책결정자, 과학자, 군 관계자 들은 그 심판의 날의 비전들을 완곡어법의 의상과 위안이 되는 부정의 고치로 감싸고 완화했다. 그들은 그 파괴적인 신무기를 사용하지 않는 것을 한 번도 진지하게 고려하지 않았다. 어머니들을 숯덩이로 만들거나 심지어 아직 태어나지도 않은 아이들을 방사선에 노출시킬 수 있다는 것에 관해 이야기하지도 않았다. 그들은 많은 하위직 과학자가 대체 표적을 논의해야 한다고 촉구했음에도 불구하고 그 논의를 제쳐 놓았다. 또 첫 번째 핵무기를 사용한 다음에, 넋이 나간 일본 지도자들이 반응할 시간을 주기 위해 두 번째 폭탄을 투하하기 전에 충분히 기다려야 하는지에 관해서도 진지하게 고민하지 않았다. 그런 고민들을 하는 대신 이론과학자, 무기 설계자, 폭탄 제조자, 전쟁계획가 들은 히로시마와 나가사키 이전에 64개 도시를 초토화한 포화 폭격 작전을 수행하는 과정에서 이미 고광택으로 윤색된 편안하고 가식적인 언어를 채택했다.

임시위원회는 4월 말에 이르자, 원자폭탄 예상 표적지 선정을 위한 기준을 수립했다. 이 작업은 르메이의 일본 "제2차" 도시 소이탄 폭격 작전보다 몇 달 먼저 이루어졌지만, 핵무기 투하에 적절한 대상을 결정하는 데 고려되는 우선 사항들 역시 소이탄 폭격의 경우와 별로 다르지 않았다. 맨해튼계획의 핵심 군 조정관인 레슬리 그로브스(Leslie Groves) 장군이 재차 정리한 대로 표적 지점들을 선정하는 데 "지배적인 요인" 은 "그곳이 전쟁을 계속해 나갈 일본 국민들의 의지에 가장 악영향을 주는 장소여야 한다"라는 것이었다. 사령부의 존재나 병력 집결지, 군수산업 같은 형태의 군사적 고려들은 부차적이었다. 이 모두를 아우르는 것은 빈틈없는 실험에서 결코 빠지지 않는 실용적인 단서 조항이었다. 즉 표적 도시는 "폭탄의 위력을 더 확실하게 파악할 수 있도록" 여태까지 폭격을 받은 적이 없고, "원폭의 피해가 그 지역 내에 국한되는 규모여야 한다"라는 것이었다.[70]

트루먼을 군사 계획가들과 이어 주는 주요 연결 고리이자 도덕적 쟁점들을 진지하게 고민함으로써 널리 칭송받는 인물이던 스팀슨 전쟁장관은 이 특이한 회피성 추론의 훌륭한 사례를 제공한다. 5월 31일에 그는 임시위원회가 "일본인들에게 사전경고를 절대로 해서는 안 된다. 민간인 거주지역에〔공격을〕집중해서도 안 된다. 하지만 가능한 한 많은 주민에게 심대한 심리적 효과를 끼치도록 해야 한다"라는 결론에 도달했다고 적었다. 스팀슨은 또 다른 임시위원회 위원이자 1933년부터 하버드대학교 총장을 지내고 있던 제임스 코넌트(James Conant)의 "가장 바람직한 표적은 다수의 노동자를 고용하고 있으며 주변이 노동자 주택들에 둘러싸인 핵심 군수공장"이라는 제안에 동의했다. 보스턴 브라민

〔Brahmin, 주로 미국 북동부 사회·문화 엘리트층〕들과 상아탑의 지식인들—그리고 임시위원회의 회의 탁자에 둘러앉은 여타 모든 정치가—은 역사상 가장 치명적 무기로 블루칼라 인구 밀집 지역을 겨냥하는 것과 "민간인 거주지역에 집중해서는 안 된다"라는 주장 사이에 모순을 보지 못했던 모양이다.[71]

바로 그러한 수사학적 곡예를 통해서—카이 버드(Kai Bird)와 마틴 셔윈(Martin Sherwin)이 "대단히 섬세한 완곡어법"이라고 멋지게 지적한 것과 제라드 드그루트(Gerard DeGroot)가 "테러 폭격이 영 불편한 이들의 죄책감을 덜어 주기 위한 겉치레"라고 특징지은 것을 통해서—고의적인 민간인 표적화를 부정하면서 두 인구 밀집 도시를 일소해 버리는 결정이 내려졌다. 이 사안에 관한 스팀슨의 일기 내용과 그가 일상에서 표명한 생각들은 그의 더 공식적인 공개 발언만큼이나 배배 꼬여 있었고, 그가 세계의 파괴를 계획하는 동안 탐닉한 허황된 공상은 그의 상관에게까지 전이됐다. "세계 역사상 가장 끔찍한 폭탄"을 소유하게 됐다고 쓴 같은 7월 25일 자 "포츠담 일기"에서 대통령은 또한 다음과 같이 썼다.

이 무기는 지금부터 8월 10일 사이에 일본을 상대로 사용될 예정이다. 나는 전쟁 장관 스팀슨 씨에게 여자와 아이가 아닌 군사적 목표물과 육해군 병사가 표적이 되도록 사용하라고 말했다. 비록 일본인들이 가차 없고 무자비한 광신적 야만인들이라 해도 세계의 지도자로서 우리는 인류 공통의 복지를 위하여 이 끔찍한 폭탄을 옛 수도나 신수도[즉 교토나 도쿄]에 떨어트릴 수 없다.

그와 나는 한뜻이다. 공격 대상은 순수하게 군사적인 표적일 것이며 우리는 일본인들에게 항복하여 목숨을 구하라고 경고하는 진술을 발표할 것이다. 그들이 항복하지 않을 것이라 확신하지만 기회를 주어야 한다. 히틀러나 스탈린 무리가 이 원자폭탄을 발견하지 않은 것은 확실히 이 세상에 좋은 일이다. 이것은 여태까지 발견된 가장 끔찍한 것 같긴 하지만 가장 유용한 것이 될 수도 있다.[72]

7월 26일 미국, 영국, 중국은 포츠담선언에서 일본 정부에 무조건항복에 해당하는 조건을 수용하지 않으면 "신속하고 철저한 파괴"에 직면할 것이라고 경고했다. 이 정도가 "경고성 진술"이었고, 그 막연함은 실상 5월 31일 임시위원회의 경고 불가 결정과 일치했다. 하지만 가장 놀라운 것은 핵무기의 공격 대상을 "순수하게 군사적"인 것이라고 규정하고 여자와 아이를 배제한 것이었다. 히로시마 원폭 투하 직후 트루먼은 라디오방송에서 공격 대상을 고집스레 "군사기지"라고 묘사하며 "이 첫 번째 공격에서 우리는 가능한 한 민간인 살상을 피하고 싶었기 때문"이라고 설명했고, 훗날 회고록에서 히로시마를 유사하게 "최고의 군사적 중요성을 띤 전시 생산 중심지"라고 묘사했다.

대통령의 일기가―더 일반적으로 폭탄 전략 계획가들의 협의들과 나란히―암시하는 바는 이 신화 만들기가 의식적인 사실 호도 이상이었다는 점이다. 그것은 자기기만, 심리적인 회피 그리고 이른바 전략적 공중전 전반에 거의 필연적으로 동반되는 도덕적 얼버무림의 관점에서 더 잘 이해될 수 있다(트루먼의 "포츠담 일기"는 대통령의 일상적 생각들을 즉석에서 기록한 것으로, 포츠담회담을 수행한 하급 직원의 서류 속에 수십 년 동안 묻혀 있다가 뒤늦게 연구자들에게 알려졌다). 자신과 나라의 정의로운 대의에 대한 신념, 그리고 어느 정도는 개인적으로 제정신을 유지하기 위해, 현대전이 어느 지경까지 이르렀는지 진정으로 두 눈을 부릅뜨고 부단히 상상하는 능력을 차단할 필요가 있었다.[73]

다른 일본 대도시들과 마찬가지로, 히로시마와 나가사키는 부정할 수 없을 만큼 군사적 활동에 개입되어 있었다. 군수공장과 주둔 병력 외에도 히로시마에는 특히 주요 지휘 본부가 있었고, 중국 대륙과 남방으로 떠나는 병사들이 승선하는 출발점이었다. 하지만 1945년 8월에 이르면—일본 해군 선박과 상선 들은 해저에 가라앉아 있고, 오키나와는 연합군의 수중에 있으며, 일본 본토는 외부의 자원들로부터 차단되어 있고, 크고 작은 58개 "제2의" 도시는 소이탄 폭격으로 이미 가루가 됐고, 일본 지도부는 출구 전략을 모색하고 있다고 알려진 그때에 이르면—이두 공격 대상을 관습적인 의미의 "군사적 목표물"로 거론하는 것은 무의미했다. 두 도시는 심리전의 표적, 다시 말해 "다른 구실하에" 자행되는 완전히 새로운 수준의 테러 표적이었다.

전략폭격조사국이 표현한 대로 "두 공습은 전 일본을 상대로 한 사건이자 그렇게 의도됐다. 연합국은 히로시마와 나가사키 주민만이 아니라 일본 국민들과 지도자들의 투쟁심을 꺾으려고 애쓰고 있었다". 오펜하이머는 사후에 동일한 결론에 도달했으며 자신이 맨해튼계획에 기여함으로써 불러들인 세계를 숙고하면서 한층 더 강한 어조로 표현했다. "원자무기 사용의 패턴은 히로시마에서 정해졌다"라고. 그는 전쟁이 끝난 뒤 넉 달도 지나지 않아 다음과 같이 썼다. "그것은 공격, 기습, 테러의 무기다. 혹여 다시 사용된다면 그때는 수천 개 어쩌면 수만 개가 사용될 수도 있다. 폭탄의 전달 방법은 다를 것이고, 새로운 요격 가능성들을 반영할 수도 있으며, 사용 전략은 본질적으로 패배한 적을 상대로 했을 때와 다를 것이다. 하지만 그것은 공격자들을 위한 무기이며, 기습과 테러의 요소는 핵분열성 원자핵만큼이나 거기에 내재되어 있다."[74]

트루먼은 퇴임 후에 평이한 화법과 상식으로 종종 과찬에 가까울 만큼 칭송을 받았다. 그렇게 실용주의적인 사람이, 치열한 전쟁의 와중에 막강한 권위를 행사하는 지위에서, 하루는 인구 밀집 도시들을 표적으로 삼는 것을 승인했다가 또 하루는 끔찍한 신무기를 두고 구약성서에서 예언된 불의 파괴를 언급하고, "여자와 어린이"는 피해에서 대체로 제외될 것이라고 여전히 상상했었다는 사실은 심리전이 어느 정도까지 심리적 부정과 망상으로부터 떼려야 뗄 수 없게 됐었는지를 증언한다.

전쟁 종식과 미국인의 목숨 구하기

부정과 망상은 두 일본 도시를 깡그리 파괴해 버리기로 한 결정에 관한 주류의 분석을 당연히 지배하는 분명하고 구체적인 우려와 나란히 갔다. 즉 전쟁을 빨리 종식하고 미국인의 목숨을 구해야 한다는 생각 말이다. 9월 11일 이후에 이러한 걱정에 대한 유비는 비록 아이러니하긴 해도 똑같이 강력했다. 1945년 8월에 표명된 목표는 역사상 가장 끔찍한 대량살상무기를 투하함으로써 미국인의 목숨을 구한다는 것이었다. 9·11 이후의 목표는 히로시마와 나가사키에 투하된 폭탄의 후예가 비국가 혹은 국가 후원 테러리스트들에 의해 사용되는 것을 막음으로써 미국인의 목숨을 구한다는 것이었다.

원폭을 투하해 본토를 침공하지 않고 일본의 항복을 재촉함으로써 얼마나 많은 미국인의 목숨을 구했는가는 일본이 항복한 뒤로 줄곧 치열한 논쟁거리였다. 트루먼은 회고록 어느 대목에서 사상자를 50만 명으로 예상했다고 밝히고, 또 어느 대목에서는 [본토 침공 시] 사망자를 50만 명으로 예상했다고도 밝힌다(사망자 수와, 생명에는 지장이 없는 다양한 정도의 부상자 수, 그리고 질병이나 전투 스트레스에 의한 심리적 장애 같은 비전투 사상자 수는 전시 예측에서 뭉뚱그려지거나 혼동되기 쉬우며, 전후 회고에서는 더욱 그렇다). 여러 해 뒤에 컬럼비아대학교에서 열린 공개 담화에서 그는 평소답게 자신은 원폭 투하 결정에 관해 두 번 생각하지 않았다고 감연히 주장하며 원폭으로 구한 목숨에 관해 심지어 더 큰 예상 수치를 제시했다. 그는 "그것은 의로운 무기고에서 나온 또 다른 무기일 뿐이었고, 수백 만의 목숨을 구했다…… 전쟁을 끝내기 위한 순전히 군사적 결정이었다"라고 단언했다.[75] 처칠은 사후(事後)에 어느 땐가 원자폭탄이 연합군 120만 명의 목숨(그 가운데 100만 명은 미국인)을 구했다고 주장하며 절찬을 받은 제2차세계대전사 마지막 권에서 특유의 달변으로 원폭 투하를 정당화했다. "몇 차례 폭발을 대가로 압도적 힘을 과시함으로써 방대하고 끝없는 살육을 방지하고, 전쟁을 끝내고, 세계에 평화를 가져오고, 고통받던 세계 여러 국민에게 치유의 손길을 얹는 것은 그간의 모든 위험과 고역을 생각하니 구원의 기적처럼 보였다."[76]

원폭 투하 결정에 개입한 다른 참여자들도 비슷하게 태평양전쟁에서 늘어만 가는 인적 희생과 일본 본토 침공에서 예상되는 미군의 막대한 인명 손실에 대한 우려를 강조했다. 책임감 있는 군 지도자나 민간 지도자 누구도 달리 생각할 수는 없었을 것이다. 1947년 《하퍼스(Harper's)》에 실린 널리 논의된 글에서 항상 성찰적인 (하지만 항상 일관적이거나 생각을 숨김없이 밝히는 편은 아닌) 스팀슨 전 전쟁장관이 말한 대로였다. "내 주요 목적은 내가 일으키는 데 일조한 군대가 인명 손실을 최소한으로 하여 전쟁을 승리로 끝내는 것이었다."[77] 전직 육군참모총장이자 자신만의 곧은 도덕적 원칙으로 흠모를 받은 또 다른 군 지도자인 조지 마셜도 오키나와에서 목격한 일본의 맹렬한 항복 불가 정책을 떠올리며, 이를 처참한 도쿄 공습과 뒤이은 무수한 시가지 소이탄 폭격 이후에도 꿋꿋해 보이는 일본의 사기와 짝지었다. 그는 "그러므로 할 수만 있다면" 원자폭탄을 이용하여 "그들을 충격에 빠트려 행동에 나서게 하는 것이 꽤 불가피한 듯했다"라고 회고했다. "우리는 전쟁을 끝내야만 했다. 우리는 미국인의 목숨을 구해야만 했다."[78]

이런 발언들은 사후의 합리화가 아니었으며, 일본의 광적인 항복 불가 정책을 오독했다는 걸 뜻하지도 않는다. 일본 지도자들은 1944년 중반 사이판에서 시작되어 이오섬과 오키나와로 이어진 자살에 가까운 항전들이 연합국으로 하여금 완전한 승전을 추구할 생각을 버리고 모종의 타협적 평화를 모색하도록 설득해 주길 바랐다. 본질적으로 도쿄의 군벌은 애초에 그들이 진주만공격에 나서게 만든 적의 심리적 나약함과 우유부단에 관한 희망적 사고에 여전히 사로잡혀 있었다. 히로히토 천황은 1945년 초에 전쟁을 끝내야 한다는 충고를 무시하면서 대신 오키나와 총력 방어를 지지하는 신료들에게 힘을 실어 주었고, 일본 수뇌부는 오키나와 방어전을 통해 일본이 기꺼이 최후까지 싸울 것임을 미국이 확신하게 될 것이라는 희망을 품었다(결정적 전투에 대한 비전은 적이 해상에서 단 한 차례 결전으로 사기가 완전히 꺾이고 패배할 수도 있다는 앞선 일본 "전함 제독들"의 잘못된 믿음을 연상시킨다). 결호작전(決号作戰, 말 그대로 결정적 작전이라는 의미)이라는 암호명이 붙은 일본 본토 방어기본계획은 4월 초에 승인되어 현장 지휘관들에게 배포됐다. 이것은 침공 함대에 맞선 가미카제 공격을 비롯해 상륙 교두보에서의 치열한 군사적 저항과, 필요하다면 남녀를 불문한 천황의 모든 성인 신민의 적극적인 자기희생으로 이어지는 자살 항전을 요청했다. 본토 침공 작전으

65. 뉴기니 파푸아 부나 해변에서 사망한 세 미군을 담은 이 사진은 1943년 9월 20일 자 《라이프》에 전면 사진으로 등장하면서 태평양전쟁 미국 언론보도에 전환점을 찍었다. 조지 스트록(George Strock)이 7개월 전에 찍은 이 사진은 긍정적인 측면을 부각하고 죽거나 중상을 입은 미군의 사진은 보여 주지 않는다는 미국의 공식 정책에 따라 처음에는 공개가 보류됐다. 이 사진과 이와 유사한 전쟁의 극명한 이미지들의 출간은 그와 같은 검열의 공식적 종식을 알리며 전쟁의 인적 대가에 대한 극심한 반감과 이에 책임이 있는 일본에 대한 점증하는 분노를 불러왔다. 《라이프》는 부나 해변 사진에 대한 긴 사설에서 죽은 군인들을 "우리가 미국적 삶이라고 부르는 그 삶의 세 단편: 자유의 세 조각"[잡지의 제호가 '삶(Life)'이라는 데 주목하라]이라고 묘사했다. 전쟁이 끝날 때까지 사진 속 미군 시신의 얼굴과 이름, 소속 부대의 표식은 공개되지 않았다. 그들은 상징적인 희생자들, 즉 전쟁이 강요하는 끔찍한 희생의 상징이 됐다.

로 "오키나와"가 몇 배나 큰 규모의 아수라장으로 되풀이되리라는 예상은 합리적이었고, 미국 쪽의 내부 기록은 그 문제가 전쟁계획가들의 마음을 얼마나 무겁게 짓누르고 있었는지를 확인시켜 준다.[79]

사상자 예측은 기껏해야 합리적인 추측에 불과했고, 미국의 일본 본토 침공 계획 수립은 끊임없는 재평가 대상이었을 뿐 아니라 군내 여러 부서와 하부 단위가 개입하는, 대체적으로 구획화된 절차였다. 하지만

66. 《라이프》는 1945년 4월 9일 자 표지에 태평양전쟁의 또 다른 상징적 이미지를 실었다. W. 유진 스미스(W. Eugene Smith)가 찍은 사진을 잘라 낸 이 표지 사진에서 미 해병대 폭파반원들이 일본군 콘크리트 요새와 요새화된 동굴을 파괴하고 있다. "고기 분쇄기"라는 별명이 붙은 382 고지는 다섯 차례 시도가 수포로 돌아간 뒤에야 마침내 함락됐다. 이오섬은 "그곳을 처음 본 모든 미군에게 음침한 악(惡)의 인상을 주었고, 지옥의 상륙 거점 같았다"라고 《라이프》는 독자들에게 전했다. "위대한 전쟁 사진들"이라는 자사 아카이브에서 잡히는 이 사진을 "《라이프》의 오랜 역사에서 가장 극명하게 폭력적인 표지 사진 가운데 한 장"이라고 묘사했고, 장문의 커버스토리에도 이오섬 점령 과정에서 목숨을 잃은 미군 전사자 6800명 중 일부를 대변하는, 역시 스미스가 찍은 흰 십자가 공동묘지 사진을 전면으로 실었다. 바로 이런 분위기에서 미 육군항공대는 일본 도시들을 체계적으로 소이탄 폭격하는 작전을 수행했다.

1944년 7월 초 사이판 함락부터 1945년 봄까지 일반적으로 군사적 사고에 영향을 미친 것으로 보이는 한 가지 대략적 계산이 있었다. "사이판 비율"로 알려진 이 계산은 1944년 8월 30일 자 합동참모본부 계획 수립 문서에서 다음과 같이 정식화됐다. "사이판 작전에서 일본군 7명이 죽을 때마다 대략 미군 1명이 사망하고 여러 명이 부상당했다. 이를 토대로 볼 때 본토[침공 작전]에서는…… 미군이 50만 명 전사하고 그보다 몇

배의 부상자가 발생할 수 있다." 원자폭탄을 투하할 때까지, 대다수 공식 군사 계획은 예상되는 2단계 침공을 포함해 태평양전쟁이 1946년에 들어서고도 한참 동안 계속되리라 내다보았다.[80]

당연하게도 이런 추정치들은 시간이 지남에 따라 오르락내리락했다. 미 정보 당국은 결호작전에 접근할 수 없었지만, 적의 기본적 사고 노선을 파악하기 위해 암호해독이 필요하지는 않았다. (1944년 중반 사이판과 1945년 봄 오키나와에서 충격적으로 드러난 대로) 자국 민간인과 병사들을 태연히 희생시키고 (1944년 10월부터) 필사적인 가미카제 공격을 감행하는 등 일본의 자살 정책들은 다른 고려 사항들과 맞물려 본토 침공 작전으로 예상되는 희생에 대한 미국의 전망을 한층 어둡게 했다. 일본이 본토를 방어하기 위해 예비군 수백만 명을 보유하고 있다는 사실도 그런 고려 사항 중 하나였다. 모든 성인 남녀를 오합지졸이긴 해도 무시할 수 없는 본토 방어군으로 동원한 1945년 봄 일본의 칙령은 진정으로 집요한 항전의 전망을 강화했다. 여기에 나라와 천황이 중심이 된 "국체"를 수호하면서 "일억"이 장렬하게 목숨을 버릴 것을 촉구하며 히스테리를 더해 가는 웅변이 뒤따랐다. 독일을 상대로 한 전쟁 최종 단계의 높은 인명 희생도 미국 계획가들에게 영향을 미쳤는데, 그들은 특히 그 희생의 대부분을 소련군이 감당했던 반면 일본 침공 시에는 거의 전적으로 미군이 감당해야 하리란 점을 의식하고 있었다. 바로 이 일본과의 전쟁을 염두에 두고 미국선발징병제(U.S. Selective Service)는 1945년 초에 보충역 월간 징집 할당량을 늘렸다.[81]

그리고 이런 분위기 속에서 1945년에 전 대통령 허버트 후버는 일본과의 평화가 도출될 수 있다면 "미국은 50만~100만 명의 목숨을 구할 것"이라고 주장하며 예상 사상자 수치를 스팀슨과 트루먼에게 제출했다

(두 수치를 토대로 추산하면 예상되는 총사상자 수는 200만~400만 명 사이가 될 것이다). 6월 4일 전쟁부는 마셜 장군에게 동의하여 이 추정 치를 "너무 높다"라고 기각했다. 침공 작전을 지휘할 맥아더 장군도 침공 첫 90일간을 예측하여 오락가락하지만 대폭 낮춘 사상자 추정치들을 내 놓았다. 6월 중순에 이르자 "사이판 비율"은 (레이테섬과 루손섬 전역과 더불어 이오섬과 오키나와에서 나온 사상자 수치들과 같은) 다른 모델 들로 대체됐고, 침공 초기 단계 미군의 예상 전사자 수치는 수만 명 단위 로 내려갔다. 그래도 겁나는 그 큰 숫자들은 여전히 관계자들을 사로잡는 상징과도 같은 매력을 발휘했다. 전후에 드와이트 D. 아이젠하워 장군은 1945년 7월 후반 포츠담회담에서 잠시 쉬는 시간에 스팀슨과 만났을 때, 전쟁장관이 "일본 침공 성공 시 100만 명이 희생될 것이라고 계산한 군에 서 나온 자료의 영향력하에 있었다"라고 기억했다.[82]

군사 계획가들이 침공 시 예상 전사자 수치들을 수정하고, 어떤 경우 에는 지나치게 불안을 조장하는 이들이 예측하던 숫자의 10분의 1이나 20분의 1에 이를 만큼 점차 낮춰 잡긴 했어도, 잠재적 인명 손실이 여전히 용납할 수 없는 수준이었다는 점은 줄곧 변함이 없었다. "120만" "100만" "50만"이라는 숫자들은 "막대한"의 수리적 약칭에 가까웠다. 그것은 일본 인들이 천황의 충성스러운 백성을 가리킬 때 꺼내 들던 과장된 "일억"이 나, 《뉴욕타임스》가 군 당국이 밝힌 것을 토대로 1945년 5월 30일에 그토 록 아무렇지도 않게 보도한 도쿄 공습의 "100만"이나 어쩌면 "200만" 사 망자와 아주 다른 것이 아니었다. 근본적 차이는 물론 미국인의 목숨은 귀중하다는 것이었다.[83]

수치가 얼마든 간에 그것은 무슨 수를 써서라도 피해야만 하는 것이 었다. 예를 들어 6월 16일, 임시위원회에 자문을 해 주는 고위급 "과학

67. 출격하기 전 단체 사진을 찍기 위해 포즈를 취한 가미카제 조종사 여섯 명.

68. 1945년 4월 11일 오키나와 앞바다에서 미 해군 전함 미주리함을 타격하기 직전인 가미카제 전투기. 이로부터 5개월이 채 못 되어 도쿄만의 미주리함 선상에서 일본의 공식 항복이 조인된다.

69. 1944년 11월 25일, 필리핀 섬에 위치한 미 해군 전함 인트러피드함에 충돌한 가미카제 전투기에서 화염이 치솟고 있다.

70. 1945년 4월 9일, 핸콕함을 상대로 한 가미카제 공격에서 전사한 미 수병들이 오키나와 앞바다에 수장되고 있다.

패널"은 "일본과의 전쟁에서 미국인들의 목숨을 구하기 위해 그 무기를 사용하는 것이 국민에 대한 우리의 의무라고 본다"라는 논거에서 핵무기의 즉각적 사용을 지지했다.[84] 이틀 뒤—오키나와 전투가 마침내 끝났다는 발표가 있기 사흘 전인 6월 18일에—백악관에서 열린 핵심 모임에서 마셜 장군은 일본 침공이 "독일의 경우보다 훨씬 더 어려울 것"이라고 보는 일반적인 견해를 밝혔다. 트루먼은 이 자리를 빌려 "일본 본토 전역에 걸쳐 오키나와의 재연을 방지할 가능성이 있다"[85]라는 희망을 피력했다. 한 달 뒤 트리니티 시험에서 패럴 장군이 그로브스 장군에게 건넨 첫마디는 "전쟁은 끝났다"였고, 여기에 그로브스는 자신이 "그래, 우리가 일본에 폭탄 두 방을 터트리면 말이야"라고 대답했다고 회상했다. 히로시마에 원자폭탄을 떨어트린 B-29기 에놀라게이(Enola Gay)의 조종사 폴 티베츠(Paul Tibbets) 대령은 이륙 전에 탑승원들에게 브리핑을 하면서 이 공습 임무에 선발된 것을 영예라고 말하며, 이 임무가 전쟁을 6개월 이상 단축할 것이라고 예측했다. 그의 탑승원 중 한 명은 일기에 "그가 이 폭탄이 전쟁을 끝낼 것이라고 진짜로 생각하고 있다는, 이걸로 끝이라는 느낌을 받았다"라고 적었다.[86]

8월 9일에 방송된 포츠담회담 관련 보도에서 트루먼은 히로시마에 떨어진 "원자폭탄의 비극적 의미"에 관한 언급과 함께 발언을 마무리하며 그 자신을 비롯해 나중에 원폭 투하에 대한 전후 합리화를 지배하게 되는, 대학살의 과장된 예상 수치들을 거론하는 일은 삼갔다. 그 대신 그는 폭탄이 "전쟁의 고통을 줄이기 위해, 미국 젊은이의 목숨 수천과 수만을 구하기 위해" 사용됐다고 밝혔다. 10월 3일 원자폭탄에 관해 의회에 보내는 교서에서도 그는 비슷하게 폭탄이 "원폭이 없었다면 전사했을, 이루 말할 수 없는 미군과 연합군 병사의 목숨 수만을 구했다"라고 말했다.[87]

수천과 수만. 이루 말할 수 없는 수만. 그 자체는 '너무도 많은'과 같은 뜻을 나타내는 수사법이었다. 그와 동시에 이는 미국의 전쟁계획가들이 고작 몇 년 전에는 그들 다수를 사로잡았던 도덕적 고려들로부터 얼마나 멀리 와 버렸는지를 가리켰다. 진주만 이전에 프랭클린 루스벨트 같은 정치가들은 여전히 "방어력이 없는 무수한 남녀 성인 및 아동의 죽음과 장애를 초래한…… 무자비한 공습은 남녀를 불문하고 모든 문명인을 괴로움에 빠트리고 인류 양심을 심한 충격에 빠트렸다"라고 공언할 수 있었다. 그리고 공중전 아주 초기에 정밀폭격을 지지하는 미군 관계자들은 적 비전투원들 가운데서 이루 말할 수 없는 수천의 사상자를 가급적 피해야 한다는 도덕적 명령을 진지하게 논의할 수 있었다.

그런 시절은 영영 가 버렸다. 그리고 그 시절이 지나가 버림과 동시에 그 자리에는 장래의 심리전과 테러, 사실상 무차별적인 무력의 최대한 배치, 그리고 더 엄청난 대량 살상 능력을 갖춘 무기의 강박적 개발에 영향을 미치게 될 하나의 모델이 자리를 잡았다.

10장

거부할 수 없는 대량 살상 논리

무력

　"시간이 말해 줄 것이다"나 "역사의 판단" 같은 진부한 표현을 늘어놓을 때 우리는 물론 말장난을 하는 것이다. 시간은 말을 하지 않으며 역사도 판단하지 않는다. 그보다는 역사가를 비롯한 논평가들이 시간이 흐르면서 전체적인 관점을 획득하게 된다는 의미이며, 장기적 유산들에 대한 지식과, [역사적 사건의] 참여자들이 남긴 설명과 사적인 기록, 여태까지 기밀이었던 문서들에 접근함으로써 이끌어 낸 더 온전한 이해를 바탕으로 과거를 더 거리를 두고 바라본다는 의미다. 편견은 판단을 왜곡할 수 있고 논쟁은 예상되는 일이지만, 어쨌거나 지식은 두터워지고 이해는 바뀌게 된다.

　히로시마와 나가사키를 무대로 한 승리의 서사에서 원자폭탄은 참혹한 전쟁의 끝을 알렸다. 비극을 승리와 나란히 두는 서사에서는 전쟁의 참상, 결사 항전을 부르짖는 일본인들의 광신, 갈등을 빨리 종식하고 생명을 구하고자 하는 욕망 그 어느 것도 간과되지 않는다. 하지만 그와 동시에 히로시마와 나가사키로 귀결된 전쟁은 공중에서 가하는 살육이 일상이 된 시대의 도래로 인식된다. 제2차세계대전에서 연합국이 가한 폭격보다 향후 한국과 인도차이나에서 미국이 치른 전쟁으로 더 많은 비전투원이 죽었다. 핵무기는 다른 나라들로 확산됐고, 냉전이 한창일 때 미국과 소련에는 수만 개 핵무기가 비축되어 다시 한번 인구로 혼잡한 도시들을 뒤덮기만 기다리고 있었다.[88]

우리는 종종 현대를 관통하여 오늘날까지 이어지는 폭력을 에둘러서 혹은 코드화된 방식으로 상징하기 위해 지명과 현지화된 레퍼런스들을 사용한다. 그런 목록에는 베르됭, 솜, 난징, 진주만, 스탈린그라드, 아우슈비츠, 드레스덴, 알제리, 스탈린 시대 살인적인 소련의 "시베리아", 중국의 문화혁명, 베트남의 미라이, 9·11 등이 거의 어김없이 등장할 것이다. 물론 히로시마와 나가사키도 빠트릴 수 없다. 적의 사기를 약화하는 것을 포함하여 "총력전"이라는 관념이 모든 교전국 계획가들을 사로잡았던 세상에서 원자폭탄을 개발하고 사용하는 과정은 여러 힘의 탄력을 받아 자체의 추진력을 얻었다. 그리고 이제 1945년의 그라운드제로는 핵 파괴까지 가지 않고, 죽음과 파괴를 가져오는 더 정교한 방법들을 추구하는 것을 가속화했다.

이와 같은 끊임없는 무력 의존은 단순한 설명을 거부하지만, 일본을 상대로 한 최초의 핵무기 사용 이면에 자리한 동학은 그러한 정책들을 밀어붙이는 데 기여한 정치적·제도적·심리적 명령들을 들여다보는 창을 제공한다. 우리는 여기서 당시의 상황들에서 고유한 논리지만 그와 동시에 그때에만 해당되지는 않는 원자폭탄 사용의 끔찍한 논리를 볼 수 있다. 이 논리는 여전히 (1) 전쟁을 끝내고 미국인의 목숨을 구하는 것으로 시작한다. 하지만 그 논리는 거기서 끝나지 않고 다음의 추가적인 고려 사항들로 확대된다. (2) 가장 논란이 분분하긴 해도 일본에 무조건적인 항복을 요구하는 것에서 한발 물러서는 외교적이거나 여타 덜 파괴적인 대안들 대신 압도적인 무력 배치에 대한 집착, (3) 냉전의 부상에 따른 힘의 정치, 특히 아시아와 동유럽에서 소련을 위협하는 데 스팀슨이 표현한 대로 신무기를 "으뜸패"로 사용하는 방안, (4) 국내 정치적고려. 이에 따르면, 루스벨트 정권을 이어받은 민주당 행정부와 트루먼에게 원자폭탄 사용은 쓸데없는 프로젝트에 세금을 낭비했다며 당파적인 적대가 생겨나는 것을 막고, 그와 동시에 전후 핵개발과 군사적 프로젝트에 대한 지지를 쌓는 데 필요하다고 여겨졌다. (5) 과학적 "달콤함〔sweetness, 아름다움이나 미학적 쾌락에 가까운 의미임〕"과 기술적 요구들, 그리고 이와 짝을 이뤄 (6) 거대한 전쟁 기구를 돌아가게 하는 기술관료적인 동학이 합쳐져 신무기의 개발과 배치에 활기를 불어넣었다. (7) 현대에만 특유한 현상은 아니지만 파괴의 스펙터클의 시대에 유독 두드러진 현상인 거침없는 폭력에 대한 미학과 순전한 흥분. (8) 복수, 이 경우에는 진주만과 일본의 전시 만행에 대한 보복으로 인구 전체에 집단적으로 부과되는 복수. (9) 원자폭탄의 무시무시한 파괴력을 실제 인간 표적을 상대로 보여 주는 일은 미래 전쟁을, 아니면 적어도 미래 핵전쟁을 방지하는 데 반드시 필요했다고 합리화하는 "이상주의적 절멸"의 논리.

대량 살상에 대한 우리의 매혹을 규명하는 데 이런저런 식으로 도움이 되는 다른 요인들도 지체 없이 원자폭탄을 사용하게 만들었다. 전투원과 비전투원의 차이를 납작하게 하여 하나로 합치고, 그들을 수사학적으로 비인간화하고, 표적이 되는 성인 남녀, 어린이로부터 말 그대로 멀리 떨어져 서 있거나 앉아 있거나 비행하는 것 모두가 대량 살육을 부추겼다. 이에 대한 감정적 균형추, 즉 애국적 열정과 병사들 사이에서 생겨나는 전우애와 친밀한 유대감도 마찬가지 역할을 했다. 집단 정체성이나 집단적인 복수에 대한 갈망보다 더 깊이 자리 잡고 있을 수도 있는 심리적 충동들, 이를 테면 구성된 남성성(constructs of masculinity)이나 "한계적 경험들(limit experiences)"의 매력도 무시할 수 없다. 궁극적으로 우리는 고결하고도 치명적인 충동과 성향을 지닌 인간 본성과 대면해야 한다.

그리고 또 다른 활력이 원자폭탄의 개발과 사용 과정 내내 또 맥박처럼 고동치고 있었으니, 과대망상증에 가까운 그것은 인간이 파괴자이자 창조자인 신의 행세를 하는 집중된 순간에 대한 변치 않는 의식이었다. 별안간 경이로운 힘을 소유하게 되자 진노와 자비가 결합된 정서가 뒤따랐다. 죽음이 된다는 것은 미국의 전례 없는 힘과 관대한 이상들을 통해 생명을 주고 구원하는 세계 질서를 가져올 것이라는, 거의 아찔해지는 느낌이었다. 일본을 상대로 승리하고 더 일반적으로 추축국의 파시즘과 침략에 맞선 투쟁이 끝났다는 희열감도 어마어마했다.

하지만 희열감은 깨지기 쉽고 찰나적이기도 했다. 승리의 이면에는 심오한 불안감이 있었다. 원자폭탄의 제조와 사용이 평화가 아니라 고작 몇 년 전에는 생각할 수도 없던 취약성을 낳고 말았다는 불길한 예감이었다. 이 두려움은 결코 사라지지 않았지만, 시간이 지나면서 공상과학소설과 할리우드 재난영화를 통해 일종의 관중 스포츠와 영화적 스릴로 승화되거나 탈바꿈했다. 이 억압되거나 희석된 두려움은 9월 11일 세계무역센터 쌍둥이빌딩이 무너졌을 때 확실히 미국인들 사이에서는 본격적인 집단 트라우마로 분출됐다.[89]

포츠담 일기(7월 25일)에 "이 원자폭탄은…… 여태 발견된 가장 끔찍한 것 같지만 가장 유용할 것이 될 수도 있다"라고 끼적였을 때, 트루먼은 원자폭탄 개발과 사용에 내재한 모순을 포착했다. 그는 자신의 표현을 살짝 바꿔서 "가장 유용하지만 아마도 가장 끔찍한 것"이라고 쓸 수도 있었을 것이다. 적잖은 미국의 지도자들은 재빨리 후자에 무게를 두는 방식이 더 적확하다고 천명했다. 일례로 루스벨트와 트루먼 밑에서 참모총장을 지낸 윌리엄 레이히(William Leahy) 제독은 특히 인용하기 좋은 이런 입장의 대표로 떠올랐다. 그는 1950년에 출간한 회고록에서 "장래 핵전쟁이 가져올 수 있는 치명적 가능성들은 무시무시하다"라고 썼다. "원자폭탄의 첫 사용국이 됨으로써 우리가 중세시대 야만인들 사이에서 일반적인 윤리 기준을 채택했다는 생각이 들었다. 나는 이런 식으로 전쟁을 벌이도록 배우지 않았고, 여자와 아이를 살상하면서 전쟁에서 이길 수는 없다." 저명한 물리학자이자 맨해튼계획 참가자인 I. I. 라비(I. I. Rabi)는 뉴멕시코에서 트리니티 시험을 고찰하면서 더 예언적인 말로 불길한 예감을 표현했다. "갑자기 심판의 날이 내일로 닥친 듯했고, 그 이후로도 줄곧 그렇다."[90]

이러한 여러 고려와 충동은 반드시 동일한 무게를 지니지는 않았고 빈틈이 없지도 않아서 어떤 것들은 다른 것들로 번졌다. 어쨌든 다 합쳐서 그것들은 압력과 집착이 어떻게 적의와 전쟁의 도가니 속에서 증대하는지, 어떻게 이성과 감정, 망상이 뒤섞이는지, 어떻게 피의 부채가 피를 향한 욕망이 되고, 도덕적 열정이 방종한 테러의 관행으로, 즉 레이히가 야만성으로의 후퇴라고 간주하고, 오펜하이머가 특유의 방식대로 죄악에 대한 내밀한 지식이라고 언급한 것으로 변모할 수 있는지에 관해 우리에게 뭔가를 말해 준다.[91]

1945년 8월과 거부된 대안들

티베츠 대령과 부하들, 그리고 맨해튼계획의 과학자들(오펜하이머까지 포함하여), 침공 시 예상 사상자 수치를 언급한 허버트 후버 전 대통령 같은 외부 논평가들 그 누구도 일본 침공을 위한 군의 실제 장기 계획을 알지는 못했다. 이 계획들이 전후에 알려지게 되면서 목숨을 구하는 것을 둘러싼 논쟁은 더 복잡해졌는데, 일본 본토 침공은 8월이나 9월, 심지어 10월에도 예정되어 있지 않았던 것으로 드러났기 때문이다. 이 계획들에 따르면, 일본 본토의 최남단 섬 규슈에 대한 최초 공격은 11월 1일 무렵에 개시되고(작전명 "올림픽"), 도쿄와 요코하마가 위치한 간토 지역에 대한 대규모 공격(작전명 "코로넷")은 1946년 3월 1일 무렵에 뒤따를 예정이었다. "몰락"이라는 작전명이 붙은 미국의 전체적인 침공 계획과 거기서 드러난 침공 일정표는 당연히 원자폭탄을 둘러싼 새로운 질문들을 제기했다. 이루 말할 수 없을 만큼 많은 미국인의 목숨이 위험에 처하기 전에 이만큼의 시간적 여유가 있었는데, 왜 원폭 사용을 극도로 서둘렀는가? 침공 시 예상 사상자 수치가 면밀히 검토되어 계속해서 낮춰지던 6월 중순에 맥아더는 "침공을 앞둔 몇 달 동안은 지상군에서 손실이 사실상 발생하지 않을 것"이라고 평가했다.[92]

부분적—하지만 오로지 부분적일 뿐이다—대답은 전쟁이 이 국면에 이르자 압도적인 무력에 대한 의존이 진리이자 제2의 천성이 되어 버렸다는 단순한 사실에 있다. 이것이 소이탄 폭격을 통한 대일본 공중전의 본질이었는데, 여기서 폭격 대상 도시 선정의 일차적 기준은 이미 군사적이거나 산업적 중요성이 아니라 인구 밀집도와 인화성이었다. 인구가 붐비는 도시에 대한 기습 공격에서 신무기를 사용하지 **않을** 가능성이

5월 31일 임시위원회 확대회의에서 거의 지나가듯이 거론됐을 때, 설득력 있는 반론은 한 참석자가 회상한 대로 "원폭으로 죽을 사람들의 숫자가 도쿄 소이탄 공습으로 이미 죽은 사람들의 숫자보다 대체로 더 크지 않을 것"이라는 예측이었던 듯하다. 5월 31일은 마침 《뉴욕타임스》가 도쿄 공습으로 죽은 일본인 숫자가 "100만"이나 어쩌면 그 두 배에 달할 것이라고 엄청나게 부풀린 기사를 실은 날이었다.[93]

연기되고 시차를 둔 침공 계획 일정표와 더불어 전후에 드러난 또 다른 사실들도 원폭 사용의 필요성에 대한 의문을 제기했다. 드러난 사실 가운데 눈에 띄는 것은 미국과 영국이 오랫동안 촉구해 온 대로 소련은 독일이 패배하면 석 달 이내에 일본에 선전포고를 하겠다고 약속했고, 그에 따라 소련의 대일본 참전 시기는 8월 초가 됐다는 점이었다(독일은 5월 7일에 무조건적인 항복문서에 조인했고, 미국과 유럽 연합국은 5월 8일을 "유럽 전승일"로 선언했다). 스탈린은 1945년 2월에 얄타회담에서 이 약속을 확인했고, 포츠담에서 이를 재차 확인하면서 트루먼에게 소련군이 현재 배치 중이며, "석 달" 기한보다 1주일이 더 걸릴 것이라고 알렸다. 트루먼은 이 약속을 7월 17일 자 일기에 극적으로 기록했다. "그는 8월 15일에 일본전에 가담할 것이다. 그럼 일본은 끝이다." 진주만 직후부터 영국과 미국의 계획가들은 소련의 선전포고가 일본 지도자들에게 가져올 엄청난 파장을 거듭 강조했다. 소련의 선전포고는 동북아시아에 새로운 전선을 열고, 아시아 대륙에서 일본 제국의 심장부를 위협하며 일본 지도자들이 가장 겁내는 유령, 바로 적화(Red Peril)와 마주하게 만들 것이었다. 그렇다면 소련 선전포고의 충격이 어느 정도인지 가늠해 보기 전에 왜 서둘러 원자폭탄을 사용했는가?

이 질문은 히로시마와 나가사키에 앞선 몇 주, 몇 달 동안 미국 정책

결정자들이 본질적으로 외교적 유인책을 제공함으로써 일본이 항복하도록 설득하는 방안을 고려했다는 사실이 밝혀지자 더욱 복잡해졌다. 이 시나리오에서 침공까지 가지 않고 전쟁을 끝내는 데 주요 걸림돌은 루스벨트와 처칠이 1943년 1월부터 줄곧 지지해 온 "무조건항복" 정책—독일이 항복할 때까지 단호하게 고수된 정책—이었다. 일본이 보기에 무조건항복은 국가의 정수, 즉 "국체"—천황제와 "신성불가침"의 천황—를 심각한 위험에 빠트릴 우려가 있었다. 영국과 미국의 정보 당국은 이 문제에서 일본인들의 두려움을 예리하게 인식하고 있었다. 분석가들은 결사 항전을 다짐하는 일본의 광신적인 태도 배후에는 이 생각이 가장 크게 자리 잡고 있다는 데 동의했다.

일본의 조건부 항복 가능성은 전후에 전쟁 막판 몇 달간의 여러 구체적인 사정이 드러난 뒤에야 공적 논쟁에 들어왔다. 1945년 5월 말부터 전직 일본 주재 미국 대사이자 당시 국무차관이던 조지프 그루는 일본 "황조"의 지속을 보장하도록 항복 조건을 수정해야 한다고 거듭 강력하게 권고했다. 7월 중순에 도쿄에서 모스크바 주재 일본대사관으로 보낸 외교 전문을 감청, 해독한 결과는 "전쟁의 신속한 종식을 보는 것이 폐하의 소망이나 미국과 영국이 무조건항복을 고집하는 한 본국의 생존과 명예를 위해 끝까지 전력을 다하는 것 말고는 대안이 없다"라는 것이었다. 그리고 7월 26일 일본의 항복을 요구하며 최후통첩에 제시된 항복 조건을 따르지 않을 경우 "신속하고 철저한 파괴"가 있을 거라고 위협한 포츠담선언에서, 초안 열두 번째 문단의 핵심 문장—그루의 견해를 반영하여 향후 일본의 정체는 "현 왕조하에서 입헌군주정을 포함할 수도 있다"라고 일본인들을 안심시키는 문장—은 발표 마지막 순간에 삭제됐다. 점령당한 패전국 일본에서 추후 미국의 정책은 천황제를 계속 유지했을 뿐 아니라 히로히토 천황을 일체의 전쟁 책임으로부터 면제해 주었기 때문에, 전후의 핵심적 질문은 원자폭탄을 사용하기 전 왜 황위의 존속에 대한 보장이 거부됐는지가 될 수밖에 없었다.[94]

✛ ✛ ✛

일단 연합국 점령군이 패전한 일본에 실제로 발을 들여놓고 처참한 물질적 피해와 피폐한 민중—전후 몇 달간 패전국을 목격한 존 스워프와 여타 외국인들에게 그토록 강한 인상을 남긴 유령도시들—을 직접 관찰한 것은 원폭이 필요했는지에 관한 추가적인 반성을 불러왔다. 그러므로 1946년 중반에 전략폭격조사국이, 일본은 원자폭탄이나 소련 참전, 연합군의 침공이 **없었어도** 1945년 말까지 "확실히" 그리고 11월 이전에 "십중팔구" 항복할 수밖에 없었을 것이라고 추측했을 때, 적잖은 관찰자는 그 같은 추측을 받아들일 자세가 되어 있었다.

입증이 불가능한 (그리고 전후의 여러 비판가가 반박한) 이 반사실적 추측은, 일본의 저항이 1946년에 들어서도 한참 동안, 어쩌면 그보다 훨씬 길게 이어질 것이라고 예측한 전시 정보 당국의 신뢰성에 의문을 제기했다. 더욱이 조사국이 이런 도발적 의견을 제시할 때, 오펜하이머 같은 개인들은 이미 미국과 영국, "우리가 세계에서 가장 계몽되고 인도적이라고 기꺼이 생각하는 두 나라가 어떻게…… 근본적으로 패배한 적을 상대로 핵무기를 쓸 수 있었는가"라고 자문하며 공개적인 자기 성찰을 하고 있었다.[95]

냉전이 심화하고 세계가 파괴적인 무기의 증대라는 재앙에 직면했다는 것이 분명해지자 미국 정부와 많은 군 지도자도 원자폭탄의 사용에 공공연하게 의문을 표시했다. 일부는 자신들이 폭탄이 사용되기 전에 유보적 의견을 표명했다고 시사하기까지 했다. 이런 비판가들의 면면은 예측불허였다. 예를 들어, 원폭 사용 비판가 중에는 일본 도시들에 대한 소이탄 공습의 기획자 르메이 장군과 윌리엄 홀지 주니어(William Halsey Jr., 부하들에게 "일본 놈들을 죽이고 또 죽여라. 더 많은 일본 놈을 죽여라"라고 독려한 것으로 유명하며 1944년 뉴스 화면에서 "태평양 전역에서 짐승 같은 원숭이들을 익사시키고 불태우는" "즐거움"을 신이 나서 떠들어댄) 제독과 더불어 유럽 전선에 대한 소이탄 폭격을 지지한 아이젠하워 장군과 레이히 제독이 포함되어 있었다. 레이히는 무조건항복은 불필요하고 바람직하지 않다는 주장을 지지한 전시 내부자 중 한 명이었다.[96]

전후에 나온 원폭 사용에 대한 홀지의 비판은 이를 암흑시대의 야만성과 비교한 레이히만큼 혹독했다. 1949년에 그는 의회에서 "민간인 폭격—특히 원자폭탄 공격—은 도덕적으로 변호가 불가능하다"라고 말했고, 이를 "절멸론"이라고까지 불렀다. 이것은 불퉁스럽기로 유명한 제독에게서 순간적으로 나온 즉흥적인 견해가 아니었다. 3년 전에 홀지는 최초의 원자폭탄이 "일본 놈들을 많이 죽이긴 했지만 일본 놈들은 오래전에 러시아를 통해서 강화 협상을 열심히 타진했다"라는 근거에서 "불필요한 실험"이었다고 치부했다. 레이히와 달리, 하지만 대다수 고위 장성과 마찬가지로 홀지는 원자폭탄 프로젝트에 관해 고지를 받은 소수 집단에서 배제됐지만 불필요한 실험의 책임을 "이 장난감을 갖고 있었고…… 그걸 시험해 보고 싶어서 떨어트린" 과학자들에게 묻는 데 주저하지 않았다. 이 독설에서 언급되지 않고 지나간 것은 많은 과학자도 자신들의 작품이 사용되는 데에 고민이 컸고, 그래서 실은 폭탄이 투하되기 전에 강력하게 하지만 비공개로 우려를 표명했다는 사실이다. 오펜하이머는 전후 과학계 내에서 가장 강력하게 목소리를 낸 사람이었지만, 그의 고뇌는 다른 동료들보다 뒤늦게 찾아왔으며 대체로 그와 동료 과학자들이 풀어헤치는 데 일조한 핵 위협에 초점이 맞춰졌다.

맨해튼계획에 관여한 과학자들의 우려는 여러 차례 공식적으로 표명됐다. 예를 들어 1944년 11월에 최종 완성된 장문의 "원자핵공학에 관한 전망(Prospectus on Nucleonics)"[제프리스 보고서(Jefferies Report)로 더 잘 알려져 있다]은 정부와 민간 과학, 산업 부문 간 전후 활발한 협력을 비롯하여 핵에너지 분야에서 미국의 계속되는 지배를 지지했지만, 국제 협력을 증진하고 "적어도 핵전쟁을 효과적으로 통제할 수 있는 경찰력을 지닌 국제 행정부를 수립하지 못하면" 이 신무기들이 "우리 문명의 파괴자"가 될 것이라고 우려했다.[97]

미래 핵무기 경쟁에 대한 두려움은 7개월 뒤, 7월 중순 트리니티 시험이 실시되기 한 달여 전에 시카고에 있는 맨해튼계획 금속학 연구소[메트랩(Met Lab)]와 연관된 과학자 7인의 내부 보고서에서 더 자세하게 표명됐다. "원자력무기의 정치적 함의(The Political Implications of Atomic Weapons)"라는 제목의 이 보고서는, 원자론에 관한 연구로 1925년에 노벨상을 수상한 독일 망명 과학자로서 위원회의 위원장이었던 제임스 프랑크(James Franck)의 이름을 따 프랑크 보고서로 더 널리 알려졌다. 메트랩 과학자들 사이에서 상당한 논의를 거쳐 준비되어 전쟁부에 비밀리에 제출된 이 진심 어린 호소는 "원자핵공학의 현 상태에 친숙한 우리 모두는 우리 나라에 들이닥친 갑작스러운 파괴의 전망을, 다시 말해 우리 주요 도시마다 진주만 참사가 1000배나 크게 되풀이되는 전망을 눈앞에 그리며 살고 있다"라는 서론으로 시작했다. 제프리스 보고서와 마찬가지로, 러시아는 물론 아마도 다른 국가들과 장래 "핵무장 경쟁"이 붙을 것을 우려한 프랑크와 동료들은 "국제분쟁에서 일체의 무력에 대한 의존을 불가능하게 만들" 효율적인 "국제 권위"를 수립하는 데 즉각적인 관심을 기울일 것을 촉구했다. 과학자들은 영미 양국의 과학적 발견을 "몇 년 이상" 비밀로 유지하거나 "돌연한 공격으로부터" 미래의 안보를 보장하기 위해 양국의 우월한 산업적 능력에 의존할 수 있으리라 기대하는 것은 어리석은 일이라고 단언했다.

미래의 핵 홀로코스트라는 이 같은 망령은 일본에 대한 원자폭탄 사용 여부 혹은 사용 방식이라는 즉각적인 질문과 대체 무슨 상관이 있었는가? 프랑크 위원회가 생각한 대로 그것은 상관이 있고도 남았다. 핵무기 경쟁을 막을 열쇠는 영미 열강과 다른 국가들 간에 "상호 **신뢰**"를 조속히 확립하는 것이었다. 그리고 "이런 관점에서 지금 이 나라에서 비밀리에 개발되고 있는 핵무기가 세계에 최초로 공개되는 방식은 대단한, 어쩌면 운명적인 중요성을 띨 듯하다". "일본전에서 최초로 입수 가능한 원자폭탄의" 사용은 군사적 문제에 그치지 않는 심오한 정치적 문제였고, 보고서의 제목이 강조했듯이 원자폭탄이 갑작스레 아무런 경고 없이 사용된다면 핵 개발 프로젝트의 존재에 대해 피상적인 지식조차 배제된 러시아와 다른 국가들의 입장에서는 불신을 품기 쉬웠다.

과학자들은 "[독일이 배치한] 로켓폭탄만큼 무차별적이고 파괴력이 100만 배나 큰 무기를 비밀리에 준비하고 갑자기 발사할 수 있는 나라가, 국제적 합의로 그러한 무기들이 폐기되기를 바란다는 소망을 피력할 때, 이를 신뢰해도 된다고 세계를 설득하기는 매우 어려울 것"이라고 예측했다. 그리하여 다음과 같은 주장이 이어졌다.

이런 측면에서 볼 때 신무기 시연은 사막이나 황량한 섬에서 모든 연합국 대표들

이 보는 앞에서 실시하는 것이 가장 좋을 것이다. 미국이 세계에 "보라. 우리는 이러한 무기를 가지고 있지만 아직 사용하지 않았다. 만약 다른 나라들이 우리와 함께 이러한 무기를 포기하는 것에 동참하고 효율적인 국제적 통제의 확립에 동의한다면 우리는 미래에 그 사용을 포기할 준비가 되어 있다"라고 말할 수 있다면 국제적 합의 달성을 위한 최상의 분위기가 형성될 것이다.

그러한 시연이 일본 지도자들이 항복하도록 설득하는 데 실패한다면, 추후 그 무기의 군사적 사용은 국제적인 지지를 조건부로, 일본에 대한 최후통첩과 "전멸에 대한 대안으로" 특정 지역들에서 철수하라는 경고를 먼저 보낸 뒤 가능할 것이다.[98]

프랑크 보고서에 서명한 저명한 과학자들은 효과적인 국제적 통제를 위한 토대를 마련하는 일이 시급하므로 "인도주의적인 고려와 전혀 무관하게" "일본에 대한 핵폭탄 조기 사용"은 바람직하지 않으며, 그것이 "미래에 미국인들의 목숨을 구하는 데" 도움이 될 것이라고 강조했다. 프랑크 보고서가 공식 채널을 통해 미 전쟁부의 핵 계획가들에게 제출되는 사이, 과학자들은 트리니티 시험을 몇 주 앞두고 다른 방식으로도 우려를 표명했다. 물리학자 레오 실라르드(Leo Szilard)가 초안을 작성하여, 최종적으로 맨해튼계획 과학자들 69명이 서명한 청원서는 트루먼 대통령에게 다음과 같이 촉구했다.

첫째, 일본에 부과될 조건들을 상세히 공개하고 이 조건들에 따라 일본이 항복을 거부하지 않는 한 미국이 원자폭탄 사용에 의존하지 않도록 총사령관으로서의 권한을 행사할 것. 둘째, 일본이 항복을 거부할 경우, 원자폭탄을 사용할지 여부는 이 청원에 제시된 고려 사항들 및 관련된 다른 모든 도덕적 책임들을 살피어

대통령이 결정할 것.

7월 12일 시카고에서 과학자 150명이 참여한 별도의 여론조사에서 46퍼센트는 "일본에서 군사적 시연을 한 뒤 신무기를 완전히 사용하기 전 항복할 기회를 다시 주는 방안"을, 26퍼센트는 "일본 대표들이 참석한 가운데 이 나라에서 실험적 시연을 한 뒤 신무기를 완전히 사용하기 전에 항복할 기회를 새로 주는 방안"을 선호했다. 13퍼센트는 현 전쟁에서 신무기를 군사적으로 사용하는 것에 반대했고, 15퍼센트만이 "군사적 관점에서 우리 군의 최소한의 인적 희생으로 일본의 신속한 항복을 이끌어 낼 가장 효과적인 방법으로" 원자폭탄 사용을 지지했다.[99]

✢✢✢

자, 이상이 최초의 원자폭탄이 히로시마에 떨어지기 전에 압도적 무력 의존에 대한 대안으로 고려되던 것이었다. 신무기는 비전투 시연 방식으로 소개되거나, 그러한 사전 시연이 일본 지도자들이 항복하도록 설득하는 데 실패할 경우 도시를 상대로 사용되기 전에 전적으로 군사적인 표적을 상대로 사용될 수도 있었다. 항복 조건은 1943년 이후로 미국과 영국이 요구해 온 무조건항복을 완강하게 고수하는 대신, 일본 지도자들이 강화 요청에 나설 수 있게 수정되고 명확해질 수도 있었다. 최강경파 일본 군국주의자들을 충격에 빠트릴 뿐 아니라 프랑크 위원회와 여타 많은 과학자가 전후 핵무기 경쟁을 방지하는 데 불가결하다고 믿은 "상호 신뢰"에 기여할 만한 방식으로 이 사안에 소련을 끌어들이는 것도 가능했다. 수개월간 침공이 예정되어 있지 않았으므로 맥아더가 주목한 대로 지상군에 눈에 띄는 손실이 예상되지 않는 막간 동안 그러한 선택지들을 모색할 기회는 충분했을 듯하다.

전쟁이 끝난 뒤 일부 미국 장교와 관리는—전략폭격조사국이 그랬던 것처럼—재래식 공습과 기존의 공중 및 해상 봉쇄를 지속하는 것만으로도 일본 지도자들이 조만간 굴복할 수밖에 없었을 것이라고 주장했다. 더욱이 전시 극비 논의들이 공개되면서, 민간인 공격까지 가지 않고 모종의 정보 공유나 예비적 핵 시연을 지지한 이들이 이상주의적 과학자들만은 아니었다는 사실도 드러났다. 예를 들어, 트리니티 시험이 있기 전 아주 잠깐 동안 마셜 장군은 러시아 과학자들을 증인으로 초대할까 고민했고, "대규모 해군 시설과 같은 단순한 군사적 목표물을 상대로" 최초의 원자폭탄을 사용하는 방안을 꺼내 놓았다.

마셜이 고민한 지 한 달 뒤, 트리니티 시험까지 아직 몇 주가 남았을 때 랠프 바드(Ralph Bard) 해군부차관은 극비 "S-1 폭탄 사용에 관한 메모"를 제출하여〔핵무기 개발〕계획이 나아가는 방향과, 이것이 "페어플레이"를 존중하는 국민들로 이루어진 "위대한 인도주의 국가로서 미국의 위상"에 미칠 영향에 커져 가는 의구심을 표명했다. 바드는 일본인들이 항복할 길을 찾고 있다고 조심스레 말하며, "중국 해안 모처에서 일본 대표들을 비밀리에 접촉해 러시아의 입장과 관련한 내용을 전달하고, 그와 동시에 그들에게 원자력무기 사용과 관련한 약간의 정보와 무조건항복 이후 일본 천황과 일본 국민에 대한 처우와 관련하여 대통령이 주고 싶은 어떤 언질이든 제시할 수 있게" 만남을 마련할 수도 있을 것이라고 주장했다. 전쟁이 끝난 뒤에, 궁극적으로 원폭 사용 결정을 지지했던 유력한 외교사가 허버트 페이스(Herbert Feis)는 만약 미국이 설득력 있는 사진과 데이터가 입수되는 대로 트리니티 시험의 결과들을—일본 지도자들과 "전 세계"에— 전면 공개하기로 했다면 사정은 달라졌을지도 모른다고 시사함으로써 신무기에 관한 정보 공유라는 막연한 생각을 더 자세히 설명했다.[100]

결국에는 비밀주의와 무력에 대한 변함없는 의존이 지배적인 노선이 됐다. 트루먼은 회고록에서 "분명히 말해 두건대, 나는 그 폭탄을 군사무기로 간주했고 그것이 사용되어야 한다는 데 조금의 의심도 없었다"라고 썼다. 처칠도 회고록에서 "원폭을 사용할지 말지를 두고 단 한순간의 논의도 없었다"라고 동일한 요지로 말했다. 처칠은 더 나아가 "일본에 항복을 강요하기 위해 원폭을 사용할지 여부는 문제조차 되지 않았다는 역사적 사실은 엄연하며, 그것은 훗날에 평가받아야 한다. 우리 주변에서는 자동적이며 의심의 여지 없는 만장일치 합의가 있었고, 우리가 그렇게 하지 않아야 한다고 암시하는 기색은 조금도 없었다"라고 덧붙였다.[101]

무조건항복

지금 와서 보면 처칠은 분명코 정직하지 않았다. 예를 들어 천황제의 미래와 관련해 일정한 보장을 해 주면 항복을 주저하는 일본의 강경한 태도를 꺾을 수도 있다는 그루와 여타 사람들의 주장을 트루먼이 잘 보고받은 것처럼, 처칠도 과학계의 엄중한 우려가 있다는 걸 잘 알고 있었다. 어쨌거나 조심스럽고 대안적 노선을 주장하는 목소리들이 힘을 얻을 가망은 없었다. 반세기 후 부시 행정부가 이라크와의 전쟁을 서두르는 과정에서 일어나게 되는 것과 마찬가지로 집단사고가 최고위층에 만연했다.

"시연" 주장은 우선 임시위원회에 의해 재빨리 기각됐다. 시연은 철저한 놀라움과 충격이라는, "스펙터클한" 결정적 요소를 제거해 버릴 것이다, 실패할 수도 있고 그러면 적을 오히려 대담하게 만들 수도 있다, 비행기에서 투하하거나 건물과 주민을 파괴하는 것과 같이 전투 조건들을 똑같이 복제하지 않을 것이다, 고립되거나 비전투적인 환경에서 실시하면 일본의 광적인 군국주의자들이 깊은 인상을 받을 것 같지 않다, 예상 목표 지점들에 대해 사전경고를 줄 경우 일본은 대공 방어망을 동원하고 전쟁포로들을 그 지역들로 이동시킬지도 모른다, 처음에 미국의 수중에는 폭탄이 불과 몇 개밖에 없을 텐데 그것들을 낭비할 여유는 없다 등의 반론이 제시됐다.

이 쟁점에 관해 오펜하이머는 "러시아와 프랑스, 중국"에 핵무기 개발 진전 과정을 알리는 쪽을 지지하는 동시에 임시위원회의 이미 정해진 합의에 분명하게 찬성했다. 트리니티 시험을 한 달 앞둔 6월 16일에 그의 소규모 "과학 패널" 분과위원회는 "우리는 어떤 기술적 시연도 전쟁을 종식할 것 같지 않다고 주장한다. 직접적인 군사적 사용 말고는 수용 가능한 대안이 없다고 본다"라고 선언하여 우려하는 동료들의 주장을 완전히 무력화했다.[102]

항복이 천황제의 폐지를 의미하지는 않을 것이라고 장담하는 방식으로 항복 조건이 수정된다면, 일본 지도자들이 설득될 수도 있다는 그루의 주장은 약간 더 오래 고려되다가 결국 무산됐다. 가어 알페로비츠(Gar Alperovitz)와 여타 학자들이 자세히 기록했듯이, 그루가 이 제안을 트루먼에게 제시한 5월 28일과 포츠담선언에서 이 같은 요지의 단서 조항 "제12항"이 삭제된 7월 중순 사이에 문민 관료와 군 장성 상당수가

"무조건항복" 요구 선언을 그런 요지로 명확히 하는 방안에 대한 지지 의견을 대통령에게 전달했다. 여기에는 합동참모부(적어도 간헐적으로 지지 의사 표명), 전쟁부 장관과 차관보, 해군부 장관과 차관보, 대통령의 특별 법률 자문과 그의 수석 참모장(레이히 제독), 그루를 필두로 한 국무부 대표들 및 전 대통령 허버트 후버와 같은 비공식 자문들이 포함되어 있었다. 포츠담에서 처칠과 영국 참모장들도 일본이 "군사적 체면을 지키고 그들의 국가적 존립을 어느 정도 보장"하도록 항복 조건을 명확히 하는 방안을 수용할 수도 있다고 시사했다.[103]

전쟁이 끝난 뒤에 그루는 이런 요지의 언어가 일본의 항복을 재촉할 수도 있었다는 믿음을 자주 인용되는 스팀슨에게 보낸 편지를 비롯해 여러 자리에서 거듭 밝혔다. 그의 명시적인 전제는 만약 연합국이 "천황 개인을 괴롭히거나 천황제를 폐지하지 않을 것"이며, "장래 정치 구조의 성격은 일본인들 스스로 결정하도록 허용될" 것이라고 분명하게 언질을 준다면, 일본 엘리트 집단 내 그가 온건파라고 부르는 사람들 사이에서 막 생겨난 "강화 움직임"이 크게 어쩌면 결정적으로 힘을 받을 것이라는 생각이었다.[104] 그의 암묵적인 전제는 여러 가지가 있었는데, 이 주장을 지지하는 전후 논의에서 종종 경시되는 미심쩍은 전제들이었다. 여기에는 전쟁에서 빠져나오고 싶다는 바람을 표명하는 것은 일본 지배계급 내의 진지한 강화 움직임과 동일하며, 개인 히로히토와 일반적인 천황제는 일본 권위주의, 군국주의, 침략 정책이나 전쟁 수행 과정에 깊이 연루되지 않았고, 천황제를 보존하는 것에 관해 어떤 모호한 언질을 준다고 해서 이것이 정확히 무엇을 의미하는지 더 자세히 밝히라는 일본의 요구 공세에 시달리지는 않을 것이다 등이 있었다.

이른바 그루 노선은 국무부 내 의견이 분명한 외교관 일파와 결부된 보수적 입장도 반영했는데, "일본파(Japan Crowd)"로 알려진 이들은 일본의 일반 국민들은 본질적으로 스스로 통치할 능력이 없으며 사회를 안정시켜 주는 천황의 존재가 없다면 혼란이나 공산주의에 빠질 것이라고 믿었다. 이 "일본통들"—과 그들을 지지하는 미국 관리와 장성 다수—은 패배한 적의 무장해제, 구(舊) 문민 "온건파"의 복귀, 온건한 개혁 조치 도입, "재교육" 증진, 장래 일본 침략을 방지할 국제적인 통제를 확립하는 데에 전념할 비교적 단기간의 전후 점령을 구상했다. 레이히 제독은 6월 중순에 열린 중요 백악관 회의에서 이러한 전망의 핵심을 포착했는데, 의사록에 따르면 그는 "우리가 무조건항복을 강요하는 데 성공하지 못하더라도 가까운 장래에 일본으로부터 위협을 받을 것이라고 우려하지 않는다"라고 발언했다.[105]

때때로 "중국파(China Crowd)"로 느슨하게 묶이는, 이 입장에 대한 비판자들은 무조건항복 요구를 전쟁 종식에 미치는 영향보다는 평화롭고 덜 권위적인 전후 일본을 보장하는 데 필요한 기반으로 보았다. 결국에는 그것이 1943년 루스벨트와 처칠이 이 원칙을 처음으로 표명하고 독일의 항복을 받아들일 때 고수한 취지였다. 일본에 관한 한, 그루 노선의 반대자들은 천황제가 일본 군국주의와 내부 탄압의 중심에 있다고 주장했다. 아치볼드 매클리시(Archibald MacLeish) 국무차관보는 7월 초 포츠담선언의 작업 초안에서 "제12항"의 회유적인 언어에 이의를 제기하며 이러한 비판을 간결하게 전달했다.

과거에 일본을 위험하게 만들어 왔고, 만약 우리가 이를 허용한다면 미래에도 일본을 위험하게 만들 것은 대체로 일본인들의 천황 숭배이며, 바로 이 천황 숭배가 일본의 통치 집단들—군벌(軍閥, ぐんばつ), 군국주의자, 기업가, 대지주와

공직자 들의 현 연합체—에 일본 국민들에 대한 지배력을 부여하고 있다. 애치슨 씨[국무차관보이자 나중에 국무장관이 되는 딘 애치슨(Dean Acheson)]가 참모 위원회에서 지적했듯이 천황제는 일본 내 시대착오적이고 봉건적 의식을 지닌 집단들을 조종하고 이용하는 데 완벽하게 적응된 시대착오적·봉건적 제도이다. 천황제를 그대로 놔두는 것은 그 제도가 과거에 이용된 것처럼 미래에도 이용될 수 있게 하므로 중대한 위험을 무릅쓰는 일이다.[106]

이렇게 반대의 관점에서 보면, 일본이 장래에 상당한 민주 평화 국가가 되려면 일단 적대행위가 종식되는 대로 승자들이 아무런 제약 없이 근본적인 개혁 의제—후세대들은 "국가 건설"이라고 부를, 그리고 더 후대에 부시 행정부의 유력 인사들은 이라크 침공을 계획할 때 부적절하다고 곧장 거부하게 될 의제—를 추진할 수 있게 철저히 자유로워야 한다는 결론이 나왔다. 무조건항복 정책 수정을 반대하는 이들은 일본 국민들이 (천황에 순종하는 신민과 반대로) 책임 있는 시민이 될 수 있다고 낙관했다. 그들은 제국주의 체제에 내재된 권위주의와, 일본파가 희망을 거는 이른바 온건파의 성향과 영향력에도 회의적이었다. 개인적으로 히로히토까지 포함된 온건파라는 이들은 전전(戰前)에 민주주의의 옹호자가 아니었고, 군국주의가 득세하여 결국 중국과 연합국에 대한 침략으로 이어지는 동안 그에 대한 유효한 반대자도 아니었다. 이런 관점에서 볼 때, 미국이 패전 일본에 "탈군사화와 민주화"를 진지하게 시도하는 데 필요한 법적 권위와 정치적 영향력을 가지려면 무조건항복은 필수적이었다.

더 엘리트적이고 자민족중심적인 일본파에게 그러한 자유주의적 이상주의는 터무니없었다. 그들의 시각에서는 역사와 문화 어느 것을 보더라도 일본에서 국민주권은 현실성이 없었다. 매클리시와 애치슨 같은 그루 노선에 맞선 비판가들은 원폭 개발과 관련해서는 내부자 집단에서 제외되어 있었다. 하지만 일본이 항복한 뒤로 맥아더 장군이 피점령국 일본에서 절대적인 지배자로서 실제로 추진하게 되는 급진적인 개혁 의제들을 최종적으로 정식화할 때 결정적이었던 것은—그루와 그의 보수적인 동료들이 아니라—그 비판가들의 시각과 영향력이었다.[107]

✦✦✦

천황을 비롯한 일본 지도자들이 자초한 난국에서 필사적으로 벗어나려 한다는 것을 추론하기 위해 진주만이 일어날 때까지 그루가 그랬던 것처럼, 일본에서 10년 동안 살 필요는 없었다. 당연히 벗어나고 싶어 하지 않겠는가? 그들의 솟구치는 야심과 걷잡을 수 없는 폭력이 고스란히 자신들에게 되돌아왔으니 말이다. 그러나 제안된 "제12항"과 같은 논지의 아리송한 진술—장래 일본 정부 형태는 "현 왕조하에서 입헌군주정을 포함할 수 있다"라고 막연하게 선언하는 진술—로 소수가 모여 국가 대계를 결정하는 "대본영회의"의 입장을 간단히 항복 쪽으로 기울게 할수 있다고 상상하려면 상당한 희망적 사고가 필요했다.

일본 측 기록을 볼 때, 특히 6월 오키나와 함락 이후로 히로히토가 개인적으로 천황제에 대한 위협에 크게 놀란 것은 분명했다. 그는 이 같은 위험이 연합국뿐만 아니라 겉으로는 충성스러운 자기 신료들에게서도 기인한다고 인식했고, 그들이 옥쇄를 택하는 대신 "아래로부터의 혁명"을 택할지도 모른다고 걱정하기 시작했다. 감청된 7월 12일 자 전문이 드러내듯이, 신속히 종전을 보는 것이 결국에는 천황의 "소망"이 됐을지 몰라도 이는 여전히 그 **방법**과 관련한 명확한 태도로는 바뀌지 않았다. 7월에 러시아를 상대로 한 이른바 강화 타진은 유난히 직설적인 모스크바 주재 일본 대사가 표현한 대로 "현실에서 벗어난 흐리멍덩한 생각", 다시 말해 전쟁을 끝내고 싶다는 절박함은 분명하나 진주만에 앞서 이뤄진 어리석은 의사결정처럼 전략적·심리적으로 서투른, 기괴하도록 우회적이고 뒤죽박죽인 신호에 불과했다.[108]

만약 유화적인 언어가 포츠담선언에서 유지됐거나, 실제로 그루가 처음에 희망했던 것처럼 무조건항복 요구로부터 명시적인 후퇴가 더 일찍 제시됐더라면 일본이 어떤 반응을 보였을지는 누구도 확실하게 말할 수 없다. 하지만 여기에 일본은 기껏해야, 히로히토 천황은 향후 일체의 전범재판에서 면제된다고 명시적으로 보장받고, 그의 "황조황종(皇祖皇宗)"만이 아니라 그 자신도 계속 황위를 유지하며, 그의 지위와 대권을 "신성불가침"한 것으로 확립하고 규제하며 일본인들을 시민이 아닌 "신민"으로 규정한 헌법적·제도적 구조 전체의 존립이 보장받아야 한다고 요구했을 것이라 추측하는 것은 타당하다. 영국과 미국이 처음부터 추축국에 대한 무조건항복 요구에 똑같이 무조건적인 "완전하고 영구적인" 무장해제 요구도 결부시켰으므로(포츠담선언은 단순히 이를 되풀이했을 뿐이다), 일본 군국주의자들은 이 문제에 관해서도 명확한 설명과 단서 조건을 요구했을 것이다. 이외에도 사면초가에 빠진 국가 지도자들은 패전국으로서 예상되는 점령, 일반적인 전범재판, 한국과 타이완, 어쩌면 만주에서도 전후 일본이 세력을 유지할 가능성과 관련하여 구체적인 질문들을 제기하며 조건부나 계약상의 항복을 위한 그 어떤 기회라도 당연히 붙들려고 했을 것이다.[109]

8월 6일과 9일 원폭 투하와 그 사이에 이루어진 소련의 선전포고〔8월 8일〕에 따라 히로히토는 포츠담선언의 수용을 지지함으로써 6인으로 구성된 대본영회의 내부의 교착상태를 깨트렸다. 이 같은 수용 의사는 "해당 선언〔포츠담선언〕은 주권 통치자로서 천황 폐하의 대권을 침해하는 어떠한 요구도 포함하지 않는다는 양해"와 함께 8월 10일에 미국에 전달됐다. 이에 대한 답신인 "번스 각서(Byrnes Note)"—영국, 중국, 소련이 승인하고, 트루먼의 신임 국무장관인 제임스 번스의 이름으로 8월 11일에 타전됐다—는 포츠담선언에서 삭제된 제12항 언어에 비견될 만한 사실상의 황위 보장으로 종종 묘사되며, 그리하여 왜 이 보장이 폭탄이 투하되기 전에 제시될 수 없었는가라는 의문을 불러일으킨다. 하지만 이 답신은 조건부 항복이 아니었다. 반대로 번스 각서는 빙빙 돌려 말하는 언어, 더 섬세하게 표현하자면, 회피와 능란한 모호성을 담고 있었다. 그것은 "입헌군주정"과 "현 왕조"에 관한 삭제된 제12항의 언어를 부활시키거나 천황의 신변과 관련한 어떠한 보장도 제공하지 않았고, 아닌 게 아니라 "천황의 대권" 문제에 실제로는 아무런 대답도 하지 않았다.

서두의 절차 통고에 뒤이어 5개 항으로 이루어진 답신은 "항복 순간부터 천황과 일본 정부의 국가 통치권은 항복 조건들을 발효시키는 데 적절하다고 여겨지는 조치들을 취할 연합국 최고사령관에게 속할 것이다"라는 선언으로 시작했다. 천황의 대권이라는 구체적 쟁점에 대한 답변으로 간주되는 것은 끝에서 두 번째 항으로 단순히 "일본 정부의 궁극적 형태는 포츠담선언에 따라 일본 국민들이 자유롭게 표현한 의지로 수립될 것이다"라고만 했다. 무엇보다도 기존의 천황 중심 일본 헌법하에서는 국민들이 "자유롭게 표현한 의지"가 없었다. 일본 지도자들은 8월 14일(워싱턴 시각)에 단순히 "포츠담선언의 규정들"과 번스의 8월 11일자 회답을 수락한다고 발표하며 이 모든 것을 어물쩍 넘어갔다.

일본이 번스 각서를 수락했다는 트루먼의 즉각적인 공식 발표는 이를 "일본의 무조건항복을 명시한 포츠담선언의 전적인 수락"으로 간주한다고 강조하며 시작했다. 이는 8월 13일 아직 일본의 수락 답신이 도착하기도 전에 맥아더 앞으로 작성된 명령에도 반영되어 있었는데, 이는 점령군 사령관으로서 장군의 최고 권위를 확인해 주었다. 맥아더가 몇 주 뒤에 패전국 일본에서 실제로 임무에 들어가고, 희망을 버리지 못한 일본 측 대표들이 찾아와 항복은 실제로는 계약상의 항복이며 따라서 통치와 의사 결정권을 공유해야 한다고 주장하려고 했을 때, 그들은 오해의 여지 없는 말로 쫓겨났다. 맥아더의 권위는 명목상으로나 문자 그대로나 최고였다. 어느 모로 보나 패전 일본은 코카서스인종의 새로운 천황을 얻었다.[110]

나중에 드러난 대로 히로히토와 황위의 운명은 항복한 뒤 여러 달 불확실한 상태에 머물렀다. 이 불확실성은 맥아더와 그의 참모들에게 더할 나위 없이 소중했는데, 그것이 일본의 보수파 전후 지도자들을 상대로 암묵적인 (그리고 때로는 투박한) 협상 카드를 제공했기 때문이다. 그들은 황위를 보전하고 히로히토의 신변을 보호하기 위해 초창기 개혁 정책들을 더 신속히 실시했다. 천황이 전범으로 기소되거나 퇴위를 요구받지 않을 것이라고 연합국 당국자들이 명확히 밝힌 것은 1946년 초에 가서였고, 그리고 그때서야 비로소 지배 엘리트들을 충격에 빠트리며 천황제의 구조와 대권이 싹 뜯어고쳐졌다. 만약 전쟁이 여전히 계속되고 있을 때 그런 변화가 슬쩍 암시되기만 했어도 대역죄인 것은 말할 것도 없고 모두가 결사반대했을 것이다.

1946년 2월에 본질적으로 맥아더가 아연실색한 일본 정부에 초안 형태로 부과한 새로운 전후 헌법하에서 국민주권은 천황주권을 대체했고, 이전에 신성불가침이던 천황은 "주권을 보유한 국민의 의지로부터 그 지위를 이끌어 내는 국가와 국민 통합의 상징"에 불과하게 됐다. 맥아더의 부관들은 일본 정부가 이 초안을 일본국의 헌법으로 사실상 그대로 수용하지 않는다면 자기들도 천황제와 히로히토 개인의 장래 안전을 장담할 수 없음을 분명히 했다. 그리하여 현실 정치의 일상 세계에서 히로히토와 황조의 운명에 대한 장기간의 불확실성과, 무조건항복 덕분에 행사할 수 있었던 맥아더의 최고 지휘권이 결합하여, 점령 당국은 그루와 일본파가 어리석고 불가능하다고 여긴 바로 그 급진적 "민주화" 의제를 도입할 수 있었다. 천황제는 살아남았지만 1945년 8월 이전에는 어떤 일본인도 상상하거나 지지할 수 없었을 방식으로 살아남았다.[111]

점령 초부터 사회 각계각층의 일본인들은—천황 중심 국가의 제도화된 권위주의와 주입된 "황도" 사상의 구속에서 해방된—평화주의적이고 민주주의적인 이상들에 수용적인 태도를 보이며 그 이상들을 종종 자생적인 방식으로 끌어안고 증진했다. 하지만 냉전이 심화하면서 미국은 처음의 급진적 의제들에서 후퇴했다. 1948년에 이르자, 재건이 최우선 과제로 민주화를 대체했고 특히 노동과 자본 관련 분야에서 개혁적 정책들이 뒤집혔다. 1950년 일본은 미국의 지지와 통제 아래 재무장에 착수했다. 1952년 점령이 끝났을 때, 일본 정치경제는 대체로 보수적인 문민 구파가 지배하게 됐으며 전범재판은 몇몇 희생양만 처벌한 채 마무리됐다. 완전하고 영구적인 무장해제라는 이상은 순진했던 막간의 어리석음으로 치부됐다. 일본은 아시아의 커다란 새 위협인 붉은 중국을 견제할 미국의 파트너 역할을 떠맡았다. 전시 정책들을 뒷받침했다고 추방당했던 정치인들과 여타 사람들은 공적 생활에 복귀할 태세였다. 히로히토는 신성한 선조들에게 사태가 훌륭하게 마무리됐다고 보고할 수 있었다. 일제가 중국에서 혼란과 공산주의를 진압한다는 명목으로 대륙에 침략을 개시한 것은 고작 15년 전이었고, 그로부터 4년 뒤 중일전쟁은 진주만으로 이어졌다. 하지만 더 가까운 과거는 이미 딴 세상처럼 느껴졌다.

그러므로 혹자들은 1945년에 골수 군국주의자들도 수용할 만한 방식으로 무조건항복 요구를 수정했다면 원폭과 소련이 일본에 동시에 들이닥치기 전에 협상을 통한 항복을 위한 문이 열렸을지도 모르며, 이는 냉전 현실정치에 비춰 봤을 때 미국에도 유리했을 것이라고 주장할 수 있을 것이다. 하지만 이 경우에 맥아더의 위상은 눈에 띄게 축소됐을 테고, 초창기에 그의 급진적 개혁들이 가능케 한 일본 사회의 풀뿌리 참여 역시 마찬가지로 축소됐을 것이다. 그리고 많은 일본인이 개혁 정책이 역전된 뒤에도 소중히 간직한 "탈군사화와 민주화"의 원대한 이상은 전후 사회에서 제도화된 보호를 받으며 분명한 목소리를 내지 못했을 것이다. 전후 일본은 지금과는 다른 곳이 됐을 것이다.

힘의 정치와 냉전

포츠담회담 이전에 미국의 군사적 예측은 소련의 선전포고가 아시아에서 분쟁을 종식하는 데 결정적일 것이라고 거의 공식처럼 강조했다. 6월 중순에 트루먼이 참석한 어느 중요 회의 의사록의 한 대목은 이를 전형적으로 드러낸다. "러시아의 참전이 이미 절망적인 일본인들에게 가져올 충격은 만약 우리가 일본에 상륙한다면 그때나 그 직후에 그들을 항복으로 이끄는 결정적 요인이 될 수 있을 것이다." 한 달 뒤 포츠담에서 스탈린이 소련군은 8월 15일까지 만주로 출동할 준비를 갖출 것이라고 확인해 주었을 때 "그렇게 되면 일본 놈들은 끝장일 것"이라고 트루먼이 일기에 쓴 즉흥적인 반응도 이런 전제를 반영했다. 그러나 그와 동시에 대통령은 "우린 비상한 파괴력을 지닌 신무기를 가지고 있다"라고 (그 자신의 표현으로는) "무심히" 언급한 것 말고는 스탈린에게 원폭에 관해 알리지 않았다. 그리고 미국은 오랫동안 간청해 온 임박한 소련 참전 이전에 발 빠르게 나서서 사용 가능한 원폭 두 기를 투하했다. (히로시마 원폭 투하에 대응하여 스탈린은 8월 8일에 황급히 선전포고를 했다.) 왜 소련이 참전하기도 전에 서둘러 폭탄을 떨어트렸을까?[112]

답은 힘의 정치다. 전략 수립 테이블에 둘러앉아 있는 누구도 원폭 투하가 순전히 광신적인 적에 대한 군사적 대응이라고 믿을 만큼 단순하지는 않았다. 비록 그것이 이후 원폭 정당화 논리에서 애용된 주장이 됐지만 말이다. 신무기에 관해 알고 있는 이들은 일찍부터 소련과의 관계를 염두에 두고 있었다. 맨해튼계획에 대해 방첩 감시 당국은 1930년대로까지 거슬러 가며 뒷조사를 하면서, 프로젝트 참여 과학자들이 공산주의자나 "극렬 리버럴(extreme liberal)"에 공감하거나 그런 조직에 가입했는지에 집착했고, 프로젝트를 둘러싼 강박적 비밀주의는 거의 전적으로, 적인 나치보다는 같은 편인 소련을 상대로 고려됐다. 폭탄이 현실이 되면서 이 반(反)소비에트에 대한 고정관념도 자연스레 추상적인 것에서 구체적인 것으로 옮겨 갔다.[113]

프랑크 위원회는 주도면밀하게 국제적 "상호 신뢰" 증진을 도모하는 방식으로 신무기의 존재를 공개하라고 촉구함으로써 이 "정치적 함의들"에 접근했다. 의사결정자들은 정확히 반대의 접근법을 택했다. 즉 본질적으로 일본뿐만 아니라 러시아도 충격과 공포에 빠트릴 방식, 그리고 그 과정에서 이상적으로는 동유럽에서 소련의 영토적 야심을 저지하는 동시에 아시아에서 소련 세력을 약화할 방식으로 사전 경고 없이 폭탄을 사용하는 것이었다. 아시아에 대한 지정학적 고려는 소련 참전에 따른 전략적인 불이익에 대한 뒤늦은 인식, 다시 말해 소련군이 일본군과 조금이라도 길게 교전한다면 만주와 중국 나머지 지역 그리고 더 나아가 한국을 포함한 동북아시아에서 소련의 입지를 강화하는 동시에 일본 점령에서 유의미한 몫(그리고 독일의 경우처럼 점령 "지역")을 요구할 수 있는 모스크바의 권한을 증대시킬 것이라는 갑작스러운 두려움을 반영했다.

소련의 선전포고가 일본 지도자들에게 얼마나 심대한 영향을 미칠 것인가에 관한 전시 정보 당국의 예측은 정확했다. 일본의 항복에 대한 미국 측 서술은 보통 거의 전적으로 원폭의 영향에 초점을 맞추는 반면, 일본 측의 논평은 흔히 원폭과 나가사키가 전멸하기 직전에 나온 소련의 선전포고를 결합한다. 이는 예를 들어, 당시 해군대신이자 대본영회의에 참석한 전직 총리인 요나이 미쓰마사(米內光政) 제독의 가감 없는 즉각적 반응이었다. 불만이 쌓여 가는 "국내 상황"에 깊이 우려하며 가급적 조속한 전쟁 종식을 지지한 요나이는 천황이 방송으로 항복을 발표하기 며칠 전인 8월 12일에 동료에게 "[항복] 조건이 미흡한 것 같지만 원폭과 소련의 참전은 어떤 의미에서 천우신조"라고 속내를 털어놓았다. 고노에 전 총리도 소련 침공 소식을 듣고 유사한 말을 했다. 매우 호전적인 강경파를 비롯한 다른 많은 고위 인사도 소련의 공격 그 자체가 즉각적 항복을 이끌어 내기에 충분한 진정한 임계점이었다고 간주했다.[114]

과연 소련의 선전포고만이 결정적이었을까? 이에 대한 답은 영영 알수 없을 것이다. 그 중차대한 나날에 나온 더 공식적인 반응들은 더욱 엇갈린다. 예를 들어, 항복을 발표하는 8월 15일(일본 시각) 천황의 라디오 방송은 "잔학한 새로운 폭탄"만을 언급한다. 다른 한편으로 8월 12일 일본 육군 총참모부가 중립국 주재 무관들에게 보내고, 미국이 즉시 가로채어 해독한 전문은 "러시아의 참전에 따라 제국은…… 국가의 존망이 달린 투쟁에 직면해 있다"라고만 말했다. 이와 유사하게 일본군에게 무기를 내려놓을 것을 명한 8월 17일 자 "병사와 장교들에게 보내는 칙어"는 원폭은 무시하고 소련군만 언급했다. 8월 6일과 17일 사이 일본 측 기록에 대한 주의 깊은 분석에서 역사가 하세가와 쓰요시(長谷川毅)는 원폭의 영향만 언급한 성명은 (열두 건 가운데) 단 두 건만 찾아냈다. 하세가와의 평가로는 원폭보다는 소련 참전이 일본의 선택을 강요한 결정적 요인이었다.[115]

　　어쨌거나 이 경우에 미국 정책결정자들이 가지 않은 길은 여러 가지가 있다. 스탈린은 신무기의 존재와 그 사용 계획에 관해 더 명시적으로 고지를 받을 수도 있었을 터이다(공교롭게도 그는 맨해튼계획에 참여한 스파이들을 통해서 이미 원자폭탄에 관해 알고 있었다). 또 7월 말에 포츠담선언을 지지하는 네 번째 열강으로―미국과 영국, 중국에 이어―소련을 끌어들이는 방안을 고려해 볼 수도 있었을 것이다. 그랬다면 모스크바를 통해 강화 협상을 타진해 보려는 도쿄의 딱한 시도는 헛수고이며, 일본과 소련 간 "5개년" 중립 협약도 종잇조각에 불과함을 오해의 여지 없이 분명히 했을 것이다. 소련 참전이 정말로 "그들을 항복으로 몰아넣을 결정적 행위"인지 두고 보기 위해 폭탄 사용을 적어도 몇 주는 늦출 수도 있었을 것이다.[116]

이러한 대안들은 추구되지 않았다. 제2차세계대전에서 같은 편이었던 소련이 아시아에서 전쟁이 끝나기도 전에 적으로 간주됐기 때문이었다. 원자폭탄은 냉전의 "첫 주요 작전"으로 사용됐다는 논쟁적 의견은 전쟁이 끝난 지 몇 년 뒤, 1948년 노벨상 수상자인 영국 물리학자 P. M. S. 블래킷(P. M. S. Blackett)에 의해 단호하게 표명됐다. 블래킷은 전시 군사 개발에 관여했으나 전후 핵 정책에 대한 자신의 견해가 미국과 영국 정부의 시각과는 크게 다르다는 것을 깨닫게 됐고, 1948년 미국판으로 『공포, 전쟁 그리고 폭탄(Fear, War, and the Bomb)』이라는 제목으로 나온 책에서 여전히 이 논쟁을 뒤흔드는 많은 주장을 간명하게 표현했다.

그러므로 우리는 원폭 투하가 제2차세계대전의 마지막 군사 행위라기보다는 지금 진행 중인 러시아와의 차가운 외교 전쟁의 첫 주요 작전이었다고 결론 내릴 수 있을 것이다. 그러나 원폭 투하의 절묘한 타이밍으로 잘 달성된 무력정치(MachtPolitik)의 현실적인 목표들이 "이루 말할 수 없는 수의" 미국인 목숨을 구한다는 널리 내세운 목표와 일치하지 않는다는 사실은, 진상을 얼마간 알거나 짐작하고 있던 많은 미국인과 영국인의 마음속에 강렬한 내적갈등을 초래했다. 이 갈등은 자신들의 뛰어난 과학적 연구가 이런 식으로 쓰이는 데 마땅히 깊은 책임감을 느끼는 원자폭탄 개발 과학자들의 마음속에서 특히 심했다. 자신들의 연구가 미국인들의 목숨을 구하는 것보다 전후 세계 힘의 정치와 관련하여 외교적 승리를 달성하는 데 이용됐다는 깨달음은 그들 중 많은 이들에게 너무도 불편한 것이라 의식적으로 인정하기가 쉽지 않았다. 그들은 자신들의 의구심을 가라앉히기 위해 원폭 투하가 사실은 수백만 목숨을 구했다고 믿게 됐다. 그러므로 장래 원자폭탄이 초래할 결과로부터 세계를 구하려는 가장 강력한 감정적 동기를 갖고 있는 사람들이 원자폭탄의 최초 사용을 둘러싼 실상에 대해서는 대체로 매우

왜곡된 시각을 갖고 있는 사태가 발생한 것이다.[117]

블래킷이 이 글을 쓴 이후로 반세기 넘는 세월 동안 공개된 기록들은 이런 혹독한 비판을 지지하는가? 그렇기도 하고 아니기도 하다. 신뢰 구축에 관한 프랑크 위원회의 권고 사항을 거부하는 결정을 내린 이들—최대한 충격적인 방식으로 신무기의 파괴력을 드러내는 편을 선택하면서 동시에 소련의 참전에 선수를 치길 기대했던 이들—은 블래킷이 주장하는 것처럼 전쟁을 빨리 끝냄으로써 인명을 구하는 것과 원자폭탄을 러시아에 외교적 위협으로 이용하는 것 사이에 모순이 있다고 생각하지 않았다. 대일본전 종식에 관한 사고와 소련에 관한 사고는 중첩됐다. 1941년 중반부터 전쟁이 끝날 때까지 과학 연구 개발국의 국장을 역임했고 꾸밈없이 발언하는 버니바 부시(Vannevar Bush)는 나중에 "원자폭탄을 제때에 전달하는 것"에 어떤 중요성을 부여했느냐는 질문을 받았을 때 이를 다음과 같이 간결하게 표현했다.

그것은 일본의 여러 해안에서 발생했을 사상자 수십만 명을 구했다. 또 전쟁이 끝날 때 러시아에 아무런 양보를 할 필요가 없게 제때에 전달됐다. 전후 우리가 동원을 해제한 뒤 러시아가 유럽을 휩쓰는 것을 방지하는 주요 억지 수단을 갖게 됐다는 의미에서 제때에 전달됐다. 그 물건을 제때에 손에 넣었다는 것은 (무기) 개발의 역사상 가장 위대한 성취 중 하나다.[118]

어쨌거나 일본과 무관하게 "원폭 외교"가 전시 계획가들의 생각에서 멀리 떠나 있지 않았다는 일화적 증거와 문서 기록은 방대하다. 예를 들어 루스벨트의 사망으로 트루먼이 갑작스레 대통령이 된 다음 날인 4월

13일에 번스는 비밀 무기 프로젝트에 관해 간략히 보고했고("도시 전체를 완전히 없애 버리고 사람을 전례 없는 규모로 죽일 수 있다") "그 폭탄 덕분에 우리는 전쟁이 끝날 때 〔강화〕 조건을 마음대로 정할 수 있는 입장에 서게 될 것"이라고 덧붙였다. 2주 뒤에 스팀슨이 그 프로젝트에 관해 대통령에게 첫 번째 상세한 보고서를 올렸을 때 전쟁장관도 절체절명의 이미지("현대문명이 완전히 파괴될지도 모른다")와 "세계평화와 인류 문명이 구원받을 수 있는 본보기를 제시하는 계기가 되는" 방식으로 신무기를 다룰 수 있다는 유토피아적 희망을 나란히 제시했다.[119]

트루먼은 포츠담에 있는 동안 트리니티 시험의 성공 소식을 들었다. 그리고 비록 그 성공이 핵을 둘러싼 사안의 의사결정을 재촉했지만, 전후 핵 세계의 패턴을 좌우하는 데 미소 관계가 절대적으로 핵심이었다는 사실은 트리니티 시험 이전과 심지어 독일의 항복 이전에도 분명했다. 잉글랜드에서 원자폭탄에 관해 연구하다가 1944년에 로스앨러모스 과학자들에게 합류한 폴란드 출생 물리학자 조지프 로트블랫(Joseph Rotblat)은 그해 3월에 어느 사교 행사에 참석했다가 그로브스 장군이 무심코 "물론 이 프로젝트의 주요 목적이 러시아를 제압하는 것이라는 점은 알고 있지요?"라고 발언하는 것을 들었다.

로트블랫은 충격을 받았다. 그는 "그때까지 나는 우리의 연구가 나치의 승리를 막는 것이라고 생각했다"라고 회상했다. 로트블랫이 대화를 잘못 기억하고 있는 것이 아니라는 점은 전후에 그로브스 본인에 의해서 암묵적으로 확인됐는데, 그는 선서한 증언에서 "이렇게 진술하는 것이 중요하다고 생각하고 또 잘 알려진 사실이라 생각하는데, 내가 이 프로젝트를 떠맡고[1942년 9월] 대략 2주 뒤부터 나로서는 러시아가 우리의 적이고 이 프로젝트는 이를 전제로 수행됐다는 데 아무런 환상도 없었다. 나는 러시아가 용감한 우리 편이라는 전체적인 여론에 동조하지 않았다. 나는 언제나 의혹을 품고 있었고 그 프로젝트는 그러한 전제 위에서 수행됐다. 물론 대통령에게도 그렇게 보고했다"라고 진술했던 것이다.[120]

다른 과학자들도 고위 관리들로부터 동일한 메시지를 이끌어 냈다. 그러므로 레오 실라르드와 노벨상 수상자 해럴드 유리(Harold Urey) 및 여타 동료 과학자들이 1945년 5월 후반에 번스를 찾아가 핵 독점 유지의 불가능성을 역설하고 "우리의 원폭 '시위'는 미국과 러시아 간 이 같은 무기의 제조 경쟁을 촉발할 것"이라는 위험을 경고했을 때, 번스는 그들의 의견을 간단히 물리쳤다. 장래 트루먼의 국무장관은 헝가리와 루마니아에서의 소련의 군사적 존재감을 거론했고 (실라르드가 그 엄청난 잘못된 만남이자 생각의 불통을 요약했듯이) "미국의 군사적 위력에 깊은 인상을 받는다면 러시아는 더 다루기 쉬워질 수도 있고, 원폭 시위는 러시아에 깊은 인상을 줄 수도 있다"라고 주장했다. 헝가리 망명자인 실라르드는 독일이 붕괴함에 따라 동유럽에서 소련이 권력을 행사할 미래에 도저히 순진한 전망을 품고 있었다고 할 수 없지만, 그럼에도 불구하고 "폭탄을 과시하는 게 러시아를 더 다루기 쉽게 만들 수도 있다는 가정에 어안이 벙벙했다".[121]

당시 스팀슨의 대화와 고찰이 특히 생생하게 드러내듯이, 이러한 반소련적인 고려들은 의사결정에 노골적으로 또 은유적으로 영향을 미쳤다. 예를 들어 6월 6일 자 일기에 전쟁장관은 대통령과 "그들[소련]을 파트너십에 끌어들이는 데 필요한 주고받기(quid pro quo)"에 관한 논의를 기록했는데, 두 사람은 일단 일본을 상대로 원자폭탄을 사용하면 미국은 더 강력한 입지에서 "폴란드, 루마니아, 유고슬라비아, 만주 문제를 타격"할 수 있을 것이라는 데 의견이 일치했다. 다른 경우들에서, 스팀슨과 동료들은 게임의 은유에 의존했다. 예를 들어 5월 14일 자 장관의 일기에는 러시아와의 거래에 관해 마셜 장군, 존 J. 맥클로이(John J. McCloy) 전쟁차관보와 나눈 대화가 담겨 있는데, 이 대화에서 스팀슨은 "우리가 말이 아닌 행동으로…… 아마도 꽤나 거칠고 현실주의적인 방식으로 보여 줄" 필요성을 강조했다. 그는 자신의 주장을 다음과 같이 표현했다. "여기는 우리가 정말로 모든 카드를 쥐고 있는 곳이었다. 나는 그걸 로열 스트레이트 플러시라고 불렀고, 우린 그 패를 가지고 절대 바보 같은 게임을 해선 안 된다. 그들은 우리의 지원과 산업이 없으면 헤쳐 나갈 수가 없다. 게다가 우린 독보적인 무기를 작동시킬 거다."

포츠담회담의 일정과 관련한 만남을 기록한 이튿날 일기는 이를 명시적으로 "S-1 기밀"(다시 말해 맨해튼계획)과 연관시켜 폭탄이 시험을 거칠 때까지 회담을 연기하는 것이 바람직함을 언급하고, 더 나아가— 일기가 공개된 뒤 자주 인용되는 대목에서—"외교에서 으뜸 패를 손에 쥐지 않고 그렇게 큰 판돈을 걸고 도박을 하는 것은 끔찍한 일인 것 같다"라고 말한다. 하루 뒤(5월 16일) 대통령과의 대담 중에도 카드 게임의 언어가 되풀이됐고("아무래도 지금보다는 나중에 우리 수중에 더 많은 카드가 있을 듯하다"), 공놀이["우린 러시아가 공놀이를 이어 가도록〔play ball, 공을 주고받다, 즉 상대방과 협조한다는 뜻의 관용적 표현〕설득할 길을 찾아야 한다"]의 은유로 강화됐다.[122]

트루먼이 스탈린을 처음 대면한 포츠담회담은 아시아 정세에만 초점을 맞추기보다는 전후의 전반적인 정책들에 할애됐다. 미국이 "으뜸 패"를 쥐기 전에는 그런 만남에 참석하길 꺼린 것은 회담 일정이 왜 거듭하여 연기됐는지 그리고 왜 오펜하이머의 폭탄 제조자들이 프로젝트 결과물을 완성해 시험하는 데 어느 때보다 심한 압박을 받고 있었는지 설명해 준다. 시험이 성공하면 신무기가 가급적 신속히 일본의 인구 밀집 도시들에 배치될 것이라는 점을 관련자들이 분명히 인식하고 있었던 것이다. 트루먼의 대단히 흥미로운 포츠담 일기와 그의 전후 회상록에서 드러나는 애매모호함은 어느 정도는 그가 트리니티 시험이 대성공이었다는 소식을 들었을 당시의 과도기적 성격을 반영하며, 소련 참전을 바라는 마음("일본 놈들은 끝장일 것")은 신무기를 재빨리 사용함으로써 여기에 선수를 칠 수 있다는 자신감으로 대체됐다.

트루먼 대통령은 공적 기록으로 남도록 나중에 이 모든 과정을 되돌아보면서 블래킷이 "무력정치"라고 타당하게 규정한 이 같은 의사 결정 논의에 영향을 미친 "주고받기"와 "으뜸 패" 게임에 관해서는 슬쩍 넘어갔다. 하지만 한편으로 트루먼은 동북아시아에서 펼쳐지는 새로운 게임의 힘의 정치를 나름대로 솔직하게 시인했다. 그는 회고록에 "우리가 일본에 원폭을 투하하자 러시아는 극동에서 자신들의 지위를 재고할 수밖에 없었다"라고 썼다. 더 구체적으로는 "나는 일본 문제에서는 러시아에 아무런 역할도 허락하지 않겠다고 작심한 터였다. 독일 그리고 불가리아와 루마니아, 헝가리, 폴란드에서 그들과 함께한 경험으로 인해, 러시아와 공동 기구를 구성하는 모험을 감수하지 않기로 결심했다"라고 설명했다. 그리고 다시금 "점령이나 통제구역 분할을 원치 않았다. 러시아가 독일과 오스트리아에서 한 것처럼 행동할 기회를 일절 주고 싶지 않았다"라고 덧붙였다.[123]

번스도 동독과 동유럽에서 소련의 행위들을 보고 소련의 아시아 참전에 경각심을 느끼게 됐다고 다소 막연하게 인정했다. 그는 "나는 원자폭탄이 성공을 거둬서 일본이 우리의 조건에 따라 항복을 수용할 것이라고 믿었다"라고 1947년에 출간된 회고록에서 밝혔다. "나는 붉은 군대가 만주에 진입하면 벌어질 일을 걱정했다. 그리고 붉은 군대가 만주에서 철수하기 전에 내 두려움은 현실화됐다." 포츠담에서 번스의 부관 중 한 명이 작성한 기록 초고는 "JFB(제임스 F. 번스)는 원폭이 투하되면 일본이 항복하고, 러시아는 살상에 참여한 게 별로 없으므로 중국을 상대로 자신들의 권리를 압박할 입장에 서지 못할 것이라 믿으며, 여전히 시간에 희망을 걸고 있다"라고 이 문제에 관해 더 적나라하게 설명했다.[124] 하지만 여기에 실제로 얽혀 있는 것은 더 폭넓은 기록들이 드러내듯이 (그리고 버니바 부시와 그로브스 장군 같은 개인들이 더 솔직하게 시인하듯이) "만주"나 "중국" "일본 통제"만의 문제가 아니었다. 그들이 인식하던 게임은 핵 시대의 개막과 함께 다름 아닌 세계 지배의 게임이었던 것이다.

당파 정치

극적인 폭력은 기득권에 이바지하며, 공중전의 새로운 관행들은 국제적·국내적으로도 불가피하게 정치적이었다. 군부 내의 관료주의적 경쟁은 B-29 공습으로 절정에 이르는 재래식 전략폭격 정책을 추진하는 데 일조했다. 적을 파멸하는 어마어마한 능력을 실증(그리고 바로 **이것이** 앞선 독일의 경우처럼 일본의 항복을 가져오는 데 결정적 요인이었다고 주장)하는 것은 전후에 공군력을 위한 정치적 헌신과 독립 공군의 창설에 헤아릴 수 없을 만큼 큰 기여를 했다. 원자폭탄을 최대한 요란하게 사용하는 것은 이 의제를 보완할 뿐만 아니라 적대행위 종식 이후 핵에너지 개발에 대한 폭넓은 지지를 이끌어 내는 데 일조함으로써 새로운 의제도 도입했다. 이는 원폭이 **왜** 사용됐는지 그 이유를 설명하는 것이 아니라, 원폭 사용의 대안으로 제시된 것들이 무시당한 분위기를 규명하는 데 도움이 된다.

정당선거 정치도 고려해야 할 요소였다. 노련한 민주당 정치인으로서 트루먼과 번스 둘 다 전쟁이 빚어낸 의회 내 초당적 협력은 일시적일 뿐이며 협조는 이미 흔들리고 있음을, 더 구체적으로는 들인 돈이 아깝지 않았다는 것을 보여 주지 않는다면 많은 돈이 들어간 일급비밀 맨해튼계획이 전후 공화당의 공격에서 특히 취약한 표적이 될 것임을 인식하고 있었다. 1944년 대통령선거에 따라 부통령이 되기 전에, 상원 위원회의 위원장으로서 트루먼은 이 극도의 기밀 프로젝트에 지출하는 것에 회의적인 눈길을 보냈고, 그 프로젝트의 정치적 취약성은 이후 여러 경우에서 언급됐다.

예를 들어, 원폭 개발과 관련한 1943년 영국과의 협상은 "국민 세금 수억 달러를 낭비하거나 전쟁의 승리를 넘어선 다른 목표들을 위해 행동한다고 대통령이 비난받는 일은 무슨 일이 있어도 피해야 한다"라는 관점에서 설명됐다. 의회 지도자들은 1945년 초에 전쟁부에 "전쟁이 끝나자마자 의회는 그 프로젝트에 매우 철저한 조사를 실시할 것"이라고 경고했고, 그로브스는 모든 지출 내역을 규정대로 꼼꼼하게 기록하라는 주의를 들었다. 당시 전시동원국(Office of War Mobilization)의 국장이었던 번스는, 루스벨트가 사망하기 한 달 전인 3월 초에 대통령에게 20억 달러에 가까운 경비를 환기하며 "프로젝트가 실패로 드러난다면 가차 없는 조사와 비판에 시달리게 될 것"이라고 경고하는 메모를 보냈다.[125]

6월 중순의 프랑크 보고서는 이 정치적 고려를 거의 사무적으로 언급했다. "입수 가능 즉시 원폭 사용을 찬성하는 쪽에서 들 수 있는 또 다른 논거는 그 프로젝트에 그렇게 많은 세금이 들어갔으니 의회와 미국 대중은 그만한 돈에 대한 보상을 요구할 것"이라는 점이었다. 이것은 실제로 실라르드와 그의 동료들이 원폭의 성급한 사용은 국제적 참사가 될 것이라고 번스를 설득하는 데 참담히 실패한 뒤 얻은 여러 낙담스러운 결론들 가운데 하나였다. 실라르드가 회고했듯이, 실질적으로 번스는 몇 달 전 루스벨트에게 은밀히 이야기했던 것을 과학자들에게 말했다. "우리는 폭탄을 개발하는 데 20억 달러를 썼고 의회는 그 돈을 썼으니 이제 우리에게 무엇이 있는지 알고 싶어 할 것"이라고 말이다. 게다가 번스는 전직 상원의원으로서 이러한 고려를, 과학자들이 간절히 원하는 향후 원자력 연구를 위한 정부 예산 배정과 기민하게 연결할 줄도 알았다. 실라르드는 번스가 "당신들이 이미 들어간 돈의 결과물을 보여 주지 않는다면 어떻게 의회로 하여금 원자력 연구에 예산을 배정하게 만들 건가?"라고 물었다고 회고했다.[126]

블래킷은 몇 년 뒤에 글을 쓰면서 그러한 당파적 고려가 원폭 사용 결정에 영향을 미쳤을 수도 있다는 것에 경악했지만, 전쟁이 끝난 뒤 이 점이 자주 언급되는 것으로 볼 때 있을 법한 일이라고 여겼다. 그리고 그것이 정말로 사실이라면 이는 불길한 앞날을 예고한다고 내다봤다. "만일 미국 정부가 1945년 여름에 이런 견해에 영향을 받았다면 향후 어느 시점에 다시금 20억 달러가 지출될 때 이번에는 히로시마와 나가사키의 12만 희생자 대신 또 다른 나라의 시민들을 희생자로 삼아 또 한 차례의 로마의 휴일(Roman holiday, 타인의 희생과 고통에서 나오는 오락)을 연출해야 한다는 압박을 느끼게 될지도 모른다. 인간의 지성으로, 미국 국민에게 이보다 더 모욕적이거나 소련이 국방정책을 이보다 더 정력적으로 추구하게 만들 만한 원폭 투하 이론을 짜내기도 어려울 것이다."[127]

블래킷이 표명한 충격에도 불구하고 정치인들은 당리당략적인 행위를 한다. "천황의 대권"과 관련한 일본의 요구에 답변을 작성하던 중대한 순간에 번스는 보좌관에게 자신이 일본의 요구에 순순히 응했다면 (보좌관이 일기에 기록한 대로) "대통령을 십자가에 매다는 꼴이 됐을 것"이라고 말했다. 번스는 필시 정치와 여론을 언급하고 있었다. 이 사안들에 대한 대중의 정서를 꽤 잘 보여 주는 지표는 포츠담 성명이 나온 지 고작 며칠 뒤인 6월 29일 《워싱턴포스트》 1면에 실린 갤럽여론조사 결과였다. "전쟁이 끝난 뒤 일본 천황을 어떻게 해야 한다고 생각하십니까?"라는 질문에 응답자의 최대 다수(33퍼센트)는 "처형한다"에 찬성했고, 17퍼센트는 "법정에서 그의 운명을 결정한다", 11퍼센트는 "죽을 때까지 감옥에 가둔다", 9퍼센트는 "추방한다", 4퍼센트는 "아무것도 하지 않는다, 그는 군벌이 내세운 명목상의 수장에 불과하다"라는 답변에 찬성했다. 오로지 응답자의 3퍼센트만이 "일본을 다스리는 데 꼭두각시로 이용한다"라는 답변에 찬성했다.[128]

11장

달콤함, 아름다움, 그리고 이상주의적 절멸

히로시마와 나가사키에 원폭을 투하하기로 한 결정 이면에 자리한 군사적·정치적 고려들―전쟁을 신속히 종결하고, 소련을 위협하며, 본국의 당파적 비판을 미연에 방지하는 등―은 문서 기록으로 잘 남아 있다. 이를 어떻게 정리하여 따져 볼지는 또 다른 문제이며, 미국에서 원폭 투하 결정에 대한 지지자들과 비판자들 간 의견 차이는 시간이 지나면서 오히려 더 첨예해지고 있다. 히로시마에 원폭을 투하한 B-29 폭격기 에놀라게이를 전시하려는 스미스소니언 항공우주박물관의 50주년 전시 계획을 둘러싸고 1994년과 1995년에 터져 나온 논쟁보다 이를 더 날카롭게 드러낸 준 것도 없었다. 전쟁을 끝낸 버섯구름을 단순히 기리고자 하는―적어도 비판가들이 보기에는 말이다―이들은 당시의 내부 논쟁, 그라운드제로에서 일어난 물리적·인적 파괴, 그리고 1945년 8월이 남긴 전략적 유산 및 핵의 유산에 주의를 환기하는 데 더 관심이 많은 큐레이터와 역사가의 반발에 부닥쳤다. 결국에는 정치적 압력이 복잡다단한 비극을 둘러싼 대중적 토론이 될 보기 드문 기회를 좌절시켰다.

의사결정 자체를 넘어서—다시 말해 전시 계획가들이 남긴 공식 기록들에서 본질적으로 심리적이고 제도적인 역학으로 넘어가면—왜 대량 살상(mass destruction)이 거의 저항할 수 없는 탄력을 받게 되는지를 이해하는 일은 한층 도전적이고 도발적인 일이 된다. 우리는 공식 기록 문서와 증언록 너머, 모든 층위와 단계마다 내려진 합리적 선택이라는 전제들 너머, 어느 한 가지 사례 연구 너머에 자리한 영역으로 들어선다. 이런 관점에서 볼 때, 원폭 사용 결정은 표면 아래 깔린, 혹은 더 적절히 표현하자면 눈에 보이지만 좀처럼 시인되지 않는 원동력들을 환기하고자 할 때 훌륭한 본보기다. 파우스트 역할을 하는 데서 느끼는 과학자의 전율은 그런 원동력 중 하나였다. 점점 더 파괴적인 무기를 개발하고 배치하려는 기술적 요청과 가차 없이 굴러가는 전쟁 기구의 기술관료적인 추진력은 또 다른 원동력이었다. 대량 살상 그 자체도 마음을 사로잡았다. 희생자의 관점에서는 소름 끼치지만 반대편의 입장에 있다면 아름답기까지 할 만큼 매력적이고, 심지어 황홀한 일이었다. 보복에 대한 갈망도 자연히 행동에 영향을 미쳤다. 이상주의도 마찬가지였다. 정당한 전쟁의 전통적인 고려 사항들이 폐기되고 차악을 행하는 것에 관한 합리화와 기만으로 대체된 이상주의였지만 말이다. 그들은 더 많은 사람을 구하기 위해 많은 사람을 죽였다.

과학적 달콤함과 기술적 요청

리처드 로즈(Richard Rhodes)는 찬사를 받은 원자폭탄 제조에 관한 연구에서, 폭탄이 떨어졌을 때 4학년 학생이었던 어느 히로시마 생존자의 간단한 물음을 인용한다. "원자폭탄을 발명한…… 그 과학자들, 그 사람들은 그걸 떨어트리면 무슨 일이 일어날 거라고 생각했던 걸까요?"[129]

이에 대한 간단한 대답은 일부 예외를 제외하면 프로젝트가 막바지에 이를 때까지 그들은 그 문제에 관해 생각하지 않았다는 것이다. 심지어 폭탄이 완성됐을 때도 그들은 "포인트 제로"의 순간 그 현장에 있을 사람들보다는 국제적인 반향에 관해 주로 생각했다. 조지프 로트블랫이 1944년 말에 맨해튼계획에서 떠났던 이유를 설명하며 말했듯이, 처음에 많은 과학자에게 동기를 부여한 것은 자신들이 나치 독일과 핵무기 제조 경쟁을 하고 있다는 믿음이었다. 그리고 그 믿음이 더 이상 사실이 아님을 알게 됐을 때 로트블랫은 그곳을 떠났다. 대다수 과학자를 계속 지탱하게 한 것 그리고 초창기의 긴박한 위기감을 이내 능가한 것은 그 임무 자체의 달콤함이었다. 로트블랫은 맨해튼계획에 참여하고도 과학을 권력과, 그리고 권력을 인간이 낳은 전례 없는 파괴력과 결합하는 데 미혹되지 않은 희귀한 경우였다. 나중에 그가 회고한 바에 따르면, 그가 로스앨러모스의 동료들에게 독일이 패배하고 난 뒤에도 왜 프로젝트에 계속 남았느냐고 물었을 때―그들 중 다수는 로트블랫처럼 유럽인 망명자였다―"그들이 내놓은 가장 흔한 이유는 순전한 과학적 호기심, 즉 이론적 계산과 예측이 실제로 현실화되는지 알아보고 싶은 강력한 충동이었다".[130]

수십 년 뒤 물리학자 빅토어 바이스코프(Victor Weisskopf)는 맨해튼계획에 참여했을 당시를 돌이켜 보며 "부끄럽게도 우리 대다수는 그만둔다는 생각조차 하지 못했다"라고 고백했다. 그가 아는 한 그만둔 사람은 딱 두 명이었다. 그럼 그는 왜 일을 계속했는가? "그 과업이 주는 매력 때문이었다"라고 바이스코프는 설명했다. "당시 그만둔다는 건 불가

71. 1945년 7월 16일, "장치(The Gadget)"라는 별명으로 통한 최초의 핵 폭발물이 기폭 직전에 트리니티 시험 탑 꼭대기에 설치되고 있다.

능한 일이었다…… '기술적으로 달콤한' 일이었다." 더 나아가 그는 1945년 여름 당시의 시각에서 봤을 때, 네 가지 선택지가 있었다고 설명했다. 첫 번째, 신무기를 쓰는 않는 선택지는 애초에 논외였는데, "전시에 군대가 수중의 가장 강력한 무기를 쓰지 않는다는 것은 생각도 할 수 없는" 일이었기 때문이다. 두 번째 선택지인 무인 지대에서 폭탄을 시연하는 것은 간단히 기각됐다. 순수하게 군사적 목표물에 폭탄을 사용하는 세 번째 선택지는, 목표물이 신무기의 위력을 보여 줄 만큼 크지 않고 기존에 입은 피해와 원자폭탄으로 입은 피해를 구별하기가 어려울 것이라는 이유에서 거부됐다. 바이스코프가 회상했듯이, 오펜하이머의 논거는 "폭탄이 전쟁을 아예 불가능하게 만들려면 매우 강력한 효과를 보여야

72. 1945년 9월, 트리니티 폭발 시험 장소인 그라운드제로를 다시 찾은 J. 로버트 오펜하이머와 레슬리 그로브스 장군.

한다"라는 것이었다. 그래서 히로시마가 나왔다. 그럼 나가사키는? 그건 바이스코프가 보기에는 그냥 "범죄"였다.[131]

과업의 달콤함은—실제로 폭탄이 작동할 때까지 골치 아픈 난제가 끊이지 않았고, 오펜하이머가 주도한 로스앨러모스에서는 특히—지적인 차원이면서도 공동체적이기도 했다. "여기 로스앨러모스에서 나는 아테네와 플라톤, 이상적 공화국의 기풍을 발견했다"라고 영국 물리학자 제임스 터크(James Tuck)는 환호했다. 에드워드 텔러(Edward Teller)는 한번은 어느 가벼운 분위기에서 "행복한 대가족"이었던 시절을 떠올리며 키득거렸다. 오펜하이머 본인은 전시 로스앨러모스를 "높은 사명감과 의무감, 운명 의식으로 고무된, 헌신적이고, 밀착되어 있고, 대단히 사심 없는 놀라운 공동체"였다고 묘사했다. 과학자들이 무슨 생각을 하고 있었느냐고 물은 히로시마의 여학생은 분명히 이런 대답에서 용서해야 할 이유를 딱히 못 찾았겠지만, 그들은 높은 목적의식과 비범한 재능을 지닌 사람들로 이루어진 특별한 공동체에 참여하고 있다는 느낌을 공유하고 있었다. 지적인 도전과 공통의 대의라는 이 아우라는 실은 너무 유혹적이어서 1945년의 원폭 투하에 괴로워했던 과학자 대다수는 그럼에도 맨해튼계획의 소산을 능가하는 수소폭탄 혹은 열핵폭탄인 "더 슈퍼(The Super)"의 개발을 비롯해 전후에 선진 핵무기 개발에 계속 참여했다.[132]

이 친밀한 유대감은 편을 불문하고 전장의 군인들이 경험하는 "형제들(band of brothers)"의 전우애와 비견될 만했다. 일례로, B-29 폭격기의 대원들이 서로를 가족으로 생각하고 단단히 결속된 상호 의존적인 그 소집단의 안녕과 집단적인 임무 수행에 초점을 맞추게 된 것처럼, 가미카제 조종사들의 자아 정체성은 궁극적으로 자신이 속한 소규모 단위에 초점을 맞췄다. 하지만 한편으로 원자폭탄 과학자들은 남다르게 지적이었고 엘리트 의식과 역사의식을 지니고 있었다. 오펜하이머는 다른 여러 경우처럼, 이를 특히 인용하기 좋은 방식으로 표현했다. 그는 1954년에 (그의 보안허가를 박탈한 정부 청문회에서) 과거를 돌이켜 보면서 이를 다음과 같은 일반적인 방식으로 설명했다.

거의 모두가 이것이 위대한 과업임을 인식했습니다. 또 거의 모두가 이것이 성공적으로 신속히 완성되면 전쟁의 승패를 결정할 수도 있다는 것을 알고 있었습니다. 이것이 과학적 지식과 기술을 국익을 위해 이용할 유례없는 기회라는 것, 이 일이 달성된다면 역사의 일부가 되리라는 것을 알고 있었어요. 이 흥분감과 헌신

의식, 그리고 애국심이 결국에는 다른 것을 압도했습니다.

　나중에 같은 청문회에서 그는 수십 년 뒤 빅토어 바이스코프가 썼던 더 단순하고 간결한 언어를 썼다.

　이 사안들에서 내 생각은 이렇습니다. 당신이 기술적으로 달콤한 어떤 것을 보면 당신은 그 일을 밀고 나갑니다. 그리고 그 기술적 성공을 거둔 다음에야 그걸 가지고 어떻게 할지에 관해 논의하기 시작하죠. 원자폭탄을 만들 때 일은 그렇게 돌아간 겁니다. 내 생각에는 누구도 그것을 만드는 데 반대하지 않았어요. 그것이 만들어지고 나서야 그걸 가지고 어떻게 해야 할지 논쟁이 벌어졌죠.[133]

　1945년 11월에—맨해튼계획의 기억이 아직 생생할 때 그리고 갓 설립된 "로스앨러모스과학자협회(Association of Los Alamos Scientists)"와 함께한 자리에서—오펜하이머는 과학적 탐구 전반에 깔린 "유기적 필요성"에 관해 "동료 과학자"로서 이야기했다.

　그러나 우리가 왜 이 일을 했는지 그 이유로 넘어오면 그건 유기적 필요성 때문이었습니다. 당신이 과학자라면 그런 일을 중단할 수 없습니다. 과학자라면, 당신은 세계가 어떻게 작동하는지를 알아내는 것, 실제 세계가 어떠한지를 알아내는 것이 좋은 일이라고 믿습니다. 인류 전체에 인류의 가치와 시각에 따라 세계를 제어하고 다루는 최대한의 능력을 넘겨주는 것이 좋은 일이라고 믿습니다.
　…… 앎이 좋다는 것을 믿지 않는다면 당신은 과학자가 될 수 없습니다. 당신의 지식을 공유하는 일, 거기에 관심이 있는 누구와도 공유하는 일이 최고로 가치 있다고 생각하지 않는다면 당신이 과학자가 되는 것은 좋지 않고 가능하지도 않습니

다. 세계에 대한 지식과 그 지식이 주는 능력이 그 자체로 인류에 가치가 있는 것이라고 믿지 않는다면, 당신이 지식의 확산을 돕는 데 그 능력을 이용하고 있으며 그에 따른 결과를 감수할 용의가 있다고 믿지 않는다면 과학자가 되는 건 불가능합니다.[134]

이것은 고상한 수사이자, "죽음, 파괴자"에 관한 오펜하이머의 더 섬뜩한 성찰의 이면이었다. 물론 여태 누구도 상상하지 못했던 "세계를 제어하는 최대한의 능력"을 가져다주는 자가 되는 데에는 추가적인 달콤함이 존재했다. 신의 행세를 하는 것은 그런 달콤함 중 하나였고, 더 소박하게 미국식으로 말하자면, 개척 시대 서부의 영웅 행세를 하는 것은 또 다른 달콤함이었다. 오펜하이머는 트리니티 시험을 지켜보고 나서 『바가바드기타』를 생각했을지도 모르지만, 동료 중 한 명이 나중에 회상했듯이 스펙터클한 폭발이 일어난 뒤에 그는 〈하이 눈(High Noon)〉의 게리 쿠퍼처럼 베이스캠프 벙커에서 의기양양하게 걸어 나왔다. "유기적 필요성" 논지에 대한 더 간결하고 덜 낭만적인 발언은 1942년 12월에 시카고 연구 팀을 이끌고 세계 최초로 제어된 핵분열연쇄반응을 일으킨 노벨상 수상 이탈리아 물리학자 엔리코 페르미(Enrico Fermi)에게서 나왔다. 전하는 이야기에 따르면, 종종 성마른 페르미는 "네 양심의 가책을 가지고 날 귀찮게 하지 마. 어쨌든 그건 끝내주는 물리학이잖아!"라고 소리친 것으로 유명했다.[135]

끝내주는 물리학! 결과를 감수할 용의. 하지만 대체 어떤 결과들이란 말인가? 죄책감이나 갈등하는 양심은 히로시마의 여학생이 목격한 결과들에는 도저히 비길 수 없었다.

기술관료적 모멘텀과 전쟁 기계

홀지 제독이 과학자들은 "이 장난감을 갖고 있었고 그걸 시험해 보고 싶어서 떨어트렸다"라고 말했을 때 그는 함부로 말하고 있었다. 과학자들은 폭탄을 떨어트리지 않았다. 그들은 오히려 전쟁 기구를 돌아가게 하는 톱니에 불과했고, 자신들이 만들어 낸 결과물이 사용되는 방식을 결정할 힘이 없었다. 아닌 게 아니라 뒤늦게 찾아온 그런 깨달음이, 수포로 돌아가긴 했지만 프랑크 보고서와 실라르드가 주도한 청원에 반영된 행동주의와, 전후 정치적으로 의식 있는 원자력 과학자들이 주도하는 "과학자 운동"에서 조직적으로 표현된 자아 성찰을 불러왔다. 바이스코프는 동료와 학생 들에게 원폭 개발의 달콤함과 부끄러움에 관해 발언할 때 과학자들은 연구 주제의 매력을 뛰어넘어 사고하고 자신들의 연구가 어떻게 응용될지 진지하게 고려해야 한다고 역설할 필요를 느꼈다. 이것은 모든 과학자가 옹호하거나 듣고 싶어 하는 교훈이 아니었고 그 교훈을 설파하는 과학자 본인들이 반드시 일관되게 실천하는 교훈도 아니었다.

1945년 여름에 이르자, 어쨌거나 결과물이 작동하는지 보고 싶은 욕망은 억누를 수 없었다. 그리고 여기에 당연히 따라온 논리는, 폭탄이 **실제로** 어떻게 작동하는지를 보기 위해서는—그와 동시에 그것을 세계 전체와 특히 러시아에 똑똑히 보여 주기 위해서는—아직 전쟁의 상흔이 별로 없는 인구 밀집 도시를 상대로 투하해야 한다는 것이었다. 트리니티 시험을 실시하기 여러 달 전인 1945년 4월에 스팀슨은 일기에 원자폭탄에는 "다음과 같은 독특한 특성이 있다. 비록 지금까지 모든 예측이 개발에 의해 실현됐고 우린 성공을 99퍼센트 장담할 수 있지만, 그 무기를 실제 전쟁에서 처음으로 시험해 볼 때만 그 확실성을 못 박을 수 있다는 점이다"라고 적었다. 6월 초에 그는 트루먼과 원폭 프로젝트를 길게 논의하고 나서 "나는 우리가 준비가 되기 전에 공군이 일본을 너무 철저하게 폭격해 버려서 신무기의 위력을 보여 줄 좋은 배경이 남아 있지 않을까 봐 살짝 걱정이 됐다. 그는 웃음을 터트리며 이해한다고 말했다"라고 기록했다. 이는 오펜하이머와 그의 소규모 과학 패널이 몇 달 뒤에 내린 "직접적인 군사적 사용 외에 다른 대안이 있다고 보지 않는다"라는 결론의 논조와 가까웠다. (8월 초에 사용 가능한 두 폭탄이 기술적으로 달랐으므로—리틀보이는 농축 우라늄을 사용한 폭탄이었고, 팻맨은 트리니티 시험에서 터트린 폭탄과 같은 플루토늄폭탄이었다—두 가지 모두 전시 성능시험을 해 보는 것은 분명 이점이 컸지만, 이 사안이 논의됐다는 증거는 없는 듯하다).[136]

이러한 내적 동학 혹은 모멘텀—군사적·정치적·과학적·기술적·기술관료적—은 폭탄의 목적 자체가 나치가 그런 끔찍한 무기를 손에 넣기 전에 "독일과의 경쟁"(트루먼이 회고록에서 구사한 표현)에서 승리해야 한다는 원래의 긴박한 필요에서, 그것이 일본을 상대로 공격용 무기로 사용될 수 있고 사용되어야 한다는, 의문시되지 않는 전제로 매끄럽게 옮겨 간 과정을 설명해 준다. 그러한 생각은 사실 일찍부터 수면 위로 떠올랐다. 1945년 5월 독일이 항복하기 전에, 미국 정보 당국이 [1944년 11월 "올소스(Alsos)" 작전을 통해서] 독일은 폭탄을 제조하고 있지 않다고 절대적으로 확실하게 결론 내리기 전에, 미국이 1944년 중반에 중국 영토를 근거지로 하여 일본 폭격을 개시하기 전에, 심지어 미군이 일본 본토를 겨냥하여 태평양 섬들을 차례차례 접수하는 진격을 본격적으로 개시하기도 전에 말이다. 영국 쪽에서 나온 원폭 개발에 관한 공식 역사 서술은 "1944년 초에 이르자" 영국 정보 전문가들은 독일이 진지하게 원자력을 개발하고 있지 않다고 결론 내렸으며, 독일의 위협이 완전히 무시된 것은 아니지만 "[전쟁] 마지막 18개월 동안 그것은 더 이상 맨해튼계획의 원동력이 아니었다"라고 잘라 말한다.[137]

1945년 4월 23일, 독일의 붕괴가 임박한 가운데 그로브스는 스팀슨에게 "목표 지점은 일본이고 언제나 그렇게 예상되어 왔다"라고 말했다. 이것은 과장이었지만 아주 약간만 그럴 뿐이다. 독일이 항복하기 2년도 더 전인 1943년 5월 5일에 맨해튼계획의 군사정책위원회는 "첫 번째 폭탄"의 사용에 관해 논의하고 첫 번째 폭격 대상으로서 도쿄를 기각했지만 "불발탄을 회수하기 어려운 태평양의 일본 함대 집결지"에 사용하는 것이 가장 좋을 것 같다고 합의했다. 이 회의록은 계속해서 "일본인들은 그것[회수한 폭탄]으로부터 독일인들만큼 정보를 얻어 낼 가능성이 높지 않으므로 일본이 선정됐다"라고 밝힌다. 원자력위원회(Atomic Energy Commission) 공식 역사서는 1943년 후반에 "그로브스가 핵무기를 가지고 작전을 수행하기 위해 B-29기를 개조하는 방안을 승인했다. 그만큼 큰 다른 유일한 비행기인 영국의 랭커스터 폭격기 대신 B-29기가 선정된 것은 일본을 상대로 폭탄을 사용할 의도를 반영했다"라고 기록한다. 1944년 9월 중순 하이드파크에 위치한 루스벨트의 사저에서 만난 뒤 대통령과 처칠은 양국의 핵 공동연구는 계속해서 "극비" 사안으로 남아야 함을 확인해 주는 문서로서 이후에 자주 인용되는 짤막한 기밀 비망록에 서명했다. 여기서 두 사람은 "하지만 '폭탄'이 마침내 사용 가능해지면 심사숙고한 끝에 어쩌면 일본을 상대로 사용할 수도 있을 것이며, 이 폭격은 그들이 항복할 때까지 되풀이될 것임을 경고할 것"이라고 동의했지만, 독일은 언급하지 않았다.[138]

비록 일본은 뛰어난 핵과학자를 여러 명 보유했고 일제의 육해군은 핵무기 제조의 현실성을 타진해 보는 소규모 프로젝트들을 출범시켰지만 이를 위한 기반시설이 부족했고, 미국 내에서도 일본과의 핵무기 경쟁을 걱정하는 분위기는 전혀 없었다. 아직 태어나지는 않았지만, 나치가 제조해서 사용할지도 모른다는 두려움과 공포 속에 잉태된 폭탄은 재빨리 바람직한 공격용 무기로서의 정체성을 띠게 됐다. 그뿐이 아니었다. 일본이 공격 예정지로서 독일을 대체한 것이다. 일단 독일이 항복하자 로스앨러모스에 있는 오펜하이머의 개발 팀은 트루먼이 포츠담에서 처칠과 스탈린을 만나기 전에 폭탄을 완성해 이 "으뜸 패"를 쥐어 줘야 한다는 심한 압박에 시달렸다. 그리고 일단 포츠담선언이 발표되자, 당시 사용 가능한 폭탄 2기를 최대한 빨리 사용하려는 분주한 움직임이 시작됐다. 이 모든 것 아래 자리 잡고 있는 것은 폭탄을 보유하고 사용하는 데 바쳐진 방대한 기계였다. 그리고 일단 독일이 전쟁에서 떨어져 나가자 이 기계는 고속 기어를 올렸다. 전시 과학의 일면은 과학으로서의 현대전이었다. 그것은 고도로 합리화되고, 관료화되고, 구획화된 과업이었고, 거기서 "그들은 무슨 생각을 하고 있었는가"라는 물음에 대한 대답은 본질적으로 거의 어디서나 똑같았다. "그들은" 자신들이 맡은 일을, 어렵고 특수한 눈앞의 과제를 생각하고 있었다.[139]

✛ ✛ ✛

비평가 제임스 에이지는 월트디즈니스튜디오의 1943년 작품 〈공군력을 통한 승리〉가 왜 자신에게 "메스껍게, 어쩌면 대단히 미국적인 의미에서" 디즈니 영화 전반을 대변하는 것처럼 느껴지는지 설명하려고 하면서 "인간의 공포와 고통, 죽음"을 직시하지 않는 "무균 처리된 선의의 거짓말"을 언급했다. 그러고는 다른 차원의 비유적 표현을 동원하여 드 세베르스키의 베스트셀러를 영화화한 그 작품을 "기계가 기계를 잡아먹는" "진공상태의 승리"를 다룬 단순화된 교훈극에 가깝다고 묘사한다. 그러한 기계의 심상은 환기적이다. 가장 기초적인 층위에서 그것은 에이지가 그 글을 쓰고 있을 당시 대중에게는 알려지지도 않았던, 말 그대로의 전쟁의 기계를 떠올리게 한다. 이를테면 스펙터클한 B-29 폭격기들과 다름 아닌 "그 장치"를.[140]

"기계를 잡아먹는 기계"는 이를 넘어서 전선에 있든 후방에 있든 간에 전쟁 중인 사람들을 거대한 관료제적·기술관료적 기구 안에 위치시킨다. 그들은 자신들이 맡은 일에 열중하고 있을 뿐만 아니라 흔히 그림 전체를 볼 수 없거나 보려고 하지 않는 사람들이었다. 사려 깊은 B-29기 조종사로서 소령 계급으로 전쟁을 마감했으며, 그 임무의 참상에 관해 실제로 성찰한 윌버 모리슨(Wilbur Morrison)은 히로시마 원폭 투하 한 달 전쯤에 이르러 소이탄 공습이 얼마나 일상화됐는지를 묘사하기 위해 본능적으로 기계 관용 표현에 의존했다. 그는 "비행 임무는 생산 라인 기반으로 운영됐다"라고 썼다. 그가 개인적으로 목격한 생산 라인 작전들은 실은 군대와 사람들에 의해 돌아가는 거대한 작전 중 작은 일부에 불과했다. 그것은 누구도 결코 본 적 없고 좀처럼 생각해 본 적도 없는 작전이었다.[141]

개인을 뛰어넘는 거대 기계(mega-machine)는 또한 특히 현대 첨단 전쟁에서 두드러지는, 문자 그대로의 거리 두기나 추상성을 상기시킨다. 제2차세계대전에서 군인 대다수는 실제로 적과 얼굴을 마주한 적이 없다는 것을, 폭격기들이 폭발물과 소이탄을 투하할 때 목표물 위로 아주 높이(이른바 저고도 공습일 때도 대략 1.5킬로미터 이상이었다) 떠 있었다는 것을, "수 제곱마일의 파괴" 지역을 확인하기 위해 공중정찰 사진들에 의존하는 것이 시가지 폭격의 실제 참상을 무균 처리하는 데 도움이 됐다는 것을, 워싱턴의 계획가들과 로스앨러모스, 시카고, 오크리지(Oak Ridge), 핸퍼드(Hanford)의 폭탄 제조자들이 "인간의 공포와 고통, 죽음"으로부터 수천 킬로미터 떨어져 있었다는 것을 말이다. 거리 두기는 비유적인 것, 즉 전체적 그림 속에서 고립과 소외, 의문 제기에 적대적이고 반대를 절대 용납하지 않는 제도적 기후 속에서 개인의 자율성 포기에 이르는 개인과 소집단의 종속과 자기 몰입도 의미하게 됐다.

그 기계의 자체 추진력은 폭탄이 사용될 것이라고 언제나 전제했다는 트루먼, 처칠, 스팀슨, 그로브스 같은 지도자들이 거의 무심코 드러낸 판단들로 전달됐다. 1947년에 스팀슨은 "루스벨트 대통령은 우리의 개발 작업의 파국적 가능성을 의식하고 있다는 것을 내게 여러 차례 말했다"라고 원폭 사용을 정당화하는 유명한 글에 썼다. "그러므로 나는 원자력 무기를 개발하여 사용하는 최초의 국가가 되는 것이 전시 내내 우리 공동의 목표였음을 강조하고자 한다. 원자력무기는 현대전의 여타 치명적인 폭발 무기와 마찬가지로 합법적인, 새롭고 대단히 강력한 폭발물이라고 간주됐다. 개발의 일체 목적은 군사용 무기의 생산이었다. 다른 어떤 근거로도 전시에 그렇게 많은 시간과 돈의 투입을 정당화할 수는 없었을 것이다." 그로브스는 "우리가 처음 원자력을 개발하기 시작했을 때 미국이 다른 어떤 열강을 상대로 원자 무기를 사용하려고 했던 것은 결코 아니었다. 그러나 맨해튼계획이 가동되면서 상황은 바뀌기 시작했다"라고 그 나름대로 인정했다. 스팀슨처럼 그로브스는 돈이 투입되고 여러 측면의 전쟁 수행 노력이 개입되는 차원에서 그 사업의 고비용을 강조했다. "시간이 지나면서 그리고 우리가 그 프로젝트에 갈수록 더 많은 돈과 노력을 쏟아부으면서 정부는 궁극적으로 폭탄을 사용할 수밖에 없다고 느끼게 됐고, 히틀러가 먼저 손에 넣지 않게 하려고 우리가 이 끔찍한 무기 개발에 나섰다고 흔히들 말하지만 그 프로젝트에 총력을 기울이기로 한 애초의 결정이 폭탄이 전쟁을 끝내기 위해 사용된다는 것을 전제로 했다는 사실은 변함이 없다…… 확실히 내 마음속에나, 내가 아는 한 루스벨트 대통령이나 트루먼 대통령 또는 이 일에 책임이 있는 여타 관계자들의 마음속에 우리가 미국의 적을 상대로 사용할 무기를 개발하고 있다는 것 외에 달리 의문은 없었다."[142]

자신이 흥미진진한 모험이라고 부른 폭탄 제조 작업에 진주만 이전부터 이끌렸던 오펜하이머는, 시카고의 과학자들이 뒤늦게 무기 사용에 의문을 제기했던 반면 로스앨러모스에서는 이에 관한 이야기가 거의 없었다고 훗날 회고했다. "우리는 그것들[폭탄들]이 필요한 것이라면 결국엔 사용될 것이라고 언제나 전제했다." 독일이 전쟁에서 떨어져 나간 뒤 로스앨러모스에서 작업 템포가 빨라진 것에 관해 질문받았을 때 오펜하이머는 "우리는 일을 마치려고 더욱 미친 듯이 일했고, 필요하다면 사용할 수 있도록 일을 완수하고 싶었다. 어쨌거나 우리는 전쟁이 끝나고 딱히 소용이 없어지기 전에 일을 해내고 싶었다. 독일이 항복한 뒤 폭탄이 전장에서 실제 사용될 때까지 그 사이 기간보다 우리가 속도를 내어 더 열심히 일한 적도 없는 것 같다"라고 시인했다. 이 발언은 비상하게 그리고 어쩌면 의도하지 않았지만 날카롭게 그 사업이 가진 양날의 검 같은 성격을 포착한다. 폭탄은 전쟁을 끝내기 위해 필요했지만, 한편으로 전쟁이 끝나기 전에 폭탄을 제조해 사용하려는 거의 미칠 듯한 경주가 있었다는 점을.[143]

이 가차 없이 돌아가는 전쟁 기계에서 5월 초에 스팀슨이 설립한 임시위원회는, 명목상으로는 원자폭탄 관련 사안들을 조정하고 전쟁장관이 대통령에게 권고할 내용을 자문하는 기구였지만 실제로는 장식에 가까웠고, 영국의 자문위원회(Consultative Council)를 비롯해 그에 상응하는 그룹들도 마찬가지였다. 시카고에서 원자폭탄 프로젝트를 이끌었고 임시위원회에 자문하는 과학 패널의 일원이었던, 1927년 노벨상 수상 물리학자 아서 컴프턴(Arthur Compton)은 나중에 "폭탄이 사용되리라는 것은 이미 정해진 결론이었던 것 같다. 오로지 전략과 전술의 디테일들에 관련해서만 다른 견해들이 표명됐다"라고 썼다.

폭탄을 투하하기 위한 전투 작전 준비는 그로브스가 "우리는 핵폭발을 일으킬 수 있다"라고 정말로 확신하기 1년 전인 1944년 봄에 시작됐다. 신무기를 투하하기 위해 특별히 창설된 제509혼성비행단이 9월에 편성됐고, 12월에 이르자 이미 (쿠바에서) 수면 상공 비행을 연습 중이었다. 원자폭탄 투하 대상지 첫 선정 작업은 이듬해 4월 말에 이루어졌고(교토는 나중에 목록에서 빠지고 나가사키가 추가됐다), 그보다 한 달 전에 그로브스는 폭격기들이 티니언섬에서 출격할 수 있도록 지상의 군사적 준비 작업을 개시했다. 제509혼성비행단의 B-29 폭격기들은 5월에 티니언섬에 배치되기 시작했고(임시위원회가 5월 31일과 6월 1일에 중대한 모임을 열기 전에), 히로시마가 파괴되기 대략 두 달 반 전, 앨라모고도 시험이 실시되기 한참 전에 폭탄을 탑재해 대기시키기 위해 물리학자 루이스 알바레즈(Luis Alvarez)가 티니언섬으로 파견됐다. 영국은 7월 4일에 미국의 폭탄 사용 계획에 (루스벨트와 처칠 간 이전의 합의 내용에 적시된 대로) 동의했는데, 시험이 실시되기 거의 2주 전이었다. 그리고 이틀 뒤에 트루먼이 포츠담회담에 참석하러 유럽으로 출발할 때, 미 정부 관리들은 일본에 대한 3국의 최후통첩 초안뿐만 아니라 첫 번째

폭탄이 투하된 다음 대통령이 발표할 성명서도 챙겨 갔다.[144]

　7월 16일 트리니티 시험이 실시될 때가 되면, 앨리스 킴벌 스미스가 대단히 높이 평가받는 연구에서 지적했듯이 "폭탄을 사용하기 위해 기계 전체가 돌아가기 시작했다". 폭탄 개발 관련 영국의 공식 역사 서술도 1944년 초에 이르자 "프로젝트는 자체의 추진력을 얻었다"라고 유사하게 결론 내렸다. 마침 플루토늄 무기가 동트기 전 앨라모고도의 사막[그 장소의 옛 스페인 지명은 호르나다 델 무에르토(Jornada del Muerto), 즉 죽음의 여행이었다]에서 시험에 들어간 순간, 히로시마에 투하될 조립 우라늄폭탄이 샌프란시스코에서 티니언섬으로 가는 중순양함 인디애나폴리스함에 실리고 있었다. 폭탄은 7월 26일, 포츠담선언이 발표된 날에 목적지에 내려졌다. 시카고 과학자들과 같은 우려하는 내부자들의 보고와 호소는 이 기계에 낀 작은 티끌에 불과했고, 거의 아무도 주목하지 않은 채 사라졌다.[145]

✛ ✛ ✛

　마이클 셰리(Michael Sherry)는 "민간 군사주의(civilian militarism)"의 출현과 그가 "기술적 결정론"과 "기술적 광신"이라고 부른 것의 가차 없는 동학에 특히 주목하여 독일과 일본을 상대로 한 공중전의 "사회학"을 상세하고 설득력 있게 다루었다(셰리는 무엇보다도 공군 한 곳에서만 전쟁이 끝날 때까지 민간인 50만 명을 고용했음에 주목하며, 기술관료들의 시각에서 "비인간화된 전문 기술의 수사(修辭)가 적을 수량화 가능한 추상으로 환원"하고 일본이 "광대한 파괴의 실험장"에 불과하게 보이도록 만들었다고 설명한다).[146]

맨해튼계획은 이 방대한 관료제 내에서 기술적 요청과 기술관료의 모멘텀에 대한 별도의 사례연구를 제공하며, 그리고 그것을 뛰어넘어 관료제에 동반하는 사회화와 가치관 주입, 지적인 무감각에 대한 예시를 보여 준다. "맨해튼기술자지구(Manhattan Engineer District)"(그 프로젝트의 공식 명칭)은 그 자체로 거대했다. 전쟁이 끝날 때까지 약 13만 명을 고용했고, 우라늄 235를 생산한 테네시주 오크리지와 플루토늄을 생산한 워싱턴주 핸퍼드처럼 여기저기에 비밀 장소를 거느리고 있었다. 사업 전체를 관장한 군사 감독관 그로브스 장군―공병 출신으로 거의 모든 기준으로 보더라도 뛰어난 행정가―은 효율성의 극대화와 최적의 보안을 위해 **구획화**(compartmentalization)가 바람직하고 불가결하다고 여겼다. 과학자들을 제외하고 이 수만 명 직원 가운데 자신이 핵무기 개발 작업에 참여하고 있다는 것을 알았던 사람은 거의 없었다(티베츠 대령 휘하 폭격기 대원들도 히로시마로 출격하기 바로 직전에야 자신들이 맡은 임무의 정확한 성격을 전달받았다). 이 위계적이고 엄격하게 분할된 구조를 정의하는 도전받지 않은 원칙들은 지도자들을 신뢰하고, 국가에 복무하며, 자기 본분을 알고, 권위와 명령 계통을 의심 없이 받아들이라는 것이었다.[147]

엘리트 과학자들은 최첨단 연구는 그 과정과 성격상 자유로운 아이디어의 교환이 생명이라고 주장하며 과학자 공동체 내 극단적 구획화에 저항함으로써 그로브스에게 얼마간 괴로움을 안겼다. 하지만 실라르드 같은 과학자들과 프랑크 위원회가 이 게임의 후반에 한발 더 나아가 프로젝트의 정치적 성격에 관한 우려와 의구심을 표명했을 때, 오펜하이머는 더 현명하고 더 높은 권위에 묵묵히 따르는 것을 옹호했다. 그리고 이로써 정중하지만 단호하게 그들을 기존 노선에 순응시키고자 했다. 예를

과학적·기술적 달콤함

극비 맨해튼계획—미군 공병단이 운영한 "맨해튼기술자지구"의 줄임말—은 미국, 캐나다, 영국에 산재한 대략 30곳의 연구기관과 생산지로 늘어났고, 약 13만 명을 고용했다. 프로젝트에는 미국의 "비밀 도시" 세 곳이 포함됐다. 테네시주 오크리지에 있는 시설은 대략 245제곱킬로미터의 면적을 차지했으며 우라늄 농축 작업에 집중했다. 워싱턴주 핸퍼드의 시설은 플루토늄 생산에 관여했고, 시설 면적은 궁극적으로 2590제곱킬로미터 이상으로 확대됐다. 기초 연구, 설계, 시험은 뉴멕시코주 로스앨러모스에서 수행됐다. 직원들에게 작업의 목적을 전혀 밝히지 않았던 오크리지와 핸퍼드의 매머드급 사업은 로스앨러모스와 그곳의 카리스마 넘치는 과학자들이 사후에 끌었던 관심을 결코 받지 못했다.

73. 오크리지의 작업자들이 우라늄 슬러그(짧은 막대 꼴의 핵연료)를 X-10 흑연형 원자로에 집어넣고 있다.

74. 오크리지에 있는 4층짜리 K-25 기체 확산 공장은 길이가 대략 0.8킬로미터, 너비가 대략 300미터에 달해 펜타곤보다 더 컸다. 여기서 우라늄 235가 우라늄 238에서 분리됐다.

75. 핸퍼드의 B형 원자로는 컬럼비아강을 따라 건설된 원자로 3기 가운데 하나로, 트리니티 시험과 나가사키 원자폭탄에 사용된 플루토늄을 생산했다. 원자로들은 분당 대략 7만 5000갤런의 강물을 끌어와 냉각수로 이용했다.

76. 오크리지 Y-12 공장 제어반 앞에 앉아 있는 "칼루트론" 조작원들. 이곳에서 우라늄이 핵분열성 물질로 정제됐다. 공장은 교대근무를 통해 일주일, 24시간 내내 가동됐다.

77. Y-12 공장에서 우라늄 농축에 이용된 전자기 "경주로"(분리기를 말한다). 길이 37미터, 너비 23.5미터, 높이 4.5미터인 1단계 "알파" 경주로 9개를 설치하기 위해 2층짜리 건물 3채가 필요했다.

들어, 훗날 에드워드 텔러는 오펜하이머가 "이러한 문제들은 워싱턴에서 깊은 관심을 가지고 철저하고 지혜롭게 다루고 있고, 우리의 운명은 우리 나라에서 가장 뛰어나고 가장 성실한 사람들의 수중에 있으며, 우리가 모르는 정보를 그들은 갖고 있다고 아주 열렬히" 설명하면서 실라르드의 청원을 무시하도록 자신을 설득했다고 회고했다(그리고 설득당한 것을 후회했다). 수년 뒤 냉전의 절정기에 오펜하이머의 충성심과 신뢰성이 의문시됐을 때, 그는 자기 본분을 아는 것과 관련하여 동일한 입장을 표명했다. 그는 "나는 임무를 수행했고, 그 일은 내가 해야 하는 일이었다"라고 잘라 말했다. "나는 로스앨러모스에서 정책 결정을 할 수 있는 위치에 있지 않았다. 나는 폭탄을 다른 형태로 제조하는 것을 비롯해 요청받은 일은 뭐든 했을 것이다. 그것이 기술적으로 가능하다고 생각했다면 말이다."[148]

원자폭탄과 관련해서 구획화와 거기에 동반되는 비밀주의는 극단적이었다. 루스벨트가 타계하여 대통령직을 물려받을 때까지 그 프로젝트의 성격을 줄곧 모르고 있었던 트루먼의 개인적 경험은 이를 반영했다. 전쟁부 외부로 넘어가면 각료 대다수도 그와 유사하게 아무것도 몰랐다. 합동참모본부와 (영미의) 연합참모본부도 모를 정도였으니 군부도 알 리가 없었다. 개발 작업을 촉진하거나 실제 폭격 임무를 위한 절차를 세우기 위해 특별 조치가 필요한 곳에서는 절대적으로 최소에 국한하여 "꼭 필요한" 정보만 알려 주는 식이었다. 비록 트루먼은 대통령이 되면서 폭탄 사용에 거부권을 행사할 수도 있었겠지만, 이것이 진짜로 가능한 일은 아니었다. 그로브스의 말마따나 "내가 아는 한 그의[트루먼의] 결정은 불간섭, 다시 말해 근본적으로 기존 계획들을 엎어 버리지 않는다는 결정이었다."[149]

제복을 입고 있을 때나 입고 있지 않을 때나 모두가 훌륭한 군인이어야 했다. 이것은 나치즘과 파시즘, 일본 침략에 맞선 좋은 전쟁에서 어려운 일이 아니었다. 사람들은 애국심, 충성, 안보, 지도자들에 대한 신뢰라는 이름으로, 대의에 대한 믿음을 명분으로 기계 속 톱니바퀴 역할을 받아들였다. 오로지 미국인이 아닌 사람들이 집단이나 국가, 최고 지도부에 대해 훌륭한 군인다운 충성심을 드러낼 때에만, 그러한 태도는 개인주의의 결여, 보편적 도덕 원칙들을 고수하지 않는 것, 무리 행위, 진정한 자유와 민주주의 및 정신의 독립성에 대한 반감, 순전한 전체주의적 세뇌로 이해됐던 것이다.

대량 살상의 미학

스팀슨을 흠모하는 전기작가 엘팅 모리슨(Elting Morison)은 폭탄 사용이 사실상 미리 예정된 과정(process)에 끌려 들어간 개인들의 심리를 위와는 다르지만 양립 가능한 언어로 묘사했다. 그는 "장관(스팀슨)은 폭탄 제조와 관련이 있던 다른 모든 사람처럼 발전해 가는 하나의 과정에 엮여 있었다"라고 쓴다. "특수한 목표를 향해 인간이 개시한 일체의 과정은 논리적이거나 생물학적이거나 미학적이거나 아니면 다른 어떤 이유에서든 다른 조건들이 변함이 없다면 그 절정에 도달할 때까지 죽 진행되는 경향이 있다. 4년이 넘는 불확실성 속에서 실제 무기 제조에 참여하고 헌신했던 사람들 각각은 인간의 시스템에서 생겨나는 타성에 의해 어쩌면 온전히 인식하지는 못한 채 예측 가능한 결론을 향해 나아갔다. 그러한 일반적 경향이 작동하는 과정에서 사람들이 여전히 자유롭게 선택할 수 있는 순간과 더 이상 자유롭게 선택할 수 없는 순간을 구분하기는 어렵다."[150]

군국주의자들과 낭만주의자들은 언제나 이른바 전쟁의 영광을 외쳐 왔다. 그리고 현실주의자들과 인도주의자들은 이를 의문시해 왔다. 1848년 젊은 국회의원일 때 에이브러햄 링컨은 바로 그런 근거들에서 제임스 포크 대통령의 멕시코전쟁 찬성론을 성토하며 그가 "군사적 영광의 지나친 광휘에, 피의 소나기 뒤에 뜨는 저 매력적인 무지개에, 유혹해서 파괴하는 저 뱀의 눈에 대중의 시선을 고정하고 있다"라고 비난했다.[151] 이런 묘사는 비개인화된 거대 전쟁 기계와 정반대 같지만, 모리슨이 지나가듯 언급한 미학적인 이유들, 다시 말해 원자폭탄의 제조 및 사용과 같은 파괴적인 목표일지라도 특정한 기술관료적 목표를 향해 사람들을 끌고 가는 이유에는 군사적 영광의 무지개와 경이로운 군사 기계의 창조가 매혹적인 아름다움을 지니고 있음을 상기시킨다. 원자폭탄 과학자들이 달콤함이라고 부른 것은 일종의 미학이었다. 그 목적이 무엇이든 간에 거대한 정치적·산업적 관료제를 운영하는 데서 나오는 만족도 마찬가지였다. 그 목적들이 고결하다고 여겨질 때면 그런 기술관료적인 매력은 고양될 수도 있지만 이러한 만족들은 또한 걷잡을 수 없는 폭력이라는 뱀의 눈으로 심화되기도 한다. 지상의 지옥을 눈앞에 그리는 일은 그 지옥에서 매력을 발견하는 것을 배제하지 않는다. 눈앞에 그려 낸 지옥은 심지어 사람들을 더 가까이 끌어당길 수도 있다.

제1차세계대전의 여파로 지크문트 프로이트는 그가 죽음 소망(death wish)이나 죽음 충동(death instinct)이라고 부르게 되는 것을 탐구하는 작업에 이끌렸다. 제2차세계대전이 끝난 뒤에 에리히 프롬은 사람들이 원시적인 피의 제의와 "기술관료적" 사회에도 존재하는 "황홀한 파괴성

(ecstatic destructiveness)"을 더욱 적극적으로 수용하게 됐다고 이야기했다. 폭력적인 죽음을 촉발하고 자초하는 극한 경험들에 이끌리는 것을 분석하는 접근법들은 전 범위에 걸쳐 있다. 무의식의 어두운 힘들에 대한 심리적·정신의학적 감수성, "생명력(life force)"과 관련한 제의들에 대한 인류학적인 관심, "재생적 폭력(regenerative violence)"의 신비에 대한 역사적 감수성, 근육질 남성적 정체성에 대한 페미니즘적 비판, 사망이나 임사(臨死)의 강력한 "한계 경험"에 대한 포스트구조주의적 이끌림, 내장된 폭력성에 대한 동물행동 연구 등등 다양하다. 20세기 초반 영어권 싸구려 소설가들은 세계를 거대한 불길에 빠트리고 아직은 상상에 불과한 "슈퍼 무기"로 궁극적으로는 전 인류 종족을 없애 버림으로써, 또 그리하여 백인의 장점을 보존함으로써 독자들을 짜릿하게 만들었다.

뉴멕시코 사막에서 최초로 실시된 원자폭탄 폭발 시험의 암호명 "트리니티"는 문학적 스펙트럼상 싸구려 소설의 짜릿한 흥분과 한참 동떨어진 것처럼 보인다. 하지만 이 또한 상상된 황홀한 폭력의 세계에서 나온 강력한 유산을 반영했다. 오펜하이머는 그 암호명을 "마침 그때 읽고 있던 존 던(John Donne)의 소네트에서 떠오른 뭐 그런 것"일 뿐이라고 대수롭지 않게 말했지만, 그에게 영감을 준 그 황홀경의 시는 도저히 "뭐 그런 것(just something)"이라 말할 수 없는 것이었다. 그 유명한 소네트의 도입부 4행은 다음과 같다. "내 가슴을 치소서, 세 분으로 계시는 하느님 / 이제 때리고, 숨을 불어넣고, 빛나게 하고, 고치소서 / 당신 앞에 일어나 서도록, 나를 쓰러트리고 굽히소서 / 부수고, 날리고, 불태워 나를 새롭게 만드시는 당신의 힘." 원자폭탄에 관해 우리가 아는 모든 것을 알고 있음에도 불구하고 오펜하이머 미학의 이 대단한 나르시시즘은 거의 숨 막힐 듯하다. **부수고, 날리고, 불태워 나를 새롭게 만든다.** 사실 그때 그는 말 그대로 부수고, 날려 버리고, 불태우는 기술을 선진화함으로써 그 자신이 새롭게 거듭나고 있다고 상상했다.[152]

복잡한 여느 엔지니어링과 마찬가지로 전쟁 기계 자체는 미학적 평가를 받을 만큼 멋지게 기능하는 시스템으로 생각될 수 있다. 전시에 레이더와 전자공학 분야에 중요한 공헌을 한 MIT 전자통신 교수 에드워드 볼스(Edward Bowles)는 일례로 대일본 공중전에 협조하기 위해 사이판을 방문했을 때, 이런 기술관료적이고 과학기술적인 우아함이 가진 감성을 포착했다. 그는 "대규모로" 작전을 수행하는 미국의 능력과 슈퍼포트리스 폭격기를 타고 이륙하는 대원들의 "진지함과 거대한 고요"에 마음 깊이 찬탄했고, 그 모든 것이 "진짜 성취가 이루어지고 있다는 전율과 만족감"을 선사했다. 여기에는 최첨단 과학 연구의 달콤함과 조금도 다르지 않게 강렬하고 조직적인 미적 감각이 존재했다. 그러므로 볼스는 (마이클 셰리가 인용한 대로) "전쟁의 공포와 참상을 멀리 내던져 버릴 수 있는 한 매혹적인 마법의 영역으로" 그를 데려갈 "이 과업의 취지, 그 거대한 규모와 아름다움"에 열광했다. 그리고 참상을 옆으로 치워 버리는 것은 어려운 일이 아니었다.[153]

그러한 전문 기술적이고 기술관료적인 매혹을 넘어서서 공중전에는 특유의 아름다움이 있었다. 거기에는 우아한 비행기들, 드넓은 불바다와 연기 기둥, 비행기들을 밝게 비추며 밤하늘을 어지러이 가로지르는 탐조등 불빛, 다시 말해 거의 천국과 지옥에 동시에 접촉하는 듯한 아우라가 있었다. "마치 지옥문의 열쇠 구멍으로 들여다보는 것 같았다"라고 윌버 모리슨은 나고야 공습 당시 구름 사이로 내려다본 순간을 회상했다. 그와 비슷한 광경이 추후 공습에서도 되풀이됐다. "구름이 걷히자 우리 발아래는 한때 오카야마(岡山)시였던 벌겋게 이글거리는 불바다가 펼쳐졌다." 하지만 한때는 도시였던 곳이 불바다가 되어 버렸다는 사실이 밤하늘의 굉장한 불꽃놀이의 매력을 앗아 가지는 않았다. "프리마코드(prima cord, 유명한 기폭 선 상표명)가 터지자 5000피트(1524미터) 고도에서 터지게 설정된 집속탄들은 폭죽처럼 보였고 집속탄은 차례차례 쪼개지며 액화(liquid fire)가 되어 떨어졌다."[154]

심지어 비교적 안전한 곳에서 공습을 목격한 일본인들도 때론 그 아름다움에 사로잡혔다. 3월 9일 대공습 당시 도쿄에 있었지만 화마를 피한 지역에서 살았던 프랑스 저널리스트 로베르 길랭(Robert Guillain)은, B-29기들이 "지평선 끝에서 끝까지 천공으로 뻗은 탐조등 광선을 받아 검은 하늘 지붕을 배경으로 황금빛"이나 "유성처럼 반짝이는 푸른빛"으로 빛난 한편, "밤하늘 높이 불꽃 장식을 치켜세운 크리스마스트리처럼 불빛이 어둠 속 여기저기서 번쩍이다가 불꽃 다발처럼 쉭쉭거리며 땅으로 떨어졌다"라고 묘사했다. 불타는 도시는 "거대한 오로라"가 됐고, 폭격기들의 반짝이는 날개는 "칼날처럼 날카롭게" 연기 기둥을 갈랐다. 길랭은 인근 일본인 주민 모두가 집 앞마당에 서서 혹은 집 안 방공호에서 고개를 내밀고 "이 장엄하고 거의 연극적인 장관을 보며…… 감탄사를 내뱉고" 있었다고 적었다. 훗날 도쿄 대공습을 회고한 기사들은 "환상적인 유리 잠자리처럼 투명하고 비현실적이고 빛나는" 폭격기들을 묘사한 일본인들의 발언을 인용한다. 당시 10대였고 나중에 유명한 문화계 인사가 된 두 일본인—작곡가 다케미츠 도루(武満徹)와 사진가 토마츠 쇼메이(東松照明)—은 이 치명적인 공습이 자신들에게 남긴 지울 수 없는 미학적 인상을 회고했다. 폭격당하는 사람들도 매혹당할 수 있다면 폭격하는 사람들이야 오죽했겠는가?[155]

❖❖❖

공중전과 하늘에서 들이닥치는 파괴에 뭔가 특별한 순수함이 있다는 발상은 제1차세계대전에서 구체화됐고, 공중폭격이 아직 초보적인 수준이던 1914년에 일찍이 알프레트 폰 티르피츠(Alfred von Tirpitz) 제독이 다음과 같이 설명한 바 있다. "비행기에서 날아오는 개별 폭탄들은 나쁘다. 그것들이 노파들을 타격하여 죽이면 가증스럽고, 사람들은 폭탄에 익숙해진다"라고 (해군 정책들로 더 잘 알려진) 독일의 그 군사 이론가는 단언한다. 하지만 만약 "누군가가 런던 지역 30곳에 불을 지른다면 소규모로 가증스러운 일은 강력하고 멋진 어떤 일 앞에서 시야에서 사라진다". 30곳. 30년 뒤에 보니 티르피츠 제독은 정말이지 조심스러운 예언가였던 것 같다. 하지만 그는 그 매혹에 관해서는 옳았고, 공중으로부터 찾아오는 떼죽음이 죽은 노파들을 보이지 않게 만들고, 덜 가증스러울 뿐만 아니라 영웅적이고 심지어 문명화되고 세련됐다는 광채를 얻게 되는 특이한 방식에 관해 선견지명이 있었다. 우연이긴 하지만 폭발 효과를 과학적으로 측정하는 임무를 맡아 히로시마와 나가사키 원폭 투하 작전 양쪽에 참여한 유일한 B-29기에 탑승원들이 **위대한 예능인**(The Great Artiste)이라는 별명을 붙였다는 사실은 그럼에도 시사적이다.[156]

트리니티 시험 그 순간부터 핵폭발의 엄청난 스펙터클에 놀란 관찰자들은 형언할 수 없는 것을 형언하기 위한 표현들을 열심히 찾았다. 공포와 이끌림이 뒤섞였다. 빛과 색채, 소리가 묘사를 규정하는 듯했다. 명백히 말문이 막힌 어느 저명한 과학자는 숨이 멎는다고 표현했다. 또 다른 과학자는 태양에 쳐진 커튼을 여는 것 같다고 말했다. 에놀라게이 대원들은 짙은 고글을 착용하라는 지시와 더불어 폭발 섬광이 열 개의 태양과 같을 것이라는 경고를 들었다. "천 개의 태양보다 밝은"이라는 말은 유명한 묘사 문구가 됐다. 어쩌면 그 스펙터클과 그것이 낳는 감정들을 가장 효과적으로 포착하려는 시도는 패럴 장군이 비공개로 서둘러 작성한 글일 텐데, 그 장문의 목격담은 기밀인 "앨라모고도 원자폭탄 시험에 관한 보고"에 포함되어 포츠담의 트루먼에게 보내졌다.

[폭발] 효과는 전례 없고, 대단하며, 아름답고, 경탄을 자아내고, 무시무시하다고 부를 만하다. 그렇게 강력한 인공적인 현상은 발생한 적이 없다. 섬광효과는 말로 표현할 수 없다. 그 일대 전체가 정오의 태양보다 몇 배나 강력한 타는 듯한 빛으로 밝아졌다. 그것은 금빛, 자줏빛, 보랏빛, 잿빛, 푸른빛으로 빛나며 인근 산맥의 봉우리와 크레바스, 능선을 모조리 밝게 비췄다. 그 빛의 아름다움과 맑음은 말로는 설명할 수 없고 반드시 두 눈으로 봐야 한다. 그것은 위대한 시인들이 꿈꾸지만 제대로 그려 내지 못하고 형편없이 묘사하는 아름다움이다. 폭발이 있고 30초 뒤에 먼저 충격파가 사람과 사물을 덮친 다음, 심판의 날을 경고하고 우리 하찮은 존재들이 지금까지 전능자에게만 허락된 힘들을 감히 불경하게도 건드렸다고 느끼게 만드는 강력하고 지속적인 무시무시한 굉음이 길게 뒤따랐다. 말은 그 현장에 있지 않은 사람들에게 그 물리적·정신적·심리적 효과를 설명하기에 부적절한 도구다. 그게 어떤 건지 알려면 직접 봐야 한다.[157]

실제 표적에 투하된 폭탄의 경이로운 아름다움을 대중을 위해 묘사하는 임무는 배후에서 "맨해튼기술자지구의 특별 컨설턴트"도 겸직했던 《뉴욕타임스》 과학 담당 작가 윌리엄 로런스(William Laurence)에게 떨어졌다. 로런스는 트리니티 시험 참관에 초청됐고 나중에는 언론 대표로 유일하게 초대받아 나가사키 폭격 비행에도 동승했다. (히로시마 폭격에 동행한 언론인은 없었다.) 전투 현장에서 보내오는 전형적인 미국 보도 스타일로, 그는 많은 문단을 할애해 폭격기 대원들의 나이, 이름, 고향, 심지어 주소까지 알려 주었는데, 수 킬로미터 아래에서 곧 흔적도 없이 제거될 이름 없는 일본인들과 대조되는 거의 완벽하게 개인화된 비대칭적·묘사였다. 비록 사진과 복제품 들, 그리고 "팻맨"이라는 별명은 나가사키에 떨어진 플루토늄폭탄이 땅딸막하고 볼품없게 생겼음(길이 2미터 30센티미터에, 직경은 히로시마에 떨어진 "리틀보이" 우라늄폭탄보다 두 배 이상 넓은 1.5미터였다)을 드러냈지만, 로런스는 자신의 독점 독자들에게 그와 다른 인상을 전달했다. 그는 "이 '장치'는 보기만 해도 아름다운 것이었다"라고 급보의 첫 문단에 썼다. "그 설계에 의심의 여지 없이 역사상 가장 집중적인 지적 노력과 수백만 시간의 작업이 투입됐다. 단 한 가지 문제에 그렇게 많은 두뇌의 능력이 집중된 적은 없었다."

　로런스의 보도에서 폭격 비행 자체는 어둠과 폭풍, 그리고 성 엘모의 불로 알려진 정전기가 펼치는 장관이 그 서막을 장식한 "우리의 오디세이"였다. ["윙윙거리는 거대한 프로펠러는 어느새 푸른 불꽃으로 빛나는 거대한 원반이 됐다. 빛나는 그 푸른 불꽃은 비행기 앞쪽 플렉시글래스〔plexiglass, 유리 대신에 쓰는 투명·아크릴 수지〕 창문 위로 보였고, 거대한 날개 끝 위에서 우리는 마치 푸른 불의 전차에 올라 회오리바람을 타고 공간을 날아가는 것 같았다."] 짙은 구름이 깔려, 로런스가 이름을 밝히지 않았던 원래 목표한 도시(고쿠라)가 폭격에서 배제되자 "운명의 여신은 나가사키를 궁극적 목표 지점으로 선택했다". 그리고 그 아름다운 것이 운명의 여신이 선택한 도시 위에서 터지자 탑승원과 관찰자 들은 눈앞이 어둡게 칠해진 용접용 고글을 벗고 "거대한 불덩이가 지구 배 속에서 솟아오르듯 치솟는 것"을 보았다. 그다음 "1만 피트〔3000미터〕높이의 거대한 자줏빛 불기둥이 엄청난 속도로 하늘로 치솟았다". 45초 이내로 그 불기둥은 표적 상공에서 대략 10킬로미터 고도에 도달했다. "우리는 경외감에 사로잡혀 그것이 외계가 아닌 지구에서 나온 유성처럼 높이 솟아오르는 것을 지켜봤다. 불은 흰 구름을 뚫고 하늘로 치솟을수록 점점 더 살아 움직이는 듯했다. 그것은 더 이상 연기나 먼지, 심지어 불의 구름도 아니었다. 그것은 믿기지 않는 우리 눈앞에서 태어난 생명체, 새로운 종의 존재였다."[158]

로런스의 독점 보도의 마지막 다섯 문단—폭격이 일어난 지 정확히 한 달 뒤인 9월 9일에 전쟁부가 배포하여 공개했다—은 20세기 초반 작가들이 클라이맥스로 치닫는 전 지구적 전쟁과 백인의 궁극적인 승리를 예견하며 대중화한 묵시록적 미학과 구별이 안 될 지경이다. 1930년대 후반 핵분열이 발견되기 수십 년 전에 이 대량 살상의 예언자들은 이미 요란한 산문을 동원하여 "절멸 전투" "공중전 괴물", 여러 슈퍼 무기 가운데 특히 "원자폭탄"과 "원자력"에 의존하는 전쟁, 심지어 폭격당한 "파멸의 도시" 위로 피어오르는 "거대한 버섯 모양 연기"를 실컷 묘사했다. 이런 문학 작품 대부분에서 궁극적인 승리는 서구 과학의 천재성 및 미국적 특성과 근면이라는 특정한 미덕을 통해 획득됐다. 이 병적으로 도취적인 문학에 기여한 어느 작품—마침 1914년 제1차세계대전이 시작될 때 『아마겟돈(Armageddon)』이라는 제목과 사랑과 전쟁, 발명의 이야기(A Tale of Love, War, and Invention)라는 영감 넘치는 포괄적 부제가 달려 출간된—은 가상의 슈퍼 무기가 불러온 파괴를 솔직하게 "아름답지만, 그것은 테러의 아름다움"이라고 묘사했다.[159]

로런스의 기사는 그가 마치 이 앞선 대량 살상의 관능주의자들을 대신해 말하고 있는 것처럼 읽히지만, 중대한 차이점은 이 이야기가 더 이상 가상이 아니라는 것이다. 나가사키 폭격에 대한 그의 묘사는 그라운드제로에서 여전히 몇 킬로미터 높이 멀리 떨어진 채, 버섯구름의 장관에서 여전히 눈길을 떼지 못한 채 극적으로 마무리된다.

어느 진화 단계에서 그 존재는 단 몇 초 만에 수백만 년을 아우르면서 거대한 사각 토템 기둥 형태를 띠었는데, 맨 아래 너비가 대략 3마일(4.8미터)인 기둥은 위로 갈수록 점차 가늘어져서 꼭대기 너비는 대략 1마일(1.6미터)이었다. 기둥 바닥은 갈색, 중앙은 호박색, 꼭대기는 흰색이었다. 하지만 그것은 지구를 보며 찡그리고 있는 그로테스크한 가면들이 조각된 살아 있는 토템 기둥이었다.

그다음 그것이 영구적 상태로 안착한 듯 보였을 때, 꼭대기에서 거대한 버섯이 튀어나오며 기둥 높이가 총 4만 5000피트(1만 3700미터)까지 달했다. 버섯 꼭대기는 기둥보다 한층 더 살아 있는 듯했고, 올드페이스풀간헐천(Old Faithful geysers) 1000개가 하나로 합쳐진 듯 백열의 거품으로 부글부글 끓고 지글거리며 치솟다가 땅으로 떨어졌다.

그것은 자신을 결박하고 있는 족쇄를 끊으려고 하는 피조물처럼 계속 광포하게 몸부림쳤다. 몇 초 사이에 거인 같은 줄기에서 빠져나와 엄청난 속도로 위로 솟아올라 약 6만 피트(1만 8300미터) 고도의 성층권까지 이르렀다.

하지만 이 일이 일어나기 무섭게 첫 번째 것보다 더 작은 또 다른 버섯이 기둥에서 솟아오르기 시작했다. 마치 머리가 잘린 괴물의 몸에서 새 머리가 다시 자라나는 것 같았다.

첫 번째 버섯은 까마득하게 멀리 떠오르면서 꽃 같은 형태로 변했다. 바깥쪽은 크림 같은 흰색을, 안쪽은 장밋빛을 띤 거대한 꽃잎이 곡선을 그리며 아래로 향했다. 우리가 대략 200마일(320미터) 거리에서 마지막으로 응시했을 때도 그것은 여전히 그 형태를 유지했다.

이상이 미 정부가 공개하고 미 언론이 배포한 원폭 투하에 관한 가장 상세한 초기 '목격' 묘사였다. 로런스는 핵 관련 쟁점들에 대한 보도로 1946년에 퓰리처상을 수상했다.[160]

복수

로런스의 나가사키 원폭 투하 목격담은 용감한 대원들과 그 비행 임무의 신비로운 미학에 거의 전적으로 초점을 맞췄다. 하지만 무심결에 그는 곧 폭격을 당할, 얼굴 없고 이름 없는 일반인들에 관한 다음과 같은 성찰을 내놓았다.

눈앞의 광활한 구름 산맥 너머 어딘가에 우리의 적국 일본이 있다. 지금부터 대략 4시간 안으로 우리를 상대로 쓸 전쟁 무기를 만드는 그곳 도시 중 하나는 인간이 만든 역대 최고의 무기로 지도상에서 사라질 것이다. 1000만 분의 1초, 어떤 시계로도 잴 수 없는 찰나에 하늘에서 내려온 회오리가 건물 수천 채와 주민 수천 명을 가루로 만들어 버릴 것이다……
누군가는 곧 죽을 그 딱한 이들에게 동정이나 연민을 느낄까? 아니, 진주만이나 바탄 죽음의 행진(the Bataan death march)을 떠올린다면 동정심 따윈 들지 않을 것이다.

"우리를 상대로 쓸 전쟁 무기를 만든다"라는 이유는 친숙한 가식이었다. 나가사키는 그곳이 주요 군사적 표적이어서 선정된 게 아니었다. 나가사키는 이전의 폭격에 비교적 피해를 입지 않은 인구 밀집 도시였고 그리하여 첫째, 그곳의 완전한 말소가 가져올 심리적 충격 효과와, 둘째, 사후 연구의 기술적 유용성 때문에 적합한 표적으로 선정됐다. 하지만 로런스의 글에서 더욱 눈에 띄는 것은 보복이 주는 만족감과 이것이 무엇에 대한 보복인지 특정했다는 점이다. 히로시마와 나가사키에 투하된 폭탄은 미국인의 목숨을 구한다는 측면에서만 합리화된 것이 아니었다. 이 지고의 폭력 행위는 소급적이고 보복적이기도 했으니, 1941년 12월 7일에 시작된 무력분쟁으로 되돌아가 당시와 그 이후에 목숨을 잃은 모든 미국인의 복수를 하는 일이었다. 이것은 트리니티 시험에 대한 반응들에서 이미 보였던 성서적 의미의 진노와 징벌이었지만, 이제는 더 노골적으로 표명되고 있었다. 일본인들은 진주만과 미군에 대한 추후의 만행에 집단적으로 처벌받고 있었고 그게 마땅한 일이었다.

이 열렬한, 거의 마음을 갉아먹는 증오는 다른 추축국인 독일과 이탈리아를 상대로 한 전쟁에서 드러난 것을 넘어섰다. 이는 어느 정도는 지난 반세기에 걸쳐 백인 대 비백인 민족과 문화권의 파국적 충돌이라는 가상적 시나리오들로 부추겨진 적나라한 인종주의를 반영했다. 하지만 일본 국민 전체에 대한 이 특히나 악성인 증오는—이에 따르면 "착한 일본인" 따위는 없었고, 그에 따라 군국주의적 지도자들과 일반인들 간의 구분이나 군인과 민간인 간의 구분도 존재하지 않았다—역시 어느 정도는 특히 충격적이고 결코 잊을 수 없게 상징적이며, 거의 영화적인 진주만공격의 성격으로 촉발됐다.

12월 7일에서 고작 사흘 뒤에 발표된 여론조사 결과는 미국인 67퍼센트가 일본 도시들을 향한 무조건적인 폭격을 지지한 반면, 10퍼센트

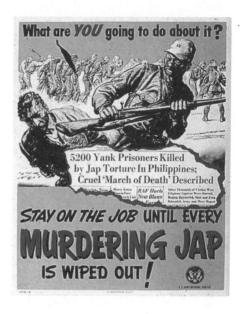

78. 진주만에 따른 복수에 대한 갈증은 전쟁 초반 바탄 죽음의 행진을 비롯한 일본군의 만행이 뒤늦게 공식적으로 폭로되면서 더욱 커졌다. 이 포스터는 미 육군이 발행한 것이다.

만이 여기에 단호하게 반대한다는 것을 보여 주었다(3퍼센트는 "군사적 목표물이면", 13퍼센트는 "일본이 우리를 폭격하면" 일본 도시 폭격에 찬성한다고 답했다). 미 해병대는 복수에 대한 갈망을 "진주만을 기억하라—그들을 죽게 하라"라는 슬로건으로 간결하게 표현했고, 많은 병사가 이 구호를 액면 그대로 받아들였다. 태평양전쟁이 시작되고 한참 지나 미군을 대상으로 실시된 여론조사는 병사 상당수가 자신들의 목표를 일본을 물리치거나 승리를 거두는 것이 아니라 그저 "일본 놈들을 죽이는 것"으로 규정한다는 사실을 드러냈다. 더욱이 1944년 중반에 태평양전쟁이 최종 국면에 접어들면서 특히 두 가지 사태로 인해 복수심은 더욱 강해졌는데, 두 가지 사태란 자살 공격도 불사하는 일본의 광적인 저항과 뒤늦게 드러난 연합군 포로에 대한 일본군의 만행이었다. 바탄 죽음의 행진(1942년 일본군은 바탄반도에서 적절한 식량과 식수도 배급하지 않은 채, 연합군 포로 약 7만 명을 100킬로미터 이상 강제 행군시켰는데 이 과정에서 탈진하거나 일본군의 학대, 살해로 사망한 포로는 1만~2만 명 사이로 추정된다. 제2차세계대전사에서 대표적인 전쟁범죄 중 하나다)과 같은 참상은 전쟁 초기에 일어났지만, 미국과 영국의 대중은 그런 전쟁범죄를 훨씬 나중에야 알게 됐다. 바탄의 잔학상에 관한 뉴스들이 1944년 1월에 뒤늦게 공개됐을 때, 대중의 반응은 예상할 수 있다시피 격렬했다. 할리우드는 이 대중적 공분을—그리고 흔히 그에 동반하는 거의 인종학살적인 감정을—특히나 생생하게 포착했다. (에롤 플린이 출연한) 영화 〈목표는 버마!(Objective, Burma!)〉에서 실제로 작품의 시나리오작가와 제작자들 사이에 치열한 내부 논쟁을 불러일으킨 장면은, 영화의 이 시점까지는 이성의 목소리를 대변한 미국인 기자가 일본군에게 고문을 받고 살해당한 미군 병사들의 시신과 처음 맞닥뜨리는 장면이다. 기자는 그 순간 폭발하고 만다. "타락한 도덕적 백치들! 그래, 싹 없애 버려! 그놈들을 지상에서 없애 버려. 완전히 없애 버려야 한다고!"[161]

더 길고 적나라한 묘사는 1942년 둘리틀 공습 이후 생포된 미 공군 여덟 명이 학대를 당하고 터무니없는 절차에 따라 재판을 받았다고 상상한 영화 〈퍼플 하트(Purple Heart)〉에서 일본의 만행을 다룬 장면이다 (포로 세 명이 실제로 처형당했고 네 번째 포로는 종전이 되기 전에 사망했다). 클라이맥스 장면에서 한 포로의 발언은 일본의 성인 남녀와 어린이를 말살하는 것을 옹호하는 의로운 분노를 전달하는 데 더할 나위 없이 완벽하다.

그래 우리 미국인들이 너희 일본인들에 대해 잘 모르고 또 몰랐던 것은 맞아. 그런데 이제 보니 너희들은 우리를 더 몰라. 너희들이 우릴 죽일 수는 있겠지, 우리

전부나 아니면 우리 중 일부를. 하지만 우리를 죽여서 미국에 공포심을 불어넣고 너희들을 폭격할 비행기를 보내는 것을 막을 수 있다고 생각한다면 틀렸어. 완전히 틀렸다고. 비행기들은 밤에도 낮에도 올 거야. 수천 대가. 비행기들은 하늘을 까맣게 뒤덮고 도시를 깡그리 불태우며 너희가 엎드려 자비를 구하게 만들 거야. 이건 너희들의 전쟁이야. 너희가 원한 거지. 너희가 전쟁을 요청했고 너희가 시작했어. 그리고 이제 너희는 너희가 원한 것을 얻게 될 거야. 그리고 너희의 추악한 제국이 지상에서 싹 사라질 때까지 결코 끝나지 않을 거다!

1943년에 제작된 〈퍼플 하트〉는 1944년 2월에 개봉했는데, 공중전을 위한 공식적 계획이 서둘러 수립되고 일본 도시들을 철저히 불태우는 체계적인 실행이 1945년 3월 9일 도쿄 소이탄 폭격으로 개시되기 정확히 1년 전이었다.[162]

그러한 원초적 감정들이 지배하는 곳에서 네메시스(Nemesis, 인과응보, 천벌의 여신)를 재빨리 끌어안자 비전투원 폭격이 야만적이고 가증스럽다는 일말의 관념은 이내 자취를 감췄다. "비례성"이라는 전쟁행위 적법성의 구식 이상들을 고수하려는 생각도 마찬가지였다. "눈에는 눈"이라는 구약의 명령은 잔학한 적에 의해 영원히 감겨진 미국인의 눈 하나하나마다 무수히 많은 일본인의 눈으로 변신했다. 이 보복은 원자폭탄으로 절정에 달했다. 원폭 투하는 오로지 전쟁을 신속히 종식하고 미국인의 생명을 구한다는 뚜렷한 군사적 목표에서 기인했다는 취지의 공식 발표가 나오고 있을 때도 거기에 복수의 요소가 섞여 있음은 좀처럼 감춰지지 않았다.

예를 들어 8월 7일에 성찰적인 마셜 장군이 많은 일본인 사상자를 고려하여 히로시마 임무 수행의 성공을 과도하게 축하하지 말아야 한다고 경고했을 때, 그로브스 장군은 마셜이 "히로시마 사상자들을 생각하고 있었다고 하지만 나는 그 이상으로 바탄에서 죽음의 행군을 시켰던 사람들을 생각하고 있었다"라고 반응했다(그리고 나중에 자신의 회고록에 이를 자랑스럽게 기록으로 남겼다). 그로브스는 나중에 육군항공대의 사령관인 헨리 (햅) 아널드 장군이 자신의 등을 치며 "자네가 그렇게 말해 줘서 기뻤네, 내 느낌이 딱 그거였어"라고 외쳤다고 밝혔다. 마찬가지로 트루먼은 8월 9일에 히로시마 폭격의 결과를 보고받고 라디오로 국민에게 연설하면서 "수천 명 미국 젊은이의 목숨"을 구하고 전쟁의 고통을 줄였다는 말을 꺼내기도 전에 "우리는 원폭을 발견했기에 그걸 사용했습니다. 우리는 경고 없이 진주만에서 우리를 공격한 자들을 상대로, 미군 포로들을 굶기고 때리고 처형한 자들을 상대로, 국제적 교전 법규를 준수하는 시늉조차 하지 않는 자들을 상대로 그것을 사용했습니다"라고 공언했다.[163]

거의 같은 시기에(8월 11일) 사적인 통신에서 대통령은 동일한 앙갚음의 정서에 의존했다. "필연적으로 무차별적인 폭탄의 파괴적 효과와 폭탄 사용이 인류 미래에 제시하는 극히 위험한 선례 때문에 많은 기독교도는 일본 도시를 상대로 한 원자폭탄 사용에 마음이 괴롭다"라는 선언으로 시작하는 연방기독교교회협의회(Federal Council of Churches) 사무총장으로부터 온 전보에 답변하면서 트루먼은 자신의 결정을 다음과 같은 말로 변호했다.

원폭의 사용에 누구도 저보다 마음이 괴롭지 않을 것입니다만, 저는 일본의 부당한 진주만공격과 전쟁포로 살해에 크게 괴로웠습니다. 그들이 이해하는 유일한 언어는 우리가 그들을 폭격하는 데 사용해 온 언어인 듯합니다.

짐승을 상대할 때는 그를 짐승으로 취급해야 하는 법입니다. 매우 안타깝지만 그럼에도 그것이 사실입니다.

하지만 누가 정말로 "그"였는가? 누가 실제로 진주만을 공격하고 그 이후에 형언할 수 없는 만행을 저지른 "자들"이었는가?[164]

만행을 저지른 지도자들과 군인들의 범죄행위를 두고 전 국민에게 복수하려는 욕망은 원폭 투하를 거쳐 승자들이 일본을 점령한 초기 몇 달까지 이어졌다. 예를 들어 일본 지도부가 최종 항복 조건에서 수용할 만한 언어를 여전히 모색하는 동안 아널드 장군은 도쿄를 한 번 더 폭격하기 위해 미국 역사상 최대의 항공 함대—무려 항공기 1014대가 동원된 최후의 복수 시도—를 집결하기 위해 서둘렀다. 이 마지막 폭격에는 단 한 대의 비행기 손실도 없었고 트루먼이 일본의 무조건항복을 발표했을 때 마지막으로 출격한 B-29기들은 여전히 귀환 중이었다. 한 추산에 따르면, 나가사키 폭격부터 5일 뒤 종전까지 재래식 소이탄 공습으로 일본인 약 1만 5000명이 목숨을 잃었다. 시가지 폭격 전체에서 나온 민간인 사망자 수와 비교하면 적은 수지만 대체로 불필요한 죽음이었고, 몇 달간 이어진 끔찍했던 오키나와 전투에서 사망한 미군 전사자 수보다 더 많은 수였다.[165]

원자폭탄은 전쟁 종식에 기여했을 뿐만 아니라 그토록 광범위한 고통을 안겼기 때문에, 일본의 많은 적을 기쁘게 했다. 예를 들어, 일본 항복 몇 달 뒤에 실시된 여론조사에서 미국인의 22퍼센트 이상은 "일본이 항복할 기회를 갖기 전에 신속히 그것[원자폭탄]들을 더 많이 썼어야 했다"라는 데 찬성했다. 심지어 히로시마와 나가사키에서 얼마나 막대한 인명 피해가 났는지를 실감한 뒤에도, 미국 매스미디어와 대중 전반은

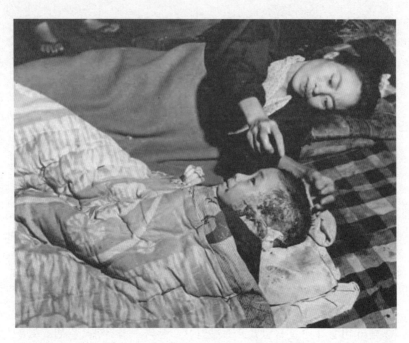

79. 히로시마에서 부상당한 모자를 담은 이 사진에 대한 《라이프》의 설명은 그들이 진주만공격 뒤에 목격한 화상 희생자들을 연상시켰다는 사진가의 발언으로 마무리된다.

집단적 처벌에서 얻는 만족을 좀처럼 초월하지 못했다. 예를 들어, 원폭 투하 두 달 뒤에 《라이프》는 히로시마에서 젊은 어머니가 어린 아들 옆에 누워 있는 모습을 담은 희귀 사진을 실었다. 얼굴에 화상을 입은 아이는 고통스러운 표정을 짓고 있다. 어머니는 본인도 부상을 입은 상태에서 팔을 뻗어 아들의 상처에 다정하게 습포를 붙이고 있다. 이 사진은 인도적이고 감동적이다. 하지만 사진 아래 붙은 설명은 이 모든 것을 없애버린다. "원폭으로 화상을 입은 모자가 은행 건물 바닥에 누워 있다"라고 적혀 있다. "사진가 아이어먼(Eyerman)은 그들의 상처가 자신이 찍었던 진주만 화상자들의 상처와 똑같아 보였다고 말했다."[166]

그토록 본능적인 감정에 의거한 동일시는 사람들로 하여금 무차별 테러를 합리화하게 만드는 자기 위안이었다.

이상주의적 절멸

전면적 복수라는 피를 향한 욕망으로까지 확대되는 개인적·조직적·심리적 요구들에 주의를 환기한다고 해서 인도적 충동들도 동시에 존재했음을 부정하는 것은 아니다. 수차례 확신을 단언했음에도 불구하고 트루먼 본인도 갈등에 시달렸다. 히로시마와 나가사키는 일상적인 군사적 표적이라고 주장하던 순간에도, 모든 일본인을 단 한 마리 짐승으로 치환하던 순간에도 그는 막중한 결정을 앞두고 마음이 어지러웠다. 이제는 잘 알려진, 헨리 월리스(Henry Wallace) 상무장관의 일기가 말해주듯이 8월 10일 각료회의에서 "트루먼은 원폭 투하를 중단하라는 명령을 내렸다고 말했다. 그는 또 다른 10만 명을 말살한다니 생각만 해도 너무 끔찍하다고 했다. 그 자신의 말마따나 '그 많은 아이'를 죽인다는 생각이 싫었다".[167]

그러나 이는 나중에 든 생각이었다. 첫 번째 원자폭탄의 완성을 앞당기고 신무기를 폭격기에 전달하기 위해 기어가 맞물려 돌아갈 때, 실제로는 유토피아주의에 가까운 더 만연한 유형의 인도주의적 관심사가 작용했다. 빅토어 바이스코프는 오펜하이머가 일본을 상대로 원폭의 즉각적 사용을 합리화하며 다음과 같은 논리를 내놓았다고 회고했을 때 이 문제를 건드렸다. "폭탄이 전쟁을 불가능하게 만들려면 반드시 매우 강력한 효과를 보여야 한다." 이것은 다른 방식으로 파괴력을 먼저 입증하기 전에 신무기의 사용을 미루자는 제안에 대해 6월 16일 과학 패널의

80. 이 히로시마 생존자 사진은 폭탄이 떨어지고 4개월 뒤인 1945년 12월에 찍힌 것이다. 희생자가 된 일본인 모자는 핵전쟁의 참상을 보여 주는 아마도 가장 친숙한 상징일 것이다.

거부 결정에 깔린 논리의 핵심이기도 했다. 이 일단의 엘리트 과학자들은 임시위원회에 제출한 건의에서 표현한 대로 "자신들은 이 특정 무기의 배제보다는 전쟁의 방지에 더 관심이 많다는 측면에서" 폭탄의 즉각적 사용이 "국제적 전망을 개선할 것"이라고 믿는 사람들과 뜻이 같았다.

미래 전쟁의 방지. 바이스코프는 이 논지가 설득력이 있다고 여겼고 다른 과학자들, 특히 어느 모로 보나 오펜하이머가 카리스마 넘치는 영향력을 발휘한 로스앨러모스의 과학자들도 마찬가지였다. 에드워드 텔러는 이 사안들에 관한 의견 대립을 7월 2일에 레오 실라르드에게 보낸 편지에서 매우 명료하게 설명했다. 그는 실라르드가 원폭의 성급한 사용에 반대하며 돌리고 있던 청원서에 서명하지 않기로 한 이유를 다음과 같이 설명한다.

81. 8월 10일 나가사키 긴급 구호대로부터 주먹밥을 받아 든 모자. 이제는 매우 유명한 이 사진은 군 사진가 야마하타 요스케가 찍은 다른 여러 사진들과 더불어 1952년 들어서까지 이어진 미군 점령기 동안 대중에게 공개되지 않았다.

우선 저는 양심의 가책을 벗을 희망을 품고 있지 않다고 말씀드리고 싶습니다. 지금 우리가 하고 있는 일은 너무도 끔찍해서 아무리 항의하거나 이런저런 정치활동을 시도한다 해도 우리 영혼을 구제할 수는 없을 겁니다.

하지만 저는 당신의 반대의견에 정말로 수긍이 되지 않습니다. 저는 어떤 무기 하나도 불법화할 가능성이 있다고 생각하지 않습니다. 만일 우리에게 일말의 생존 기회가 있다면 그건 전쟁을 제거할 가능성에 달려 있습니다. 어떤 무기가 결정적일수록 실제 무력분쟁에서 더 확실하게 사용될 것이며 어떤 협정도 소용이 없을 것입니다.

우리의 유일한 희망은 우리 (연구) 결과의 사실들을 사람들 앞에 가져가는 것입니다. 그것이 다음번 전쟁은 돌이킬 수 없게 치명적일 것이라고 모두를 납득시키는 데 도움이 되지 않겠습니까? 어쩌면 이런 목적에서 실제 전투에서의 (원폭) 사

용이 최상일 수도 있습니다.[168]

시카고 과학자들로 하여금 그들의 우려를 문서로 남기라고 권했던 아서 컴프턴은 전쟁부에 프랑크 보고서를 제출하면서 시카고 입장과 반대편에 섰다. 그의 논거는 오펜하이머와 텔러가 말했던 것과 같은 초보적인 전쟁 억지론에 가까웠다. 컴프턴은 나중에 이렇게 설명했다. "[프랑크] 보고서는 원폭 사용으로 발생할 수 있는 문제들에 주목한 반면 원폭이 최종적으로 구할 수 있는 많은 인명이나, 원폭이 현 전쟁에서 사용되지 않는다면 전쟁이 다시 일어났을 때 무슨 일이 벌어질지 세계가 적절한 경고를 받지 못할 것임을 언급하지 않았다." 스팀슨에 따르면, 제임스 코넌트 하버드대학교 총장이 원폭의 즉각 사용을 옹호한 배경에도 동일한 논리가 자리 잡고 있었다. 1947년에 스팀슨이 어느 기자에게 밝혔는데 코넌트가 그에게 쓴 편지에 따르면, "그가 원폭을 사용해야 한다고 조언한 이유 가운데 하나는 그것이 전 세계에 전쟁을 아예 폐지할 필요성을 일깨울 유일한 길이라는 것이었다. 만일 전쟁과 같은 조건에서 시연이 가능하다고 해도—사실 불가능하지만—어떠한 기술적 시연도 끔찍한 결과를 가져오는 실제 사용을 대신할 수 없다…… 내 생각엔 그가 옳았고, 그게 코넌트 총장에게 동의한 저명한 과학자들과 동의하지 않은 덜 현실적인 과학자들을 구분 짓는 주요 차이점들 가운데 하나다".[169]

히로시마와 나가사키를 분멸하는 것은 그러므로 이런 관점에서 보면 현실주의적일 뿐 아니라 상상할 수 있는 가장 폭넓은 방식으로 이상주의적이기도 했다. "끔찍한 결과를 가져오는 실제 사용"은 전 세계에 미래 전쟁의 어리석음을 경고하리라. P. M. S. 블래킷은 미국이 여전히 핵무기 독점을 유지하고 있었으며 국제적 통제를 위한 제안들이 허상으로 드러났던 1948년에 글을 쓰면서, 이른바 현실주의와 이상주의가 휘감긴 이 코일 가닥 또는 "진보적 성향의" 사고방식을 그답게 통렬한 어조로 요약했다.

> 프로젝트에 참여하고 있던 핵물리학자들 중에는 핵폭탄 투하를 군과 정부 관계 자들 사이에서 진보적 성향 사람들의 승리로 보는 사람들이 틀림없이 많았다. 그 들이 두려워한 것은 폭탄이 대일본전에서 투하되지 않는 대신, 그 존재를 비밀 로 하려는 시도가 이뤄지고 러시아와의 만일의 전쟁에 대비하여 폭탄이 대량으 로 비축되는 시나리오였다. 이 후자의 가능성을 심히 두려워한 이들에게 원자폭 탄의 투하와 그에 따라 원자폭탄이 세간에 널리 알려진 것은 아닌 게 아니라 훨씬 덜 나쁜 악으로 보였다.[170]

근현대 무력분쟁의 문화에서 이는 또 하나의 유혹적인 주문이다. 바 로 극단적인 무력의 배치는 평화를 가져오고 심지어 전쟁이 없는 미래 세계로 나갈 길을 닦는 데 일조하는 필요악이나 차악이라는 주문 말이다 (필요악은 폭발 사진을 촬영하는 임무를 띠고 히로시마 폭격에 참가한 세 번째 B-29기 대원들이 자신들의 비행기에 붙인 별명이었다). 대일본 전이 끝나기 전에 무차별적인 신무기를 가급적 파괴적이고 스펙터클한 방식으로 사용하는 일은 그러므로 당면한 분쟁을 초월하고 심지어는 블 래킷이 주목한 소련과의 향후 관계에 관한 복잡다단한 전조들을 넘어서 는 여러 이유 때문에 바람직했다. 전통적인 전쟁행위적법성의 의미에서 "비례성"은 작금의 전쟁에서 결국에는 미국과 다름 아닌 서구 세계 전체 를 파괴할 수도 있는 상상된 전화(戰禍)로 이전됐다. 그리고 이런 관점 에서 보면 무수한 일본 남녀와 아이의 희생은 작은 대가였다.[171]

꧁꧂

히로시마와 나가사키가 기정사실이 된 이후에 우려가 큰 시카고 핵 과학자들은 세계에 핵의 위험성을 경고하고 "영구 평화를 향한 첫걸음으로서 원자무기의 국제적 통제 확립을 위해 부단히 노력"하고자 결집했다. 그들은 진주만공격 4주기를 맞아 첫 성명서를 발표했다. 그들의 불길한 예언은 알고 보니 단기적으로는 지나치게 비관적이었지만 장기적인 관점에서는 혜안이 돋보였다. 성명서는 다음과 같이 서두를 연다.

> 진주만공격 4주기를 맞아 미국의 여론은 지금으로부터 4년 뒤에 일어날 수도 있는 대륙적 규모의 미래 "진주만"을 방지하기보다는 4년 전에 일어난 참사의 책임을 따지는 데 관심이 더 많은 듯하다. 미국인 3000명—대다수는 우리 군인—이 일본의 기습 공격으로 목숨을 잃었다. 만에 하나라도 우리 도시들을 상대로 원자폭탄에 의한 기습 공격이 일어난다면 미국인 3000만 명—민간인, 여자와 아이—이 죽을 운명에 처할 수도 있다. 우리가 세계에서 전쟁을 추방하는 데 실패한다면 이 파국은 불가피할 것이다. 우리가 대비 태세를 잘 갖췄다면 진주만은 피할 수도 있었을 것이다—하지만 원자폭탄의 세계에서 대비 태세란 우리에게 보복 능력만 허락할 뿐이다—우리를 공격한 나라의 도시들을 이제는 우리가 박살낼 능력만을.[172]

1945년 12월에 나온 그들의 충고성 발언은 원자폭탄이 떨어지기 전 그들의 경고만큼이나 소용이 없었다. 그 말들은 그보다는 파괴의 옛 시대와 새 시대를 가르는 일종의 낡은 경계표지로, 그리고 과학기술만이 아니라 도덕적 의식과 "비례성"에 관한 합리화, 그리고 1941년 12월 7일

과 1945년 8월 6일 사이에 일어났던 테러를 순순히 받아들이고 심지어
지지하는 데 진정으로 혁명적인 전환을 가리키는 것으로 남아 있다.

12장

세상의 새로운 악들: 1945/2001

돌이킬 수 없는 악

히로시마와 나가사키 원폭 투하 20년 뒤에 예일대학교 의학대학의 병리학 교수 에이버릴 A. 리보(Averill A. Liebow)는 『1945년 히로시마 의료 일기(Medical Diary of Hiroshima, 1945)』의 확장판을 출간했다. 1945년 리보는 육군 의무대의 중령이었다. 그는 이오섬 전투와 오키나와 전투 당시 사이판에 배속되어 사상자들을 돌보고, 의료시설을 확대했으며, 일기 서문에 쓴 대로, "B-29 폭격기 편대들이 이오섬과 일본에 죽음과 파괴를 실어 가기 위해 인근 티니언과 괌에서 온 폭격기 편대들과 랑데부를 하는 모습"을 지켜보며 많은 저녁을 보냈다.

주변 사람들과 마찬가지로 리보 박사는 뉴스가 보도됐을 때에야 원자폭탄에 관해 알게 됐다. 하지만 몇 달 동안 뭔가 큰일이 벌어질 것이라는 예감이 줄곧 존재했다. 그가 회고했듯이, 일찍이 1945년 봄에 "전쟁이 8월 15일까지는 끝날 것인지를 놓고 항공병들 사이에서 내기가 거리 낌 없이 이루어졌고, 그들은 수수께끼 같은 미소를 띠며 적잖은 배당률 을 제시하기까지 했다". 이것이 사실이라면 참으로 영리한 도박꾼들이 었던 셈이다. 월일까지 정확히 맞혔으니까.

9월 중순에 리보는 일본원폭효과공동조사위원회(Joint Commission for the Investigation of the Effects of the Atomic Bomb in Japan)라는 이 름하에 일본 의료 관계자들과 협력하는 의무 팀의 일원으로 일본에 도착 했다. 그러므로 그라운드제로에서 이상주의적 절멸의 인적 희생을 관찰 할 기회가 있었다. 착륙하는 비행기 안에서 본 히로시마에 대한 그의 첫 인상은 일기에 짤막하게 표현되어 있다. "황폐하고, 차가운—재." 제대 로 된 공항이나 관제탑, 비행장의 착륙유도등은 없었고—풍향계만 있었 다—비행기에서 내린 뒤 그가 처음 맞닥뜨린 희생자들은 "끔찍한 흉터 가 있는 어린이들이었는데, 그중 한 소년은 알아들을 수 있는 영어로 자 신의 체험을 우리에게 들려주었다. 그는 자신이 폭심지에서 얼마만큼 떨 어져 있었는지 아는 듯했다".

그해 말 일본을 떠날 때까지 리보가 기록한 조사와 사회 활동에 관한 일기는 "참사와의 조우"라는 제목으로 과학 저널에 실렸다. 당시를 돌이 켜 보며 쓴 일기 서문에서 그는 다음과 같이 적었다. .

1945년 8월 6일 8시 14분, 워싱턴의 명령에 따라 에놀라게이 탑승원들이 세상 에 돌이킬 수 없는 새로운 악을 풀어놓았을 때, 우리는 우리 삶이, 실은 모든 사람 의 삶이 어떻게 바뀔지 전혀 모르고 있었다.[173]

리보는 오펜하이머가 전시에 (루스벨트 대통령의 서거 소식을 듣고 나서) 추축국의 위협이 제기하는 악을 가리켜 "우리는 거대한 악과 거대한 테러의 시대를 살아가고 있다"라고 한 말에 찬성했으리라. 사실상 모든 미국인과 연합국 진영의 거의 모든 사람과 마찬가지로, 그는 1945년 8월 16일 "동양에서 이룬 전승"을 엄숙히 기리는 트루먼의 "기도의 날" 선언에 전혀 불만이 없었을 것이다. "악의 세력을 태평양 전역으로 확산시키기 위해 8년 전 일본이 시작한 잔인한 침략전쟁이 그들의 참패로 귀결됐습니다"라고 대통령은 말했다. "세계 여러 민족을 예속하고, 그들의 문명을 파괴하고, 암흑과 비하의 새 시대를 열려고 한 독재자들의 거창한 계획이 끝장났습니다. 오늘 이 지구상에서 자유의 역사가 새롭게 시작됩니다." 대통령은 계속해서 승전은 "역경과 참사로 얼룩진 초기에도 우리와 함께하셨고, 이제 우리에게 이 영광스러운 승리의 날을 가져오신 신의 도움으로 이루어졌습니다"라고 말했다.

2주 정도 뒤에 일본의 "무조건항복" 공식 조인을 기려 9월 2일을 "대일본 전승일(V-J Day)"로 지정하는 라디오 연설에서도 트루먼은 비슷하게 발언했다. 그는 "일본의 군벌들이 자행한 악은 결코 되돌리거나 망각될 수 없습니다"라고 선언하고 "당신의 문명을 파괴하고자 했던 폭정 세력을 극복할 수 있게" 해 준 전능하신 신께 다시금 감사했다. 대통령의 종교적 신념을 공유하든 그렇지 않든 간에 전 세계적으로 악에 맞서 승리했다는 느낌이 뚜렷했다. 하지만 많은 이의 눈에 이 선한 전쟁은 승자들에 의해 "돌이킬 수 없는" 새로운 악이 풀려나면서 끝이 났다.[174]

리보 박사는 과거를 되돌아보며, "원자폭탄 개발에 실제 책무를 지고 그것이 사용된 뒤에 진정한 양심의 괴로움을 겪었던 물리학자들"에게 쉽게 공감할 수 있었다. 그는 "불구가 되고 사지가 잘린 사람들을 보고 우리는 죄책감과 부끄러움을 느꼈다"라고 토로하며 자신과 동료 의학 연구자들에게 "비록 그 사후에라도 우리는 인류에 대한 범죄의 종범이었을까?"라고 물었다. 하지만 그는 또한 히로시마에서 일본 동료 과학자와 협력자 들이 아무런 원망을 내비치지 않은 것이 그저 극기나 자제심의 발로를 넘어서 그 자신들의 죄책감을 반영한 것인지를 물었다. 그리고 공모에 관한 자신의 수사적 질문에, 신무기의 온전한 위력과 방사선 효과를 측정하는 일은 반드시 필요하며, 핵에너지는 건설적 목적을 위해서도 활용될 수 있고, "그렇다면 이 작업을 수행하는 가운데 우리는 아무 생각 없이 단지 명령을 따르는 것이 아니라 양심과 부분적이고 불편한 화해를 맺을 수 있다"라고 결론 내림으로써 적어도 부분적으로는 대답했다.[175]

리보 박사가 1965년에 히로시마 일기를 펴냈을 때, 미국과 소련의 무기고에는 열핵무기〔원자핵융합 반응을 이용한 폭탄. 흔히 수소폭탄으로 알려져 있다〕들이 가득 쌓여 있었다. 리틀보이와 팻맨은 조잡하고 원시적으로 여겨졌고, 냉전에서 어느 편에 서 있는가에 따라 세상의 새로운 악은 소련이 주도하는 공산주의나 미국이 주도하는 자본주의라고 널리 인식됐다. 그리고 새 세대의 전략가와 정책결정자 들은 갈수록 더 강력한 무기를 "억지"의 열쇠로 내세우고 있었다. 최초의 원자폭탄 사용 직전과 직후에 표명됐던 이상주의적 절멸의 유토피아적 관념을 폐지나 통제보다는 확산이라는 삐딱한 방향으로 살짝 비틀면서 말이다. 분명히 히로시마와 나가사키의 유산은 당시 예견되기는 했지만 무력한 극소수만이 예상한 우려스러운 방식으로 세상을 바꿔 놓았다.

그렇다면 앞을 내다보며 미래의, 21세기의 악의 모습을 상상하기란 얼마나 더 어려웠겠는가? 1944년 11월에 걱정하는 과학자들이 내놓은 제프리스 보고서는 소련과의 군비경쟁에 대한 불길한 예지뿐 아니라 나중에 테러와의 전쟁과 결부되는 몇몇 묵시록적 전망들을 내놓았다. 이 보고서는 핵무기가 "보통은 대규모 군수산업과 결부되지 않은 나라들의 은밀한 장소에서, 따라서 감시를 피해 생산될" 수도 있고, 그런 무기들은 "민간항공기로 쉽게 밀반입되거나 심지어 침략자들이 미리 심어 둘 수도 있다"라고 경고했다. 하지만 이후 수십 년 사이에 냉전 군비경쟁과 9월 11일의 돌연한 각성이 드러냈듯이, 어떤 유력 인사도 이 경고를 진지하게 여기지 않았다. 국가 없는 광신자들과 테러리스트들이 세계 최대 핵 보유국에 도전하고, 자신들이 원하는 어느 곳에든 대량살상무기를 사용할 수도 있는 세계를 과연 누가 정말로 상상할 수 있었으랴?[176]

신을 자처하다

우리에게는 인류사의 그 같은 파국적인 전개를 포착하려는 언어가 있다. 과대망상적 권력욕, 오만, 비극, 숙명, 네메시스, 개인과 집단에 의한 파우스트적 거래, 후손들에게 찾아온 조상들의 죗값 등등(출애굽기 20장 5절과 34장 6~7절, 신명기 5장 9절)이 그것이다. 신약의 "사람이 무엇을 심든지 심은 대로 거두리라"(갈라디아서 6장 7절)라는 판단은 "악을 밭 갈고 독을 뿌리는 자는 그대로 거두나니"라는 구약의 경고(욥기 4장 8절)에서 더 무시무시한 대구를 찾을 수 있다. 1944년 영국의 기독교 평화주의자 베라 브리튼(Vera Brittain)은 『혼돈의 씨: 대량 폭격이 진짜로 의미하는 것(Seeds of Chaos: What Mass Bombing Really Means)』이라는 제목의 소책자로 영국과 미국에서 주목을 (그리고 혹독한 비판을) 받았다. 책의 제목은 알렉산더 포프의 『던시어드(The Dunciad)』 가운데

"그러자 혼돈과 밤의 씨앗이 솟아났다 / 빛과 질서를 가리고 꺼 버리도록"에서 따온 것이었다.[177]

트루먼 본인도 대통령 퇴임 후 어느 땐가 『햄릿』에서 호레이쇼의 대사에 밑줄을 그어 치명적 어리석음과 자기파괴에 대한 지금까지 쓰인 것 중 아마도 가장 유려한 표현을 강조했는데, 이 대목은 원자폭탄에 관한 어느 책 말미에도 인용됐다.

아직도 모르는 세상 사람들에게

이 참변이 어떻게 생겼는지 설명해 드리지요

그러면 음탕하고 잔혹하고 인륜을 모르는 행위,

잘못된 천벌, 우발적인 살인, 간계와 술책으로 빚어진 죽음

또 이번 결말에서 목표가 빗나가 모사꾼의 머리를 맞춘 일을

들으시게 될 것입니다……

하지만 이 일을 곧장 실천할 수 있게 해 주십시오

사람들의 마음이 흉흉한 바로 이때에 행여 음모나 오해로

더 많은 불상사가 일어나지 않도록.[178]

9·11의 만행도 역사에서 음탕하고 잔혹하고 인륜을 모르는 행위로, 간계로 빚어진 죽음과 마음이 흉흉한 사람들이 꾸민 음모 중 하나로 꼽혀야 한다. 여기서 무대는 셰익스피어의 자그마한 글로브극장이 아니라 말 그대로 전 지구의 관객이 지켜보는 포스트모던 세계다. 9월 11일은 희생자나 아니면 리보 박사 같은 드문 외국인들만이 그라운드제로의 참상을 진짜로 보았던 히로시마나 나가사키가 아니었다. 9·11은 전 세계가 실시간으로 지켜봤다.

알카에다의 테러는 제2차세계대전의 소이탄 폭격과 핵 폭격에 비하면 규모가 미미했고 관습적인 의미의 대량살상무기도 동원되지 않았다. 그러나 9·11은 또한 세계를 돌이킬 수 없게 바꿨다. 이는 어느 정도 심지어 범행자들의 예상을 훨씬 뛰어넘어 전 세계에 강력한 충격을 안긴 커뮤니케이션 기술의 혁명 덕분이다. 넋을 잃게 하는 세계무역센터 쌍둥이 빌딩의 붕괴는 세계 대다수 사람에게 신세기 악의 상징이 됐다. 실제 희생자와 생존자, 영웅 들이 있는 실제 무대 위에서 카메라에 포착된 염열지옥, (히로시마에 대한 리보 박사의 첫인상처럼) "황폐하고, 차가운— 재"가 되어 버린 괴기스러운 장소에서 불쑥 솟아 나온 앙상한 골조들, 그리고 세계가 보고 또 볼 수 있게 셀 수 없을 만큼 재생된 모든 장면. 제프리스 보고서에 묻혀 있던 예언을 별안간 더는 무시할 수 없게 됐을 때, 이 참화는 워싱턴 계획가들의 눈에서 급격하게 확대됐다. 심지어 하찮은 공격자들도 핵무기를 얻어서 "밀반입"할 수 있다는 예언 말이다.

✣ ✣ ✣

9·11의 파괴는 전 세계를 충격에 빠트렸지만 집단적 트라우마는 다른 어느 곳 사람들보다 미국인들 사이에서 가장 오래갔다. 당파 정치와 미디어의 광란은 몇 년 동안이나 괴롭게 공포의 향연을 펼쳤다. 새로운 적은 제2차세계대전과 냉전의 옛 적들과 동일시됐다. "우리는 전에도 그런 부류를 본 적이 있습니다"라고 대통령은 2001년 9월 20일 의회에서 말했다. "그들은 20세기의 모든 흉악한 이데올로기의 상속자들입니다. 자신들의 과격한 비전을 위해 인명을 희생시킴으로써—권력에의 의지를 제외한 모든 가치를 포기함으로써—그들은 파시즘과 나치즘, 전체주

의의 길을 따릅니다." "이슬람 파시즘(Islamofascism)"은 대중적이지만 논란이 분분한 표어가 됐다. "테러와의 전쟁" 자체는 잇따른 명칭 변화를 겪었지만 거듭된 명명과 재명명 내내 일관된 것은 재개된 선과 악의 대결이라는 인식, 그리고 그런 인식에서 신을 자처하는 일이다.

트루먼은 일본 군벌의 악에 맞서 승자들이 "당신의 문명"을 수호할 수 있게 해 주신 전능하신 신께 감사드렸다. 맥아더 장군과 연합국 진영의 여타 수많은 지도자도 마찬가지였다. 하지만 부시 대통령은 이러한 믿음과 미국과 미국인이 다른 나라보다 더 고결하다는 인식을 제2차세계대전의 평이한 애국주의와 기독교적 수사를 뛰어넘는 수준으로 가져갔다. 예를 들어, 2006년 9월 11일 5주기 "대국민 연설"에서 그는 청중에게 적은 "사악하며 그들은 무자비하게, 하지만 아무런 목적 없이 사람들을 죽인다"라고 상기시키며, 이를 미국인들의 이례적인 미덕에 대한 대단히 편협한 확신과 연결지었다("9·11에 우리 국민은 악의 얼굴을 보았습니다. 하지만 그 끔찍한 날에 우리는 뚜렷이 미국적인 것도 목격했습니다. 평범한 시민들이 위기를 떨치고 일어나 용감하고 비범한 행동으로 맞서는 것 말입니다"). 그는 이번에도 어김없이 "우리를 자유롭게 하신 사랑의 신에 대한 믿음"을 표명하고 신께서 미국 국민들을 축복해 주시길 요청하며 연설을 마무리했다.

부시가 제2차세계대전 세대의 기독교 형제들을 넘어서는 지점은 그 자신을—그리하여 더 나아가 미국을—가장 근본주의적인 기독교 진영에 확고하게 두는 언어 사용에 있다. 이런 언어 중 일부는 그가 백악관 집무실에서 열린 보수적 언론인들과의 대담 중에 자신을 미국 내 신앙의 부흥과 결부했을 때처럼 공공연했다. 그는 "나를 비롯해 많은 미국인이 이를 선과 악의 대결로 본다"라고 말하여 이런 입장을 재확인했고, 더 나아가 이러한 종교적 부흥을 "제3의 각성"이라 말했는데, 이는 복음주의 성향의 미국인들 사이에서 일반적인 개념이다. 이 자리에서 대통령은 에 이브러햄 링컨을 자기편으로 끌어들였다. 그에 따르면 링컨의 가장 강력한 지지자 다수는 "인생을 선과 악의 관점에서 보는" 종교적인 사람들이었고 노예제는 악이라고 믿었다. 그리고 그와 그의 지지자들은 국제적인 테러에 맞선 전쟁을 그와 비슷하게 보고 있다는 것이다.[179]

그보다 더 암암리에 대통령은 자신의 거듭난 신앙심을 복음주의적 정치 기반에 시사하기 위해 코드화된 언어에 의존했다. 그러므로 이라크 침공까지 두 달도 남지 않은 2003년 1월 28일에 한 국정연설에서, 그는 노숙자와 마약 중독 같은 심각한 국가적 문제들을 거론한 다음 계속하여 "하지만, 미국 국민들의 선함과 이상주의, 신념에는 힘이, 기적을 만들어내는 힘이 있습니다"라고 부르짖었다. 신앙부흥 운동의 어조 외에도 연설문 작가들이 여기에 끼워 넣은 것은 "주님의 피에는 힘이 있다네"라는 찬송가에 대한 암시로, 1899년으로 거슬러 가는 이 곡은 복음주의자들의 애창곡이었다. "갈보리 언덕의 물결(Calvary's tide)"이라고도 지칭되는 피는 "당신의 왕 예수"의 피이며, 여러 번 반복되는 이 가사는 노래 첫 연에서 드러난다. "너 죄악의 짐을 벗을 것인가? / 피에는 힘이 있다네. 피에는 힘이 있다네 / 너는 악에 맞서 승리할 것인가? / 힘이 있다네, 기적을 행하는 힘 / 주의 어린양의 피에는 / 힘이 있다네, 기적을 행하는 힘이 있다네 / 어린양의 보혈에는."[180]

이것이 사담 후세인의 생화학무기 보유와 선진적 핵무기 개발 계획, 그리고 알카에다 조직원들을 비롯한 테러리스트 비호 등 나중에 신빙성을 잃은 이라크전쟁 개전 근거를 밝힌 대통령의 국정연설이었다. 대통령이 늘 그렇듯이 "신이 역사하시는 방식"과 "모든 삶과 역사의 배후에 존재하는 사랑의 신"에 대한 믿음과 확신을 드러내고, 신께서 "계속해서 미합중국을 축복해 주시길" 기원하며 연설을 마무리했을 때, 그의 동료 복음주의자들은 이 신이 양이 흘린 피와 떼려야 뗄 수 없음을 이해하고 있었다. 대통령의 깊은 믿음은 위안과 확신을 주었고, 타인에 관한 복잡성이나 뉘앙스, 심지어 평범한 호기심조차도 거의 허락하지 않는 마니교적 태도를 강화했다. 9·11 이후에 분명해졌듯이, 이러한 세계관은 세속적 사안에서 믿음 기반의 사고, 다시 말해 테러리스트는 **그냥** 사악하며, 전쟁을 선언하고 압도적 무력을 풀어헤침으로써 그들과 성공적으로 맞서 싸울 수 있다는 인식과 나란히 갔다.

종교적이고 동시에 세속적인 이 믿음 기반의 세계관은 이슬람주의 테러리스트들과 이전 적들의 차이점을 명확히 직시하는 것을 어렵게 만들었다. 이 새로운 악이 왜 그리고 어떻게 역사상 이 시점에 출현했는지 이해하는 것을 저해했다. 그리고 사악한 적을 무찌르기 위해 무력에 의존하는 것 말고 다른 수단들에 진지한 관심을 기울이는 것을 방해했다. 시간이 지나면서 대통령이 사살된 적의 숫자와 이름에 지나치게 관심이 많다는 점이, 사실은 집무실 책상 서랍에 테러리스트 지도자들의 명단을 보관해 두었다가 그들의 사망을 보고받으면 줄을 그어 지울 만큼 관심이 많다는 점이 드러났다. 이라크를 침공하고 거의 4년이 지날 때까지 그는 하느님의 어린양인 선민들이 행사하는 경이적인 군사력에 대한 변함없는 믿음을 유지했고, 그동안 현장에서 벌어지는 참사들과 자신의 성전이 왜 그리고 어떻게 흔들리고 있는지에 관해 줄곧 자기부정에 빠져 있었다. 절대 악을 상정하는 일은 테러와 반군 활동을 낳고, 이라크를 살인과 혼란의 도가니로 탈바꿈시키고, 아프가니스탄에서 탈레반이 다시 세력을 얻게 만들고, 새 세대의 급진적 무슬림과 이슬람주의자를 낳는 상황들을 무시하기 위한 지적인 통행증이 됐다.

오사마 빈라덴은 그와 비견될 만한 선과 악의 신정론적 비전 아래 핵심 지지층을 결집했고 "전능하신 신의 은총"이나 "전능하신 신의 의지"에 복종한다는 말로 자신의 모든 선언을 장식했다. 1998년 그가 다른 테러리스트 지도자들과 합세해 미국인과 "유대인–십자군 동맹"에 맞서 전 세계적 지하드를 선언했을 때, 알카에다 지도자와 그의 동지들은 거듭 신과 예언자 무함마드를 들먹였다. 파트와를 끝맺는 그들의 마지막 말은 "전능하신 신께서 또한 가라사대, 용기를 잃거나 절망하지 마라, 너희가 진정한 신자라면 이길 것이다"였다.

9·11 이후 빈라덴의 공개 발언도 전형적으로 신으로 시작해서 신으로 끝났다. 예를 들어 9·11 공격이 알카에다의 소행임을 공식 인정하기 전인 9월 24일에 그는 "신과 신의 사자들을 믿는 자들은 그들의 주님 앞에 증인이 될 신실한 자들이다. 그들은 광명과 보답을 받으리라"라는 선언으로 "파키스탄의 형제들"에게 보내는 메시지의 포문을 열었다. 이 메시지는 "신이 너희를 도우시면 누구도 너희를 이길 수 없다. 신이 너희를 버리시면 누가 너희를 도울 수 있으랴?"라는 쿠란의 내용을 인용하며 끝났다. 아직 범행을 공식 인정하기 전인 다음 달 초에 빈라덴은 다시금 도식적으로 신으로 시작해서 끝을 맺는 성명서를 발표했다. "신을 찬양하라"라는 말로 시작하는 성명은 "우리는 그분께 도움과 용서를 간구한다. 우리 영혼과 악행의 악으로부터 신 안에 피난처를 구한다. 신이 인도하시는 이는 잘못된 길로 빠지지 않을 것이며 신이 잘못된 방향으로 이끄는 자는 길잡이가 있을 수 없다. 나는 이 세상에는 오로지 알라만이 계시며, 그분에게 다른 동반자는 없으며, 무함마드는 그분의 노예이자 사자임을 증언한다"로 끝났다.

이 선언에서 9월 11일은 과거 미국의 만행에 대한 응보로 제시됐다. 미국의 만행에는 일본에서 "남녀노소 수십만 명을 죽인" 원자폭탄도 빠지지 않았고, "오늘 미국이 맛보고 있는 것은 우리가 수십 년 동안 맛봤던 것의 극히 일부에 불과하다. 지난 80년 넘게 우리 움마[전 세계 무슬림 공동체]는 이 굴욕과 멸시를 견뎌 왔다. 그 아들들은 죽임을 당했고 그 피가 흘렀으며, 신이 드러내신 것과 정반대 방식으로 그 성역이 침범당했다"라는 예상 가능한 주장도 있었다. 테러에는 테러로, 학살에는 학살로 대응하는 것에 대한 이 같은 정당화는 크나큰 위안을 주는 신성한 축원으로 마무리됐다. "너희에게 신의 모든 자비와 축복, 평화가 있으라."[181]

서구에 맞선 성전: 세이센과 지하드

진주만공격 직후에 미 육군이 의뢰한 효과적인 초창기 선전영화 중 한 편인 프랭크 캐프라(Frank Capra)의 〈전쟁의 전주곡(Prelude to War)〉에는 딱딱한 영어로 세계 정복의 의도를 천명하는 새된 목소리가 들리면서 일본군이 워싱턴에 위치한 펜실베이니아애비뉴를 따라 행진하는 장면이 있다. 〈전쟁의 전주곡〉은 1943년도 아카데미 최우수 다큐멘터리영화상을 받았고, 영화에서 이 대목의 내레이션은 맥락에서 탈각된 인용문에 의존했다. 일본의 이데올로그들은 실제로 황도의 우월성을 설파했고, 진주만의 놀라운 초기 성공 이후에 동남아 전역에서 일본의 무모한 군사 계획가 일부는 잠시나마 하와이로 돌아가 그곳을 점령하고 심지어 캘리포니아도 침공하는 제안을 내놓았다. 그들의 실제 목표도 충분히 야심

찼으니 바로 동아시아와 동남아시아에 자립적 경제블록을 수립하는 것이었다.

빈라덴과 알카에다는 전 세계를 상대로 기독교도와 유대인을 죽일 것이라는 소름 끼치는 선언을 내놓았고 무함마드가 예언한 "우리 움마의 의로운 칼리프 국가"를 수립하는 것에 관한 더 막연한 계획도 암시했다.[182] 실상 테러리스트의 정치적이고 군사적인 역량은 더 제한되어 있었다. 물론 이쪽도 충분히 야심 차긴 했다. 무슬림 땅에서 외세를 몰아내고 엄격한 이슬람 관행을 부활시키는 것이 그들의 궁극적 목표였다. 그러나 일본의 세이센(せいせん), 즉 성전(聖戰)에는 이슬람 지하드의 대단히 종교적인 핵심에 대응할 만한 것이 없다. 양자 간 뚜렷한 병행 관계를 맺는 것은 서구 열강에 맞선 전쟁에 대한 세속적이고 영토적인 집착 그리고 그들의 장황한 불만 사항이다.

일제는 다신교적이었다. 비록 신도와 불교가 민중을 전쟁에 동원하는 데 이용됐지만 유일신이나 일반적인 선악은 집착 대상이 아니었다. 일본인들은 자신들이 천우신조를 받고 있다거나 토착 신도의 신들이나 신불(神佛)의 보호를 누리고 있다고 말하기는 했다. 야마모토 제독을 비롯해 진주만공격에 관여한 병사들과 장교들은 수시로 신의 가호와 하늘의 호의를 기원했다. 전세가 역전되고 하늘이 호의를 거둬들였다는 것이 분명해지자 사후 세계에 대한 막연한 관념들은 "야스쿠니(靖國)에서 보자"와 같은 체념적인 작별의 인사말로 전달됐는데, 야스쿠니는 천황을 위해 싸우다 죽은 영웅들 한 명 한 명의 혼령, 즉 영령이 모셔진 도쿄의 대규모 신사를 가리켰다.

속칭 "가미카제(神風)"[공식적으로는 신푸다. 신풍(神風)은 일본어 훈독으로 '가미카제(カミカゼ)'라고 읽을 수도 있지만, 일본군은 자신들의 관례대로 음독인 '신푸(シンプウ)'로 읽었다]는 말 그대로 "신성한 바람"이라는 뜻으로 13세기에 두 차례에 걸쳐 몽골 함대를 파괴하여 일본을 몽골의 침공에서 구한 태풍을 가리켰다. 하지만 그런 신의 호의를 시사함에도 불구하고, 선전가와 이데올로그 들은 형언할 수 없는 일본의 황도(皇道)에 주로 초점을 맞추고 자신들의 성전을 순수함과 불순함의 대립의 관점에서 프레이밍했다. 말하자면 서양의 타락과 도덕적 퇴보는 자기중심주의와 물질주의 같은 서양의 핵심 가치에서 근본적으로 유래하며, 유럽과 미국의 제국주의 및 소련이 주도하는 공산주의 같은 위협에서 노골적으로 발현되고 있다는 소리였다. 그래도 9월 11일은 이슬람주의 자살폭탄테러범들의 지하드와 태평양전쟁 당시 일본 쪽에서 나타난 죽음을 위한 사회화—가미카제, 반자이(万歲) 돌격, 사이판·이오섬·오키나와에서 벌어진 항복을 거부하는 전투들—사이에 비교해 볼 만한 지점들을 낳았다.[183]

일본과 이슬람주의의 죽음을 위한 사회화 사이에 가장 커다란 차별점은, 첫째로 일본은 국가 조직과 강압에 의존한 반면 이슬람 성전사들은 종교적 동일시와 더 진정한 자생성을 보인다는 점이다. 둘째로 일본인들은 비전투원보다는 군사적인 상대를 죽이는 데 초점을 맞췄다. 그런 큰 차이점들에도 불구하고 전장의 순교를 숭배하는 일본인들과 이슬람주의자들 간에는 유사성이 존재하며, 이는 개인들이 "서양 문명"에 적대적인 대의를 위해 왜 목숨을 바칠 수도 있는지에 관해, 다시 말해 부시 대통령이 공언했듯이 "권력에의 의지를 제외한 모든 가치"를 내버렸다는 이유 말고도 왜 사람들이 음탕하고 잔혹하고 인륜을 모르는 행위를 저지르게 되는지에 관해 더 뚜렷하게 이해할 수 있게 해 준다. 자신의 대의가 도덕적으로 옳다고 진심으로 믿는 태도가 여기서 개입하게 된다. 지적인 층위에서는, 흔히 서양의 비판적·지적 전통 내 논증적 경향들을 이용한 계몽주의 가치들에 대한 반박도 개입한다. 그러한 동기들을 인정하는 일은 그 동기들이 조장한 범죄들을 옹호하는 것과는 상관이 없지만, 거기에 효과적으로 대응하는 것과는 크게 상관이 있다.[184]

풀어헤쳐진 죽음은 폐부를 찌르는 동시에 감각을 마비시키고 돌고 도는 살인의 순환은 가차 없다. 일본의 적인 연합군 병사들이 꼭 그렇게 느낀 것처럼, 일본 쪽에서도 동포와 전우의 죽음에 대한 슬픔은 피로 갚아야 할 빚이라는 정서와 복수에 대한 갈증을 불러일으켰다. 예를 들어 이제 우리는 많은, 아마도 대다수 가미카제 조종사가 소속된 소규모 부대를 자신과 한 몸같이 여기고 이미 목숨을 희생한 이들을 뒤따라야 한다는 의무감을─그리고 혹여 그들이 최후의 출격에 나설 기회를 얻기 전에 전쟁이 끝났다면 죄책감을─느끼는 경향이 있었다는 사실을 안다. 전우애, 복수, 속죄는 긴밀하게 이어져 있었다.

전쟁이 격화되고 일본의 사상자가 점차 증가하면서 순교의 대안은 개죽음일 뿐이라고 젊은이들을 (그리고 그들이 스스로를) 설득하기도 더 쉬워졌다. 이런 믿음은 실은 가미카제 부대에 배속된 조종사들에게 대체로 사실이었다. 전쟁이 끝날 무렵 정규 조종사 대다수는 적에게 해를 전혀 입히지 못하고 격추됐다. "불멸"은 사후 세계의 낙원에 대한 상상을 필요로 하지 않았다. 사람의 이름은 청춘의 한창때에 목숨을 바친 순교자로서 길이 남을 수 있다. 그것이 일본의 군국주의자들이 조성한 숭배 문화이자, 젊은이들을 죽음의 임무에 모집하여 테러리스트로 양성하는 더 나이 많은 이슬람주의자들도 못지않게 부추긴 문화다.

일본 군국주의자들이 영속시키고 외국인 대다수가 액면 그대로 받아들이는 전시 일본의 신화는 일본 병사들이 천황과 황도에 헌신하고자 한 마음으로 죽음을 끌어안았다고 주장한다. 하지만 이 주장 역시 더 깊이 들여다보면 성립되지 않는다. 그리고 정통적인 해석들에 대한 이러한 반박을 사람들이 자신의 목숨을 바치는 이유를 들여다보는 또 다른 작은 창으로 진지하게 받아들인다면, 그것은 다시금 자살테러를 다른 각도에서 조명해 준다. 예를 들어, 가미카제 조종사의 마지막 통신 내용과 전후 생존자들의 증언을 살펴보면, 제 발로 죽으러 가는 것처럼 보이는 많은 이의 동기가 주로 가족과 자신이 나고 자란 고국에 대한 사랑이었음을 암시한다. 우리가 알 수 있는 한, 무(無)귀환 출격 전야에 젊은이들이 했던 생각이나 그들이 전장에서 숨을 거두며 남긴 마지막 말은 주로 군주보다는 어머니를 향한 것이었다. 그리고 흔히 이런 마지막 생각들이 고국을 아우를 때는 때로 "일본"으로 표현되기도 하지만, 흔히 고향 마을이나 그리운 산천이나 들판과 같은 더 국지화된 방식으로 드러났다. 여기에 자연스레 대응하는 것은 이 소중한 땅을 점령하려고 하는 자들을 향한 본능적 적의였다.[185]

　아마도 전시 일본에서 이 고국산천에 대한 사랑을 가장 미묘하고도 절절하게 환기하는 작품은 전장의 병사들이 아니라 가상의 젊은 여공들을 소재로 한 영화일 것이다. 구로사와 아키라(黑澤明)가 감독한 1944년 극영화 〈가장 아름다운 이(一番美しく)〉에서 주인공들은 군용기에 쓰일 렌즈를 생산하는 일에 종사한다. 작품은 세미다큐멘터리풍이며 감독 자신이 나중에 회고한 말에 따르면, 영화의 주제는 "조국에 대한 자기희생적인 봉사"이자 "일하는 사람들의 생명력과 아름다움"이다. 공장의 벽들은 전장에서 죽은 자들의 본보기를 따르라는 훈유(訓諭)를 비롯해 애국적 구호로 도배되어 있다. "우리 군신들을 따르라"(군신은 영웅적인 전사자를 가리키는 또 다른 완곡어법이다)와 "야마모토 제독을 따르

라"(제독은 1943년에 전사했다) 같은 구호들이 그것이다. 하지만 구로
사와의 탁월한 터치는 조국 수호란 곧 아끼고 사랑하는 자신의 지역공동
체와 부모 형제를 지키는 일이라는 소박한 믿음에서 그러한 애국적 열정
의 원천을 포착해 내는 데 있다.

　일본의 산업화 내내 그랬던 것처럼, 영화 속 공장 노동자들은 대체로
시골에서 모집된 10대 중후반의 소녀들이다. 그들은 공장에 처음 들어
올 때 고향의 흙을 한 줌씩 집어 오라는 말을 듣고 그렇게 가져온 흙을
다 같이 섞어 공장 기숙사의 텃밭에 뿌린다. 일본 전체가 여기에 하나로
섞여 있다. 노동자들은 텃밭에 서서 고향과 말 그대로 접촉할 수 있다. 텃
밭에 세워진 "고향의 대지(ふるさとの土)" 팻말은 이를 다음과 같이 표
현한다.

　　이것은 우리 조상들의 피가 흐르는 바로 그 땅
　　내가 태어난 땅이다.
　　바로 이 땅에서 오늘도 부모와 형제자매들은
　　쉬지 않고 밭을 갈고 농사를 짓고 있겠지.
　　이 땅 위에서 어린 동생들은
　　근심 걱정 없이 놀고 있겠지
　　개는 즐겁게 마을을 돌아다니고
　　말은 신이 나서 히힝 큰 소리를 내고 있겠지
　　이 흙 내음에서 나는 오래전의 광경과
　　소중한 어린 시절의 추억을 떠올리네.
　　그리고 이 땅 위에 맨발로 서면
　　언제나 어머니의 따스한 살갗을 느끼며

곧장 내 영혼의 고향으로 돌아갈 수 있다.

이것은 조상들의 피가 흐르는 바로 그 땅이며

내가 태어난 땅이다.[186]

비록 낭만화된 부분이 있을지라도, 이것은 일본의 천황 숭배 이데올로그들이 역설한 것과는 매우 다른 종류의 신성한 땅과 공동체에 대한 애착이다. 정신적이라기보다는 더 세속적이고, 추상적이라기보다는 구체적이고 심지어 촉각적인 애착이다. 이와 매우 유사한 특징이 현대의 테러리스트 "순교자들"에 관한 연구에서도 흔히 강조된다. 후자의 경우에 점령된 땅에 대한 환기 역시 현재와 과거는 물론 그토록 많은 일본인의 생각을 사로잡은 임박한 외침(外侵)에 대한 예감을 아우르며 구체적이다. 빈라덴과 동료 테러리스트들의 언설은 신에 대한 찬미와 기독교 및 유대교 불신자들에 대한 비난을, 서양이 무슬림 땅에 침입한 근래 역사의 노골적인 단편들과 속세의 지명들을 어김없이 결합했다.

과거와 현재에 서양에 맞선 성전에서 그러한 유사점과 차이점 들을 탐구하려면 또 다른 책이 필요할 것이다.[187]

그라운드제로들: 국가 테러와 비국가 테러

리보 박사의 표현을 빌리자면, 대다수 관찰자는 알카에다와 9월 11일의 테러리즘이 이 세상에 새로운 악이 도래했음을 가리킨다는 데에 동의할 것이다. 그와 동시에 9·11은 또한 "돌이킬 수 없는" 악—파시즘, 나치즘, 일본 군국주의라는 패배하고 산산조각 난 악들과는 매우 다른 어떤 것—에 대한 그의 암울한 예감의 정확성도 반영했다. 그는 자신의 나라가 개발하고 사용한 전례 없는 대량살상무기가 낳은 결과들을 목격하는 가운데 그 일기를 썼다. 20년 뒤 그가 일기를 출간했을 때, 전후 각국과 과학자, 사업가 들이 그러한 무기의 지속적인 개량과 확산을 거침없이 가속화하는 전쟁 기계를 만들어 냈다는 점은 분명해졌다. 2001년에 일어난 그라운드제로와 직면하여, 치명적 무기 시스템을 고속 기어로 유지했던 지도자들은 어느 순간 네메시스에 대한 거의 편집증적인 신자가 됐다.

세계무역센터의 파괴는 또한 또 다른 돌이킬 수 없는 악을 상징했다. 그것은 바로 제2차세계대전의 유산인 테러 폭격과 고의적으로 비전투원을 표적으로 삼는 것이었다. 공식 교전국들 간 무자비한 전쟁의 마지막 장을 알린 원자폭탄과 달리, 9·11은 완전무장한 초강국과 국가적 경계를 넘나들고 그림자처럼 나타났다 사라지는 탈집중화되고 경무장한 "아(亞) 국가" 간의 영영 끝날 것 같지 않은 대결을 불러왔다. 그와 동시에 9·11은 영어권 분석가들 사이에 테러 폭격에 대한 접근법을 자극했다. 하지만 그들의 접근법은 민간인 학살을 심리전의 역사적 맥락에 위치시키는 문제에는 의도적으로 태만하다. 적의 의지와 기를 꺾기 위한 치명적 충격 전술은 독일과 일본을 상대로 한 공중전의 표준 작전 절차로서 자리 잡았고, 이는 "총력전"의 전면적 수용과 구식 도덕성에 대한 배격을 드러낸다. 보통의 성인 남녀와 어린이 들을 죽이는 데 딱히 이슬람적이거나 비기독교적·비서구적 또는 비미국적인 구석은 없다. 그들은 저 거대한 추상적 표적인 "적의 사기"의 육체적 현현일 뿐이다.[188]

이슬람주의자들의 테러 전술은 극악무도함 말고도 다른 여러 이유에서 혁신적이다. 폭탄테러범과 그 피해자들 간 극도의 신체적 근접성, 죽음을 야기하는 자들의 의도적인 자기희생, 테러 작전에 요구되는 기술의 저차원적(low-tech) 성격, 그리고 여기에 그들이 대량살상무기를 손에 넣으려 할 수도 있다는 가능성도 맞물려 있다. 미국인들에게 9·11의 참화에서 진정으로 독보적인 점은 자신들이 폭탄 공격을 하는 주체가 아닌 그 대상이라는 스펙터클이었다. "진주만"은 그래도 미국 본토 해안에서 수천 마일 떨어진 군사적 표적을 상대로 한 공격이었다. 소련과 핵무기로 치고받을 수도 있다는 냉전시대의 공포는 부정할 수 없이 무시무시했지만 대체로 추상적인 사고에 머물렀다.

근본적으로 테러란 대중의 사기를 꺾고 정치지도자들이 정책을 변경하도록 하기 위해 테러리스트와 첨단 전략가 모두가 상대방의 집단적 의식 속에 만들어 내고자 하는 심적 상태다. "충격과 공포"는 워싱턴의 전략가들이 히로시마와 나가사키에서 이끌어 내어 럼즈펠드 휘하 펜타곤의 고정관념이 된 "군사 분야에서의 혁명"에 집어넣은 표어에 그치지 않는다. 그것은 약자의 현실적 무기이기도 하다. 일본은 태평양 섬 방어 당시 항복 불가 정책과 가미카제라는 자살 공격 전술을 채택함으로써 미국의 진격을 저지하고자 했을 때 그런 수법을 썼다. 목표는 미군의 용기를 빼앗고 미국 지도부를 충격에 빠트려 무조건항복에 이르지 않는, 모종의 협상에 의한 강화를 타결하려는 것이었다. 이는 궁극적으로 역효과를 낳았지만, 이러한 전술들이 그들과 맞서야 하는 병사들 사이에 불어넣은 공포는 엄청났다.[189]

반대로 9·11은 거의 비교가 안 될 만큼 저강도 폭력으로 대단히 성공적으로 수행된 심리전이었다. 미국인들은 부시의 남은 임기 7년 내내 거의 말 그대로 공포 속에서 살았고, 미 정부와 미국의 생활 방식은 악화됐다. 단 한 차례 파괴 행위를 통해 적을 혼란과 불안에 빠트리겠다는 이러한 목표야말로 알카에다가 미국에서 "히로시마"를 계획하고 있다는, 무시당한 사전 경고의 속뜻이었다. 나중에 드러났듯이 알고 보니 꿈을 꾸고 있던 사람들은 테러리스트들이 아니라 워싱턴의 계획가들―똑같이 히로시마와 나가사키를 본보기 삼아 "충격과 공포"를 독트린 수준으로 격상하고 이 전략이 이라크와 이라크 국민들을 충격에 빠트려 "정권교체"를 순순히 받아들이게 할 것이라고 예상한 자들―이었다.

알카에다의 느슨하고 비국가적인 성격은 워싱턴의 관습적인 국가 지향 사고방식을 뒤엎었고, 그에 대한 반응은 오만함을 보이는 동시에 패닉에 빠지는 것이었다. 테러의 심리전 전사들이 바라던 바에 가까웠으나 그들이 실제로 기대한 것보다 더 극단적이었다. 9·11 공격에 대한 럼즈펠드의 즉각적 반응("크게 가자―싹 정리하자―유관한 사안과 무관한 사안 전부를")은 제2차세계대전과 냉전의 변치 않는 시대착오적인 유산 가운데 하나인 압도적 무력에 대한 신념을 집약했다. 그와 동시에, 빈라덴의 조직과 여타 테러리스트 집단이 가진 포착하기 힘든 특성은 전쟁수행 방식을 지배하는 관습적인 규칙들을 내버리고, 더 일반적으로는 적절한 절차를 무시하는 구실로 이용됐다. 두 극단적인 반응―전쟁을 일으키고 법을 위반하는―은 해외와 본국 양쪽에 헤아릴 수 없는 해를 끼쳤다.[190]

심지어 영국의 굳건한 지지자들도 경악했다. 2008년 후반 부시 임기 말에 영국의 대테러리즘 전문가 두 명은 고위공무원답지 않게 대단히 솔직한 목소리로 미국의 정책을 비판했다. 영국의 대내 정보기관 MI5의 전 수장인 스텔라 리밍턴(Stella Rimington)은 9·11에 대한 대응은 "엄청난 과잉반응"이고 "테러와의 전쟁" 선언은 "사람들로 하여금 테러리즘이란 주로 무력을 가지고 상대할 수 있는 것이라고 생각하게 만들었기 때문에 일을 처음부터 꼬이게 만든" 대실수였다고 묘사했다. "그리고 그렇게 잘못 끼워진 첫 단추는 관타나모와 용의자 인도", 그리고 궁극적으로 "이라크"로 이어졌다. 또한 당시 검찰총장직에서 물러난 켄 맥도널드(Ken Macdonald) 경은 퇴임사에서 리밍턴과 유사하게 테러리즘은 범죄 문제로 취급해야 더 효과적으로 대처할 수 있다고 주장했다. "관타나모 모델"과 대조적으로 그는 영국이 "절대적으로 적법 절차에 입각하고 우리의 역사적 규범과 자유주의적 헌정을 철저히 존중하면서 테러리즘에 맞서 가차 없는 사법적 기소 투쟁"을 꿋꿋하게 고수한 점을 칭찬했다. "우리는 공정함을 두려워하지 않았습니다…… 그러한 위협들을 제압하는 최상의 방법은 우리의 제도들을 퇴행시키기보다는 강화하는 것입니다."

이는 센 발언이었고, 9·11이 벌어진 지 꼬박 7년이 지나서 미국에 보내는 맥도널드의 암묵적인 경고는 극명했다. "우리는 안보 국가의 끊임없는 압력으로 자유의 등이 부러지는 생활 방식으로 전락하지 않도록 매우 조심해야 합니다."[191]

야만성을 관리하기

커다란 차이들에도 불구하고 1945년과 2001년의 그라운드제로는 사람들이 보통 인정하는 것보다 공통점이 많다. 일례로 양자는 현대인들이 전시에 폭력과 테러, 비전투원 표적화를 합리화하는 방식이나 "부수적 피해"로 아무렇지도 않게 죽음을 수용하는 방식에 주의를 환기한다(부수적 피해라는 완곡어법은 베트남전쟁 당시 미군 관련자들 사이에서 등장했고 이 전쟁에서 베트남인 사망자 수는 궁극적으로는 수백만 명에 달한다). 또한 자신들이 옳다는 확신과 분노를 공유하고 이성과 도덕, 운명, 그리고 다름 아닌 신의 섭리가 자기편이라고 믿어 의심치 않는 화해 불가능한 적대자들이 자행하는 이제는 거의 토착화된 반인도적 범죄의 사이클을 반영한다. 다시금 이것은 도덕적 상대주의의 문제라기보다는 강압을 떠나서 왜 사람들이 싸우다 죽는 쪽을 택하는지를 이해하는 문제다.

9·11의 범죄들을 자행하거나 거기에 박수를 보내는 사람들이 보기에 신의 이름에 의거한 그러한 테러는 부도덕하거나 대단히 흉악하지 않다. 합리화 근거는 무수히 많고 지겹도록 장황하며, 합리화의 양식이나 범주 대다수는 원폭 사용 결정을 내리는 데 일조한 논증 및 의무 사항과 생각보다 잘 맞아떨어진다. 명백히 적의 사기를 꺾기 위한 테러를 비롯해 주로 무력에 의존함으로써 인명을 구하는—심지어 다름 아닌 "자유"를 수호하는—것은 그런 유사점 가운데 하나다. 절멸을 정의와 자비에 대한 찬가와, 폭력을 평화에 대한 송가와 결부하는 것은 또 다른 유사점이다.

이슬람주의가 과거와 현재의 특정한 서양의 침략과 만행에 대한 복수와 응징을 칭송하는 것은 히로시마와 나가사키의 분멸을 정당화하는 데 반복적으로 동원된 "진주만"/"우리 전쟁포로의 살해"/"짐승을 상대하기" 주문과 이럭저럭 대응된다. (9·11과 이라크 침공 이후로 테러리스트 모집은 인터넷에 쏟아져 나오던 관타나모 관련 보도들과 끔찍하게 적나라한 아부그라이브의 이미지, 그리고 미국인들이 일상적으로 "부수적 피해"라고 부르면서도 온라인 이미지와 영상으로 자세히 들여다본 적 없는 것들에 대한 반응에 결집된 분노와 복수에 대한 갈증에 크게 힘입었다.) 마찬가지로 움마를 수호하는 것은 트루먼이 "당신의 문명"을 수호하고 구하는 일이라고 표현한 것에 대응된다. 1945년의 정책결정자들이 원폭 사용을 다수의 적(일본, 소련, 본국의 당파적 정치인들)이라는 맥락에 갖다 두는 것처럼, 빈라덴과 그의 동료들도 언제나 자신들이 "멀리 있는 적들"(서양, 미국인들, "십자군과 유대인들")과 "가까운 적들"(타락하고 권위주의적인 중동지역의 정부들, 코란에 대한 그 자신들의 비뚤어진 해석에서 볼 때 "변절한" 무슬림들)을 상대로 동시에 싸움을 벌이고 있음을 분명히 했다.

선진적 (그리고 단순한) 테크놀로지의 "달콤함"과 효율적인 기술관료적 조직의 아름다움 역시 이슬람 성전사들을 사로잡았다. 9·11 이후 테러리스트들이 새로운 정보기술과 웹 조작의 달인이라는 사실을 전 세계가 알게 되기까지는 그리 오래 걸리지 않았다. 그들은 또한 정교한 무기들에 의존하는 적에게 급조한 폭발물로 막대한 피해를 입힐 줄 아는 자부심 넘치는 장인들이자, 더 고도의 수준에서 서양 경영대학원 교과서들과 사회과학 문헌들의 열성적 독자, 구획화라는 고도의 기술에 숙달한 영리한 관료, 그리고 최신식 "브랜딩"의 세계에 밝은 홍보 전문가들이기도 했다. 잔혹한 폭력 자체는 모던한 심지어 포스트모던한 방식으로 미학화된다. 이슬람근본주의자들과 그들의 암묵적 동조자 다수가 보기에 맨해튼의 불타는 쌍둥이빌딩은 최초의 핵폭발을 관찰한 미국인들을 거의 황홀경에 빠트리며 형형색색으로 치솟는 연기와 불기둥만큼 경외감을 불러일으키는 아름다운 것이었다.

테러리스트 지식인들의 기술관료적 매혹에 대한 생생한 한 가지 사례는 미국의 이라크 침공 후 「야만성의 관리: 움마가 거쳐 갈 최대의 고비(The Management of Savagery: The Most Critical Stage Through Which the Umma Will Pass)」라는 (아랍어) 제목으로 온라인에 올라온 글이다. 이 경우에 "야만성"이란 신앙심이 없는 외세와 변절 정권이 무슬림 공동체를 억압하는 상황을 가리키며, 글은 자연스레 전통적인 이슬람 문헌들에 의존한다. 하지만 글은 미국 경영대학원의 사례집과 군사 교본을 섞어 놓은 것처럼 읽힌다. 글쓴이는 "올바른 과학적 방법"을 따를 필요성을 역설하며, 자신의 광범위한 전술적·전략적 제안들을 "순수한 인간 이성을 이용한 주의 깊은 성찰"의 산물로 묘사한다. 그의 기본적 관심사는 "관리자 집단들의 발전"과 "관리 능력의 숙달"이며, 이를 위해서는 무엇보다 정치 이론, 역사, 심리학, 사회학, 군사전략, 미디어 조작을 비롯한—특히 면밀히 주목하는 주제인—정보기술에 정통해야 한다. 무자비한 복수("대가를 치르기")는 장래의 침략을 억지하고 적의 사기를 꺾는 데 심리적으로 중요하다고 여겨진다. 비록 "야만성이 자행되는 지역들"과의 일시적인 타협이 가능할 수도 있으나 결국에는 오로지 철저하고도 무조건적인 승리—제2차세계대전 때 영미 연합국의 커다란 좌우명—만이 용납된다. 그 승리로 가는 길이 아무리 멀고 피로 얼룩져 있을지라도 말이다.[192]

✤ ✤ ✤

이슬람 학자들이나 빈라덴과 같이 학식이 떨어지는 논객들 사이에서 대가를 치른다는 것은 "정의로운 전쟁" 논평에 가까운 발언들을 쏟아 내는 것을 자극했다. 급진주의자들은 코란과 코란에 딸린 하디스(hadith), 즉 주해서들에서 자신들이 해석하기에 새로운 테러를 정당화하는 대목들을 끄집어냈다. 또한 1966년 이집트 정부에 의해 교수형을 당해 순교한 수니파 근본주의자인 사이드 쿠틉(Sayyid Qutb)의 대단히 영향력 있는 저작들로부터 지적인 버팀목과 종교적 영감을 이끌어 냈다. "온 세상이 악과 혼돈에 물들어 있고, 알라가 아닌 다른 주인들에게 굴종한다"라는 쿠틉의 준엄한 비전은 폭력에의 호소를 뒷받침하고자 쿠란을 인용(3장 110절)했다("너희는 인류를 위한 최고의 공동체다. 너희는 선을 행하라고 이르고 악행을 금하며 알라를 믿는다").

쿠틉은 처형되기 2년 전에 출간된 영향력 있는 저작 『이정표(Milestones)』에서 중세 유럽의 천재성에서 나온 "과학, 문화, 법률, 물질적 생산 분야의 경탄스러운 저작들"을 인정하지만, 기독교와 유대교는 궁극적으로 세속적인 것을 성스러운 것보다 높이 치고 자본주의와 공산주의라는 타락을 낳을 "왜곡된 거짓 신앙들"을 조장했다고 주장한다. 1948~1950년 콜로라도에 위치한 작은 대학에서 겪은 소외의 체험(당시 그는 여기서 교육학 석사학위를 받았다)을 묘사한 짤막한 문단에 이어, 쿠틉은 늘 그렇듯이 진정한 이슬람의 "논리, 아름다움, 인간성, 행복"에 대한 칭송과 서양의 더러움에 오염된 "동양의 악과 더러운 물질주의"로 넘어간다.[193]

쿠틉의 저작을 특징짓는 신학적·이데올로기적·병리학적 선언들의 고갱이는 언제나 동일한 논리적·도덕적 추론의 허울과 함께 지하드 전사들이 "복된 화요일"(9월 11일)이라고 부르는 사건에 대한 이슬람주의 담론으로 이어졌다. 전형적인 일례로 2003년 봄에—어쩌면 알카에다의 요청을 받아—사우디 성직자 나시르 빈 하미드 알파흐드(Nasir bin Hamid al-Fahd)는 세심하게 논증한 「불신자를 상대로 한 대량살상무기 사용의 법적 지위에 관한 논고(Treaties on the Legal Status of Using Weapons of Mass Destruction Against Infidels)」를 발표했다. 이 글은 미래의 대규모 테러를 신학적으로 정당화하면서 동시에 그때까지의 테러를 승인했다. 알파흐드의 주장에 따르면, 이른바 대량살상무기의 사용과 확산을 금지하는 서양의 논설은 파괴적인 재래식 폭발물 사용을 허용하도록 왜곡되어 있는 동시에 서양의 생화학무기와 핵무기 독점을 영속화하려는 저의가 숨어 있다. 알파흐드의 발표문은 이 위선이—마침 1945년 8월에 대한 명시적인 언급과 함께—눈에 빤히 보인다고 주장한다.

> **대량살상무기의 확산을 막아야 한다고 가식적으로 이야기하는 자들, 예를 들어 영국과 미국이야말로 그 무기들을 처음 사용한 장본인이다. 영국은 제1차세계대전 당시 이라크인들을 상대로 화학무기를 사용했고 미국은 제2차세계대전 당시 일본을 상대로 핵무기를 사용했다. 그리고 그들의 무기고—와 유대인들의 무기고—는 그런 무기들로 가득하다!**

빈라덴과 여타 사람들처럼 알파흐드는 1945년의 그라운드제로를 줄줄이 이어진 서양이 자행한 폭력의 사례 가운데 특히 두드러진 만행일 뿐만 아니라 항거하고 복수해야 할—그리고 아마도 같은 식으로 응수해야 할—특징적인 행태로 거론한다.

이런 논리를 발전시킬 때 알파흐드는 자기에게만 유리한 불신자의 법은 "이슬람법에서 유효하지 않다. 입법과 판결은 전능하신 알라 그분의 몫이기 때문"이라는 친숙한 논거를 동원한다. 그리고 이슬람율법으로부터—그가 제시한 대로—살상은 예언자의 가르침과 부합해야 한다는 논지가 도출된다. "지하드를 벌이는 권위자들이 불신자들의 악은 오로지 그들의 수단으로만 물리칠 수 있다고 결정하면 그것들[대량살상무기]은 사용될 수 있다. 대량살상무기는 전사든 여성이든 어린이든 상관없이 불신자를 죽일 것이다. 그것들은 그 땅을 파괴하고 불태울 것이다. 이 경우에 이것이 허용됨을 뒷받침하는 논거는 많다."

이는 미국을 향한 공격을 명시적으로 옹호하는 글로서 쿠란에서 세 대목을 인용한다.

알라께서 말씀하시길 "만일 너희가 응징한다면, 응징당한 대로 응징하라".(16장 126절) 신께서 말씀하시길 "누구든 너에게 공격을 자행하면 그가 너에게 한 대로 너도 그를 공격하라".(2장 194절) 신께서 말씀하시길 "악에 대한 보답은 그와 같은 악이니라".(42장 44절) 지난 몇십 년간 무슬림과 무슬림 땅에 대한 미국의 침략을 고려한 사람이라면 누구든 미국을 공격하는 것이 순전히 네가 대우받은 대로 대우하라는 규칙에 의거하여 허용 가능하다고 결론 내릴 것이다. 어떤 형제들은 미국의 무기로 직간접적으로 목숨을 잃은 무슬림 수가 1000만 명에 가깝다고 말한다. 미국의 폭탄과 폭발물, 미사일이 불태운 땅으로 말하자면 오로지 신만이 계산하실 수 있으리라.

그러한 추론은 소름 끼치지만 쿠란의 버팀목만 제외하면 딱히 이례적이지 않다. 이것은 구약 전체에 팽배한 보복의 원리다. 그와 동시에 이 논증은 제2차세계대전 영미의 공중전에서 그 같은 공공연한 이론화 없이 실행된 전략적 노선—논고의 다른 대목에서 "필요성이 존재하는 곳에서 금지되는 것이란 없다"라고 표현된—을 반영한다. 이는 자칭 "전시 내각"의 법률가들이 테러와의 전쟁의 긴급성 때문에 전통적 국제법과 최신 국제법이 부과하는 제약에서 자유로운 "일원화된 대통령직"과 "일원화된 집행부"가 필요하다고 결론 내렸을 때, 9·11 이후 부시 행정부가 본질적으로 옹호한 노선이기도 하다.

그러므로 다른 모든 전쟁문화에서와 마찬가지로 이슬람주의 전쟁문화에서도 같은 식으로 가혹하게 응수하는 것은 필요악이 된다. 알파흐드는 예언자가 여자와 아이를 죽이는 일을 금지했음을 시인하지만 더 면밀히 분석해 보면 "그 금지는 그들을 의도적으로 죽이지 말라는 뜻임이 분명"하며 "만일 그들이 부수적으로 죽게 되는 것이라면…… 아무런 문제가 없다. 불신자 여자와 아이의 존재 때문에 지하드를 멈춰서는 안 된다"라고 주장한다. 논고의 많은 분량이 다른 이슬람 학자들의 발언들을 가지고 "지하드가 요구한다면 적의 땅에 불을 지르고 그들의 집을 파괴하는 일이 허용됨"을 뒷받침하는 데 할애되지만, 알파흐드는 원하기만 한다면 무수한 불신자들에게서도 자신의 논리를 뒷받침하는 인용문을 그러모을 수 있었을 것이다.[194]

고결한 목적들로 이루어진 꿈의 궁전에서 필요악은 차악이나 심지어 "선"하고 "자비로운" 것이 된다. 실용주의적이든 표면상으로 신학적이든, 이렇게 안심시키는 논증들은 살상을 금하는 제약들을 무디게 하는 마약이다.

✢ ✢ ✢

2001년 10월 20일에 알자지라 기자와의 인터뷰에서 빈라덴은 "문명 충돌"론을 지지하느냐는 질문을 받고 "거기에는 의심의 여지가 없다"라고 답했다.[195] 이 특정 표현이 유행하기 전에 죽은 사이드 쿠틉도 아마 살아생전에 동의했으리라. 서양에 맞선 이러한 대표적인 공격들의 독성은—쿠틉의 경우처럼 서양 문명이 오래전에 세상에 여러 훌륭한 공헌을 많이 했음을 인정할 때조차도—순도 100퍼센트다.

일본의 성전에서 드러난 반(反)서양 증오에 관해서도 일반적인 조건을 달아서 같은 말을 할 수 있다. "영미귀축(英美鬼畜)"과 타협이 불가능했다. 연합국 측이 보기에 일본인 금수들과 타협이 불가능했던 것처럼 말이다. 하지만 극단적 주변부[1970년에 자결한 소설가 미시마 유키오(三島由紀夫) 같은]를 제외하면 일제의 자살적인 초민족주의는 일단 전쟁이 끝나자 힘을 잃어버렸다. 독일의 나치즘과 소련 붕괴 이후 러시아의 공산주의처럼 말이다. 그리고 연합국이 무조건항복을 고집했음에도 불구하고 전후 일본은 다원주의를 수용하면서 이전 적국들 사이에 우호를 저해하지 않는 새로운 종류의 "천황제 민주주의"를 만들어 냈다.

9·11 이후 세계에서 양측의 극단주의자들이 전제한 "문명충돌"은 그러한 매끄러운 변신의 약속을 내놓지 않는다. 애초에 항복하거나 해체될 국가가 없으므로 이슬람주의자 측의 급작스러운 붕괴나 항복은 있을 수 없다. 테러를 지지하는 중동지역의 정치적·영토적 불만들은 특히나 양측에 팽배한 독단을 고려할 때 쉽게 해소될 전망이 보이지 않는다. 종교적 열광은 정치적 광신보다 더 완강하거나 적어도 그렇게 보인다. 공식적·정치적·경제적 기득권들은 대량살상무기의 계속되는 확산을 보장한다. "안보 국가"는 언젠가 자유의 등을 부러트릴 수도 있다. 1945년 히로시마 일기에 "돌이킬 수 없는" 새로운 악에 관해 썼을 때, 리보 박사는 2001년과 그 이후에 새로운 형태로 등장한 절망을 예시했다.

그런 절망의 반대편은 물론 공유된 비폭력적 이상들에 대한 희망이며, 더 미묘하게는 언어의 변화 가능성에 대한 희망이다. 제2차세계대전이 끝난 뒤 나라를 위해 죽을 각오를 했던 많은 일본인은 자신들의 여러 이상을 저버린다고 느끼지 않으면서 군국주의를 배격하는 것이 가능함을 알게 됐다. 이상들이란 결국 거창하고 고결한 말로 표현됐다. 사실 너무 거창해서 실질적으로 매우 막연했고, 그러므로 새로운 해석을 입히거나 아니면 크지만 빈 꽃병처럼 새로운 내용을 채울 수 있었다. 예를 들어 평화, 공존, 공영이라는 말이 그렇다.[196]

이슬람 급진주의자들은 오래된 개념에 새로운 의미를 씌우는 데 능숙한 사람들이다. 그들이 지하드를 가지고 줄곧 해 온 일이 바로 그것이자 그들의 장황한 원한의 핵심이다. 그들의 변증을 테러와의 전쟁에 관한 미국의 수사와 나란히 둘 때 두드러지는 것은, 문명충돌이나 악에 맞선 십자군에 관해 양자가 공유하는 설명만이 아니라 무엇이 선인지에 관한 반복적이고 추상적인 표현이다. 이 가운데 일부는 양자가 공유하는 일신론에서 기인한다. 쿠란의 신은 전능한 동시에 자비와 연민이 많다. 이는 비스밀라 이르-라만 이르-라훔(Bismilláh ir-rahmán ir-rahúm, 자비와 은혜를 베푸시는 알라의 이름으로)이라는 성스러운 아랍어 표현에 담긴 뜻이다. 트루먼과 부시가 섬기는 기독교의 신이 사랑과 자비의 신이듯이 말이다. 하지만 추상적 이상들의 표면상 공명은 이를 넘어서서 정치적인 것과 신학적인 것까지, 즉 현세와 내세의 자유와 정의에까지 이른다.

그러므로 사이드 쿠틉—서구의 평가에 따르면 "이슬람 테러의 철학자"—의 저술들은 때로 비이슬람 가치들의 교리문답에서 튀어나온 듯한 여러 핵심어와 이상을 번역한 글처럼 읽힌다. 예를 들어, 쿠틉은 『이정표』 전반에 걸쳐 다음과 같은 미덕과 비전 들을 환기한다. "인류의 고통" 탈피, "지상의 모든 불의를 없애는 데" 헌신, "진정한 사회정의"와 "진정한 인류 진보", "인류에 대한 진정한 자유"의 추구, "자유, 명예, 가족과 그 의무 사항들, 도덕과 가치들"—또는 "존엄, 순수, 정결, 겸양과 경건, 선행을 향한 욕구"—이라는 "인간적" 특징들의 함양, "폭정으로부터의 자유"와 (오로지 신을 섬김으로써) "타인들에 대한 예속으로부터"의 자유의 획득, 진정한 "인간의 존엄" 실현 등등.

쿠틉은 쿠란과 하디스에 규정된 "보편적 율법"인 샤리아를 준수함으로써 얻는 자유의 실현과 더불어 자신의 신학을 "보편적 자유의 선언"으로 제시한다. 내세의 영원한 지복은 그러한 이상을 실현하기 위해 애쓰는 자들에게 돌아오는 궁극적 보상일 수 있지만, 그러한 불멸성으로 가는 길은 "인류의 행복"을 위해 쉬지 않고 애쓰는 데 있다. 이것이 바로 "진정으로 문명화"된다는 것이다. 그러한 언어는 상투적이지만 바로 그 이유에서 대단히 강력하다. 심지어 「야만성의 관리」 같은 실용적인 이슬람주의 텍스트들도 이와 똑같은 고결한 수사("보편적 법" "폭정에 맞서고 정의를 추구하라" "지상을 해방하라" 등등)로 도배되어 있다.

타인들을 그들의 행위에 의거하여, 우리 자신을 우리의 말이나 공언한 이상에 의거하여 판단하는 것은, 아니면 적어도 우리의 행위를 선별하여 미화하는 것은 인간 본성이다. 쿠틉은—빈라덴과 알카에다, 탈레반, 신의 이름으로 자행되는 유혈 테러의 전위들 전체와 마찬가지로—공공연하게 민주주의와 개인주의, 세속법과 인권 개념들, 일반적인 세속화된 제도들의 적이었다. 그는 무함마드가 계시한 진실에 입각한 신정체제를 꿈꿨고, 그와 그의 영적 제자들이 "정의"나 "보편적 자유" "보편적 법"으로 의미한 바는, 자유민주주의 체제에서 그런 표현들이 의미하는 바와 별로 상관이 없다. 이러한 명령들의 급진적 실천으로부터 불관용, 압제, 폭력이 나왔다.

그래도 공통 조어—아니 공유된 뿌리와 공명이라고 표현하는 게 더 나을 수도 있다—의 추상적 가치들은 설득력 있게 설명될 때 대중을 움직일 수 있다. 쿠틉은 강렬한 작가다. 빈라덴의 선언들은 그 수사학적인 세련됨으로 두드러진다. 언어는 상이한 장소들로 이어지는 경로이자 화해의 다리가 될 수 있고, 더 온건한 이슬람 신자들(근본주의자들에게는

"변절자들")은 극단주의자들과 동일한 경전과 샤리아에 대한 헌신을 바탕으로 폭력을 부정하고 호전적 이슬람주의자들이 극렬 비난하는 다원주의적 모더니즘을 촉진할 수 있다.

　적어도 이론상으로는 그렇다. 그러나 9·11 공격의 놀라운 성공은 극단주의자들이 활기를 띠게 만들었고, 역시나 놀라울 만큼 무모한 미국의 대응은 부패하고 위선적인 적의 이미지를 확인시켜 주는 것 같았다. 이슬람주의 성전은 모두가 자비로운 신의 이름으로 이성과 도덕, 대량 살상의 옛 표어들에 관해 이런저런 식으로 자세히 설명하는 똑똑한 대변인과 전략가 간부 집단을 새로이 찾아냈다.

CULTURES of WAR

3부
전쟁과 점령

평화를 얻기, 평화를 잃기

13장

점령지 일본과 점령지 이라크

전쟁에서 이기고 평화를 잃기

일본이 항복한 직후, 1946년과 1954년 사이에 6년 이상 총리로 재직하게 되는 요시다 시게루(吉田茂)는 조국이 처한 난국을 낙관적으로 윤색하려고 했다. 그는 동포들에게 역사는 전쟁에서는 졌지만 평화에서는 승리한 사례를 많이 보여 주며 그것이 바로 국민 모두가 달성해야 할 목표임을 상기시켰다. 십수 년이 지나 1970년대에 일본이 경제 강국으로 부상하자 많은 논평가는 그 목표가 달성됐다고 평가했다. 패전국에 대한 점령은 보수 정권의 확고한 집권으로 막을 내렸다. 미국과 단단히 손을 잡은 자본주의적 불사조가 잿더미에서 날아올랐다. 그리고 괴팍한 요시다는 훗날 돌이켜 봤을 때 대단치는 않지만 그래도 미래를 내다본 예언가가 됐다.[1]

2007년 봄, "이라크에서 주요 작전이 종결됐다"라고 선언한 부시 대통령의 "임무 완수" 퍼포먼스 4주년이 다가왔을 때, 런던에서 오랫동안 망명 생활을 하다가 침공 직후 이라크로 귀환하여 여러 장관직을 역임한 알리 알라위(Ali Allawi)는 미국에서 "이라크 점령: 전쟁에서 이기고 평화를 잃기"라는 제목으로 연설을 했다. 그는 통찰과 한탄이 담긴 같은 제목의 저서를 홍보하는 중이었다. 이라크는 혼란에 빠진 지 오래였고, 점령은 미국 역사상 가장 망신스러운 해외 개입 실패 사례 가운데 하나가 됐으며, 그저 "승리"를 거론하는 것만으로도 슬픔과 냉소주의, 경멸을 불러일으켰다. 좋은 출구가 보이지 않은 채 이라크는 사담 후세인 치하와는 다른 종류의 지옥이 되어 버렸다. 미일전쟁과 점령의 선례와 견줄 때 이보다 더 극명한 대비를 상상하기는 힘들 것이다.[2]

전쟁에서 승리했지만 평화를 잃었다는 것보다 더 케케묵은 수사적인 격언도 없다. 게다가 이라크 침공을 몇 달 앞두고 정확히 이런 경고가 정부 관계자들 사이에서 긴박하게 흘러나왔지만, 수뇌부에서는 진지하게 취급되지 않았다.[3] 제2차세계대전 전후 점령의 진짜 교훈들도 진지하게 취급되지 않았다. 침공 이후 계획 수립과 이라크 점령에서 미국이 매일같이 보여 준 무능을 예상한 사람은 거의 없었지만, 점령지 일본이 적신호가 되어야 했다는 점은 전쟁이 시작되기 전부터 분명했다. 달리 생각한다는 것—미국이 이라크자유작전 전투 단계에서 승리하면 평화는 쉽게 얻을 수 있을 것이며 서구적이지도 않고 기독교적이지도 않으며 대체로 코카서스인종으로 이뤄지지 않은 또 다른 땅에 "민주주의"가 퍽 자연스럽게 뒤따를 것이라는 모종의 보증처럼 일본을 원용하는 것—은 잘못된 유비와 마법적 사고에 빠지는 것이었다.

2002년 10월 둘째 주부터—임박한 전쟁을 지지하도록 미국인들의 정서를 동원하기 위한, 대량살상무기, "버섯구름", 알카에다를 지원한다는 사담 후세인에 관한 선전 캠페인의 일환으로서— 백악관은 전후 일본과 독일의 이른바 성공담을 세간에 띄움으로써 자신들의 입장을 강화하고자 했다. 처음부터 일본은 양자 가운데 더 매력적인 모델이었는데, 패전 직후 독일은 미국, 영국, 프랑스, 소련의 점령지역으로 분할됐고 냉전기에 끝내 동독과 서독으로 분단됐기 때문이다. 반면 점령지 일본은 명목상으로는 승전 연합국의 통제하에 있었지만 실상은 미국이 모든 것을 주관했다. 수년이 지나 폭력이 계속해서 이라크를 집어삼키고 있을 때에도 백악관은 "전후 일본"의 유비를 버리지 않았다. 예를 들어, 2007년 여름 노골적 패배를 저지하기 위한 주둔군 증강 방안이 도입됐을 때, 대통령의 연설문 작가들은 민주적인 이라크의 등장에 대한 희망을 이어 가는 데 패전국 일본을 인용하는 것이 여전히 효과적이라고 생각했다.[4]

꼬리표와 실제 현실 간의 괴리가 문제가 되는 곳에서 점령지 이라크는 일본에서 확립된 패턴을 따랐다. 전후 통치 기구의 명목상 간판으로 "코얼리션(Coalition)"이 "얼라이드(Allied)"〔우리말에서는 둘 다 '연합국'으로 번역된다〕를 대체했지만, 어느 모로 보나 미국이 단일한 권위를 행사했다. 다른 유사점이나 부분적으로 일치하는 점도 있었고 그중 다수는 앞으로 살펴보겠지만 대단히 시사적이다. 하지만 근본적으로 두 점령 사례는 하늘과 땅만큼 달랐다. 제2차세계대전의 승자와 패자 모두 일본에서 평화를 얻었다. 이라크에서는 평화가 없었다.[5]

패전국 일본을 이용해 이라크에서 예상되는 상황에 긍정적 그림을 그리려는 시도는 기괴했다. 두 나라는 엄청나게 달랐을 뿐만 아니라 문제가 되는 전쟁과 점령도 달랐기 때문이다. 이런 차이를 넘어서 21세기가 열리는 시점의 미 정부는 1945년 미 정부의 미미한 그림자에 불과했다. ("자유와 민주주의"라는 기만적인 공통의 수사 아래 깔린) 이데올로기적 지향에서만이 아니라 운영 절차상에서도 말이다. 일본 점령이 왜 폭력 없이 진행되고 전후 민주주의에 시동을 걸었는지 아주 간단하게만 검토해 봐도 전후 이라크에 무엇이 존재하지 **않을** 것인지 냉정하게 상기시켜 주었을 것이다. 전후 일본을 안심시켜 주는 선례로 환기하는 일은 과거에 대한 오독에 그치지 않았다. 그것은 역사 무단삭제(bowdlerization)였다. 망상적인 "체리피킹", 이 경우에는 미가공 정보 데이터가 아니라 역사 자체를 이 잡듯 뒤짐으로써 악화된 희망적 사고의 또 다른 예였던 셈이다.

점령지 일본과 제 눈에 안경

패전국 일본은 1952년 4월에 가서야 주권을 되찾아서 미 점령기가 태평양전쟁 기간보다 거의 3년이나 더 길었다. 이 기간 동안 세계질서는 격동에 휩싸였고, 1949년에 이르러 아시아는 냉전의 긴장이 끓어오르는 가마솥이 되었다. 소련은 그해에 첫 핵실험을 실시했다. 중국 공산당은 베이징을 장악하고 중국 전역으로 권력을 확대했다. 동남아 곳곳에서는 (일제가 유럽 열강을 패주시킴으로써 불이 붙은) 반식민주의 혁명이 타올랐다. 1950년 6월에는 한반도에서 전쟁이 터졌다. 이 격동 속에서 미국의 일본 점령 정책도 여러 국면을 거쳤다. 처음에는 "탈군사화와 민주화"라는 급진적인 의제로 시작됐지만 정치적 좌파를 제압하고, "자급자족적" 수출 지향 경제를 재건하며, 일본의 재무장을 촉진하고, 일본 영내에 미군 기지를 무기한 보유하고, 오키나와를 주요 전략 (그리고 핵) 주둔지로서 일본의 나머지 지역에서 분리하고, 특히 대(對)중국과 관련해 경제적·외교적·전략적으로 일본을 공산주의 "봉쇄" 노선에 확고하게 편입시키기 위한 "역(逆)코스(reverse-course)" 정책으로 끝났다(이 가운데 마지막 정책은 닉슨과 키신저가 미중 간 관계 회복을 추구한 1972년까지 지속됐다). 전체적으로 볼 때 점령은 처음부터 끝까지 어떤 정신분열증을 드러낸다.

이 시기에 뿌리를 둔 문제들은 점령기가 이라크의 앞날을 비춰 주는 유망한 사례처럼 꼽히던 21세기에 들어서까지도 일본을 괴롭혔다. 오키나와는 여전히 기괴하게 군사화된 미국의 전초기지였다. 일본의 선거 정치는 1949년 초반 요시다 총리하에서 거둔 결정적인 선거 승리로 거슬러 가며 부시 임기가 끝난 2009년까지 심각하게 흔들린 적 없는 약삭빠르고 부패한 보수 진영 헤게모니에 의해 줄곧 왜곡되어 왔다. 경제성장은 전시에 뿌리를 두고 점령기 동안 강화되어 단단하게 자리를 잡은 정부 개입 관행으로 발목이 잡혔다. 이데올로기적으로는 일제의 전쟁범죄를 축소하고 순화하려는 보수 진영과 우파의 시도가 패전 후 반세기보다 더욱 심해졌는데, 이는 연합국이 실시한 전후 전범재판에서 엿보이는 "승자의 정의" 측면들에 대한 곪은 원한과, "보통" 국가와 같은 해외 군대 파견—이를테면 아프가니스탄과 이라크로—을 금지하는 전후 헌법으로 여전히 제약을 받고 있다는 불만을 반영했다.[6]

일본의 시각에서, 전후 이라크에서 예상되는 미래를 밝게 채색하려고 미국인들이 점령지 일본의 "성공"을 들먹이는 것을 지켜보고 있노라면 아이러니하고 쓸쓸한 반전이 느껴졌다. 일본 정부는 부시 행정부의 전쟁 정책을 전폭적으로 지지했지만(말하자면 아시아에서 영국의 역할을 했다), 점령당했던 일본 자체의 경험은 많은 이에게 일본 역사의 굴욕적인 장(章)으로, 일각에서는 전쟁 시절보다 더 수치스러운 장으로 간주됐다.

"전후"를 극복하거나 탈각하자는 주장은 일본 보수파의 주문이었고, "전후"[센고(せんご)]란 점령기, 다시 말해 주권을 상실하고 외국인들에게 지배를 받았던 시기로서 긍정적 유산보다는 부정적 유산에 대한 긴 한탄을 상징하는 하나의 코드였다. 군사적 무력화는 그런 유감스러운 유산 가운데 하나였다. 한편으로 일본 진보 진영과 좌파에 의해, 다른 한편으로는 외국인들에 의해 낡은 레코드판처럼 반복되는, 일방적인 "승자의 정의"에 의거한 도쿄재판의 판결 내용도 그런 유산 가운데 하나였다. 국기를 흔들고 국가를 제창하는 방식의 애국주의에 좀처럼 떨쳐지지 않는 의심(미 점령 당국은 두 가지 행위 모두 금지했다), 아시아-태평양 전쟁에서 전사한 수백만 "영령(英靈)"이 합사된 도쿄 야스쿠니신사 공식 참배가 제약당하고, 원래 영어로 초안이 작성된 헌법을 지금도 국가의 기본법으로 삼고 있는 현실 등등 그 목록은 길다.[7]

그러므로 미국인들이 이라크전쟁에 성급히 돌입하면서 장밋빛으로 환기한 점령기 일본의 초상은 9·11의 여파로 쏟아져 나온 또 다른 일본 관련 불편한 이미지들과도 맞아떨어졌다. 진주만과 "오욕", 가미카제와 테러 폭격, 일본이 나치 독일 및 파시스트 이탈리아와 함께 원조 악의 "축"에 가담했던 전력, 일본의 희생자화보다는 미국의 희생자화로 이식된 코드인 그라운드제로, 천황의 육해군 장병들만큼 광신적인 이슬람주의자 적에 맞선 전면전, 이오섬에 의기양양하게 게양되는 성조기 등등. 이론상으로는 일본의 "아메리칸 막간(幕間)"과 번영하는 민주국가로 전후의 재탄생을 환기하는 것은—확실히 미국인들의 눈에는—우호적인 칭찬이었다. 실제로는 아무리 먼 과거일지라도 외세에 점령, 지배당한 일은 자긍심에 상처다. 일본의 경우에는 더욱이 이 상처를 다시 헤집는 것은 오래전 점령의 가장 미묘하지만 악성인 유산 가운데 하나에 시선을 집중시키는 일인데, 바로 미국에 의존하는 국가라는 떨치기 힘든 이미지다.

전후 일본이 힘겹게 얻은 경제대국이라는 지위에도 불구하고 일본 지도자들은 미국의 환심을 사는 데 끊임없이 집착했고, 이는 일본의 여러 성취에 심리적이고 구조적인 의존의 장막을 드리웠다. 이라크전쟁에 대한 전폭적 지지는 이런 의존성의 최신 발현일 뿐이었다. 전후 독일은 나름대로 이유가 있어서 그러한 굴종을 피했고, 부시 행정부의 성급한 이라크전쟁에 대한 독일 지도자들의 공공연한 비판은 이런 차이를 더 부각했다. 의존성과 종속은 냉소적인 외국인들이 던지는 비방만이 아니었다. "의존국(Client state)"은 냉전기를 거쳐 이른바 테러와의 전쟁 시기에도 미국에 가장 고분고분한 지지자로 남았으면서도, 한편으로 점령기의 미국화를 초극하려는 신(新)민족주의를 부르짖는 보수파의 자학적인 인식이기도 했다. 1952년 점령이 종식되고 반세기가 지난 뒤에도 많은 일본인은 이 종전 직후 시기로 거슬러 가는 정체성의 위기와 여전히 씨름하고 있었다. 이런 상황에서 이라크 침공 및 점령과 관련하여 일본의 선례를 무심히 언급하는 것은 좋게 쳐줘도 거북한 일이었다.[8]

물론 이런 골치 아픈 고려 사항들 어느 것도 근래의 역사에서 원대한 모델을 이끌어 내려는 워싱턴에서는 중요하지 않았다. 전후 일본은 평화와 번영을 누렸고 자본주의적이고 고분고분했다. 이라크전쟁 지지자들은 사담의 바트당 정권을 신속하게 타도하고, 미국에 우호적인 민주국가로 순조롭게 이행하기 위한 시나리오를 장식하는 데 당연히 그 점이 유용하다고 여겼다. 표면적으로만 보면, 양자 간 병행 관계는 꽤 두드러진다. 일제는 권위주의적이고 군국주의적이었으며, 내부적으로는 억압적이고 외부적으로는 잔학했다. 독일과 달리 일본은 적대가 절정에 달했을 때 "서양"을 맹비난했지만, 한편으로 미국 및 유럽 열강과 친선과 협력의 시기도 누린 바 있던 비(非)서양 열강이자 문화권이었다. 권위주의와 침략에서, 타국에 아무런 위협도 제기하지 않는 번영하는 시민사회로의 전후 일본의 대대적 변신—전략적 요충지에서 미국의 군사력을 행사할 수 있는 안전한 발판으로서의 역할은 말할 것도 없다—으로부터 희망적인 교훈을 이끌어 내고 싶은 유혹을 누가 물리칠 수 있겠는가? 일본은—시간이 흐르면서 이것이 부시 대통령이 특히 애용하는 주장이 됐는데—"민주주의"가 뿌리를 내리기 위해 서양의 환경이 필요하지 않음을 확증하는 증거라는 주장을 누가 거부할 수 있겠는가?

공통분모가 없는 세계들

우선 주의 깊은 역사학도들은 이러한 주장들을 물리칠 수 있으며, 논쟁의 근거보다는 통찰을 구하는 평범한 관찰자들도 마찬가지다. 이라크를 상대로 선택한 전쟁이 벌어지기 전에 비판가들은 일본 점령은 이라크에 거의 전적으로 부재하거나 부재할 만한 이유들 때문에 성공했다고 지적했다.[9]

이런 차이점들 가운데 눈에 띄는 것은 사실상 누구도 이의를 제기하지 않은, 미국이 가진 일본 점령의 도덕적 **정당성**이었다. 일본이 먼저 전쟁을 시작했고, 천황 본인이 그 개전과 종전을 선언했으며, 공식 항복 조건에 전적으로 동의했다. 명목상으로는 연합국의 점령이지만, 미국의 우방 가운데 누구도 미국이 지배적 역할을 하는 데 의문을 제기하지 않았다. 심지어 소련도 처음에는 항의하다가 결국 미국의 뜻을 따랐다(스탈린은 미국의 일본 지배를 본질적으로 소련의 동유럽 지배에 대한 대가라고 간주했다). 중국을 필두로 일본에 침략당했던 아시아의 이웃 국가들과 피해자들은 패망한 일본이 미국의 철권하에 굴욕을 당하는 모습에 기뻐했다.

별안간 지극히 실용주의적이 된 군주부터 앞장서서 일본인 본인들도 항복 자체가 감정적으로는 아무리 고통스러울지라도 항복의 무조건적인 성격과 점령의 정당성, 승자의 명령을 따르는 것이 불가피하고 심지어 바람직하다고 받아들였다. 항복을 수락하는 (일본 시각으로) 8월 15일 라디오 연설에서 히로히토 천황은 신민들에게 자신의 본보기를 따라 "참기 어려움을 참고, 견디기 어려움을 견뎌, 이로써 만세(萬世)를 위해 태평한 세상을 열어야" 한다고 촉구했다. 이틀 뒤에는 병사들의 용맹을 칭찬하고, 그들의 희생을 애통해하고, 소련의 참전을 (하지만 원자폭탄은 아니다) 항복의 주요 이유로 거론하고 마지막으로 8월 15일 자신의 종전 메시지를 따르는 것이 최고의 애국이라는 말로 마무리 짓는 칙어를 일본군에 따로 내렸다. 이 8월 17일 칙어는 "거국일가(擧國一家)의 보전을 위한 토대를 놓을 수 있도록 짐의 뜻을 충실하게 따르고, 단결하고, 처신을 바르게 하고, 모든 고난을 극복하고 견디기 어려움을 견디라고 명하노라"라고 말한다.[10]

8월 25일에—점령군이 일본에 실제로 상륙하려면 아직 며칠이 더 남았을 때—또 다른 칙어가 내려와 유사한 말로 모든 육해군 장병에게 무장해제를 명했다. "충량한 신민으로서 민간의 직업으로 돌아가 고난을 견디고 어려움을 극복함으로써 전후 재건의 과제에 전력을 다하라." 이틀 뒤, 항복 명령에 불복하는 소수 장교 집단의 저항을 맞닥뜨려 분쇄한 육군대신은 항복을 역시 애국심의 발로로 묘사하는 최후의 호소문을 군에 내놓았다. "나라의 장래를 고려하여 신중히 처신해야 한다"라고 그는 단언했다. "흥분하여 내주어야 할 무기를 감추거나 파괴하지 말라. 이것이야말로 우리 국민의 위대함을 보여 줄 기회다." 천황의 충성스러운 신민들은 순순히 명령을 따랐고, 그들 중 다수는 더 나아가 항복과 점령을 죽음으로부터의 해방이자 그들을 처참한 전쟁으로 몰아넣은 세력과 제도를 제거할 기회로 열렬히 끌어안았다.[11]

부시 행정부가 알카에다에 맞선 전쟁을 이라크 공격 계획으로 선회시킴에 따라 촉발한 비판을 고려할 때, 이라크 점령이 세계나 미국 내 또는 피점령국에서 일본 점령만 한 인정을 얻지 못하리라는 점은 분명했다. 워싱턴이 9·11 이후 이어진 전 세계적 지지와 공감을 오만하고 무심한 태도로 순식간에 날려 버린 것은 이런 측면에서 기가 막힐 정도다. 2003년 4월 바그다드 함락 이후 이라크에 안정과 통제를 가져오지 못한 데다 선제공격의 필요성에 대한 주요 근거로서 제시된 대량살상무기가 이라크에 없었다는 사실이 드러나자 미국의 신용은 결국 누더기가 됐지만, 가장 중요한 무형의 자산인 "정당성"은 처음부터 존재하지 않았다. 전전(戰前)부터 이 문제를 제기했던 비판가들은 사담이 잔혹한 독재자이긴 해도 그것이 이라크를 침공해 점령하는 이른바 차악에 정당성을 부여하기에는 충분하지 않다고 입을 모았다.[12]

일본 점령의 실무상 효율성에 불가결했던 요소도 사담 축출 이후 이라크에 대한 계획에는 예상대로 부재했는데, 그것은 바로 **능률적인 행정기구**의 존속이었다. 히로히토 천황은 이런 제도적 연속성과 안정성의 가장 두드러진 상징이었고, 규율 잡힌 군부는 즉시 해체되는 대신 한동안 계속 유지됐고 질서 정연하게 군대를 해산했다. 하지만 전쟁에서 평화로의 이행에서 핵심은, 군이 무장해제되고 동원 해제되는 동안 꼭대기부터 밑바닥까지, 그리고 도쿄부터 벽촌까지 행정가와 기술관료 들이 계속 자리를 유지하는 등 통치 구조가 그대로 남아 있었다는 사실이다. 군부의 해체와 공직에서 바트당 고위층의 숙청과 같은 널리 비판받은 정책들이 이라크에 도입되기 전부터도, 일단 독재자와 그 하수인들이 타도되자 이라크 국가가—국가수반이 제거되고 질서를 유지할 능력이 있는 뚜렷한 정부가 없는 상황에서—일본과는 조금도 비교될 수 없다는 사실은 분명했다.

이 지점에서 비관론이 대두될 수밖에 없는 또 다른 이유는 평화를 얻기 위해 요구된 힘든 시절 동안 일본을 똘똘 뭉치게 만든 **사회적 응집성**이었다. 물론 패전 이후 일본에도 정치적·이데올로기적 차이들은 존재했다. 이런 차이들은 전투적이지만 비폭력적인 노동운동과 좌파 운동에서 일찌감치 드러났다. 하지만 1945년의 일본과 미국의 공격 대상이 된 이라크를 진지하게 비교하는 사람은 누구나 이 대조적인 세 번째 영역이 한마디로 어마어마함을 금방 알아차릴 수 있었다. 일본 국가의 두터운 표면 아래로는 폭발적인 분열이 도사리고 있지 않았다. 군국주의적인 근대 민족주의에 복무하도록 일시적으로 조작된 것을 제외하면, 종교는 이 다신론적 문화에 어떤 식으로든 위협을 제기하지 않았다. 반면에 일본에는 최초 8세기 기록으로 거슬러 가는 1000년이 넘게 조심스레 구축되어 온 강력한 "야마토 민족"의 역사가 있었다. 20세기 이데올로그들은 이러한 인종적·문화적·민족적 결속 의식을 군국주의와 전쟁의 방향으로 이끌어 갔지만, 요시다 같은 전후의 실용주의자들은 그러한 결속 의식을 그만큼 쉽게 평화로운 재건의 방향으로 돌릴 수 있었다.

이라크에서는 공유된 역사가 짧았다. 이라크 국민이라는 존재는 결국 제1차세계대전 전후로 거슬러 가는 영국과 프랑스의 책략의 산물일 뿐이었다. 반면에 종교적·종족적·부족적·지역적 단층선이 이라크를 위험천만하게 깊이 가로지르고 있었다. "이라크 민족주의"는 신화가 아니다. 8년(1980~1988)에 걸친 이란과의 격전 동안 이라크 국민들이 보여 준 단합은 이를 증명한다. 사담의 경찰국가 치하에서 그러한 응집력은 한편으로 현실을 호도했다. 1947년 분리 당시 인도, 티토(Tito) 사후의 유고슬라비아, 그리고 치명적인 아프간 침공 여파에 시달리던 소련처럼 일단 무력이 부재하면 이라크에서도 중심은 버티지 못했다.

항복 이후, 일본의 중심은 단지 버티기만 한 게 아니었다. 중심부는 미국인들이 점령 초창기에 추구한 민주화 의제 다수를 적극적으로 수용하고 추진할 능력이 있었다. 이는 1930년대 군국주의자들이 부상하기 전에 등장했던, 회복력 있는 **시민사회** 덕분이었다. 이것은 이라크전쟁 지지자들이 무시해 버린 확연한 네 번째 차이점이었다. 1889년 일본의 메이지 헌법은 선거로 구성되는 의회가 있는 입헌군주정을 수립했고, 의회는 전시에도 내내 유지됐다. 정당 주도의 정부는 1918년에 처음 정치 무대에 등장했고 1925년의 입법으로 남성 보통선거권이 도입됐다. 학자들이 일본의 전후 다원주의의 뿌리들을 평가할 때 ("다이쇼데모크라시"라는 이름으로) 비중 있게 다루는 다양한 사회적·정치적 변화는 세기 전환기에 시작되어 히로히토의 선왕이 재위(1912~1926)하던 기간과 1930년대에 급속히 가속화됐다. 선거 정치가 크게 발전하고 노동운동과 여성운동이 등장했다. 제1차세계대전 이후에는 자본주의적 기업가정신이 급속히 퍼졌다. 코즈모폴리터니즘이 갈수록 인구가 집중되는, 훗날 B-29 폭격기들이 깡그리 불태워 버릴 도시들에 파고들었다. 소비주의와 "모더니티"가 시골까지 침투했다.

이 모든 것은 일단 천황의 성전이 실패하고 군국주의자들이 제거되자 일본이 더 민주적으로 발전하기 위한 비옥한 토양이 됐다. 1930년대에 시작되어 1945년까지 이어진 "총력전"을 위한 동원의 시절도 이러한 측면에서 반드시 퇴행적인 것만은 아니었다. 자유는 억압됐지만 전후 재건을 위한 긍정적 유산을 남기는 방식으로 창조성이 꽃피고, 사회적 변혁이 활발히 일어났다. 1945년 8월 전쟁이 끝났을 때, 66개 도시가 폭격을 당하고 아시아에 건설한 제국과 순식간에 단절되고 국부의 대략 4분의 1이 파괴된 일본은 누가 봐도 파멸한 듯했다. 1948년이나 1949년 무렵까지 도시 거주자 대다수는 하루하루를 연명했다. 그러나 장기적으로 볼 때, 기술적이고 기술관료적인 차원에서 재건에 불가결한 인적자원이 10여 년 전 군국주의자들이 권력을 장악했을 때보다 전쟁이 끝났을 때 훨씬 더 컸다는 점이 중요했다.[13]

이라크는 한때 중동지역에서 가장 선진적인 산업 경제를 보유했고 교육 수준도 대단히 높은 사회였다. 이럭저럭 민주적 이상들을 지지하는 숙련 전문가 계층도 적지 않았다. 하지만 일본의 경우와의 비교는 다시금 유사점보다는 결점들을 더 부각했다. 누구도 사담의 경찰국가 이전에 이라크의 앞날에 긍정적인 전망을 제시하는 시민사회의 가치와 관행을 경험한 적이 있다고 진심으로 자신 있게 이야기할 수 없었다. 더욱이 걸프전 이후 나라를 발목 잡은 10년간의 경제제재와 부패한 사담 정권의 탄압과 무능으로 한층 악화된 이라크 경제는 인적자원의 계발을 가속화하기보다는 저해했다. 사담이 제거된 뒤 "정권교체"를 주도할 것이라고 주전파들이 기대한 이라크 지도층 다수는 대체로 성인 시절 대부분을 외국에서 지내며 자신들의 고국에 강력한 지지층을 갖추지 못한 국외 망명자 집단에 속해 있었다. 이라크에서 시민사회는 도려내졌다.[14]

언뜻 명백한 다섯 번째 차이점인 일본의 **고립**도 전후 일본을 낙관적인 사례로 환기하는 이들을 막지는 못했다. 일본의 고립은 시간적인 동시에 공간적이었다. 일본은 다른 나라와 국경선을 맞대고 있지 않은 섬나라였다. 더욱이 1947년 무렵까지, 일본이 위협을 제기하지 않는 한 바깥 세계의 누구도 그곳에서 무슨 일이 벌어지는지 크게 신경 쓰지 않았다. 단명한 일본 제국이 지배한 민족과 나라들—중국, 한국, 동남아—은 자체적인 분쟁에 휩싸여 있었다. 유럽과 소련은 재건에 여념이 없었고, 외교정책과 관련하여 소련, 유럽, 미국은 핵 문제와 동유럽과 서유럽에서 제기되는 도전들에 사로잡혀 있었다. 적대적인 외부 세력이나 초국가적인 움직임이 일본을 잠재적 먹잇감으로 노리면서 힘을 모으고 있지도 않았다. 다시 말해, 이라크 국경지대에 자리를 틀고 있는 이슬람근본주의자들과 테러리스트 세력과 유사한 세력이 일본 주변에는 없었다.

주권을 박탈당하고, 중요 천연자원이 부재하며, 당분간은 삼류 국가나 그 이하로 치부된 패전국 일본은 처음에는 오키나와를 제외하면 전략적 중요성도 없었다. 도쿄에 편안하게 자리 잡은 미국 개혁가들은 외부의 주목이나 간섭을 딱히 받지 않은 채 자신들의 개혁 의제를 도입할 수 있는 사치를 누렸다. 시공간적 고립이라는 이 안전한 고치가 없었다면 점령은 분명히 다른 식으로 진행됐을 것이다. 예를 들면, 바로 이웃인 전략적인 분쟁 지역 한반도나 오키나와에서 그랬던 것처럼 말이다. 오키나와와 한반도는 처음부터 미국의 군사적 정책들에 종속됐고, 어느 쪽도 계몽되고 성공적인 점령 모델로 거론되지 않았다.

점령 초기 이 얼마간 운신의 폭이 가진 중요성은 아무리 강조해도 지나치지 않다. 점령이 없었어도 일본은 십중팔구 친서구적인 민주국가가 됐겠지만, 형식과 내용 측면에서 다른 집단적 에토스를 지닌 지금과 다른 국가가 됐을 수도 있다. 냉전이 끼어들고 미국이 처음에 후원했던 더 진보적인 개혁 정책 일부를 뒤집었을 때, 요시다가 이끄는 보수주의적 구파는 당연히 기뻐했다. 그것이야말로 그 노회한 정치인이 일찍이 평화에서 승리하는 것을 말했을 때 염두에 둔 것이었다. 하지만 그가 전적으로 만족했던 것은 아니다. 많은 **기정사실**(토지개혁, 헌법개정, 철저한 탈군사화, 진보적인 교육적 이상들의 증진 같은)은 되돌리기가 쉽지 않았다. 요시다 본인이 나중에 유감스럽다는 듯이 말한 대로 "내 마음 한구석에 우리가 독립을 되찾은 뒤에 고칠 필요가 있는 것은 뭐든 그때 고칠 수 있다는 생각이 있었다. 하지만 뭔가가 한번 정해지고 나면 그걸 다시 바꾸기란 쉽지 않다". 초창기 개혁 정책들은 미국인들이 지시했을지 몰라도 그것들은 금방 일본인 지지층을 얻었다.[15]

내륙국인 이라크는 그저 섬나라의 반대일 뿐만 아니라 부시 행정부가 자초한 덕에 세계의 시선을 한몸에 받았다. 그곳은 중동지역과 그 지역의 천연자원에 대한 미국의 통제 전략의 중심이자, 이곳의 현재가 정치적으로 어떤 미래를 예고하는지(이론상으로는 자유화와 미국의 헤게모니, 실제로는 폭력과 불안정의 심화) 가늠해 볼 수 있는 전조였다. 이라크에는 잠시 여유를 둘 물리적 안정이나 시간이 없었다. 정책을 실제로 수립하는—아니 알고 보니 수립하지 않았던—정부 고위층에서는 이 가운데 어느 점도 거의 주목하지 않았다.

전후 일본에 대한 계획 수립

1945년 여름 일본의 항복은 대다수 워싱턴 계획가에게 뜻밖의 일로 다가왔다. 정책결정자 극소수만이 극비 핵무기 개발 과정을 알고 있었으므로 다들 전쟁이 1946년에 들어서도 한참 동안 계속되리라 예상하고 있었다. 그럼에도 일본에서는 전쟁에서 평화로의 이행이 순조롭게 이루어졌다. 일본의 이행은 독일과 유럽의 여타 점령지역에서보다 그리고 중국과 동남아에서보다 더 순조로웠다. 민족적·종족적 대립이 심했던 전자의 지역에서는 전승 연합국을 비롯해 모든 참전 세력이 너나 할 것 없이 만행을 저질렀고, 후자의 지역에서는 전쟁이 새로운 형태로 계속 이어졌다. 그리고 일본의 전후 이행이 반세기 뒤의 이라크에서보다 훨씬 더 순조로웠다는 것은 물론 두말할 나위가 없다.[16]

점령지 이라크의 암흑에 비춰 볼 때, 패전국 일본을 상대했던 계획가들이 얼마나 유능했는지가 점차 분명해졌다. 그들은 진주만 직후부터 전후 처리를 위한 진지한 계획을 세우기 시작했다. 미국과 연합국은 점령 의도와 목표를 재빨리 분명하게 표명했다. 원자폭탄을 투하하기 전에 항복 조건을 밝혔고, 9월 2일 공식 항복으로부터 6주 이내에 예상되는 폭넓은 개혁의 큰 그림을 제시했다. 그리고 그들은 광범위한 개인과 기관, 정치적 관점 들을 건설적인 방식으로 망라하는, 성숙하고도 전체적으로 실용적이고 초당파적인 능력을 과시했다. 이런 흐름은 1942년부터, 미국의 국내 정치와 냉전의 고착이 일본 정책을 이데올로기적 리트머스 시험에 들게 한 1947년 무렵까지 이어졌다. 더욱이 점령 전 기간에 걸쳐 사회공학(social engineering)이라는 관념—나중에는 국가 건설이라고 부르게 되는—관념이 당연시됐다. 국가는 시공간의 특정한 상황들에 맞춰 민정(民政)상에서 수행할 역할이 있었으며, 일본과 관련해서 이런 관념은 점령 세력과 점령당하고 있던 국민 둘 다에 적용됐다.[17]

외견상 복잡할 것 없는 이 거의 모든 전제와 절차는 이라크에서 일어난 일과 대비해 볼 때 더욱 주목할 만한 것이다. 전투 이후에 대한 진지한 사전 계획의 필요성, 전후 기본 목표들을 명확하고 신속하게 명시하는 일의 중요성, 다양한 목소리들을 참여시키고 기관 간 진정한 협력을 장려함으로써 얻을 수 있는 혜택, 그리고 국가는 전쟁을 벌이거나 예방하는 차원을 넘어서는 영역들에서 수행할 합법적이고 불가결한 역할이 있다는 인식. 하지만 이라크에서는 이러한 태도나 절차가 당연시되지 않았다. 정도의 차이는 있지만, 그것들은 사실 이라크 침공 사전 단계에서 거부당했다.

1942년부터 1947년까지 전후 일본을 위한 계획 상당 부분은 국무부 전쟁부해군부조정위원회(State-War-Navy Coordinating Committee)의 머리글자를 딴 "SWNCC"라는 조직 아래에서 수립됐다. 전쟁부와 해군부는 1947년에 창설된 국방부로 합쳐졌고, 그 이후부터 일본에 영향을 미치는 거시적 정책 역시 새로 생겨난 국가안전보장회의의 승인을 받게 됐다. 맥아더 장군의 명령들은 합동참모본부를 거쳐 갔고, 거기서 더 자세하게 상술됐다. 맥아더는 합동참모본부로부터 받은 그 문서들을 최종적이라고 여겼다.

이것들은 촘촘하고 꽤 질서 정연한 절차였고, 제2차세계대전이 끝나기 전에 SWNCC는 일본에 관해 지금까지 알려진 것과 일단 일본이 패배하면 무슨 일이 예상되고 가능한지를 파악하기 위해 다량의 전문 지식을 동원했다. 전략사무국(Office of Strategic Services)과 전시공보국, 해외경제관리국(Foreign Economic Administration)이 프로세스에 기여하면서 기관 간 협력과 분업은 명목상에 그치기보다 실질적이었다. 예를 들어 1944년 가을 초부터 전략사무국의 조사분석과는 통치와 행정부터 화폐와 금융, 문화 기관들까지 다양한 주제에 걸쳐 일본에 관한 정보를 제공하는 "핸드북" 25권을 편집하는 데에 협력했다. 1944년 여름과

82. 1945년 8월 19일: 특수 식별 표시를 한 두 대의 미쓰비시 "베티" 가운데 한 대가 류큐열도 이에섬에 잠시 착륙 중이다. 비행기의 최종 목적지는 일본 항복과 점령 관련 제반 계획들이 마련되고 있던 맥아더 장군의 마닐라 본부였다.

83. 1945년 8월 30일: 맥아더—무기를 소지하지 않고 여름 평상복 차림에 트레이드마크인 옥수수속대 파이프를 입에 문—가 연합국 최고사령관으로서 점령을 관장하기 위해 일본의 아츠기 비행장에 도착했다.

84. 1945년 9월 29일: 당시 일대 충격을 가져왔으며 이후로 줄곧 가장 유명한 점령기 사진이다. 맥아더와 히로히토 천황이 역사적인 첫 정중한 만남에서 나란히 포즈를 취하고 있다. 이 한 장의 사진은 전에 "신성불가침"이었던 천황의 지위 격하와 맥아더의 지배를 포착한 동시에 평화로의 순조로운 이행을 용이하게 한 일본의 권위와 통치의 연속성을 전달했다.

1945년 여름 사이에 전쟁부의 민정 분과는 전후 일본에서 맞닥뜨릴 만한 문제들을 겨냥해, 한층 더 광범위한 "민정 안내서(civil affairs guides)" 시리즈 편찬의 책임을 맡았다. 일본이 항복했을 때 (계획된 논문 70편 가운데) 대략 40권인 안내서가 완성됐고, 특히 그중 세 권은 노동, 토지 개혁, 지방정부와 관련하여 추후 정책에 커다란 영향을 주었다고 간주된다. 1942년부터 독일과 일본 "군정"을 위한 양성소가 육해군의 후원 하에 미국의 여러 지역에 도입됐고, 1944년 여름에는 "민정 양성소(civil affairs training schools)"들이 하버드, 예일, 시카고, 스탠퍼드, 미시간, 노스웨스턴 대학교에 설립됐다.[18]

항복 이전 핸드북과 안내서 다수는 그리 커다란 영향을 미치지 않았고, 일본의 언어·문화·민정 분야에서 집중적 교육을 받은 1000명 이상인 육해군 관계자 다수는 항복 이후에 능력이 제대로 활용되지 않거나 심지어 일본에 배치되지도 않았다. 하지만 그보다 더 중요한 것은 정부의 주요 부처들이 전체 프로세스에 진지하게 개입되어 있었다는 점이다. 주요 부처는 맥아더를 최고사령관으로 임명하는 데에 동의했고, 임명은 8월 중순 항복 며칠 전에 공식화됐다. 더 중요하게도, 일본의 항복이 별안간 찾아왔음에도 국무부와 전쟁부, 해군부는 힘을 합쳐 "항복 후 미국의 초기 일본 정책"이라는 제목의 단단한 청사진을 제시할 수 있었다. 이 청사진은 맥아더가 일본에 도착하기 전날인 8월 29일에 무전으로 그에게 전달됐다. 점령을 책임진 도쿄의 총사령부(general headquarters, GHQ)를 구성하거나 현지 업무에 배정된 군 장교와 관리 대다수는 항복 이후 급하게 선발됐다. 정점에 달했을 때 총사령부의 직원은 대략 5000명에 달했다.

일본 관리들은 미국, 영국, 중국의 이름으로 항복 조건을 제시한 7월

85. 첫 점령군이 도착한 지 몇 주 뒤 요코하마에서 지프차 위에 앉은 가벼운 차림새의 미군 장병이 신이 나서 몰려든 아이들에게 사탕을 나눠 주고 있다.

26일 포츠담선언을 시작으로 일련의 문서들을 통해서 항복에는 무장해제와 동원 해제 말고도 무엇이 뒤따를지 알게 됐다. 천황의 장래 지위와 관련한 8월 11일 자 "번스 각서"는 이런 문서들 가운데 첫 번째였다. 그것은 황위가 존중될 것이라는 약속을 제시할 만큼 애매모호하면서도, (앞서 설명한 대로) 천황과 일본 정부의 권위는 "항복 조건들을 발효시키는 데 적절하다고 판단되는 조치들을 취할 연합국 최고사령관에게 종속될 것"임을 확실히 할 만큼 분명했다. 이 일이 얼마나 오래 걸릴지는 아무도 알 수 없었다. 8월 19일과 20일, 마닐라에 파견된 일본군 고위 관계자들은 맥아더로부터 일본 제국군의 무장해제와 전승 연합국의 대규모 육해공군의 도착에 대비하라는 지시를 받았다.[19]

86. 1945년 8월이 끝나 갈 무렵, 맥아더 장군의 평화로운 도착과 사실상 같은 시기에 어느 미 해군 병사가 빌린 자전거를 타고 요코스카 해군기지 근처 부서진 건물 옆을 지나가고 있다.

8월 27일(육군대신이 질서 정연한 항복은 "우리 국민의 위대함을 보여 줄 기회"라고 말한 성명서를 낸 날)에 미군의 소규모 선발대가 일본에 상륙했다. 사흘 뒤에 도착한 맥아더는 무장하지 않고 트레이드마크인 옥수수속대 파이프를 입에 문 모습이 카메라에 잡히도록 연출했다. 그로부터 사흘 뒤인 9월 2일에 도쿄만에서 항복문서 공식 조인식이 열렸는데, 여기에는 일본을 궤멸한 압도적인 무력 과시도 포함되어 있어서 도쿄 앞바다는 전함들로 들어찼고, 머리 위로는 저공비행하는 전투기들이 쉴새 없이 하늘을 갈랐다. 이 자리에서 천황의 대표들이 항복문서에 서명하여 연합국 최고사령관의 명령에 따를 것임을 공식적으로 동의했다.

9월 2일 자 맥아더의 "미국 국민들에게 보내는 메시지"는 일본인들에

87. 1946년 새해 초에 찍힌 이 미군 병사의 스냅사진에서 자전거는 그대로지만 양산은 매력적인 젊은 여성으로 바뀌었다.

게 위안이 됐다. 맥아더가 "일본인들의 에너지"를 새로운 방향으로 돌리는 과제를 언급하고, "만일 이 인종의 재능이 건설적인 방향으로 전환된다면 이 나라는 현재의 개탄스러운 상태에서 위엄 있는 지위로 올라설 수 있을 것"이라고 장담했기 때문이다. 한편으로 부드러운 점령 정책에 대한 약속이나 기대는 없었다. 8월 29일에 전달받은 장문의 "항복 후 미국의 초기 일본 정책"은 징벌적 조치들(전범재판, 배상 등등)을 거론했지만 정치적·경제적 탈군사화와 민주화라는 폭넓고 야심 찬 목표들을 제시하는 데 초점을 맞췄다. 9월 24일 미 국무부는 이 기본 정책 성명서를 발표하여 몇 주 전만 해도 미 정부의 기밀 내부 문서였던 것을 일본인들도 읽을 수 있게 했다.[20]

88. 깜짝 놀란 어느 미국인 사진가가 1946년 새해 첫날 직후에 포착한 일본 뮤지컬 레뷰[revue, 노래나 춤, 촌극, 독백 등으로 이루어진 가벼운 오락극]. 이런 서양 스타일 무대는 진주만공격 이후 금지됐다. 서양식 무대의 신속한 재등장은 해방감과 더불어 대다수 일본인에게는 항복 이후에도 몇 년 동안 이어진 힘겨운 일상으로부터 가벼운 형태의 현실도피 둘 다를 반영했다.

  거의 하룻밤만에 "SCAP"[연합국최고사령관(Supreme Commander for the Allied Powers)]는 맥아더 개인과 그가 주재하는 군정 전반 모두를 의미하며 일본 어디서나 접할 수 있는 머리글자가 됐다. 1952년 4월 점령 종식 전까지 연합국최고사령관은 SCAPIN[연합국최고사령관 지침(Supreme Commander for the Allied Powers Index)에서 따온 머리글자]으로 알려진 대단히 구체적인 명령 약 2200건과 또 다른 "행정(administrative)" 지침(SCAPIN-A) 700건을 내렸다. 이 명령과 지침 들은 일본 정부를 거쳐 재전달되면서 500건이 넘는 "포츠담 명령(ポツダ ム命令)"으로 바뀌었다. 초창기 일본 대중의 이해를 형성하는 데 특히

89. 1947년 4월 《라이프》는 미국인 저널리스트와 일본인 영화배우가 사랑에 빠진다는 설정의 통속물인 UPI 통신원 어니스트 호버렉트의 소설 『도쿄 로맨스』의 장면들을 재연한 5쪽짜리 특집 사진을 실었다. 소설은 일본에서 베스트셀러가 됐다. 이 사진에 연출된 장면에서 여주인공에게 구애자가 청혼하는 모습을 그녀의 아버지가 흐뭇하게 바라보고 있다.

영향을 미친 것은 "정치적·시민적·종교적 자유에 부과된 제한을 철폐"하라고 일본 정부에 지시한 10월 4일 자 SCAPIN이었다. 여기에는 폐지될 법률 목록도 포함됐다. 한 주 뒤에 맥아더는 "요구되는 개혁 조치들"의 신속한 실행과 관련하여 정부에 간결한 개인적 성명서를 내놓았다. "5대 근본 권리"나 "5대 개혁"으로 금방 널리 알려지게 된 이 개혁 조치들은 (1) "참정권을 통한 일본 여성의 해방" (2) "노동조합화 장려" (3) 교육 시스템의 자유화 (4) "전제적·자의적·부당한 방식들에 맞서 국민을 보호할 사법제도"의 창설 (5) 소득과 소유의 폭넓은 분배를 보장할 "일본 경제 제도의 민주화"였다. 이 10월 11일 자 성명서는 이 개혁 조치들이 "당연히 헌법의 자유화도 포함할 것"이라는 말로 포문을 열었다.

추가적인 개혁 조치들이 다음 몇 달에 걸쳐 도입됐다. 예를 들어 11월에 대형 복합 기업체인 '자이바츠(財閥, ざいばつ)'의 지주 회사들을 해체하라는 지시가 내려왔고, 12월에는 "국가 종교"(국가 신도)를 해체하고, 광범위한 토지개혁을 도입하라는 지침들이 내려왔다. 토지개혁은 본질적으로 대지주들의 토지를 몰수하여 그때까지 고율의 소작료를 내며 겨우겨우 살아가던 농민들에게 재분배하는 정책이었다. 1946년 4월에 실시된 전후 최초의 총선에는 무려 300개가 넘는 대체로 새로운 (그리고 단명할) 정당이 참여했고, 여성 39명이 중의원 의원으로 선출됐다. 이후 개원한 의회는 조급한 연합국최고사령관 본부가 2월부터 일본 정부를 압박했던 급진적 헌법개정을 만지작거리며 논의하는 데 몇 달을 보냈다(새 헌법은 9월에 공포되어 1947년 2월에 발효됐고, 56년 뒤에 이라크 침공이 발생할 때까지 전혀 수정되지 않았다).

점령이 시작된 후 여러 해 동안 일본은 계속해서 만만찮은 문제와 도전에 직면했다. 예를 들어 항복 당시 일본군 병력은 거의 700만에 달했는데 대부분은 해외에 있었다. 정서적·신체적으로 탈진한 이 병사들과 민간인 수만 명을 본국으로 송환하는 작업은 1947년 들어서까지, 그리고 일부의 경우에는 한참 나중까지 이어졌다. 항복 이후에도 사람들은 노숙자들이 모이는 기차역 같은 공공장소에서 영양실조로 계속 죽어 갔고, 결핵 같은 질병 발병률은 비정상적으로 높았다. 실업과 인플레이션 탓에 적어도 1948년까지 대다수 도시 거주 가구는 간신히 연명하는 수준이었고, 경제는 1949년 내내 극도로 위태로웠다. 홀랑 타 버린 도시들의 잔해가 새로운 집과 작업장으로 대체되기까지는 시간이 걸렸고, 극적인 경제회복은 오로지 1950년 6월에 발발한 한국전쟁으로 자극받은 전

90. 1946년 1월, 확연하게 자기 지시적(self-referential)인 이 장면에서 앨프리드 아이젠스타트가 어느 황위 주장자와 그의 가족의 초상 사진을 찍고 있다. 사진의 배경이 되는 건물은 그 가족이 운영하는 여인숙이다. 이렇게 위협적이지 않은 소재들이 발휘하는 매력은 무시할 수 없었고, 《라이프》 같은 사진 위주 잡지들은 전통적인 일본 문화와 사회의 고풍스러운 그림 같은 측면들에 지치지도 않고 많은 지면을 할애했다. 게이샤, 절과 신사, 황실의 오리 사냥, 다도, 꽃꽂이, 도자기, 양식 진주, 분재, 문신, 아이누족, 가부키 배우들, 스모 선수들, 농촌과 해변의 매력적인 풍광 그리고 물론 귀여운 아이들과 매력적인 여성들도 빠트릴 수 없었다. 이 모든 것이 과거의 적에 대한 언론보도를 끌어당기는 자석이 됐다.

시 활황(war boom)의 형태로 찾아왔다(그리하여 요시다는 한국전쟁을 "천우신조"라고 불렀다).

일찍이 발표된 몇몇 개혁 조치들은 특히 풀뿌리 수준에서 자리 잡기까지 시간이 오래 걸리는 듯했고, 시간이 흐르면서 일부 점령 내부자들은 민주화 의제를 공공연하게 비판적으로 검토하기 시작했다. 의사 표현이 분명한 좌파로 경제민주화 실행에 관여한 T. A. 비슨(T. A. Bisson)은 일례로 『일본의 민주주의 전망(Prospects for Democracy in Japan)』이라는 1949년 책에서 점령이 이룩한 성취와 미비점 들을 다뤘던 반면, 지방

91. 1946년 2월, 세 명의 게이샤와 나란히 서서 카메라를 바라보고 있는 아이젠스타트의 이 자화상 사진은 단순히 한 폭의 그림 같은 이국성을 뛰어넘어 거의 하룻밤 새 등장한 여성화되고 흔히 에로틱하게 표상되는 승자와 패자 간의 관계를 암시한다. "평화에서 승리하는" 과정에서 일본 여성들은 비일본 남성들을 특히나 매혹하면서 언론인과 사진가 들이 미 본국에 전달하던 "일본"의 이미지를 탈바꿈시키는 데 지대한 공헌을 했다. 잔혹한 일본 광신자들에 대한 전시의 고정관념—트루먼 대통령의 정의에 따르면 집단적이고 본질적으로 구제불능인 "짐승들"—은 온화한 기예들에 푹 빠져 있는 유혹적인 사회에 대한 매혹으로 대체됐다.

차원에서 개혁 정책에 관여했던 더 비관적인 미국인은 『일본에서의 실패(Failure in Japan)』라는 침울한 책을 펴냈다.[21]

하지만 그와 동시에 언론인들은 맥아더가 도착한 순간부터 흥미 위주의 낙관적인 기사들을 쏟아 냈고, 얼마 지나지 않아 『정복자 차 마시러 오다(The Conqueror Comes to Tea)』(1946), 『별이 반짝이는 미카도(Star-Spangled Mikado)』(1947), 『맥아더의 일본(MacArthur's Japan)』, 『떨어진 해(Fallen Sun)』(1948), 『긴자의 팝콘(Popcorn on the Ginza)』

(1949), 『가케모노: 전후 일본에 대한 스케치북(Kakemono: A Sketch Book of Postwar Japan)』(1950), 『대나무 울타리 너머(Over a Bamboo Fence)』(1951, 어느 미군 장교의 아내 작) 같은 발랄한 제목의 일화(逸話)적인 책들이 줄줄이 시장을 강타했다. 1946년부터 도쿄 주재 UPI 통신원 어니스트 호버렉트(Earnest Hoberecht)는 일본 여성과 미국 남성 간의 애정사를 다룬 통속물을 몇 권 내면서 제법 유명인사가 됐다. 이 작품들은 영어로 쓰였지만 금방 일본어로 번역되어 여성 애독자층을 얻었는데, 보도에 따르면 여성 독자들은 작중 키스 묘사에 특히 관심이 많았다고 한다. 호버렉트의 가장 유명한 작품인 『도쿄 로맨스(Tokyo Romance)』는 1947년 4월까지 200만 부 넘게 팔려서 《라이프》는—심지어 "요즘 시대에 나온 것 가운데 아마도 최악의 소설"이라고 묘사하면서도—이 "인종 간 로맨스"를 재연한 5쪽짜리 사진 기사를 실었다(어느 일본인 남성 서평가는 『도쿄 로맨스』를 두고 "미국인들은 지적 난쟁이인 게 틀림없다"라고 결론 내렸다).

이런 다양한 흥밋거리들이 주의를 끄는 동안 평범한 일본인들이 보낸 엽서와 편지 수만 통이 맥아더 개인 앞으로나 그의 사령부 앞으로 쏟아져 들어오고 있었다. 편지 절대다수는 긍정적 어조를 띠고 심지어 찬사 일색이었으며, 적잖은 편지가 소소한 선물을 동봉했다. 정오가 되면 맥아더가 도쿄의 본부에서 나와 성큼성큼 리무진으로 걸어가는(점심을 든 뒤 낮잠을 자려고 집으로 가는 중이었다) 모습을 구경하려는 일본인 팬들이 매일같이 몰려들었다. 항복문서 조인식이 열리고 몇 달이 지나지 않아 고위급 관리와 군간부 들은 본국에서 가족들을 불러들이고 있었고, 그들 대다수에게 일본 체류 시절은 따뜻하게 추억하는 이국적인 막간이 된다. 유능한 중간급 일본인 관료들과 일찍부터 화기애애하고 생산적

미군 화가들의 눈에 비친 온순한 일본

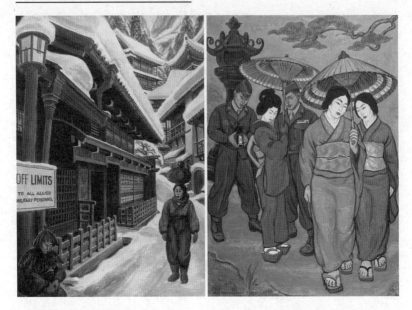

92. 〈일본 중부〉, 한스 맹글스도프 작, 1946.   93. 〈절 안뜰에서〉, 로버트 M. 그레이엄 작, 1947.

인 관계가 수립되고 보통 의욕도 높았으며, 적어도 역코스가 도입될 때
까지는 이런 기조가 유지됐다. 점령 첫해가 끝나 갈 무렵에 이르자, 야심
찬 사회공학적 의제들이 성공적으로 추진되고 있다는 자화자찬이 이미
여기저기서 심심찮게 들려왔다. 점령 2년 차가 끝나 갈 무렵에는 이제는
전후 일본 민주주의 체제의 부상에 중심적으로 여겨지는 사실상 모든 개
혁 조치가—"5대 근본적 자유"만이 아니라 토지개혁 같은 진정으로 급
진적인 다른 조치들을 비롯해—실행되고 있었다.[22]

　규율, 도덕적 정당성, 잘 정의되고 똑똑하게 표명된 목표들, 분명한 지
휘 계통, 정책 정식화와 이행상의 관용과 유연성, 국가가 건설적으로 행
동하고 해외에서 본국의 당파 정치에 구애받지 않고 작동할 수 있다는

믿음, 점령 정책의 대상으로서 안정적이고 회복력이 있으며 정교한 시민 사회의 존재에 대한 믿음. 이 모든 정치적·시민적 미덕은 패전국 일본이 급진적 변화에 가장 수용적이었던 짧막한 격동의 시기 동안 결정적인 움직임들을 가능케 했다.

이런 배경들 상당 부분은 평범하고 심지어 일상적인 것처럼 느껴졌다. 점령지 이라크에서 그러한 태도와 관행의 부재가 별안간 그것들을 예외적으로 만들기 전까지는.

질끈 감은 눈: 이라크 점령

단편과 일화는 흔히 더 커다란 상황을 보여 주는 축도이며 점령지 일본에서 그런 장면들에 가장 자주 등장한 것은 사탕이었다. 정복자와 피정복민이 최초로 접촉하는 장면을 담은 사진들 중에는 사탕을 나눠 주는 비무장 미군 장병 주변으로 꼬질꼬질한 아이들이 몰려들고 어른들을 비롯한 다른 일본인들은 멀찍이서 지켜보는 광경을 담은 사진이 있다. 때는 1945년 9월이고, 장소는 요코하마다.

일본 어린이들이 가장 먼저 배운 영어 표현 가운데 하나인 "기브 미 초콜릿"은 점령과 떼려야 뗄 수 없게 됐고, 지금도 다층적인 분위기를 담고 있다. 살상은 끝났다. 완전히. 많은 미군 장병은 다정하고 친절했다. 일본인들은 닥치는 대로 분멸되어야 하고 또 그래야 마땅한 얼굴 없는, 광신적인 "짐승"이 더는 아니었다. 게다가 이런 그림에는 더 복잡한 의미가 숨어 있었다. 초콜릿은 승자들의 안녕과 복지, 심지어 부의 상징이기도 했다. 당시와 이후로도 몇 년 동안 사탕과 껌을 달라고 몰려든 사실상 모든 아이는 영양실조에 시달렸고, 단맛 과자는 그들의 삶에서 자취를 감춘 지 오래였다. 미국인들은 나라의 지도자들과 부모들이 제공할 수 없었던 것을 제공할 능력이 있었다(그리고 실제로 제공했다).

점령군에 배속된 사진가들은 보통 전파된 시가지들을 집중적으로 찍었다. 그것은 그때까지 가까이서 본 적 없던 미군 공습의 어마어마한 파괴력을 보여 주는 증거였다. 가난에 허덕이는 일본인들이 이 폐허에서 살고 있었지만, 사진들은 화상을 입거나 신체가 훼손된 이들을 좀처럼 조명하지 않았다. 폭탄들이 건물들만 파괴하기라도 한 것 같았다. 이런 배경에서 사탕을 달라고 몰려든 아이들에게 둘러싸여 있는 흠잡을 데 없는 미군 장병들의 모습은 본국의 미국인들에게 병사들의 타고난 상냥함을 재확인시켜 주었다. 그뿐이 아니었다. 특히 초창기 전후 사진가들이 좋아한 또 다른 소재—일본 여성들—와 병치할 때 어제의 적은 순식간에 비위협적 존재가 됐다. 미국인들의 눈에 그러한 이미지들은 잔혹했던 직전의 과거를 밀어내고 눈앞의 임무를 명확히 하는 데 도움이 됐다. 아이들은 미래이며, 성인들은 유순하고, 문화는 이국적이지만 근본적으로 유약하고 평화롭고 수용적이니 승자들의 새로운 역할은 분명했다. 그들은 이제 가부장적이고 인내심이 있는 민주주의의 교사, 대대적인 변화의 동인이 될 것을 요청받았다.

이렇게 공명을 불러일으키는 방식으로 초콜릿을 나눠 주는 미군 장병들이라는 아이콘과도 같은 정경은 달달한 동시에 달콤쌉싸름하며 프로파간다적이기도 했다. 어쨌거나 그 이미지는 평화로웠고, 그런 측면에서 미국 치하 일본 막간에 대한 공정한 재현이었다. 점령군이 도착하기 전 일본 지도자들의 발표와 준비는 성공적이었고, 외국인들이 들어왔을 때 폭력 사태는 없었다. 그때나 나중에나 살해된 미국인은 단 한 명도 없었다. 승자들이 처음 도착하고 몇 주밖에 지나지 않았을 때 요코하마에서 찍힌 거리 풍경은 긴 점령 동안 수많은 다른 지역과 다른 시간대에서 찍힌 것이라고 해도 될 것이다.[23]

비록 이번에는 일화적이고 악명을 떨치는 방식이었지만 사탕은 점령지 이라크에서도 일종의 제유(提喩)가 됐다. 이라크 망명자들은 부시 대통령에게 침공군이 사탕과 꽃으로 환영받을 것이라고 장담했고, 최고위층에서 이를 진지하게 의심하는 사람은 없었다. 확실히 누구도 거의 셀 수 없을 만큼 많은 사제 폭발물 세례를 상상하지는 않았다. 독재자가 축출됐다는 안도감과 기쁨이 실제로 **존재했고**, 많은 이라크인은 이를 이끌어 낸 군대에 따뜻한 환영 인사를 건넸다. 하지만 그러한 감사의 마음은 금방 지나갔다. 상상했던 사탕과 꽃다발은 꿈으로 남았지만, 뜻밖의 불편한 방식으로였다. 부시 행정부의 전후 이라크 계획—아니 더 정확하게 말하면 진지한 계획 수립에 대한 미미한 관심—은 그와 동일한 꿈 같은 특징을 뚜렷이 반영했기 때문이다. 전후 일본 정책을 기안하고 실행한 계획가들은 그런 거의 낭만적인 소홀함에 깜짝 놀랐을 것이다.[24]

전후 일본으로부터 끌어냈어야 할 교훈—권위주의적 사회를 변화시킬 목적의 점령은 명확한 정당성과 혁신을 위한 충분한 시공간을 요구할 뿐 아니라 점령지 쪽의 행정적 연속성과 사회적 응집성, 시민사회 작동 방식에 대한 경험 등이 필요하다는 교훈—은 신비로운 비밀이거나 학계 전문가들만의 특별한 지식이 아니었다. 처음에 부시 대통령은 이라크가 죄 많은 과거의 자신처럼 하룻밤 새에 거듭날 수 있고 거듭날 것이라고 가정했을지도 모르지만, 그의 보좌관들은 현실을 잘 알고 있었다. 그런데도 자신들이 알고 있는 것을 무시해 버렸다. 그들은 제1차걸프전 당시에 진지하게 받아들여진 험악한 사회적·정치적·종교적 조건들은 물론 비고위급 관리들과 비(非)정부 정보 원천들에서 나온 예리한 경고도 무시했다.

전후 일본은 누구의 머릿속에서도 정말로 진지한 모델이 아니었다. 그보다는 역사를 이데올로기적으로 이용하길 좋아하는 부시 행정부 성향의 또 다른 실례였다. "점령지 일본" 사례는 빨간불이 되어야 했지만, 그 대신 프로파간다 활동 속도를 높이기 위한 또 하나의 파란불이 됐다. 그리고 최고위층 지도자들은 자신들의 정보 조작에 현혹됐다.

✤ ✤ ✤

인지부조화가 덜한 세계에서라면 마땅히 주목을 끌었을 두 가지 역사적 점령 사례가 있다. 이는 시공간상으로 이라크와 더 인접한 사례다. 1967년 이래로 이스라엘 정착민들에게 점령된 영토의 아물지 않는 상처, 그리고 무자헤딘의 출현과 향후 탈레반의 부상을 불러왔을 뿐 아니라 소련 붕괴도 초래한 1981년부터 1989년까지 아프가니스탄에 대한 소련의 개입 말이다. 그런 선례들을 눈앞에 두고도 우발사태에 대비한 집중적 계획 수립도 없이 중동의 또 다른 지역을 침공해 점령하기로 가볍게 결정 내린 것은 미친 짓에 가까운 오만이었다.

이론상으로는 전쟁계획가들은 침공을 두 달 앞둔 2003년 1월 20일, 대통령이 국방부 내에 "이라크전후계획수립국(Iraq Postwar Planning Office)"을 설립하는 비밀 명령에 서명했을 때 마침내 전후 도전들에 관한 사고를 정식화할 수 있었다. 본인에게는 뜻밖에도 퇴역 중장인 제이 가너(Jay Garner)가 이 부서의 책임자로 몇 주 전에 임명됐고, 부서의 명칭은 재건·인도지원처(Office of Reconstruction and Humanitarian

Assistance, ORHA)로 바뀌었다. 이 부서의 임무는 "전투 작전이 끝난 직후 직면하는 인도주의적·재건상·행정상 도전들에 대처하는 것"으로 정의됐다. 직원 채용은 이 자리에 임명되기 전까지 한 사기업의 CEO였던 가너의 재량에 대체로 맡겨졌고, 부서의 예산도 정해지지 않았다. 이 지시 사항들에 통치에 관해서는 아무 말도 없었고, 가너의 임명은 한정된 기간에 그칠 것이라고 이해됐다. 이듬해 5월에 가너를 대신하여 그 자리에 임명된 뒤, 더욱 권위적인 연합국임시행정당국을 수립한 L. 폴 브리머 3세는, 나중에 재건·인도지원처를 실제로는 즉각적으로 현실화되지 않았던 전염병이나 식량 부족, 난민 이동 또는 방해 공작에 의한 유전 훼손 같은 "즉각적 필요 사항을 충족시키는 일을 책임진 일종의 민간 신속 대응군, 소방대"로 묘사했다.[25]

대통령 명령 한 달 뒤에 가너의 팀은 국립국방대학에서 대략 200명이 참석한 가운데 군대 용어로 "록 드릴(rock drill)"(Rehearsal of Concept Drill, 정식 명칭은 '작전 숙지 훈련'이며, 지휘관이 부하들과 작전의 주요 요소들을 하나씩 짚어 가며 공유하는 작업을 말한다)이라고 하는 토론 회의를 실시했다. 여기서 나온 20쪽짜리 보고서는 전혀 희망적이지 않았다. "이라크는 거대한 소요[와] 혼란에 빠져들 위험을 안고 있으며, 이는 나라의 상당 부분이 안정적인 새로운 이라크라는 우리의 국가적 전략을 망칠 수도 있다." 그리고 다시금 "회의는 가장 기초적인 쟁점을 다루지 않았다. 우리는 장래 이라크에 어떤 종류의 정부를 염두에 두고 있고, 거기에 도달하기 위해 어떻게 준비하고 있는가?"라는 문제도 불거졌다. 가너의 팀이 열심히 록 드릴을 실시하는 사이, 침공이 끝난 직후 한동안 여러 책임을 맡게 될 페르시아만 도하 주재 CENTCOM(중동과 중앙아시아를 책임지고 있는 미군 중부사령부)은 자신들에게 하달되는 전쟁계획들이 모순적이라는 보고서를 내놓았다. 보고서는 전쟁계획가들을 사로잡은 충격과 공포 공격작전의 의도는 "정권의 모든 통제 메커니즘을 무너트리는 것"인데, 그렇다면 침공 이후 안정을 도모하기 위해 현지의 지휘통제 구조에 의존한다는 계획은 이치에 맞지 않는다고 지적했다. 안정화에 대한 미국의 구체적인 계획이 부재하는 가운데 이라크는 범죄자와 전 정권 인사들의 방해 공작뿐만 아니라 "테러리스트들이 유입"될 위험에도 직면했다.[26]

이런 문제들은 여러 달 전에 행정부 내에서, 특히 무턱대고 돌입할 전쟁에 회의적인 관료들 사이에서 예상됐다. 예를 들어 9월에 국무부의 정책기획과는 20가지가 넘는 20세기의 분쟁 후(post-conflict) 재건 사례를 바탕으로 "이라크 재건—과거의 교훈들"이라는 제목의 15쪽짜리 빽빽한 보고서를 완성했다. 이 보고서는 아프가니스탄과 달리 이라크 침공에는 [정책기획과 리처드 하스 과장이 사후에 요약한 대로] "대규모 장기 점령"이 필요할 것이라고 주장했다. "이라크 재건"은 평화를 달성하는 것에 관한 닳고 닳은 상투적 말("우리가 이라크와 전쟁을 벌이게 된다면 추후 평화를 달성하도록 준비해야 한다")로 서두를 열었고, 국가 통합에 대한 현지의 뿌리 깊은 도전들과 "사담 축출 이후 안보 공백 방지" 필요성에 주목한 다음, 이라크가 안정적이고 비교적 민주적인 국가로 탄생하는 데 불가결한 기본적 "하드웨어"와 "소프트웨어"에 대한 대단히 조심스러운 대차대조표를 제시했다.

정책기획과는 대차대조표를 분석하는 대목에서 행정부 정책 수립에 영향을 미친 보수와 신보수 진영에서 질색하던 유행어인 국가 건설(nation building)을 거론했다. 보고서는 각국별 사례를 훑어보면서 "가벼운 국가 건설"부터 "전면적 국가 건설"까지 가능한 온갖 분쟁 후 의제들을 제시했고, 제2차세계대전 이후 유럽과 일본의 재건을 후자의 "가장 훌륭한 사례"로 지목했다. 십중팔구 이라크 침공은 행정부가 구상하고 있는 것보다 "더 야심 찬 분쟁 후 재건"을, 심지어 명백한 차이점들에도 불구하고 일본이나 남한, 그리스, 이탈리아, 전후 서독 같은 여타 다른 국민국가에서 이뤄진 재건에 상응하는 수준을 요구할 것이다(이 논제는 보고서에서 다이어그램 형태로도 다뤄졌다). 사담 이후 이라크에서 쉽게 상상할 수 있는 부정적 시나리오들—내부적으로 "혼란스러운 분쟁 후 환경", 지리적으로 "불안정한 인접국" 사이에서 살아가는 위험성, 국내의 정치적 행위자들과 갈등을 야기하는 "망명 반대파"들 간 긴장, 통합의 상징이 되어 줄 "히로히토 천황같이 국가적으로 인정되는 인물"의 부재—이 모든 것이 세심한 계획 수립과 강도 높은 개입을 요구했다.

결론적으로 보고서는 점령지 일본의 "맥아더 모델"은 비용이 너무 많이 들고, "중동의 석유와 권력을 노리는 조야한 제국주의적 치장으로 인식되기" 쉽다고 거부했다. 그 대신 각국과 국제조직, 비정부조직 들이 참여하는, 진정한 국제적인 노력으로 재건에 접근할 것을 주장했다. 재건 활동은 미국이 강력하게 주도하지만 "흔히 그렇듯이 유엔의 위임하에 이뤄지고", 경험 많고 믿음직한 비(非)미국인—그리고 기왕이면 비서구인—이 유엔의 직함을 달고 이끄는 것이 가장 이상적일 터였다. 그러므로 국무부 계획가들은 이라크 점령과 재건을 위한 처방전에 삼키기 힘든 쓴 약을 한 알도 아니고 두 알("국가 건설"과 "국제주의")이나 집어넣은 것이다. 백악관과 펜타곤이 처음부터 끝까지 미국이 좌우하는 신속한 충격과 공포 및 금방 치고 빠지는 전쟁에 절대적으로 꽂혀 있었음을 고려할 때, 이 보고서는 재빨리 시야에서 사라질 수밖에 없는 운명이었다. 콜린 파월 국무장관은 국방부와 국가안전보장회의, 부통령실에 보고서를

보냈지만, 기관 간 숙의 과정에서 진지하게 논의될 기회를 얻지 못했다.[27]

　2002년 후반기에 국무부 일각에서 실시한 더 잘 알려진 또 다른 프로젝트의 경우도 이와 마찬가지였는데, 참여자 대다수는 국외 망명 중인 다양한 분야의 이라크 전문가들[일상적으로는 "자유 이라크인들(free Iraqis)"이라고 불렸다]로 구성됐고, 궁극적으로는 대략 100명이 참여한 "이라크의 미래 프로젝트"였다. 이 프로젝트는 17개 작업 집단으로 진화했고, 그해 말에 제2차세계대전 당시 SWNCC 휘하에서 생산된 일본을 위한 교본과 민정 안내서에 대충 비견될 만한 1000쪽이 넘는 방만한 보고서들을 내놓았다. (과도기 사법 정의에 관한 작업 집단이 작성한) 보고서는 "정권 교체 직후 시기는 범죄자들에게…… 살인, 약탈, 절취 등의 행위를 저지를 기회를 제공할 수도 있다"라고 경고했다. (투명성과 반부패 조치에 관한 작업 집단이 작성한) 또 다른 보고서는 "이라크 국민들은 새로운 미래를 약속받고 있으며 즉각적인 결과들을 기대할 것이다. 신정권과 미국에 대한 신뢰도는 이런 약속들이 얼마나 빨리 현실화되느냐에 달려 있다"라고 강조했다.[28]

　비록 이라크의 미래 프로젝트는 상당한 전문 지식을 동원했지만 점령의 청사진을 제시하겠다는 시늉도 하지 않았고, 심지어 실질적이고 일관된 의제를 제공하지도 못했다. 결국에 보고서들은 특히 국무부와 국방부가 대립각을 세우는 텃밭 싸움 속에 묻혀 버렸다. 그런 형제살해의 가장 "지독한" 순간은 침공을 고작 몇 주 앞둔 2월 하순에, 럼즈펠드가 제이 가너의 구체적인 권고 사항을 다짜고짜 거부했을 때 일어났다("지독한"이라는 형용사는 더글러스 파이스의 표현이다). 가너는 사담 이후 정권 이행기를 이끌어 나가고 안정화할 수 있도록 이라크 정부 부처에 즉각 앉힐 만한 미국 고위급 자문관을 추천했는데, 국방장관은 그 후보자

목록에 국무부 출신 전문가가 너무 많이 포함되어 있다고 그 자리에서 거절한 것이다. 심지어 침공이 개시된 뒤에도 가너는 사실상 아무런 정보도 제공받지 못한 채 일해야만 했다. 그의 자리가 브리머로 교체된 뒤, 그는 "우리 정부의 계획이 뭔지 알지 못했다"라고 털어놓았다. 내부자의 어느 우스갯소리에 따르면 재건·인도지원처(ORHA)는 사실 "운도 지지리 없는 미국인들의 조직(Organization of Really Hapless Americans)"의 줄임말이었다. 블랙 유머는 훌륭했지만, 사적인 속셈과 옹졸한 고집에 시달리는 미흡한 계획 수립 과정에서 기인한 비극은 포착하지 못했다.[29]

그런 근시안의 결과로 침공 후(post-invasion) 인사 충원과 자금조달 문제는 개전 때까지 그리고 이후로도 대체로 해소되지 않고 남아 있었다. 이런 문제들에 관한 논의 대부분은 외부에 알려지지 않았지만 몇몇 군 인사들과 관리들—가장 유명한 사람은 육군참모총장 에릭 신세키(Eric Shinseki) 장군이었다—은 최종 단계를 비롯해 작전 전체에 들어갈 예상 비용과 병력 수치가 너무 낮게 추산됐다고 공개적으로 이의를 제기했다. 그들은 규정을 따르지 않고 부적절하게 처신했다고 공개적으로 질책당했다("터무니없고" "얼토당토않다"는 것이 울포위츠 국방차관의 반응이었다). 두 달 뒤 브리머가 연합국임시행정당국의 수장으로 임명됐을 때, 오랫동안 안보 분야 연구를 정부에 제공해 온 랜드연구소(RAND Corporation)는 브리머에게 이전의 점령 사례(일본과 독일 포함)를 조사한 긴 보고서를 건넸다. 보고서는 치안을 확보하기 위해서는 점령지 인구 1000명당 미군이 20명 필요하다는 결론을 내렸다. 이 비율에 따르면 이라크에는 병력 50만 명이 필요했는데, 백악관 계획가들이 책정한 수보다 세 배가 넘는 수였다. 브리머는 새로운 자리에 취임하러 떠나면서 이 보고서를 대통령과 국방장관에게 전달했다. 이때쯤 점령된

바그다드는 이미 불타고 있었지만, 그는 결코 답변을 받지 못했다.[30]

제2차세계대전 시기의 구식 타자기 문서와 복사본을 뒤지는 데 익숙한 연구자들은 이라크 "정권교체" 계획의 단편적인 문서 자료들에 접근하게 되면 뚜렷한 시간 왜곡의 느낌을 경험하게 될 것이다. 아닌 게 아니라 여기에는 적절한 문서와 보고서 들이 있다. 파워포인트 시대의 기술적 진보와 그러한 진보에 뒤따르는 산만한 사고방식을 반영하는 중요 항목 리스트 작성 중독도 엿보인다. 이런 보고서들은 별도의 "요점"과 질의 항목을 주의 깊은 숙고 및 분명한 결론과 너무도 자주 혼동한다. 리스트, 메모, 조사 보고서, 끝도 없이 이어지는 파워포인트와 슬라이드 발표는 그 자체로 일관된 정책형성을 이끌어 내지 못한다. 고위급에서 승인된 "계획들"도 마찬가지다. 그런 계획들은 실제로는 애매모호하고 심지어 내적으로 서로 충돌하기까지 한다. 조화와 합의의 외양을 유지하기 위해 콘돌리자 라이스가 국가안전보장회의에 종종 제출해 냈던 "가교 제안서"들이 그렇다. 전투 작전을 위한 계획서는 꼼꼼했지만 전투 후(post-combat) 안정화와 재건을 위한 준비 작업에 할애된 관심은 별표로 표시된 리스트 수준을 넘어서지 못했다.[31]

부시 행정부가 희망한 시나리오는 지나칠 정도로 기초적이었지만 그 시나리오가 궁극적으로 전쟁계획 수립 과정을 이끌어 나갔다. 사담의 지휘통제 체계를 파괴하고, 치안을 위해서는 이라크의 군사와 경찰 조직에 주로 의존하고, "새로운 지도부를 들여오지만…… 조직 자체는 그대로 유지"(라이스의 표현)하고, 다른 나라들이 전후 재건 과제에 자발적으로 나설 것이라 기대하며 미군 병력 대다수를 2~3개월 안에 철수시킨다는 것이었다. 럼즈펠드의 펜타곤에서 길잡이가 된 주문은 아프가니스탄에서 이미 그랬던 것처럼 이라크에 가벼운 또는 작은 군사적 "발자국"

만 남긴다는 것이었다. 하지만 정부 안팎의 더 조심스러운 분석가들은 전제적인 정권의 수뇌부가 제거되고 나면 약탈과 혼란이 빤히 예상되며, 기반 시설이 그대로 유지될지 의심스럽고 새로운 지도부는 정확히 어디서 올지 불확실하고, 이라크 안팎의 상황은 이미 일촉즉발이나 다름없다고 지적하고 있었다. 그럼 정확히 누가 무엇을 대비해야 하는가? 아무도 알 수 없었다. 업무를 주체하기 힘든 가너의 재건·인도지원처 직원들은 2월 후반 "기관 간 리허설과 기획회의"에서, 직원 채용과 자금조달, 그리고 법과 질서를 유지하기 위해 침공 직후 해야 할 일에 관한 질문들을 압도하는 더 큰 문제는 민정이라는 "핵심적 쟁점"이라고 지적했다. "발자국은 작아야 하는가 커야 하는가?"[32]

부시 행정부 내부자들과 탐사 저널리스트들이 쓴 전후 이라크에 대한 침공 이전 사고를 다룬 사실상 모든 비판적 서술은 동일한 결론을 내놓는다. "우리가 어떤 계획대로 리허설하고 있다는 오해가 있었는데 계획은 아예 없었다."[재건·인도지원처 팀의 일원이었던 폴 휴즈(Paul Hughes) 대령.] "진짜 계획은 없었다. 그런 건 필요 없다는 분위기였다. 전쟁이 끝나면 모든 게 괜찮을 것이고, 사람들은 사담을 제거해서 좋아할 것이라고 전제했다."[조지프 켈로그 주니어(Joseph Kellogg Jr.) 중장, 합동참모본부 고위 간부.] "미국 정부는 〔침공〕 다음 날을 위해 특별히 준비해 둔 게 없었다. 어떻게 진행해 나갈지 그리고 우리가 즉시 실행할 수 있는 일에 대한 명확한 개념을 갖고 있지 않았다."[에드워드 워커(Edward Walker), 당시 국무부 근동 담당 차관보.] "우리는 이라크에서 합법적 민주주의 체제를 배출할 최상의 방법에 관해 잘 개발된 이론이 없었다. 잘 알려진 대로 실은 전쟁이 시작됐을 때 우린 어떤 계획이 있지도 않았다."[노아 펠드먼(Noah Feldman), 연합국임시행정당국의 고위

헌법 자문관.][33]

이런 더 넓은 시각에서 볼 때, "점령지 일본"의 신기루는 성급한 전쟁을 특징짓는 망상과 자기기만적 망상의 퍼즐을 채우는 또 다른 작은 조각일 뿐이다. 제2차세계대전이 끝난 뒤 일본과 독일에서 그랬던 것처럼 어떻게든 만족스럽게 안착하리라, 아니 그때보다 더 만족스럽게 안착하리라. 부시 행정부의 전망은 대다수 병력을 재빨리 철수시키는 것이었으니 말이다(그러면서도 일본과 독일에서처럼 그 지역에 사실상 영구적인 군사기지를 수립할 계획도 세우고 있었다). 이는 믿음에 기반한 정책형성일 뿐만 아니라 다른 뭔가를 반영하는 것이기도 했다. 여기에는 일본과 독일 점령의 핵심을 차지하며, 무시된 2002년 9월 국무부 보고서에 중심적이었던 사회공학이나 국가 건설 개념에 대한 깊은 이데올로기적 혐오가 자리 잡고 있었다.

행정부는 수사의 덫에 갇혀 있었다. 실제로 벌어지고 있는 일이 "해방"일 때, 이라크 "점령"의 현실을 계획하는 것은 고사하고 그 단어를 쓸 수나 있겠는가? 하지만 이를 넘어서, 자신들의 핵심 철학과 핵심 지지층이 "자유"를 주로 무제한적 시장과 국가 역할 축소의 관점에서 정의하는 행정부가 어떻게 민주적이고 공정한 새로운 이라크 건설을 계획하고 증진하는 데 투신할 수 있겠는가? 브리머와 거의 같은 시점에 바그다드에 도착한 노아 펠드먼은 이를 간단하게 표현했다. "이것은 국가 건설을 하고 싶어 하지 않는 행정부였습니다"라고 그는 나중에 귀국한 뒤에 어느 인터뷰에서 말했다. "사담이 몰락하자마자 그들은 말했죠, 이제 새로운 정부가 들어설 수 있을 거라고요. 무슨 마법처럼 말이죠."[34]

국가 건설 거부

행정가로서 럼즈펠드의 통명스러운 매너 가운데 하나는 어떤 순간에 자신의 관심을 끄는 것이 있으면 뭐든 동료와 부하 직원들에게 쪽지를 보내는 것이었다. 그 쪽지들은 "눈송이"로 알려지게 됐고, 국방장관은 하루에 20개에서 많게는 100개까지 그런 쪽지를 보냈다. 2006년 의회 중간선거에 따라 그가 사임할 때쯤 쌓인 눈더미는 대략 2만 개에 달했다. 2006년 3월 10일 자 한 눈송이는 미국인 3분의 2가 미국이 전후 이라크에서 승리를 위한 계획을 갖고 있지 않았다고 생각한다는 여론조사 결과에 짜증을 드러냈다. "'국방부는 계획이 없었다'라는 문제에 대응할 더 좋은 발표가 필요하다"라고 럼즈펠드는 공보 담당 보좌관에게 씩씩거렸다. "완전히 헛소리다. 이런 오해는 철저히 깨부수어야 한다."

앞서(2004년 5월) 떨어진 눈송이에서 럼즈펠드는 테러리즘이 "전 세계적인 반군 활동"으로 재정의되어야 하는지를 두고 고민한 다음, 상황이 통제를 벗어나고 있는 이유 가운데 하나로 무슬림들이 게으르기 때문이라는 설명을 내놓는다. 그는 석유에서 나온 부(副)가 무슬림들을 "세계 나머지 지역에서 부를 창출하는 일과 노력, 투자"로부터 떼어 놓았다고 썼다. "무슬림들은 육체노동을 싫어하는 경우가 너무 많다. 그래서 한국인과 팔레스타인 사람들을 들여오는 반면, 그곳 젊은이들은 계속 실직 상태다." 대체 이게 반군 활동 증가와 무슨 상관인가? "실업 인구는 급진주의에 빠지기 쉽다."[35]

후자와 같은 허접한 생각들은 보통 지면이나 컴퓨터 화면에 도달하기 전에 사라지기 마련이지만, 자신들의 행동과 이라크 및 여타 지역에서 테러와 반군 활동 증가 간의 상관관계를 일체 숙고할 능력이 없는 행정부에서는 아니다. 다른 한편으로 펜타곤이 전후 계획이 전무했다고 비난받는 데 럼즈펠드가 보이는 짜증은 좀 더 이해할 만하다. 아무렴, 그 눈보라 어딘가에 계획이 있기는 했다. 작은 발자국만 남긴다는 계획. 그러므로 망명자들과 "외부인들"이 지배하는 모종의 "이라크과도행정처(Iraqi Interim Authority)"에 대한 후원도 그런 계획 중 하나였다. 실제로 침공 열흘 전인 3월 10일에 부시 대통령은 펜타곤에서 제출하여 국가안전보장회의를 통과했던 그러한 계획서에 서명했다. 그러나 이 계획은 미군이 바그다드에 입성한 뒤까지도 비밀에 부쳐져 있었고, 5월에 브리머에게 이를 요약 전달한 대통령을 비롯해 궁극적으로 모두에게 무시됐다.[36]

2003년 5월 1일 이라크자유작전을 개시한 지 대략 6주 뒤에 부시 행정부는 샌디에이고 "해상(海上)" 핵 추진 항공모함 에이브러햄링컨함에서 승리를 축하했다. 비행복과 장비를 착용하고 헬리콥터를 타고 온 대통령은 민간인 복장으로 갈아입은 다음 "임무 완수"라고 적힌 플래카드 아래서 주요 전투 작전의 종결을 선언했다. 이 축하 행사는 1945년 9월 2일, 전함 미주리함에서 맥아더 장군이 주재한 행사를 모델로 했지만 분위기상의 유사성은 두 경우 간 차이점 앞에서 무색해진다. 일본 정부는 미주리함의 대형 함포 아래서 공식적으로 항복했고 승전 연합국의 모든 대표들이 참석했다. 일본의 경우 이로써 살상과 죽음이 끝났다. 이라크의 경우, 혼란과 점령, 테러, 반군활동은 이제 막 악화일로에 접어들었다.

언제나 양면적인 방식이긴 했어도 적대행위 후 "점령" 문제는 확실히 여러 차례 다뤄졌다. 한편으로 대통령의 최고위 보좌관들은 외세 점령의 위험성을 논의했다. 일례로 "침공일 이후 외교적 방안"이라는 제목으로 2002년 7월 25일에 국가안전보장회의에 제출된 국무부의 한 보고서는 만약 미국이 "점령 세력"으로 묘사된다면 그 결과는 "정당성이 결여된 정부, 불안정일 것이며…… 미군을 상대로 한 테러 행위 가능성도 있다"
라고 경고했다. 이 내용은 직후에 "이라크 해방 전략"이라는 제목으로 라
이스의 국가안전보장회의가 장관급위원회에 제출한 문서에서 재활용됐
다. 여기서 경고문은 "우리는 이라크에서 미국의 행위가 신식민주의적
점령으로 비치기를 원치 않는다"로 바뀌었다. "맥아더 모델"을 이라크에
부과하는 위험성에 관한 9월 국무부의 경고도 중동에서 권력과 이익을

94. 1945년 9월 2일 미주리함 함상에서 항복문서에 서명하는 일본 관리들.

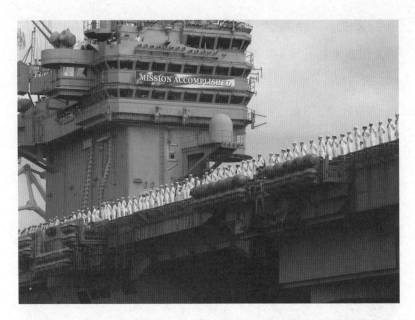

95. 샌디에이고 앞바다에 떠 있는 핵추진 초대형 항공모함 에이브러햄링컨함. 선루(船樓)에 "임무 완수" 플래카드가 걸려 있다.

96. 항공모함 갑판 위에서 찍은 이 공식 단체사진은 "전시 대통령" 조지 W. 부시라는 할리우드 스타일 연출을 훌륭하게 포착한다.

좇는 "제국적 장악(imperial grab)"에 관여하는 모양새를 피하고자 하는 이런 우려에 동조했다. 몇 달 뒤에 이라크자유작전이 본격적으로 개시되려고 할 무렵, 중앙정보국도 "외세의 이라크 점령 역사는…… 이라크인들에게 점령군에 대한 깊은 반감을 남겼다. 최종 권력이 이라크인이 아닌 군인의 수중에 있는 무기한의 군사적 점령은 수용 불가능할 것"이라는 동일한 경고를 보냈다.[37]

하지만 그와 동시에—그리고 흔히 같은 보고서와 논의 안에서—일단 사담이 타도되면 미국은 이라크의 안정, 개혁, 재건을 위해 단지 몇 달이 아니라 최소한 1년 이상은 깊숙이 관여해야만 할 것이라는 점이 강조됐다. 그러므로 "이라크 해방 전략"에 관한 8월의 국가안전보장회의 문서는 침공으로 인해 미국이 "신식민주의적 점령" 세력으로 인식되는 역풍에 관해 경고하면서도 동시에—모순을 해소하거나 심지어 부각하지도 않은 채—"미국의 목표 달성에 가장 바람직한 정권교체를 위한 한 가지 방안은 정권교체에 미군을 동원하여 **여러 해 동안 상당수가 주둔하면서 미국 주도의 이라크 행정을 지원하는**" 방안이라고 진술한다.[38]

이는 단지 실용주의적인 계획가들에 의해 해소되길 기다리는 현실적인 쟁점에 불과하지 않았다. 오히려 대단히 이데올로기적인 쟁점이었는데, 궁극적으로는 군과 이를 넘어서 국가의 올바른 역할이라는 질문을 제기하기 때문이었다. 펜타곤 계획가들이 "가벼운 발자국"이라는 약어를 쓸 때 염두에 두고 있던 것은 "군사 분야에서의 혁명"을 주창하는 사람들을 사로잡은 군살 없는 첨단 군사 기계만이 아니었다. "가벼운 발자국"은 국가 건설, 다시 말해 일본과 독일의 군정하에서 추진됐던 광범위하고 장기적인 사회공학에 깊숙이 관여하는 일을 피한다는 말의 약어이기도 했다. 국가 건설—아닌 게 아니라 정치적·경제적·사회적 해외 개발에서 국가의 막중한 역할에 대한 모든 함의가 딸린 건설—에 대한 반대는 부시가 2000년 대선에 출마하며 내건 의제(이에 관한 핵심 연설은 10월에 있었다)의 일환이었으며, 당시 부시의 외교정책 자문이었던 콘돌리자 라이스가 이러한 시각을 형성하는 데 중심적이었다.

국가 건설 거부는 적대행위 후 계획 수립을 좌초시킨 여러 암초 가운데 하나가 됐다. (과도정부에서 이라크 망명자들을 지원할지 문제는 또 다른 암초였다.) 두 실례—국가안보보좌관이 엮인 대화와 국방장관의 침공 전야 연설—는 집권층에 궁극적으로 우세하게 된 태도를 적나라하게 포착했다. 2002년 10월, 여러 싱크 탱크 기관은 국가안전보장회의 의장인 라이스에게 전후 이라크를 위한 정책 옵션을 제공하기 위해 협력하겠다고 제의했다. 싱크 탱크 그룹—외교협회(Council on Foreign Relations), 헤리티지재단(Heritage Foundation), 전략국제관계연구소(Center for Strategic and International Studies)—은 처음에 다양한 정치적 전망을 내놓았고 라이스는 긍정적으로 반응했다(어느 보도에 따르면 라이스는 "이것이야말로 우리에게 딱 필요한 것"이라고 말했다고 한다. "우리는 너무 바빠서 이런 작업을 직접 할 수 없을 것이다"). 하지만 라이스는 이라크전쟁을 벌이는 데 비판적인 헤리티지재단을 지지하지 않았으므로 대신 미국기업연구소(American Enterprise Institute, AEI)를 끌어들일 것을 추천했다. 미국기업연구소는 임박한 전쟁의 강력한 지지자였다.

싱크 탱크 그룹 대표들은 11월에 백악관의 사무실에서 라이스를 만났는데, 그 만남은 이 프로젝트의 시작보다는 끝을 알렸다. 외교협회의 레슬리 겔브(Leslie Gelb)가 전반적인 분쟁 후 정책을 위한 선택지들을 세워 두는 것이 좋다는 의견을 내놓자 미국기업연구소 소장이 끼어들어 라이스가 이를 고려하는 것 자체를 나무랐다. "이거 칼 로브[부시의 고위 보좌관이자 미국 우파 진영과의 연락책]가 알고 있는 겁니까?" 겔브의 인용에 따르면, 소장은 "대통령은 알고 있어요? 그들이 승인하지 않을 것 같으니 물어보는 말입니다. 이건 국가 건설 활동같이 들리는데요. 그들은—그리고, 콘디〔콘돌리자 라이스〕당신도—그런 바보 같은 클린턴식 정책들에 누차 반대하지 않았습니까?"라고 말했다.

그리고 그 일은 그걸로 끝난 셈이었다. 겔브가 나중에 기자에게 이야기한 것처럼 "그들은 그 모든 것이 전쟁에 나서는 데 방해가 될 거라고 생각했다". 이 일화는 전쟁 시계가 돌아가는 가운데 세계의 중심을 자처하는 곳을 포착한 스냅숏으로 남아 있다. 높은 이상과 현실적인 실용주의를 결합했다고 자부하는 유력한 보수 로비 집단은 결정적인 무력시위 뒤에 상황이 알아서 제자리를 찾게 되리라고 전제했고, 그런 근거 없는 과신이 대통령과 고위 보좌관들에게까지 이어진 것이다. 그들은 실제 세계에서 상황이 알아서 제자리를 찾기보다는 무너지기 쉽다는 사실을 인정하길 꺼렸다.[39]

럼즈펠드는 2003년 2월 14일에 "국가 건설을 넘어서"라는 제목의 중요 연설로 행정부의 공식 입장을 표명했는데, 돌이켜 보면 이 연설 날짜는 의미심장했다. 바로 그 무렵에 지위 고하를 막론하고 정부와 군 관계자 다수가 평화를 잃을 위험에 관해 경고음을 보내고 있었기 때문이다. 연설 자리는 퇴역한 제2차세계대전 전함 인트레피드함에 있는 뉴욕시 해양항공우주박물관에서 열린 연례 "자유에 대한 경례(salute to freedom)" 행사장이었다. 럼즈펠드는 이제는 익숙하게 맞물린 이미지들을 담은 수사적인 쇼핑백을 열며 서두를 뗐다. 그는 인트레피드함은 진주만 이후 태평양 전역에서 중대한 역할을 했으며 승무원들은 이 갑판 위에서 일본의 자살 공격 비행기들이 미 함대에 충돌하는 모습을 경악하며 지켜봤다고 말한다. 9·11과의 연결 고리는 자연스럽게 따라 나온다. "반세기도 더 지나 이 배는 다시금 영웅주의와 살육을 목격했습니다. 9월의 맑은 어느 날 아침 갑판에서 미국인들은 자살폭탄테러범들이 다시금 타격하는 것을, 이번에는 쌍둥이빌딩에 충돌하는 모습을 경악하며 지켜봤습니다."

유비는 물론 거기서 끝나지 않았다. 럼즈펠드는 진주만 이후 미국인들이 반격했으며, 그다음에는 "일본인들이 전쟁의 잿더미를 털고 다시 일어나 민주적 제도들을 수립하는 것을 도왔다"라고 설명한다. 동시대의 병행 사례는 9·11 이후 아프가니스탄에서의 반격이며, 여기서 국방장관은 자신의 "국가 건설을 넘어서" 테마를 소개했다. 일본을 다시 언급하지 않은 채 그는 미국이 "점령 세력이 아닌 해방 세력"으로 행동한 모델로 아프가니스탄을 환기했다. 그는 이를 다음과 같이 설명했다. "목적은 일각에서 국가 건설이라고 부르는 일에 참여하는 것이 아닙니다……이것은 중요한 차이점입니다. 일부 국가 건설 사례들을 보면 의도가 좋은 외국인들이 현장에 도착하여 문제를 보고는 고치자고 말합니다. 이건 물론 좋은 동기에서 나온 것이지만 실제로는 해가 될 수 있습니다……외국인들이 현지의 문제들에 국제적인 해법을 들고 나올 때 대단히 조심하지 않는다면 의존을 낳을 수 있기 때문입니다."

혹여라도 청중이 이 말을 규범적 지침으로 이해하는 대신 단순한 기술적(記述的)인 관찰로 오해할까 싶어 럼즈펠드는 계속하여 이 교훈을 "사담 이후 이라크"에 적용한다. 그는 "아시다시피 대통령은 이라크에서 병력 사용에 관해 아무런 결정도 내린 바 없습니다"라고 행정부 발표에서 전형적인 은근슬쩍 떠보는 듯한 태도로 운을 뗀다. "하지만 결정을 내린다면 다음과 같은 원칙이 유효하도록 내릴 것입니다. 이라크는 이라크인들의 것이며 우리는 그곳을 소유하거나 운영할 뜻이 없다. 우리는 이라크의 대량살상무기를 제거하고 이라크인들이 압제에서 해방되는 것을 돕고 싶다…… 필요한 만큼 머물고 가능한 한 빨리 뜨자." 청중은 여기에 박수로 화답했다.[40]

이 발언들은 럼즈펠드가 전후 계획 수립에 대한 결정적인 통제권을 주장한 지 한 달이 지나 나왔다. 펜타곤이 전후 이라크를 책임지는 지휘 계통의 꼭대기를 차지한 것 자체는 이례적이지 않았다. 합동참모본부도 일본 점령에서 동일한 역할을 수행한 바 있었다. 이례적인 것은 이러한 권위를 가진 것이 부처 간 텃밭 싸움에서 얻은 하찮은 승리일 뿐, 침공 후 계획 수립에 단단한 통제력을 행사하기 위한 혼신의 노력으로 이어지지 않았다는 사실이다. 비록 럼즈펠드는 자잘한 것까지 다 챙기는 관리자로 유명했지만, 그가 전후 안정화와 민정에 쏟은 관심은 전쟁계획에 쏟은 관심 근처에도 가지 않았다. 일단 전쟁 기계가 돌아가기 시작하자 전통적인 "미국식 전쟁 방식"과 발맞춰 막강한 파괴력을 쏟아 내는 데 거의 긴장증적 고착이 만연했다. 그리고 충격과 공포, 시스템 마비, 수뇌부 제거, 정권교체 같은 개념들에 중독된 핵심 계획가 집단은 그 결과가 진짜로 수뇌부가 제거되고 마비되고 제기능을 못하는 시스템이 아니라 사탕과 꽃일 거라고 자신들과 의회, 미디어, 국민 대다수를 어떻게든 설득해 냈다.

이 관료제적 내분에서 두드러진 패자는 방만하고 막연한 "이라크의 미래 프로젝트"를 관장한 국무부였다. 국무부의 패배는 대수롭지 않은 손실이었을 수도 있지만, 갈등의 이데올로기적이고 현실적인 차원은 당시 내부자들 사이에서 매몰되지 않았다. 일례로 국무부의 이 프로젝트는 "이라크는 아프가니스탄이 아니다. 미국은 이라크에 일본과 독일처럼 투신해야 한다"라고 딱 잘라 말했다.[41]

바그다드는 불타고 있다

이상이 브리머가 5월 12일 가너의 재건·인도지원처를 연합국임시행정당국으로 대체하러 바그다드로 날아갔을 때 맞닥뜨린 상황이었다. 워싱턴을 떠나기 전에 브리머는 여러 기관으로부터 문서와 브리핑을 받았지만, 대통령과 국가안보 팀이 여전히 포괄적인 의제가 없다는 걸 깨달았다. 나중에 그는 충직하고 정중한 방식으로 "대통령의 지시는 매우 명확했다. 우리는 이라크 국민이 민주 정부로 나아가게 애쓰고 나라를 재건하도록 도울 것이다"라고 강조했다. 하지만 브리머는 "당시 우리 가운데 누구도 거기에 무엇이 따르는지" 전혀 몰랐다고 인정하여 자기 발언에 즉각 단서를 달았다. "내가 대통령과 여타 사람들에게 받은 일반적 지침은 '거기로 건너가서 우리에게 권고 사항을 전달하라'였다."[42]

뒤늦게 "점령"이라는 단어가 미국 정관계에서 공공연하게 운위된 것은 이 시점이다. (공식적 시점은 유엔 결의안 1483호가 2003년 5월 22일에 안전보장이사회에서 통과되어 미국과 영국을 "통합사령부하의 점령 세력"으로 인정했을 때였다.) 비행기가 하강하면서 브리머의 눈에 처음 들어온 바그다드의 풍경은 나중에 그의 회고록 첫 문장으로 남았다. "바그다드는 불타고 있었다." 아스팔트 활주로에 착륙한 그의 서류 가방 안에는 포츠담선언이나 맥아더가 일본에 도착하기 전에 받은 상세한 "항복 후 초기 일본 정책"과 조금이나마 비견될 만한 것이 전혀 들어 있지 않았지만, 브리머는 아랑곳없이 자신의 임무를 오래전 맥아더 장군이 직면했던 도전과 비교했다. "물론 우리는 '점령 세력'이다"라고 브리머는 도착한 날 저녁에 열린 첫 직원회의를 마무리하면서 잘라 말했다. "그 사실을 회피해 봐야 소용없다." 그는 지친 재건·인도지원처 팀과 자신을 맞이한 여타 직원에게 "독일과 일본에서 얻은 관련 교훈들"을 유념할 필요가 있다고 당부하고, 거기서 무엇보다 중요한 교훈은 민주주의는 "탄탄한 시민사회…… 정당, 자유언론, 독립적 사법부, 공적자금의 투명한 회계 책임"에 기대야 한다는 점이라고 강조했다.[43]

두 달 뒤인 7월에, 생활 조건이 악화하고 사방에서 반군 활동이 격화하는 가운데 연합국임시행정당국은 이듬해 연내 특정 시점들까지 도달해야 할 기준점들을 세워 57쪽짜리 이라크 "전략계획"을 간신히 내놓았다. 브리머는 워싱턴으로 가서 백악관 상황실에서 열린 국가안전보장회의에 이 계획안을 내놓았고 반응은 만족스러웠다. "좋은 계획서야, 브리머! 자네 부하들은 아주 빈틈이 없군."[44]

며칠이 지나 이라크 언론은 브리머를 "바그다드의 맥아더"로 부르기 시작했고, 브리머도 자신의 권한을 일본의 맥아더[그리고 점령지 독일에서 맥아더에 대응하는 루서스 클레이(Lucius Clay) 장군]가 떠맡았던 "총독의 책임"에 비교했다. 이라크의 새로운 총독은 자신의 명령을 받기를 꺼리는 완강한 이라크 관리들에게 "당분간은 내가 이라크 정부"라고 주지시키길 주저하지 않았다. 9월 5일에 펜타곤으로부터 내려온 명령들은 그를 연합국임시행정당국의 수장으로 임명하면서 이라크에서 "입법, 사법, 집행의 모든 기능"을 수행할 수 있는 권한을 부여했다. 해방은 외세 점령이 됐고, 점령은 별안간 일종의 국가 건설로 바뀌었다. 연합국임시행정당국 본부 바깥에서 총격 소리가 들려오는 순간에도 말이다. "해방된" 이라크는 이제 명령에 의해 주권을 박탈당했다. 그리고 2004년 6월 28일 브리머가 떠나고 연합국임시행정당국이 해산했을 때, 주권은 명목상으로 회복됐지만 사정은 이후로 거의 바뀌지 않았다. 점령군은 떠나지 않았다. 미국인들은 그린 존으로 알려진 기괴한 도심 주둔지에 편

97. 2003년 12월 10일, 바그다드. 이라크자유작전과 미국 주도 연합국임시행정당국(CPA) 수립의 여파로 분출한 테러리즘에 반대하는 집회에 참석한 이라크인들. 이들의 시위는 허사였다.

98. 2003년 바그다드의 아부 하니파 모스크에서 금요 기도가 끝난 뒤 수니파 무슬림들이 미군 주둔에 반대하는 시위를 하고 있다. 아랍어 문구도 영어와 유사하게 "이라크는 우리의 이라크, 미국인의 것이 아니다"라고 적혀 있다.

99. 2004년 1월 17일 이라크인들이 길가의 미군 세 명을 살해한 폭탄을 들고 환호하고 있다. 미군의 막강한 위력과 정교한 하이테크에 맞서 이러한 "사제 폭발물"의 효과는—"해방"군에 의한 점령에 원주민들이 반발하는 상황과 맞물려—미국 전쟁계획가들을 놀라움에 빠트렸다.

100. 2003년 8월 바그다드 사드르시티. 시아파 성직자 무크타다 알사드르에 충성하는 마흐디 민병대(Mahdi Army) 소속 복면을 쓴 전투원들이 미군과의 전투를 준비 중이다.

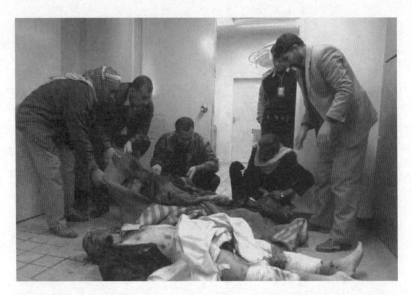

101. 2004년 2월 23일, 키르쿠크에서 자살폭탄테러로 숨진 이라크 경찰의 친지들이 신원을 확인 중이다.

102. 2005년 7월 20일, 신헌법을 기안하는 위원회에서 일하다가 살해당한 수니파 아랍인 세 사람의 운구 행렬. 뒤편의 플래카드에는 "연방제 반대"라고 적혀 있다.

안하게 자리를 틀었다. 아니 거의 말 그대로 갇혀 있었다. 폭력과 엄청난 인적 고통은 계속됐다.[45]

대중적인 거의 모든 평가 기준에서 볼 때, 점령지 이라크는 점령지 일본의 대척지가 됐다. 평화보다는 폭력의 스펙터클, 치유와 회복보다는 회복 불가능한 상처와 증오, 미국의 안보와 위신을 증대하기보다는 축소하고, 성공이 아닌 전반적인 실패였다. 하지만 이것은 너무 단순한 그림이다. 연합국임시행정당국의 관리하에서 결국 도입된 개혁과 재건 프로젝트는 맥아더 휘하 일본에서 일어난 일과 어느 정도 표면적으로는 닮은 측면이 있었고, 일본 점령이 "총독" 권한의 흠결 없는 행사였다고는 도저히 말할 수 없다. 일반적으로 학자, 전문가, 정책결정자 들에게 간과되는 많은 영역에서—법과 사법 정의의 이용과 오용을 비롯해—"일종의" 수렴이라고 부를 현상이 여러 영역에서 일어났다.

브리머는 20세기 중반 사회공학자들과, 자신이 별안간 감독하게 된 준비가 안 되고 보수적이며 흔히 이윤추구를 동기로 하는 민간 부문의 마지못한 "국가 건설자"들 간에 존재하는 근본적인 이데올로기적 차이점들에 관해 깊이 고민하지 않았다. 그는 자신이 통솔하는 지역이 점령지 일본의 사례와 수렴하거나 갈라지는 더 불편한 방식들을 애써 분석하지도 않았다. 그래도 그는 이라크가 일본이 아니라는 점은 시인했다. 아랍 언론에서 자신에게 붙여 준 "바그다드의 맥아더"라는 별명에 관해 잠깐 생각한 뒤, 그는 "맥아더의 문제들이라는 표현에 만족하겠습니다. 그에게는 상황이 이렇게까지 복잡하지는 않았으니까요"라고 대답했다.[46]

14장

일종의 수렴: 법과 정의 그리고 위반

법에 부당하게 간섭하기

이라크 침공 정확히 거의 2년 뒤에 국방부는 "변화하는 안보 환경"에서 미국의 "취약성"에 관한 놀라운 진술을 포함한 주요 문서—「미합중국 국방 전략(The National Defense Strategy of the United States of America)」—를 공개했다. "우리의 국력은 국제적 포럼과 사법절차, 테러리즘을 이용해 약자의 전략을 동원하는 이들에게 계속 도전받을 것이다."[47]

언뜻 봐서 국제적 포럼과 사법절차는 테러리즘과 짝을 짓기에는 이상한 연관 단어인 듯하다. 사실 이 짝 짓기는 9·11 한참 전부터 보수주의자들을 괴롭힌 우려—펜타곤 안팎에서 "법리전(lawfare)"이라는 이름하에 이따금 다뤄진 도전—를 반영한 것이다. 법리전 담론에 따르면, 워터게이트사건과 베트남전쟁 이후로 정치지도자들과 정보기관, 군대가 (비판가들이 보기에는) "전쟁의 범죄화"에 헌신하는 인권 단체들과 법률가들이 국내외적으로 발전시켜 온 복잡한 법망에 갈수록 얽매이게 됐다. 법 자체가 싸움터가 되고 말았다.

"일원적 집행"이라는 명목하에 대통령 권력을 강화하기 위한 열띤 노력은 "법에 의해 옥죄이고" 있다는 떨치기 힘든 인식의 반영으로서 부시 행정부에서 절정에 달했다. 당연히 9·11과 장래 테러리스트 공격 위협은 이러한 우려들을 거의 정신 나간 수준으로 끌어올렸다. 대응은—나중에 "고문 메모"로 알려진 법률자문단(Office of Legal Counsel, OLC)의 최초 의견을 비밀리에 작성한 초보수파 변호사들의 비공식 "전시 내각"으로 촉진된—극단적이었고 궁극적으로 부시 재임기와 미국의 명성에 지울 수 없는 오점을 남겼다. 대통령 권한 강화를 지지하고 테러와의 "전쟁" 선언 및 수감자들의 "전쟁포로" 지위를 부정하는 것을 옹호한 보수파 변호사 잭 골드스미스(Jack Goldsmith)는 2003년 법률자문단의 수장이 됐을 때, 이 비공개 의견들이 "크게 잘못됐다"는 것을 발견했다. "논리가 엉성하고, 지나치게 폭넓고, 대통령을 대신해 무분별하게 헌법적 특별권한을 주장한다." 취임한 지 두 달 뒤에 골드스미스는 심문을 관장하는 문제의 메모를 철회하고 다시 작성할 것을 권고했지만, 이 일이 이뤄지기 전에 사정이 완전히 바뀌었다. 아부그라이브교도소에서 나온 악명 높은 사진들이 인터넷에 유출된 것이다(2004년 4월). 관타나모 수용소에 억류된 포로들의 인신보호청구권(habeas corpus)을 부정한 것은 전 세계적인 스캔들이 됐다. 테러 용의자를 혹독한 심문이 가능할 만한 나라들로 "인도"하는 관행과 프라이버시를 침해하는 전자 감시의 폭로도 마찬가지였다. 게다가 비밀 고문 메모의 일부가 외부로 유출됐다 (2004년 6월부터). 폭로로 인한 피해를 바로잡기엔 너무 늦었다. 아닌 게 아니라 그 관행들을 되돌리기엔 대체로 너무 늦어 버렸다.[48]

법을 왜곡하는 일은 도저히 새로운 일이라고 볼 수 없으며, 제2차세계대전 당시와 전쟁이 끝난 직후에 다양한 층위의 미국과 연합국의 행태에서도 발견된다. 당시에는 법적 제약이 더 느슨했다. 그러한 조작과 오용은 언론의 관심을 거의 받지 않았고, 아마도 이것이 가장 결정적인 이유일 텐데 극악무도한 적에 대한 철저한 승리는 그러한 위반을 기억에서 거의 지워 버렸다. 반대로 테러와의 전쟁에서 발생한 무수한 과오는 보통 승자들이 피해 가는 비판에 부시 행정부를 취약하게 만들었다. 통제 불가능한 디지털 세계의 폭로와 스캔들, 선전, 격론, 원칙주의적 반대도 마찬가지였다. 그리고 부시의 백악관이 국가안보와 국제 사안이 관련된 곳에서 외부적 제약으로부터 자유로운 제왕적 대통령제와 "일원적 집행권"의 비전을 추구하면서 보인 특히 오만한 태도도 비판의 열기에 기름을 부었다.

부시 대통령의 거친 표현 방식도 법을 멸시한다는 인상을 심화했다. 9·11 공격이 있었던 저녁에 백악관 긴급 상황실에 모인 직원들에게 그가 던진 말은 전형적이었다. 국가안전보장회의의 대테러리즘 전문가 리처드 클라크가 전한 바에 따르면, 대통령은 "국제법 변호사들이 뭐라고 말하든 신경 안 써. 우린 혼쭐을 내줄 거야"라고 소리쳤다. 얼마나 정확하게 인용됐든지 간에 대통령의 이 발언은 9·11 이전부터 이미 존재한 국제조약 등에 대한 멸시와 이후 갈수록 심해진 법률적 제약에 대한 무시를 완벽하게 포착했다. 그리고 대단히 복잡하고 위협적인 상황에 직면해 불편할 만큼 유치한 반응을 보이는 것 역시 완벽하게 포착했다.[49]

심지어 일제히 목소리를 높이던 국내 비판가들 사이에서도 법을 개의치 않는 그런 태도는 일탈, 즉 미국 민주주의의 근간이라는 법의 지배에 대한 존중으로부터의 일탈로 여겨졌다. 얼토당토않다는 생각은 틀리지 않았지만 미국과 동맹국들이 이전의 무력분쟁들에서 인권과 시민권, 국제법을 성실하게 존중해 왔다고 전제한 것은 틀렸다. 예를 들어 진주만 공격 이후 일본계 미국인 11만 명가량을 억류한 조치가 사법 정의의 왜곡이었다는 것을 미 의회와 행정부가 인정하기까지는 40년이 넘게 걸렸다(레이건 대통령이 이 일에 사과하는 법률에 서명한 것은 1988년이다). 기존 법률이 제2차세계대전과 함께 무시, 우회, 왜곡되거나 자의적·실질적으로 수정된 다른 분야들은 지금도 대체로 여전히 간과되고 있다.

법적으로 의심스러운 이라크 점령처럼 앞서 독일과 일본에 부과된 광범위한 개혁 의제들은 분쟁 후 점령을 주관하는 기존의 관습들을 무시했다. 당시와 수십 년 뒤 많은 관찰자에게 성공적인 "탈군사화와 민주화"의 사례가 됐던 것들은 법적·관습적 선례가 없었다.

그와 유사하게 뉘른베르크와 도쿄에서 열린 전범재판과, 그보다는 덜 두드러진 이전 추축국 적들을 상대로 한 거의 기억되지 않는 수십 건 군사재판의 기소와 사법절차는 논쟁이 분분한 유산을 남겼다. 다른 한편으로 이 재판들은 전쟁 책임에 관한 이상주의적 규범들을 도입했고, 실제로 이렇게 도입된 규범들은 이후 미국을 골치 아프게 만들었다. 그와 동시에 전범재판들은 절차적 결함이 한두 가지가 아니었고, 위선적인 "승자의 정의"에 가깝다고 비난받기 쉬웠다.

게다가 1945년 아시아에서 승리를 거둔 주요 국가들은—미국, 영국, 중국과 프랑스, 네덜란드, 소련도 포함하여—부시 행정부의 법리적 속임수와 추후 수감자 학대와 약간은 비견될 만한 방식으로 모두 이런저런 형태로 항복한 적군에 권력 오남용을 저질렀다. 일본군 수십만 명은 신속한 송환을 거부당한 채 흔히 장기간 억류당했고 이 과정에서 때로는 목숨을 잃었다. 많은 병사가 강제 노역에 동원되고, 수만 명이 중국 내전이나 일본의 동남아 점령이 단명하면서 뒤따라 일어난 독립운동과 여기에 맞선 식민지 무력분쟁에 투입됐다.

이러한 오남용 선례들은 부시 행정부의 법 회피와 똑같거나 그 잘못을 덜어 준다기보다는 그러한 위반행위를 더 넓은 역사적 프레임 안에, 그리고 냉소주의와 실용주의, "현실주의", 심지어 공언된 이상주의조차 법을 정치화하고 정당한 관행들을 방해하기도 하는 더 넓고 당혹스러운 배경 속에 위치시킨다.

합법적·불법적 점령

제2차세계대전이 최종 단계에 들어가기 전에, 미국과 영국은 추축국이 저지른 범죄의 엄청난 심각성만으로도 일단 그 나라들이 패배하면 대대적인 변화를 부과하는 것이 정당화된다고 밝혔다. 이는 1943년 루스벨트와 처칠이 발표하고 독일과 일본의 항복 과정에서 고수된 무조건항복 개념의 배후에 깔린 근거이기도 했다. 간단히 말해 무조건항복은 법적 선례가 없었고 연합국의 점령에 따라 부과된 광범위한 개혁도 마찬가지로 (1949년에 미국인 학자가 쓴 글에 따르면) "그때까지 인정된 법에서 발붙일 수 없고 엄격히 금지된" 것이었다. 수십 년 뒤에 나온 점령법에 관한 표준적인 저작도 "연합국에는 무조건항복 수락이 대단히 중요했는데, 점령법은 연합국이 독일과 일본에 부과하고자 하는 조치들을 용인하지 않는다는 것이 중론이었기 때문이다"라고 동의했다.[50]

이와 관련한 기존 법의 핵심 조항은 1907년 헤이그육전법규(Hague Regulations) 제43조로서 전문은 다음과 같다. "합법적 권력의 권위는 사실 점령 세력의 수중으로 넘어갔으므로 후자는 공공질서와 치안을 가능한 한 회복하고 유지하기 위해 권한 내에서 모든 조치를 취하는 한편, 절대적인 지장이 있지 않는 한 피점령국에서 시행되는 법률을 존중한다." 실제로는 패전 일본에서 "시행되는 법률"은 민사법과 형사법은 물론 헌법까지 포함해 대대적인 수정 대상이었고, 또한 개혁 의제 전반은 이전까지 외국 점령 세력에게 허용 가능하다고 여겨진 수준을 훨씬, 그리고 공공질서와 치안을 유지하기 위해 요구되는 수준을 확실히 뛰어넘었다. 헤이그육전법규는 재산권이 점령 세력에게 존중받아야 한다고도 규정했지만, 이 조항은 점령지 일본에서 토지개혁과 가족 소유 자이바츠 지주회사 해체, 군국주의적이거나 초민족주의라고 여겨진 단체 소유의 재산 몰수, 군국주의자로 숙청당한 개인들에 대한 연금 해지, 점령 관계자들이 사용하기 위한 민가와 관공서 징발 등으로 심각하게 훼손됐다.[51]

일본 점령의 법적 근거는 사실 미국 정부에서 내부적으로 꽤 상세하게 검토됐고, 처음에 채택됐던 과격한 정책들의 법적 근거가 불확실하다는 점은 사방에 광고하지는 않았다 해도 적어도 공개적으로 시인됐다. 맥아더의 직원들이 펴낸 "일본의 정치적 재정립"에 관한 이례적으로 솔직한 두 권짜리 문서집은 점령이 아직 진행 중이던 1949년에 미 정부에 의해 출간됐는데, 여기에서는 점령이 "국제법에 새로운 문제를 제기했다"라고 지적했다. 항복은 "전면적"이었고 일본 정부는 계속 유지됐다. 목표는 일단 외국 세력이 철수하고 나서 "평화로운 일본을 보장"하는 것이었다. 그리고─그 문서집에서 솔직하게 시인되고 온전히 인용된─ "헤이그육전법규"의 제43조는 피점령국이 보유한 기본 국내법들의 변경을 명시적으로 금지했다. "군사점령 세력은 피점령국에 군사적 권위를 행사하지만 주권자로서의 모든 권리를 보유하지 않는다는 것이 매우 일반적인 견해다"라고 분석은 이어진다. "승자들의 의도를 충분히 파악하고 이루어진 완전한 항복이 이 규정을 어느 정도까지 바꿀 것인지는 정해진 바가 없다."[52]

일본에서는 수십 년 뒤 이라크에서처럼 "법의 지배"에 대한 존중 확립이 민주적 개혁을 합리화하는 데 가장 대표적인 교리였다. 이는 대외적인 차원에서는 국제법으로까지 확대됐다. 그러므로 점령 4개월째였던 1945년 12월 중반에 연합국 최고사령관 공보실은 "민간인은 개인적 자유와 소유권에 대한 부당한 간섭으로부터 자유로울 것이며…… 점령군은 국제법과 육전(陸戰) 규칙이 부과한 의무사항들을 준수할 것"이라고 일본 국민을 안심시켰다. 하지만 실제 권위의 행사에서 불가피한 상황이 생기면 특히 후자(국제법과 육전 규칙)에 대한 존중은 정말이지 거기에 위배될 때만 의식됐다. 앞서 언급한 대로 이와 관련한 결정적인 지침은 석 달 전인 9월 6일에 트루먼이 맥아더에게 하달한 것으로서, "귀관과 일본의 관계는 계약상의 관계가 아니라 무조건항복을 기반으로 한 것이다. 귀관의 주권은 최고권이며 그 권한 범위에 관해 일본 측의 어떠한 질문도 받아들여선 안 된다"라고 명시적으로 단언했다.[53]

✤ ✤ ✤

미국인들이 일본에서 자신들의 국가 건설을 적법화하기 위해 이용한 전시 발표문과 분쟁 후 문서들에 정확히 대응하는 것이 이라크에는 없었다. 무조건항복의 원칙도, 포츠담선언과 항복문서에 대응하는 공식 조건과 서명된 양해 문서도 없었다. 이라크자유작전이 개시되고 몇 주가 지나서도 미 당국은 자신들이 "군사점령"을 하고 있다는 사실을 여전히 부인했다. 그리고 심지어 자신들을 연합국임시행정당국으로 지정하고 유엔안전보장이사회의 지지를 구했을 때도(2003년 5월 8일) 미국과 영국은 자신들을 명시적으로 "점령 세력"으로 부르는 것을 회피했다.

침공 이후 꼬박 두 달이 지난 5월 22일에 유엔안전보장이사회가 권한 위임 결의안 1483호로 응답했을 때에야 "점령 세력(occupying powers)"이라는 표현이 처음으로 공식 사용됐고, 점령 세력인 두 나라의 주도로 유엔을 통과한 결의안은 법률적 문제를 걷어 내기보다는 더 불분명하게 만들었을 뿐이다. 결의안은 "이라크의 주권과 영토보전을 재확인"한다는 말로 시작한 다음—일부 법학자들이 보기에는 놀랍도록 그리고 멍청하게—계속하여 점령 당국은 "특히 1949년 제네바협약과 1907년 헤이그육전법규를 포함한 국제법하의 의무사항을 철저히 준수"해야 한다고 강조했다.[54]

점령을 다룬 국제법에 관한 주요 텍스트의 저자인 아이얼 벤베니스티(Eyal Benvenisti)의 평가에 따르면, 결의안 1483호는 19세기와 20세기 초에 수립되어 "잠자고 있던" 법을 깨웠고 "정치인과 법조인 들로 하여금 지난 반세기에 걸쳐 사실상 용도폐기 상태에 이른 낡은 독트린을 되살릴 것을 요구했다". 클린턴 행정부의 전범 문제 초대 특사였던 데이비드 셰퍼(David Scheffer)의 견해에 따르면, 유엔을 이용해 이라크와 관련한 지점에서 본질적으로 영미의 유엔 지배를 확인하려고 한, 이 계획부터 잘못된 시도는 법적 역풍을 불러왔다. 사담 이후 이라크에 대한 "대담하고 전환적인 통제"의 필요성을 지지한 셰퍼의 견해로는, 결의안 1483호는 "점령 세력"으로서의 책무들을 미국과 영국에 맡기는 동시에 헤이그와 제네바 국제법의 적용 가능성을 확인함으로써 실상 두 점령 세력이 무려 열두 가지 영역에 걸쳐 "점령법하에 민형사상 책임"을 져야 할 가

능성을 열어 놓았다.[55]

순수하게 법리적 쟁점에 초점을 맞춘 셰퍼는 이러한 중대한 문제들이 미국의 오랜 계획 수립 기간에 부주의하게 "방치"됐고, 침공 후 질서와 치안 유지 관련 여타 사항들과 사담 이후 "국가 건설" 문제와 마찬가지로 뒤늦게 형편없이 취급됐다는 사실에 깜짝 놀랐다. 이런 종류의 비판은 일본에서 미국 주도의 점령 당국이 "헤이그 규정"을 어물쩍 넘어가고 있을 때는 결코 공개적인 방식으로 제기되지 않았다. 그래도 주권을 장악하면서도 동시에 헤이그육전법규를 비롯한 기존 법의 존중을 확인하는 호기로운 태도는 비교해 볼 만했다. 그러므로 이라크의 주권 존중에 관한 결의안 1483호의 서두에도 불구하고, 연합국임시행정당국 수장 폴 브리머가 넉 달 뒤(9월 16일) 신임 이라크 장관들과의 첫 만남을 주최했을 때, 그는 거의 60년 전 트루먼이 맥아더에게 보낸 메시지를 다소간 되풀이했다. 그는 신임 장관들에게 "싫든 좋든 [영미] 연합국이 여전히 이곳의 주권자"라고 말했다. 그리고 연합국은 다음 9개월 동안에도 계속 주권자로 남아 심각한 정치적·심리적 결과를 초래했다.[56]

전쟁범죄 그리고 승자 정의의 반동(反動)

일본에서는 나중에 이라크에서처럼 점령의 합법성이 기껏해야 지나가는 관심사에 불과했는데, 이는 헤이그육전법규 무시가 재빨리 기정사실이 됐고 패전국은 궁극적으로 주권을 되찾았기 때문이다. 더 논쟁적이었던 것은 도쿄에서 진행된 이른바 A급 전범의 기소로서, 뉘른베르크재판에 상응하는 이 재판의 정식 명칭은 극동국제군사재판(International

Military Tribunal for the Far East)이었다. 일본과 독일의 관·군 지도자들을 상대로 한 이 유명한 재판들은 끔찍한 침략과 만행을 저지른 자들을 단순히 처벌하는 것 말고도 여러 가지 목적이 있었다. 한 가지 장기적 목적은 역사 기록을 남긴다는 것이었다. 재판은 장래의 민족주의자와 옹호론자가 나치 독일과 일제가 저지른 범죄행위를 부정하기 힘들도록 광범위하고 상세한 문서상·증언상 기록을 끌어모을 기회를 제공했다.

둘째로 더 시급한 목적은 지도자 개개인들이 무도한 국가 행위에 책임을 지게 할—그리하여 이상적으로는 향후 침략 행위를 저지할—새로운 국제법 영역을 확립하는 것이었다. 그러한 "억지" 사고방식은 원폭 사용이 전후 군비 통제를 자극하고 향후 전쟁을 방지할 것이라는 전략가들의 앞선 주장을 비폭력적으로 보완하는 셈이었다. 무조건항복처럼 전범 재판에 대한 이 행동주의적 개념은 선례를 무시했고, 그리하여 피고인이 문제의 행위를 저질렀다는 당시에는 범죄로 존재하지 않았던 위반행위에 대해 기소했다. 국제 법정 앞에서 지도자들 개개인에게 국가 행위의 책임을 묻는 것 자체가 선례를 세우는 일이었다. 독일과 일본의 재판은 전쟁범죄에 관한 두 가지 새로운 범주도 도입했는데, 각각 "평화"와 "인도"에 반하는 범죄였다. 구체적으로 열거된 추축국의 전쟁범죄들에서 민간인에 대한 고의적 폭격 같은 행위들은 명백한 이유로 배제됐다.[57]

"인도(人道)에 반하는 범죄"는 주로 홀로코스트를 다루기 위해 뉘른베르크재판에서 도입됐으며, 도쿄재판에서는 중요한 역할을 하지 않았다. 반면 "평화에 반하는 범죄"는 침략전쟁을 벌이려는 모의로 바뀌어서 1928년 이후 일본이 해외에서 한 모든 군사적 행위에 적용됐다. "모의(謀議)" 기소도 국제법에서 전례가 없었고, 대공황 직전부터 17년 뒤 종전까지 아시아(그리고 일본 내부)를 휩쓴 격변에 대한 지독히 단순화된

103. 극동국제군사재판에 출두한 피고인들이 1928년부터 항복 때까지의 일본 제국을 보여 주는 대형 지도 앞에 앉아 있다. 이 공들인 사법절차의 또 다른 목적은 전쟁범죄 기소에 새로운 기준을 제시하는 일을 넘어서 일본의 군사적 팽창과 "평화에 반한 범죄"에 관해 상세한 문서상·증언상 기록을 집대성하는 것이었다.

설명에 불과했다. 오늘날 전전과 전시 일본을 다루는 진지한 역사가 누구도 이 주장을 옹호하지는 않을 것이다.

뉘른베르크처럼 도쿄재판에도 상당한 사법 이상주의가 개입했다. 고위급 피고 28명(재판이 끝날 때쯤에는 25명으로 줄었다)에 대한 이 재판은 1946년 중반부터 1948년 말까지 지루하게 이어졌고, 피고 측에 실제로 검찰 측 논고 시간보다 더 많은 변론 시간이 허락됐다. 그럼에도 이 재판 과정들은 예상대로 일본 민족주의와 보수 진영을 줄곧 격앙시켜 온 불법성, 이중 잣대, 승자의 정의라는 비난을 불러왔다. 이 비판가들은 침략 행위의 변호론자들에게서 흔히 볼 수 있는 자위 논리를 동원해 일제

104. 이라크 과도정부가 2005년 10월부터 실시한 사담 후세인과 소수 공동 피고인에 대한 재판은 2006년 12월 30일에 사담의 처형으로 마무리됐다. 공판은 무엇보다 1982년에 벌어진 학살을 비롯한 몇몇 기소 조항에 초점을 맞췄다. 전후 일본과 독일 지도자들에 대한 공들인 재판과 대조적으로 사담의 재판은 배경과 내용 측면에서 대단히 소박했다. 재판은 사법상 고도의 기준을 세우거나 확인하지 않았고 그 독재자의 행위에 대한 철저한 기록을 남기려는 시늉도 하지 않았다.

의 군사작전은 서양 제국주의와 중국의 "혼란과 공산당"에 대한 대응 차원에서 이루어졌다고 주장했다. 아시아를 서양 제국주의와 식민주의로부터 해방한다는 구호는 진심이었고 적나라한 자기 이익 추구를 가리는 한낱 프로파간다가 아니었다. 그리고 잔학 행위로 말하자면 그것들은 전시에 어느 편이나 저지르는 우발적 폭력 행위가 도를 넘은 경우였다. 그런 사례들은—다시금 자신들의 범죄를 변명하고자 할 때 대다수 광신자와 애국자에게 친숙한 판에 박힌 논리대로— 일탈일 뿐이었다.

이라크에서는 독일과 일본의 전범재판에 상응하는 재판이 없었다. 재판을 계기로 피고석에 앉은 정권의 범죄행위에 대한 치밀하고 종합적인 기록을 남기도록 증인들을 소환하고 문서들을 수집하려는 유사한 시도가 없었던 것이다. 사담 후세인에 대한 어수선한 재판과 처형은 그 독재자가 저지른 범죄의 단편적인 일부에만 집중했고 결국에는 정치적 연극에 그치고 말았다.[58]

하지만 그와 동시에 도쿄재판에는 미국의 이라크 침공에 간접적이나 실제로 공명하는 다른 측면이 있었다. 국가 지도자들 개개인에게 침략전쟁을 꾀한 책임을 물을 수 있다는 전제의 반동 효과였다. 당시 일본에 있던 많은 미군 장교는 맥아더의 정보부장 찰스 윌러비(Charles Willoughby) 중장과 같이 A급 전범 재판을 사적으로는 "위선"이라 여겨 싫어했고, 앞으로 미국은 모든 전쟁에서 반드시 승리해야만 할 것이라고 비꼬았다. 맥아더는 그렇게까지 단정적이지는 않았지만 역시 "전쟁 책임"을 물어 일본 지도자들을 전체적으로 기소하는 데 반대했고 자신이라면 진주만공격에 집중한 짧막한 재판을 선호했을 것이라는 속내를 털어놓았다. 앞선 베트남전쟁의 경우처럼, 도쿄에서 미국 주도의 검찰 측이 열심히 논고를 펼친 이 폭넓은 기소 내용들—모의, 침략, 전쟁 도발에 대한 개별 지도자들의 책임—은 이라크 침공 과정에서 워싱턴에 되돌아왔다. 잔학 행위와 포로 학대 같은 전통적인 전쟁범죄와 관련한 독일인과 일본인에 대한 다른 전후 재판들도 마찬가지였다.[59]

❖❖❖

본보기형 A급 전범 재판과 별개로, 오랫동안 망각의 블랙홀에 빠지게 될 5000명이 넘는 여타 일본군 장교와 사병이 아시아 수십 곳에서 연합국의 승자들이 실시한 군사재판에서 "B급"과 "C급" 전범으로 기소됐다

(영국, 프랑스, 네덜란드, 미국은 회복한 자국의 식민지 영토나 과거 식민지에서 그러한 현지 재판을 실시했다). 비록 C급 전범 재판에서 휘하의 병사들이 저지른 잔학 행위의 책임을 물어 기소된 고위급 장교는 비교적 소수였지만 이 재판들은 전후 군법에 항구적 족적을 남겼다. 여기서 중요한 판례들은 최초이자 가장 유명한 재판, 다시 말해 미군의 주재하에 야마시타 도모유키(山下奉文) 장군에게 유죄를 선고한 마닐라 재판에서 나온 결정들이었다. 야마시타는 "휘하 병사들이 미국과 그 동맹 및 속령의 국민들, 특히 필리핀인들을 상대로 잔인한 만행과 여타 중대 범죄를 저지르도록 허용하여, 그들의 활동을 통제해야 할 지휘관의 의무를 다하지 않고 위법하게 간과"했다고 기소됐다. 그는 1945년 12월 7일 유죄가 인정되어 사형을 선고받았고—선고일 날짜가 이보다 더 기가 막힐 수도 없었으리라—맥아더 장군과 미국 대법원 모두 마닐라 재판의 적절성을 확인했는데 후자의 경우는 전원합의가 아닌 다수의견이었다.[60]

개전 몇 달 만에 싱가포르에서 수적으로 우세한 영국군을 상대로 승리를 거둔 뒤 "말라야(말레이반도와 그 일대 섬들을 포괄하는 과거 영국 식민지의 지명)의 호랑이"라는 별명을 얻은 야마시타는 미군이 필리핀 탈환을 위한 공세를 개시하기 고작 몇 주 전인 1944년 10월 초에 그곳에 갇힌 일본군의 사령관으로 임명됐다. 그때부터 1945년 6월까지—마닐라 재판에서 취급된 기간—필리핀 "게릴라들"과 민간인들을 상대로 자행된 만행은 논쟁의 여지 없이 참혹했다. 바탕가스(Batangas)주에서는 민간인 2만 5000명가량이 학살당했고, 라구나(Laguna)주에서는 8000명, 마닐라에서는 성인 남녀와 아동 8000명이 학살당했다. 논쟁의 여지가 있고 따라서 군사재판의 초점이 된 문제는 이런 범죄들에 야마시타가 책임이 있는가였다. 야마시타는 자신이 이런 행위들을 인가한 적이 없

105.마닐라 군사 법정에서 미국인 변호인들과 앉아 있는 야마시타 도모유키 장군. 휘하 병사들의 잔학 행위에 책임이 있다고 유죄가 인정된 야마시타는 1946년 2월 23일 처형됐다.

고 그런 행위의 존재도 몰랐다고 주장했지만, 검찰 측은 123가지 구체적 기소 내용을 담은 공소장에서 이를 반박했다. 검찰 측은 다른 무엇보다도 야마시타가 이 만행 대다수가 저질러졌을 때 실제로 그 현장에 있지는 않았지만 야마시타와 마닐라와의 연락은 1945년 6월까지 문제없이 유지됐고, 그는 "게릴라" 약 2000명의 약식 처형을 개인적으로 승인했으며, 연합군 포로들이 수용된 몇몇 악명 높은 포로수용소와 매우 가까운 곳에 한동안 실제로 주둔했다고 주장했다.

　마닐라 군사 법정을 주재한 미군 장교 다섯 명 가운데 법률가는 한 명도 없었고, 법조인 비판가들은 이 "일반인 법정"이 오해를 낳는 "표현이 잘못된 평결(ill-worded opinion)"을 내놓아서 추후 연합국이 실시한 전범재판에서 명확한 설명이 필요했다고 주장한다. 그래도 야마시타 재판의 판결 내용 요약은 꽤 분명했다. "본 재판부는 다음과 같이 결론 내린다. (1) 필리핀 전역에 걸쳐 피고인 휘하의 일본군에 의해 미국과 그 동맹, 속령의 국민을 상대로 일련의 잔학 행위와 여타 중대 범죄가 저질러졌다. 그 범죄들은 산발적 성격을 띠지 않고 많은 경우에 일본군 장교와 부사관의 체계적인 감독하에 이루어졌다. (2) 해당 기간 피고인은 그러한 상황에 필요한 효과적인 통제를 하지 않았다." 나중에 비판가들이 이 판결문이 미흡하다고 여긴 까닭은 변호인 측 주장과 달리 야마시타가 필리핀의 군정 총독이자 그곳 일본군의 지휘관으로서 주재한 여러 달 동안 일어난 중대 범죄들을 알고 있었다는 풍성한 증거가 존재한다는 점을 적시하지 않았기 때문이었다.[61]

비록 "지휘 책임"이라는 기소 이유는 전례가 없지 않았지만 그때까지 전쟁 관련 법무에서는 드문 일이어서 "야마시타 판례"는 추후 독일과 일본 군인들을 상대로 한 전범재판의 본보기로 주목할 만했다. 야마시타가 처형되고 4개월이 지나서 시작된 도쿄 전범재판에서 "기소 조항 54"는 전통적인 전쟁범죄들을 "지시하고 인가하고 허가한" 혐의를 다룬 반면, "기소 조항 55"는 전시의 공인된 관습과 법을 "준수하고 그 위반을 방지하기 위해 적절한 조치를 취할 법적 의무"를 "고의적으로, 무분별하게" 무시한 야마시타 재판의 기소 이유를 끌어왔다. "A급" 일본 피고인 다섯 명은 전자의 조항에서, 일곱 명은 후자의 조항에서 유죄가 인정됐다.[62]

막연하게 성립된 마닐라 판결의 결점이 무엇이었든 간에 "야마시타 판례"는 지휘 책임이라는 기본 법리의 전후 약칭이 됐다. 이 기본 법리는 미국의 아프간 침공 및 재판이나 보상 없는 "불법적 적 전투원"의 감금 이후 새삼 미디어의 주목을 받았고, 아부그라이브교도소의 학대행위가 폭로되고 그 책임이 지휘 계통을 거슬러 백악관, 법무부, 펜타곤, 중앙정보국까지 이어진다는 비판이 제기된 뒤(그리고 추후에 명확한 문서 증거들이 드러난 뒤) 훨씬 더 큰 주목을 받았다. 야마시타 재판은 1945년 일본과 2003년 이라크 점령을 둘러싼 법적 논쟁과 관련하여 1907년 헤이그육전법규의 일부 조항들에 대한 주의도 환기한다. 일본이 점령한 필리핀의 군정 총독이었던 야마시타는 점령 주체로서 자신의 권위가 미치는 영역에서 공공질서와 치안을 유지하는 데 태만하고 형사상으로 소홀히 한 점이 인정됐기 때문이다. 그의 휘하에서 발생한 학대 행위들 역시 전쟁포로와 관련한 제네바협약을 위반했다.[63]

❖❖❖

아시아에서 전쟁이 끝났을 당시 유관한 제네바협약은 1929년에 체결된 것이었다. 당시 일본 정부는 이 조항들에 서명했지만 1934년—군부의 영향하에 있던—일본 의회는 비준을 거부했다. 포로에 대한 인도적 처우와 배려는 항복이나 생포의 수치와 관련하여 일본 육해군이 자국의 병사들에게 부과하는 법도 및 규율과 일치하지 않는다는 이유였다. 추후에 일본 관리들은 비록 일본 정부는 1929년 협약에 정식으로 구속받지는 않지만 이를 "미국, 오스트레일리아, 영국, 캐나다, 뉴질랜드 전쟁포로 모두에게 준용할 것"이라고 안심시켰다. 그러나 이는 요란한 빈말에 그쳤다. 일본의 코카서스인종 적들이 보기에는 영미 전쟁포로 학대보다 일본인의 야만성을 더 잘 보여 주는 증거도 없었다. 그리고 법적으로 봤을 때, 포로의 인도적 처우에 관한 제네바협약의 자구(字句)와 취지를 모두 무시한 것보다 일본의 야만성을 극명하게 보여 주는 것도 없었

다.[64]

전후 일본의 전범재판 가운데 가장 광범위하고 가장 기억되지 않은 재판은 전통적인(B급) 전쟁범죄를 다뤘으며 이중 코카서스인종 포로에 대한 학대를 다룬 재판 건이 많은 비중을 차지했다. B급과 C급 범죄로 기소된 사람은 다해서 약 5700명에 달했고 그중 920명이 처형된 것으로 추산된다(한국인과 타이완인 포로수용소 감시원 다수도 포함). 일본군이 잔인무도하게 처신했고 특정 수용소의 전쟁포로들이 이루 말할 수 없는 대우를 받은 것은 논쟁의 여지가 없다. 그리고 이러한 현지 재판 대다수가 졸속으로, 자의적으로 이루어진 것도 분명하다. 하급 감시원들은 유죄가 인정된 반면, 그들의 상관들은 처벌을 피해 갔다. 피고인들은 일본어가 아닌 언어로 진행된 공판에 나와야 했다. 모든 군법정에서와 마찬가지로 이 재판들에서도 일반 법정에서는 받아들여지지 않았을 증거들이 인정됐다. 다른 한편으로, 도쿄 군사재판소와 하위급 지휘 책임 재판들에서처럼 피고들에게는 변호인단이 제공됐다. 게다가 A급 전범 재판이나 야마시타 재판과는 달리 유죄평결 다수는 항소에서 뒤집어졌다.

9·11의 여파로 테러리스트나 "불법적 적 전투원"으로 체포된 개인들의 경우처럼 오심(誤審)도 있었다. 그러나 B급과 C급 재판을 전체적으로 살펴볼 때, 일본의 점령지역과 포로수용소, 전역(戰域)에서 소름 끼치는 잔학 행위와 비인간화가 실제로 자행됐다는 인상이 여전히 더 강하다. 이것들은 그야말로 순수하게 전쟁범죄들이었고 알카에다와 여타 테러리스트들이 저지른 만행들만큼 그리고 침공 후 이라크와 아프가니스탄에서 일어난 반군 활동, 종교적 폭력, 순전한 폭력 범죄로 인해 발생한 만행들만큼 끔찍한 범죄들이었다.

하지만 자주 그렇듯이 여기에는 또 다른 이면이 있다. 부시 행정부가

106. 2004년 봄, 바그다드 아부그라이브교도소에서 미군 병사들이 고문을 가하는 사진이 공개되자 이라크 화가 살라 에디네 살라트(Salah Edine Sallat)는 이 벽화를 그렸다. 화가의 손에서 복면을 쓴 자유의 여신상은 한 손을 전기 배전상자에 얹은 채 고문 사진들 가운데 가장 유명한 사진에 등장하는, 고깔을 뒤집어쓰고 전선에 연결된 포로 옆에 서 있다.

실제로 포로들을 "불법적 적 전투원" "강화 심문" "용의자 인도" 같은 완곡어법하에 취급하고 있다는 사실이 오해의 여지 없이 명백해지면서 일본의 전쟁포로 범죄에 대한 미국과 연합국의 기소는 대중의 뇌리를 떠나지 않으면서 때로는 조롱하는 듯했다. 다시금 이 시대의 사건들은 과거 일본의 전시를 환기했고—선택한 전쟁이라는 코드로서 "진주만" 부메랑의 경우처럼—이는 테러와의 전쟁 수행과 더 일반적으로는 미국의 이중 잣대 관행에 달갑지 않은 빛을 던졌다.

양자 간에는 명백한 차이가 있다. 일본의 만행은 더 큰 규모로 자행됐고 일본군의 손에 학대당하고 죽은 많은 포로는 중요한 정보를 제공해 줄 잠재적 원천으로 간주되지 않았다. 하지만 일제의 고문과 여타 비인도적인 처우는 나중에 미국과 그 지지자들이 그런 행위를 적나라하게 저지르

107. 어느 이란인 남녀가 테헤란 근처 도로에 걸린 거대한 벽화 옆을 걸어가고 있다. 가장 악명 높은 아부그라이브 고문 사진 두 장을 재현한 그림 한쪽에는 페르시아어로 "오늘날의 이라크"라는 문구가 적혀 있다.

게 됐을 때와 달리 고문과 잔학 행위라고 불렸고 단호하게 규탄받았다. 정보를 얻어 내기 위한 "물고문"은 그런 관행들 중 하나로서 아주 극소수인 일본인만이 이 혐의로 기소되어 유죄가 인정됐다. 하지만 포로에 대한 잔혹한 처우로 야기된 도덕적 공분은 히로시마와 나가사키 원폭 투하 이후 원자폭탄은 "미군 전쟁포로를 굶기고 때리고 처형한 자들"을 상대로 사용됐다는 트루먼의 발표에서 전달되듯이 훨씬 더 일반적인 성격을 띠었다. 당시에 포로에 대한 처우는 문명인과 야만인, 민주주의 국가들과 그들의 적인 추축국을 구분하는 데 핵심적인 것이라고 주장됐다.[65]

✤ ✤ ✤

제2차세계대전 전범재판이 끝난 지 45년쯤 뒤에 당시 가장 젊고 어쩌면 가장 사려 깊은 판사로 도쿄재판에 참여했던 네덜란드 법학자 B. V. A. 뢸링(B. V. A. Röling)은 "[뉘른베르크와 도쿄의] 두 재판이 음험한 동기들을 갖고 있었고, 정치적 목적 때문에 오용됐으며 다소 불공평했던 것은 사실이다"라고 시인했다. "하지만 두 재판은 전쟁의 불법화에 매우 건설적인 공헌도 했으며, 지금 이 세상은 국제관계에서 전쟁의 정치적·법적 지위에 근본적 변화가 절실하다." 도쿄재판은 그러므로 "법적 발전에서 일종의 획기적 사건이었고 판결의 밑바탕에 깔린 태도는 원자력 시대에 절대적으로 필수적이다".[66]

그와 대단히 비슷한 태도가 야마시타 재판에서 부각됐고 추후 독일과 일본의 몇몇 장교들의 재판 과정에서 가다듬어진 지휘 책임에 대한 강조에 반영됐다. 그러므로 1973년에 미 육군의 《군법리뷰(Military Law Review)》에 실린 장문의 분석은 "제2차세계대전의 잿더미에서 부하들에 의해 저질러진 전쟁범죄에 대한 지휘관의 책임, 가장 초창기부터 군사학자들이 인식해 왔던 책임에 대한 정의를 심화하려는 열망이 솟아났다"라는 결론으로 마무리된다. 그 상세한 분석문이 보여 주듯이, 지휘 책임 원칙은 적용하기가 복잡하지만 부하들의 행위에 대한 "무분별한, 비도덕적인 간과"가 입증 가능한 지점에서는 엄혹하고 가차 없기도 하다. 군법은 한 국가의 지도자는 최고도의 의무와 책임을 져야 하며, 그 의무 수행이 미흡하고 그런 행위에 대한 무분별한 묵인이 만연할 때 그러한 간과에 "형사상 책임"을 물어야 한다고 분명히 한다.[67]

이 1973년 연구는 베트남 미라이 학살이 지휘 책임 쟁점에 새삼 주의를 환기한 뒤 발표됐다(미라이에서는 1968년 미군에 의해 남베트남 민간인 수백 명이 학살당했고, 1969년에 학살의 진상이 드러나면서 전 세계적인 공분을 불러일으켰다). 돌이켜 볼 때, 어느 군법무관의 이 사려 깊은 분석은, 시간적으로 일본 전범재판에 대한 윌러비 장군의 나지막한 비판과 9·11에 뒤이은 테러와의 전쟁 사이 얼추 중간에 위치하며 양자와 공명한다.

윌러비는 미국이 앞으로 모든 전쟁에서 반드시 승리해야 할 것이라고 경고했고, 미국은 베트남에서 그리고 다시금 이라크에서 승리하는 데 실패했다. "미라이"는 베트남전쟁의 악명 높은 범죄행위에 대한 생생한 은유나 비유가 됐다. 마치 "난징" "진주만" "바탄" 또는 "우리 전쟁포로들"이 앞선 전쟁에서 일본에 대해, 그리고 "관타나모" "아부그라이브" "워터보딩(waterboarding)"이 9·11 이후 미국의 행태를 은유하는 역할을 하는 것처럼 말이다. 윌러비가 연합국의 "위선"을 환기했을 때, 그는 그런 이단적 생각들을 사적인 것으로 놔둘 수 있었다. 그런 통제는 텔레비전 보도의 시대가 도래한 1960년대와 1970년대에 사라지기 시작했고, 21세기에 이르자 사이버 커뮤니케이션 혁명으로 인해 완전히 없어지다시피 했다. 그리고 보수적 비판가들이 강조하듯이 국제법과 인권·시민권 운동의 영향력 증대도 이런 경향에 일조했다.

그러나 커뮤니케이션 혁명에도 불구하고 그리고 "법리전"과 연방정부와 군부가 이 문제를 다루기 위해 기용한 무수한 법률가에도 불구하고, 1970년대와 테러와의 전쟁 사이에 얼마나 변한 게 없는지를 살펴보면 여전히 정신이 번쩍 든다. 실상, 제2차세계대전 이후에 미국 스스로가 증진한 법적 선례와 원칙 들은 뉘른베르크와 도쿄 재판이 마무리됨과 거의 동시에 부정당했다. 미국과 그 동맹국들이 스스로에게 동일한 기준을 적용할 것이라 순진하게 기대하며 다른 이들의 잘잘못을 가리는 것은 괜찮았고, 미국인이 비미국인에게 법적 책임을 추궁당하는 일은 생각할 수도 없었다. 정당한 전쟁(jus ad bellum)과 전쟁행위적법성(jus in bello)과 관련한 더 큰 문제들은 차치하고라도 베트남에서—아니면 아프가니스탄과 이라크 전쟁에서—전통적인 잔학 행위들에 대한 심각한 지휘 책임 문제는 거론되지 않았다. 책임 면제가 지속적으로 "법리전"에서 승리하면서 "국제적 포럼"과 "사법절차"가 그저 약자의 추가적 무기로서 "테러리즘"과 공식적으로 한편으로 엮이는 지경이 됐다.

세력권과 패전 군대의 림보

점령지 일본에서 급진적 개혁의 의심스러운 적법성과 일본 전범 재판의 복잡다단한 유산은 대다수 서술에서 무시됐는데, 그 고립된 패전국에서 다른 많은 성취가 건설적인 방식으로 이루어지고 있었기 때문이다. 또한 연합국이 승리하고 전 세계를 집어삼킨 끔찍한 전화(戰火)가 꺼졌다고 여겨지자마자, 거의 쉴 틈도 없이 아시아 전역에서 전시의 약속 배반, 반란 사태, 새로운 분쟁과 범죄가 뒤따랐다는 사실도 무시된다.

이론적으로는 일본의 패전은 황군의 침략과 점령, 압제에 시달린 수억 아시아인을 해방했다. 그러나 실제로는 패전은 전승 연합국이 개입한 새로운 전쟁과 점령의 길을 닦았다. 그리고 그 역사는 이라크 침공 및 흔히 주장되는 것보다 독특하지 않은 그 후대의 여러 비극적 측면들에 흐릿한 거울을 비춰 준다. 여기서 거울은 끔찍한 결과를 빚어 내며 배반당한 해방의 약속들만이 아니라 지속적인 전쟁의 문화들도 반영한다. 근시안적 "현실주의", 항복한 병사들에 대한 권력 오남용과 이를 방조하기도 하는 법적 장치들, 무법, 테러, 반란, 물리적으로 우세한 군사력을 무력화할 수도 있는 민족주의 등이 그것이다.

1945년 9월 2일에 발표한 "대국민 메시지"에서 맥아더는 "오늘은 포성이 잠잠합니다…… 사람들은 어디서나 햇빛 속에서 당당하게 걸어 다닙니다. 전 세계가 평화롭게 조용히 있습니다"라고 선언했다.[68] 유럽에서처럼 아시아의 수백만 생존자에게도 이것은 허구였다. 햇빛이라기보다는 가짜 빛, 기껏해야 순식간에 지나가는 휴지기일 뿐이었다. 사담 후세인이 축출된 뒤 이라크 국민들의 고통이 아직 끝나지 않은 것처럼 그들의 고통은 끝나지 않았다. 그리고 이 고통의 많은 부분은 승자들의 무신경과 관련이 있었다. 여러 나라 각지각처에서, 햇빛 속에서 당당히 걷지 않던 사람들은 흔히 다른 이들을 쓰러트리길 서슴지 않았다. 그들이 항복한 일본군이든 과거 일본군에게 당한 아시아인 희생자이든 상관없었다. 이런 운명에 처한 이들에게 세계가 평화롭게 조용히 있다는 말은 잔인했다. 이와 비슷하게 수십 년 뒤, 이라크인들이 끊임없이 "해방"을 운운하는 침공군에게서 미국에 고마워해야 한다는 소리를 듣는 것도 쓰라린 일이었다. 조국은 외세의 지배를 받고 자신들의 삶은 폭력의 소용돌이에 휩쓸리게 됐는데 말이다.

일본 군국주의의 흥망은 아시아의 구식 식민주의에 조종을 울렸다. 하지만 단말마의 비명은 오래 이어졌고, 수사와 현실 간 괴리는 맥아더가 세상이 마침내 평화롭고 조용해졌다고 선언한 이후로 거의 바뀌지 않았다. 1941년과 1942년 초에 일본은, 대(大)일본이 "아시아의 지도자…… 아시아의 수호자…… 아시아의 빛"[69] 역할을 할 새 시대의 여명이 밝았다고 선언하면서 동남아와 필리핀에서 "공존공영"의 이름으로 영국, 프랑스, 네덜란드, 미국의 식민지였던 곳의 권력을 차지했다. 2600만 제곱킬로미터에 걸쳐 있는 이 광대한 "남방 지역"의 많은 원주민은 처음에는 이 공언된 반제국주의적 목표들을 끌어안았다. 그들은 서양 식민 세력의 패주를 놀라워하며 지켜봤고 많은 경우에 황군을 해방자로 환영했다. 하지만 환영은 좀처럼 오래가지 못했다. 경제적 착취와 정치적 억압은 처음의 희망과 약속을 지웠고 긴밀한 협력자 집단을 제외하면 일본의 종말을 애도하는 사람은 없었다.

아시아, 아니 전 세계의 신새벽을 알리는 미국과 영국의 대항 선언은 1941년 8월 4일 루스벨트와 처칠이 공동발표한 "대서양헌장(Atlantic Charter)"으로 일찌감치 표명됐다. 대서양헌장은 무엇보다도 "모든 민족이 각자 정부 형태를 선택할 권리를 존중"하겠다고 약속했다. 비록 이 이상들은 진주만과 미국 참전 이전에, 어디까지나 독일의 침략을 유념한 가운데 발표되긴 했어도, 1942년 1월 1일에 추축국에 반대하는 26개국 이름으로 나온 "국제연합선언(Declaration by the United Nations)"(당시에 국제연합이란 연합국을 가리켰다)에서 재확인됐다. 서명국 가운데는 아시아 전역 현지에서 일본의 군사적 항복을 관장할 책임을 질 네 나라가 포함됐는데 미국, 영국, 소련, 중국이었다. 선언문은 서두에서 대서양헌장을 인용한 다음 이를 "적을 상대로 한 완전한 승리는 자국에서는 물론 타국에서도 생명, 자유, 독립, 종교적 자유를 수호하고 인권과 정의를 지키는 데 불가결하다"라는 확신으로 바꿔 표현했다. 바로 이런 이유에서 그들은 "이제 세계를 예속하려는 흉포하고 잔혹한 세력에 맞서 공동의 투쟁에 참여하고" 있었다.

아시아 전역의 민족주의자들은 이 같은 선언들을 승리하면 탈식민 세계를 건설하는 데 앞장설 것이라는 미국의 약속으로 진지하게 받아들였다. 일본이 항복한 순간부터 이러한 희망과 기대는 워싱턴과 런던을 (그리고 파리와 헤이그도) 놀라움에 빠트릴 만큼 강렬하게 표명됐다. 멋들어진 선언문 작성자들은 문화적으로 낯설고 머나먼 땅에 있는 실세계 청중에게는 분명 그다지 신경을 쓰지 않았다. 일례로 1945년 9월에 일본군을 접수하러 자바섬에 도착한 영국군 선발대의 한 장교는 나중에 자신들을 맞이한 뜨거운 독립 열기에 관해 다소 놀라워하며 글을 남겼다. 바타비아(Batavia)에 입성했을 때 영국군은 사방에서 "온갖 차량과 탈것이 커다랗게 휘갈겨 쓴 구호로 뒤덮여 있는 것을 보았다. 어느 구호는 '대서양헌장은 네덜란드 제국주의로부터의 자유를 의미한다'라고 외쳤다. '아메리카는 아메리카인들에게—먼로(아메리카 대륙에서 유럽 열강의 간섭 배제를 선언한 19세기 미국의 유명한 외교 원칙인 먼로독트린을 가리킨다), 인도네시아는 인도네시아인들에게'라고 또 다른 구호는 부르짖었다. 어딜 가나 걷잡을 수 없는 민족주의의 신호가 넘쳐 났다. 전화를 걸려고 수화기를 들면 교환원으로부터 '메르데카'(자유)라는 짤막한 인사말이 들려왔다".[70]

서구 열강의 일부 식민지들은 일본 패전 직후 실제로 독립을 얻었는데 필리핀과 인도가 두드러진 경우였다. 그러나 여타 지역의 수백만 아시아 민족주의자에게 민족자결에 관한 전시의 수사는 아시아의 수호자와 빛이라는 일본의 가식보다 그리 나을 게 없었다. 게다가 붕괴하는 일본 제국 구석구석에 걸쳐 현지의 군사적 항복을 접수하는 책임을 나누는 일이란 연합국 진영 내 각자의 세력권을 확인하는 일에 가까웠다. 소련은 만주와 한반도 절반을, 장제스의 부패한 국민당 정권은 미국의 군사적 지원에 철저히 의존하여 중국 전역을, 미국은 필리핀과 일본, 한반도 절반, 태평양 지역 전체(당시 일부 미국 전략가들과 전문가들에 의해 "미국의 호수"라는 새로운 별명을 얻었다)를 관할하기로 했다. 동남아를 맡은 영국은 이전의 영토적 지배를 재확립하는 한편 프랑스와 네덜란드

108. 1945년 8월 29일, 일본의 아오모리 수용소에서 해방된 연합군 전쟁포로들이 미국, 영국, 네덜란드의 국기를 휘날리고 있다.

109. 1945년 2월, 마닐라 빌리비드 수용소에서 해방된 피골상접한 미군 전쟁포로들.

110. 괌에 있던 일본 전쟁포로들이 천황의 항복 발표를 듣고 있다. 종전 당시 일본인 600만 명 이상이 본국 송환을 기다리고 있었고, 수만 명은 송환이 몇 달이나 심지어 일 년 넘게 지연됐다.

111. 1945년 9월, 태평양 섬을 하나씩 접수하는 미국의 징검다리 공격 작전으로 마셜군도에서 고립됐다가 구조된 아사 직전의 일본 수병들. 전후 일본의 강한 반군국주의 정서는 전세가 불리해지면서 일본의 군인과 민간인이 겪은 고통에서 상당 정도 기인했다.

식민 권력의 복귀를 위한 길을 닦을 것으로 예상됐다. 도쿄만에서 일본이 공식 항복한 데 뒤이어 영국이 주도하는 병력이 9월 12일에 싱가포르에서 자체적인 항복 문서 조인식을 열고 동남아의 모든 일본군의 항복을 접수했을 때, 함대에 잔뜩 늘어서 있던 군악대는 〈브리타니아여 지배하라!(Rule, Britannia!)〉를 활기차게 연주하여 당시 서양 세력의 오만을 포착했다.[71]

이러한 분업 및 세력권 분할은 상당 부분 현실적이었다. 여기에는 과연, 언제, 어떻게 구식 서양 제국주의와 식민주의가 제거될 수 있는지 또는 적어도 점진적으로 물러날 수 있는지를(이를테면 모종의 국제적 신탁통치나 궁극적인 독립 보장을 통해서) 둘러싼 열띤 논쟁도 얼마간 뒤따랐다. 전쟁에서 바라던 평화로의 이행—거대한 전쟁 기계를 밀고 나가는 것보다는 더 힘든 도전—이라는 원대한 과업 전체가 거의 매 단계마다 지금까지 한편이었던 미국, 영국, 프랑스, 네덜란드 간의 날카로운 대립으로 난항을 겪었다.

그러한 복잡한 사정과 다툼의 결론은 어쨌거나 꽤 단순했다. 힘의 정치가 전후 정책을 좌우했다. 그리고 전시에 그랬던 것처럼 미국의 구상에서는 유럽과 서양이 아시아보다 우선시됐다. 일본이 뿌리째 흔든 구(舊)제국주의 체제의 해악에 대한 강력한 공적·사적 규탄에도 불구하고, 왜 미국의 정책결정자들은 결국에는 영국과 프랑스, 네덜란드의 동남아 재점령에 정치적·물적 지원을 보냈을까? 코델 헐 국무장관은 이에 관해 조심스레 몇 마디를 남겼다. 회고록에서 그는 "우리는 동방에서 그들을 소원하게 만들고서 유럽에서 협력하기를 기대할 수 없었다"라고 설명했다.[72]

이 유럽중심주의는 수도와 현지에 있던 연합국 계획가들의 압도적 다수가 원자폭탄에 대해 사전에 알지 못했고 일본의 항복을 갑작스레 맞이하게 되었다는 사실로 악화됐다. 전시 전략에 대한 몰두가 정보수집과 전후 도전에 대한 계획 수립을 크게 능가했고, 한반도부터 중국을 거쳐 동남아까지 민족주의적이고 혁명적인 동요가 얼마나 강력할지 거의 누구도 내다보지 못했다. 돌이켜 보면 마땅히 예상했어야 할 일을 예상하지 못한 것이다. 그리고 그런 경우는 이번이 처음도 끝도 아니었다.

이 종전 직후의 혼란에서 일본과 많은 일본인이 수행한 역할은 아이러니했다. 그 많은 죽음과 파괴를 불러온 패전국은 점령으로 안전하게 보호받고 이러한 폭력과 더 나아가 세계 전체로부터 고립되어 있었다. 반면 해외에서 항복한 많은 일본군은 저도 모르는 사이 이제는 아시아 대륙을 뒤흔들고 있는 격동의 일부가 됐다. 일부 부대는 무기를 계속 보유하고 현지의 "법과 질서" 유지에 적극적으로 참여하라는 지시를 들었던 한편, 일부 병사들과 기술 인력들은 현지 민족주의와 공산주의 운동에 자의 또는 타의로 가담했다. 천황의 충성스러운 병사 수만 명은 어제의 적과 어깨를 나란히 하며 새로운 전쟁에서 싸우게 됐다. 게다가 이런 운명을 모면한 수십만 명은 여전히 다른 종류의 림보〔천당과 지옥 사이의 공간을 일컬으며, 장기간의 불확실성에 대한 비유적 표현이다〕에 갇혀 있었다. 승자들이 패전 군대의 철수를 미루며 그들을 강제 노동에 이용했기 때문이다. 전시법규에 따라 포로들에게 전통적으로 보장되는 보호는 광범위하게, 자의적으로 그리고 대중의 관심이나 격렬한 반발을 불러일으키지 못한 채 박탈됐다.

✚ ✚ ✚

1945년 8월 이후에 650만 명에 가까운 일본 군인과 민간인이 본국송환을 기다리고 있었던 한편, 120만 명이 약간 안 되는 비일본인─대체로 한국인─이 일본**에서** 고국으로 송환을 바라고 있었다. 이들의 수송 사업은 보통 일이 아니었고 진행 과정은 복잡하고 오래 걸렸지만 대부분은 꽤 신속하게 귀환할 수 있었다.

송환자 수송 및 그와 관련한 국내 절차를 조직한 맥아더의 도쿄 사령부는 이 막대한 인원을 잘 처리했다고 자랑스러워했다. 1946년 2월 말에 이르자, 대략 일본인 150만 명이 송환됐고 3월과 7월 중순에 160만 명이 더 뒤따랐다. 1946년 말에 이르자, 연합국최고사령관 총사령부는 고국에 송환된 일본인 숫자를 총 510만 명으로 추산했다. 하지만 1946년 12월 전후로 상당수 일본 군인과 민간인이 정확히 어디에 배치되어 있었는지 추적하기란 쉬운 일이 아니다. 소련은 항복한 일본군을 가장 오랫동안 붙잡아 두고 혹사한 것으로 악명 높지만, 패한 쪽에 속한 죄밖에 없는 많은 사람의 송환을 미룬 당국은 소련만이 아니었다.[73]

소련은 종전 일주일 전에야 일본을 상대로 참전했지만, 만주와 한반도 북부에서 소련의 명목상 관할하에 들어온 일본군과 민간인 수는 어마어마했는데 아마 160만 명 가까이 됐을 것이다. 이 중 29만 3000명은 한반도 북부에서 남부로 가까스로 내려왔고, 또 다른 대략 62만 5000명은 1947년 말까지 소련에 의해 본국으로 송환됐다. 일본 정부는 무려 70만 명이 시베리아로 이송되어 노동자로 억류됐다고 추산했다. 비록 소련은 1948년 5월에 송환 사업을 재개했지만, 일본과 미국 관리들은 1949년 봄까지도 여전히 40만 명 이상이 그리고 어쩌면 무려 46만 9000명이 소련에 붙잡혀 있다고 추산했다. 그들은 러시아가 9만 5000명만이 남아 있다고 주장하자 아연실색했다.

시베리아에서 마지막으로 송환된 일본인은 1950년대 초에야 귀국할 수 있었고, 1991년 소련이 붕괴한 뒤 러시아 기록들이 공개되고 나서야 소련 영토에서 객사한 일본인 4만 6000명가량의 신원이 알려졌다. 소련에 억류되어 사망한 일본인의 정확한 수치는 여전히 불분명하다. 소련에 가장 오래 억류됐던 이들은 또한 공산주의와 반미주의를 집중 주입받았고, 이 같은 사실은 1948년부터 돌아온 송환자들의 반체제적인 행동에서 어느 정도 드러났다. 러시아에 의한 전후의 살인과 학대, 이데올로기 주입은 독일군 포로의 경우에 훨씬 더 광범위하게 일어났다. 그리고 이 모든 것은 자연히 일본 안팎의 냉전 프로파간다 기구에 훌륭한 먹잇감이었고, 소련 정권의 잔혹성을 확인해 주는 또 하나의 실례로 제시됐다.[74]

✤ ✤ ✤

일본인들 손에 심히 고통받았던 중국에서는 소련에서와 달리 대규모 송환이 대체로 기대만큼 빠르게 진행됐다. 하지만 거의 직관에 반하는 듯한 중요한 예외들이 존재했다. 1973년 일본의 침략에 뒤이은 긴 전쟁 동안 중국은 내전에도 휩싸여 있었다. 미점령 내륙지역은 일본의 통제를 받는 협력자들이 다스리는 방대한 해안 지역과 대치하고 있었고, 국민당과 공산당 간 억눌린 내전은 일본의 침략에 맞서 통일전선을 편다는 명목으로 표면상으로만 덮어 두었을 뿐이었다.

일본이 항복함에 따라 장제스가 이끄는 국민당은 자신들의 권위를 전국으로 확대하고자 미국의 군사적 지원을 끌어들였다. 이 재점화된 내전에서 그들은 일본 숙련 기술자 수천 명(과 그들에게 딸린 식구들)의 철수를 지연했을 뿐만 아니라 특히 공산당 세력이 가장 강한 북부에서 일본군의 지원을 끌어들였다. 일본군 수만 명이 항복 이후 1년이 훌쩍 넘어서까지 중국에 남아 국민당 휘하에서 활동했다. 일부의 경우에는 1949년 공산당이 승리할 때까지 남아 있었다.[75]

일본 군인과 기술자 들의 이용과 오용은 모든 관련 당사자에게 곤혹스러운 사안이었으므로 이 문제는 기껏해야 마지못해 시인됐을 뿐이다. 그러므로 우리가 당시 상황을 재구성하기 위해 이용한 자료 상당 부분은 여전히 단편적이고 개인적 진술에 의존한다. 예를 들어 항복 후 15개월이 지난 1946년 11월에 미군 앨버트 웨더마이어(Albert Wedemeyer) 장군은 국민당의 일본군 무장해제가 느리다고 불평하며 베이징 일대에 무장해제되지 않은 일본군이 7만 명 이상 있을 것이라고 결론 내렸다. 1947년 1월 말에 난징 주재 노련한 어느 미국 외교관은 완전무장한 일본군 대략 8만 명이 장제스 휘하로 만주에서 활동 중일 것이라고 추정했다. 이런 행위들에서 장제스의 가장 긴밀한 협력자 중 한 명은 종전 당시 중국에서 일본군 총사령관이었던 오카무라 야스지(岡村寧次) 장군이었다. 1942년과 1943년에 오카무라는 화베이 지역에서 공산당과 그들을 지원하는 농민들을 상대로 악명 높은 "모조리 죽이고 태우고 빼앗는" 초토화작전을 실시하여 일부 서술에 따르면 200만 명이 넘는 민간인을 살해했다. 오카무라는 장제스의 군사고문으로 1949년까지 중국에 남았고 장제스의 비호를 받아 전범으로 기소되지 않았다. 국민당 정부는 일본의 이전 식민지인 타이완에서 일본인 행정 관리와 기술자 수천 명의 송환도 지연했다.[76]

일제가 항복한 뒤 중국에서 일본군 장교와 가까운 관계를 구축하여 일본 군인들을 이용한 세력은 장제스 정부만이 아니었다. 장교를 포함해 일본군 1만 5000명가량이 군벌 옌시산(閻錫山)에게 징발되어 산시성에서 공산당에 맞선 가망 없는 싸움에 억지로 가담했고, 1949년에 옌시산이 군사적으로 제압당할 때까지 이 가운데 7000명가량이 목숨을 잃었다 [그들의 일본인 지휘관 이마무라 호사쿠(今村方策) 장군은 옌시산이 항복했을 때 자결했다]. 중국공산당도 그들대로 일본 군인과 기술자 수천 명을 강압하거나 꾀어 내전에서 자기편에 가담하게 했다. 그 결과 "항복후" 졸(卒)이 된 일본 병사들은 중국 내전의 살육 속에서 여러 차례 서로 적으로 싸우게 됐다. 중국에서 항복하여 송환이 지연된 일본인과 관련한 수치 역시 소련에서의 경우처럼 파악하기 힘들지만 1949년 4월에 장제스와 다 망가진 국민당 군대가 타이완으로 도망치고 공산당이 중화인민공화국 수립을 선언할 무렵에 미국 정보 당국은 일본인 6만 명 이상이 여전히 만주에 남아 있다고 추정했다.[77]

❖ ❖ ❖

동남아시아에서 일본의 군사적 항복을 접수할 책임은 제독 루이스 마운트배튼(Louis Mountbatten) 경 휘하 영국 중심의 동남아연합군사령부(Southeast Asia Command, SEAC)에 위임됐다. 히로히토 천황이 실제로 항복 라디오방송을 하기 전에 마운트배튼이 받은 지침은 런던의 우선 사항을 분명히 했다. 우선 버마, 싱가포르, 말라야 주요 지역을 재점령한 뒤 다음 순서는 홍콩과 "프랑스령 인도차이나"였는데, 후자의 지역에서 동남아연합군사령부는 "프랑스군과 문민 관리들"의 복귀에 대비할 예정이었다. 그다음으로 시암(태국), 마지막으로 자바섬과 수마트라섬을 재점령할 예정이었는데, 마지막 지역에서의 임무는 "일본군의 항복을 접수하고 이 지방을 궁극적으로 네덜란드 행정 당국에 넘겨줄 수 있게 준비하는 것"이었다.

언론에 대대적으로 보도되지는 않았지만 식민지로 다시 밀고 들어오면서 영국, 프랑스, 네덜란드는 대체로 미국으로부터 정치적·경제적·물적 지원을 받았다. 또한 이제는 "JSP", 즉 항복한 일본군 관계자(Japanese Surrendered Personnel)라는 새 이름을 얻은 일본군으로부터 군사적 지원을 받았다. 공교롭게도 JSP는 현지의 독립운동 진압을 돕도록 협조를 요청받은 유일한 아시아 군대가 아니었다. 마운트배튼의 동남아연합군 사령부 휘하 병사 대다수와 거기서 나온 사상자 대다수는 인도 출신이었다.[78]

수카르노(Sukarno)가 이끄는 현지 세력은 곧 쫓겨날 일본 지배자들의 지지를 받아 8월 17일 인도네시아의 독립을 선언했다. 인도차이나에서는 호찌민이 이끄는 베트민 세력이 북부와 남부 양쪽을 확고히 장악한 듯했으며, 마침내 9월 2일 독립적인 베트남민주공화국의 수립을 선언했다. 이러한 민족주의 움직임은 유럽이 식민 지배를 재수립하는 데 만만찮은 도전을 제기했고, 특히 인도네시아의 경우에는 영국, 미국, 네덜란드를 한동안 어안이 벙벙하게 만들었다. 네덜란드는 대체로 (주로 오스트레일리아에서) 망명 중인 식민지 관리들의 입을 빌려 자신들의 복귀가 환영받을 것이라고 모두를 안심시켰다. 마운트배튼의 동남아연합군 사령부와 워싱턴의 계획가들은 그러한 호언장담을 액면 그대로 받아들였다.

일례로 항복 직후에 작성된 국무부 메모는 네덜란드령동인도군의 총사령관이 앞서 다음과 같이 보고했다고 전한다. "NEI[Netherlands East Indies: 네덜란드령동인도]의 사람들은 반체제인사 소수를 제외하면 대체로 이전 NEI 정부를 지지할 것이며, 전반적인 인상은 NEI에서 일본의 프로파간다는 대략 0.1퍼센트 주민에게만 영향을 미쳤다는 것이다."
1945년 6월에 국무부는 "원주민 대다수는 일본의 축출과 네덜란드 지배의 복귀를 환영할 것"이라고 예상하는 보고서를 최종적으로 작성했다.

이러한 사태 전개에 관한 영국의 공식 군사사 서술에 따르면,—거의 60년 뒤 이라크에 관한 부시 행정부의 희망적 사고를 겨냥한 비판으로 쉽게 바뀔 수 있는 언어다—"마운트배튼이 네덜란드령동인도 전체를 책임지게 됐을 때, 그에게 묘사된 것과 같은 상황은 희망적 사고의 최고의 사례였다는 것이 금세 분명해졌다. 인도네시아인들의 기꺼운 협조 대신 공공연한 전쟁 위협뿐만 아니라 일본인들에게 훈련을 받아 무장을 갖추고, 네덜란드 지배를 회복하려는 자들이라면 그 누구와도 싸울 태세인 상당한 인도네시아 병력도 있었다".[79]

8월 17일 수카르노의 독립선언에 대한 일본의 황급한 지지와 민족주의 진영에 대한 물자와 무기 제공에도 불구하고, 또 일부 일본 병사들이 이탈하여 그쪽 진영에 가담했음에도 불구하고 일본군 대다수는 동남아 연합군사령부의 명령을 충실히 따랐다. 그리고 승자들이 현지 여러 지역에서 전쟁포로에 대한 일본의 "비인간적, 금수 같은 관행"(마운트배튼의 표현)을 찾아내고 또 규탄하고 있었지만, 이 같은 사실이 동남아연합군사령부가 패배한 적군에게 무장을 계속 유지하고 네덜란드 병력이 도착하여 접수할 때까지 현지 민족주의자들을 상대로 "법과 질서"를 강제하라고 지시하는 것을 막지도 않았다.

이 업무 가운데 전부는 아니지만 일부는 치안 업무였다. 1945년 연말에 트루먼 대통령 앞으로 보낸 유려한 "크리스마스 데이" 서신에서, 아직 공식 인정을 받지 못한 인도네시아공화국의 총리는 영국군의 공중 및 해상 폭격에 관해 설명한 다음 계속하여 "영국의 지시를 받는 영국군과 일본군이 토벌 작전의 일환으로 우리 촌락들에 불을 질렀습니다. 수라바야 (Surabaya)와 세마랑(Semarang)은 그곳에서 벌어진 전투 때문에 폐허가 되다시피 했습니다"라고 썼다. 그다음 총리는 아시아 민족주의자들이 대서양헌장의 이상을 수호할 마지막 희망으로서 미국에 거는 특별한 신뢰를 환기했다. "우리는 현재 인도네시아에서 벌어지는 유혈의 참상을 멈추도록, 항상 자유와 정의, 자결을 위한 싸움의 최전선에 있었던 나라의 지도자로서 귀하께서 영향력을 발휘하기를 기대하고 있습니다."[80]

동남아연합군사령부의 "적과의 동침" 정책을 분석한 어느 예리한 논문은 영국과 네덜란드가 군사적으로 이용한 항복 일본군 숫자를 자바에서는 1만 명 이상으로 잡았고, 수마트라에서는 "정예병 2만 4000명" (1946년 5월 영국 외무부의 표현)으로 봤다. 이 과정에서 일본군 총사상자 숫자는 전사 717명, 부상 387명, 행방불명 207명에 달했다. 미국은 인도네시아, 특히 수마트라에서 벌어지는 사태를 면밀히 주시했고, 그들의 1차적 목표는 네덜란드와 영국은 물론 미국도 상당한 지분을 갖고 있는 그곳의 정유공장들을 보호하는 것이었다. 1946년 중반에 드디어 네덜란드군이 충분한 병력을 이끌고 도착했을 때, 영국군은 항복한 일본군 1만 3500명을 그들에게 인도했고, 이 일본군 대다수는 1947년 5월에 가서야 고국으로 송환됐다.[81]

✤ ✤ ✤

인도네시아의 독립투쟁은 1949년 후반까지 이어졌는데 그때가 되어서야 네덜란드인들은 자신들의 제국을 복원하겠다는 꿈을 결국 버렸다 (17세기 이래로 줄곧 네덜란드령동인도에 편안히 자리를 잡고 살아온 네덜란드인들로서는 버리기 힘든 꿈이었다). 인도차이나에서 연합국의 배반은 더 비극적이었다. 7월, 포츠담에서 "4대" 연합국이 합의한 항복 협정에 따라 중국 국민당과 동남아연합군사령부가 각각 인도차이나 북부와 남부에서 일본군의 항복을 접수할 책임을 맡았다. 중국은 결국에 갓 선포된 베트남공화국의 주권을 인정했지만, 미국의 지지를 받은 영국은 인정을 거부했다. 인도차이나 남부로 프랑스의 복귀를 용이하게 하고자 런던과 워싱턴은 내전이 일어나게 했고, 결국에는 베트남전쟁으로 귀결되는 정책을 추구했다. 전시 비시(Vichy) 정권의 부역이라는 치욕을 겪은 뒤, 프랑스는 피점령국이 아닌 다시 한번 점령자가 되고 (일본이 항복하기도 전에 미 국무부 어느 보고서가 예측한 대로) "강대국의 위신을 세계에 재천명하기 위해" 재빨리 움직였다. 동남아연합군사령부는 1945년 12월 19일에 사이공에서 프랑스 당국에 통제권을 넘겼다. 하지만 그때까지 남부 지역에서 법과 질서를 유지하는 초기 책임의 상당 부분은 일본인들에게 위임되어 있었다.[82]

영국 대표들은 8월 막판에 가서야 사이공에 도착했고 현장을 살펴본 뒤 남부에 있는 일본군 대략 7만 명에게 동남아연합군사령부와 궁극적으로 프랑스 당국이 인수할 때까지 무장을 해제하지 말고 계속 주둔하라고 지시했다. 일본군은 다음 몇 달에 걸쳐 중대한 수송 작전들을 수행했다. 예를 들어 일본 공군은 영국군의 지시를 받아 물자 수만 킬로그램 및 프랑스 병사와 인도 병사 1000명가량을 실어 나르며 16만 킬로미터를 비행한 것으로 추정된다. 천황이 일본의 항복을 발표한 지 두 달이 지난 10월 중순에 일본군은 사이공과 그 주변 지역을 확보하는 데 영국군과 프랑스군을 지원했다.

11월 중순에 가서야 마침내 동남아연합군사령부는 베트남에서 일본군의 무장해제가 "이제 시작될 것"이라고 현지에 발표했다. 그리고 11월 말일에 이르러서야 정식 군사적 항복이 완료되어 영국군은 일본군을 송환하기 위해 한 곳으로 집결하고, 충분한 프랑스 병력이 도착함에 따라 본인들도 떠날 준비를 하기 시작했다. 그해 12월 초엽, 일본군은 새로운 주인들을 위해 베트민과 싸우다가 전사자 126명을 비롯해 총 406명의 사상자가 났다고 추산했다.[83]

무형자산 허비

헤이그육전법규 제6조는 다음과 같다. "국가는 장교를 제외하고 전쟁포로를 계급과 능력에 따라 노동력으로 활용할 수 있다. 노역은 과도해서는 안 되며 전쟁 수행과 관련이 없어야 한다." 전시법규는 승자들이 참여하게 된 새로운 전쟁들에 포로를 이용하는 것을 분명하게 허용하지 않았다. 이 법규와 협약 들은 항복한 병사들을 원래의 무력분쟁이 끝난 뒤 오랫동안 노동력으로 이용하는 것도 허용하지 않았다. 물론 포로에 대한 태만한 처우도 인정하지 않았다. 아시아에서 승자들은 전부 이런저런 형태로 그러한 법규들을 위반했다.

일례로 마운트배튼의 동남아연합군사령부에 항복한 일본군은 영양실조와 질병이 발생할 수 있는 공간에 장기간 집단 수용된 한편, 신체 건강한 다른 수만 명은 노역을 위해 붙들려 있었다. 1946년 중순에 맥아더 사령부가 일본군 전원을 그해 말까지 송환하라고 요청했을 때, 영국 측은 그 이후까지 11만 3500명을 붙잡아 두겠다는 의사를 밝혔다. 결국에 그들은 1947년에 들어서까지 JSP 8만 명 이상을 노동력으로 말라야와 버마에 붙잡아 뒀고, 그중 마지막 송환자는 1948년 말에야 귀국할 수 있었으니 종전 이후 2년도 넘은 시점이었다.[84]

미국인들은 그들대로 "병자와 여타 능력 상실자"나 "비생산적인 노동력"을 최대한 신속히 철수시키는 한편, 더 신체 건강한 병사들은 자신들이 군사적으로 통제하는 지역에 노동력으로 유지하는 것을 개의치 않았다(어느 설명에 따르면 "필수 시설들의 유지와 보수"를 위해서였다). 여기에 포함된 포로는 최소 6만 9000명이었고, 그들의 귀환은 1946년 마지막 분기까지 미뤄졌으니 항복하고 나서 14~16개월까지 붙들려 있었던 셈이다(필리핀 4만 5000명, 오키나와는 1만 2000명이나 그 이상, 태평양 지역 7000명, 하와이 5000명). 전쟁과 탄압에 대한 비타협적인 묘사로 찬사를 받으며 훗날 전후 일본의 뛰어난 영화감독이 된 고바야시 마사키(小林正樹)는 1946년 말까지 노역을 위해 오키나와에 억류됐던 항복 군인들 가운데 한 명이었다.[85]

법 기술적, 완곡어법적 조작은 항복한 적군에 대한 이 같은 이용과 오용을 방조했다. 연합국이 독일을 상대로 최종 승리하기 전부터 영국 정부는 무조건항복 원칙에 따라 포로가 된 독일군을 국제법의 보호대상에서 제외하는 방식으로 분류할 법적 표현을 도입했다. 그들은 "항복한 적국인(surrendered enemy persons)"이나 "무장해제된 적국인(disarmed enemy persons)"으로 분류됨으로써 헤이그와 제네바의 조항들이 적용되지 않는다고 추정되는 지위가 부여됐고, 그에 따라 그들을 노동자로 이용하고 일일 영양 수준 보장과 같은 보호와 여타 권리들을 박탈해도 문제가 없게 됐다. 똑같은 언어적 속임수—"무장해제된 군 관계자(disarmed military personnel)" "항복한 일본군 관계자"—가 아시아에서 유사한 목적을 위해 동원됐다. 인도적 차원의 법과 협약을 피해 가려는 이런 앞선 시도들에 비춰 볼 때, "불법적 적 전투원" 등과 같은 부시 행정부의 법적 구성물은 이런 관행이 조장한 학대와 더불어 비판가들이 종종 주장하는 것만큼 이례적이지는 않은 듯하다.[86]

❖ ❖ ❖

추축국의 이전 희생자와 적 들은 항복한 병사들의 운명에 대체로 무관심했던 한편, 동남아에서 배반당한 해방의 약속은 충격적이었고 끝내는 비극이었다. 영국의 식지 않은 제국적 열정은 누가 봐도 분명했다[영국 공포증적 성향이 있는 미국 일각에서는 동남아연합군사령부(SEAC)가 "영국의 아시아 식민지를 구하라(Save England's Asian Colonies)"의 줄임말이라고들 했다]. 프랑스와 네덜란드의 식민주의적 또는 신식민주의적 열성도 마찬가지였고, 두 나라의 동남아 귀환은 동남아연합군사령부의 공공연한 지지를 받았다. 미국은 그들보다 솔직하지 못했다. 심지어 마르세유에서 사이공으로 프랑스 병력을 수송하고 네덜란드군이 인도네시아를 재점령하기 위해 의존한 무기와 군용차량에서 "USA" 대여 표시를 제거해 달라고 네덜란드 정부에 요청하던 순간에도, 대외적으로는 "자치(self-government)"라는 궁극적 목표에 헌신한다고 공언했다. 미국의 정치적·물적 지원이 없었다면 동남아 식민지 재점령은 불가능했을 것이다.[87]

이후 수년, 수십 년에 걸쳐 반복되듯이, 서구 열강은 원주민의 독립운동 배후에 깔린 자긍심, 희망, 굴욕감, 궁극적으로는 분노를 이해하지 못한 채—그리고 백인들 자신의 오만이 어떻게 인식되는지 별다른 자기 성찰 없이—자신들의 권위를 강압적으로 부과하고자 했다. 아시아인의 눈으로 아시아를 보려고 애썼던 소수의 서양인 중 한 명은 미국의 저널리스트 해럴드 아이작스인데, 그는 이 격동의 순간들을 목격하고 1947년에 출간한 통렬한 책 『아시아에 평화는 없다(No Peace for Asia)』로 자신의 시각을 전달했다. 책에서 아이작스는 바타비아에서 "자바의 집단 광란"이라는 제목의 네덜란드 뉴스영화를 본 일화를 소개한다. 어느 네덜란드 의사의 분석을 토대로 한 이 뉴스영화의 진단에 따르면, 독립과 자결을 부르짖는 인도네시아인들은 "동양의 우월성과 관련한 심각한 소망 충족〔wish-fulfillment, 상상적이거나 상징적인 소망 실현〕" 증상을 보이고 있으며, "일종의 꿈속의 삶, 무아지경, 영적인 광기"에 빠져 있었다. 그 의사—제2차세계대전 당시 일본인들에 관한 조지프 그루와 2003년 침공 이후 폴 브리머, 그리고 그 사이의 무수한 여타 서양인을 연상시키는—는 이 같은 꿈속의 삶이 "서양의 교육이 가져온 합리성을 대체하는 사례를 심지어 대단히 교육받은 사람들에게서도" 목격했다고 단언하며, 그 증상은 "기관총 바로 앞에서도, 요란한 비행기의 굉음 아래에서도 이어진다. 그래도 군사적 대응이 이 광신자 무리에게 통하는 유일한 답이다"라고 분석한다.[88]

이는 대다수 코카서스인종에게는 줄곧 진리였던, 합리적 서양인 대비합리적 유색인종 떼거리라는 상상된 이분법이다. 예를 들어 민족주의 지도자들과 얼마간 정중한 대화를 나눈 네덜란드 식민지 군대의 총사령관은 "원주민 대표단이 이해와 상식을 보여 주었다"라고 다소 놀라며 보고했다. 그보다 며칠 전 그의 정치 자문은 바타비아의 미국 영사에게 (그가 워싱턴에 보낸 전문대로) "인도들〔Indos, 인도네시아인들〕"이 "현실적인 주장과 실제 사실이 거의 배제된, 스스로 만들어 낸 꿈나라에 살고 있다"라고 알렸다. 물론 훗날 역사가들이 "도저히 유지할 수 없는 자신들만의 꿈나라에 살고 있었다"라고 본 사람들은 그 서양 관리들이었다. 그리고 서양인들의 은근한 멸시를 받던 쪽이야말로 그 점을 처음부터 알고 있었다.

예를 들어 "자바의 집단 광란" 보도에 한 이슬람 학자는 "이 의사가 설명하는 히스테리에 훨씬 더 심하게 시달리는 이들은 네덜란드인들이다"라고 점잖게 지적했다. 아이작스 같은 드문 예외를 제외하면 서양인들은 좀처럼 그런 아이러니를 구사할 줄 몰랐고, 자기 인식과 관련해서는 확실히 아니었다. 그러므로 유럽인과 미국인 본인들이 갈고닦은 종류의 냉철하고 현실적인 협상의 기술을 당당하고 자신감 넘치는 비서양인이 구사하면 야비한 짓이 됐다. 신생 인도네시아공화국의 중도적인 대통령이 네덜란드 관리를 식민 당국자가 아닌 외국 정부의 사절로 대하겠다고 밝혔을 때, 미국 국무장관 대리(딘 애치슨)는 이를 "전형적인 동양식 거래"로 치부했다.[89]

✛ ✛ ✛

점령지 이라크와 점령지 일본을 비교·대조해 보는 것은 자연스럽고 거의 거부하기 힘든 일이지만, 일본의 패전 이후 동남아에서의 서양 헤게모니를 겹쳐 보려는 시도는 많은 측면에서 그만큼 시사적인 유비를 제공한다. 여하간 외세의 침입과 내부적 격변에 의해 점령당하고 재점령당하고 갈가리 찢기던 광대한 아시아에 대한 이 파노라마적 조망은 점령지 일본에서 일어난 일을 더 명료하게 비춰 준다. 일례로 다른 사람은 몰라도 아이작스는 종전 직후 맥아더의 도쿄 사령부에서 흘러나오는 탈군사화와 민주화에 대한 열광적 찬사에 설득되지 않았다. 그는 점령을 "터무니없고 섬뜩한 코미디"로 치부했고 패전국을 다음 전쟁을 위한 계획이라는 맥락에 확고하게 위치시켰다. 그는 "모든 도쿄 특파원은 장성급 지휘관들이 일본을" 러시아나—그 자신이 예상한 대로—공산당 중국을 상대로 한 "다음 작전을 위한 대기 지역(staging area)"으로 묘사하는 것을 들었다고 보도했다.[90]

도처의 아시아인들이 보기에 (아이작스가 보기에도) "미국인들은 일제의 근래 희생자들에게 기꺼이 허락되는 것보다 상대적으로 더 많은 자치와 자유, 독립을 가증스러운 일본인들에게 허락할 태세인 듯"했다. 한국인이든 안남인이든 아니면 자바인이든 일본의 희생자들은 모두 자신들이 적어도 일본인들만큼 제 앞가림을 할 능력이 있다고 생각했지만 말이다. 결국에 아시아를 유린하고, 전쟁의 고통에 빠트린 것은 일본인들이었지 않은가? 그리고 "극동에서 어떠한 안전한 평화도 조직하지 못하는 무능력을 드러낸 것은 미국인, 영국인, 일본인, 프랑스인, 네덜란드인들"이지 다른 아시아인들이 아니었다. 하지만 이 모든 것에도 불구하고 일본은 "국가 정체성뿐만 아니라 구(舊)정권의 본질"도 유지하는 것이 허락됐던 반면 "다른 식민지들에서 국가 정체성을 획득하려는 예속민들의 시도는 한결같이 좌절됐다".

승전 열강이 민족주의 움직임을 억누르는 데 일본군을 이용하길 주저하지 않은 사실은 아이작스의 시각으로는 "한층 충격적이고 냉소적인 수치"로 비칠 수밖에 없었다. "이것은 아시아에서 일본을 상대로 한 미국의 승리가 가져올 앞날에 대해 사람들이 생각하던 그림이 아니었다." 거의 하룻밤만에 미국은 "우리 시대 어디 어느 나라가 여태 누린 것보다 더 큰 정치적 자산"—대서양헌장 이상들의 진정한 옹호자가 되는 전망—을 날려 버렸다. 식민지 독립운동들의 결점들을 모르지 않았던 아이작스에게 이는 "역대 국가들의 연대기에 기록된 눈에 띄는 낭비이자, 그 가장 방탕한 사례 가운데 하나"로 간주될 수밖에 없었다.[91]

또 다른 관점에서 보자면, 여기에 세상의 새로운 악들이 더 있었다. 힘의 정치라는 그레이트 게임에서 일본 점령은 "대기 지역"과 아시아에서의 전략적 세력권이라는 더 큰 의제의 일부에 불과했다. 법과 질서 유지에 항복한 일본군을 활용하는 일은 처음에는 계획에 없었을지라도 이 게임의 의미심장한 일부가 됐다. 그리고 패전 일본에 쏟은 자애로운 가부장 같은 관심은 다른 아시아인들을 향한 미국 및 연합국의 정책 및 관행과 날카롭게 대비됐다.

아시아에서 포성이 정말로 멈추고 평화가 찾아온 곳은 유일하게 일본뿐이었다.

15장

국가 건설과 시장근본주의

통제와 자본주의

전쟁, 점령과 관련하여 성공과 실패의 정반대 사례로서 일본과 이라크에 대한 일반적 인식보다 문제가 더 복잡하다는 것을 대략적인 유사성을 통해 보여 주는 분야는 사법 분야 말고도 많다. 예를 들어 점령지 일본에서 폭력은 거의 발생하지 않았고 점령군을 상대로는 전혀 없었지만 범죄와 부패는 심각한 문제였다. 오늘날엔 대체로 잊힌 사실이지만, 미군이 도착하기 전에 약탈이 대규모로 일어났다. 사담 후세인의 몰락 이후 발생한 약탈과 반달리즘과의 차이점은 질적인 것이었다. 일본에서 약탈은 준공식적이고 은밀하고 깔끔하다시피 했다. 그것은 관공서와 박물관을 약탈할 생각은 없는 효율적인 야간 절도범의 작품이었다.

다른 방면으로 눈길을 돌리면 이라크에서는 재앙으로 드러난 엄혹해 보이는 정책들—특히 기존 군 조직의 제거와 이전 공직자들의 무조건적인 숙청—이 연합국 총사령관의 정책에서는 핵심이기도 했다. 다른 점은 결과였다. 일본에서 이 정책들은 개인적인 어려움을 낳았지만 혼란을 불러오지는 않았다. 이라크에서처럼 초창기 점령 의제의 중심적인 많은 정책은—일본의 경우에는 배상 문제와 과격한 경제 탈집중화처럼—시작부터 잘못된 출발에 가까웠다. 다른 한편으로 항구적인 영향을 끼친 몇몇 정책들—가장 유명한 것은 헌법개정이다—은 워싱턴의 세심한 계획 수립보다는 본질적으로 맥아더와 그의 도쿄 사령부가 실행한 임시방편의 결과로 탄생했다.[92]

점령과 국가 건설에 대한 사전 계획이 전무했던 사실을 고려할 때 "임시방편(ad hoc)"은 이라크에서 가장 중요한 것이었다. 그리고 개헌도 연합국임시행정당국이 부랴부랴 도입한 개혁 의제의 일부였다. 하지만 패전 일본을 사담 이후 이라크와는 굉장히 다른 사회로 만들었던 온갖 이유들—사회적 결속, 팽배한 세속적 세계관, 하나의 문화공동체이자 나라라는 깊은 정체성, 다원주의적 시민사회로서 유의미한 경험—의 부재 때문에 "민주주의"는 이라크에서 그만큼 단단한 지지층을 찾지 못했다.

양자의 점령 사례가 부분적으로 수렴하는 가장 두드러진 지점 두 군데는 동시에 양자의 차이를 가장 잘 보여 주는 지점이기도 했다. 첫 번째 지점은 일본과 이라크의 주권 박탈과 거의 절대적인 미국의 지배력이었다. 두 번째 지점은 자본주의 촉진과 관련이 있다. 이를 종합해 보면 미국이 전쟁과 평화를 관리하는 방식이 제2차세계대전 이후 어떻게 변모해 왔는지가 드러난다.

브리머가 "이라크에서" 트라우마적인 "한 해"("이라크에서 보낸 해"는 그의 회고록 제목이다)를 보낸 반면, 맥아더는 일본에서 거의 6년 동안 전권을 휘둘렀다(그는 1951년 4월에 지휘에서 물러났다). 그러나 양자의 차이는 이를 훨씬 넘어선다. 맥아더는 분명한 지휘 계통 안에서 활동했고 안보와 민정 모두에서 통제력을 행사했다. 군인이 아닌 사람도 도쿄의 총사령부를 구성했으며, 이라크의 연합국임시행정당국을 구성할 때 개입한 일종의 이데올로기적 리트머스 시험—정파 소속과 심지어 종교적 신념도 직원 채용에 영향을 미쳤다—은 결정적인 점령 초기에는 없었다. 오히려 절충주의와 초당파주의는 초창기 총사령부에 많은 활력을 불어넣었다(리버럴과 좌파에 대한 편견은 냉전이 심화하고 역코스가 도입된 1947~1948년 무렵에 등장했다). 맥아더는 역코스 이전과 이후에도 기술적 전문성을 요구하는 문제들을 조사하는 특별 전담 팀들을 환영했지만, 민간 계약업자들이 맥아더의 의기양양한 병사들과 나란히 패전국에 쏟아져 들어오지는 않았다.

다양한 전문가들로 구성된 전후의 전담 팀들에는 21세기에는 사라지다시피 한 구식 공무 의식이 반영됐다. 마찬가지로 옛 군대는 더 넓게 정의된 의무와 책임을 갖고 활동했고, 여기에는 점령지의 민정에 관여하고 그 병사들의 일상적인 요구를 살피는 것까지 포함됐다. 그 과정에서 통제와 규율만이 아니라 책임성과 원칙이라는 외양과 실제도 유지할 수 있었다. 누구도 규율, 통제, 원칙, 책임성을 연합국임시행정당국의 짧은 존속 기간이나 그 이후의 이라크 점령과 연결하지는 않을 것이다.

이라크에서 그랬던 것처럼 견실한 자본주의경제를 창출하는 것은 일본에서도 항상 목표였다. "자본주의"라는 말이 (그리고 "견실한"도) 어떻게 이해되는지는 물론 완전히 다른 문제였다. 토지개혁, 조직 노동 장려, 트러스트 해체가 "경제 민주화"를 목표로 한 연합국최고사령관 총사령부의 초창기 개혁의 주안점이었다. 냉전과 더불어 일본의 미래에 대한 전망이 바뀐 뒤에도 경제발전을 촉진하는 데 국가가 중요한 역할을 해야 한다는 것은 당연하게 여겨졌다. 이는 점령 세력으로서 미국 국가만이 아니라, 경제적 우선 사항을 정하고 실행에 옮기며 필요하다면 외세의 착취에 맞서 취약한 산업과 기업을 보호하는 데 없어서는 안 될 행위자로서 일본 국가도 의미했다.

반대로 이라크 재건 과정에 어영부영 뛰어들게 되자 미국인들은 시장근본주의라는 지배적 도그마를 열성으로 반영하는 재건을 추구했다. "민영화"는 국가 건설에 뒤늦게 뛰어든 후발 주자들의 교리문답이 됐다. 점령 초기 어느 시점에는 이라크 경제 대부분이 매물로 나온 것처럼 보였다. 망가진 나라의 민정과 행정을 조직하고 총괄하는 데 필요한 각종 업무 중 많은 부분이 대체로 미국의 민간 계약업자들에게 아웃소싱됐다. "민정"마저도, 정보수집 업무마저도, 치안마저도, 그리고 일본에서는 일본인들에게 맡겨졌으며 이라크인들이 훨씬 비용을 덜 들이고 효율적으로 할 수 있었을 재건 노력마저도 말이다. 그 결과는 일본에서는 찾아볼 수 없는 수준의 혼란과 정실 인사, 비투명성, 부패였다.[93]

부패와 범죄

8월 중순 천황의 항복 발표와 2주 뒤 미군의 도착 사이 막간에 일본 군부와 관리들은 전쟁 관련 문서 기록을 최대한 서둘러 파기했다. 과장된 속설에 따르자면, 공습으로 인한 연기는 소각 문서에서 솟아오르는 연기로 대체됐다. 더 충격적인 것은—1년이 한참 지나서야 폭로되고 조사가 이루어지지만—정치인, 중앙과 지방의 관리, 군 장교, 지방경찰, 기업가, 폭력배 들이 계속되는 전쟁을 대비해 비축해 둔 막대한 양의 완제

품과 산업 원자재를 빼돌렸다는 사실이다.

이라크에서 문서 소각에 대응하는 사건은 정부 컴퓨터와 관공서 건물의 약탈이나 파괴였고, 창고 약탈에 대응하는 사건은 심지어 바그다드의 대형 박물관들도 피해 가지 못한, 벌건 대낮에 자행된 약탈과 반달리즘이었다. 2003년 말에 이르자, 이 약탈로 인한 경제적 손실은 120억 달러에 달하는 것으로 추정됐다. 일본의 "매점(買占) 스캔들"의 규모와 충격은 비교적인 관점에서 봤을 때 분명 이에 못지않았고 어쩌면 훨씬 컸을 것이다. 담요와 가재도구, 의약품 같은 생필품부터 기계류와 산업 원자재, 귀금속에 이르기까지 훔쳐지거나 은닉된 비축품 대부분은 암시장으로 흘러들어 인플레이션을 자극하고 여러 해 동안 산업 재건을 저해했다. 일본부흥금융금고의 경제부흥 자금 유용 등 더 일반적인 다른 스캔들도 나중에 폭로됐다.[94]

두 나라에서 일어난 약탈이 현저하게 갈리는 지점은 공적 수행 영역에 있었다. 이라크에서 이는 미군의 도착과 일치했고 공공질서 붕괴의 신호탄을 올렸다. 미군이 이를 막으려는 시도조차 하지 않은 것은 재앙이나 다름없었지만, 우발사태 사전 대책의 부재를 고려할 때 예상 가능한 일이었다. "그런 일은 일어나게 마련"이라는 것이 일찍이(2003년 4월 11일) 펜타곤 브리핑에서 나온 럼즈펠드 국방장관의 반응이었다. 몇 달 뒤(8월 9일)에 그는 이라크에서 격화되는 폭력과 혼란을 비슷하게 무감각한 태도로 일축했다. "민주주의는 어수선하고, 자유도 어수선하고, 해방도 어수선한 일이다." 미국 주류 언론 다수는 이런 유의 기자회견이 재미나다고 여겼다. 그러한 부조리연극은 미국의 신뢰도 상실의 시작이었다.

반면 일본에서는 약탈이 재빠르고 대단히 깔끔했고, 공직자들이 대거 공모하여 대중의 주목을 끌지 않은 채 거의 하룻밤 사이에 이루어졌다.

그리고 연합군이 압도적 무력을 과시하며 도착하고 맥아더가 누가 이곳의 주인인지를 오해의 여지 없이 분명히 하자 약탈은 대체로 멈췄다. 하지만 은닉되거나 절취된 물자는 극히 일부만이 회수됐다. 이후로 방해 활동은, 적당히 처벌을 피해 갈 수 있을 때면 일본 정치인, 관료, 자본가들에 의한 시간 끌기나 답변 회피 같은 다른 형태를 띠었다(점령을 공부하는 연구자들은 경제 분야에서 특히 두드러진 그런 관행을 "소극적 사보타주"라고 부른다). 이런 일은 자주 발생했지만 건설적인 협력의 반대 사례들보다는 자주 발생하지 않았고 최종적 분석에서 결국 중요한 것은 후자였다.

전시의 광범위한 물리적 파괴와 그에 따른 불가피한 무질서와 결합하여 유용된 비축 물자와 "소극적 사보타주"는 1949년 들어서까지 일본 경제 현장을 지배한 전국적인 암시장과 걷잡을 수 없는 초인플레이션을 자극했다. 이론상으로 암시장은 불법이었다. 실상 그것은 "실제" 경제였고 판매자나 구매자로 거기에 참여하는 일을 그 누구도 피할 수 없었다. 당시 냉소가와 경악한 관찰자가 모두 주목했듯이 사실상 모든 일본 성인은 부득이 범법자가 됐다.[95]

✥ ✥ ✥

점령군 쪽의 무법성은 일본에서도 찾아볼 수 있었지만 패전 독일이나 전후 유럽 여타 지역에서 나타난 무법성에는 전혀 못 미쳤다. 미군 장병들이 명랑한 일본 아이들과 친근하게 어울리는 가운데 다소 조심스러울지라도 정중한 태도를 보이는 어른들을 묘사한 아이콘적 사진들은, 양측 모두 어제의 가증스러운 적에게 재빨리 인간의 얼굴을 부여했음을 정확히 반영했다. 그러나 공식 지침과 카메라를 든 정복자들의 개인적 선택에 의해 누구도 승전 점령군의 범죄를 기록하지 않았다. 일본에 존재하는 외세의 규모를 고려할 때 범죄 발생은 불가피했다. 점령이 시작됐을 때, 미국인이 절대다수인 일본 내 연합국 관계자 수는 50만 명에 가까웠고 거의 5년 뒤 한국전쟁이 터질 때까지도 여전히 10만 명이 넘게 머물고 있었다. 하지만 점령 당국의 검열과 일본 쪽의 자기검열이 맞물려 그러한 위반행위는 전적으로 우호적인 화해의 그림 속에서 지워졌다.

미군(과 호주군 및 영국군) 장병들의 범죄는 여러 이유로 수량화가 불가능하다. 많은 희생자가 침묵을 지켰고 일본 정부는 외국인 범죄에 사법권한이 없었다. 점령 당국은 자신들에게 보고된 사건을 덮었다. 9월 2일 정식 검열이 부과되기 전인 점령 첫 2주 사이에 점령군이 연루된 범죄와 비행 수백 건이 일본 언론에 보도됐다. 사건 발생률은 이후에도 몇 주 동안 높았으며 만취에 의한 난동과 반달리즘부터 절도, 무장 강도와 폭행, 강간까지 광범위했다. 전후 일본 쪽 일부 사료들은 점령군의 강간 범죄가 시간이 지나면서 더 잦아졌다고 주장하기도 한다.[96]

일본 쪽의 범죄행위는 항복 이후에 증가하기는 했지만 이라크를 유린한 폭탄테러와 종족 청소와는 비교가 되지 않는 일반적인 방식이었다. 범죄율이 증가했는데, 특히 강도와 절도, 장물 거래가 두드러졌다. 당연하게도 많은 범법자가 귀환하여 실직자가 된 일본 제대군인이었다. 이들은 때로 깡그리 타 버린 도시에서 집도, 생존한 일가친척도 없이 혼자인 신세였다. 도발적인 한 꼬리표—퇴물 특공대라는 뜻의 "돗코쿠즈레(特攻くずれ)"—는 초애국적인 가미카제 귀환 부대원들이 특히나 으스대며 행패를 부리는 무법자들이라고 낙인을 찍었다. 공중도덕의 붕괴를 언급하는 게 유행이 됐고, 탐욕스러운 암시장과 특별히 점령군만 상대하는 판판(パンパン)이라는 매춘 여성들의 등장보다 이를 더 잘 상징하는 것도 없었다. 일본 보수파에 호전적인 노동운동의 부상은 법과 질서가 퇴락했다는 또 다른 신호였다. 비록 1948년까지 일본 노동운동은 폭력으로 얼룩지지 않았고, 그 이후에도 폭력 사태는 드물었지만 말이다.[97]

1960년대 초부터 일본이 다시 번영하게 되면서 이 전후 초기의 고생과 혼란, 불확실성은 시야에서 사라졌다. 사람들은 영양실조로 죽어 갔고, 폭력배들은 암시장을 지배했으며, 실업률은 높았고 수많은 도시민에게는 하루하루의 생존도 위태로웠다. 하지만 훗날 이라크에서와 달리 광신자들이 활개를 치거나 길가에서 사제폭탄이 터지지는 않았다. 전체적으로 질서는 유지됐다. 일본의 희극배우들과 만평가들은 증가하는 주거 침입 절도와 좀도둑질에서 썰렁한 유머를 찾기도 했다(한 만화에서 가정주부가 집 안에 들어온 강도에게 말한다. 장롱 안에 있던 것은 이미 다 털어 가고 없으니 차라리 장롱을 들고 가지 그래요). 심지어 암시장과 뻔뻔한 판판을 활력과 끈질긴 회복력의 상징으로, 다시 말해 아무리 퇴락했다 해도 절망을 씩씩하게 거부하는 행위로 보기도 했다. 절망은 분명히 곧 끝나리라. 그리고 실제로 그랬다. 이라크에서 이와 비견될 만한 유머나 낙관주의는 찾아볼 수 없었다.

성공적이고 처참한 탈군사화

일본의 공공질서와 이라크의 무질서 간 대비는 가장 눈에 띄는 정책 분야로 이목을 집중시킨다. 여기서 언뜻 유사해 보이는 지령은 매우 상반된 결과를 가져왔다. 철저한 숙청을 실시하고 군을 해체한 지령 말이

112. L. 폴 브리머 3세가 연합국임시행정당국의 지휘를 맡기 위해 도착한 지 닷새밖에 지나지 않은 2003년 5월 15일에 시아파 무슬림들이 바그다드에서 사담 이후 정치지도자 선정에 미국의 개입을 반대하는 시위를 벌이고 있다. 사진 왼쪽의 작은 구호는 "외국인 통치 결사반대"이다.

다. 2003년 5월 16일, 바그다드에 도착하고 나흘 뒤에 브리머는 "이라크 사회의 탈바트당화"라는 제목의 "명령 1호"를 발효했다. 이 숙청은 관료와 공기업 관리자, 교사, 의료인 등 대체로 수니파인 바트당 고위층 수만 명에게 영향을 미쳤다. "조직 해체"라는 부정확한 제목으로 5월 23일에 나온 "명령 2호"는 국방부를 폐지하고 관련 안보 부서와 기관, 기존의 모든 군 조직을 폐지했다. 대신 다민족을 포괄하는 비정치적인 새로운 군이 수립될 것이라고 약속했다.

이런 지령들로 일자리를 잃은 (그리고 일부의 경우에는 봉급뿐 아니라 연금도 박탈된) 사람들에 관한 추정치는 제각각이지만 대다수는 군사적 능력과 무기를 보유한 사람들이었고, 이들 수십만 명이 이미 50퍼센트가 넘어가는 실업자 대열에 합류하게 됐다. 이후로 반란·폭력 사태와 공공연한 반미주의가 증가했고, 바로 이런 상황에서 (7월 2일에) 부시 대통령은 다음과 같은 강경 발언으로 반응했다. "여건이 너무 안 좋아서 그들이 우리를 공격할 수 있다고 생각하는 사람들이 일부 있다. 내 대답은 그렇다면 한번 덤벼 보라는 거다. 우리에겐 현 안보 사태를 대처하는 데 필요한 병력이 있다." 호전적인 수사가 진지한 정책 재평가를 대신했고 심지어 상황이 붕괴하고 있는데도 다시금 희망적 사고가 팽배했다.[98]

일본에서 맥아더도 정치적 숙청과 군부의 해체를 관장했다. 전자는 즉각적인 우선 사항이 아니어서 정치적 숙청을 지시하는 장문의 지령—"바람직하지 않은 인사들의 공직 파면 및 제거"—은 1946년 첫 주에 나왔다. 숙청은 이후 여러 단계로 진행됐고, 궁극적으로 20만 명이 살짝 넘는 사람이 초민족주의적이거나 군국주의적 성향의 인사로 찍혀 승자들에 의해 공직에서 쫓겨났다(독일에서 연합국의 숙청으로 영향을 받은 사람의 숫자는 그 두 배에 달했다). 비록 일본에서 시행된 숙청은 예외를 두지 않았고 이의 제기 절차가 번거로웠던 측면에서 이라크에서 부과된 것과 닮았지만 중요한 차이점들이 있다. 브리머는 자신의 두 가지 명령의 목적이 "이라크 국민에게 우리가 사담주의(Saddamism)를 뿌리 뽑으려고 결심했음을 확인시켜 주는 것"이라고 설명했고, 그의 명시적 모델은 일본보다는 독일 점령에서 나왔다. 바트당은 나치당에 비견되는 것으로 비쳤고, "탈바트당화"는 "탈나치화"에 대응하는 것이었다.[99]

일본에서 시행된 정책은 다른 방향을 띠었는데, 그곳에는 나치나 바트당에 해당하는 것이 없었기 때문이다. "나치즘"이나 "사담주의"에 이데올로기적으로 가장 가까운 것은 더 실체가 불분명한 천황 숭배, 다시 말해 전시 사상 주입에서 매우 중심적 역할을 한 "황도"였다. 근절하기는 커녕 미국인들은 일찍부터 히로히토 천황을 자신 편으로 끌어들이고 그에게서 더 정신적인 일부 치장을 벗겨 냄으로써 이 천황 숭배를 활용하기로 결심했다. 천황에게는 면죄부를 주면서 그의 더 열성적이고 충성스러운 신하들은 숙청하는 (그리고 일부는 전범으로 기소하는) 일의 모순은 무시됐고, 그 대신 냉정한 정치적 냉소주의가 팽배했다. 천황과 천황제에서 미국인들은 통합과 연속성, 안정의 강력한 상징을 보았고 이를 능란하게 조작했다. 그 과정에서 또한 가부장주의와 가부장제, 혈통 민족주의의 강력한 상징을 지지하고 영속시켰다.

돌이켜 보면 애국한 게 주요 잘못인 많은 개인의 삶을 짓밟은 것으로 일반적으로 간주되긴 하지만, 일본에서 벌인 포괄적인 숙청이 사회에 균열을 일으키지는 않았다. 직업군인이 공직에서 쫓겨난 사람들의 거의 4분의 3을 차지했다. 보수파 정치인 6000명가량이 1946년 4월 전후 첫 총선에서 출마를 금지당했고, 이는 유권자 대중보다는 해당 정치인들에게 괴로운 일이었다. 비록 8000명이 넘는 경제 엘리트들이 숙청됐지만— "산업과 금융, 통상 분야의 기업가 1535명"을 비롯해—그들의 자리를 채울 만한 경영 인재는 많았다. 관료조직 내 숙청은 규모가 더 작고 영향도 미미했다. "탈바트당화"가 나라를 이끌어 온 당을 지배한 수니파 기술관료와 공직자 들의 제거로 현실화된 이라크에 비견될 만한 종파 대립적 충격이 일본에는 없었다.[100]

이라크군의 해체는 장교단도 지배해 온 수니파 세력 해체의 사실상 정점을 찍었고, 수니파와 시아파 간 갈등이 한층 불가피해졌다. 일본에서는 반대로 군의 해체가 진정으로 전면적인 행위로서, 언뜻 봐서는 놀랍게도 거의 내부적 소요를 야기하지 않고 이루어졌다. 이 급진적 탈군사화는 전시의 선언에 뿌리를 두었다. 1943년 초에 영미는 독일과 일본의 완전한 무장해제가 연합국의 주요 전쟁 목표라고 선언했고, 이는 맥아더가 일본에 도착하기 전에 받은 지침에도 "일본은 완전히 무장해제되고 탈군사화될 것"이라는 말로 거듭 천명됐다. 이 과정은 새로운 헌법에 따라 아예 없애 버리기 전에, 동원 해제와 기뢰 제거와 같은 협소한 업무를 담당하고 있던 육군성과 해군성의 명칭을 변경하고 지위를 낮추는 방식과 같이 점진적으로 진행됐다.[101]

종전 당시 일본은 700만 명이 조금 넘는 병력을 보유하고 있었다. 동원 해제 업무는 보통 일이 아니었고, 1947년에 들어서까지 이어졌다. 이라크에서와 달리 조만간 군대가 재건되지는 않을 것이라고 생각됐다. 탈군사화 정책을 보완하기 위해 일본의 군수산업을 금지하는 지시도 내려왔다. 반군사적인 기조는 워싱턴에 있는 맥아더의 상관들을 놀라움에 빠트린 대단히 상징적인 조치로서 1946년 2월에 헌법 초안에 담겼고, 맥아더의 총사령부는 새로운 헌법안의 수용을 일본 정부에 압박했다. 오랜 숙의를 거친 뒤 통과된 신헌법은 1947년 5월에 반포됐다.

✛ ✛ ✛

몇 년 사이 냉전이 심화하고 일본이 잠재적인 전략적 동반자로 여겨지게 되면서 워싱턴은 이렇게 철두철미했던 탈군사화를 후회하게 됐다. 하지만 그때나 이후로나 일본 국민들은 초창기 반전의 이상들을 내버릴 마음이 없는 것으로 드러났다. 헌법은 반세기 뒤에 이라크 침공이 일어났을 때도 여전히 그대로였고, 일본이 그사이 상당한 "자위" 병력을 구축해 왔지만 자위대의 역할과 해외 임무 수행의 허용 범위를 둘러싸고는 여전히 제약과 이견이 존재한다. 이는 부시 행정부가 주도한 아프간과 이라크 전쟁 당시 일본의 군사적 역할을 크게 제약했고, 그와 동시에 왜 전후에 육해군의 해체가 혼란을 가져오지 않았는지를 어느 정도 설명해 준다. 당시 일본은 1937년까지 거슬러 가는 오랜 전쟁으로 지쳐 있었다. 66개 도시가 폐허가 됐고, 1000만 명이 살 곳을 잃었다. 전쟁 기간 일본의 사망자 수는 군인 약 200만 명, 민간인 50만 명에 달했다. 해외에서 귀환한 수백만 병사 가운데 80퍼센트 정도는 아프거나 부상을 입은 것으로 추산됐다. 처참한 패배의 여파 속에 한때 떠받들여진 황군은 지지층이 전혀 없었다.

군과 군국주의자들에 대한 냉소주의가 얼마나 만연했는지는 항복 이후 유행하게 된 표현인 '다마사레타(騙された)', 즉 "우린 속았다"에서 포착됐다. 군은 1930년대 사회에 지배적 세력으로 부상했지만 애초에 일본 사회는 내재적·고질적으로 군사주의적인 사회가 아니었다. 따라서 군의 몰락은 국내의 법과 질서 유지에 별다른 영향을 미치지 않았다. 동원 해제된 수백만 장병은 대체로 피해를 모면한 시골의 고향으로 돌아갔다. 수백만 명은 급성장하는 노동운동의 대열에 합류했다. 대다수 장교는 기존의 행정적·기술적 능력을 바탕으로 재건이라는 새로운 과제와 도전에 적응할 수 있었다. 여태까지 전쟁과 전시 생산에 투입됐던 인적 자원들은 중립적이었고 이제 방향을 바꿔 비군사적인 목표를 추구하도록—기술적으로 또 심리적으로—조정을 거쳤다.

육군성과 해군성—그리고 "총력전"에 동원하는 과정에서 두 조직이 보유하게 된 각종 경제적 통제 장치들—의 폐지는 또한 많은 자본가에게 환영받았고 중앙집권적인 관료제에 심대한 영향을 미쳤다. 군국주의자들에게 오랫동안 고개를 숙여 왔던 문민 부처들이 재무성을 필두로 하여 정부를 주도하게 됐다. 이렇게 다소 예기치 못한 방식으로 맥아더 버전의 "조직 해체"는 현지 행정 구조를 강화했고, 이를 통해 미국인들은 자신들의 의제를 추진할 수 있었다.

"일반 행정가" 대 "지역 전문가"

이라크에서 미국의 실패에 관한 가장 흔한 낭설은 침공 후 점령을 계획하거나 운영한 대다수 미국인에게 이라크나 더 일반적으로 중동에 관한 사전 지식이 별로 없었다는 것이다. 이는 과장되긴 했지만 대체로 사실이다. 한편으로는 약간 문제의 핵심을 벗어난 지적이기도 하다. 침공에 앞서 똑똑한 이라크 망명자와 중동 전문가 수백 명이 사적·공적 토의와 논쟁에 참여했기 때문이다. 심지어 이들의 분파주의와 의견 차이가 눈앞의 문제들에 대한 또 다른 분명한 경고신호가 됐어야 한다고 주장할 수도 있을 것이다. 망명자 집단 내 분파주의와 의견 차이는 전후 일본을 위한 계획 수립의 경우에는 문제가 되지 않았는데 정치적으로 활발한 일본인 망명자 집단이 애초에 없었기 때문이다.

어쨌거나 이러한 지적이 요점을 벗어났다는 것은 패전 일본에서 개혁 의제들을 추진했다고 훗날 칭찬을 받은 대다수 미국인에게도 동일한 비판이 가해진다는 사실로 드러난다. 그들 가운데 일본어를 할 줄 알거나 일본에 관한 사전 지식이 있던 사람은 거의 없었고 "일반 행정가"와 기술 전문가 들이 대접받았다. 이는 서양인들 가운데 일본에 관해 정통한 전문가라고 할 만한 사람이 극소수에 불과한 현실만이 아니라 상당 정도 의도적인 편향을 반영했다. 독일에서 태어나 공부한 법률가인 앨프리드 오플러(Alfred Oppler)가 일본의 법 체계 전체를 개정하는 주도적 임무를 떠맡게 됐을 때, 그의 경험은 예외적이라기보다는 통상적이었다. 도쿄로 부임하자마자(1946년 2월) 오플러는 "일본에 관해서 아는 게 하나도 없다"라고 시인했다. "오, 그건 전혀 문제가 되지 않네"라고 그를 맞이한 대령은 대답했다. "자네가 일본에 관해 너무 많이 알고 있으면 선입견을 갖게 될지 몰라. 우린 노련한 일본통들을 좋아하지 않아."[102]

점령기에 젊은 경제전문가로 일했고 학계에서 뛰어난 경력을 쌓게 되는 마틴 브론폰브레너(Martin Bronfenbrenner)도 자신의 전문 분야에 관해 매우 유사한 관찰을 한 바 있다. "미 점령군은 일본의 경제문제에 대처할 준비가 되어 있지 않았다"라고 그는 나중에 회고했다. "군인과 관료 대다수는 일본에 관해 전에 교육을 받거나 딱히 관심을 가진 적이 없었던 임시 직원이었다. 게다가 점령이 계속되면서 능력이 뛰어나고 유망한 직원 다수가 영구직이나 더 선망받는 [미국] '본국' 내 자리를 얻거나, 일을 그만두는 것이 허락되면 일본 내 민간 분야나 전문직으로 이직하면서 역선택도 발생했다."

"처음부터 대다수 SCAP [연합국최고사령관 총사령부] 직원은 일본 경제의 작동에 관해 아주 막연한 관념만 품고 있었고 그나마도 전시 프로파간다에 영향을 받은 것이었다. 양극단의 사고가 두드러졌다. 한쪽은 일본인들을 서양의 자선과 계몽이 필요한 후진적인 '아시아인'들이라고 봤다. 다른 한쪽은 자이바츠와 대지주, 정부 관료제의 '착취'에서 벗어난다면 높은 생산성과 경제발전이 가능한 나라라고 봤다. 초창기 점령 정책을 주도한 것은 이 두 가지 시각의 합성물로, 여기에 정치적 고려와 징벌적 (때로는 인종주의적) 태도 그리고 불완전하거나 부정확한 지식도 맞물려 있었다."[103]

지역 전문가들—그리고 특히 일본 전문가들—은 문화적 고정관념들로 편향되어 있고 사람들이 공유하는 더 보편적인 열망들을 의식하지 못한다는 종종 그럴듯한 근거에서 점령 계획가들로부터 의심의 눈총을 받았다. 말하자면 제2차세계대전 연식의 "옛 아시아통"들은 흔히 문화적이거나 역사적인 이유 때문에 민주주의나 유의미한 인민 자치는 일본이나 아시아 어디에서도 뿌리내리길 기대할 수 없다고 주장하곤 했다. 조지프 그루가 여러 차례 분명히 그런 의견을 표명한 것처럼 그루와 "일본파"로 알려진 전시 국무부 파벌이 이를 예시했다. 예를 들어 일본이 항복한 지 고작 몇 주 뒤에 그루는 지인에게 쓴 편지에서 (나중에 이 편지를 회고록에 고스란히 실었다) "일본인들에게 전면적인 민주주의를 부과하려는 일체의 시도는 정치적 혼란을 낳고 독재자를 꿈꾸는 이들이 권력을 잡는 길만 활짝 열어 놓게 될 겁니다. 한 나라에 10년을 살아 보면 이런 점들을 도저히 모를 수 없지요"라고 썼다.[104]

1904년에 처음 일본에 부임했고 여러 해 동안 일본 경제에 관해 내부 보고서를 제출했던 영국 외교관이자 널리 존경받는 문화사가인 조지 샌섬(George Sansom)은 연합국최고사령관 총사령부의 초창기 개혁 의제를 이보다 더 가소롭게 여겼다. 항복한 지 3년도 더 지난 1948년 12월에 그는 전시와 재건기의 일본 경제에 관한 어느 책에 냉소가 묻어나는 서문을 썼다. "이 지면은 때로는 비현실적이지만 정력적으로 추구되어 온 민주화 정책을 논의할 자리가 아니다. 하지만 의회민주주의는 서양에서 비교적 유리한 경제적 여건에서 탄생하여 자라났음을 지적하는 것이 적절할 듯하다. 일부 나라들의 굶주리고 헐벗은 국민들이 정치적 자유를 얻기 위해 전력 분투할 수도 있겠지만 일본이 그런 나라들 중 하나일지는 극히 의심스럽다."[105]

반면에 진보적 뉴딜정책 지지자이자 중소기업가 정신을 옹호하는 전통적인 공화당 계열인 맥아더는 다르게 주장했을 것이다. 뉴딜 지지자였고 신헌법을 기안한 법무 팀을 이끈 군정처의 대단히 존경받은 법률가 찰스 케이즈(Charles Kades) 대령은 당시 갓 탄생한 국제연합에서 표현되던 보편적 인권과 염원의 원칙에 의거하여 이런 철학을 매우 분명하게 보여 주었다. 맥아더 역시 언젠가 "전 인류가 지리적 제한이나 문화적 전통과 상관없이 자유와 관용, 정의를 흡수하고 향유하고 수호할 수 있으며, 그렇게 될 때 가장 강력한 힘을 얻고 진보할 것임을 역사는 분명히 보여 줄 것"이라고 역설했다.[106]

이는 정치적 좌파와 우파 양쪽의 "일반 행정가"와 "지역 전문가"라는 사람들을 가르는 도발적인 입장 차이였다. 한쪽은 근본적인 권리와 원칙의 보편적인 적용 가능성을 주장하는 반면, 한쪽은 비서구 사회들을 "민주주의"와 같은 가치들에 비우호적이게 만드는 역사적·문화적 특이성에 초점을 맞추는 경향이 있었다. 이런 태도는 외견상으로 양립 불가능한 차이점에 집중하는 지역 전문가들의 성향을 반영할 뿐만 아니라 자국의 하층계급을 무지하고 자치 능력이 없는 이들로 간주하는 외국인 엘리트들과 직업적·사회적으로 일생 동안 어울려 온 외교관 집단의 계급 의식과 오만도 반영했다. 그 현지 엘리트들이 얼마나 무능하고, 전제적이고, 군국주의적이든 간에 적어도 그들은 고등교육을 받았고 명망 있는 클럽의 회원이며 대부분은 영어를 할 줄 알았다. [10년간의 일본 주재 시절을 꼼꼼히 기록한 그루의 일기장은 그가 가장 존경하는 일본인 지인들과 정보원들 다수가 이런저런 식으로 궁내(宮內) 인사들이었다는 점에서 무엇보다도 상류계급의 속물근성이 담긴 기록이기도 하다.]

피상적인 수준에서 다소간 유사한 종류의 의견 차이가 이라크전쟁 결정을 둘러싸고 부시 행정부 안에서도 일어났다. 한편에서는 특히 네오콘 이데올로그들이 이라크에 민주주의의 시기가 무르익었을뿐더러 강제적인 정권교체로 그곳에 민주주의를 도입하면 중동 전역에 반향을 일으키거나 도미노효과를 불러올 것이라고 합창을 불러 댔다(부시 대통령과 블레어 총리 같은 이들의 독창도 빠트릴 수 없다). 예를 들어, 블레어는 이라크자유작전의 기세가 급속히 수그러들고 주요 침공 사유로서 "민주주의"가 존재하지 않는 대량살상무기를 대체해야 한다는 것이 분명해진 2003년 7월 17일에 커다란 찬사를 받은 상하원 합동 연설에서 맥아더와 같은 보편성의 언어를 흘렸다. "우리의 가치는 서양의 가치가 아닙니다. 그것들은 인류 정신의 보편적인 가치입니다. 그리고 어디서든…… 보통 사람들이 선택할 기회가 주어질 때면 어디서든…… 선택은 한결같습니다. 폭정이 아닌 자유, 독재가 아닌 민주주의, 비밀경찰의 지배가 아닌 법의 지배입니다." 침공을 비판하는 이들은 구식 인종주의와 자민족중심주의에 젖은 사람들로 일축됐고, 이 논변에서 가장 죄인으로 찍힌 이들은 다름 아닌 국무부 안팎의 "아랍 전문가들(Arabists)"이었다.[107]

백악관과 펜타곤의 계획가들이 네오콘의 주장을 지지하는 이들을 제외한 중동 전문가들을 무시하는 경향은 이라크전쟁에 관한 탐사보도와 많은 (전부는 아니다) 내부자 저작을 라이트모티프(leitmotif)처럼 관통한다. 단명한 재건·인도지원처의 제이 가너 밑에서 일한 티머시 카니(Timothy Carney)는 일례로 나중에 조직이 바그다드에 도착했을 때 재건·인도지원처 내에 중요 인력이 매우 부족했음을 강조했다. 그는 "처음에 조직 내에는 고위급 아랍 전문가가 거의 없었다"라고 지적했다. "우리 중 일부는 아랍권에서 일한 적이 있었지만 전문가가 아니거나 아랍어가 유창하지 않았다." 카니가 보기에 이는 의도적이었는데 펜타곤 관리들이 "아랍 전문가들은 이라크가 민주주의 국가가 될 수 있다고 생각하지 않으므로 환영받지 않는다고 귀뜸"했기 때문이다.[108]

이는 일본 점령기에 앨프리드 오플러와 여타 직원들이 "구일본통들"에 관해 들었던 말과 거의 표현까지 똑같다. 하지만 때로 지역 전문가들은 정말로 주의를 기울일 만한 지식과 통찰을 갖고 있다.

국가 건설 민영화

재건·인도지원처가 브리머의 연합국임시행정당국으로 교체된 지 몇 달 뒤인 2004년 초에 제이 가너는 어느 인터뷰에서 재건·인도지원처가 아무런 청사진 없이 막중한 전후의 도전들에 직면하게 되자마자 "가급적 빨리 계약업체들을 들여오는" 수밖에 없다고 결론 내렸다고 말했다. 이것은 절박한 임시방편일 뿐 아니라 이미 워싱턴에서 장려되고 있던 운영 방식이었다. "아웃소싱"은 마법의 단어였고, 어쩌면 정부가 분쟁 후 이라크를 위해 정말로 갖게 된 "계획"에 가장 근접한 단어이리라. 국가 건설 작업은 뭐든 민영화로 이뤄질 예정이었다.[109]

일본 점령 초창기에 이에 대응하는 경제적 주문은 매우 달랐다. 그것은 "경제민주화"였다. 항복 후 초기 일본 정책에서 정식화되고 자주 되풀이됐던 것처럼, 이는 안정과 번영, 미래의 평화가 "소득 그리고 생산 및 교역 수단 소유의 폭넓은 분배를 허용하는" 방식으로 산업, 금융, 통상, 노동, 농업의 개편을 진흥함으로써 가장 잘 보장될 수 있다는 합의를 반영했다. 토지개혁과 강력한 노동운동은 더 역동적인 내수시장을 창출할 일종의 자유화로서 합리화됐다. 그리고 이 과정에서 아래로부터의 공산주의적 혁명 발생 가능성을 저지함과 동시에 향후 일본이 해외시장을 손에 넣어야 할 필요성을 제거할 수 있으리라고 기대됐다. 유사한 논지로 맥아더는 가족이 지배하는 기업 연합체 자이바쓰를 "봉건적 가계"의 낡은 유물이자 개인 소유의 해괴한 형태의 사회주의라고 성토했다. 또한 불안을 조장하는 그의 표현으로 그것은 "국유화의 상시적 후보"이자 "공산주의와 집산주의적 목표를 띤 프로파간다의 먹음직한 공격 대상"이었다. 공화당파 최고사령관과 그의 반트러스트-뉴딜 지지자들은 이 거대 기업 연합체를 해체하는 것이 경쟁을 자극하고 역동적인 중간계급의 출현을 촉진할 것이라고 믿었다.[110]

그와 동시에 맥아더의 개혁가들은 눈에 보이는 국가의 손을 용인하고 심지어 장려했다. 일본 정부가 전시 경제를 자극하기 위해 도입했던 특정 조치와 메커니즘은 그대로 유지됐다. 재정과 산업 담당 부처들은 강화됐다. 새로운 경제 기관들과 결국에는 (1949년에) 통상산업성(通商産業省)이라는 완전히 새로운 부처가 설치됐다. 특히 1948년 이후에 총사령부 자체의 관료들이 수출 지향 제조업 부문을 우선시함으로써 부흥을 자극하고 일본을 "자급자족"이 가능하게 만드는 것을 목표로 한 경제 기획에 깊이 관여했다. 1950년 한국에서 전쟁이 터지자, 이 개입은 일본이 주권을 되찾은 이후에 외국의 투기자들로부터 일본 경제를 계속해서 보호하게 될 입법으로 확대됐다. "자급자족경제" 지지의 이면은, 그러므로 자본주의경제는 특히 취약한 발전 초기 단계에는 국내 및 국제적 약탈자들로부터 적절한 보호가 필요하다는 합의였다.[111]

냉전이 자본과 노동, 부의 재분배와 관련한 급진적 정책들의 후퇴를 불러온 뒤에도, 일본 정책에 관여한 미국인들은 미국의 이라크 정책을 도배한 자유시장 근본주의—규제받지 않는 시장이 각종 사회나 세계 경제에 어김없이 유익할뿐더러 근본적으로 합리적이라는 관념—를 놀랍다고 여겼을 것이다. 그들은 분명 기초적인 재건 임무를 외국의 영리 추구 이해관계자들에게 넘긴다는 생각에 경악했으리라. 탐욕이 판을 치게 놔두는 것에 대한 구식의 도덕적 혐오를 넘어서, 앞선 세대는 규제받지 않는 자본주의가 가져오는 사회적 균열과 정치적 역류에 민감했다. 또한 특히 일본과 관련해서는 조금이라도 착취나 경제제국주의로 비치는 것을 피함으로써 안정적이고 장기적인 관계에 불가결한 신뢰 유지의 필요성을 날카롭게 인식하고 있었다.

당대의 위기 상황에서 그러한 경제적 처방을 고수함으로써 얻는 실질적 혜택은 상당했다. 미국 쪽에서는 점령이 이윤추구에만 관심이 있는 모리배들의 먹잇감이나 물주가 되는 일을 피했고, 국제관계에서 원칙대로 하는 정당한 국가라는 평판을 훼손하지 않은 채 점령을 종식할 수 있었다. 일본은 지배층과 일반 국민을 얼마간 안심시킬 수 있는 일정 수준의 보호와 혼합경제를 보유한 자본주의-민주주의 체제로서 주권을 되찾았다. 본격적인 부흥의 궤도에 오른 나라는 결국 30년 뒤에 대다수 국민이 스스로를 "중류〔중산층〕"로 생각하는 세계 2위의 자본주의 경제대국으로 부상했다.

✤ ✤ ✤

이라크 점령과 결부되는 "민영화"에 관한 요란한 말들에는 적잖은 위선이 존재했는데, 미국 쪽에서는 애초에 국가와 민간 부문이 손과 장갑만큼 가까워졌기 때문이다. 국가 건설은 기업가들에게 넘겨졌고, 계약업자들은 납세자들의 돈으로 원가에 더해 수익을 보장받을 수 있었다. 연합국임시행정당국의 해산과 때맞춰, 2004년 7월 1일에 발표된 글에서 군과 행정부 공직자들을 대상으로 한 워싱턴 기반의 한 저널은 그 모순을 간명하게 요약했다. "처음부터 유일한 계획은 민간 부문이 스스로 알아서 국가 건설을 관리하게 방임하는 것이었던 듯하다." 일단 민영화의 문이 열리자 효과적인 정부의 감시, 감독 기능은 사실상 사라졌다. 남은 것은 1930년대와 1940년대 초반의 일본인들이 "국정 회사들"이라고 부른 것과 대충 일치하는 기업체들이 지배하는, 본질적으로 안보에 초점을 둔 국가자본주의의 미국식 버전이었다.[112]

실상 분쟁 후 책무를 실행하는 데 이렇게 민간 부문에 의존한다는 것이 침공 전에 존재한 "계획"에 가까운 것이었으리라. 하지만 전쟁계획이 극도의 기밀 속에 수립됐고, 또 여기에 정교한 대국민 언론조작이 (전쟁 결정이 내려졌음을 부인하는 것을 비롯해) 뒤따랐기 때문에 민간 부문을 이용한 전후 재건 프로젝트에 시동을 거는 일이 쉽지 않았다. 재건 업무를 맡을 계약업체 모집에 관한 기관 간 논의는 2002년 9월 무렵에 시작됐지만 미국국제개발처(U.S. Agency for International Development, USAID)의 후원하에 첫 계약들이 성사된 것은 이듬해 1월에 가서였다. 2월 13일, 미국국제개발처는 "분쟁 후 이라크를 위한 전망"이라는 제목의 13쪽짜리 문서를 내놓았고, 이 문서를 입수한《월스트리트저널》은 3월 10일에 그 내용을 자세히 보도했다.

《월스트리트저널》의 기사는 널리 관심을 받았다. 기사는 총 9억 달러에 달하는 계약들이 미국의 5개 기간시설 엔지니어링 회사를 상대로 체결됐고, "경제와 통치기관들을 위한 새로운 작업 틀"을 만들어 낼 이들의 업무는 18개월 안으로 종료될 예정이라고 보도했다. 대처해야 할 핵심 재건 과제로는 수도, 철도, 항구, 공항, 보건, 학교, 발전소가 지목됐다(다른 침공 전 보도와 논평 들에서 초미의 관심사였던 석유산업은 언급되지 않았다). 다른 계약업체들도 여전히 물색되고 있었고, 계약 자격을 얻으려면 보안 확인(기밀정보 취급 허가)이 필요했다. 미군이 이라크에 발을 딛기 전부터, 대상 국가의 숙련 노동력은 그런 엔지니어링 프로젝트를 다룰 능력이 없다고 여겨졌다. 몇 달 뒤에 이러한 계약 업무들이 쇄도할 때 한 이라크 사업가가 신랄하게 지적한 대로였다. "그들은 우리가 세계를 위협할 대량살상무기를 제조할 만큼 영리하다고 주장하더니, 이제는 우릴 19세기 말에 보호구역에 살았던 아메리카 인디언 취급을 하고 있다."[113]

《월스트리트저널》은 미국국제개발처 프로젝트를 "미국이 제2차세계대전이 끝난 뒤 독일과 일본의 재건을 도운 이래로 최대 규모의 정부 재건 사업"이라고 묘사했다. 이 묘사는 재빨리 사업 로비 집단들이 수억 달러도 아닌 수십억 달러가 오가는 전망들을 제시하며 눈앞에 흔들어 보이는 황금 양털이 됐다. 5월 1일에 같은 신문은 이번에는 "부시 관리들, 이라크 자유시장경제 대략적 계획 내놔"라는 1면 머리기사로 민영화 의제에 더 큰 이목을 집중시켰다. 이 기사의 기본 출처는 대체로 재무부 명의로 작성된 "이라크 경제를 회복에서 지속 가능한 성장으로 이동시키기"라는 제목의 100쪽짜리 문서였는데, 이는 침공 이전인 2월에 재무 컨설턴트들 사이에 유포된 바 있었다. 이 문서는 "광범위한 대형 민영화 프로그램"을 지지한다고 인용됐고, 기사 첫 문단은 럼즈펠드가 요란한 박수 갈채를 받으며 "국가 건설을 넘어서" 연설에서 천명한 것처럼 이라크가 정말로 이라크인들의 것이라거나 미국이 정말로 그곳을 금방 뜰 작정이라는, 혹시라도 남아 있을 미련을 말끔히 없애 주었다. 기사는 다음과 같이 시작했다. "부시 행정부는 이라크 경제를 미국의 상(像)으로 개조할

광범위한 계획을 마련했다."¹¹⁴

　"국가 건설을 넘어서"는 것에서 티그리스강 주변에 리틀 아메리카를 창조하는 "대대적인 계획"을 마련하는 것으로의 급작스러운 전환에 반영된 양극성은 급조한 연합국임시행정당국에서 제도적 형태로 드러났다. 5월 22일에 유엔 결의안 1483호가 미국과 영국 주도의 연합국임시행정당국을 승인한 뒤에야 "점령"이라는 단어는 실제로 유효하게 됐다. 그와 거의 동시에 보수 진영 인사들이 너도나도 "국가 건설"을 거론하기 시작하며 뜻밖의 불협화음을 자아냈다. 연합국임시행정당국이 채용한 초창기 기술 자문 중 한 명은 바그다드행 비행기에 올라탄 동승객들이 "하나같이" 이라크가 아니라 일본과 독일 점령에 관한 책을 읽고 있었다고 (다소간 우려와 함께) 회고했다. 몇 달 뒤에 보수파 지식인 프랜시스 후쿠야마는 미국이 오로지 "'가벼운' 국가 건설"에 참여하고 있을 뿐이며 그 이상을 할 생각이 없다고 우려를 표명했다. 다른 보수 인사들은 정반대의 이유로 걱정하고 있었다. 콘돌리자 라이스가 이라크 사안에 뒤늦게 더 큰 책임을 맡게 됐을 때(10월 초) 그의 신임을 받는 보좌관 로버트 블랙윌(Robert Blackwill)은 상황을 들여다보라는 임무를 맡았고 점령 및 국가 건설과 관련하여 앞선 우려들과 유사하게 반응했다. 그는 다음과 같이 발언했다고 한다. "거기서 돌아가고 있는 사정이 영 마음에 들지 않는다. 그에 따른 정치적 진동과 점령이라는 이 발상이 마음에 들지 않는다."¹¹⁵

이라크를 "사업에 열려" 있게 만들기

싫든 좋든 이라크는 브리머가 도착한 지 몇 주 뒤에 선언한 대로 "사업에 다시 열려(open for business again)" 있었다. 그는 한마디 더 덧붙이는 게 좋았을 것이다. '전에 없이'라고. 자주 반복되는 이 발언이 나오게 된 첫 번째 계기는 결의안 1483호와 1990년에 부과된 이라크 경제제재의 추후 해제였지만, 단순히 전전 상태로 돌아간다는 의미는 아니었다. 이라크의 보호주의적 무역 제한은 최대한 빨리 폐지됐고, 수입관세는 결국 고작 5퍼센트로 고정되어 외국 수입품이 쇄도할 길을 닦았다. 브리머는 대대적 민영화라는 연합국임시행정당국의 충격요법 프로그램의 배후에 깔린 논리를 설명할 기회를 놓치는 법이 없었다. 그는 "자유경제와 자유 국민은 나란히 간다"라고 설명했고, 이것이 더 구체적으로 의미하는 바는 "사적 소유과 사적인 권리로 보호되는 상당하고 광범위하게 유지되는 자원들이 정치적인 자유를 최상으로 보호하는 방책"이라고 덧붙였다. 이런 맥락에서 "탈바트당화"는 사담 경찰국가의 고위층을 정치적으로 숙청하는 것보다 훨씬 더 많은 것을 시사했다. 그것은 브리머가 "바트당식 통제경제"와 사담의 "비뚤어진 사회주의경제 이론"이라고 부른 것의 철저한 탈규제도 의미했다. 연합국임시행정당국이 수립되고 점령이 해방을 대체하는 가운데 럼즈펠드도 한마디 거들었다. "스탈린식 통제 체제가 아니라 시장체제가 선호될 것이다"라고.[116]

연합국임시행정당국의 민영화 의제는 여러 명령이 발효된 2003년 9월에 정점을 찍었다. 명령 37호는 15퍼센트 세율의 일률 과세를 확정하여 기업체와 부유층의 부담을 급격히 줄여 주었다[이는 일본 점령 때와 상반되는 또 다른 지점이었는데, 일본에서 진지한 조세개혁은 1949년에나

113. 2003년 10월 13일 런던에서 열린 "이라크에서 사업하기" 회의와 전시회장 바깥에서 점령 정책들에 항의하고 있는 시위자들. "이라크 매각" 구호는 이라크 경제를 과격하게 민영화하고 외국 투자에 개방한다는 연합국임시행정당국의 발표 이후에 도처에 등장했다.

가서야 본격 논의됐다. 칼 숍(Carl Shoup)이 이끄는 파견 팀의 권고에 따라 당시 도입된 대대적인 세제 변화는 형평성을 강조하고 회사들에 다양한 조세감면 조치를 제공했지만, 그와 동시에 부가가치세와 더불어 자본이득과 이자, 취득, 순자산에 새로운 과세를 도입했다].[117]

가장 격렬한 찬반 논란을 불러일으킨 브리머의 명령 39호는 이라크 회사들에 외국인 지분을 100퍼센트까지 허용하고, 모든 투자 이익에 대한 비과세 송금, 40년 연한 임대차계약을 허용하며, 국유기업의 민영화를 지시했다. 명령 40호에 따라 민영화는 다시금 "불투명한 중앙집권적 계획경제에서 역동적 민간 부문의 확립을 통해 지속 가능한 경제성장이 특징인 시장경제로의 이행"이라는 목표에 부합하게 금융 부문으로도 확대됐다. 럼즈펠드는 2003년 9월 24일 상원 증언에서 "자유세계에서 가

114. 2003년 11월 7일 연합국임시행정당국 바그다드 본부 앞 수니파 집회에 펼쳐진 이중언어 플래카드. 자주권에 대한 요구는 이슬람의 종교적 명령인 파트와로 제시됐다.

장 계몽된―가장 매력적인―세금과 투자 법률 일부"를 만들어 냈다고 이런 개혁 조치들을 칭찬했다. 이를 "자본주의의 꿈"이라고 묘사한 《이코노미스트》의 기사는 냉소주의가 없지 않았는데, 자주 인용되는 이 표현은 "다 같이 창고 세일로 달려갑시다"라는 제목의 기사에서 나왔기 때문이다.

이라크가 점령되기만 한 게 아니라 이제 매각용으로 나왔다는 이 같은 대중적 인식은 그곳에서 일시적으로 주권을 행사한 미국인들에게는 전혀 우려를 자아내지 않았던 듯하다. 연합국임시행정당국 명령들이 합리적인지 비합리적인지를 떠나서―그리고 누구도 바트당의 대다수 경제 제도들의 비효율성과 부패를 부인하지 않았다―이 자유시장 지하드에서 특히나 잘못된 생각은 정치, 대중심리, 그리고 대외적 모양새를 완전히 무시한 것이었다. 일확천금을 꿈꾸는 이들과 비판가들 모두 골드러시를, 아니 더 정확하게 말하자면 비판가들은 "피 묻은 돈" "약탈 면허"

"한탕주의자들의 쟁탈전"을 이야기했다. 이라크인들은 생산계급과 부르주아계급을 가릴 것 없이 경악했고, 당연한 그럴 만도 했다. 전직 국무부 직원은 워싱턴 관계의 분위기를 다음과 같이 회고했다. "전쟁을 지지하지 않았던 나라의 정부와 기업을 참여시키는 데 관심이 별로 없었다. 이런 시각의 밑바탕에 깔린 것은 승자가 전리품을 가져야 하며, 프랑스와 러시아 회사들은 전쟁에 반대했으므로 어떤 식으로든 혜택을 봐서는 안 된다는 생각이었다……. 미국 정부 전체에 걸쳐 많은 사람이 이라크를 함께 나눠야 할 짐이 아닌 자기가 챙겨야 할 보석으로 생각했다는 게 놀랍다."[118]

전리품을 차지하려는 엄청난 광풍이 일었다. 8월 후반, 핵심 민영화 명령들이 발효되기 직전에 버지니아에서 개최된 이틀간의 "이라크 재건 회의"가 수백 명의 잠재적 계약업자와 투자자를 불러 모은 사실은 이를 전형적으로 예증했다. 전 국방장관[윌리엄 코언(William Cohen)]과 전 상무장관[미키 캔터(Mickey Kantor)]이 특별 연사로 나섰다. 브리머의 "이라크는 사업에 열려 있다"라는 발언이 이 회의의 온라인광고 헤드라인이었다. 독일과 일본 이래로 "최대 규모의 정부 재건 사업"이라는 《월스트리트저널》 인용문도 여기저기서 재활용됐다. "이라크를 재건하는 데 거의 1000억 달러가 들어갈 것"이라는 외교협회의 발언도 인용됐고 전략예산평가센터(Center for Strategic Budgetary Assessments)는 한 술 더 떠 "비군사적 재건에만 거의 5000억 달러가 들어갈 것으로 추산된다"라고 밝혔다. 이라크는 "가장 빠르게 성장하는 최신 고수익 시장"으로, "막대한 사업 잠재성"을 지닌 땅으로 묘사됐다.[119]

2003년 말에 이르자, 이런 들뜬 행복감은 대체로 산산조각이 났지만 경고신호는 처음부터 있었다. 미국국제개발처의 이라크 재건 계획을 일본과 독일 재건 사례와 비교한 《월스트리트저널》의 침공 전 기사는, 저명한 국제 문제 전문가 앤서니 코더스먼(Anthony Cordesman)을 인용하여 "세계에 이것〔재건 사업〕이 폭리 추구가 아니라는 것을 설득하는 것이 무엇보다 중요하다"라고 경고했다. 외국 언론의 즉각적인 반응은 이 설득 작업이 어렵고 십중팔구 불가능할 것임을 확인해 주었다. 예를 들어 《아시아타임스》는 중국과 관련한 지난 세기 전환기 제국주의의 언어를 소환하여 "말할 필요도 없이 '이라크 쟁탈전'이 시작됐다"라고 썼다. 다른 방면에서도 초기 계약 과정에서 배제된 정치인들과 사업가들은 공화당과 긴밀한 커넥션을 갖고 있는 것으로 알려진 회사들과의 비밀 거래가 판을 치는 "정실자본주의(crony capitalism)"를 성토했다.[120]

《월스트리트저널》이 나중에 "이라크 경제를 미국의 상으로 개조하는 계획"을 보도했을 때 신문의 1면 기사는 다시금 이 계획이 "논쟁적이고" "다툼이 분분할 것"이라고 경고했다. 그런 계획은 10년 전 자유시장의 전도자들이 러시아와 이전 동구권에 도입했던 충격요법과 비교됐는데, 이러한 정책은 《월스트리트저널》의 표현대로 "국영기업의 급속한 민영화는 일자리와 서비스 부문의 날카로운 균열과 부패의 만연으로 이어져" 확연하게 엇갈리는 성과를 낳았다. 미국의 계약업체들이 이라크로 쏟아져 들어오는 사이 국영기업들의 앞날은 여전히 불확실한 상태이고, 실업은 증가하며, 기간시설은 계속 악화함에 따라 《월스트리트저널》의 기사는 갈수록 이라크에 들어맞는 예언처럼 느껴졌다. 국무부가 9월에 나온 연합국임시행정당국의 민영화 명령들과 발맞춰 요새화된 바그다드의 그린존에서 열린 "VIP들"의 회의를 후원하면서 러시아의 과격한 경제개혁의 기획가였던 예고르 가이다르를 특별 연사로 포함시켰을 때 예감은 더욱 불길해졌다.[121]

더욱이 국제법 전문가들은 자유시장 개혁 증진이 정점에 달한 순간에도 급격한 민영화가 불법에 해당할 것이라고 지적하고 있었다. 이 역시 예측 가능했다. 5월 22일 연합국임시행정당국이 자리를 잡았을 때 영국의 주간지 《뉴스테이츠먼(New Statesman)》은 법무장관 피터 골드스미스 경이 블레어 총리에게 보낸 비밀 메모를 유출했다(앞서 법무장관은 사담이 보유했다는 대량살상무기의 위험성을 고려할 때 이라크 침공 자체는 합법적이라고 공언했었다). 침공 일주일 전인 3월 26일 자 이 메모는 점령 일반의 적법성을 의문시하고 특히 "주요한 구조적 경제개혁의 도입이 국제법으로 승인되지 않을 것"이라고 경고했다.[122]

경제정책을 둘러싼 이 분란은 특히 점령의 합법성이라는 일반적 쟁점을 집중 조명했다. 미국 정부와 연합국임시행정당국을 대변하는 변호사들은 기존 경제체제를 급격히 변경하는 것이 "효과적인 행정"과 "경제적 재건 및 지속 가능한 발전을 위한 여건들"—유엔이 지지한 목표들—을 증진하는 데 반드시 필요하므로 결의안 1483호로 합법화된다고 주장했다. 다른 한편으로 많은 법률 전문가는 연합국임시행정당국의 민영화 명령은 유엔 결의안에 어설프게 인용된 헤이그와 제네바 협약 말고도 미국 육군의 전투 교본인 「육전 규칙(The Law of Land Warfare)」(역시 헤이그와 제네바 협약의 가이드라인을 반복했다)과 이라크 헌법에도 위배된다고 지적했다(이라크 헌법은 무엇보다도 국민의 동의 없는 헌법개정은 법에 위배된다고 선언하고, "국가" 자원이나 "기초 생산수단"의 사적소유를 허용하지 않으며, 외국인의 부동산 소유나 비아랍계의 회사 설립을 명시적으로 금지했다).[123]

이 논쟁은 재빨리 무의미해졌는데 연합국임시행정당국이 2004년 6월 28일에 문을 닫을 때쯤 골드러시의 전망은 이미 백일몽이 된 듯했기 때문이다. "가장 빠르게 성장하는 최신 고수익 시장"은 현실화되지 않았다. 그 대신 혼란이 덮쳤다. 비록 점령은 명목상으로는 끝났지만 실상은 그렇지 않았다. 미군은 계속 주둔했고 수익성 높은 공공 계약을 체결한 외국 계약업자들도 남아 있었지만, 시장근본주의는 이라크를 위한 정책 처방만큼이나 끝장이 났다. 그리고 3년 뒤 미국 경제의 위기가 시작되면서 전 세계적으로도 거의 끝장이 났다. 그리고 점령지 이라크에서 여러모로 해로웠던 민영화 광풍은 이데올로기적 희망적 사고가 팽배했던 더 큰 한 시대의 상징이 됐다.

두 시대의 원조

2003년 9월에 이라크와 관련한 이러한 경제적 논쟁들이 정치적·사회적 혼란 속에 절정에 달하는 가운데 부시 대통령은 다시금 패전 독일과 일본을 이라크를 비추는 밝은 거울로 제시하는 것이 적절하다고 여겼다. "미국은 전에 이런 종류의 작업을 했"다고 그는 9월 7일에 국민들에게 말했다. "제2차세계대전이 끝난 뒤에 우리는 패전국 일본과 독일을 일으켜 세웠습니다. 우리는 이 대의에 여러 해 동안 자원을 투입했습니다." 9월 23일 유엔총회에서 연설하면서 그는 "이라크에서 우리의 작업에 들어갈 추가적인 자금 마련, 마셜플랜 이래 이런 종류로 최대의 재정적 투입"을 위해 다가오는 의회를 언급했다.

마셜플랜과의 비교는 자연스럽고 심지어 거부할 수 없었다. 그리고 최종적인 원조 추정치와 관련해서는 이럭저럭 정확하기도 했다. 꼼꼼한 어느 추산에 따르면, 2003년부터 2006년까지 이라크에 책정된 미국의 원조액은 총 289억 달러였는데, 그 가운데 176억 달러(62퍼센트)는 경제적·정치적 재건에 투입됐고, 나머지는 이라크 안보 향상에 들어갔다. 2006년에 3월에 미 의회도서관 의회조사국(Congressional Research Service)이 발표한 이 보고서는 "그러므로 지금까지 미국의 이라크 지원 금액은 1946년부터 1952년까지 독일에 제공한 총지원액과 (인플레이션을 반영하여) 대략 같고, 일본에 제공한 액수의 거의 두 배에 달한다"라고 밝혔다. 2005년도 미 달러화로 환산하면 미국의 독일 원조액은 총 293억 달러에 달했고, 그 가운데 마셜플랜은 93억 달러를 차지했다. 동일 기간 (마셜플랜이 적용되지 않은) 일본에 대한 지원금 가운데 상당액은 경제 재건에 투입되지 않았지만, 그 총액은 2005년도로 환산하면 대략 152억 달러에 달했다.[124]

하지만 수량적 비교는 오해의 소지가 있다. 제2차세계대전과 그 향후에 관련한 다른 많은 문제와 마찬가지로, 윈스턴 처칠은 마셜플랜을 "역사상 가장 안 지저분한 행위(the most unsordid act in history)"라고 묘사하여 마셜플랜에 관해서도 가장 자주 인용되는 표현을 만들어 낸 사람이 됐다. 이것은 결국 계몽된 이해타산이었던 행위를 가리키는 설득력 있는 과장법이었다. 마셜플랜 그리고 더 일반적으로 유럽과 일본에 대한 경제원조 프로그램은 미국의 이해관계에 여러 가지 방식으로 복무했다. 그것은 미국 수출품에 시장을 제공하고 외국 경제를 재건하고 궁극적으로 통합하기 위한 조치였다. 이런 의도는 유럽과 아시아의 경제적 약소국들이 공산주의에 취약할뿐더러, 미국의 과잉생산 전망과 외국시장이 이를 흡수하는 것을 방해하는 "달러 갭(dollar gap)"〔무역적자에 따른 달러 부족 현상〕을 역설한 당시 워싱턴 공식 관계자들의 위기의 언어에서 노골적이었다.[125]

이라크 점령과 장기전

2009년 1월 부시 대통령의 임기가 끝날 때까지 이 긴 전쟁의 시각적 기록은 끔찍한 정체상태를 전달한다. 피점령민과 그들을 점령하고 순찰하는 미군 주도 군사력 양쪽에 테러, 반군 활동, 안보 불안은 끊이지 않았다. 2008년에 미군과 영국군은 5년도 더 전에 이라크자유작전을 실시한 첫 몇 주와 변함없이 여전히 잔뜩 긴장한 채 전투태세였다. 60년 전 점령지 일본에서 외국 사진가들이 좋아한 전형적인 스냅숏들, 다시 말해 현지 어린이들과 어울리는 친근한 병사들을 담은 스냅숏들은 이라크에도 존재했다. 하지만 병사들은 언제나 철저히 무장하고 있었고 아이들은 종종 부상자들이었다. 점령지 일본에서 서양인들을 매료한 연성 소재들에 대응하는 것은 없었다. 친목이나 교제의 느낌, 그림 같은 풍광의 발견, 현지 전통에 대한 매혹, 여성스럽고 이국적이며 살짝 에로틱함을 환기하는 것은 없었다. 해가 멀다 하고 불안감, 고통, 트라우마, 항의와 비탄이 카메라의 눈을 끌어당겼다.

115. 2004년 11월 12일: 팔루자 작전 당시 미군 병사들이 부상당한 동료를 들고 헬리콥터로 뛰어가고 있다.

116. 2005년 3월 5일: 점령 3년째를 몇 주 앞두고 모술 북부에서 한 미군 병사가 일상적인 가택 수색 동안 두 아이의 어머니를 감시하고 있다.

117. 2007년 1월 11일: 바그다드에서 이라크군 관계자들과 합동 수색 및 출입 통제 작전을 수행 중인 미군들.

118. 2008년 12월 27일: 20명이 사망하고 54명이 부상을 당했다고 보도된 차량 폭탄테러에서 다친 어머니와 세 살배기 딸이 바그다드 병원에 누워 있다.

119. 2008년 7월 12일 바그다드의 사드르시티: 어느 여성이 이라크군과 미군의 공동 가택 습격으로 제압당한 남성들의 구금에 항의하고 있다.

전쟁의 대가

120. 2008년 11월 1일 카를라바. 2003년 미국 주도의 침공 이후 과부나 고아가 된 이들을 위한 정부 원조를 요구하는 집회에서 눈물을 흘리고 있는 여성. 부시의 재임이 끝날 때 그가 선택한 전쟁으로 인해 이라크인이 치른 대가는 정확한 측정이 불가능하지만 어느 모로 보나 비극적이었다. 이라크 침공부터 2009년 1월까지 테러, 반군 활동, 군사 작전으로 인한 공식 민간인 사망자 수는 10만 명가량이나 공식 통계 너머의 진지한 추정치들은 수십만 명에 달한다. 부모 한쪽이나 둘 다를 잃은 아동 숫자는 이라크 쪽의 추산에 따르면 100만 명에서 무려 500만 명에 달하며, 2008년 1월에 발표된 한 보고서는 집 없는 고아의 수치를 50만 명으로 잡았다. 상당수 중간계급을 비롯해 이라크인 대략 200만 명이 침공 이후 나라를 떠났는데 대다수는 주변 국가들로 갔다. 추가적으로 200만 명 이상이 국내 난민이 됐다.

더 현격한 것은 제2차세계대전 이후 재건 의제와 이라크 의제 간 시간적·기질적·이데올로기적 차이다. 이 차이점들 가운데 첫 번째—타이밍—와 관련해서, 경제적 재건은 전쟁이 끝나고 2~3년이 지날 때까지 점령지 일본과 독일에서 최우선 관심사가 아니었다. 두 패전국에서 미국의 초창기 경제적 목표는 압도적으로 "경제적 무장해제"와 주변국들에 대한 경제 지배를 "영구적으로" 제거하는 데 쏠려 있었다. 그에 따라 점령 당국은 "경제부흥"을 겨냥한 조치를 취하지 말라는 명시적인 지시를 받았다.

점령지 독일에서 미군 총사령관에 하달된 기본 지령(1945년 4월 26일자)은 이를 매우 분명히 했다. "독일의 무자비한 전쟁 수행과 광신적인 나치의 저항은 독일 경제를 파괴하고 혼란과 고통을 불가피하게 만들었다. 독일인들은 자신들이 자초한 일에 책임을 피해 갈 수 없다"라고 이 지령은 단언했다. 명백하고 시급한 목표는 전쟁배상과 산업 생산에 대한 엄격한 제한을 통한 "독일의 산업적 무장해제와 탈군사화"였고, 이를 위해 미군 총사령관은 다음과 같은 지시를 받았다. "귀관은 (a) 독일의 경제회복을 지향하거나 (b) 독일 경제를 유지하거나 강화할 의도의 조치를 취하지 않는다." 경제적 무장해제 자체를 넘어서 이 엄혹한 정책은 독일의 "기초 생활수준"이 "주변 연합국 어느 곳의 기존 생활수준"도 능가하지 않게 하는 것을 겨냥했다. 이런 목표는 1947년 1월, 새로운 합동참모부 지령(JCS 1779호)이 "질서 정연하고 번영하는 유럽은 안정적이고 생산적인 독일의 경제적 기여를 요구한다"라고 확인할 때까지 철회되지 않았다. 그 전까지 독일 중공업의 상당 부분은 배상을 위해 해체됐고, 철강 같은 핵심 부문 생산에 가혹한 제한 조치가 부과됐다.[126]

일본의 경제정책도 유사한 경로를 따랐다. 독일의 선례처럼 항복 후 초기 대일본 정책은 이에 관해 말을 돌리지 않았다. 지침 문서는 "일본 정책들은 일본 국민들에게 대대적인 경제적 파괴를 야기했고, 경제적 곤경과 고통의 전망에 직면시켰다"라고 지적한 다음, 곧장 "일본의 곤경은 자신들이 벌인 행동의 직접적인 결과이며 연합국은 그 피해를 복구할 부담을 지지 않을 것"이라고 밝혔다. 이러한 징벌적 태도에서 최초의 배상 정책은 다시금 독일의 본보기를 따라 일본 공장과 여타 설비들의 해체와 해외 이전을 구상했는데, 이는 단지 일본의 피해자들에게 배상하고 아시아 여타 지역의 생활수준을 향상하기 위해서만이 아니라 일본 내 수준이 주변국들의 수준을 넘지 않게 하기 위해서였다.[127]

일본이 항복하기 무섭게 수십 년만에 최악의 흉작이 닥치자 미국은 식량과 비료 지원 등의 형태로 대응했다. 그러한 인도주의적 원조의 명시적 목적은 점령 의제를 위험에 빠트릴 수도 있는 사회 소요를 방지하는 것이었다. 1948년에 가서야 워싱턴에서 잇따라 파견한 경제 사절단은 배상 유예와 산업 생산 제한 조치의 해제, 경제 탈집중화 프로그램의 폐기, 노동조합 활동 억제, 이미 위태로운 생활수준을 더 저하시켜서라도 수출품 증산을 요구했다. 경제 재건과 수출품 생산을 일본 점령의 새로운 "일급 목표"로 설정한 핵심 문서(NSC 13/2)는 그해 여름에 국가안전보장회의에서 승인됐고, 10월에 가서야 트루먼의 서명을 받았다.[128]

이라크에서는 원래 독일과 일본에 지시된 징벌적 경제 방치를 정당화할 근거가 없었다. 그리고 더 중요하게도 그러한 시간 끌기를 할 틈도 없었다. 독일인과 일본인은 당대의 보복적인 언어가 종종 표현한 대로 다 자업자득이니 혼자 고생하라고 놔둘 수 있었지만, 표면상 해방된 이라크에서는 이런 논리가 통하지 않았다. 미국이 자진한 선제공격이 이라크를 테러와의 전쟁과 글로벌 정책의 중심에 갖다 뒀고, 그리하여 이라크는 미국이 강대국으로서 군사적으로는 물론 정치적·경제적으로도 무엇을 할 수 있고 또 할 것인지를 가늠해 볼 수 있는 시금석이 됐다. 이라크를 가능한 한 모든 방식으로 안정화하기 위해 우물쭈물할 시간이 없었다. 그리고 실제로는 한 해 두 해 그런 귀중한 시간이 돌이킬 수 없이 허비되어 버렸다.

❖❖❖

냉전 초기 경제계획가들과 훗날 탈냉전 이라크 침공 당시의 경제계획가들 간 기질적 차이는 상이한 시대의 차이만큼 현격하다. 특히 유럽의 경제 재건 촉진에 적극 관여하기로 한 뒤늦은 결정에는 부적절한 모습을 피하기 위해 세심한 주의가 뒤따랐다. 재정적 청렴이 진지하게 취급됐고, 미국 원조의 수혜자가 관련 자금을 관리하고 배정하는 데 주요 역할을 하게 할 실제적·심리적 필요성도 마찬가지였다. 궁극적으로 서유럽의 17개 국가가 궁극적으로 마셜플랜으로 혜택을 봤다(독일은 총 원조 수급액에서 영국, 프랑스, 이탈리아 다음 순위였다). 미국은 자금지출 계획서에 거부 권한만 행사하여 지원금을 어떻게 사용할지는 수혜국들이 주도적으로 결정했다. 유럽의 참여는 추후 유럽 통합으로 나가는 초석을 놓은 유럽경제협력위원회(Committee on European Economic Cooperation)[나중에 유럽경제협력기구(Organization for European Economic Cooperation)로 이름이 바뀌었다]를 통해 이루어졌다.

이 다국적인 정책 결정과 운영 구조는 실용주의적이고 창의적이며 심리적으로 영리했던 것으로 드러났다. 그와 동시에 그것은 다양한 국가적·정치적·문화적 그리고 경제적 상황에 부응하는 데 유연하고 절충적이었다. 아마 당대의 행정가들이라면 필연적으로 명백히 그럴 수밖에 없었을 것이라고 말했으리라. 비록 그러한 각종 구분과 단서 조건은 후대의 아무 데서나 다 통하는 시장근본주의 신봉자들에게 조롱받게 되지만 말이다. 유럽 경제 원조 프로그램은 투명하고 책임성이 있었다. 의회는 4년 기한의 마셜플랜 기간에만 지속되고 추가 자금이 배정되기 전에 연례 검토를 거치는 독립기구인 경제협력행정처(Economic Cooperation Administration, ECA)를 설치했다. 짧은 존속 기간에 공공과 민간 부문 양쪽에서 끌어온 우수한 인재들이 근무한 경제협력행정처는 정치화와 부패를 피했다는 찬사를 받았다.[129]

일본의 재건을 위해 명시적으로 배정된 경제원조는 상대적으로 소소했다. 1946년과 1952년 사이 대일본 원조 대부분은 미 정부의 GARIOA[점령지역 정부 원조와 구호(Government Aid and Relief in Occupied Areas)] 프로그램을 통해 이루어졌다. 식량, 농업 물자와 장비, 의약품 소량이 큰 비중을 차지했고, 당시 화폐가치로 대략 총 12억 달러(2005년 가치로 79억 달러)에 달했다. 기간시설 원조는 1948년 중반에 가서야 이른바 EROA[점령지역경제부흥(Economic Rehabilitation in Occupied Areas)] 프로그램 아래 이루어졌다. 주로 기계류와 산업 원자재, 교통수단 관련 지원 등으로 구성된 이 원조의 총액은 대략 7억 8500만 달러에 달했다(2005년도 미화로 52억 달러). 이 외에도 원조 패키지의 효과를 증대할 수단으로 1949년부터 일본 정부는 미국 원조 물자의 판매금 8억 4500만 달러를 엔화로 대충자금(對充資金)으로 예치했고, 이에 따라 일본 정부는 산업 재건을 위해 그만한 국내 자금을 제공하게 됐다.[130]

유럽과 일본 양쪽에서 관료들이 추진한 재건은 대체로 규율이 잡히고 전문적이었다. 그리고 수혜자들의 긴밀한 참여를 동반한 것은 헤아릴 수 없는 중요성을 띠었다(그와 동시에 일본 쪽에서 얼마간의 부패를 피하지 못했다). 이는 첫째, 연합국임시행정당국의 통치 기간에 이라크인들이 진지한 정책형성에서 심각할 정도로 배제된 사실과 둘째로 민영화, 정실주의, 이데올로기적 리트머스 시험, 감독과 회계감사 실패, 실현되지 못한 약속, 부패가 이라크 재건에 배정된 정부지출과 결부하게 된 사실과 비교할 때 특히 주목할 만하다. 그 두 가지 사실은 이라크 재건 사업을 묘사할 때 "안 지저분한(unsordid)"보다는 "지저분한(sordid)"이 흔히 사용되게 만들었다. 하지만 그게 다가 아니다. 이라크인들을 비롯한 많은 세계인의 눈에 이라크 재건의 현실은 합리성, 효율성, 《월스트리트저널》의 표현을 빌리자면) "미국의 상을 따른" 경제 규율에 관한 모든 고상한 언어를 조롱거리로 만들었다.

✠ ✠ ✠

냉전 초기의 경제계획가들과 그들의 탈냉전 후배들 간의 이 기질적 분리는 한편으로는 관료제의 능력과 책임, 그리고 다른 한편으로는 민간 부문의 효율성 및 합리성과 관련한 이질적인 **이데올로기적** 태도들과 나란히 갔다. 이는 여러 세대를 가로지르는 이데올로기적 공명을 무시한다는 소리가 아니다. 일단 1940년대 후반 워싱턴의 계획가들이 독일과 일본이 각각 비공산권 유럽과 아시아의 주요 "공장"으로 되살아나야 한다고 결론 내리자, 두 나라의 생산성을 증대하고 경영 기술을 향상하고, 두 나라를 소련(과 이내 중국의) 공산주의를 물리치고 억제할 수 있는 지역적·글로벌 시장체제로 통합하는 데 모두가 합심했다. 특히 아시아의 경우에, 미국 계획가들은 1949년부터 중국과의 무역을 단절하는 대신 일본, 동남아, 미국을 연결하여 단단하고 위계적인 무역 관계—일부 계획가들이 사석에서 "아시아를 위한 작은 마셜플랜"이라고 부른 시장 통합의 비전—를 발전시키는 데 점차 몰두하게 됐다. 노동자와 농민을 해방하여 자립 가능한 일본 내수시장을 창출한다는 초창기 구상은 자본의 이해관계를 증진하고 수출 지향 생산과 맞물려 내부적 내핍을 강요하는 동시에 노동조직과 정치 좌파의 영향력을 약화하는 방향으로 바뀌었다.[131]

과거 적국에 대한 이 같은 정책 수정은 "소련의 공격적인 공산주의 확장 정책이 만들어 낸 심각한 국제 정세"라는 표현(NSC 13/2 문서에서 인용)으로 프레이밍됐고, 개혁에 초점을 맞춘 이전 노선을 완화함으로써 "사기업이 장려되어야 한다"라고 강조했다. 자본주의와 공산주의를 대결시키는 양극적인 비전을 표방하는 와중에도 1940년대 후반의 정책 결정자들은 이라크전쟁기에 이르러 복음이 되어 버린 정부 역할 축소, 민간 부문 우대, 외국 무역과 투자에 대한 모든 장벽 제거 이데올로기를 적극 수용하는 것과는 거리가 멀었다. 오히려 반공적 경제 지원의 새로운 의제들은 보통 케인스주의 이론 및 뉴딜과 결부된 개입주의 정책을 지지하고, 그에 따라 훗날 자유시장 근본주의자들이 계획경제나 혼합경제라고 성토할 경제체제들을 용인하고 심지어 장려한 전문가들의 능력을 동원했다.

그러므로 NSC 13/2 문서가 채택된 지 두 달 뒤인 1948년 12월에 도입된 중요한 정책 지침은 "금융, 통화, 가격, 임금 안정을 가져오고 수출품 생산을 극대화할 조치들을 비롯해 국내경제 안정화 프로그램을 즉각적으로 실시하도록 최고사령관이 일본 정부에 요청하는 것이 시급하다"라고 역설했다. 이 프로그램을 실행하는 과정에서 점령 당국은 다음 수십 년에 걸쳐 일본을 번영으로 나아가게 하는 산업정책의 중심이 될 각종 제도, 법률, 관행 들을 증진하는 데 일본 정부와 협력했다. 이 조치들은 1949년 막강한 통상산업성의 설치를 넘어서 1949년과 1950년에 무역, 외환, 외국 투자를 관리하는 내용의 입법으로 확대됐다. 이는 결국에는 "행정지도(行政指導)"로 널리 알려지게 되는 초법적인 관료제적 관행의 제도화를 동반했다.[132]

통상산업성의 탄생은 전쟁에서 평화로의 일본의 이행에서 가장 뚜렷한 변화를 완성했다. 1930년부터 중앙 계획은 "총력전"에 국민을 동원하는 데 혈안이 된 지도자들의 고착관념이 됐다. 군부가 관료와 고위급 내각의 계획 수립을 갈수록 좌우하게 되면서 공공 부문과 민간 부문 양쪽에서 그들의 영향력과 권위가 공고해졌다. 패전과 점령은 군부를 제거했지만, 중앙집권적 권위는 여전히 널리 침투해 있었다. 문민 관료들과 기관들은 특히 경제적 쟁점들과 관련하여 전보다 훨씬 큰 자율성을 얻었다. 그리고 본보기와 의도적인 정책을 통해서 점령 당국은 그러한 관료의 위상과 권위를 한층 강화했다. 맥아더의 총사령부 자체는 위계적인 지휘 구조의 완벽한 본보기였고, 일본 정부를 통해 간접적으로 활동함으로써 일본 관료들의 영향력을 뒷받침했다. 전시에 실력을 갈고닦고 이행기의 숙청을 피해 살아남은 노련한 행정가 및 기술관료 들과 대조적으로 일본의 전후 정치인들은 경험이 없는 잡다한 집단이었다.

이른바 도지 라인(Dodge line)—보수적인 디트로이트 금융가 조지프 도지(Joseph Dodge)가 조율한 엄한 "반(反)인플레이션" 정책—과 함께 신설된 통상산업성은 민간 부문을 수출 지향 생산으로 이끄는 새로운 의제의 핵심이 됐다. 그 영향력은 수출입 통제를 넘어서 에너지정책과 특허, 기술이전, 대출과 보조금, (석탄, 철강, 조선, 전력부터 시작하여) 중요 자원을 지정된 부문에 할당하는 전략적 분배, 자본이전과 고부가가치 제조업 진흥에까지 이르렀다. 통상산업성은 사업계와 긴밀하지만 항상 원만하지만은 않은 협조 관계를 구축했고 "행정지도"—다시 말해 법령 이외에 설득의 힘으로 뒷받침되는 권고와 경고—를 통해 영향을 행사하는 기술의 자타공인 대가가 됐다.

정치학자 차머스 존슨(Chalmers Johnson)은 나중에 통상산업성과 결부된 산업정책을 유명하게 "계획 지향 시장경제"로, 전후 일본을 "자본주의 개발 국가"체제라고 묘사했다. 그것은 분명히 혼종이었다. 하지만 돌이켜 봤을 때, 특히 시장근본주의가 불러온 민영화 광풍과 나란히 놓고 봤을 때 주목할 것은 패전 일본이 처한 엄혹한 상황 속에서 이를 경제성장을 위한 합리적 모델로 확립한 주체는 기민한 일본 기술관료 및 기업가 들과 더불어 미국 계획가들—일본 특유의 "문화적"이거나 "전통적"인 어떤 성향이 아니라—이었다는 점이다.[133]

한탕주의를 막기 위한 앞선 시대의 싸움

통상산업성 탄생에 산파 역할을 하고 "행정지도"를 장려한 것 외에도, 미 점령 당국은 이라크 경제를 규제되지 않는 외국 무역과 투자에 개방하는 연합국임시행정당국의 충격요법 프로그램과 상반되는 사고를 반영하는 입법도 도입했다. 일본 부흥 계획을 도운 미국인들은 유의미한 "자급자족경제"로 나가는 데 불가결한 것으로 보호무역주의를 옹호했다. 나중의 이라크 국가 건설자들처럼 그들의 궁극적 목표도 일본을 세계자본주의 체제에 통합하는 것이었지만, 벼락치기식이 아니라 현지의 필요와 국민 정서를 면밀히 고려해 가며 움직였다.

보호무역주의는 두 가지 법률에 근거했다. 하나는 1949년 2월에 제정된 "대외무역및외환통제법(Foreign Exchange and Foreign Trade Control Law)"이고, 또 하나는 이듬해에 통과된 "외국인투자법(Foreign Investment Law)"이었다. 두 법은 1930년대 초로 거슬러 가는 입법에 의존했는데, 1979년까지 존속하다가 그해에 대외무역및외환통제법은 상당 부분이 개정됐고, 외국인투자법은 폐지됐다. 대외무역및외환통제법의 통과로 일본은 점령이 시작된 이래 처음으로 민간무역을 재개할 수 있게 됐고, 원칙상으로는 비교적 자유로운 무역을 표방하면서도 실상 고도의 정부 통제가 허용됐다. 일본 쪽의 표준적인 참고 도서는 "이 '개혁된' 통제 조치들이 복잡성과 범위, 유효성 측면에서 전전 시스템을 닮게 된 것은 아이러니"라고 지적한 다음, 밑에 깔린 이유를 다음과 같이 깔끔하게 요약한다. "제2차세계대전에서 빠져나와 경제를 시급히 회복할 필요성을 고려할 때 점령 당국과 일본 정부는 수출입의 흐름과 분배, 외환을 규제하는 것이 불가결하다고 봤다. 모든 주요 자원이 태부족이었고 국가 재건을 위한 최적의 자원 분배를 달성하는 데 자유시장에는 도저히 의존할 수 없었다."[134]

외국 투자와 관련해서 점령 일본의 사례는 외국자본의 자유롭고 제약 없는 접근이라는 "자본주의적 꿈"에 반하는 단순한 보호무역주의를 넘어서는 방식으로 이라크와 뚜렷하게 대비됐다. 일본에는 연합국임시행정당국과 민간 부문 기업가들이 조장한 것과 같은 초창기 "사업 개방"의 들뜬 흥분도, 조기 투자 기회를 붙잡으려는 "골드러시"의 광풍도 없었다. 이라크의 석유와 달리 일본에는 인적자원과 대비되는 천연자원이라고 할 만한 것도 없었다. 오히려 당시 일본의 경제적 전망은 암울해 보였고, 미국 재계에 불러일으킨 관심은 미미했다. 1948년 일단 역코스가 시작되자, 일본에 대한 관심을 일깨우기 위해 미국 상공회의소를 순회했던 윌리엄 H. 드레이퍼 주니어(William H. Draper Jr.) 국방차관과 같은 관리들은 미지근한 반응과 맞닥뜨렸다. 심지어 1950년대 중반까지도 존 포스터 덜레스(John Foster Dulles)와 같이 냉전기 미일 관계를 기획한 장본인들은 일본이 미국 시장이나 다른 서구 시장에서 경쟁할 만한 정교한 제품을 생산할 것이라고 기대하지 않았다.[135]

자본 부족에 허덕이는 많은 일본 회사는 이 시기에 외국 투자자들을 간절히 유치하고 싶어 했던 반면, 미국 계획가들은 일본 회사들이 자산가치의 극히 일부에 불과한 액수에 경영권 지분을 팔지 않도록 그들을 그들 자신으로부터 보호해야 한다고 봤다. 국무부의 일본 전문가였던 로버트 피어리(Robert Fearey)는 이런 논리를 새로운 점령 "제2기"에 관해 1950년에 출간한 소책자에서 설명했다. 일본 투자는 연합국최고사령관의 면허가 필요한데, 피어리는 이 면허가 "일본의 외환 지위를 개선하거나 일본의 경제회복을 적극적으로 원조할 프로젝트들"만을 참여시키도록 했다고 설명한다.

일본 기업에 대한 투자는 "더 나아가 다른 투자자들로부터 주식이나 증권의 단순한 매입과 대조적으로 기업을 위한 추가적 자산 공급을 반드시 포함한다는 조건을 충족해야 한다. 이런 조건들을 준수하더라도 전쟁 이후로 일본 증권 가격의 하락은 실제 가치보다 훨씬 낮은 가격으로 증권을 취득할 기회를 제공해 왔으므로 단기적 투기를 피하도록 각각의 거래에 대해 연합국최고사령관과 일본 정부의 세심한 검토가 요구된다". 1950년 외국인투자법은 외국자본의 유입을 촉진하고 외국인투자자를 보호하기 위해 발효됐지만, 그와 동시에 정부가 대출을 감독하고 회사 지분에 대한 외국인의 완전한 소유나 과반 소유를 금지함으로써 그러한 투자들을 통제하도록 허용했다. 외국인의 지분 소유보다는 일본 정부와 그들의 미국인 후원자들은 외국 기술, 대체로 미국 기술의 구입을 장려했다.[136]

망각의 시대에 엇갈린 유산들[137]

혼합경제는 물론 일본이나 20세기 중반 또는 미국 바깥 대부분 세계를 휩쓴 전화에서 회복하려고 씨름하던 나라들에서만 특유한 것이 아니었다. 국가의 역할은 시간과 장소에 따라 달랐다. 이는 교조적·실용적 관점들과 더불어 사적인 부와 권력이 바퀴를 마음껏 굴리도록 방임할 경우, 그 아래 깔린 약자와 약소국에 초래되는 파괴에 대한 민감한 역사적 의식을 반영했다.

일본의 경우에 전후의 혼합경제는 명백히 특정 역사적·문화적 상황들을 반영했다. 그만큼 명백하게 전후 일본은 다른 혼합경제 유럽 국가들은 물론 과거 추축국의 일원이었던 독일마저 능가하며 신속히 번영을 누리게 됐기 때문에 주목을 끌었다. 어쨌거나 혼합은 전통적인 의미에서 문화적이라기보다는 실용적이었다. 상당 정도 전쟁이라는 긴박한 필요와 참사 그리고 패전 이후 점령이라는 막간에 펼쳐진 상황 변화가 만들어 낸 산물이었다. 정책은 일정한 역할을 했고 한국전쟁 같은 뜻밖의 사건도 마찬가지였다. 그리고 하나도 아닌 두 개의 국가, 즉 도쿄와 워싱턴을 중심으로 하는 두 국가가 이러한 형성 과정에 엮여 있었다.

전쟁과 점령을 거치며 등장한 일본 경제의 많은 측면은 시간이 흐르면서 시대착오적이 됐다. 그러나 초창기 전후 재건에 관한 몇몇 신화들은 살아남았다. 미국 원조의 영향은 그런 신화 중 하나였다. 사실 재건과 관련해서는 원조는 때늦은 감이 있었다. 도움이 되긴 했지만 막대하지 않았다. 게다가 더 큰 재정 대차대조표상으로는 점령군에게 각종 물류 지원을 제공하기 위해 일본 재정이 치른 더 많은 비용으로 상쇄됐다. 한 추정치에 따르면, 그 비용은—미국 측의 강력한 주장으로 일본 연례 예산에서 다소간 감춰졌던—GARIOA와 EROA를 합친 액수의 2.4배에 달했다. 이런 수치들은 심지어 표준적인 역사 서술에서도 보통은 망각되는 일종의 "블랙홀" 수치다.[138]

이를 넘어서, 일본 경제회복에 시동을 건 것은 점령기 경제정책보다는 아시아에서 일어난 새로운 전쟁—1950년 한반도에서 터진 무력분쟁—이었고, 그래서 요시다 총리와 일본 보수파 전반은 옆 나라의 전화(戰火)를 "천우신조"로 환영했던 것이다. 일본의 한국전쟁 붐에는 미군이 주문한 막대한 재화와 서비스로 인한 "특수(特需)"(とくじゅ)가 기여했다. 점령이 끝나고 옆 나라의 전쟁이 점차 흐지부지 종결되면서 그러한 주문은 "신(新)특수"의 형태로 이어졌다.

1950년 6월부터 1953년 말까지 이러한 미군 수요와 관련해 일본의 달러 유입은 약 23억 달러에 달했고—1945년과 1951년 사이에 받은 원조 총액을 능가한다—1954년부터 1956년 들어서까지 추가로 17억 5000만 달러어치의 "신특수" 계약이 이루어져, 주권을 회복한 신생국의 "수출" 소득에서 큰 비중을 차지했다. 이런 고무적인 분위기에서 일본 기술자들과 기업가들이 1960년대와 1970년대 일본 국가경제 도약의 가장 중요한 특징이 된 "품질관리" 등 여러 관행을 도입했다. 흔히 일본의 뛰어난 장인정신 전통과 결부되는 품질관리는 사실 미국 스승들, 특히 W.

에드워즈 데밍(W. Edwards Deming)에게 배운 것이었다.[139]

경제·사회 영역에서 점령 초창기 몇몇 개혁 정책들은 재건을 위한 튼튼한 기반을 닦았다. 그리고 이를 넘어서 전후 번영의 비교적 공평한 분배를 위한 토대도 마련했다. 이 가운데 주목할 것은 전면적인 토지개혁, 조직 노동의 권리 강화, 가족 지배 자이바츠 소유의 지주회사 해체를 통한 지분 소유의 다각화 등이었다. 조기 탈군사화 정책의 영향도 헤아릴 수 없을 정도인데, 이를 통해 전쟁에 동원되어 교육을 받은 기술자와 생산직 숙련 노동자 집단의 거대한 재능이 전자와 운송 같은 민간 부문들로 전환될 수 있었다. 당시 미국인들이 깨달은 것을 훨씬 넘어서서 일본의 노동력은 일단 국제시장을 찾자마자 고부가가치 수출품을 내놓을 준비가 되어 있었다.

1952년 점령이 종식되고 20년 동안 그 국제시장은 중화인민공화국의 봉쇄에 참여하라는 미국의 거부할 수 없는 압력에 일본 정부가 내키지 않아도 묵묵히 따랐기 때문에 심히 제한되어 있었다. 대신 이를 상쇄해 주는 보상은 미국의 라이선스와 특허에 대한 우선적 접근과 미국 원조 및 무역정책 등의 형태로 이루어졌다. 게다가 미국은 1949년과 1950년에 외국의 착취와 "단기적 투기"를 방지하기 위해 도입된 보호무역 조치들을 일본 정부가 계속 연장하는 것을 용인해 주었다. 여기서 부정적·긍정적 방식으로 더 눈에 띄는 개입주의 국가는 일본이라기보다는 미국이었다. 비록 외세의 그런 심한 개입은 국가의 경제적 역할에 관한 논의에서 좀처럼 거론되지 않지만 말이다.[140]

이와 뗄 수 없는 냉전의 또 다른 거래로서 일본은 이른바 미국의 핵우산 아래 안보를 보장받는 대가로 국토 전역에, 특히 오키나와에 미군기지를 제공했다. 이런 거래가 군대 기반의 왜곡 경제가 된 오키나와에 강요한 내부적 희생은 특히 가혹했다. 미국이 2003년 이라크를 침공했을 때, 미군의 일본 주둔은 여전히 종식될 기미가 보이지 않은 채 60년째에 다가가고 있었다. 미국 정책결정자들이 다소간 양도 불가능하고 무한정한 권리로 전제한 군 기지들로 이루어진 이러한 미 제국의 확장이야말로, 두 점령 사례 간의 가장 근접한 병행 요소로 드러날 수도 있다.[141]

✛✛✛

"민주주의"는 확실히 일본에서 혼합경제와 나란히 점령기가 남긴 유산이었다. 21세기에 들어서까지도 요시다와 여타 정치가들이 1940년대 후반과 1950년대 초반에 수립한 노선을 따라 대체로 보수적인 일당 지배가 지속되는 현실을 고려할 때, 이 민주주의가 실제로는 이상에서 아무리 멀리 떨어져 있었다고 해도 말이다. 일본인들은 자치를 할 능력이 없다는 "아시아통들"의 주장과 반대로—그리고 그에 병행하는 요시다 같은 구식 보수파의 희망 및 기대와 반대로—헌법에 명문화된 자유주의적 이상 다수는 이런저런 형태로 전후 초창기 개혁주의 시대에 뿌리를 내렸다. 이러한 가치들과 개혁 조치들은 현대 일본 보수파와 신민족주의자들에게 매도되기도 하고 시간이 흐르면서 희석될 수도 있지만, 반군사주의와 민주화의 초기 이상들은 현대 정치의 본류에 유입됐다. 이것이 이라크전쟁을 옹호하는 선전가들이 내부적·역사적 상황들을 무시한 채 맥락에서 끄집어내어 이라크를 비추는 거울로 내세우는 "점령 유산"이다.

혼합경제의 경우에 일본 사례를 오용하는 것은 특별할 게 없다. 시간이 흐르면서 국가의 보이는 손이 성장과 새로운 도전들에 대한 창의적인 대응을 가로막았다. 마침 일본 경제의 거품이 극적으로 꺼진 시기는 소련의 붕괴와 거의 일치하는 1980년대 막판이었고, 그리하여 9·11이 일어나기 한참 전에 미국의 경제적 집단사고에서 유행하게 된 민영화와 시장근본주의 상찬의 흐름에 나름대로 기여한 셈이다. 선택적 기억과 집단적 망각의 새 시대에 일본 혼합경제의 실용주의적이고 긍정적인 업적은─그리고 전후 미국과 유럽의 정책과 관행 다수의 업적도─고려에서 그냥 지워져 버렸다. 시장의 합리성과 규율에 거의 절대적인 신뢰를 부여하는 것이 새로운 복음이요, 규제와 장기적 계획 수립은 새로운 금기였다. 그리고 시장지상주의도 (이를테면 동전의 뒷면인 국가에 대한 절대적인 믿음처럼) 역시 망상이자 잠재적 재앙임을 시사하는 과거나 심지어 동시대의 상황들로부터 배울 만한 긍정적인 점이 전혀 없다는 결론이 이어졌다.

전후 일본의 경제계획과 보호무역주의는 유용성이 다했을지도 모르지만, 전성기에 이것은 희소자원을 배분하고, 장기적 사고를 도모하고, 국가적 필요와 사적 이해관계를 조화시키고, 살벌한 글로벌경제에서 처음에는 취약한 참여자로서 경쟁할 수 있게 하고, 넉넉한 사회적 후생을 보장하고, 심지어 치열한 내부경쟁을 자극하는 합리적인 방안이었다. 수십 년 동안 그 결과는 세계의 시선을 사로잡았고, 다소 틀린 표현일지라도 흔히 "기적"으로 일컬어졌다. 일본의 연평균 실질경제성장률은 1960년대에 대략 10퍼센트였고, 1970년대와 1980년대에는 4퍼센트 내지 6퍼센트였다. 고작 30년 전에 폐허가 된 땅에서 새출발하기 위해 안간힘을 쓰던 일본 시민의 절대다수가 이 번영을 공유했다.

가까운 과거의 다른 많은 것과 마찬가지로, 이 대부분은 9·11과 이라크전쟁보다 한참 전에 유행에 뒤떨어진 역사의 묘지로 내버려졌다. "세계화"민영화"아웃소싱"정부 축소"및 그와 유사한 신조들이 제2차 세계대전 후 일본 점령에 중심적이었던 경제 기본계획과 수행 과제들을 대체했다. 관료주의적 계획 수립에 대한 멸시—이견들이나 최악의 우발 사태 계획에 대한 멸시는 말할 것도 없다—는 고위급 정책입안자들 사이에 만연했고, 전술적·전략적 멍청함을 거의 불가피하게 야기했다. 정실주의 및 부패와 맞물려 이라크인들의 기술적 능력—과 즉각적이고 시급한 필요—에 대한 무시는 점령지 일본에서와 정반대의 결과를 낳았다. 재건과 회복이 이라크인 본인들이 아니라 외국의 폭리 추구자들에게 맡겨졌던 것이다. 이에 대한 파괴적인 물적·심리적 반향은 예상 가능했지만, 이데올로그들과 폭리 추구자들에게는 아무런 문제가 되지 않았다. 민영화와 미국 주도의 국제 자본주의 증진에 반하는 거의 모든 제안은 스탈린주의적이라거나 바트당식이라거나 아니면 여타 전체주의적 통제 경제 형태로 일축됐다. 만능의 이론과 측정 기준이 역사와 문화, 심리, 상식을 모조리 흘려 내려보냈다. 냉철한 합리성이라는 이름으로. 빨간불이나 불길한 예언의 경고를 보내는 이들은—그리고 정부와 군 관료 기구의 중간급과 하위급에는 그런 목소리들이 적지 않았다—불가촉천민처럼 취급됐다.

점령지 일본이나 일본의 국가와 민간 부문 간 특정한 혼합으로부터 배울 만한 사회공학이나 국가 건설의 공식 같은 "교훈들"은 없었다. 시대와 장소가 다르기 때문이다. 하지만 한편으로 쟁점들을 프레이밍하고, 역사적으로 사고하고, 타인의 눈에는 상황이 어떻게 보일지 상상하고, 합법성을 유지하고, 무능과 부패의 모양새를 피하고(무능과 부패의 실상은 고사하고 말이다), 공적인 필요와 사적 이해관계 사이의 균형을 잡고, 장기적 계획 수립과 착취와 폭리 추구를 억제할 필요성을 인식하고,

최고의 투명성과 책임성을 입으로만 떠드는 게 아니라 실천하는 일에 관해 배울 수 있는 일반적 교훈들이 있다.

하지만 교훈을 얻는 대신 고의적인 망각의 문화가 만연한―그리고 역사가 첩보 데이터처럼 취향에 부합하는 내용만 마음대로 고를 수 있는 슈퍼마켓에 불과하게 된―곳에서는 전쟁이나 점령, 해방, 평화로운 조정과 재건 어느 것도 성공적으로 실행되지 못할 공산이 크다.

에필로그

헛고생과 빛 좋은 개살구

세속의 사제들과 믿음 기반의 정책

9·11 이후 조지 W. 부시와 오사마 빈라덴은 구식 의미의 신앙과 문화, 문명의 충돌을 통해 성전을 체현했다. 두 사람은 경전을 인용하고, 선과 악의 이분법적 세계관을 내세우고, 전능하신 신을 들먹이며 그분의 의롭고 진노한 대리자로 자처하길 멈추지 않았다. 둘 다 의심과 비판에 맞서 단단히 무장한 확실성의 영역에서 살아가는 대단히 독실한 사람이었다.

하지만 믿음 기반의 사고는 종교와 관습적인 문명의 충돌이라는 범주를 초월한다. 현대전 자체는 하나의 문화다. 관료주의적 행위나 기업적 행위 또는 "무리 본능"이 그런 것처럼 말이다. 이론상으로 헤이그육전법규와 제네바협약에 명문화된 도덕적 규범은 서양에서 전쟁 수행 방식을 좌우한다. 역시 이론상으로는 근본적으로 서양식 "합리성"이 현대의 관료주의적·정치적·경제적 행위를 좌우한다. 실제로는 이는 대체로 희망적 사고일 뿐이다. 현대전은 여전히 대체로 대량 살상이다. 관료조직들은 영역 다툼을 하는 세력권들의 집합이다. 정치적 도덕성이란 흔히 모순어법이다. 그리고 부시 임기 마지막 몇 달에서 드러났듯이 "시장 합리적인" 자본주의는 상당 부분 신화다. 전통적인 종교와 상관없는 믿음과 행위가 세속의 사제들에 의해 설파되고 강요되면서 우리 시대를 지배하고 있다.

사제 집단과 도그마, 세속적 행위에 관해 이런 식으로 사고하는 일은 불편하다. 종교는 여전히 중요하다. 상충하는 이상들을 둘러싼 거대한 투쟁은 모두는 아닐지언정 일부 전쟁들과 여전히 떼려야 뗄 수 없다. 제2차세계대전은 지금도 이에 대한 확실한 증거다. 하지만 그와 동시에 전쟁과, 전쟁을 몰아가는 인간과 기구, 동기는 적대자들이 기꺼이 시인하는 것보다 비교 분석에 용이하다.

예를 들어, 아시아와 태평양에서 일본의 성전은 "신성불가침"의 천황과 그가 구현한 신성한 황도 이데올로기의 이름으로 수행됐다. 하지만 진지한 어느 역사가도 이를 일본이 왜 전쟁에 나섰는지나 일본이 군사적 작전을 어떻게 수행했는지 또는 왜 그 모든 것이 처참한 패배로 끝났는지를 설명하는 열쇠로 여기지는 않는다. 반대로 역사가들은 정치와 지정학을, 대공황기 제국주의 세계의 사회화와 세계관의 주입을, 조직적·개인적 차원의 병리를, 전략적 계획 수립과, 알고 보니 드러난 전략적 멍청함을 들여다본다.

그와 유사하게 지하드라는 말을 번역이 필요 없게 만든 이슬람주의 테러리스트보다 더 메시아적인 경전을 인용하는 자들은 없다. 하지만 부시 임기가 끝나 갈 때 백악관 안팎의 가장 고집 센 유아론자만이 개인들을 테러나 반군 활동으로—이내 드러난 대로 아프간과 이라크 침공 이후 더욱—몰아가는 다양한 현지의 여건들과 영토적 문제들을 무시할 수 있었을 것이다. 9·11 직후에는 거의 생각할 수도 없었던 관찰—이를테면 테러리스트들은 군사적 전술에서 합리적일 뿐 아니라 선전 활동과 세계화된 매력을 갖춤으로써 "모던"하거나 심지어 "포스트모던"하다는 생각—이 6~7년 뒤에는 진부해졌다.

빈라덴과 9·11을 예견하지 못했고 그 여파로 파멸적인 "테러와의 전쟁"에 착수한 워싱턴 계획가들은 나름대로 세속적 성격의 믿음 기반 사고에 빠져 있었다. 빈라덴의 경우에는 사우디를 중심으로 하는, 자신이 태어난 땅의 신성함이 처음에 그 알카에다 지도자가 서양을 상대로 전쟁을 선포하게 만들었다. 그리고 초강국 미국이 알고 보면 비국가, 저강도, 비대칭전에서 극히 취약하리라는 것이 빈라덴의 군사적 신념 체계에서 하나의 신조였다. 그것이 1980년대 소련의 아프간전쟁 패배의 커다란 교훈이라고 그는 9월 11일 몇 년 전에 공언했다.

그와 달리 미국 지도자들은 러시아를 무너트린 이슬람주의자들을 지원했음에도 아프가니스탄으로부터—아니면 앞서 미국이 베트남에서 빠진 수렁으로부터—비정규전에 관해 아무런 진지한 교훈을 이끌어 내지 못했다. 교훈을 얻기는커녕 그들은 전통적인 "미국식 전쟁 방식"에, 다시 말해 압도적인 군사력의 보유와 전개에 계속 믿음을 걸었다. 정통한 내부자[데이비드 킬컬런(David Kilcullen)]가 나중에 표현한 대로 "특정한 첨단기술 초전격전(über-blitzkrieg) 스타일의 싸움이…… 정통 교리가 됐다". 무력에 대한 이 같은 믿음은 9월 11일과 이라크를 상대로 선택한 전쟁에서 노출된 정보와 상상력의 실패를 설명해 주기까지 한다. 당시 이 정통 교리에 맞서 어떠한 사리 있는 비판이 나와도 그것은 "전복 행위"나 "패배주의" 아니, 세속 신학의 용어로 표현하자면 이단으로 일

축됐다.[1]

　이러한 미국의 무력 숭배는 약칭에서 흔히 드러났다. "군사 분야에서의 혁명"은 그런 주문 가운데 가장 유혹적인 것이었다. "충격과 공포"는 (더 조악한 무기의 시대에서 나온 원형적 사례로서 히로시마와 나가사키와 더불어) 또 다른 주문이었다. "케이크워크"는 참된 신자의 도취적인 확실성을 포착했다. 미국의 힘은 그 미덕과 함께 이라크와 추후 중동의 상당 지역들이 별다른 어려움 없이 독수리의 날개 아래 들어오게 하리라. 오바마 행정부 출범기에 글을 쓰던 한 비판가는 믿음 기반 군사 전략화의 다른 자매편에도 주의를 환기했다. "핵 기구 공무원들"을 계속 사로잡아 온 거의 초현실적인 "냉전 핵 신학의 헛소리들".[2]

　죽이고 파괴하는 기술적 능력이 갈수록 진화한다는 점을 제외하면, 세속의 성직자가 군사적 신조를 설파하고, 잘 믿는 신도와 제자가 그 신조를 마음 깊이 새기는 현상에 새로운 것은 없다. 하지만 부시 행정부의 정책들이 조악하고 무능하다는 것이 드러난 뒤에도, 해명 책임으로부터 그들을 막아 준 것은 테러리즘의 부인할 수 없는 위협과는 별로 상관이 없었다. 그보다는 이 책임 면제는 제2차세계대전과 냉전에서 탄생한 "안보 국가"의 불가침적 성격에 내재해 있었다. 9·11보다 40년 전에 미국 역사가이자 비평가 루이스 멈퍼드(Lewis Mumford)는 이미 이 리바이어던을 "사제처럼 비밀스러운 지식의 독점, 비밀 정보기관의 난립, 공개 토론의 억압"이라고 묘사했었고, "심지어 '초당적' 군사 및 외교 정책 역시 폭로와 공적 비판에 맞서 잘못을 감싸안음으로써 대중의 반응을 무력화하고 합리적인 반대의견을 반역까지는 아니더라도 비애국적인 이반(離反)으로" 만들어 버린다고 비판했다. 자체의 성전(聖典)과 미궁 같은 복잡성을 갖춘 안보 국가는 세속의 신정정치가 되기에 이르렀다.[3]

121. 샌프란시스코 워싱턴스퀘어에서 열린 9·11 공격 1주기 추모식. 미국인이 아닌 희생자들을 나타내는 57개의 국기를 비롯해 총 3037개의 국기가 꽂혀 있다.

✛ ✛ ✛

믿음 기반의 사고는 면밀한 검토에서 온 세상을 배제한다. 그 자신이 가진 전제와 행동을 진정 비판적으로 평가하기는 불가능하다. 그와 동시에 타인의 상황과 태도, 능력은 소홀히 취급한다. 이런 태도는 전쟁과 평화에 영향을 미치는 정책형성과 관련해서는 반직관적으로 보이는데, 전략적 계획 수립의 본질은 아무래도 적을 아는 동시에 자신의 결점과 취약점을 알고 인정하는 것이기 때문이다. 실상 이런 지피지기는 불완전하게만 이루어진다.

1941년과 2001년의 미 군사정보의 실패는 이런 은둔자적 정신상태를 반영한다. 1941년 일본이 선택한 전쟁의 "전략적 멍청함"과 60여 년

122. 이라크 침공 5주년이 다가오고 있을 때 마이애미의 한 교회가 그때까지 아프가니스탄과 이라크에서 사망한 미국인들을 기려 이 추모 전시물을 기획했다. 2008년 3월 17일에 촬영된 이 추모 전시물에는 소형 국기 4454개가 사용됐다.

뒤 미국이 이라크를 상대로 선택한 전쟁도 마찬가지인데, 둘 다 희망적이고 망상적인 사고를 반영했다. 거듭하여 도그마가 비편향적인 분석을 압도했고, 예리한 비판과 자기비판이 의사결정과정의 최상위에 파고드는 것을 저해했다. 집단사고가 만연했다. 대규모 작전들이 1941년 일본 전쟁계획가들과 9·11 이후 백악관과 펜타곤 전략가들의 마음을 빼앗았다. 그 과정에서 무력이 개입되지 않은 정책들은 주변화됐다. 최종 단계를 예상하고 출구전략을 수립하는 것은 한편으로 밀려났다. 돌이켜 보면 빤히 보이는 빨간불들이 무시됐다.

이라크 침공의 근거(사담 후세인이 알카에다와 공모하고 있으며, 그가 보유한 대량살상무기가 테러리스트의 수중에 들어갈 수 있다는 주장)에 알맹이가 없음이 분명해진 뒤 "체리피킹"은 비판가들 사이에서 인기 있는 은유가 됐다. 이 표현은 언뜻 보기보다 더욱 시사적이다. 이제 와서 보면, 너무도 명백한 미가공정보 데이터의 편향적 선택을 넘어서 더 어려운 질문은 이 체리피킹이 고의였는가 고의가 아니였는가, 다시 말해 그것이 명백한 부정직을 반영하는가 아니면 애초에 자신들이 발견하고 싶어 하는 것을 열심히 찾고 또 보는 계획가들을 반영하는가다. 체리피킹은 더욱이 정보분석을 넘어서 역사의 이용과 오남용으로도 이어졌다. 빨간불을 무시하고 달리는 것—심지어 아예 못 보는 것—에는 근현대와 아주 가까운 과거에 대한 경멸적인 무시가 깔려 있었다.

모든 성전사는 적의 이중 잣대와 범죄들에 반하여 자신들의 미덕을 주장하고자 역사를 뒤진다. 1930년대부터 일본인들은 자신들의 침략 행위를 아시아에서 긴 세월 동안 지속된 서구 제국주의와 식민주의로부터의 "해방"이라고 내세웠다. 자신들이 점령한 지역에서 벌어진 착취와 억압은 "공존공영"으로 윤색했다. 이슬람근본주의자들의 반서양적인 수사 다수는 특히 제1차세계대전으로 거슬러 가는 서양의 중동 침입의 부정적 유산에 관심을 집중시킨다는 점에서 그와 유사하다. 그러한 역사의 이용은 근거가 없지 않으므로 효과적인 프로파간다가 된다. 하지만 이것 역시 절반만 진실인 역사, 희생양 찾기의 역사, 신화 만들기, 자신들의 실패·범죄·죄악·이중 잣대에 대한 솜씨 좋은 위장이라는 사실은 물론 시인되지 않는다.

미국 쪽에서는—"역사는 오늘 시작된다"라는 선언처럼 9·11에 대한 즉흥적인 반응에서 부지불식중에 포착되듯이—가까운 과거의 역사는 그냥 삭제됐다. 미국과 유럽이 수십 년에 걸쳐 중동지역에 개입하며 남긴 부정적 유산들은 대다수 무슬림과 아랍인이 바라보는 큰 그림에 그러한 유산들이 박혀 있다는 인식과 더불어 지워져 버렸다. 폭탄테러 공격은 서구적 가치의 핵심에 자리한 인명 존중을 공유하지 않는 "비국가" 행위자들의 만행으로 제시됐다. 그리하여 적의 사기를 떨어트리기 위한 비전투원 표적화 관행이 제2차세계대전 당시 영국과 미국의 공중전에서 표준적 작전 절차로 확립된 사실과 단절시켰다. 적대행위 후 이라크를 위한 진지한 계획 수립의 실패는 "점령"과 더 구체적으로 "국가 건설"에 대한 깊은 이데올로기적 혐오를 반영했다. 과거의 경험은 수뇌부가 제거된 사담 이후 이라크에서 국가 건설이 불가피하고 만만찮은 도전이 될 것이라고 소리치고 있었음에도 말이다. 그리고 그 위에는 침해당한 집단과 민족 들의 자긍심과 힘, 풀뿌리 반란의 파괴력과 끈질긴 생명력, 비대칭적 갈등에서 약자의 효과적 무기에 관한 역사의 많은 사례를 망각해 버린 강대국의 오만이 자리 잡고 있었다.

사담 이후 이라크 국가가 궁극적으로 어떻게 자리를 잡든 간에 부시 행정부의 "테러와의 전쟁" 수행은—아프간과 이라크 침공 그리고 이후로 수년 동안의 무력 의존을 비롯하여—역사에 근본적으로 믿음 기반 계획 수립 프로세스의 헛수고로 기록될 것이다.

헛수고

부시 임기 말미에 나온 두 연방정부 기관에 대한 감사원 보고는 심각한 기능장애를 제거하는 문제에서 9월 11일 이후로 딱히 변한 게 없다고 시사했다. 2008년 11월 대통령선거 며칠 뒤에 9·11 조사위원회의 권고에 따라 설립된 기관인 국가정보국(Office of the Director of National Intelligence, ODNI)을 감사한 감사관은 혹독한 어조의 짤막한 보고서를 내놓았다. 이 보고서는 연방정부의 정보 커뮤니티는 현재 개별 기관 17개로 구성되어 있으며, 표면상으로는 9·11 이전에 정보수집을 저해한 기관 난립에 질서를 부과하고자 신설된 국가정보국 자체가 많은 내부자에 의해 "그저 '관료제에 추가된 또 하나의 층'"으로 간주되고 있다고 지적했다.

11월 보고서는 제2차세계대전이 끝난 뒤 진주만 청문회로 거슬러 가는 조사 결과들과 본질적으로 다르지 않은 조직 차원의 병리에 여론을 환기했다. "미흡한 내부 커뮤케이션과 투명성의 부재"와 더불어 "권위의 경계선을 둘러싼 혼란"이 만연했다. 심지어 국가정보국도 "텃밭 싸움"의 현장이 되어…… 정보와 활동이 '연통 보고되도록(stovepiped)' 했다. 그리하여 "'텃밭'을 지키려는 문화가 여전한 문제이며, 기관 간 협조 실패에 책임을 묻는 경우는 없다"라는 암울한 결론이 도출됐다. 또한 보고서는 법률가들이 이런 문제들을 해소하는 데 도움보다는 흔히 방해가 된다고 지적했다["흔히…… 법률적 장애들은 지나치게 조심스러운 법률가들에 의해 실상이 폭로된 적 없는 신화나 유사(類似) 법적 정당화로 포장된 정책 선택지들이 되어 버렸다"]. 정보수집이 외부 계약자에 의존하는 경우에 그 과정은 "신뢰, 커뮤니케이션, 책임성이 부재한다는 인식으로 저해"됐다.[4]

다음 달, 이라크재건특별감사국(Office of the Special Inspector General for Iraq Reconstruction)은 역시나 혹독한 평가를 담은 훨씬 긴 보고서를 내놓았다. 침공 이후로 5년 하고 9개월이 지났다. 「힘들게 얻은 교훈(Hard Lessons)」이라는 제목으로 구호와 재건 작업에 초점을 맞춘 이 분석 보고서는 관료주의적 무능과 지적 나태의 만연에 대한 진단에 가까웠다. 보고서는 전쟁계획 자체나 정책형성의 정치화, 구체적인 개인들의 무능을 다루지는 않았다. 그럼에도 감사 결과는 백악관, 펜타곤, 의회, 연방정부 관료조직, 그리고 이라크 관련 업무가 대단히 많이 아웃소싱된 민간 부문까지 전반에 걸쳐 분명히 적용됐다. "이라크 재건을 위한 편협하고 일관성 없는 전전 계획 수립"에 대한 비판으로 포문을 연 보고서는 거의 500페이지 뒤에 심지어 혼돈의 5년이 흐른 뒤에도 "정부는 외교·개발·군사 활동이 모두 포함된, 우발사태에 대비한 작전들을 계획하고 준비하고 실행하기 위해 입법으로 승인된 독트린이나 작업 틀을 발전시키지 못했다"라는 결론으로 마무리됐다.[5]

「힘들게 얻은 교훈」은 국가정보국 감사보고서보다 더 정확하게 9·11 이후로 빤히 드러나 널리 논의된 정보, 상상력, 계획 수립, 실행 차원의 거의 모든 일반적 실패들이 여전히 바로잡히지 않았음을 분명히 보여 주었다. 보고서에 거론된 실패들에는 "즉석에서 간단히 끼적거린" 계획, 텃밭 싸움, 그리고 "관료주의적 무기력증"으로 악화된 "지휘 계통의 충돌" 등이 포함됐는데, 이라크 재건 사업의 자금 운용과 관련해서만 최소 62개 부서와 기관이 관여하고 있었던 것이다. 일관된 정책형성은 관료주의적 비밀 문화와 만성적인 인원 부족 및 재정 부족으로 저해됐다. 계획가들은 "최상의" 시나리오에만 꽂혀 있었고, 무능한 지도부가 내린 무슨 명령이든 따라가는 "훌륭한 군인" 신드롬이 그러한 희망적 사고를 악화시켰다. 비서양 타자들의 감정과 능력에 대한 멸시는 소위 해방됐다는 이라크인들에게 "기정사실"을 무분별하게 거듭 부과하면서 구체적으로 드러났다.[6]

"임시변통(ad hoc)"이라는 단어는 「힘들게 얻은 교훈」에 양념처럼 수시로 등장한다. 한 요약 문단에서 감사관들은 심지어 자신들이 평가하고 있던 공영-민영 혼합체 전체를 "임시변통 통치(adhocracy)"라고 묘사하기까지 한다. 그들의 감사 대상인 장기간의 전략적 명청함을 절제된 방식으로 비꼬는 꼬리표인 셈이다. 이와 거의 비슷한 시기에 그보다 표현을 덜 자제한 평가가 9·11이 일어나기 전부터 사담의 타도를 열심히 호소해 온 네오콘 매파들의 총아 아마드 찰라비(Ahmad Chalabi)에게서 나왔다. 찰라비는 미국이 이라크에서 보낸 5년이 넘는 시간을 씁쓸한 양가적 태도로 바라보며, 이를 무엇보다도 "이라크 일반인들에게 물, 전력, 보건, 교육, 심지어 식량도 거의 남겨 놓지 않은, 역사상 가장 커다란 재정적 범죄를 관장한 완전히 부패한 재건 프로그램"이라고 표현했다.[7]

　비판적인 감사보고서가 내린 처방은 개혁 희망자들을 위한 예측 가능한 입문서에 가까워 관료주의적 합리성이라는 익숙한 유토피아를 제시할 뿐이다. 지휘의 통일, 시스템의 통합, "연통"과 "정체"를 제거하기 위한 기관 간 협조, 엄격한 관리 감독, 규율, 아웃소싱에서의 투명성, 하드와 소프트(혹은 군사와 민간) 파워 간 영리한 균형잡기 등등. 이 위시 리스트에 새로운 것은 없었다. 9월 11일은 그러한 개혁 조치들이 시급하다는 경종을 울렸지만, 기껏해야 표면적인 성과만 낳았을 뿐이다. 관료주의적 기능장애는 2003년 불안정을 초래하는 기만적 이라크 침공을 부추겼다. 그리고 기능장애는 최종 단계를 위한 계획이 전혀 없다는 것이 드러난 뒤에 오히려 늘어났다. 텃밭 싸움, 규율의 부재, 불투명성은 미국 주도의 연합국임시행정당국이 1년 동안 우왕좌왕하다가 2004년 중반에 바그다드에서 슬그머니 자취를 감춘 뒤로 갈수록 심해졌다. 「힘들게 얻은 교훈」은 부시 임기 전체를 특징짓는 운영상, 조직상의 병리에 대한 고발에 가까웠다. 심지어 이 진단은 2005년과 2006년에 반군 활동이 이라크를 완전히 찢어 놓을 뻔한 뒤에, 또한 2007년에 시작된 군사력 "증파"와 이슬람(과 대체로 수니파) 반대파에 대한 매수가 이라크 내 폭력 수위를 낮춘 뒤에도 해당된다.

✤✤✤

그러한 비판은 자신들의 운영 경험과 전문성을 자랑스럽게 내세우는 고위 인사들이 포함된 행정부를 향해 있었다는 점에서 특히 아이러니했다. 비록 그들이 국내의 정치적 후계자들과 세계 전체에 남긴 유산은 참사로 비화한 태만과 혼란이었지만, 무대를 떠날 때 그들은 물론 자신들의 업적을 그런 식으로 생각하지 않았다. 2009년 1월 15일에 방송된 짧은 "고별사"에서 부시 대통령은 몇몇 익숙한 후렴구만 되풀이했을 뿐이다. 그 자신의 평가에 따르면, 그의 재임기는 9·11("진주만 이후 미국을 상대로 한 최악의 공격")로 규정됐다. 선과 악에 대한 그의 끊임없는 언급이 "일부 사람들을 불편하게 만들었지만" "이 세상에는 선과 악이 존재하며, 양자 사이에 타협은 있을 수 없음을" 인식하는 것이 중요하다. 아프가니스탄은 알카에다를 숨겨 주는 잔인한 탈레반 정권에서 "젊은 민주정"으로, 이라크는 잔혹한 독재정권에서 "중동 심장부에 자리 잡은 아랍 민주정"으로 변신했다고 퇴임하는 대통령은 단언했다.[8]

대통령의 고별사나 퇴임하는 관리들의 다른 고별사에서 자기 성찰은 찾아볼 수 없었다. 오만하고 무분별하며 냉담한 의사결정이 야기한 엄청난 고통과 수만, 수십만의 죽음에 대한 시인은 없었다. 자신들의 오만이나 무력을 과도하게 신뢰하는 잘못을 저질렀다는 인식이나 "임시변통 통치"로 어영부영 세월을 흘려보냈다는 후회도 없었다. "테러와의 전쟁"이 테러리즘을 상대로 반드시 필요한 싸움을 헛수고로 만들어 버렸다는 언급도 당연히 없었다. 덕분에 이라크와 아프가니스탄에서 계속되는 불안정과 갈등에 직면하게 된 후임 행정부와 새 세대의 이슬람주의 테러리즘 지원자들, 넘쳐나는 치명적인 무기들, 긴장으로 몸살을 앓는 중동과 중앙아시아, 남아시아, 그리고 9 · 11의 여파로 얻은 전 세계적인 호의를 날려 버린 미국만 남게 됐는데 말이다.

빛 좋은 개살구

파산한 대통령의 임기가 끝나 가던 무렵, 대통령 당선자 버락 오바마는 이라크자유작전의 대참사와 한심한 "임무 완수" 퍼포먼스 이후로 줄곧 쌓여 온 백악관 집무실에 대한 비판, 바로 집단사고에 지나가듯 주의를 환기했다. "제가 공부한 역사를 바탕으로 말하자면, 백악관에서 맞닥뜨리게 되는 위험 가운데 하나는, 집단사고에 둘러싸이게 되면서 모두가 모든 것에 동의하고, 토론이나 이견이 사라지게 되는 일입니다"라고 그는 기자들에게 말했다.[9] 하지만 이때쯤 집단사고는 최고위층의 정책형성을 훨씬 뛰어넘는 함의를 띠게 됐다. 집단사고는 이제 민간 부문의 엄청난 위기와 결부됐으니, 바로 2007년 미국에서 시작된 이른바 서브프라임모기지 거품의 붕괴로 촉발된, 전 세계적인 금융경제 질서의 와해였다. 이라크전쟁과 점령에서 무계획과 혼란스러운 계획 수립에 지대한 역할을 한—"국가 건설"을 거부하고 극단적 민영화를 끌어안은—규제받지 않는 시장에 대한 근본주의적 믿음이 붕괴됐다. 백악관과 펜타곤의 형제들처럼 월 스트리트에 관해서 그리고 세계 전역의 금융, 투자계에서 이전까지 현실주의자였던 이들이 알고 보니 믿음에 돈을 걸고 있었고, 파국적인 리스크를 예상할 수 없었다는 것이 드러났다.

유력 인사 거의 누구도 거품의 붕괴를 예상하지 못했다. 금융시스템이 폭주하고 있다고 경고한, 혜안이 있는 극소수는 9 · 11 이전에 미국에 대한 테러리스트 공격이나 이라크자유작전이 개시되기 전에 혼란에 관해 경고한 이들처럼 무시되거나 심지어 조롱당했다. 모든 것이 무너진 뒤에야 민망해진 전문가들은 여전히 한목소리로 금융시스템이 어떻게 땜질식으로 유지되어 왔고 왜 그 붕괴가 불가피했는지를 설명했다. 그럼 폭등하던 자산, 정교한 컴퓨터 모델, 리스크를 분산시켜 사실상 제거할 정도라던 비밀스러운 "도구"와 "수단"들, 자유시장 근본주의자들이 국가적·세계적 번영의 열쇠라고 공언했던 복잡한 거래들은 다 뭐였던 말인가? 안타깝게도 모든 것은 대체로 빛 좋은 개살구로 드러났다.[10]

부시의 전쟁과 결부된 헛수고와 금융시장의 개살구는 공유된 정신상태의 산물이었다. 이런 참사들에 대한 표면적 설명은 구하기 쉽다. 한편에는 정치와 특수한 이해관계로 추진된 전쟁, 다른 한편에는 탐욕으로 돌아가고, 단기 이익에 집착하며, 타인에 대한 공포로 겁을 먹은 대단히 탈규제화된 경제가 있었다. 후자의 위기에서 어제의 칭송받던 금융의 거인들이 대중의 눈에서 "무능력자와 탐욕덩어리들"로 변신하거나, 어제의 극단적 민영화의 옹호자들이 대규모 국가 개입과 구조의 간청자로 변신하는 것은 순식간이었다.

하지만 전략적 정책과 자본주의 작동에서 이 동시적인 붕괴는, 무엇보다도 그것이 개인적 실패를 넘어서서 믿음 기반 사고가 정부 부문만이 아니라 민간 부문도 장악했음을 폭로했기 때문에 대단했다. 이상과 합리성의 정교한 상징적 부가물들로 위장된 환각은 간단한 문제가 아니다. 예를 들어 이라크를 상대로 선제공격을 개시하는 주요 이유로서 공들여 제시됐던 상상의 대량살상무기를 보라. 워싱턴의 지도자들이 그것들이 존재한다고 진심으로 믿었다면 그들은 망상에 사로잡히고 무능했던 것이다. 반대로 그들이 (에너지자원에 대한 접근성 강화와 같은) 다른 이유들 때문에 바라던 전쟁을 도모하기 위해 미가공정보를 조작했다면 그들의 행위는 범죄다. 하지만 우리가 전쟁 돌입이—미국의 군사적 역량을 포함해—일반적인 군사적 역량만이 아니라 전례 없는 수준의 부채로 지탱되며 사실상 제약받지 않는 자본주의의 자기 교정적 회복탄력성 및 혜택과 관련한 망상들도 개입했음을 인식한다면, 의문은 다른 차원으로 넘어간다. 허상적인 힘과 허상적인 이득은 나란히 갔다. 금융시스템의 와해는 전쟁의 문화와 돈의 문화 간 경계선을 실질적으로 무너뜨렸다. 그리고 그 과정에서 모든 수준의 행동 병리에 주의를 환기했다.

매스미디어를 통해 여과된 관찰들은 집단사고와 무리 행위가 유행병이 됐다는 이 음울한 진단을 강화했다. 고도 금융과 자본주의경제 일반은 전능한 시장에 관한 신조들을 끌어안고, 시장이 작동하는 방식에 관해 특별한 지식을 보유했다고 주장하고 투명성을 회피하며, 그 도그마를 의문시하는 이단들을 추방하거나 파문하는 사제 계층과 결부됐다. 비밀주의가 득세했다["그림자 금융시스템", "블랙박스" 컴퓨터 운용, "암흑 시장(dark markets)", "재무제표상에 나타나지 않는" 거래]. 독실한 회중은 그 말이 무슨 뜻인지 진짜로 이해하지도 못하면서 이른바 수학적 금융에 관한 찬가를 불러 댔다. 추계학적 프로세스, 알파 지표와 베타 지표, 종 모양 곡선, 가우스 연결함수 모델, 무작위행보 가설, 기분 좋게 들리지만 그저 불량으로 드러난 저 유서 깊은 부채담보부증권(CDO)까지 말이다. 각종 두음 문자와 전문용어가 중세 미사의 라틴어처럼 읊조려졌다. 이를 테면 VaR, SPV, SIV 그리고 "ABS 자산의 최선순위 CDO" 등등 정보와 전문 지식은 구획화됐다. 모두가 리스크와 리스크관리, 자산 실사, 도덕적해이 등을 이야기했다. 하지만 결정적 영향을 미치는 위치에 있는 어느 누구도 이를 충분히 심각하게 받아들이지 않았다. 어느 모로 보나 비합리를 무시하는 것이야말로 비합리적이라고 암시하는 일은 금기였다. 최악의 시나리오나 냉철한 장기적 전망, 과거에 대한 엄밀한 독해나 상식적인 성찰과 판단은 메인테이블에 낄 자리가 없었다. 오만—경제학 신어로는 "행복감(euphoria)"—이 판을 쳤다.[11]

부시 백악관과 그곳의 정보 실패에 대한 비판과의 공명은 종종 주파수까지 일치했다. 《뉴욕타임스》의 한 논평가는 2008년의 금융 패닉을 "고액 연봉을 받는 전문가들의 자기기만 능력의 일대기"로 정의했다. 이것은 "현대 금융의 광기"에 관한 책의 서평에서 나온 말인데, 전쟁의 문화에서 "전략적 멍청함"에 꼭 들어맞는 유비다. 《워싱턴포스트》의 한 필자는 버블을 "일종의 금융 연금술"이라고 불렀고 "일반 상식은 정반대를 외치고 있을 때, 채무불이행 비율이 낮을 것이라고 예측한 정교한 모델들에 의존했다"라고 월 스트리트를 탓한 어느 포트폴리오관리자의 발언을 인용했다. 《뉴요커》의 장문의 글도 "일반 상식은 그렇지 않다고 말했지만, 수학모델은 리스크가 거의 없다고 가리켰다"라며 동조했다. 일반 상식은 물론 9·11을 전후로 한 부시 행정부의 테러리즘 대응에서 눈에 띄게 부재한 요소였다.[12]

2008년 11월에는 다름 아닌 영국 여왕이 런던정치경제대학을 방문한 자리에서 금융과 경제 분야 종사자들이 왜 시장 위기를 예측해 막아내지 못했는지를 물었다. 7개월쯤 뒤인 6월 중순에 여왕은 그 주제를 논의하기 위해 모인 "사업계, 금융계, 금융 규제 분야, 학계, 정부" 전문가 38인의 이름을 담은 3쪽짜리 영국학사원(British Academy) 서신의 형태로 답변을 받았다. 서신은 각종 실사와 경고가 있었다고 밝혔다. 아닌 게 아니라 잉글랜드 어느 주요 은행은 리스크 매니저 4000명을 두었다고 한다. 하지만 결론적으로 "금융 마법사들"과 "국내외 최고의 수학적 지성들"도 금융 활동의 "단편들"에만 초점을 맞췄다. 그 결과 그들은 "흔히 더 큰 그림을 놓쳤다".

엘리자베스 여왕 앞으로 온 서신은 "부정의 심리"에 대한 또 하나의 진단이었다. 널리 인용된 (그리고 과장이 심한) 발언에서 전문가들은 "희망적 사고와 오만이 이렇게 크게 결합된 사례도 찾기 힘들다"라고 단언했다. 그들은 "은행가와 금융가 한 세대가 스스로를 기만한" 사실을 "무리 심리 및 금융 도사들과 정책 도사들의 마법 주문들과 맞물린" 권위와 전문성 구획화 탓으로 돌렸다. "그러므로 폐하, 한마디로 요약하면" 시스템 전체를 보지 못한 무능은 "이 나라와 국제적으로 영리한 많은 이의 집단적 상상력의 실패입니다"라고 서신은 결론 내렸다.[13]

무리 심리(The psychology of herding). 1990년대 초반의 기업담보차입형(leveraged) "스와프" 창출에 관여한 한 참여자는 "무리 본능은 그저 놀라울 따름이었다. 모두가 수익을 기대하고 있었다. 우린 상상할 수 있는 거의 모든 상품을 만들어 낼 수 있었고 사람들은 기꺼이 사들였다"라고 회고했다. 10여 년 뒤에 스코틀랜드왕립은행(Royal Bank of Scotland)에서 한 파생상품 전문가가 리스크가 저평가되고 있다고 우려를 표명했을 때 그는 사임 압력을 받았다. 그가 설명한 대로 "문제는 은행에 이런 종류의 사고방식, 이런 집단사고가 있다는 거다. 사람들은 그냥 자신들이 아는 대로만 일을 해 나갈 뿐이고, 나쁜 뉴스는 듣고 싶어 하지 않는다". 런던 기반《이코노미스트》도 여기에 동조해 "금융버블에 기여한 '무리' 정신상태"를 지적하고 "인간이 놀라울 만큼 합리적이지 않은" 데는 아무래도 다윈주의적 설명이 필요할 것이라고 시사했다.[14]

《파이낸셜타임스》에 세계시장에 관해 보도해 온 질리언 테트(Gillian Tett)는 2009년에 출간한 명석한 사례연구에서 처음에는 리스크를 분산해 준다고 떠받들어진 복잡한 파생상품 시스템이 결국에는 "악성 길항 작용의 순환고리"를 만들어 냈고, 끝내는 리스크를 파국적인 수준으로 증대하고 말았다고 설명했다. 테트가 묘사한 재앙적인 순환고리는 베나지르 부토가 미국과 유럽 중동 정책의 프랑켄슈타인 괴물이라고 부른 것이자, 전략 지정학 분석가들은 더 일반적으로 역풍이라고 부르는 것을 떠올리게 한다. 이 모든 것은 물론—도사들, 집단사고, 오만이나 도취적인 행복감, 전체를 보지 못하는 실패와 구획화, 악성 길항작용의 순환고리—진주만부터 이라크까지 정보 실패와 군사적 참사를 붉은 선처럼 관통한다.[15]

✥ ✥ ✥

20세기 막판 몇십 년부터 사이버공간의 진보는 데이터 수집과 분석에 혁명을 가져왔다. 이론상으로 컴퓨터와 컴퓨터 모델은 의사결정자들에게 이전 세대는 꿈꿀 수 없던 정교함과 기민함을 제공했다. "합리성"이 경이적인 수준으로 끌어올려졌다고 공언됐다. 하지만 이 역시 하나의 신념 체계, 빛 좋은 개살구의 경우에는, 사람들이 "사이버금융"에 건 거의 절대적인 믿음에서 포착된 신념 체계일 따름이다.

버블 사태에 상당한 책임이 있는 연방준비제도이사회 전임 의장인 앨런 그린스펀은 널리 보도된 의회 증언에서 합리적이고 효율적이라고 여겨진 금융시스템의 와해에 "충격적이라 믿기지 않는다"라는 반응을 보였다. 그가 보기에 "지적 체계 전체가…… 지난 해[2007] 여름에 무너졌다. 리스크관리 모델에 투입된 데이터는 일반적으로 행복감의 시대인 과거 20년 정도만을 반영했기 때문이다. 모델들이 경제적 압박이 심했던 역사적 시기들에 맞게 조정됐다면 필요 자본금은 훨씬 높았을 테고 금융 세계는 지금보다 훨씬 더 좋은 상태일 것이다".《와이어드》의 한 비판 논설은 더 가시 돋친 말로 금융 도사들이 "역사적 채무불이행 데이터도 살펴보지 않고 채무불이행 상관관계 모델"을 만들어 낸 "기발한 방법"을 꼬집었다. 그러한 사후의 깨달음은 이라크가 와해된 뒤 미군이 반군 활동의 깊은 역사와 방치된 일단의 대반군 활동 독트린을 재발견한 일과 나란히 간다. 그린스펀은 잘못을 시인하면서 결함 있는 문제의 모델들에는 노벨상을 수상한 연구도 포함됐다고 지적했다.[16]

그런 논평들이 시사하듯이 "퀀트들(quants)"(양적분석 전문가들)은 새로운 합리성의 대사제가 됐고, 그들의 복음은 정교한 비전(祕傳)의 공식들로 강화됐다. "리스크"는 그들의 분석에서 가장 중요한 초점이었다. 하지만 최종 분석에서 진정으로 파국적인 리스크는 경시됐고 큰 그림의 역사는—고무 부호들(rubber barons, 19세기 말에서 20세기 초에 자동차의 출현으로 고무 수요가 폭증하여 떼돈을 벌었다가 고무 버블의 붕괴와 함께 몰락한 벼락부자들을 가리킴), 대공황기, 막대한 부채 같은 제2차세계대전 이전의 선례들만이 아니라 전후 일련의 스캔들과 금융 붕괴 사례들도—별로 중요시되지 않았다. 예를 들어 1930년대 미국 주택 가격의 전국적 폭락과 관련한 통계는 서브프라임모기지와 여타 복잡한 거래를 위한 기본 리스크 모델의 토대가 되는 샘플에 포함되지 않았다. 그린스펀과 그의 무리를 아찔하게 한 더 근래인 "행복감의 시대"는 전 세계적으로 100여 차례가 넘는 금융위기로 점철되어 있었고, 그 위기들 가운데 40건 이상은 고소득 국가들에서 발생한 것이었다. 마침 일본은 전략적 멍청함의 경우처럼 금융의 광기에서도 다시금 선례를 제공했다. 1990년대와 2000년대 초반의 장기화된 일본 경제위기는 부동산 거품과 연관된 악성 부채로 촉발됐다. 1941년 12월 일본 공격의 전술적 탁월함 아래 깔린 전략적 근시안처럼 이것 역시 월 스트리트 모델을 고안하거나 지지했던 이전의 합리주의자들에 의해 역시나 유독 일본적인 현상으로 널리 간주됐다.[17]

뒷공론에 바쁜 비판가들은 표면상으로 초합리적인 자산 운용에서 돌이켜 보면 빤히 드러났을 결함들을 뒤늦게 지적했다. 《뉴욕타임스매거진》의 "리스크관리" 표지 기사는 일례로 대다수 투자자가 의존한 모델이 "부정직하게 조작될 수 있다"라고 지적했다. 미국기업연구소 회지의 한 비판적 논설도 마찬가지로 "통계분석 조작"과 "데이터 마사지"를 지적했다. 하지만 그러한 표준적인 운용 절차가 과연 충격으로 다가왔을까? 그러한 조작을 용이하게 하는 그림자 금융시스템과 재무제표상에 나타나지 않는 수단들이 존재해 왔다. 금융상품의 등급을 매기는 방식을 조작하는 것과 같은 관행들은, 이 경우에는 "등급평가기준표 차익거래"라는 거의 실상을 폭로하는 완곡어법으로 포장됐다. 여기서 명백하게 유사한 행위는 부시 행정부의 계획가들이 미가공정보 데이터와 역사를 체리피킹함으로써 자신들의 전쟁을 조작한 방식이다. 부시에서 오바마 행정부로의 이행기에 《이코노미스트》에서 출판한 특별 보고서는 그와 비슷한 논조로 극단적 리스크 무시는 "궁극적으로 자기검열로 이어진다"라고 평가했다. 이 보고서는 《이코노미스트》답게 박식한 방식으로 이런 주장을 뒷받침하고자 19세기 은행가[조지 길버트 윌리엄스(George Gilbert Williams)]를 인용한다. "시스템은 사려 깊은 이들을 걸러 내고, 그들을 믿는 이들로 교체한다."[18]

부시 재임이 끝난 직후에 출간된 한 연구서에서 유명한 두 경제학자 조지 애컬로프(George Akerlof)와 로버트 실러(Robert Shiller)는 급부상

중인 행동경제학 분야를 이용해 경제학에서 드러나는 믿음 기반의 사고 방식을 비판했다. 상황이 상황이니 만큼 그들의 상식적인 주장은 우상과 괴적이었다. 두 사람은 경제가 작동하는 방식에 관한 정교해 보이는 모델들은 수량화 불가능한 인간 행동의 전 영역, 또는 앞선 세대의 경제학자들이 경제활동과 떼려야 뗄 수 없다고 인식한 "야성적 충동"을 무시했다고 꼬집었다(이 표현은 존 메이너드 케인스의 1936년 책 『고용, 이자, 화폐의 일반 이론』에 나온다). 인간 심리를 그림에 다시 가져오는 것이 필수적이었다. 다시 말해 양적인 사실들과 더불어 질적 사실들, 경제적 동기들과 더불어 비경제적 동기들, 합리적 행위와 더불어 비합리적 행위가 미치는 영향을 인식해야 한다는 뜻이다. 경제 이론화에서 이를 배제한 것은 작금의 위기로 이어진 "불신의 유예"에 책임이 있다.[19]

이를 말할 필요가 있다는 사실이야말로 놀라운 일이다. 그러한 망상적 사고는 경제학에서만 특유한 것이 아니며, 그보다는 결코 사라지지 않는 전쟁의 문화를 비롯해 더 깊은 심리적·제도적 병리를 반영한다는 점은 의문의 여지가 없다. 그리고 세계 인류가 언젠가 이를 진정으로 제어하고 초월하는 능력을 발견하게 될지는 좋게 말해도 대단히 불확실하다. 이는 급진적으로 다른 종류의 믿음과 이성을 요구한다. 건설적 변화와 깊은 평화의 문화가 언젠가 찾아온다고 한다면 그것들은 점진적으로 올 것이다. 그리고 우리는 거기에 희망을 걸어야 한다.

해제 - 『전쟁의 문화』가 조명하는 미일 관계와 한반도의 과제

1   *Embracing Defeat: Japan in the Wake of World War II*, W. W. Norton&Company, 1999.

2   *The Violent American Century: War and Terror Since World War II*, Haymarket Books, 2017.

3   *War Without Mercy: Race and Power in the Pacific War*, Pantheon books, 1986.

4   *Empire and Aftermath: Yoshida Shigeru and the Japanese experience, 1878–1954*, Harvard University Press, 1988.

5   *Cultures of War: Pearl Harbor, Hiroshima, 9-11, Iraq*, W. W. Norton&Company, 2010.

6   成田 龍一, 油井 大三郎, 倉澤 愛子, 杉原 達, 『巖波講座 アジア・太平洋戰爭, 〈5〉戰場の諸相』, 巖波書店, 2006; 內海愛子, 『日本軍の捕虜政策』, 青木書店, 2005.

7   Christoper Lasch, *Culture of Narcissicm: American Life in an Age of Diminishing Expectations*, W. W. Norton&Company, 1991.

8   Chris Hedges, *War is a Force that gives us Meaning*, Public Affairs, 2003.

9   그래서 자국 내에서나 북아일랜드에서 테러의 공격을 많아 받아 온 영국은 '테러와의 전쟁'이라는 용어를 더 이상 사용하지 않는다. 적을 특정할 수 없기 때문이다.

10 Andrew J. Bacevich, "The Misuse of American Might", *LA Times*, Jan. 12, 2014.

11 참전 미군의 30퍼센트가 외상후스트레스증후군을 겪고 있다는 조사도 있었다.《조선일보》, 2009.11.7.

12 Erica Goode, "Death in War, Death Afterward", *International Herald Tribune*, August 3, 2009.

13 김태우, 『폭격: 미공군의 공중폭격으로 읽는 한국전쟁』, 창비, 2013, 394쪽.

1부 코드로서의 "진주만"
— 선택한 전쟁과 정보 실패

1장 오욕 그리고 금이 간 역사의 거울

1   수정 표시가 있는 루스벨트의 연설문 원고는 *America's Entry into World War II* (Awani Press, 1995)에 실려 있는데, 이 소책자는 간혹 미국 군사 박물관들에서 입수 가능하다. 더 근래에

는 Emily S. Rosenberg, *A Date Which Will Live: Pearl Harbor in American Memory* (Duke University Press, 2003), 84–85에도 수록됐다. 풍부한 사료로 뒷받침되는 로젠버그의 연구는 여기서 다루는 9·11의 진주만 "이용"에 대해 9·11 이전의 유용한 배경 설명을 제공한다. 루스벨트 대통령은 의회를 상대로 한 연설에서 초고에는 없던 "신이여 우리를 도우소서"라는 표현도 추가했다.

2   Bob Woodward, *Plan of Attack* (Simon & Schuster, 2004), 24. 2002년 9월 10일 자 크루그먼의 칼럼은 Paul Krugman, *The Great Unraveling: Losing Our Way in the New Century* (Norton, 2003), 242에 실려 있다.

3   이 슬로건의 생생한 일례는—눈꼬리가 올라가고 뻐드렁니가 났으며 철십자 문양을 차고 있는 일본군 병사가 조준경 십자선 안에 들어온 모습이 그려진 카툰 둘레에 적힌 형태로—주로 해병대를 상대로 한 월간지인 《레더넥(Leatherneck)》에 1942년 초에 등장한다. 이 카툰은 John W. Dower, "Race, Language, and War in Two Cultures: World War II in Asia," in Lewis A. Erenberg and Susan E. Hirsch, eds., *The War in American Culture: Society and Consciousness during World War II* (University of Chicago Press, 1996), 174에 수록되어 있다.

4   시카고 광고판은 브루스 커밍스가 Bruce Cumings, Ervand Abrahamian, and Moshe Ma'oz, *Inventing the Axis of Evil: The Truth about North Korea, Iran, and Syria* (New Press, 2004), 5에서 묘사한 것이다.

5   부시는 9·11 공격 당일 밤 대국민 연설에서 "테러리즘과의 전쟁"을 언급했다. 하지만 그의 공개 발표문과 연설문 작성에 관여한 관계자들은 이 최초 연설이 효과적이지 않았다고 보며, 9월 20일 의회에서 연설한 뒤에야(여기서 "테러와의 전쟁" 표현이 나왔다) 대통령이 "전시 대통령"으로서 자신의 역할을 명확히 했다고 주장한다. 일례로 David Frum, *The Right Man: The Surprise Presidency of George W. Bush* (Random House, 2003), ch. 8, 특히 127, 135, 141–142를 보라.

6   "악의 축" 연설에 관한 무수한 논평 가운데 Woodward, *Plan of Attack*, 86–88; James Mann, *Rise of the Vulcans: A History of Bush's War Cabinet* (Penguin, 2004), 242, 317–321; 내부자의 서술인 David Frum, *The Right Man*, ch. 12를 보라. 더 앞선 초고에서 핵심 표현은 "증오의 축(axis of hatred)"이었다; 부시의 수석 연설문 작가인 마이클 저슨(Michael Gerson)은 대단히 신실한 복음주의 기독교도로서 그가 "증오"를 "악"으로 교체했다. 종교적이고 보수적인 미국인들에게 이와 같은 표현은 삼중 효과를 냈다. 악의 축이라는 표현은 제2차세계대전을 환기할 뿐만 아니라 구약성서의 신학적인 노호(怒號)와 냉전기 레이건 대통령이 소련을 "악의 제국"이라고 성토한 것도 떠올리게 만들었다. 이라크 침공 전후로 보수 진영에서는 부시 행정부의 전쟁 정책을 비판하는 이들을 "유화의 축"의 가담자로 매도하는 게 유행이었다. 이러한 딱지 붙이기는 1938년 네빌 체임벌린(Neville Chamberlain)이 뮌헨에

서 히틀러와 회담한 일을 가리키는데, 이 회담에서 영국 총리는 독일이 체코슬로바키아의 주데텐란트(Sudetenland)를 병합하는 데 동의하여 이듬해 독일이 체코슬로바키아의 나머지 영토도 점령하는 길을 터 주었다. "반유화주의" 사고방식은 제임스 베이커(James Baker) 전 국무장관과 리 해밀턴(Lee Hamilton) 전 의원이 공동위원장을 맡고 저명한 공적 인사들이 참여한 위원회의 2006년 보고서[『이라크 스터디 그룹 보고서(The Iraq Study Group Report)』로 출간됐다]에 대한 행정부의 반응에서 되살아났다. 이 보고서는 테러리즘과 이라크 사안을, 이스라엘과 이스라엘의 점령지를 포함해 중동 문제라는 더 넓은 맥락에 두고 포괄적 해법을 찾기 위해 무엇보다도 이란과 시리아를 끌어들일 "더 폭넓은 국제적 지지 구조"와 "새로운 외교 공세"를 요청했다. 이러한 건의는 대체로 무시됐다. 2008년 5월 15일 부시는 이스라엘 건국 60주년을 맞아 예루살렘을 방문하여 유화 비유를 재확인했다: "일각에서는 우리가 테러리스트, 과격파와 협상해야 한다고 믿는 것 같다. 우리는 이런 자세를 사실대로, 다시 말해 그건 바로 유화책의 가짜 위안이라고 부를 의무가 있다." 이는 민주당의 유력 대선후보 버락 오바마에 대한 정치적 공격으로 마땅히 해석되었고 널리 언론의 주목을 끌었다. 하지만 더 의미심장한 것은 그러한 유사(類似) 역사가 처음부터 끝까지 창의적인 외교에 대한 적대감을 정당화하기 위해 사용된다는 사실이었다. "유화의 축"은 William Kristol, "The Axis of Appeasement," *Weekly Standard*, August 26–September 2, 2002; Daniel Pipes, "[Appeasement and] Why Europe Balks," *New York Post*, January 28, 2003; Thomas L. Friedman, "Axis of Appeasement," *New York Times*, March 18, 2004를 보라.

7   1945년 9월 2일 자 맥아더의 연설은 일본 점령에 관한 공식 중간보고서 *Political Reorientation of Japan, September 1945 to September 1948: Report of Government Section, Supreme Commander for the Allied Powers* (Government Printing Office, 1949), vol. 2: 737에 실려 있다. 밥 우드워드(Bob Woodward)는 맥아더의 연설이 부시 연설문 작가들에게 미친 영향을 *State of Denial: Bush at War, Part III* (Simon & Schuster, 2006), 186에서 주목한다. 셸던 울린은 "임무 완수" 행사의 영화적 측면과 1934년 히틀러의 뉘른베르크 나치 전당대회를 기념한 레니 리펜슈탈(Leni Riefenstahl)의 〈의지의 승리(Triumph of the Will)〉 도입부 간 도발적인 유비를 이끌어 낸다: 다음을 보라. Sheldon Wolin, *Democracy Incorporated: Managed Democracy and the Specter of Inverted Totalitarianism* (Princeton University Press, 2008), 1–3.

8   2005년 8월 30일 자 연설 인용은 이 책에서 소개된 여타 대통령 공식 발표문 인용과 마찬가지로 온라인에 공개된 백악관 연설문에서 가져왔다. 부시가 퇴임한 뒤 이런 자료들은 georgewbush-whitehouse.archives.gov의 "The Bush Record"로 이전됐다. 점령지 일본에 대한 백악관의 언급 일부는 졸저[존 다우어, 『패배를 껴안고(Embracing Defeat: Japan in the Wake of World War II)』, 민음사, 2009.]에서 가져온 것이며, 대통령이 2007년 8월 22일 해

외참전군인대회 연설에서 관련 내용을 다시금 언급하자 나도 나름대로 대응했다. 일례로 the politico.com 웹사이트에 2007년 8월 23일에 내가 발표한 글 "Historian: Bush Use of Quote 'Perverse'"를 보라.

9 1998년 2월 23일 자 파트와는 Osama bin Laden, *Messages to the World: The Statements of Osama bin Laden*, ed. by Bruce Lawrence (Verso, 2005), 58–62에 실려 있다. 9·11 정보 실패에 관한 공식·준공식적 자료들은 다음과 같다: *The 9/11 Commission Report: Final Report of the National Commission on Terrorist Attacks upon the United States* (Norton, 2004); the "House-Senate Joint Inquiry Report on 9/11" (*Report of the Joint Inquiry into the Terrorist Attacks of September 11, 2001—by the House Permanent Select Committee on Intelligence and the Senate Select Committee on Intelligence*, 2002년 12월 발표, 온라인에서는 gpoaccess.gov 와 news.findlaw.com/nytimes 등에서 볼 수 있다); Steven Strasser, ed., *The 9/11 Investigations* (PublicAffairs, 2004; 여기에는 9·11 조사위원회 직원 보고서와 양원 합동 조사 보고서 발췌문, 핵심 증인 14명의 증언 등이 수록되어 있다); *OIG Report on CIA Accountability with Respect to the 9/11 Attacks* (2007년 8월에 발표된 감사원장 보고서가 살짝 축소 편집된 버전); Thomas H. Kean and Lee H. Hamilton (9·11 조사위원회 공동위원장), *Without Precedent: The Inside Story of the 9/11 Commission* (Knopf, 2006); Bob Graham, *Intelligence Matters: The CIA, the FBI, Saudi Arabia, and the Failure of America's War on Terror* (Random House, 2004). 양원 합동 조사위원회의 민주당 측 위원장이던 그레이엄 상원의원은 이 책에서 자신의 조사 결과를 다시 설명하면서 2002년 12월의 공식 보고서를 훌쩍 뛰어넘어 부시 행정부를 비판한다. Philip Shenon, *The Commission: The Uncensored History of the 9/11 Investigation* (Twelve, 2008)도 보라. 셰넌은《뉴욕타임스》에 조사위원회 활동을 보도했다.

10 *New World Coming: American Security in the 21st Century*, 특히 fas.org와 au.af.mil 등의 사이트에서 구할 수 있는 간결한 요약문을 보라. 이 연구보고서를 준비한 미국국가안보/21세기위원회(U.S. Commission on National Security/21st Century)는 1998년에 설립됐고, 게리 하트(Gary Hart)와 워런 러드먼(Warren Rudman) 전 상원의원이 공동위원장을 맡고 있다. 9·11 사전 경고에 관한 간략한 체크리스트는 *The 9/11 Commission Report*, ch. 8(특히 254–264); Shenon, *The Commission*, 151–155; Graham, *Intelligence Matters*, xv, 3–79, 113 (테러 음모가 발각됐을 수도 있는 "12가지 시점"에 관해)와 112, 173, 204 ("테러리스트가 비행기를 무기로 이용하려고 하는 것"에 관해)에 있다. "시스템에 빨간불이 깜빡거리고 있었다"라는 표현은 당시 미국중앙정보국 국장이던 조지 테닛의 9·11 조사위원회 증언에서 나왔고, 조사 보고서의 장 제목으로 이용됐다. 사후적으로 봤을 때 진주만공격을 가리키는 것처럼 보인 첩보 자료들은 전후 장기간 진행된 진주만 의회 청문회에서 공개됐고, 청문회 소수의견 보고서에 핵심이 요약되어 있다; *Report of the Joint Committee on the Investigation of* *the Pearl Harbor Attack, and Additional Views of Mr. Keefe Together with Minority Views of Mr. Ferguson and Mr. Brewster* (Government Printing Office, July 20, 1946), 493-580을 보라.

11 라이스의 취소된 연설 원고의 발췌문은 2년 반이 지나 《워싱턴포스트》에 공개됐다; 2004년 4월 1일 자 《워싱턴포스트》를 보라. 필립 셰넌은 '신세계의 도래' 연구의 공동 의장인 워런 러드먼 전 상원의원이 대통령을 만나지 못하게 막은 장본인이 라이스라고 지적하며 국무부 업무의 우선순위에서 테러리즘이 빠진 것에도 주목한다; Philip Shenon, *The Commission*, 56, 246-248.

12 "Today, It Is We Americans Who Live in Infamy," *Los Angeles Times*, March 23, 2003. 슐레진저는 이러한 유비를 다음과 같이 되풀이했다: "40년간의 냉전을 되돌아보며 우리는 양측 명칭이들이 무력했음에 두고두고 감사해야 할 것이다. 하지만 그 명칭이들이 2003년 펜타곤을 지배하고 있으며 예방전(豫防戰)─부시독트린─은 이제 공식 정책이다. 60년 전 일본은 진주만공격으로 부시독트린을 앞서 보여 주었다. 루스벨트 대통령은 이것이 영원히 역사 속 오욕으로 남을 것이라고 봤지만 이제는 그것이 미국이 채택한 정책이라는 점만 빼면 다를 게 하나도 없다; "Eyeless in Iraq," *New York Review of Books*, October 23, 2003. 전직 일본 특파원이자 2002년 백악관 취재를 담당하고 있던 데이비드 생어(David Sanger)도 몇 달 전에 유사한 비교를 이끌어 냈다. 그는 많은 학자에게 "이라크는 선제공격이라기보다는 예방전처럼 비친다. 그리고 여기에는 백악관이 선뜻 인용할 법하지 않는 고전적 사례가 있는데, 바로 1941년 12월 7일이다. 일본의 모든 학생은 미국이 주도한 대(對)일본 금수조치가 나라의 경제를 서서히 고사시키고 일본의 자위 능력을 훼손하고 있었다고 배운다. 그래서 일본은 지금도 진주만공격의 영웅들을 기리는 기념관을 유지하고 있는 것이다"라고 썼다; "Beating Them to the Prewar," *New York Times*, September 28, 2002.

13 Samuel Eliot Morison, *History of United States Naval Operations in World War II*, vol. 3: *The Rising Sun in the Pacific* (Little, Brown, 1953), 132. 모리슨은 이와 같은 결론을 나중에 "The Lessons of Pearl Harbor"라는 제목의 1961년 10월 28일 자 《새터데이이브닝포스트(Saturday Evening Post)》 기사에서도 되풀이했다: "일본 해군이 그 비열한 임무를 수행할 때 보여 준 뛰어난 전술적 기량과 기밀 유지, 정확성에는 찬탄을 금할 수 없다. 하지만 그 임무를 지시한 전략은 사후적으로 봤을 때 너무 형편없어서 멍청했다고 여겨질 정도다."

14 U.S. Department of State, *Foreign Relations of the United States: Japan, 1931-1941*(Government Printing Office, 1943), vol. 2: 648, 704, 706; Joseph C. Grew, *Ten Years in Japan: A Contemporary Record Drawn from the Diaries and Private and Official Papers of Joseph C. Grew, United States Ambassador to Japan, 1932-1942* (Simon & Schuster, 1944), 439, 469, 470, 472, 479, 484. 그루의 다른 전시 주요 출판물은 짧은 책인 *Report from Tokyo: A Message to the American People* (Simon & Schuster, 1942)이다. 1944년 12월

국무차관 후보자로 지명되어 출석한 인사청문회에서 그루는 그 단골 논제를 다음과 같이 표현했다: "오늘날 우리가 과거의 오류를 되풀이하지 않으려면 일본의 태도와 반응은 한 가지 중요한 측면에서 보편적인 행동 패턴이나 기준에 부합하지 않는다는 사실을 기억할 필요가 있다."; 이 증언은 Grew, *Turbulent Era: A Diplomatic Record of Forty Years, 1904–1945* (Houghton Mifflin, 1952), 1417에 실려 있다. 1943년에 공개된 외교문서에는 여전히 기밀이던 매직(MAGIC)이 감청한 일본 측 외교 전문 내용이 실려 있지 않았다. 진주만공격에 관한 전후 의회 청문회에서 그루의 증언 내용은 Roberta Wohlstetter, *Pearl Harbor: Warning and Decision* (Stanford University Press, 1962), 354를 보라. 모리슨은 "전략적 멍청함"이라는 주장을 펴면서 "일본인의 사리는 우리의 논리 기준으로 따질 수 없다"라는 논평에 초점을 맞췄다. 그의 글인 "Lessons of Pearl Harbor"를 보라.

15 펠러스의 분석은 John W. Dower, *Embracing Defeat: Japan in the Wake of World War II*(Norton and New Press, 1999), 280–286에서 상세히 논의된다.

16 U. S. Department of State, *Foreign Relations of the United States: 1955–1957*, vol. 2: *China*, 285; cited in James Peck, *Washington's China: The National Security World, the Cold War, and the Origins of Globalism* (University of Massachusetts Press, 2006), 5.

17 L. Paul Bremer III, *My Year in Iraq: The Struggle to Build a Future of Hope* (Threshold Editions, 2006), 190.

18 Wohlstetter, *Pearl Harbor*, 69; 월스테터가 실질적으로 똑같은 평가를 일본인들에게 적용한 356–357도 보라.

19 부시가 사살된 적의 숫자에 집착했다는 증거는 많다. 예를 들어 2004년부터 2007년까지 이라크 주둔군의 사령관이던 조지 W. 케이시 주니어(George W. Casey Jr.) 장군의 발언을 인용한 Bob Woodward, "10 Take Aways from the Bush Years," *Washington Post*, January 18, 2009; Woodward's *State of Denial*, 319–320, 483–484 등을 보라.

20 천행으로서의 진주만은 본서 6장에서 논의된다.

2장 정보 실패

21 이것은 진주만 전야 미일 관계를 (무성의하게는 아니지만) 극도로 압축해 요약한 것이다. 1941년 전쟁과 특히 진주만공격으로 가는 과정을 보여 주는 대중적 주요 문헌은 다음과 같다: Gordon W. Prange, in collaboration with Donald M. Goldstein and Katherine V. Dillon, *At Dawn We Slept: The Untold Story of Pearl Harbor* (McGraw-Hill, 1981); Gordon W. Prange, with Donald M. Goldstein and Katherine V. Dillon, *Pearl Harbor: The Verdict of History* (McGraw-Hill paperback edition, 1986); Wohlstetter, *Pearl Harbor*; Dorothy

Borg and Shumpei Okamoto, eds., *Pearl Harbor as History: Japanese-American Relations, 1931–1941* (Columbia University Press, 1973); Akira Iriye, *The Origins of the Second World War in Asia and the Pacific* (Longman, 1987); Waldo Heinrichs, *Threshold of War: Franklin D. Roosevelt and American Entry into World War II* (Oxford University Press, 1988). 이 책들에는 방대한 참고 문헌이 딸려 있다. 1~2차 사료를 담고 있는 기본적 참고 문헌으로는 John W. Dower with Timothy S. George, ed., *Japanese History and Culture from Ancient to Modern Times: Seven Basic Bibliographies*, 2nd edition (Markus Weiner, 1995), 249–372도 보라. 일본 측 사료로서 특히 소중한 것은 수뇌부의 비밀 토의 내용을 영역한 Nobutake Ike, transl. and ed., *Japan's Decision for War: Records of the 1941 Policy Conferences* (Stanford University Press, 1967)이다; Donald M. Goldstein and Katherine V. Dillon, eds., *The Pearl Harbor Papers: Inside the Japanese Plans* (Brassey's, 2000; originally published in 1993)도 보라. 태평양전쟁 자체에 대한 균형 잡힌 군사사 서술은 Ronald H. Spector, *Eagle against the Sun: The American War with Japan* (Vintage, 1985)을 보라.

22 Wohlstetter, *Pearl Harbor*, 258, 265–266 (전후 의회 청문회에서 소개된 스팀슨 일기를 길게 인용한다). 11월 말의 협상 결렬에는 11월 26일 일본 측의 막판 제안에 대한 헐 국무장관의 "10개 조항 각서(Ten Point Note)" 거부가 엮여 있는데, 이 각서는 일본 측 제안에 대한 반응이라기보다는 그때까지 나온 미국 측 요구 내용을 가장 극단적으로 항목화해 제시한 것이었다. 10개 조항 각서—흔히 최후통첩으로 불리는데 타당하다—는 미 정부에서 마련한 협상안을 대체했지만 이해할 수 없는 이유로 헐에 의해 막판에 폐기됐다.

23 프레인지는 하와이 공격이 "초특급 기밀"이었다는 "신화"가 전후 도쿄 전범재판에서 일본인들에 의해 만들어졌다고 지적한다; Prange, *At Dawn We Slept*, 28을 보라; 모의훈련을 비롯한 공격 계획 정보 공유의 구체적 사례들은 110, 184, 200, 225, 266, 284, 344를 보라. 천황이 진주만공격 계획을 익히 알고 있었다는 사실은 전후에 미 점령 당국에 의해 조심스레 감춰졌는데, 점령 당국으로서는 자신들의 정책이 좀 더 선선히 수용되게 하려면 천황을 황위에 계속 앉혀 둬야 한다고 여겼기 때문이다. 프레인지는 천황이 10월 20일과 25일 사이에 공격 계획을 보고받았다고 쓰며(위의 책, 309를 보라) 나중에 출간된 일본 측 문헌들도 이를 확인해 준다. 1989년 천황 사후 그의 시종장(侍從長)의 일기가 출간되었는데, 히로히토가 전쟁계획을 잘 알고 있었음을 보여 주는 생생한 기록이 담겨 있었다: Dower, *Embracing Defeat*, 291–292를 보라. 도조에 관해서는 Alvin D. Coox, *Tojo* (Ballantine's Illustrated History of the Violent Century, War Leader Book No. 30, Random House, 1975), 119를 보라. Wohlstetter, *Pearl Harbor*, 380도 보라.

24 "퍼플"로 알려진 일본 외교 전문 암호해독에 관해서는 Prange, *At Dawn We Slept*, ch. 9를 보라.

25 Wohlstetter, *Pearl Harbor*, 341–343.

26 야마모토에 관해서는 Goldstein and Dillon, *The Pearl Harbor Papers*, 116을 보라; 유사한 논평에 관해서는 위의 책, 118, 140과 Prange, *At Dawn We Slept*, 16, 21을 보라. 1941년 11월 15일 정책 문서는 Ike, *Japan's Decision for War*, 247–249에 실려 있다.

27 Goldstein and Dillon, *The Pearl Harbor Papers*, 124 (October 1941 letter). 1940년 9월 삼국동맹 체결 직후 당시 연합함대 사령관이었던 야마모토는 일본과 미국 간 전쟁 가능성에 대한 우려를 고노에 후미마로(近衛文麿) 총리에게 다음과 같은 꽤 예언적인 말로 표명했다 (나중에 고노에가 기록한 발언): "결과에 상관없이 싸우라는 명령을 듣는다면 나는 개전 첫 6개월이나 1년 동안은 미친 듯이 싸우겠지만 개전 2년째나 3년째에는 전혀 자신이 없다."; *Reports of General MacArthur: Japanese Operations in the Southwest Pacific Area* (Government Printing Office, 1966; compiled from Japanese Demobilization Bureaux Records), vol. 2, part 1: 33. 이런 상황에서 그는 진주만공격이라는 발상을 들고 나왔다. 1941년 9월 후반까지도 야마모토는 전쟁에 반대하도록 해군을 설득하려고 애쓰고 있었다; Spector, *Eagle against the Sun*, 78.

28 Wohlstetter, *Pearl Harbor*, 371 (모의훈련); Goldstein and Dillon, *The Pearl Harbor Papers*, 182–183 (승무원들과 유서); *Kodansha Encyclopedia of Japan* (Kodansha, 1983), vol. 6: 169 (일본 측 손실). 미국 측에서는 전함 4척을 비롯해 선박 7척이 침몰하고 11척이 파손됐다; 항공기 188대가 파괴되고 150대 이상이 손상을 입었다. 총사상자 수는 대략 3580명이다.

29 William J. Casey, *Scouting the Future: The Public Speeches of William J. Casey* (Regnery Gateway, 1989), 11 (from a May 21, 1982, speech).

30 두 파트와 선언의 영역본은 bin Laden, *Messages to the World*, 23–30, 58–62를 보라.

31 2월 파트와 선언 이후 ABC 기자 존 밀러와 가진 인터뷰는 pbs.org, May 1998에서 접근할 수 있다. 1998년 12월, 빈라덴은 알자지라방송과의 90분짜리 인터뷰에서 아프리카 폭탄테러 활동을 선동한 것과 별개로 거기에 직접적 책임을 부인했지만, 무엇보다도 생화학무기와 핵무기를 입수할 "의무가 무슬림에게 있다"라고 주장했다. 그는 또한 [1993년 "블랙 호크 다운(Black Hawk down)" 사건 이후 소말리아에서의 미군 철수에서 드러나듯이] "미국 병사들은 믿을 수 없을 만큼 나약하고 겁이 많다"라고 폄하하고, 아프가니스탄에서 소련에 맞선 지하드 전사들의 승리를 자랑스레 이야기하며 "우리는 미국이 러시아보다 훨씬 약하다고 믿는다"라고 딱 잘라 말했다. 9·11 이후 알자지라방송은 이 긴 인터뷰 영상 전량을 재방송했다: bin Laden, *Messages to the World*, 65–94를 보라.

32 Richard A. Clarke, *Against All Enemies: Inside America's War on Terror* (Free Press paperback edition with new foreword, 2004), 148.

33 Lawrence Wright, *The Looming Tower: Al-Qaeda and the Road to 9/11* (Knopf, 2006), 368.

진주만의 경우 일반적인 사망자 수는 민간인 68명을 포함해 총 2403명이다. 9·11의 경우, 2001년 12월 20일 상원에 발의된 법안은 납치된 두 대의 비행기를 포함해 뉴욕에서 발생한 사망자가 2823명이라고 적시한다; 납치된 비행기의 사망자를 포함한 펜타곤 사망자는 189명이며 펜실베이니아에 추락한 네 번째 피랍 비행기의 사망자는 89명이다. 세계무역센터에서 사망한 외국인은 235명이다. 라이트의 서술은 9·11 이전 미국과 테러리스트 쪽에서 일어난 일들을 파악할 수 있는 탁월한 입문서다. 9·11 이전 미국 정보 현황을 밝혀주는 대체로 비판적인 내부자 서술은 특히 Clarke, *Against All Enemies*와 Michael Scheuer, *Imperial Hubris: Why the West Is Losing the War on Terror* (Potomac Books, 2004)를 보라. 1996년부터 1999년에 험악한 분위기에서 해임될 때까지 쇼이어는 미국중앙정보국의 "빈 라덴 부서"를 담당했다.

34 Bin Laden, *Messages to the World*, 104, 112.

35 *Hearings before the Joint Committee on the Investigation of the Pearl Harbor Attack*, 79th Congress (Government Printing Office, 1946), 39 volumes; and *Report of the Joint Committee on the Investigation of the Pearl Harbor Attack*. 다양한 조사 결과들은 the Pearl Harbor History Associates, Inc의 웹사이트 ibiblio.org/pha/pha에서 쉽게 접근할 수 있다.

36 필리핀에서의 맥아더에 관해서는 본서의 5장(주 129)을 보라.

37 John Toland, *Infamy: Pearl Harbor and Its Aftermath* (Doubleday, 1982). 수정주의 서술과 그 비판가들은 본서의 6장에서 간단히 인용, 논의된다.

38 프레인지와 월스테터 둘 다 의회 청문회에 크게 의존한다. 프레인지는 미 점령 당국 역사 부서에서 근무했으며, 당시와 나중에 진주만 기습 공격 참가자들을 광범위하게 인터뷰했지만 저작이 실제로 출간되기 전인 1980년에 사망했다. 그러므로 이 대작이 나올 수 있게 힘쓴 그의 두 공동 작업자[도널드 골드슈타인(Donald Goldstein)과 캐서린 딜런(Katherine Dillon)]의 노고는 특히 치하할 만하다. 프레인지의 *At Dawn We Slept*(1981)는 본문의 마지막 긴 3부(pp. 551–738)를 다양한 미국 청문회에 할애한다. 그의 덜 알려진 *Pearl Harbor: The Verdict of History* (1986) 역시 영어 사료와 더불어 일본어 사료를 광범위하게 인용하며 특히 "역사의 판단"에 대한 특히 예리하고 균형 잡힌 분석을 제공한다[1970년 미일 합작영화 〈도라 도라 도라(Tora! Tora! Tora!)〉는 주로 프레인지의 연구 결과를 토대로 했다]. 접근 가능한 영어 기록들에 전적으로 의지한 월스테터의 *Pearl Harbor*는 미국 외교와 군사정보 당국이 기습 공격에 적절한 경고를 제공하지 못한 제도적 이유를 주로 설명하는 시스템 분석의 모범으로 여겨진다. "그들 모두 잘못을 저질렀다"라는 평가는 Prange, *Pearl Harbor*, xiv에 나온다.

39 Wohlstetter, *Pearl Harbor*, 55. 라이스는 Seymour M. Hersh, *Chain of Command: The Road from 9/11 to Abu Ghraib* (Harper Perennial, 2005), 88을 보라. 93, 97도 보라. "잡담"

은 Patrick Radden Keefe, *Chatter: Dispatches from the Secret World of Global Eavesdropping* (Random House, 2005)에서 자세히 분석된다. Keefe, "Cat-and-Mouse Games," *New York Review of Books*, May 26, 2005 (reviewing William M. Arkin, *Code Names: Deciphering US Military Plans, Programs, and Operations in the 9/11 World*)도 보라; Michael Hirsh, "So Much Chatter, So Few Clues," *Washington Post National Weekly*, January 9–15, 2006도 보라. Keefe와 정보수집에 관한 여타 저술에 대한 통찰력 있는 서평은 Thomas Powers, "Black Arts," *New York Review of Books*, May 12, 2005, 21–25를 보라.

40 Wohlstetter, *Pearl Harbor*, 230. 9·11 이전 부시 행정부의 우선 사항으로는 탄도탄요격미사일 제한 조약 폐기, 논쟁적인 "스타워즈" 우주 방위 전략 추진, 이른바 교토기후협약과 여타 국제 협정에서 미국의 탈퇴, 중국을 소련을 대체할 초강대국으로 취급하는 문제, 이라크의 "정권교체" 추진 등이 있었다.

41 *Report of the Joint Committee on the Investigation of the Pearl Harbor Attack*, 252–254, 264.

42 이러한 주장들은 소수의견 보고서 전체에 깔려 있지만 특히 *Report of the Joint Committee on the Investigation of the Pearl Harbor Attack*, 523, 538, 572–573을 보라.

43 Wohlstetter, *Pearl Harbor*, 47, 105, 168, 186, 229, 246, 278, 393–395.

44 *Report of the Joint Committee on the Investigation of the Pearl Harbor Attack*, 261; Wohlstetter, *Pearl Harbor*, 186, 394. 매직(Magic) 기밀 유지 필요성에 대한 인식 역시 진주만 참사 조사를 복잡하게 만들었는데, 미국의 처음 일곱 차례 조사 과정에서는 매직 자료를 쉽게 입수할 수 없었기 때문이다. 키멜 제독과 쇼트 장군은 주로 그 결정적 정보들에 접근이 차단되었다는 논거를 토대로 12월 7일의 공격을 예상하지 못한 자신들을 변호했다; Prange, *At Dawn We Slept*, 628ff., 637, 670ff를 보라. 매직 자료는 국방부가 8권짜리 *The "Magic" Background to Pearl Harbor*에 해독 내용을 상당 분량 수록한 1977년에 가서야 기밀이 완전히 해제됐다. 기밀 지정 자료는 9·11 정보 실패에 대한 온전한 조사와 폭로를 방해하는 이슈이기도 했다.

45 조사위원회의 공동위원장이었던 두 사람의 "회고록"을 보라: Kean and Hamilton, *Without Precedent*. 백악관이 표면적으로 지지하기는 했어도 이 조사는 "공식" 조사가 아니었고, 바로 그 사실로 인해 기밀 자료 입수에는 차질이 많았다. 그러므로 *Without Precedent*는 이중의 메시지를 전달한다. 행정부와 여타 기관들의 조사 협조를 칭찬하는 동시에, 위원회가 맞닥뜨린 정치적 압력과 걸림돌을 상세히 기록한 것이다. 조사 결과에 대한 광범위한 비판적 논평은 일례로 9·11 보고서 출간을 기념하여 2005년 7월 22일에 하원 일일 청문회에 제출된 문서와 발언 기록을 보라. 이 문서는 *The 9/11 Commission Report One Year Later—A Citizen's Response: Did the Commission Get It Right? 9/11 Families, Government Workers and Scholars Respond*라는 다소 거추장스러운 제목을 달고 있다. 필립 셔넌도 다양한 기관과 공

무원들의 벽 쌓기 및 하급자들이 보고하고 있던 테러 위협에 대한 경고를 더 알아보지 않은 수뇌부에 개인적 책임을 묻지 않으려고 킨과 특히 해밀턴이 세심히 신경을 쓴 사실에 주목한다. Shenon, *The Commission*, 특히 38, 99, 130, 404–406을 보라. 이와 관련한 가장 신랄한 비판은 조사 보고서의 주요 배후 필진 중 한 명인 하버드대학교 어니스트 메이 교수에게서 나왔다. Ernest May, "Government Writes History," *New Republic*, May 23, 2005를 보라. 1945~1946년 양원 합동 청문회가 직면한 걸림돌은 소수의견 보고서, *Report of the Joint Committee on the Investigation of the Pearl Harbor Attack*, 497–502에 간략히 요약되어 있다.

46 Thomas Powers, "Secret Intelligence and the 'War on Terror,'" *New York Review of Books*, December 16, 2004. Bob Graham은 *Intelligence Matters*에서 동일한 논지를 자세히 설명한다.

47 Clarke, *Against All Enemies*, ch. 10 (227–246); 울포위츠 인용문은 232.

48 7월 10일의 대화는 Bob Woodward의 *State of Denial*, 49–52, 79–80에서 처음 강조됐다. 더 잘 알려진 8월 6일 자 대통령 일일 약식 보고에 관해서는 *The 9/11 Commission Report*, 260–263; Kean and Hamilton, *Without Precedent*, 89–97을 보라. 클라크와 쇼이어의 상세한 내부자 비판 말고도 텃밭 싸움과 개인적 대립, 중간급 보고에 대한 수뇌부의 무관심 탓에 "날려 버린 기회들"에 주목하는 문헌들은 계속 쌓여 가고 있다. 일례로 Wright, *The Looming Tower*, 특히 279, 315, 329, 341–344, 350–351, 362를 보라. 그레이엄은 9·11 테러 음모가 발각되고 어쩌면 무산될 수도 있었을 시점을 열두 가지로 일목요연하게 정리했다. Graham, *Intelligence Matters*; 특히 xv, 3–79, 113을 보라.

49 *The 9/11 Commission Report*, 406. 무수한 발언들이 보고서 곳곳에 짤막하게 인용되어 있다. 하지만 특히 89, 95, 401–417를 보라.

3장 상상력의 실패

50 Prange, *Pearl Harbor*, 515. 모건은 이 이야기를 1976년 프레인지와의 인터뷰에서 들려주었다.

51 *Report of the Joint Committee on the Investigation of the Pearl Harbor Attack*, 259; Prange, *At Dawn We Slept*, 689; Wohlstetter, *Pearl Harbor*, 392.

52 Prange, *Pearl Harbor*, 552; Goldstein and Dillon, *The Pearl Harbor Papers*, 121.

53 Goldstein and Dillon, *The Pearl Harbor Papers*, 122.

54 세기 전환기 일본에 대한 상충하는 이미지들은 John W. Dower와 Shigeru Miyagawa가 MIT에 만든 "Visualizing Cultures" 웹사이트의 여러 단원에서 풍성한 사진 자료와 함께 생생하게 엿볼 수 있다. visualizingcultures.mit.edu를 보라. 특히 "Throwing Off Asia" (3부 구성), "Asia Rising," 그리고 "Yellow Promise/Yellow Peril" 단원을 보라. 뒤쪽 두 단원은 보스턴미술관, 레너드라우더컬렉션(Leonard Lauder Collection)이 소장하고 있는 러일전쟁

관련 일본과 외국의 엽서를 바탕으로 하며, "Yellow Promise/Yellow Peril" 단원은 특히 강력한 제국주의 열강으로서 일본의 놀라운 대두를 바라보는 유럽의 양가적인 반응을 조명해 준다.

55 *Business Week*, September 1, 1945. 이 광고는 John W. Dower, "Graphic Japanese, Graphic Americans: Coded Images in U.S.-Japanese Relations," in Akira Iriye and Robert A. Wampler, eds., Partnership: *The United States and Japan, 1951–2001* (Kodansha International, 2001), 304–305에 실려 있다.

56 이 문제들에 관한 일반적인 서술은 Akira Iriye, *Pacific Estrangement: Japanese and American Expansion, 1897–1911* (Harvard University Press, 1972)을 보라; Spector, *Eagle against the Sun*, 특히 1–5장도 보라. 오렌지 계획의 127차례 점검과 수정은 위의 책 57에 있다.

57 B-17 폭격기에 관해서는 Prange, *Pearl Harbor*, 145–152, 290–293; Spector, *Eagle against the Sun*, 74–75를 보라. 세 차례 진주만 경보는 Wohlstetter, *Pearl Harbor*, 71–169에 자세히 묘사되어 있다.

58 예를 들어 Michael A. Barnhart, *Japan Prepares for Total War: The Search for Economic Security, 1919–1941* (Cornell University Press, 1987)을 보라.

59 Prange, *Pearl Harbor*, 537, 555–556; Wohlstetter, *Pearl Harbor*, 336–338; E. Kathleen Williams, "Air War, 1939–41," in Wesley Frank Craven and James Lea Cate, eds., *The Army Air Forces in World War II*, vol. 1: *Plans and Early Operations, January 1939 to August 1942* (University of Chicago Press, 1948), 79–80. 일본 쪽 시각에서 본 미쓰비시사의 제로기 개발에 관해서는 수석 설계자인 호리코시 지로의 서술을 영역한 Jirō Horikoshi, *Eagles of Mitsubishi: The Story of the Zero Fighter* (Washington University Press, 1980)를 보라; Akira Yoshimura, *Zero Fighter* (Praeger, 1996)도 보라.

60 Prange, *Pearl Harbor*, 550, 569; H. P. Willmott, *The Second World War in the Far East* (Smithsonian Books, 1999), *54, 66, 78, 83–84*; Russell F. Weigley, *The American Way of War: A History of United States Military Strategy and Policy* (Indiana University Press, 1973), 276.

61 영미의 인종주의에 대단히 민감한 (그리고 그에 관해 인용하기도 좋은) 아시아에서 일어난 제2차세계대전에 관한 문서고 기반 분석은 Christopher Thorne, *Allies of a Kind: The United States, Britain, and the War against Japan, 1941–1945* (Oxford University Press, 1979)를 보라. 아시아인을 상대로 한 미국의 인종주의는 1930년대 후반에 이르러 많은 미국인이 중국을 향해 갖게 된 호의적인 태도로 복잡해진다. "반(反)동양인" 움직임과 입법이 19세기와 20세기 초 미국사에 깊은 오점을 남기긴 했지만 일본에 맞서 싸우는 중국인에 대한 공감도 강했는데, 여기에는 노벨상을 수상한 펄 벅(Pearl Buck) 같은 대중작가들이 전달한 극히 효과적인 긍정적 중국인 이미지가 상당한 역할을 했다. 나는 이 문제를 *War Without Mercy:*

Race and Power in the Pacific War (Pantheon, 1986)에서 길게 다뤘다.

62 기습 공격이 현대사에 흔한 일임을 염두에 둘 필요가 있다. 이런 기습 공격으로는 1941년 독일의 소련 공격, 1950년 북한의 남한 침략과 곧 이은 중화인민공화국의 한국전쟁 참전, 1968년 베트남전쟁 뗏(Tet) 공세 등이 있다.

63 여기에 제시된 기본 전제의 실례들은 Ike, *Japan's Decision for War*, 78, 80, 82, 148, 152, 160을 보라.

64 Ike, *Japan's Decision for War*, 238, 246.

65 Katharine Sansom, *Sir George Sansom and Japan: A Memoir* (Diplomatic Press, 1972), 156 (맥아더 인용).

66 Goldstein and Dillon, *The Pearl Harbor Papers*, 155. 미주리함 항복 의례는 Samuel Eliot Morison, *History of United States Naval Operations in World War II*, vol. 14: *Victory in the Pacific* (Little, Brown, 1960), 362–363를 보라. 12월 7일에 미 의사당에 휘날린 깃발은 앞서 카사블랑카(1943년 2월에 연합국의 "무조건항복" 정책이 발표된 곳)와 로마, 베를린에서도 전시됐다.

67 안보와 자급을 위한 일본의 비전은 1931년 만주사변 이후 꾸준히 증가해 왔고, 1937년 중국 침략, 1940년 중반 일본군의 프랑스령인도차이나 북부 진출 그리고 물론 1941년 "남진"이 진주만공격을 촉발했을 때 급격히 늘어났다. 제국이 확대되면서 그에 동반한 정치적 수사도 필연적으로 확대됐다. 그러므로 1938년에 선언된 (일본과 중국, 괴뢰 국가 만주국을 아우르는) "신질서"는 1940년에 이르자 대동아공영권으로 탈바꿈했다. 1936년 무렵까지 "남진" 지지자들은 소련에 맞서 극동에 위치한 소련의 전략적 자원 탈취를 노린 "북진" 주창자들과 격렬한 내부 권력 다툼을 벌였다(일본 육군은 해군보다 "북진" 전략에 더 기울어 있었다). "북진"은 진주만공격 직전까지도 계속 주장·옹호되었고, 미국은 일본 외교 전문 감청과 해독을 통해 이를 잘 알고 있었다. 이는 또 하나의 주의 분산, 다시 말해 일본의 의도 분석을 어렵게 만든 또 하나의 "잡음" 사례다. [전쟁계획부의 리치먼드 터너(Richmond Turner) 해군 제독 같은] 미국의 일부 고위급 계획가들은 "북진" 가능성에 하도 꽂혀 있어서 후대의 비판가들이 보기에 균형 잡힌 정보분석을 심각하게 저해했다; Prange, *Pearl Harbor*, 326–331은 이 점을 강력하게 부각한다. 만주사변에서 중국과의 전쟁까지 일본의 팽창을 몰아간 자립권이나 자립주의의 "합리적" 추구에 관한 치밀한 분석은 James B. Crowley, *Japan's Quest for Autonomy: National Security and Foreign Policy, 1930–1938* (Princeton University Press, 1966)을 보라.

68 *The 9-11 Commission Report*, 341–342; Clarke, *Against All Enemies*, ch. 6 (133–154), 특히 148을 보라. 해외에서 미국인을 표적으로 한 테러리스트 공격도 물론 이 시기에 일어났는데 특히 베이루트(1982), 리비아(1988년 "팬암 103기"), 소말리아(1993년, 나중에 알카에

다가 연루된 것으로 확인됐다), 사우디아라비아(1995~1996년), 케냐와 탄자니아(1998년, 알카에다가 사주)에서 일어난 공격을 들 수 있다.

69 진주만공격 일정표는 Prange, *At Dawn We Slept*, 15, 27-28, 101, 106, 157-158, 223-231, 299, 309, 324, 328, 345, 372에서 가져왔다. 알카에다의 공격 계획표는 *The 9-11 Commission Report*, 365를 보라.

70 Warren I. Cohen, "The Role of Private Groups in the United States," in Borg and Okamoto, *Pearl Harbor as History*, 421-458. 일본과의 화해를 촉구한 저명한 극동 문제 학자들로는 페이슨 트리트(Payson Treat), A. 휘트니 그리스월드(A. Whitney Griswold), 폴 클라이드(Paul Clyde) 등이 있었다: 위의 책 452-453. 코언은 "미국인들은 극동 무력분쟁이나 여타 전쟁에 개입하는 것에 여전히 압도적으로 반대하는 편이었다"라는 평가와 함께 상세한 연구를 마무리한다; 위의 책, 456.

71 그루는 1940년 9월 10일 국무부에 보내는 유명한 "청신호(green light)" 전문에서 일본 유화정책을 포기했지만 일본이 자국의 이해관계라 여기는 것에 미국이 민감하게 반응하면 일본 정부 내 "온건파"의 영향력이 강화될 것이라는 희망을 버리지 않았다. 1941년 9월 그의 "건설적 화해" 지지 주장은 루스벨트와 고노에 총리 간 개인적 만남 제안과 함께 나왔다.

72 Mira Wilkins, "The Role of U.S. Business," in Borg and Okamoto, *Pearl Harbor as History*, 341-376. 이 뛰어난 분석에는 유용한 시간표와 도표가 포함되어 있다. 《포춘》의 설문조사는 350-351을 보라; 윌킨스는 1940년 9월에 발표된 설문조사가 7월 초―루스벨트 행정부가 전략물자 수출에 처음으로 심각한 제한을 부과하기 직전―에 실시된 것이라고 추측한다.

73 Steve Coll's *Ghost Wars: The Secret History of the CIA, Afghanistan, and Bin Laden, from the Soviet Invasion to September 10, 2001* (Penguin, 2004)은 퓰리처상을 수상했다. 케이시에 관해서는 특히 92-93, 97-98을 보라; 쿠란 번역은 90, 104를 보라; 아프간 전사들에 대한 무기와 여타 지원은 11, 125-137, 149-151, 175; 비(非)아프간 무자헤딘에 대한 심적 지지는 155를 보라. 무자헤딘 탄생에 미국이 산파 역할을 한 사실은 Robert Dreyfuss, *Devil's Game: How the United States Helped Unleash Fundamentalist Islam* (Metropolitan, 2005), 특히 11장에 생생하게 드러나 있다. 레이건 대통령과 아프가니스탄의 무자헤딘 "자유의 투사들"과의 만남을 포착한 사진은 Eqbal Ahmad, *Terrorism: Theirs and Ours* (Seven Stories Press, 2002)의 표지로 쓰였다.

74 Benazir Bhutto, *Reconciliation: Islam, Democracy, and the West* (HarperCollins, 2008), 3장 특히 81-85, 149-155를 보라. 탈레반에 음성적 지원을 제공하는 과정에서 부토가 은밀히 수행한 역할은 Coll, *Ghost Wars*, 289-294, 298-300에서 지적된다.

75 Bin Laden, *Messages to the World*, 48 (1997년 3월), 65, 82 (1998년 12월), 109 (2001년 10

월 21일), 192–193 (2003년 2월 4일). 대반군 활동 독트린과 훈련의 부재에 관해서는 5장 (본서의 각주 176–178)을 보라.

76 Clifford J. Levy, "Poker-Faced, Russia Flaunts Its Afghan Card," *New York Times*, February 22, 2009.

77 프리먼은 Dreyfuss, *Devil's Game*, 290–291 (2004년 4월 저자와의 인터뷰)에서 인용.

78 Scheuer, *Imperial Hubris*, 197–198.

79 Clarke, *Against All Enemies*, 30–32, 232.

80 *The 9-11 Commission Report*, 339–348.

81 *The 9-11 Commission Report*, 364; Hersh, *Chain of Command*, 91–92; Michael A. Sheehan, *Crush the Cell: How to Defeat Terrorism without Terrorizing Ourselves* (Crown, 2008), 6, 14. 2003년 10월 대통령의 법률 자문단을 이끌었던 보수파 변호사 잭 골드스미스는 9·11 이후 행정부 정책을 이끌어 가는 데 "편집증에 가까운 공포"가 한 역할을 설명하기 위해 저서의 한 장을 할애한다; *The Terror Presidency: Law and Judgment inside the Bush Administration* (Norton, 2007), 3장(특히 71–76)과 165–167을 보라.

82 Nathaniel Pfeffer, "Japanese Superman? That, Too, Is a Fallacy," *New York Times Magazine*, March 22, 1942. 오래전에 쓴 책에서는 나는 일본인이 소인(little men)에서 슈퍼맨으로 탈바꿈한 현상을 비롯해 태평양전쟁 양측에서 적에 대한 이미지에 관해 길게 논의했다; *War Without Mercy*, 특히 5장("Lesser Men and Supermen")을 보라. 이는 유례 없는 현상이 아니며 반드시 인종주의 때문도 아니다. "소인에서 슈퍼맨으로"의 유사한 변신은 일례로 1957년 소련이 대륙간 탄도미사일 시험을 실시한 뒤 일어난 이른바 미사일 격차 위기(missile-gap crisis)에서도 찾아볼 수 있다.

4장 무고함, 악, 기억상실

83 포드의 82분짜리 〈12월 7일〉 원본은 "사기를 훼손한다"라는 이유로 정부에 의해 검열됐다. 극장에 공개되고 아카데미상을 수상한 34분짜리 판본은 배우들이 나오는 모든 부분—특히 "샘"과 "C"의 긴 대화 장면과 영화 말미 모든 전쟁을 끝내기 위한 전쟁에 관한 공동묘지 대화 장면—과 엇갈리는 충성심에 시달리는 각계각층의 일본계 미국인들이 각종 간첩 활동을 하는 모습을 묘사한 괴롭도록 긴 도입부를 모두 잘라 냈다. 반면 똑같이 괴로운 장면으로 혼란과 살육을 묘사한 장면은 그대로 남았다.

84 1942년 〈12월 7일〉의 제작은 (2월에 발효된) 행정명령 9066호와 추후 캘리포니아주, 오리건주, 워싱턴주에 살고 있던 일본계 미국 시민과 일본인 적국인의 구금과 시기상 일치했다. 키멀 제독과 쇼트 장군을 희생양으로 몰아간 것처럼, 이것도 진주만 대비 태세의 미비(포

드 영화의 중심 테마)에 대한 워싱턴의 책임으로부터 주의를 돌리는 방편의 일환으로 이해
될 수 있다. 이 구금의 더 아이러니한 측면 가운데 하나는 이것이 하와이 거주 일본계 미국
인에게는 적용되지 않았다는 사실이다. 행정명령 9066호에 대한 훌륭한 연구는 유용한 역
사적 배경 설명 및 루스벨트의 역할과 인종적 태도에 대한 치밀한 분석을 담고 있는 Greg
Robinson, *By Order of the President: FDR and the Internment of Japanese Americans* (Harvard
University Press, 2001)를 보라. 다양한 부가 영상이 딸린 포드 영화의 DVD는 *December
7th: The Pearl Harbor Story* (Kit Parker Films, 2001)를 보라.

85 Jeanine Basinger, *The World War II Combat Film: Anatomy of a Genre* (Wesleyan University
Press, 2003).

86 아미티지는 "탈레반의 귀환"이라는 제목의 텔레비전 프로그램 〈프론트라인(Frontline)〉에
출연하여 삼군통합정보부장 마무드 아마드에게 한 말을 들려주었다. 그가 방송에서 발언
한 내용의 기록은 pbs.org/wgbh on October 3, 2006에서 볼 수 있다. 펄의 발언은 George
Packer의 *The Assassins' Gate: America in Iraq* (Farrar, Straus & Giroux, 2005), 41에서 인
용. 데이비드 브로미치는 9·11 이후 상투적 표현으로서 "오늘 역사가 시작된다" 표현이 만
연한 현상을 주목했다. David Bromwich, "Euphemism and American Violence," *New York
Review of Books*, April 3, 2008.

87 Frum, *The Right Man*, 145. 9·11이 일어나기 전에 중앙정보국 "빈라덴 부서" 수장 직위에
서 해임된 마이클 쇼이어는 모래에 머리를 처박은 채 9·11과 오사마 빈라덴의 반미주의
가 미국의 과거와 현재 정책에 대한 심각한 반응이라는 점을 보지 못하는 행태를 길게 고
발했다. 그의 최신 페이퍼백 판본 *Imperial Hubris* (Potomac Books, 2005), 특히 11–14와
261–274(the "New Epilogue")를 보라. 쇼이어는 전형적인 대목에서 "빈라덴은 자신이 우
리와 전쟁을 벌이고 있는 이유를 줄곧 정확하게 설명해 왔다"라고 쓴다. "그 이유들은 우리
의 자유와 민주주의와는 아무 상관이 없고 무슬림 세계에서 미국의 정책과 행위와는 크게
상관이 있다."; 위의 책, x.

88 9월 16일 기자회견에서 나온 도발적인 발언의 전문은 "이 십자군, 이 테러리즘과의 전쟁은
시간이 걸릴 것이다"였다. 이 발언이 무슬림 일반과 유럽에서 불러일으킨 우려와 비판에 대
한 간결한 정리는 *Christian Science Monitor*, September 19, 2001를 보라; 많은 논평가가 이
위기를 악과 십자군의 관점으로 프레이밍하는 것은 "문명의 충돌" 태도를 악화시킬 것이라
고 우려를 표명했다; 얼마 안 있어 미국은 다시금 언어를 순화해야 할 처지에 처했는데 이
번에는 테러와의 전쟁 작전명을 "무한한 정의 작전(Operation Infinite Justice)"이라고 이미
발표했다가, "항구적 평화 작전(Operation Eunduring Peace)"으로 변경해야 했던 것이다.
9월 25일에 럼즈펠드 국방장관이 발표한 앞 작전명은 무슬림 신도들이 그러한 최종적 결
말은 오로지 신만이 가져오시는 것으로 간주하기 때문에 철회됐다. 베이루트의 한 레바논

인 학자는 "무한한 불의 작전"이라고 바꾸는 것이 더 적절할 것이라고 꼬집은 한편, 이란의 한 신문은 "무한한 제국주의 작전"이라는 대안을 내놓았다; BBC News (news.bbc.co.uk), September 25, 2001.

89 로런스 라이트는 파들(Fadl)이 원래 알카에다를 위해 내놓은 지하드에 관한 폭력적인 신조를 담은 글들이 향후 어떻게 환생했는지 흥미로운 설명을 제시한다; Lawrence Wright, "The Rebellion Within," *New Yorker*, June 2, 2008. "우리의 어떤 행위도" 발언은 2005년 10월 6일 민주주의를 위한 국가 기금 대통령 연설을 보라. 브리머는 짐 레러(Jim Lehrer)가 진행하는 PBS 〈뉴스아워(NewsHour)〉 프로그램에 패널로 출연하여 이와 같은 발언을 했으며, 그가 출연한 회차는 "미래의 전쟁"이라는 제목으로 1998년 8월 25일에 방송됐다.

90 Victor Davis Hanson, "War Myths," *National Review*, September 20, 2001.

91 웨스트포인트 연설은 부시가 이라크전쟁에 대한 지지기반을 다지기 위해 효과적으로 활용한 처참한 비전과 고결한 이상, 결연한 군사적 처방을 결합한 탁월한 사례다. 새로운 부시독트린에 담긴 군국주의의 맹아에 대한 혜안이 돋보이는 비판은 James Carroll, *Crusade: Chronicles of an Unjust War* (Metropolitan, 2004)에 수록된 제임스 캐럴의 신문 칼럼, 특히 6-7("성스러운 폭력"), 115(웨스트포인트 연설)를 보라. 더 군사적인 관점에서 표현된 또 다른 비판은 Andrew J. Bacevich, *The New American Militarism: How Americans Are Seduced by War* (Oxford University Press, 2005)와 추후 그의 여러 논설과 글을 참고하라. 여기서 드러나는 새로운 스타일의 군국주의는 전 세계적인 미국의 "군사기지 제국"에 특히 주목한 Chalmers Johnson, *The Sorrows of Empire: Militarism, Secrecy, and the End of the Republic* (Metropolitan, 2004)에서 다뤄진다. 이러한 논쟁의 반대편을 보자면 이런저런 방식으로 행정부의 군국주의 정책을 지지한 사람들의 "악"에 대한 집착을 과장하기는 힘들다. 일례로 "악의 축" 연설에 관여한 연설문 작가 데이비드 프럼과 네오콘 이데올로기의 대표적 대변인인 리처드 펄은 *An End to Evil: How to Win the War on Terror* (Random House, 2003)를 공저했다. 전쟁을 지지한 진보파 마이클 이그나티에프(Michael Ignatieff)는 *The Lesser Evil: Political Ethics in an Age of Terror* (Princeton University Press, 2004; 새로운 서문을 추가해 2005년 재출간)로 논쟁에 뛰어들었다.

92 *Report of the Defense Science Board Task Force on Strategic Communication* (Office of the Under Secretary of Defense for Acquisition, Technology, and Logistics; September 2004), 2, 17, 29, 40 (온라인 fas.org/irp/dod/dsb에서 입수 가능).

93 *Transition to and from Hostilities: Supporting Papers* (Defense Science Board 2004 Summer Study, Office of the Under Secretary of Defense for Acquisition, Technology, and Logistics; January 2005), 68. 이러한 "뒷받침하는 문서들"은 온라인 books.google.com에서 입수 가능하다; 2004년 12월에 나온 같은 제목의 보고서에는 그러한 표현이 등장하지 않는다.

94 Bhutto, *Reconciliation*, 84; "그림자" 은유는 96에서 되풀이된다.

95 Cemil Aydin은 이 문제에 관해 사려 깊게 자세히 다뤘다. 그의 *Politics of Anti-Westernism in Asia: Visions of World Order in Pan-Islamic and Pan-Asian Thought* (Columbia University Press, 2007)를 보라; 그가 온라인에 올린 장문의 글 "Japan's Pan-Asianism and the Legitimacy of Imperial World Order, 1931–45"와 마이클 펜과의 인터뷰인 "Imperial Japan's Islamic Policies and Anti-Westernism"도 보라. 두 글은 2008년 현재 japanfocus.org 에서 접근할 수 있다. Ian Buruma and Avishai Margalit, *Occidentalism: The West in the Eyes of Its Enemies* (Penguin, 2004) (이안 부루마, 아비샤이 마갈릿 지음, 송충기 옮김, 『옥시덴탈리즘』, 민음사, 2007.)와 John Gray의 도발적인 *Al Qaeda and What It Means to Be Modern* (New Press, 2004)도 보라.

96 관타나모는 1898년 미서전쟁의 결과로 스페인과 맺은 조약에 대한 소위 플랫수정(Platt Amendment)에 따라 1901년에 미국 소유가 됐다. 이 협정 내용에 따라 그때까지 필리핀과 마찬가지로 스페인이 지배하고 있던 쿠바는 명목상 독립을 얻었지만, 실질적으로는 미국에 의존하는 국가가 됐다. 관타나모는 **양측**이 동의할 때만 반환된다는 단서를 달아—명목상으로는 파나마운하를 보호하기 위해— 군사기지로 이용하도록 미국에 넘겨졌다. 같은 시기 일본이 제국주의 열강으로 부상하는 데 결정적이었던 사건은 1894~1895년 청일전쟁의 승리와[이로써 훗날 타이완으로 알려지게 되는 포르모사(Formosa)가 일본의 식민지가 됐다] 1904~1905년 러일전쟁 승리였다(이로써 일본은 아시아 대륙에서 교두보를 마련하고 1910년 한국 병합으로 나가는 길을 닦았다). 이리에 아키라(入江昭)는 미국이 1895년에 하와이를 점령하고 3년 뒤 그곳의 병합을 합리화하는 데 일본의 태평양 진출에 대한 두려움이 얼마나 커다란 역할을 했는지를 자세히 묘사한다. Akira Iriye, *Pacific Estrangement*를 보라.

97 그러한 수사는 세기 전환기 미국 제국주의에 대한 모든 서술에 차고 넘친다. 본서의 인용문 다수를 포함해 이 주제를 다룬 일반서는 Stanley Karnow, *In Our Image: America's Empire in the Philippines* (Random House, 1989), 특히 9–20, 87, 100, 104, 128–129, 134를 보라. 베버리지와 동료 상원의원들에 관해서는 Julius Pratt, *Expansionists of 1898: The Acquisition of Hawaii and the Spanish Islands* (Quadrangle Books, 1964; originally published by the Johns Hopkins Press in 1936), 227–228, 314를 보라; 필리핀 정복에 대한 미국 종교계의 반응은 위의 책 3장에서 논의된다. 세심한 설명과 함께 사료를 제공하는 또 다른 책으로는 Stuart Creighton Miller, *"Benevolent Assimilation": The American Conquest of the Philippines, 1899–1903* (Yale University Press, 1983); Richard E. Welch Jr., *Response to Imperialism: The United States and the Philippine-American War, 1899–1902* (University of North Carolina Press, 1979)를 보라. 1899년에 발표된 키플링의 시 「백인의 짐(The White Man's Burden)」

의 부제는 "미국과 필리핀(The United States and the Philippines)"이었다.

98 "자애로운 글로벌 헤게모니"는 9·11 한참 전에 윌리엄 크리스톨과 로버트 케이건이 소개한 이래로 네오콘 외교정책 전문가들 사이에서 주문이 됐다; William Kristol and Robert Kagan, "Toward a Neo-Reaganite Foreign Policy," *Foreign Affairs*, July/August 1996을 보라. "백인의 짐"이라는 표현은 이라크 침공까지 3개월도 채 남지 않은 시점인 2003년 1월에 마이클 이그나티에프가 "아메리카 제국: 짐"이라는 제목으로 선제공격 정책을 옹호하는 논쟁적 글을 발표했을 때 피부색이 삭제된 형태로 부활을 경험했다. Michael Ignatieff, "The American Empire: The Burden", *the New York Times Magazine* (January 5, 2003). 이그나티에프는 탈제국(postimperial) 시대 미국이 주도하는 "인도주의적 제국"에 대한 자신의 신념을 2003년에 출간한 평론집 *Empire Lite: Nation-Building in Bosnia, Kosovo, and Afghanistan* (Penguin Canada)에서 자세히 설명한다.

99 1898년 마닐라만에서 듀이(Dewey) 제독이 스페인 함대를 상대로 승리를 거뒀다는 소식을 들었을 때 매킨리는 지도를 꺼내 들고는 "그 망할 섬들이 어디 붙어 있는지 2000마일 이내로 짚을 수 없었을 것!"이라고 말했다고 한다; Pratt, *Expansionists of 1898*, 326. 매킨리와 하느님에 관해서는 위의 책, 316, 334–335와 Lewis L. Gould, *The Presidency of William McKinley* (Regents Press of Kansas, 1980), 140–142를 보라. 굴드는 "전능하신 하느님" 일화가 매킨리가 감리교도들과 만난 지 3년 뒤인 1903년 1월에 처음 지면에 소개되었다고 추적하며, 이 발언의 "유명한 종교적 맥락"은 신빙성이 "대단히 의심스럽다"라고 결론 내린다. "자유와 법, 평화와 진보" 인용은 Iriye, *Pacific Estrangement*, 59–60에 나온다.

100 90세를 넘어서까지 살았던 아기날도는 미국인들과 화해했지만 제2차세계대전 점령기 때 일본과 협력했다.

101 에드먼드 모리스는 시어도어 루스벨트 전기에서 필리핀 정복의 도발적인 성격을 포착한다; Edmund Morris, *Theodore Rex* (Random, 2001); 97–104, 여기서 언급되는 내용은 특히 98–100를 보라. Yates Stirling, *Sea Duty: The Memoirs of a Fighting Admiral* (Putnam's Sons, 1939), ch. 5, 특히 79를 보라. 스털링의 "필리핀 반란" 서술은 "물 치료"를 언급하며 그의 지휘관이 마을을 통째로 불태우는 것을 "검은 물감" 칠하기로 불렀다고 기록한다("자네 '검은 물감'이 뭔지 아나? 자네가 그걸 많이 사용하길 바라네".) 1902년 4월 11일에 공개되어 미군의 만행을 꼼짝 못 하게 입증하는 비밀 보고서는 필리핀 어느 지방 군정 총독이던 코닐리어스 가드너(Cornelius Gardener) 소령이 작성한 것으로 가드너 보고서로 알려지게 됐다.

102 Morris, *Theodore Rex*, 100–101; William Safire, "Waterboarding," *New York Times Magazine*, March 9, 2008.

103 루트의 편지 전문은 "Cruelty Charges Denied," *New York Times*, February 20, 1902를 보라. 다른 인용문은 Morris, *Theodore Rex*, 97, 101–102, 604 (n. 102)를 보라.

104 Karnow, *In Our Image*, 194와 12, 140을 보라. 기근은 주로 물소[스털링의 서술에 나오는 '카라바오〔필리핀산 물소〕'의 90퍼센트가 죽어서 농촌지역의 주식인 벼를 심거나 수확하는 게 불가능했기 때문에 발생했다. 필리핀의 저항을 분쇄하기 위해 미군 7만 명 이상이 동원되었는데 카노는 미군의 직접적 전사자 수는 4234명, 부상자는 2818명이라고 잡으며, 이후 전쟁과 관련한 원인으로 본국에서 수천 명이 더 사망했다고 추산한다. 미국이 이 무력분쟁에 쏟은 전비(戰費)는 6억 달러(카노가 글을 쓰던 시점인 1980년대 후반에는 4억 달러 상당)에 달했으며, 수백만 달러가 참전군인과 그 가족들에게 연금으로 더 나갔다. 비록 필리핀의 미군 지휘부는 전쟁에 관한 전보문을 통제하려고 했지만 미국 기자들은 그러한 검열에 반발했다. 극단적인 만행과 미군이 직면한 곤경에 관한 보도가 널리 유포됐다. 미국이 과연 충분한 병력을 파견했는가도 논란거리가 됐다; 위의 책 12, 148–150을 보라. 이라크전쟁의 노골적 지지자였던 맥스 부트(Max Boot)는 *The Savage Wars of Peace: Small Wars and the Rise of American Power* (Basic Books, 2003)에서 1899~1902년의 필리핀 전쟁에 한 장을 할애했다. 부트는 이 "더럽고"(100) "수치스러운"(119) 전쟁에서 양측이 자행한 만행에 대해 가차 없지만, 이 전쟁이 "근대 서구 군대가 수행한 가장 성공적인 대반군 활동 가운데 하나"(127–128)였다고 결론 내린다. 식민지 과거로부터 이끌어 낸 그러한 "교훈"은 "대반군 활동 전략의 기초에 주의를 기울이는 것"이 이라크에서 미국의 참사를 역전할 열쇠라고 본 보수파 사이에서 점차 흔해졌다. 명백한 여러 이유 때문에 이라크 침공 이후 이라크인 변사 추정치는 제각각이다. 부시가 퇴임한 뒤 출간된 책에서 콜은 다양한 인구학적 보고를 설명한 뒤 "30만 이라크인이 초과 사망했다는 것이⋯⋯ 설득력 있는 최소 추정치로 보인다"라고 결론 내린다; Juan Cole, *Engaging the Muslim World* (Palgrave Macmillan, 2009), 127.

105 차머스 존슨의 계산에 따르면 "1898년과 1934년 사이에 미국은 쿠바에 해병대를 네 차례, 온두라스에 일곱 차례, 도미니카공화국에 네 차례, 아이티에 두 차례, 과테말라에 한 차례, 파나마에 두 차례, 멕시코에 세 차례, 콜롬비아에 네 차례, 니카라과에 다섯 차례 파견했다"; Chalmers Johnson, *The Sorrows of Empire*, 190–193. 이러한 군사적 간섭은 보통 "먼로독트린"의 이름으로 단행됐다[먼로독트린은 미국은 향후 아메리카 대륙의 식민화에 반대한다는 선언으로 1823년에 도입되었으나 이후로 라틴아메리카 국가들에 미국이 간섭할 권리를 공언하는 것으로— 특히 1904년에 이른바 루스벨트 계론(系論)(the Roosevelt Corollary)을 통해서— 재해석됐다]. 1930년대 일본이 점증하는 군사적·경제적 안보를 추구하고 있을 때 일본의 선전가들은 자국의 정책을 종종 "아시아를 위한 먼로독트린"이라고 내세웠다. 미국인들이 그와 같은 주장을 일축하자 일본인들은 이를 서구에서 드러내는 이중 잣대의 또 다른 사례로 이용했다.

106 "Remarks by the President to the Philippine Congress," October 18, 2003; *New York Times*,

October 19, 2003.

107 Robert Fisk, *The Great War for Civilization: The Conquest of the Middle East* (Knopf, 2005), xviii. Bin Laden, *Messages to the World*, 181. 빈라덴의 장황한 레퍼토리에는 "사탄 같은 미군 병사들"과 "악마의 지지자들" (61); "인류 가운데 악마들과 마귀들, 특히 십자군들" (88); "지구적인 악의 동맹" (182; 2003년 2월 11일, 부시 대통령의 "악의 축" 연설에 대한 한발 늦은 응수); "불신자들의 헤게모니" (196); "시오니스트-십자군 악의 사슬" (214) 등이 있다. 일본 군국주의자들도 그와 비슷하게 천황 중심의 황도에 구현된 인종과 문화의 형언할 수 없는 순수성을 바탕으로 "악귀 같은 영미(鬼畜英米)"와 성전을 벌이고 있다고 주장했다; 일본의 성전과 지하드 간 비교는 본서 12장을 보라.

108 라시드 칼리디(Rashid Khalidi)는 유명한 나폴레옹과 마우드(Maude) 간 대화를 바그다드 함락 한 달 뒤인 2003년 4월에 럼즈펠드가 한 말과 나란히 대비한다. 미군 장병들을 안심시키기 위해 한 것이지만 금방 거짓으로 드러난 그의 발언은 다음과 같다: "세계의 많은 군대와 달리 여러분은 정복하기 위해서, 점령하기 위해서가 아니라 해방하기 위해서 왔으며 이라크 국민들도 이를 알고 있다."; *Resurrecting Empire: Western Footprints and America's Perilous Path in the Middle East* (Beacon Press, 2004), 37, 43. 외부 세력에 의한 희생자화에 대한 집착은 이스라엘을 제외한 중동 대다수 나라가 "서구의 부상"을 따라가지 못하는 이유를 무시하는 희생양 찾기와 단순화된 음모론에 빠지기 쉽다. 과거와 현재의 피해에 대한 현실이나 과장은 인류 테러 범죄를 정당화하지 않는다는 건 말할 필요도 없다. 역사가 버나드 루이스는 이 "희생양 찾기" 주장과 관련하여 자주 인용되며, 그의 인기 있는 저서 중 하나로 9·11에 따른 여러 발언과 평론을 담은 선집에서 나온 인용문은 루이스가 내세운 주장의 요지를 잘 전달한다. 그는 결론부에서 "많은 지역이 서양이 가져온 충격을 겪었고, 유사한 경제적 자립과 고유한 문화의 상실, 그리고 일부 지역의 경우는 정치적 독립의 상실까지 경험했다"라고 지적한다. "하지만 중동지역을 비롯해 이 지역들에서 서양의 지배가 종식된 이후로 세월이 어느 정도 흘렀다. 그리고 그 가운데 일부 지역들, 특히 동아시아와 남아시아 지역에서 재기한 민족들은 상업과 산업 분야, 정치적 권력과 심지어 군사력의 투사, 그리고 많은 측면에서 놀랍게도 서양의 성취, 특히 과학의 수용과 내재화에서 자신들의 방식대로 서양과 맞서고 그들을 능가하기 시작했다. 중동은 여전히 한참 뒤처져 있다."; Bernard Lewis, *What Went Wrong? Western Impact and Middle Eastern Response* (Oxford University Press, 2002), 148.

1956년에 "문명의 충돌"이라는 표현을 처음 사용한 사람은 루이스였고, 루이스는 부시 행정부의 정책에 점차 강력한 영향력을 행사한 네오콘 일파에서 큰 스승으로 떠올랐다; 일례로 Dreyfuss, *Devil's Game*, 330–335. 하지만 중동 거의 전역에서 드러나는 깊은 병리 현상에 대한 낙담이 반드시 또는 불가피하게 외부의 군사적 개입에 대한 지지로 전환되는 것은 아니다. 이라크전쟁에 반대하고 서양의 침입이 남긴 부정적 유산을 강하게 비판하는 칼리디 같은 역사가들은 탈식민 이후 권위주의적이고 민족주의적인 중동 국가들에 대해서도 거침없이 비판해 왔다; 일례로 *Resurrecting Empire*, 60–73을 보라.

109 9·11이 일어나기 4년도 더 전에 빈라덴은 CNN과의 인터뷰에서 "이중 잣대를 세우고 자신들의 불의에 맞서는 자는 누구든 테러리스트라고 부르는" 서양의 "오만"을 비난했다; bin Laden, *Messages to the World*, 51. 그는 제2차세계대전 당시 원폭 투하처럼 중동 바깥에서 벌어진 파괴적 행위들을 종종 언급했고, 선지자 같은 특유의 담화 스타일을 "자유를 외치는 자들이여, 오 너희들은 압제와 전횡, 불의의 행위를 얼마나 많이 자행해 왔는가?"(168) 같은 수사적 질문으로 전환하는 것이 효과적임을 알게 됐으며, "너희에게 가치와 원칙이란 타인들에게만 요구되는 것일 뿐 너희 자신은 반드시 고수해야 하는 것이 아니니"(170)와 같은 말로 미국인들을 질책하길 (그리고 무슬림과 아랍인 시청자들을 선동하길) 즐겼다.

110 3월 17일부터 4월 11일까지 총천연색 "세계 정보 업데이트" 표지 11장은 Robert Draper, "And He Shall Be Judged," GQ.com, May 17, 2009와 함께 온라인에 최초로 공개됐다. 드레이퍼의 기사는 성서 인용문이 펜타곤 내부에서 약간의 반발을 불러일으켰지만 소용없었다고 보도했다.

111 Thomas E. Ricks, "The Dissenter," *Washington Post National Weekly Edition*, February 16–22, 2009 ("kill-or-capture" and "MAMs"); adapted from Ricks's *The Gamble: General David Petraeus and the American Military Adventure in Iraq, 2006–2008* (Penguin, 2008). "알카에다" 시신과 투옥된 이라크인들에 관해서는 Cole, *Engaging the Muslim World*, 117–118을 보라; 콜은 총격전이 끝난 뒤 사망한 베트남인은 으레 모조리 "베트콩"으로 보고됐다고 회고한 전직 그린베레 부대원의 발언을 인용한다. 2004년 2월에 적십자사 조사관들은 연합군 소속 정보장교들로부터 "자체 추산에 따르면 이라크에서 자유를 박탈당한 사람들의 70~90퍼센트는 잘못 체포된 사람들"이라는 말을 들었다고 밝혔다; *Report of the International Committee of the Red Cross (ICRC) on the Treatment by the Coalition Forces of Prisoners of War and Other Protected Persons by the Geneva Conventions in Iraq during Arrest, Internment and Interrogation* (icrc.org에서 입수 가능).

112 Bin Laden, *Messages to the World*, 114, 128; 175 ("너희가 죽이는 것처럼 너희도 죽임을 당하리라; 너희가 폭격하는 것처럼 너희도 폭격당하리라. 그리고 앞으로 더 많은 일이 일어날 것이다")도 보라. 10월 20일의 인터뷰는 2002년 1월 31일에 가서야 방송됐다. "반역자들"을 거론할 때 빈라덴은 미국을 지원한 무슬림과 아랍 국가 및 정권 들을 명시적으로 가리키고 있었다.

113 Bin Laden, *Messages to the World*, 51; 일본 원폭 투하에 대한 다른 언급들로는 40, 44, 66–67, 105, 168–169를 보라. 미국에 "히로시마"를 가져오겠다는 것에 관해서는 *The 9/11*

Commission Report, 116을 보라; *New York Times*, October 14, 2001도 보라. 이전 지하드 전사들이 알카에다에 등을 돌리는 일은 2007년 무렵에 특히 두드러졌고 Peter Bergen and Paul Cruickshank, "The Unraveling: The Jihadist Revolt against bin Laden," *New Republic*, June 11, 2008와 Wright, "The Rebellion Within"에서 다뤄진다. 버건과 크룩섕크가 인용한 "나의 형제 오사마여" 연설은 "빈라덴의 이전 영웅들 중 한 명"인 셰이크 살만 알우다(Sheikh Salman al-Oudah)의 연설이었다. 라이트는 사이이드 이맘 알샤리프가 가명으로 작성했던 알카에다의 기본 신조를 담은 텍스트 *Compendium of the Pursuit of Divine Knowledge*가 나중에 저자 본인에 의해 공개 부인된 점에 특히 주목한다.

114 Bin Laden, *Messages to the World*, 113–120, 129, 239–240. "테러의 균형"에 관해 여타 직간접적으로 반복된 주장은 51, 73, 104, 134, 175, 234를 보라. 2004년 10월에 "레바논의 파괴된 고층건물들"에 관한 발언에서 빈라덴은 미국인의 관용표현 중 "진주만을 기억하라"와 "9·11 잊지 않겠습니다"와 비견될 만한 코드로서 "레바논을 기억하라"를 제시하고 있는 듯했다.

115 Bin Laden, *Messages to the World*, 40, 117, 164–165, 239–240, 266–268. 빈라덴은 1996년에 "보이콧과 제재에서 기인한 식량과 의약품 부족으로 이라크 아동이 60만 명 이상 사망"한 것에 주의를 촉구했다. 그는 9·11 이후 첫 주요 연설에서 이후로 해마다 10만 명씩 사망했다고 덧붙이며 "아동이 총 100만 명 이상 사망했고 그들은 여전히 죽어 가고 있는데 우리는 왜 [미국에서] 사람들이 항의하거나 위로하거나 애도를 표한다는 소리를 들을 수 없는가?"라고 반문했다. 그의 과장된 수치는 1990년과 1995년 사이에 이라크에서 신생아와 영유아 50만 명이 "초과" 사망했다고 대대적으로 보도된 추정치(본서의 4장에서 논의된다)에서 가져온 듯한데, 이 추정치에 따르면 연간 사망한 아동 숫자는 10만 명에 달했다.

116 Bin Laden, *Messages to the World*, 255; Barton Gellman, "Allied Air War Struck Broadly in Iraq; Officials Acknowledge Strategy Went beyond Purely Military Targets," *Washington Post*, June 23, 1991; Paul Lewis, "After the War; U.N. Survey Calls Iraq's War Damage Near-Apocalyptic," *New York Times*, March 22, 1991; "Gulf War Is Said to Have Cost the Region $676 Billion in 1990–91," *New York Times*, April 25, 1993.

117 U.S. Defense Intelligence Agency, "Iraq Water Treatment Vulnerabilities as of 18 Jan 91" (온라인 globalsecurity.org에서 입수 가능). 전략적 마비 이론은 David S. Fadok, *John Boyd and John Warden: Air Power's Quest for Strategic Paralysis* (Maxwell Air Force Base, Alabama: Air University Press, 1995)에서 다뤄진다; 간결한 요약은 1장을 보라. "장기적 지렛대"(워든을 인용한 표현)는 Gellman, "Allied Air War Struck Broadly in Iraq"를 보라. "지휘부"로부터 ("유기적 핵심 요소들"을 거쳐 "기반시설", "인구", 마지막으로 "야전군"에 이르기까지) 외부로 뻗어 나가는 동심원에 주된 초점을 맞춰 "시스템 전체"를 겨냥할 필요성을 강조하

는 "전략적 마비"에 관한 중대한 논문에서 워든 본인은 "민간인에 대한 직접적 공격은 도덕적으로 비난받아 마땅하고 군사적으로 힘들다고 본다"라고 역설했다; Col. John A Warden III, "The Enemy as a System," *Airpower Journal*, vol. 9 (Spring 1995), 40–55, 특히 51. 제재조치는 민간인을 향한 간접적인 공격에 가까웠다.

118 Gellman, "Allied Air War Struck Broadly in Iraq" ("무고한 양민들에 대한 정의"); bin Laden, *Messages to the World*, 47.

119 사담은 "Speech of His Excellency President Saddam Hussein on the 30th Anniversary of 17–30 July 1968 Revolution in the Name of God, the Compassionate, the Merciful," July 17, 1998을 보라. 사담은 이라크의 적들이 이라크 국민을 "암살"하려 한다고 묘사하며, 적들이 아랍인들의 영광스러운 역사를 살펴보기만 하면 금수조치와 여타 위협들은 이라크인의 정신과 그들 자신의 "해악 및 악을 사주하는 그들의 영혼" 간의 심연을 드러낼 뿐이라는 것을 알게 될 것이라고 단언했다. 자주 인용되는 2001년 1월 17일 걸프전 10주기 연설에서도, 사담은 유사하게 이 무력분쟁을 고전적인 마니교적 관점에서 "예언자[무함마드]의 요람, 문명의 민족"과 "너무도 악에 기울어 있어 그들의 행동으로 또 인격의 결여로 사탄의 전형이 된 자들과의 충돌"이라고 제시했다. 틀에 박힌 이 연설들은 핵심어를 검색하면 온라인으로 접근할 수 있다.

120 Colin Powell with Joseph E. Persico, *My American Journey* (Random House, 1995), 519–528. 슈워츠코프의 이 1996년 발언은 1997년 2월 4일 PBS에서 처음 방영된 〈프론트라인〉 다큐멘터리 "The Gulf War"에서 나왔다(발언 녹취록은 pbs.org/wgbh에서 접근 가능); George Bush and Brent Scowcroft, *A World Transformed* (Knopf, 1998), 19장 (488–492, 특히 489).

121 Transcript of *This Week with David Brinkley*, ABC News, April 7, 1991; "Interview with the Vice President by Jonathan Karl," ABC News, February 23, 2007. 걸프전 당시 이라크 침공이 왜 수렁이 될 것인지를 설명하는 체니의 또 다른 초창기 발언들은 온라인으로 접근 가능하며 이하를 보라. "Address by Secretary of Defense Dick Cheney to the Electronic Industries Association," Federal News Service, April 9, 1991; Susanne M. Schafer, "Cheney: No Ground Troops to Assist Kurds," Associated Press, April 12, 1991; Patrick E. Tyler, "After the War; U.S. Juggling Iraq Policy," *New York Times*, April 13, 1991; Editorial, "And Again: Once More into the Breach," *Washington Times*, April 19, 1991; Richard Cheney, "The Gulf War: A First Assessment," address to the Washington Institute for Near East Policy, April 29, 1991. 체니는 이런 논지를 1994년 4월 15일 미국기업연구소 발표에서도 되풀이했고, 당시 발표는 녹화되어 2007년에 재발견되었을 때 온라인으로 널리 재방송됐다. 콜은 체니의 태도 돌변에 관해 길게 성찰한다; Juan Cole, *Engaging the Muslim World*, 136–142.

122 "Effect of the Gulf War on Infant and Child Mortality in Iraq," *New England Journal of Medicine*, vol. 327, no. 13 (September 24, 1992), 931–936. 논쟁적인 높은 추정치에 관해서는 Sarah Zaidi and Mary C. Smith Fawzi, "Health of Baghdad's Children," *Lancet*, vol. 346 (December 2, 1995), 1485를 보라; 같은 호의 1439페이지에 실린 편집자 사설도 보라. 자이디는 이 원래 수치를 《랜싯》 1997년 10월 호에 보낸 서신(vol. 350: 1105)에서 (매우 기술적인 용어로) 하향 수정했다.

123 컬럼비아대학교 보건 전문가 리처드 가필드(Richard Garfield)가 산정한 1991~2002년 추정치는 2002년 11월 PBS "Frontline/World" 웹사이트 "Iraq—Truth and Lies in Baghdad: The Debate over U.N. Sanctions"에 인용됐다; 이 웹사이트는 이 주제에 관한 기본 자료들을 다수 소개한다. 부시와 블레어는 합동 기자회견에서 사담 정권의 잔혹성 및 잔인함(블레어의 표현으로는 "영혼에 일말의 인간성을 간직한 어느 누구의 이해도 뛰어넘는")과, 워싱턴과 런던의 "인도주의적" 우려(대통령의 말마따나 "이 긴급한 인도주의적 쟁점들을 정치화해서는 안 된다") 간 극명한 대비를 역설했다; 백악관 기자회견 녹취록 "President Bush, Prime Minister Blair Hold Press Availability," March 27, 2003을 보라. 추후 공개된 백악관의 "Life under Saddam Hussein: Past Repression and Atrocities by Saddam Hussein's Regime," April 4, 2003에는 아동 사망률에 대한 블레어의 논평이 담겨 있다. 이 주제에 관한 온라인 문헌은 방대하다. 이를 둘러싼 논쟁에 대한 유용한 개괄은 Rahul Mahajan, "'We Think the Price Is Worth It,'" the Fairness and Accuracy in Reporting website at fair.org, November/December 2001; David Cortright, "A Hard Look at Iraq Sanctions," *Nation*, November 15, 2001; Matt Welch, "The Politics of Dead Children," *Reason Magazine*, March 2002를 보라.

124 "Punishing Saddam; Sanctions against Iraq Not Hurting Leaders of the Country, but the Children Are Suffering and Dying," CBS News Transcripts, *60 Minutes*, May 12, 1996. 인터뷰를 한 기자 Leslie Stahl는 이 보도로써 에미상과 컬럼비아대학교 저널리즘상을 수상했다. 올브라이트는 이 일화를 회고록 *Madame Secretary* (Miramax, 2003), 275에서 다룬다; "Albright 'Apologizes,'" Future of Freedom Foundation online commentary at fff.org, November 7, 2003도 보라.

125 "Speech of His Holiness Pope John Paul II in Reply to the New Year Greetings of the Diplomatic Corps Accredited to the Holy See," January 10, 1998, 바티칸 공식 웹사이트 (vatican.va). 홀리데이에 관해서는 Youssef M. Ibrahim, "Higher Hopes in Baghdad for Ending U.N. Embargo," *New York Times*, October 18, 1998; Stephen Kinzer, "The World; Smart Bombs, Dumb Sanctions," *New York Times*, January 3, 1999; 사임 이후 홀리데이의 첫 공개연설은 "Why I Resigned My UN Post in Protest of Sanctions"라는 제목으로 1998

년 11월 5일 하버드대학교에서 이루어졌다. (leb.net/~iac/oldsite/harvard.html에서 입수 가능); 그의 "Iraq and the UN's Weapon of Mass Destruction," *Current History*, February 1999, 65–68도 보라. 홀리데이는 사임 이후 여러 차례 인종학살 혐의를 제기했다. 가장 자주 인용되는 버전은 newstatesman.com에서 "John Pilger on Why We Ignored Iraq in the 1990s," *Newstatesman*, October 4, 2004와 zmag.org에서 Pilger's "The Media Culpability for Iraq," *Zmag*, October 11, 2004를 보라. 슈포네크에 관해서는 news.bbc.co.uk에서 BBC News, February 14, 2000을 보라.

126 William F. Donaher and Ross B. DeBlois, "Is the Current UN and US Policy toward Iraq Effective?" *Parameters: US Army War College Quarterly*, vol. 31, no. 4(Winter 2001–2002), 112–125.

127 Bremer, *My Year in Iraq*, 17–18, 28, 34–38, 61–66.

128 Fisk, *The Great War for Civilization*, 702–703.

5장 선택한 전쟁들과 전략적 바보짓들

129 예를 들어 Spector, *Eagle against the Sun*, 106–108, 117; John Costello, *The Pacific War, 1941–1945* (Quill, 1981), 651–654; Prange, *Pearl Harbor*, ch. 28 (518–530); Prange, *At Dawn We Slept*, 558, 583; Wohlstetter, *Pearl Harbor*, 357–367; Morison, "The Lessons of Pearl Harbor"를 보라. 12월 6일 일본 공격 전야에 맥아더는 왜 필리핀이 일본의 공격을 두려워할 필요가 없는지를 설명했다. 그는 "이 섬들에 적이 공습을 개시할 능력이 없다는 것이 우리의 최대 안보"라고 공언했다. "대다수 전투기는 항속거리가 짧다······ 적이 항공부대뿐 아니라 기계화, 차량화 부대를 가져올 능력이 없으므로, 나는 현재 보유한 급조된 병력만으로도 철저한 안도감을 느끼고 있다."; Prange, *Pearl Harbor*, 521. 12월 9일 육군참모총장 조지 C. 마셜 장군은 맥아더로부터 "적기가 우수하고 뛰어나게 조종되었으며 급강하 폭격기들은 최소한 일부는 백인이 조종하고 있음을 보여 주는 증거가 있다"라고 설명하는 전보를 받았다고 보고했다; 위의 책, 528. Dower, *War Without Mercy*, 105–106 (n. 16)에 인용된 유사한 보고도 보라.

130 이라크에서 반란 사태가 발생하자, 골수 바트당원과 외국인 선동가 들의 역할에 집착하는 행정부에서는 "외국인 조종사" 사고방식이 지속된 반면, 행정부 점령 정책이 야기한 종파 간 갈등과 민족주의적 분노, 그리고 평범한 범죄행위는 축소됐다.

131 Douglas Feith는 회고록 *War and Decision: Inside the Pentagon at the Dawn of the War on Terrorism* (Harper, 2008)에서 이라크전쟁의 당위성과 끝없이 이어지며 행정부를 약화한 "기관 간 불협화음"을 길게 논의한다. 전쟁 찬성 논거는 특히 3장과 파이스가 상관들을 위

해 준비한 "Presentation—The Case for Action"라는 제목의 2002년 9월 12일 자 10쪽짜리 문건을 보라; 후자는 War and Decision에 딸린 유용한 웹사이트(waranddecision.com/documents_and_articles/)에 실려 있다.

132 당시 국무부에서 정책기획국장으로 재직한 리처드 하스는 자리에서 물러난 지 5개월 뒤인 2003년 11월 23일《워싱턴포스트》에 기고한 기명 논설에서 "선택한 전쟁"이라는 표현을 처음 쓴 사람이다. 전쟁 준비 단계에 관한 그의 내부자 서술은 관료제 내에서 훌륭한 군인들이 직면하는 실제적이고 도덕적인 딜레마를 솔직하게 다룬다; Haass, *War of Necessity, War of Choice: A Memoir of Two Iraq Wars* (Simon & Schuster, 2009), 특히 11, 15와 246–250(그가 당시 왜 항의하며 사임하지 않았는지를 설명한 부분)을 보라.

133 『공포의 공화국(Republic of Fear)』은 카난 마키야(Kanan Makiya)가 원래 사담 후세인의 이라크를 규탄하며 1989년에 가명으로 출판한 책의 제목이다. 이라크 해방 요구에 커다란 영향력을 행사한 마키야의 역할은 Packer, *The Assassins' Gate*에서 자세히 다뤄지며 이 책에서 마키야는 일종의 어둠의 왕자로 등장한다.

134 미국이 수호한다고 공언한 가치의 무수한 사례 가운데 하나만 꼽자면 2002년 9월 17일에 백악관이 공개한, "The National Security Strategy of the United States of America"에 대한 대통령 서언을 보라. 일본의 사명을 설명하는 기초 사료들은 Joyce Lebra, ed., *Japan's Greater East Asia Co-Prosperity Sphere in World War II* (Oxford University Press, 1975); *Kokutai no Hongi: Cardinal Principles of the National Entity of Japan*, translated by John Owen Gauntlett and edited by Robert King Hall (Harvard University Press, 1949)를 보라.

135 "At O'Hare, President Says 'Get On Board,'" September 27, 2001; "Press Conference by the President," December 20, 2006. 두 연설문 모두 백악관 웹사이트에 올라와 있다.

136 일본의 소위 동아시아 신질서 추구에서 드러난 "우익 급진주의"에는 국내적으로 정치경제적 "신체제"를 수립하려는 시도가 수반됐다. 그리고 점령과 기타 정책들, 특히 만주국에서 행한 정책들은 내부 개조의 급진적 비전과 결부된 정책과 이데올로기를 이식하고 촉진하려는 일치단결한 시도를 반영했다. 이러한 사태 전개와 부시 행정부 내 우익 급진주의 간 비교 지점에 관해서는 Dower, "The Other Japanese Occupation," *Nation*, July 7, 2003을 보라.

137 부시의 "보디랭귀지"는 Bob Woodward의 *Plan of Attack* 색인에서 상당한 분량을 차지한다. 도조에 관해서는 Ike, *Japan's Decision for War*, 129–163, 208을 보라. 탐사저널리스트 론 서스킨드는 정보 커뮤니티의 익명 정보원을 근거로 침공 몇 달 전에 부시 행정부가 침공의 명분인 무기 프로그램을 사담이 추구하고 있지 않다는 것을 보여 주는 이라크 내부에서 나온 증거를 입수했다고 주장했다. 이것은 곧장 허위 정보로 묵살됐다. 대통령의 반응은 서스킨드가 말하는 대로 "젠장맞을! 우린 쳐들어갈 거야"였다; Ron Suskind, *The Way of the World: A Story of Truth and Hope in an Age of Extremism* (Harper, 2008), 179–184.

138 Mark R. Peattie, *Ishiwara Kanji and Japan's Confrontation with the West* (Princeton University Press, 1975); Earl H. Kinmonth, "The Mouse That Roared: Saitō Takao, Conservative Critic of Japan's 'Holy War' in China," *Journal of Japanese Studies*, vol. 25, no. 2 (Summer 1999), 331–360; Shigeo Misawa and Saburo Ninomiya, "The Role of the Diet and Political Parties," in Borg and Okamoto, eds., *Pearl Harbor as History*, 321–340, 특히 337–340. 미 하원은 이른바 이라크 결의안을 2002년 10월 11일에 찬성 296표 대 반대 133 표로 통과시켰다. 이튿날 상원의 투표 결과는 찬성 77표 대 반대 23표였다.

139 이것들은 Nobutake Ike, *Japan's Decision for War*에 번역되어 있다.

140 Feith, *War and Decision*, 53–55, 531 (업무 흐름도). 파이스는 또한 지나가듯이(305) "실질적으로 기관 간─차관급, 기관장, 그리고 국가안보회의─회의 결과의 문서 요약본은 논의된 주제들을 거론한 데 불과하여 매우 막연했다"라고 언급한다.

141 Feith, *War and Decision*, 245, 385–386. 일례로 텃밭 싸움에 관한 파이스의 긴 한탄은 8장 ("Discord in Washington")과 특히 다음 페이지를 보라: 171–178 (국방부 내 텃밭 싸움), 245–250 (국방부와 국무부 간 텃밭 싸움), 249–250 (콘돌리자 라이스가 NSC에서 이 같은 텃밭 싸움을 정리하지 못한 것), 289–293 그리고 360–366 (펜타곤과 중부사령부와의 마찰), 385–389 (럼즈펠드가 홧김에 국무부의 이라크 정책을 사보타주한 가장 "악성" 사례). 관료제 내 내부 다툼과 기능장애에 대한 폭로로서 파이스의 서술은 매우 다른 관점에서 리처드 클라크와 마이클 쇼이어 같은 대테러리즘 전문가들의 서술을 강화하고 확장한다. 패커는 *The Assassins' Gate*, 특히 4장(100–148)에서 관료 집단의 정치화를 자세히 해부한다.

142 바튼 겔먼은 부통령 집무실에서 기획한 불법 국내 사찰을 둘러싸고 벌어진 2004년의 대치에 관여한 법무부 변호사의 발언을 빌려, 체니와 그의 수석 보좌관 데이비드 애딩턴 (David Addington)이 "반대자들이 독자적인 검토를 수행할 수 없게 기밀과 협박을 이용해 시스템을 조종하고 있었다"라고 말한다; "From Dissent to Rebellion," *Washington Post National Weekly Edition*, September 22–28, 2008; 이것은 Gellman, *Angler: The Cheney Vice Presidency* (Penguin, 2008)의 발췌문이다.

143 Wolin, *Democracy Incorporated*. 울린의 논제에서 "뒤집힌 전체주의는 부분적으로만 국가 중심적 현상이다. 그것은 주로 기업 권력의 정치적 성숙과 시민계급의 정치적 탈동원화를 대변한다"─"동시대성과 그것의 공범인 망각이나 집단적 기억상실의 승리"를 가져오는 과정이다 (x). 제한받지 않은 대통령의 권위 증진과 관련한 강경 정치(hardball politics)는 특히 Gellman, *Angler*와 Jane Mayer, *The Dark Side: The Inside Story of How the War on Terror Turned into a War on American Ideals* (Doubleday, 2008)에서 자세히 다뤄진다. "제왕적 대통령제"라는 표현은 닉슨 행정부 동안 대중적이 되었으며, 닉슨 사임 전해에 나온 영향력 있는 저서 Arthur Schlesinger Jr, *The Imperial Presidency* (Houghton Mifflin, 1973)에서 학

술적으로 논의된다. 슐레진저는 *War and the American Presidency* (Norton, 2004)에서 부시 행정부에 맞춰 논제를 수정했다.

144 이라크 "외부인들"의 침공 이후 역할을 둘러싼 교착상태는 본서 13장에서도 논의되며, 파이스의 저서 *War and Decision*의 핵심 테마다. 벌칸족에 관해서는 Mann, *Rise of the Vulcans*를 보라.

145 "전시 내각"에 관해서는 Mayer, *The Dark Side*, 65–66; Goldsmith, *The Terror Presidency*, 22–23을 보라. 골드스미스는 침공 7개월 뒤에 법률 자문단의 수장이 되었고, 전임자들이 작성한 법적 견해들이 "논리가 엉성하고, 지나치게 폭넓고, 부주의한" 성격을 띤다는 것을 발견하고 받은 충격에 관해 길게 썼다; 위의 책, 10. (소위 전시 내각 일원들과 그들의 월권 행위를 길게 논의한 그의 서술은 본서 14장에서도 다뤄진다.) 연설문 작성에 의한 정책 결정을 두고 파이스는 다음과 같이 논평한다: "대통령의 공식 발표문—흔히 그의 가장 중요한 정책 표명 기회—을 작성하는 것에 대해 말하자면, 가장 생산적인 기관 간 정책 토론조차도 연설문 작가들에게는 의견 제시, 다시 말해 '받아들이거나 안 받아들여도 되는' 의견에 불과했다"; *War and Decision*, 309. 밥 우드워드도 유사하게 부시 아래서 "정책은 연설 과정에서 만들어졌다"라고 지나가며 언급한다; *Plan of War*, 216.

146 Paul R. Pillar, "Intelligence, Policy and the War in Iraq," *Foreign Affairs*, March/April 2006; Pillar, "The Right Stuff," *National Interest*, September/October 2007. 하스는 Haass, *War of Necessity, War of Choice*, 234를 보라.

147 윌커슨 대령은 "백악관 집무실 비밀 파벌"이라는 표현을 "Weighing the Uniqueness of the Bush Administration's National Security Decision-Making Process: Boon or Danger to American Democracy?"라는 제목으로 2005년 10월 19일 뉴아메리카재단(New America Foundation)이 후원한 발표에서 처음 썼다.

148 천황의 전시 역할에 관해서는 다음을 보라. Dower, *Embracing Defeat*, ch. 10–12. (존 다우어 지음, 최은석 옮김, 『패배를 껴안고』, 민음사, 2009.); Herbert Bix, *Hirohito and the Making of Modern Japan* (HarperCollins, 2000)(허버트 빅스 지음, 오현숙 옮김 『히로히토 평전』, 삼인, 2010.); Peter Wetzler, *Hirohito and War: Imperial Tradition and Military Decision Making in Prewar Japan* (University of Hawaii Press, 1998); Stephen Large, *Emperor Hirohito and Shōwa Japan: A Political Biography* (Routledge, 1992); Edward J. Drea, *In the Service of the Emperor: Essays on the Imperial Japanese Army* (University of Nebraska Press, 1998), 특히 ch. 12; Kentaro Awaya, "Emperor Shōwa's Accountability for War," *Japan Quarterly*, vol. 38, no. 4 (October–December 1991), 386–398. 천황은 제국 의회에서 공식 연설을 하기는 했으나, 이 연설들은 일반 국민에게 방송되지 않았다.

149 Bob Woodward, "Portrait of a President Changed by His Wars," *Washington Post National*

Weekly Edition, September 22–28, 2008.

150 부시의 (그리고 여타 고위 공직자들의) 일상 구어체 언어의 사례는 셀 수 없이 많다. 일례로 Clarke, *Against All Enemies*, 24; Packer, *The Assassins' Gate*, 45; Woodward, *State of Denial*, 73, 134, 221, 232 (대다수 사례는 행정부 내 상당한 항문 고착을 시사한다); Suskind, *The Way of the World*, 184 (위의 n. 137을 보라). 대통령의 악명 높은 "덤빌 테면 덤벼"라는 수사는 그의 발목을 잡게 되고 초창기 그의 "죽든 말든" 상관없다는 호기로움은 많은 외국인 관찰자로 하여금 그가 진지한 국정 운영의 전통보다는 할리우드의 거친 서부 전통을 체현한다고 생각하게 만들었다. 하지만 닉슨 대통령의 몰락에 기여한 "워터게이트 테이프"와 여타 자료들로 드러났듯이 진지한 정책 사안과 관련하여 일상 구어나 심지어 비속어에 의지하는 행태에서 부시가 예외적이 아니었음을 유념할 필요가 있다. 자주 인용되는 천황의 시는 Ike, *Japan's Decision for War*, 151을 보라; 9월 6일 중대한 어전회의에서 낭독한 그 시는 다음과 같다: "사방의 모든 바다는 서로 형제다. 그런데 전 세계의 바람과 파도는 왜 그리도 세차게 휘몰아치며 다투는가?"

151 고노에 후미마로 전 총리가 강화를 요청하도록 천황을 설득하려 했지만 실패한 1945년 2월의 "고노에 상주문"에 관해서는 Dower, *Empire and Aftermath: Yoshida Shigeru and the Japanese Experience, 1878–1954* (Council on East Asian Studies, Harvard, 1979), ch. 7을 보라. "보위와의 근접성" 테제에 대한 고전적 설명은 종전 직후에 일본의 영향력 있는 정치학자인 마루야마 마사오에 의해 제시됐다; Masao Maruyama, *Thought and Behaviour in Modern Japanese Politics* (Oxford University Press, 1963)를 보라. 천황의 현실 부정 상태를 깨트리는 데는 1945년 8월 원폭과 소련의 참전이 필요했다. 부시 행정부의 경우, 침공 후 3년 이상이 지난 2006년 후반에 가서야 대통령과 NSC는 이라크 내의 폭력 사태는 내전에 가깝다는 것을 가까스로 인정하기 시작했고, 이라크 정책에 대한 진지한 검토와 수정에 착수했다. 이는 이듬해 데이비드 퍼트레이어스(David Petraeus) 장군 휘하에서 시작된 "병력 증파(surge)"로 이어졌다. 증파 이후 폭력은 감소했지만 2008년 6월 미국 회계감사원의 한 보고서는 "약간의 진전"을 인정하면서도 이라크 내 안보 환경이 여전히 "불안하고 위험" 하며, 이 같은 진전은 "취약"하고 "충족되지 못한 목표와 도전이 여전히 많이 남아 있다"라고 결론 내렸다; United States Government Accountability Office Report to Congressional Committees, *Securing, Stabilizing, and Rebuilding Iraq—Progress Report: Some Gains Made, Updated Strategy Needed*, 특히 표지 요약과 1, 3, 59를 보라.

152 "부족적" 패러다임은 그러한 고정관념 없이도 이해 가능한 행위에 문화적 설명을 제시하려는 경향의 한 실례에 불과하다. 일례로 이라크의 수렁이 깊어짐에 따라 언론은 반군 사살보다는 망가진 나라를 재건하는 데 더 집중해야 할 필요성을 강조한 한 미군 장성을 소개했다. 그는 "이런 문화—복수의 문화, 명예의 문화—에서는 우리가 이라크인 한 명을 총

으로 쏠 때마다 중립을 취하고 있는 누군가를 테러리스트와 외국 전사들" 쪽으로 몰아가고 있는 셈이라고 발언한 것으로 알려졌다; *New York Times*, April 1, 2006. 하지만 점령당하고 총에 맞고 보통은 그 자신들도 겁먹은 외국 군인들이 집에 난입해 가족들을 공포로 몰아넣는 상황에서 누군가가 반발하는 데에는 굳이 복수와 명예의 문화가 필요하지 않다. 나는 제2차세계대전 당시 일본인 적에게 붙인 인종주의적이고 사이비 과학적인 "국민성" 꼬리표를 *War Without Mercy*에서 상세히 다뤘다; 특히 6장("Primitives, Children, Madmen")과 7장("Yellow, Red, and Black Men")을 보라. 흔히 인용되는 벌집, 벌 떼, 양 떼 표현 사례는 Grew, *Turbulent Era*, 1409, 1418을 보라.

153 Bix, *Hirohito and the Making of Modern Japan*, 308–310. 빅스는 전시 정책 관련 문서들에 나타나는 "평행선 주장(parallel arguments)" 테제를 제시한 일본 연구서를 인용한다; 위의 책, 724, n. 66.

154 Feith, *War and Decision*, 143–144, 249–250; 439도 보라. 국가안보보좌관으로서 근본적으로 일치 지향적인 라이스의 운영 방식은 Elisabeth Bumiller, *Condoleezza Rice: An American Life* (Random House, 2007)에서도 강하게 드러난다; 예를 들어 134 (자신은 대통령을 위한 "전달 벨트"라는 라이스 본인의 묘사), 205, 217–218, 225를 보라. 대통령의 소망을 실행하기 위해 쟁점들을 적당히 덮어 버리는 조력자로서 라이스에 대한 유사한 초상은 전직 백악관 공보관의 서술에도 등장한다: Scott McClellan, *What Happened: Inside the Bush White House and Washington's Culture of Deception* (PublicAffairs, 2008); 일례로 144–146을 보라. 국무부의 시각에서 글을 쓴 리처드 하스도 국가안보보좌관으로서 자신의 역할에 대한 라이스의 해석을 평가하면서 대단히 비판적이다; 일례로 *War of Necessity, War of Choice*, 184–185, 209, 213–214를 보라. 전후 이라크를 위한 진지한 계획 수립의 부재에 깔린 의견 차이의 무마는 본서 13장에서도 논의된다.

155 미국에서 강한 순응 경향이나 일치 지향 사고방식에 대한 인식은 토크빌로 거슬러 갈 수 있으며 제2차세계대전 이후 몇십 년 사이에 "회사 인간"이나 "조직 인간", "회색 양복 차림의 남자" 등에 관한 다양한 학술서와 대중서를 통해 확대됐다. "집단사고"라는 표현 자체는 사회학자 윌리엄 화이트가 1952년에 발표한 글에서 만들어 낸 말(그는 집단사고를 "합리화된 순응"이라고 정의했다)로서, 연구 심리학자 어빙 재니스의 영향력 있는 1972년 저서에서 미 외교정책 사례 연구들에 적용됐다; Irving Janis, *Victims of Groupthink* (Houghton Mifflin). 9·11 조사위원회 보고서가 9·11 정보 실패를 설명하는 데 그 개념을 이용한 뒤로 집단사고는 이라크 침공에 관한 비판적(그리고 자아비판적) 논평들에서도 수시로 등장하게 됐다. 이라크 침공 뒤 1년이 더 지난 2004년 7월에 전원합의로 나온 511쪽짜리 상원 정보위원회 보고서는 비슷하게 이라크가 불법무기를 보유하고 있다는 주장에 이의를 제기하지 않고 넘어간 정보기관 내 "집단사고" 문화를 언급하여 이런 경향을 강화했다. 《뉴욕타임

스)는 이 용어를 포착해 상원 정보위원회 보고서 보도 기사의 1행 표제["패널 만장일치: '집단사고'가 전전(戰前)의 전제들을 지지했다고 결론"]로 썼고 이와 관련한 사회학적·고백적·어원학적 글을 줄줄이 후속으로 실었다. 7월 15일에는 "이제 다 함께"라는 제목과 "애플파이만큼 미국적인 집단사고"라는 부제로 바버라 에런라이크(Barbara Ehrenreich)의 객원 칼럼을 실었다. 이튿날 '뒤늦은 깨달음'이라는 제목의 사설 역시 '내 탓이오'를 외치며 다음과 같이 시인했다: "우리는 우리에게 동의하지 않는 이들의 말을 경청하지 않았다. 우리의 확실성은 압도적으로 다수의 전현직 공직자들, 고위 정보 관리와 여타 전문가들이 무기가 거기 있다고 확신한다는 사실로부터 나왔다. 우리는 우리대로 집단사고를 했다." 다음 달 초(8월 8일)에 윌리엄 새파이어(William Safire)는 정기 칼럼 꼭지인 "언어에 관해(On Language)"를 "집단사고"에 할애했다. 이라크 침공 2주기를 맞아 역시 침공을 지지했던 주간지 《이코노미스트》는 9·11 조사위원회 보고서를 재조명하며 "이라크와 9·11과 관련한 주요 정보 실패"의 원인으로 "'집단사고' 편향"을 꼽았다; 2005년 3월 19일 자. 역시 전쟁을 지지했던 조지 패커(George Packer)는 나중에 유사하게 부시 행정부의 이라크 관련 정보 예측을 그토록 참사로 만든 "꽉 막힌 집단사고의 음험한 효과"에 관해 썼다; The Assassins' Gate, 116. "집단사고"가 9·11과 이라크를 설명할 때면 어디서나 튀어나오다 보니 자기 지시적이 되다시피 했다. 하지만 그러한 평가가 도처에서 나오는 것만큼 주목할 만한 것은 변함없이 투박한 개인주의 기풍이라는 미국의 신비를 근본적으로 바꾸지는 못한다는 사실이다. 무수한 반증 사례에도 불구하고 "집단사고"는 미국의 개인이나 제도와 관련하여 여전히 비정상적이고 일탈적인 것으로, 소련 같은 전체주의 사회, 일본 같은 "일치 지향" 사회, 그리고 미국에 이질적인 "부족" 사회 일반과 더 올바르게 결부되는 오웰적인 병리로 간주된다. 집단사고, 무리 행위, 여타 비하적 표현들은 나중에 경제와 금융 부분의 순응적 행동을 설명할 때도 의례적으로 나오게 됐다. 이 점은 본서의 에필로그에서 간략히 다뤄진다.

156 "National Security Strategy of the United States of America," September 17, 2002. 이 유명한 문서는 사실 2001년 9월 14일과 2002년 9월 17일 사이에 나온 대통령 공식 발표문을 발췌하여 주제별로 재배치한 편집본이다. 선제공격 독트린의 기원은 보통 아버지 부시 대통령 재임 시절 국방정책 차관으로 재직 중이던 폴 울포위츠가 1992년에 기안한 국방 가이드라인으로 거슬러 간다. 이 가이드라인은 외부로 알려지자 논쟁을 촉발하며 부인됐다.

157 럼즈펠드의 보좌관 스티븐 캠본(Stephen Cambone)의 기록은 2002년 9월 4일에 CBS 뉴스에서 폭로됐고, CBSNews.com에서 인용했다. 손으로 쓴 실제 메모는 2006년에 사진 형태로 온라인에 공개됐다; outragedmoderates.org 웹사이트에서 "DoD Staffer's Notes from 9/11 Obtained Under FOIA," February 16, 2006을 보라. 럼즈펠드의 반응은 9·11 6주 전인 7월 27일에 그가 이라크 정권교체 찬성 논거를 담아 콘돌리자 라이스에게 제출한 4쪽짜리 제안서와 나란히 두고 보면 이해가 간다; 이 제안서는 Feith, War and Decision, 535–538

과 이 책의 보조 웹사이트에 게재되어 있다. 파이스 본인은 이라크 공격의 정당화 근거에 여러 쪽(특히 6장과 7장)을 할애한다. 부시가 정확히 언제 "전쟁을 하기로 확실하게 결심" 했는지를 따지는 방대한 문헌이 존재하지만, 이를 둘러싼 논쟁은 공식 정책 결정은 비공식적이나 돌이킬 수 없는 결심에 흔히 뒤처진다는 사실을 가리곤 한다. 추후 다량의 문서 중 거들은 침공을 꼬박 1년 앞둔 2002년 봄에 이르면 행정부가 뒤집을 수 없는 전쟁 궤도에 올랐다는 2005년 조지 패커의 결론을 뒷받침한다; *The Assassins' Gate*, 45, 61.

158 예를 들어 Ike, *Japan's Decision for War*, 131, 132, 135, 152, 193, 202, 211, 272을 보라.

159 "남진" 정책이 우위를 점한 뒤에도 끈질기게 이어진 일본의 "북진" 사고방식에 관해서는 Ike, *Japan's Decision for War*, 79, 81, 87, 141-142, 158-159, 191-193, 207을 보라; Prange, *At Dawn We Slept*, 235, 237도 보라. 하와이 계획은 John J. Stephan, *Hawaii under the Rising Sun: Japan's Plans for Conquest after Pearl Harbor* (University of Hawaii Press, 1984)를 보라. 1942년 12월에 일본 후생성의 연구자들은 「야마토 인종을 핵심으로 한 세계 정책 연구 (*An Investigation of Global Policy with the Yamato Race as Nucleus*)」라는 제목으로 "동아시아 협력체"가 궁극적으로 북쪽의 바이칼호 이동(以東) 소련 영토와 남쪽의 오스트레일리아와 뉴질랜드, 그리고 서쪽의 인도와 중동 지방 상당 부분까지 확대된다고—"전 세계를 한 지붕 아래" 둔다는 프로파간다의 문자 그대로 현실화나 다름없다—상상하는 연구 결과를 내놓았다. 이 방대한 보고서(다해서 대략 4000쪽에 달한다)는 Dower, *War Without Mercy*, ch. 7 (262-290; 특히 273-274를 보라)에서 논의된다. "악의 축" 및 추가적인 다수의 목표 대상과 관련하며 미국이 예상한 이라크전쟁 이후 잠재적 군사작전들은 여러 문헌 중에서도 특히 Wesley K. Clark, *Winning Modern Wars: Iraq, Terrorism, and the American Empire* (PublicAffairs, 2003), 130[그는 이를 "늪지 물 빼기(draining the swamp)" 전략이라고 부른다]에서 다뤄진다[늪지 물 빼기는 늪지의 물을 빼서 말라리아를 옮기는 모기를 박멸하는 것처럼 문제를 조장하는 환경(이 경우는 테러리스트 조직을 지원하는 불량국가)을 교정하여 문제(테러리즘)를 해결하려는 전략]; Johnson, *The Sorrows of Empire*, 286도 보라. 9·11 이후 한 달이 조금 더 지나 체니 부통령은 BBC 방송에서 알카에다 세포조직을 숨겨 주고 있는 나라가 "40개국이나 50개국"에 달할 수도 있으며, 이 나라들은 금융과 외교, 군사적 수단에 이르기까지 광범위한 조치의 대상이 될 수 있다고 말했다; *Guardian International*, November 17, 2001.

160 일본의 선제공격에 관해서는 Wohlstetter, *Pearl Harbor*, 341-343을 보라. 태평양전쟁이 전개됨에 따라 군사기술 분야에서 미국의 급속한 발전은 일본을 무색하게 만들었지만, 일본 군부는 자신들에게 우위를 확보해 줄 것이라고 기대한 프로젝트들을 적극 수용했다. 일본은 세계 최대의 전함으로 둘 다 1945년에 침몰한 무사시함과 야마토함뿐만 아니라 1960년대 이전까지는 세계 최대였던 잠수함들도 진수했다. 센토쿠형 I-400급으로 알려진 잠수

함은 실질적으로 잠수 항모(항공기 탑재가 가능한 잠수함)였다. 전장(全長)이 약 120미터인 이 잠수함은 재급유 없이 지구 한 바퀴 반 일주가 가능했고, 800킬로그램 폭탄 1기를 장착할 수 있는 특수 제작된 날개 접이식 폭격기 3대를 탑재했다. 1942년 전황이 불리해지면서 야마모토 제독이 생각해 낸 또 다른 아이디어인 센토쿠형 잠수함은 미국 동서 해안의 주요 도시와 파나마 공격용으로 구상됐다. 탑재기의 폭탄을 이용해 병원체(病原體)로 미국을 공격하는(가래톳페스트, 콜레라, 뎅기열, 티푸스와 여타 질병에 감염된 곤충과 쥐를 방출) 계획도 마련되었으나 실현되지는 않았다. 거대 잠수함 세 척은 1944년과 1945년에 취항하였으나, 미국의 일본 본토 공격으로 파나마운하 공격 계획은 좌절됐다. ("I-400급 잠수함"에 관한 온라인 항목은 많으며 일례로 "UH Team Locates Huge Japanese Sub," the *Star Bulletin*, March 20, 2005[starbulletin.com]를 보라); MilitaryHistoryonline.com에서 Irwin J. Kappes, "Japan's WWII Monster Sub," 2007도 보라. 생화학무기를 개발하기 위한 일본의 가장 악명 높은 프로젝트는 1930년대 후반부터 종전까지 만주에서 "731부대"에 의해 수행됐다. 여기에는 포로들을 상대로 한 치명적 실험도 있었지만, 실험 내용을 넘기는 대가로 731부대의 활동은 종전 후 미 당국에 의해 은폐됐다; Peter Williams and David Wallace, *Unit 731: Japan's Secret Biological Warfare in World War II*를 보라 (Free Press, 1989; 이 책은 저자들이 1985년에 영국 TV 다큐멘터리 〈731부대—천황은 알고 있었나?(Unit 731—Did the Emperor Know?)〉를 위해 수행한 연구에서 나왔다). 전쟁이 이어지면서 일본 과학자들은 원자폭탄 개발 가능성도 진지하게 모색했다; "'NI' and 'F': Japan's Wartime Atomic Bomb Research," in John W. Dower, *Japan in War and Peace: Selected Essays* (New Press, 1993), 55-100을 보라. 그들은 "살인 광선"(열선) 무기와 무인 원격 조종기 개발 가능성도 들여다봤다. 하지만 최종적으로 볼 때 일본의 가장 혁신적인 군사 전술은 가장 조야하고 필사적인 것, 바로 전쟁 마지막 해에 도입된 가미카제 자살 공격이었다. 다양한 무기 개발 프로젝트에 대한 면밀한 분석은 Walter E. Grunden, *Secret Weapons and World War II: Japan in the Shadow of Big Science* (University Press of Kansas, 2005)를 보라. 그런던(Grunden)은 "국가 정부의 다두(多頭) 정치적(polycratic) 성격과 도처에 존재하는 육해군 경쟁 관계"가 전쟁 수행 노력에 과학기술을 동원하려는 시도를 심각하게 저해했으며, 생물학전 연구가 "거대과학(Big Science) 프로젝트에 가장 근접한 무기 프로그램"이었다고 결론 내렸다; 위의 책, 10, 46-47. "일억일심" 신화와 반대로 전시 일본은 거의 모든 층위에서 맹렬한 텃밭 싸움과 조직 간 영역 다툼에 시달렸다. 일본 군부의 "하이테크" 정교화의 또 다른 이면은 작전상에서 전통적 사고방식의 지속이었다. 야마모토의 해군 항공력 활용은 혁신의 정점이었다. 1943년 그가 사망하기 전에도 제국 해군은 대형 전함들이 맞붙는 "결전"의 꿈으로 퇴행했고 "넬슨과 러일전쟁 시절에 나온 낡고 한물 간 개념들을 떨쳐 내지" 못했다: 전 부제독 요코이 도시유키(橫井俊之)의 신랄한 비판 "Thoughts on Japan's Naval Defeat" in David C.

Evans, ed., *The Japanese Navy in World War II: In the Words of Former Japanese Naval Officers*, 2nd edition (Naval Institute Press, 1986), 499–515를 보라. 해군의 "경직된" 사고방식이 특정 병과에 어떤 영향을 미쳤는지에 관한 비판적 분석은 Carl Boyd and Akihiko Yoshida, *The Japanese Submarine Force and World War II* (Naval Institute Press, 1995), 특히 xi–xiii, 6–7, 와 ch. 6(1944년의 "결전" 망상에 관해서)을 보라.

161 *Congressional Record*, vol. 87, 9509–9513 (1941년 12월 8일에 나온 사설들이 실렸다).

162 *Congressional Record*, vol. 87, 10118 (처칠 연설 전문).

163 Paul D. Eaton, "A Top-Down Review for the Pentagon," *New York Times*, March 19, 2006. On May 9, 2003, 부시의 "임무 완수" 연설이 있은 지 1주일 뒤에 이턴은 이라크군을 재건하는 뜻밖의 임무를 느닷없이 떠맡았지만, 이를 위한 적절한 자원은 받지 못했다. 그는 앞선 언론 인터뷰에서 "우리의 출구전략에서 대단히 중요한 임무를 그렇게 늦게 받아서 매우 놀랐다"라고 털어놨다. "나는 이 일이 우리 병력이 공격개시선을 넘기 한참 전에 다 잘 준비되어 있었을 것이라고 짐작했다"; *New York Times*, February 11, 2006. 전 하원의장이자 유력한 국방정책위원회 소속이었던 뉴트 깅그리치처럼 이라크전쟁의 내부 지지자들은 나중에 이른바 적대행위 이후 작전 수행 방식이 "내가 여태 본 것 가운데 가장 기막힌 전략적 실수"였다고 시인했다. 하지만 이런 시각에서는 원래 전쟁계획은 문제가 없었고("가볍게 있다가 들어가서 이라크를 재빨리 재건하고 빠져나오는 것"), 기막힌 전략적 실수는 주로 폴 브리머가 이끈 연합국임시행정당국의 처참한 결정들(이라크군 해체, 바트당원 숙청 등) 탓이며, 백악관과 펜타곤이 신속하고 과감하게 나서서 이런 잘못들을 시정하지 못해서 상황이 악화된 것이라고 볼 수 있다; 깅그리치의 발언은 Peter J. Boyer, "Downfall: How Donald Rumsfeld Reformed the Army and Lost Iraq," *New Yorker*, November 20, 2006에서 인용. 여기서 향후 이라크 참사를 논할 때 보수파가 취하는 자세가 분명히 드러나는데, 바로 정책은 좋은데 실행이 무능했다는 것이다.

164 전쟁 결의와 관련해 매우 간명한 최근 일본 측 문헌은 일례로 여기에 소개된 우려와 이견들을 인용한 Yomiuri Shimbun, *Who Was Responsible? From Marco Polo Bridge to Pearl Harbor*, ed. James E. Auer (Yomiuri Shimbun, 2006), 특히. ch. 7를 보라. 이것은 《요미우리신문》 전쟁책임재검토위원회의 1년에 걸친 기사 시리즈를 영역한 것이다. 보도 팀은 전쟁의 주요 책임은 첫째로 도조 총리와 둘째로 고노에 총리에게 있다고 결론 내렸다. 반대로 천황은 "심각한 책임이 있지 않다"라고 봤다; 위의 책, 223–224.

165 Feith, *War and Decision*, 332–335; Woodward, Plan of Attack, 205–206; Woodward, *State of Denial*, 178–179. "Discussion: Possible Contingencies"라는 제목으로 파이스의 부서가 만든 2002년 12월 파워포인트 리스트도 보라. 그의 waranddecision.com 웹사이트에서도 볼 수 있다.

166 파월은 2007년 10월에 잡지 《지큐(GQ)》와의 인터뷰인 "GQ Icon: Colin Powell"에서 그와 같이 말했다. 럼즈펠드가 대니엘 레빗(Danielle Levitt)과의 인터뷰에서 가지고 나온 메모는 같은 호 《지큐》에 실려 있다. 전쟁이 제기할 문제를 대통령에게 직시시키려 한 파월의 무익한 시도는 Woodward, *Plan of Attack*, 149–151에 나와 있다. 심지어 파이스도 "[국방]부와 행정부가 무력분쟁 이후 잠재적인 도전들을 진지하게 예습했고 거기에 요구되는 실질적인 후속 조치를 모두 실행했는가라고 묻는 것은 타당하다"라고 지나가듯이 시인한다; *War and Decision*, 335.

167 Ike, *Japan's Decision for War*, 247–249. 요코이 전 부제독은 이 문서를 "전쟁이 시작되기 전에 만들어진 유일한 대전략"이라고 묘사했다; "Thoughts on Japan's Naval Defeat," 504. 일본 최고의 군사사가 중 한 명인 후지와라 아키라(藤原彰)는 제국 육군 계획가들의 관점은 "종종 희망적 사고에 젖어 있었다"라고 유사하게 결론 내린다. 그러므로 육군은 "점령지 방어 계획이나 나중에 태평양 전역에서 벌어지는 수륙양용 작전에 대비한 아무 계획도 세우지 않았"고 "미국과 전쟁의 결과를 가늠해 보려는 시도를 전혀 하지 않았다"; Fugiwara Akira, "The Role of the Japanese Army," in Borg and Okamoto, *Pearl Harbor as History*, 194–195를 보라.

168 United States Strategic Bombing Survey, *The Effects of Strategic Bombing on Japan's War Economy* (December 1946), 5.

169 Jerome B. Cohen, *Japan's Economy in War and Reconstruction* (University of Minnesota Press, 1949), 104; 샘슨의 관찰 내용은 코언의 치밀한 연구 서문에 나온다 (viii).

170 W. F. Craven and J. L. Cate, eds., *The Army Air Forces in World War II*, vol. 1: *Plans and Early Operations, January 1939 to August 1942* (University of Chicago Press, 1958), 81.

171 Scott McClellan, *What Happened*는 정치적 "충성"이 논쟁의 중심에 자리 잡고 있었기 때문에 잠깐 동안 역사적으로 흥미로운 미디어 광풍을 일으켰다; Thomas Powers, "The Vanishing Case for War," *New York Review of Books*, December 4, 2003; Frank Rich, *The Greatest Story Ever Sold: The Decline and Fall of Truth from 9/11 to Katrina* (Penguin, 2006); Select Committee on Intelligence, United States Senate, *Report on Whether Public Statements Regarding Iraq by U.S. Government Officials Were Substantiated by Intelligence Information*, 110th Congress, June 2008과 이에 동반한 위원회의 2008년 6월 5일 자 언론 발표문.

172 Clark, *Winning Modern Wars*, 88–92. "다우닝가 메모"는 2005년 5월에 공개됐을 때 언론에 대대적으로 보도됐고, 온라인으로 널리 입수 가능하다. Mark Danner, "The Secret Way to War," *New York Review of Books*, June 9, 2005와 July 14, 2005 ("The Iraq Pretext: Why the Memo Matters"), August 11, 2005 ("Iraq's Buried History: The Memo, the Press and the War")의 후속 논의를 보라. 대너의 글은 나중에 *The Secret Way to War: The Downing Street*

Memo and the Iraq War's Buried History (New York Review Books, 2006)에도 수록됐다.

173 Michael R. Gordon and General Bernard E. Trainor, *Cobra II: The Inside Story of the Invasion and Occupation of Iraq* (Pantheon, 2006), 157; Peter Galbraith, *The End of Iraq: How American Incompetence Created a War without End* (Simon & Schuster, 2007), 90–91.

174 Thomas F. Ricks, *Fiasco: The American Military Adventure in Iraq* (Penguin, 2006), 72 (Army War College); Pillar, "The Right Stuff." 폴 필라가 촉구하여 작성된 두 보고서는 2007년 5월 말에 상원의 장문 보고서 *Report of the Select Committee on Intelligence on Prewar Intelligence Assessments about Postwar Iraq*의 부록 A와 B로 gpoaccess.gov에 올라왔고, 당시 미디어를 통해 널리 주목받았다. 필라는 이라크전쟁은 "형편없는 실행으로 망쳐진 좋은 발상"이었다는 주장을 거부한 점에서 다른 많은 분석가와 달랐고 오히려 이라크전쟁은 "건전한 정책 결정의 기본 절차를 무시한 이데올로그들에 의해 추진된 어디까지나 헛고생"이었다고 주장했다.

175 Feith, *War and Decision*, 277, 284 (점령 세력); 335, 361 (장관급위원회); 363–366 (행동 메모). 파이스의 waranddecision.com 웹사이트(재건과 인도주의적 지원부의 발표문 "침공 1일째")도 보라.

176 Jack Keane 장군 TV 인터뷰, *NewsHour with Jim Lehrer*, April 18, 2006; 2006년 12월에 나온 Army and Marine Corps, *Counterinsurgency Field Manual* (University of Chicago Press edition)에서 John A. Nagl의 서문에도 인용됨; xiii–xv를 보라. 이 교본의 보급판 서문에서 Sarah Sewall도 유사하게 베트남 이후 군 지도부가 "위안이 되지만 사실을 호도하는 미신('정치인들이 우리 손발을 묶었다'나 '미국 국민들이 겁을 먹었다')을 바로잡지 않은 데" 주의를 환기하며, "책임을 전가하고 소련에 초점을 맞추는 게 편했다"라고 지적한다; 위의 책, xli–xlii. 네이글은 이 주제에 관해서 가장 널리 인용되는 책을 썼다; John A. Nagl, *Learning to Eat Soup with a Knife: Counterinsurgency Lessons from Malaya and Vietnam* (University of Chicago Press, 2005; 원래는 2002에 출간), 특히 ch. 1, 3, 8과 9를 보라. 대반군 활동 교과과정 삭제에 관해서는 Peter Boyer의 유익한 글 "Downfall"; Steve Coll, "The General's Dilemma: David Petraeus, the Pressures of Politics, and the Road out of Iraq," *New Yorker*, September 8, 2008; David Cloud and Greg Jaffe, *The Fourth Star: Four Generals and the Epic Struggle for the Future of the United States Army* (Crown, 2009)를 보라. 클라우드와 재프는 군부가 "압도적 화력과 우월한 기술"을 통해 단기전 승리에만 집착하고 베트남으로부터 게릴라전에 대한 교훈을 이끌어 내길 회피한 무수한 사례 가운데 하버드대학교 박사학위를 보유한 대령인 앤드루 크레피네비치(Andrew Krepinevich)가 『군대와 베트남(The Army and Vietnam)』이라는 제목의 비판적인 책을 출간한 뒤 웨스트포인트 교장에 의해 "교정에서 발언을…… 금지당한" 일화를 들려준다; The Fourth Star, 48, 60–64.

177 David Kilcullen, *The Accidental Guerrilla: Fighting Small Wars in the Midst of a Big One* (Oxford University Press, 2009), xv–xvi; "Army, Marine Corps Unveil Counterinsurgency Field Manual," Army News Service, December 15, 2006도 보라. 마이클 쇼이어는 소련 참모부가 아프간전쟁에 관해 작성한 예리한 사후 검토 보고서를 인용하는데, 이 보고서는 2001년 9월 CIA 관리들을 위해 정리되어 이듬해에 영어판이 출간됐다. 보고서는 당연히 아프가니스탄에 초점을 맞추긴 했지만 적의 "역사적·종교적·자연적 특성"을 고려하지 않은 채 "성급히" 전쟁에 뛰어드는 것을 강력히 경고하는 혜안이 돋보인다; *Imperial Hubris*, 30–32. 반소 전쟁에서 아프간인 사망자 수는 일반적으로 100만 명 이상으로 추정되며, 이에 덧붙여 400만 명 이상이 부상이나 신체적 장애를 입었다. 인구의 대략 3분의 1(500만)이 다른 나라로 피난을 떠났고, 200만 명은 국내 난민이 됐다.

178 네이글은 군의 이러한 인습적 태도를 보여 주는 그들만의 전문용어를 아주 잘 전달한다; 일례로 *Eating Soup with a Knife*, 198–206을 보라.

179 Scott Shane, "China Inspired Interrogations at Guantanamo," *New York Times*, July 2, 2008. 《뉴욕타임스》 칼럼은 "비판가들이 놀라운 역사적 기억상실의 사례로 묘사하는 것에서 세레 프로그램(SERE program)에 의존한 관리들은 그 프로그램이 미군 포로들의 허위자백에 대한 우려의 결과로 만들어졌다는 사실을 몰랐던 것 같다"라고 꼬집었다[세레(SERE)는 생존(Survival), 회피(Evasion), 저항(Resistance), 탈출(Escape)의 머리글자를 딴 단어로, 생포되어 고문을 받을 수도 있는 조종사와 병사 들을 위한 수십 년 된 군사훈련 프로그램이다]. 《뉴욕타임스》는 9개월 뒤에 오바마 행정부가 부시 행정부의 새로운 고문 문서를 공개했을 때 이 주제를 다시 논의했다; Scott Shane and Mark Mazzetti, "In Adopting Harsh Tactics, No Inquiry into Their Past Use," *New York Times*, April 22, 2009. 사실 고문에 관한 거의 모든 진지한 글은 허위"자백" 문제를 다룬다.

180 심지어 노엄 촘스키처럼 부시 행정부의 9·11 대응에 대한 거침없는 비판가들도 침공에 따른 반란을 내다보지 못했다고 시인했다; Noam Chomsky, *Imperial Ambitions: Conversations on the Post 9-11 World* (Metropolitan, 2005), 46–47. (노암 촘스키·데이비드 버사미언 지음, 강주헌 옮김, 『촘스키, 우리의 미래를 말하다』, 황금나침반, 2006.) 물론 소수 유럽인과 미국인 들이 머나먼 땅에서 최소한의 군사력과 행정력으로 대규모 인구에 대한 지배권을 유지할 수 있었던 근대 "제국주의시대" 자체로 더 멀리 거슬러 갈 수도 있다.

181 대대적으로 보도된 대통령과 이라크 망명자들의 2003년 1월 10일 면담은 Woodward, *Plan of Attack*, 258–60; Packer, *The Assassins' Gate*, 96–97을 보라. 패커의 사려 깊은 연구는 이른바 백악관 비밀 파벌 외부의 광범위한 개인들이 전쟁을 지지하도록 설득한 다양한 정치적·이데올로기적 관점들에 통찰을 제공한다. "사탕과 꽃" 같은 장담을 과장하기란 힘든 일인데, 특히나 망명자 공동체와 선택한 전쟁의 여타 지지자들은, 자기들이 들을 자세가 된 말만

듣는 대통령과 행정부에 로비를 하고 있었기 때문이다.

182 참모총장은 스기야마 하지메(杉山元)였고 이 대화는 히로히토의 조부인 메이지 천황의 시를 읊은 중대한 어전회의 하루 전인 1941년 9월 5일에 오갔다. 이 신랄한 대화는 잘 알려져 있다: 일례로 Watanabe, *Who Was Responsible?*, 120을 보라.

183 "지옥문" 발언은 아랍연맹의 사무총장 암르 무사(Amr Moussa)가 한 것으로 Michael Slackman, "Chaos in Iraq Sends Shock Waves across Middle East and Elevates Iran's Influence," *New York Times*, February 27, 2006에서 인용됐다. 스코크로프트는 Jeffrey Goldberg, "Breaking Ranks," *New Yorker*, October 31, 2005, 57에서 인용됐다. 2002년 가을 워싱턴의 분위기를 되돌아보는 논평에서 폴 크루그먼도 비슷한 요지로 썼다: "엘리트들은 왜 그렇게 매파처럼 굴었을까? 음, 나는 여러 사람이 사적으로, 그리고 유력한 일부 논평가들은 공개적으로, 이라크가 진짜 위협을 제기해서가 아니라 아무라도 상관없으니 중동의 누군가를 두들겨 패면 무슬림들에게 우리가 장난이 아니라는 것을 보여 줄 것이기에 전쟁이 좋은 생각이라고 주장하는 것을 들었다. 다시 말해 심지어 현명하다는 이들조차도 마초 행세가 정책이라는 생각에 넘어 갔던 것이다"; "Know-Nothing Politics," *New York Times*, August 8, 2002.

시모어 허시(Seymour Hersh)는 "아랍인의 행동에 관한 네오콘들의 성서"는 1973년에 출간된 라파엘 파타이(Raphael Patai)의 『아랍인의 마음(The Arab Mind)』이라는 책이라는 데 주목하며, 이 책에서 아랍인의 성적 금기를 다룬 긴 섹션이 나중에 미국이 아랍인과 무슬림 포로들을 다룰 때 채택하는 고문 기법에 영향을 주었다고 주장한다. 그다음 그는 두 가지 테마가 네오콘의 논의를 지배했다는 취지로 익명의 정보원을 인용하는데, "첫째는 아랍인이 무력만을 이해한다는 것이고, 둘째는 아랍인의 최대 약점은 수치심과 굴욕감이라는 것이다"; Seymour Hersh, *Chain of Command*, 38–39. "수치심의 문화"와 "죄의식의 문화" 간 구별은 인류학자들이 유대-기독교 문화와 사실상 다른 모든 문화를 구분할 때 흔히 끌어들이는 또 다른 오래된 테마다. 태평양전쟁 당시 인류학자인 루스 베네딕트(Ruth Benedict)와 여타 사람들은 일본의 "수치심" 문화와 관련해서 개인이 (죄의식의 문화에서처럼) "보편적" 가치에 대한 헌신에 의거해 행동하기보다는 특정 상황이 요구하는 바에 따라 반응한다고 주장했다; 중요한 것은 "체면"이었다.

하지만 동시에 허시는 위와 같은 문화적 부가물을 신경 쓰지 않는, 네오콘의 유력한 대변인 리처드 펄의 더 직설적인 평가도 인용한다: "아랍인들도 대다수 사람과 똑같다. 그들은 승자를 좋아하며 항상 승자를 따를 것이다"; *Chain of Command*, 182. 어쨌든 간에 커다란 몽둥이를 휘두르며 그것을 쓸 생각임을 과시하는 것은 억지 이론과 식민주의 사고방식의 주된 요소이고, 한편으로는 노골적인 오만이며, 또 다른 한편으로 외려 역효과를 낳는 무력에 대한 의존으로 흔히 이어진다. 또한 무슬림과 아랍인 들이 무력 과시에 겁박당할 것이라는 믿음은 1941년 일본의 개전으로 이어지는 시기에 미국과 영국의 "억지(deterrence)"와 "경제적 고사(economic strangulation)" 정책의 배후 논리에서 선례를 찾을 수 있다. 예를 들어 영국은 싱가포르의 수비대와 전함 몇 척이면 위협이 통할 것이라고 생각한 한편, 미국은 전략적 금수조치와 하와이, 필리핀에서 무력 과시를 결합하는 것에 기대를 걸었다. 진주만을 앞둔 몇 달 사이에 육군참모총장 마셜 장군은 B-17 폭격기의 필리핀 배치는 "심각한 억지력"을 발휘한다고 수시로 언급했고, 스팀슨 전쟁장관은 폭격기 배치를 미국의 "큰 몽둥이"라고 언급하며 그것이 "일본에 잔뜩 겁을 줄" 것이라는 희망을 표명했다. 1941년 10월, 영국이 전함 프린스오브웨일스(Prince of Wales)와 리펄스(Repulse)를 인도양에 파견했을 때 한 외무부 관리는 일기에 이것은 분명 효과를 발휘할 것이며 일본인들은 "매우 히스테리컬해서" "발바닥에 땀이 나게 도망칠지도 모른다"라고 신이 나서 썼다. 이상의 발언들은 Heinrichs, *Threshold of War*, 38, 148, 175–176, 193–198, 203–204를 보라. 미국의 금수조치와 하와이, 필리핀으로의 군사력 배치는 일본 지도자들이 느끼고 있던 절박감과 "시간이 바닥나고 있다"라는 주장만 강화했을 뿐이다. 그리고 일본 항공기는 태평양전쟁 개전 초기에 말라야 해안에서 영국이 파견한 두 전함을 침몰시켰다.

184 Jonah Goldberg, "Baghdad Delenda Est, Part Two," *National Review*, April 23, 2002. 골드버그의 글 제목은 로마 원로원 의원인 대(大)카토가 연설을 마무리할 때마다 했다는 악명 높은 표현 "카르타고는 파괴되어야만 한다(Carthago delenda est)"에서 따온 것이다. 그는 미국기업연구소의 유명한 공공 지식인 중 한 명인 마이클 레딘(Michael Ledeen)의 발언을 달리 표현하고 있었다. 힘의 과시에 대한 군부와 보수파의 이 같은 지지를 한층 더 까발리는 유사한 표현이 있다고 주장할 수도 있을 것이다: 미국은 최신 무기를 시험해 보기 위해 대략 10년마다 군사행동에 군대를 투입해야 한다는 주장이다.

185 많이 거론된 "케이크워크" 표현은 럼즈펠드가 이끄는 국방정책위원회의 네오콘 일원인 켄 애덜만(Ken Adelman)에게서 나왔고, 《워싱턴포스트》의 2002년 2월 13일 자("Cakewalk in Iraq")와 2003년 4월 10일 자("'Cakewalk' Revisited") 사설에도 등장했다. "우리 자신의 현실 창조"는 Ron Suskind, "Without a Doubt," *New York Times Magazine*, October 17, 2004를 보라. 부시의 "신념 기반 대통령 재임"에 관한 긴 논평 가운데 끼어 있던 이 인용구는 온라인상에서 대대적인 논쟁을 불러일으켰다. 그것은 사실 생생하게 묘사되긴 했어도 표준 문안이었다. 일례로 럼즈펠드는 이라크 점령에 관해 발언하면서 유사하게 "우리는 그들에게 우리의 현실을 부과할 것"이라고 공언했다; Mark Danner, "Weapons of Mass Destruction and Other Imaginative Acts," *New York Times*, August 27, 2008 (Suskind의 The Way of the World에 대한 서평)에서 인용. 그것은 한마디로 모든 전략적인 군사적 사고가 구상하는 것이다. 여기서 문제는 우쭐함과 자만이었다.

186 초강국의 취약함에 관한 빈라덴의 생각은 bin Laden, *Messages to the World*, 82를 보라; 48,

109, 192-193도 보라. 그의 "에너지 회복" 연설은 알자지라에서 방송되었고, AP통신이 번역해 보도했다: *New York Times*, January 19, 2006을 보라.

187 Lawrence Wright, "The Rebellion Within," *New Yorker*, June 2, 2008 ("catastrophe for Muslims"). 2002년 8월에 나온 인터넷 논평은 Scheuer, *Imperial Hubris*, 22에서 인용.

6장 현행으로서의 "진주만"

188 "Rove Speaks at Penn," *The Bulletin: Philadelphia's Family Newspaper*, February 21, 2008.

189 *Congressional Record*, vol. 87, 9509-9513, 9521.

190 *Henry Lewis Stimson Diaries*, 1909-1945, entry for November 25, 1941; 스팀슨 일기와 문서는 예일대학교 도서관에서 소장하고 있으며 마이크로필름으로 볼 수 있다. Prange, *Pearl Harbor*, 519도 보라.

191 *Report of the Joint Committee on the Investigation of the Pearl Harbor Attack*, 251-252.

192 [찰스 A. 비어드(Charles A. Beard), 찰스 탠실(Charles Tansill), 해리 엘머 반스(Harry Elmer Barnes) 등] 유력한 작가들이 일찌감치 포함되어 있던 수정주의 서술은 프레인지의 두 저서 *At Dawn We Slept* (839-850)와 *Pearl Harbor* (38-49)에서 장문의 비판 대상이다. 1961년 《새터데이이브닝포스트》에 실은 "The Lessons of Pearl Harbor"에서 모리슨은 전쟁으로 통하는 뒷문 논증에 대한 기본적 비판의 요약판을 제시했다: 루스벨트에게는 최고위급 행정, 군사 보좌관 최소 8명의 방조가 필요했을 것이며, 이들은 "모두 그런 말도 안 되는 기만에 절대 동조하지 않았을 충성스럽고 정직한 사람들"이었다; 그리고 미국을 참전시키려는 소망이 존재했다 하더라도 하와이의 지휘관들에게 함대를 안전한 곳으로 대피시키라고 경고를 보내는 것이 이런 목적에 더 부합했을 텐데 "좌절된 진주만 기습 시도조차도 가장 고립주의적 의원들에게 참전 사유를 납득시키기에 충분했을 것이기 때문이다". 이 논쟁에 대한 더 초기에 나온 장문의 검토는 John McKechney, "The Pearl Harbor Controversy: A Debate among Historians," *Monumenta Nipponica*, vol. 18 (1963), 45-88을 보라. 1977년 매직 감청 내용이 기밀 해제된 후, 당시 미국 첩보원들이 무엇을 알고 있었을지를 연구한 데이비드 칸은 "단 한 조각의 정보 자료도 진주만공격을 이야기하지 않았다"라는 확고한 결론에 도달했다. David Kahn, "The Intelligence Failure of Pearl Harbor," *Foreign Affairs*, vol. 70, no. 5 (Winter 1991-92), 138-52, 특히 147-150을 보라; 그의 앞선 "Did FDR Invite the Pearl Harbor Attack?" *New York Review of Books*, May 27, 1982도 보라. 칸의 결론은 수정주의자들만이 아니라 월스테터에 대한 비판이기도 했다. 특히 존 톨런드의 『오욕』을 요약하고 그의 주장을 거부하는 Spector, *Eagle against the Rising Sun*, 95-100도 보라. 이 논쟁은 지금도 온라인에서 격렬하게 진행 중이다.

193 8월 6일 대통령 일일 약식 보고는 9·11 조사위원회에 출석한 콘돌리자 라이스의 증언으로 확인되며, 2004년 4월 10일 정부에 의해 기밀 해제됐다. 7월의 대화 내용은 밥 우드워드가 *State of Denial*, 49–52, 79–80에서 폭로한 뒤에야 널리 알려졌다.

194 Project for the New American Century(이하 PNAC), *Rebuilding America's Defenses: Strategy, Forces, and Resources for a New Century* (September 2000), 51. PNAC의 대표적 일원으로는 딕 체니, 도널드 럼즈펠드, 폴 울포위츠, 리처드 아미티지, 잘메이 할릴자드(Zalmay Khalilzad), I. 루이스 리비(I. Lewis Libby), 엘리엇 에이브럼스(Elliott Abrams), 존 볼턴 (John Bolton) 등이 있었고, 이들은 전부 부시 행정부에서 한자리를 차지했다. 다른 저명한 일원으로는 리처드 펄, 윌리엄 베넷(William Bennett), 로버트 케이건(Robert Kagan), 윌리엄 크리스톨(William Kristol) 등이 있었다. PNAC는 창립 직후인 1998년 11월에 일찍이 클린턴 대통령에게 사담 후세인 제거를 촉구하는 청원서를 보냈다. 이 포괄적 발상의 기원은 1992에 울포위츠가 작성했다가 보류된 "국방 계획 가이드라인"으로 보통 거슬러 간다; 일례로 Packer, *The Assassins' Gate*, 12–15, 23–24를 보라. James Mann은 PNAC을 "신보수주의 운동의 정치 부문"이라고 묘사한다; *Rise of the Vulcans*, 238을 보라.
"진주만"은 험악한 세계의 도전에서 미국을 일깨우고, 군비 지출의 대대적 증가를 불러일으키는 위기를 가리키는 단골 비유이긴 하지만, 그것만이 보수파가 근래의 역사에서 이끌어 내는 유사 사례는 아니다. 미국의 적극적인 "자애로운 글로벌 헤게모니" 정책을 요청한 1996년의 영향력 있는 논문에서, 윌리엄 크리스톨과 로버트 케이건은 1950년 한국전쟁 발발(트루먼 행정부의 NSC 문서 68호로 알려진 유명한 계획 실행을 가능케 했다)과 소련의 아프간 침공 및 이란 인질 사태(둘 다 1979년 발생)를 강조했는데, 후자의 경우는 보수파가 이미 지적 토대를 마련해 온 1980년대의 군사력 증강을 촉발했다; Wiliam Kristol & Robert Kagan, "Toward a Neo-Reaganite Foreign Policy," 29–30을 보라.

195 아미티지의 발언은 Samantha Power, "The Democrats and National Security," *New York Review of Books*, August 14, 2008에서 인용.

196 *Report of the Commission to Assess United States National Security Space Management and Organization*, January 11, 2001 (미 상하원 군사위원회에 제출됨), xv, 25. 보고서는 여타 대목에서 다음과 같이 보고하며 역설한다: "위기나 갈등 시 미국 우주 방위 시스템에 대한 공격이 개연성이 없는 행위로 간주되어서는 안 된다. '우주의 진주만'을 피하고자 한다면, 미국은 미국 우주 방위 시스템에 대한 공격 가능성을 진지하게 받아들여야 한다"; viii–x. "미국은 '우주 진주만'의 매력적인 후보자다"; xiii, xiv, 22.

197 「핵태세검토보고서(Nuclear Posture Review)」 발췌문은 2002년 1월 8일에 공개됐다; 이것은 globalsecurity.org에서 접근 가능하다. 이라크 침공 두 달 뒤인 2003년 5월에 상원 군사위원회는 저위력 전술핵무기 개발을 승인했다.

198 Air Force Space Command, *Strategic Master Plan FY06 and Beyond*, 특히 i, 1, 6, 8, 23, 25 (made accessible online in October 2003)를 보라. "군비제한"이 "우주공간 통제력"을 가로 막는 것에 관해서는 Robert S. Dudney, "The Struggle for Space," *Air Force Magazine*, May 2004를 보라(Dudney는 이 잡지의 편집장이었다). Michael Krepon은 *Better Safe than Sorry: The Ironies of Living with the Bomb* (Stanford University Press, 2008), 186에서 원래 계획서에 나온 직설적 언어가 향후 순화된 것을 지적한다. "우주 진주만"에 관한 경고들에 자연스러운 유비는 해커나 "사이버 스파이"들이 전력망, 항공관제 시스템, 원자력발전소 과열 방지 시스템 등에 침투하여 혼란을 야기할 수 있다는 "디지털 진주만" 일반에 대한 공포다. 그런 위협들은 그 자체로 교란적이며, 사이버 안보를 담보하기 위한 막대한 지출과 누가 이를 감독할 것인가를 둘러싼 예상 가능한 텃밭 싸움을 초래한다; 일례로 "Battle Is Joined," *Economist*, April 25, 2009를 보라.

199 Russell F. Weigley, *The American Way of War: A History of United States Military Strategy and Policy* (Indiana University Press, 1973), xxii. 럼즈펠드에 관해서 위의 주 157을 보라.

2부 1945년의 그라운드제로와 2001년의 그라운드제로
— 테러와 대량 살상

7장 코드로서의 "히로시마"

1 James Risen with Stephen Engelberg, "Signs of Change in Terror Goals Went Unheeded," *New York Times*, October 14, 2001. *The 9/11 Commission Report: Final Report of the National Commission on Terrorist Attacks upon the United States* (Norton, 2004), 116 (1998년 무렵에 "전하는 바에 따르면 빈라덴은 최소 1만 명 사상자를 낳는 '히로시마'를 원했다고 한다"), 380도 보라.

2 Osama bin Laden, *Messages to the World: The Statements of Osama bin Laden*, ed. by Bruce Lawrence (Verso, 2005), 40 (November 1996), 51 (March 1997), 67 (December 1998).

3 Bin Laden, *Messages to the World*, 168–169 (October 2002); 105 (October 2001)도 보라.

4 라이스는 CNN's *Late Edition with Wolf Blitzer*에서 버섯구름 이미지를 소개했고, 대통령은 신시내티에서 한 주요 연설에서 이를 이어받았다.

5 Harlan Ullman and James P. Wade Jr., *Shock and Awe: Achieving Rapid Dominance* (National Defense University, December 1996), xxvi; xx, 13, 23–24, 47–48("일본의 진주만 기습이 충격과 공포의 역효과를 낳아 미국이 행동에 나서게 하는 의도치 않은 결과를 가져왔음"에

673

관해서), 110도 보라. 보통은 특히 울만과 동일시되는 이 유력한 독트린은 온라인으로 접근 가능하다.

6 일례로 *Internet Encyclopedia of Philosophy* (iep.utm.edu)에서 Alexander Moseley의 "Just War Theory"를 보라.

7 Douglas J. Feith, *War and Decision: Inside the Pentagon at the Dawn of the War on Terrorism* (Harper, 2008), 9, 163, 230; 177도 보라.

8 영화와 사진 이상으로, 히로시마와 나가사키 폭격의 인간적 차원에 대한 가장 강력한 이미지는 피폭 생존자들(ひばくしゃ)이 남긴 그림으로서 여기서 "어머니와 아이"는 여러 지배적인 테마 가운데 하나다. 이런 시각이미지와 재현 이미지 수백 점을 이용한 데이터베이스 분석은 visualizingcultures.mit.edu에서 John W. Dower, "Ground Zero 1945"를 보라.

9 뉴멕시코 핵무기 시험에서 "제로"의 사용에 관해서는 William L. Laurence in the *New York Times*, September 26, 1945의 목격자 서술을 보라.

10 일례로 브루노 무솔리니의 인용을 담고 있는 Sven Lindqvist, *A History of Bombing*, translated from the Swedish by Linda Haverty Rugg (New Press, 2000), 70–74를 보라. (스벤 린드크비스트 지음, 김남섭 옮김,『폭격의 역사』, 한겨레출판, 2003.)

11 영국 외무부 성명은 Lindqvist, *A History of Bombing*, 71 (entry 152)을 보라; 그의 출전은 *Indiscriminate Aerial Bombing of Non-Combatants in China by Japanese* (Shanghai, 1937). 유명한《라이프》사진은 Daqing Yang, "War's Most Innocent Victim," *Media Studies Journal*, Winter 1999, 18–19에서 논의된다. 일본은 이른바 만주사변 직후인 1932년에도 상하이를 폭격했다. 사실 민간인 폭격은 이른바 문명국의 한계를 벗어난 행위가 아니었다. 오히려 1930년대 후반 세계질서 와해 이전에 표준 관행이었다. 린드크비스트가 지적하는 대로 "이탈리아는 리비아에서, 프랑스는 모로코에서, 영국은 중동 전역과 인도, 동아프리카에서, 남아프리카공화국은 서남아프리카에서 그것(민간인 폭격)을 했다". 반란을 일으킨 "원주민"을 폭격하는 것은 사실 영국이 세계 최대의 제국주의 열강으로서 자신의 우월성과 미덕을 드러내는 방식이었다. 1916~1920년 사이에만 영국은 이집트, 아프가니스탄(다카, 잘랄라바드, 카불), 이란, 트랜스요르단, 이라크(여기서 작전은 "점령 없는 통제"라고 불렸다) 등지의 원주민 인구를 폭격했다; Lindqvist, *A History of Bombing*, 42–43 (entry 102), 74 (entry 160). 이런 관행은 "원주민 폭격"이 본국으로까지 확대될 때에만 자칭 문명국들에 우려스러운 일이 됐다. 여기에 반영된 이중 잣대는 수사와 실제 관행 간의 간극을 넘어서 사실 열강이 당시 표면상으로 옹호하고 있던 "전시 규칙"에 성문화되어 있었는데, 이런 규칙들은 "문명국들"과 그와 "유사한" 적들 간의 전투에만 적용된다고 이해되었기 때문이다. "비문명화된" 부족과 주민들을 (이를테면 기관총이나 이 경우에는 폭탄으로) 학살하는 것은 용인되는 일이었다. 정당한 전쟁 이론가들 사이에 이것은 "비대칭적 도덕성" 관행으로

알려져 있다; 일례로 *Internet Encyclopedia of Philosophy*에서 Alexander Moseley의 "Just War Theory" 항목을 보라.

12 루스벨트의 유명한 호소는 온라인에서 쉽게 찾을 수 있다. 외국의 반응은 Tami Davis Biddle, *Rhetoric and Reality in Air Warfare: The Evolution of British and American Ideas about Strategic Bombing, 1914–1945* (Princeton University Press, 2002), 182–183을 보라. 폭격 자제를 촉구하며 1941년까지 이어진 열렬한 호소의 추가적인 사례는 John W. Dower, *War Without Mercy: Race and Power in the Pacific War* (Pantheon, 1986), 38–40을 보라.

13 《라이프》는 히로시마와 나가사키 원폭을 보도한 기사에서 원폭 투하는 "일본 대도시 중심 부를 깡그리 도려낸" 공습에 뒤이어 이뤄졌다고 전했다. 보도에 따르면 이 공습들은 "도시 의 여러 지점을 겨냥하여 거대한 하나의 화염으로 합쳐지기 좋게 새로 개발한 '젤리' 폭탄 에 의존했다. 폭격기 대원들은 공습을 '태우는 일'이라고 불렀고, 제법 큰 규모의 '태우는 일'은 거의 원자폭탄만큼 커다란 재산상 손실을 입혔고, 또 거의 그만큼 많은 사람을 죽였 다"; "War's Ending: Atomic Bomb and Soviet Entry Bring Jap Surrender," *Life*, August 20, 1945, 25–31. 미 전략폭격조사국의 전후 보고서—종전 직후 시기에 미 정부가 출간한 대 형 연구 사업 출판물—들은 전시 표현을 이용하여 때로 일본 집중 폭격을 "주택 제거"라고 지칭했다; 일례로 *Effects of Incendiary Bomb Attacks on Japan: A Report on Eight Cities* (April 1947), 214를 보라.

14 미 전략폭격조사국은 공중전에 의한 독일 민간인 사상자를 최소 "사망 30만 5000명, 부상 78만 명"으로 추산했고 "주요 폭격 대상이었던 약 50개 도시"의 주거 단위 40퍼센트가 파 괴되거나 크게 손상되어 750만 명의 독일인이 살 곳을 잃었다고 추정했다; *Summary Report (European War)* (September 30, 1945), 1, 15–16을 보라. 1956년에 서독 정부는 전략폭격 에 의한 민간인 사망자를 41만 명으로 추산한 한편, 여타 추정치들은 60만 명 이상으로 잡 는다. 일례로 W. G. 제발트(W. G. Sebald)는 "131개 도시와 소도시가 공격을 받았고, 어디 는 한 번만 어디는 수차례 폭격을 당했으며, 많은 곳이 완전히 가루가 됐다. 독일 민간인 약 60만 명이 공습의 희생자가 됐고, 주택 350만 채가 파괴됐으며, 전쟁이 끝났을 때 750만 명 이 살 곳이 없었다. 그리고 쾰른에서는 주민 1인당 31.1세제곱미터의 잔해가, 드레스덴에서 는 주민 1인당 42.8세제곱미터의 잔해가 남아 있었던 것이 사실이다. 하지만 우리는 그것 이 실제로 무엇을 의미하는지 이해하지 못한다"라는 말과 함께 독일의 전쟁 기억에 관한 유 명한 반추로써 서두를 연다; *On the Natural History of Destruction* (Modern Library, 2004), 3–4. (W. G. 제발트 지음, 이경진 옮김, 『공중전과 문학』, 문학동네, 2018.) 일본의 경우 전 략폭격조사국은, "9개월간 공습에 따른…… 민간인 총사상자는 원폭으로 인한 사상자를 포함해 대략 80만 6000명이며, 이 가운데 사망자 수는 33만 명"이라고 추산했다; *Summary Report (Pacific War)* (July 1, 1946), 20. 널리 인용되는 조사국의 추정치—두 패전국의 관

계 당국이 제공한 정보를 바탕으로 함— 가 대단히 보수적이었다는 것이 이제는 일반적으로 인정된다. 흥미롭게도— 널리 인용되는 1946년 7월 요약 보고서보다 1년이 더 지나— 1947년 7월에 발표되었으나 자주 간과되는 전략폭격조사국의 한 보고서는 일반적으로 합의되는 수치를 거부하고 훨씬 높은 추정치를 제시하며, "폭격의 결과로 대략 130만 명이 부상을 당했고, 대략 90만 명이 사망했다"라고 결론 내렸다. 이 보고서는 이런 높은 추정치를 뒷받침하는 부록에서 이 지역에서 일본 관리들이 수행한 "다소 충격적"이고 "거의 믿을 수 없는" 조사들을 폄하하며, 어느 대목에서는 일본의 공습 사상자 추정치를 "불가사의한 데이터"라고 부른다. USSBS (Morale Division), *The Effects of Strategic Bombing on Japanese Morale* (July 1947), 1–2, 194–195를 보라. 90만 명이라는 사망자 수치는 극단적으로 높은 것 같지만 특히 그런 민감한 주제에 관한 일본 당국의 데이터수집에 대한 혹독한 평가는 타당하게 들린다.

8장 제2차세계대전의 공중전과 테러 폭격

15 John Swope, *A Letter from Japan: The Photographs of John Swope*, ed. by Carolyn Peter (Grunwald Center for the Graphic Arts, Hammer Museum, University of California–Los Angeles, 2006). 이 전시회 도록은 1945년 8월 30일부터 9월 20일 사이 스워프의 일기 및 편지 전문(212–249)과 Carolyn Peter and John W. Dower의 에세이("Picturing Peace: John Swope's Japan, August/September 1945")를 수록하고 있다.

16 Swope, *A Letter from Japan*, 220–221.

17 Wesley Frank Craven and James Lea Cate, eds., *The Army Air Forces in World War II*, vol. 5: *The Pacific: Matterhorn to Nagasaki, June 1944 to August 1945* (University of Chicago Press, 1953), 111–112, 144, 558–560. 종전 직후에 출간된 이 반(半)공식적 출전은 지금도 미국의 공중전 정책과 실제에 대한 귀중한 연구로 남아 있다; 특히 편집자의 서문을 보라; ch. 18, 20, 그리고 21 by James Lea Cate and James C. Olson (각 장의 제목은 "Precision Bombing Campaign," "Urban Area Attacks," "The All-Out B-29 Attack"이다); 원자폭탄에 관해 편집자가 쓴 마지막 장 ch. 23("Victory")도 보라. 1944년 12월 중국의 비점령지에서 활동하던 미 공군은 일본이 점령하고 있던 한커우(漢口)에도 대규모 공습을 단행했는데, 당시 출격한 B-29 폭격기들은 소이탄만 탑재했다. 클레어 셔놀트(Claire Chennault) 장군은 나중에 이 공습을 아시아에서 시도된 "최초의 대규모 소이탄 공습"이라고 묘사했고, "아시아 도시를 상대로 한 이 무기의 성과"는 추후 일본을 상대로 한 소이탄 공습의 모델로서 큰 영향력을 발휘했다고 주장했다. 크레이븐과 케이트의 저술을 포함한 권위 있는 문헌들은 대일본 소이탄 공습에 대한 더 길고 공식적인 배경을 추적한다; 위의 책, 144. 잘 기억

되지 않는 시가지 폭격의 또 다른 사례는 1945년 초반에 포르모사(타이완) 섬에서 일어난
공중전이다. 이 요새화된 식민 군도의 11개 주요 도시 가운데 다섯 곳[지룽(基隆), 신주(新
竹), 자이(嘉義), 타이난(臺南), 가오슝(高雄)]은 전파되다시피 했고, 네 곳[장화(彰化), 핑
둥(屛東), 이란(宜蘭), 화롄(花蓮)]은 반파되었으며, 한 곳(타이베이)은 3분의 1이 파괴되
었으며, 딱 한 곳(타이중)만이 비교적 무사했다. 미군 폭격기들은 포르모사 작전에서 6만
2000갤런이 넘는 네이팜을 투하했다; ibid., 485–489를 보라.

18 A. C. Grayling, *Among the Dead Cities: The History and Moral Legacy of the WWII Bombing
of Civilians in Germany and Japan* (Walker, 2006), 47, 119의 인용문을 보라. 건축 자재상
의 차이는, 미 육군항공대가 대독일 공중전과 달리 대일본 공중전에서 거의 전적으로 소이
탄 공격에 의존했다는 뜻인데 "인구 밀집 혼잡 지역에 몰려 있는 빈약한 주택들은 집중 폭
격에 극히 취약하며 '건물을 열어젖히기' 위한 고성능 폭탄이 필요하지 않았기 때문이다";
USSBS, *A Report on Physical Damage in Japan* (June 1947), 1, 67 (일본 도시 소이탄 공습에
사용된 고성능 폭탄의 양은 불과 1퍼센트로 집계된다). 이는 사진가 존 스워프가 깡그리 타
버린 도시들에서 폭탄 구덩이를 보지 못한 이유를 설명해 준다.

영미가 수행한 대독일 공중전을 둘러싼 논쟁은 히로시마와 나가사키에 앞선 대일본 공중
전을 둘러싼 논쟁보다 훨씬 더 광범위한데, 이는 어쩌면 핵 시대의 탄생과 원자폭탄을 실
제로 사용하기로 한 미국의 결정이 논평가들을 강하게 사로잡았기 때문이리라. 어쨌거나
유럽 전장에서 실시된 공중전은 대일본 공중전의 서막이었고, 양자는 다수의 동일한 문서
고 자료와 전략적 이슈들을 동반하며 연구자들에게 동일한 도덕적 문제들을 제기한다. 독
일 도시 폭격에 대한 관심은 1990년대부터 W. G. 제발트의 글로 인해 눈에 띄게 첨예해졌
고, 외르크 프리드리히의 상세하고 일화적인(그리고 혼란스러운) 서술이 출간된 후 특히
나 격한 논쟁의 중심이 됐다. 2002년에 출간된 Jörg Friedrich, *Der Brand: Deutschland im
Bombenkrieg, 1940–45*는 영역본 *The Fire: The Bombing of Germany, 1940–1945* (Columbia
University Press, 2006)로 접할 수 있다. 프리드리히의 책이 촉발한 학술 연구서들은 관련
쟁점과 일반적 문헌에 관한 유용한 개관을 제공한다. 일례로 "h-german" 웹사이트(h-net.
org/~german)에 올라온 "World War II: Rethinking German Experiences"에 관한 2003
년 11월 온라인 포럼과 주석이 잘 달린 후속 논문들을 보라: Thomas Childers, "*'Facilis
descensus averni est'*: The Allied Bombing of Germany and the Issue of German Suffering,"
Central European History, vol. 38, no. 1 (2005), 75–105; Robert G. Moeller, "On the
History of Man-Made Destruction: Loss, Death, Memory, and Germany in the Bombing
War," *History Workshop Journal*, vol. 61 (2006), 103–134; Charles S. Maier, "Targeting
the City: Debates and Silences about the Aerial Bombing of World War II," *International
Review of the Red Cross*, no. 859 (2005), 429–444. 정책적 쟁점과 도덕적 쟁점에 주의를

기울이는 사려 깊은 논문들로는 Ronald Schaffer, *Wings of Judgment: American Bombing in World War II* (Oxford University Press, 1985); Michael S. Sherry, *The Rise of American Air Power: The Creation of Armageddon* (Yale University Press, 1987); Richard G. Davis, *Carl A. Spaatz and the Air War in Europe, 1940–1945* (Center for Air Force History, United States Air Force; distributed by Smithsonian Institution Press, 1993); Biddle, *Rhetoric and Reality in Air Warfare;* and Grayling, *Among the Dead Cities* 등이 있다. 독일과 1945년 3월까지 일본에서 미국의 폭격 정책 및 관행과 관련하여 군 기록에 대한 특히 예리한 분석 두 편은 Richard G. Davis, "German Rail Yards and Cities: U.S. Bombing Policy, 1944–1945," *Air Power History*, Summer 1995, 46–63; Thomas R. Searle, "'It Made a Lot of Sense to Kill Skilled Workers': The Firebombing of Tokyo in March 1945," *Journal of Military History*, vol. 66, no. 1 (January 2002), 103–133을 보라. 이 분야에 대한 근래의 귀중한 기여는 Yuki Tanaka and Marilyn B. Young, eds., *Bombing Civilians: A Twentieth-Century History* (New Press, 2009)를 보라; 이 책에는 유럽 공중전에 관한 Ronald Schaffer와 Robert Moeller의 에세이들, 일본 폭격에 관한 Mark Selden의 에세이, 원자폭탄에 관한 Tsuyoshi Hasegawa의 에세이, 전략폭격, 예언, 기억에 관한 Michael Sherry의 에세이가 수록되어 있다.

일본과 독일을 상대로 한 공중전에 대해 미 전략폭격조사국이 수행한 집중적인 기술적 조사는 독일에 관한 200편이 넘는 개별 보고서와 일본에 관한 108편의 개별 보고서를 낳았다. 일본과 관련하여 특히 흥미로운 보고서는 다음과 같다: *Summary Report (Pacific War)* (July 1946); *Japan's Struggle to End the War* (July 1946); *The Effects of the Atomic Bombs on Hiroshima and Nagasaki* (June 1946); *The Effects of Strategic Bombing on Japanese Morale* (June 1947); *The Effects of Strategic Bombing on Japan's War Economy* (December 1946); *Effects of Incendiary Bomb Attacks on Japan: A Report on Eight Cities* (April 1947); and *A Report on Physical Damage in Japan* (June 1947).

19 "후지산"이라는 프로젝트명으로, 미국을 상대로 공습을 수행할 수 있는 장거리 폭격기 개발에 관한 일본 제국 육군의 계획은 Maema Takenori, *Fugaku: Bei Hondo o Bakugeki Seyo* (The "Mount Fuji"—Let's Bomb the U.S. Mainland!) (Kodansha Bunko P600, 1995)를 보라. 센도쿠 I-400급 잠수함은 본서 5장(주 160)에 서술됐다. 지독한 파벌 싸움에 시달리던 일본 군부 내에서 육군과 해군은 개별적으로 핵무기 제조 가능성을 타진했다; John W. Dower, "'NI' and 'F': Japan's Wartime Atomic Bomb Research," in Dower, *Japan in War and Peace: Selected Essays* (New Press, 1993), 55–100을 보라.

20 Sherry, *The Rise of American Air Power*, 31, 58에서 인용. 제2차세계대전 이전 실제 폭격 관행과 묵시록적·인종주의적 비전에 관한 진정으로 독창적이고 생생한 개관은 Lindqvist, *A History of Bombing*, 특히 45, 46, 55, 56, 59, 60, 69, 71, 72, 126, 127, 128, 132, 155 항

목을 보라; 흥미진진한 H. Bruce Franklin, *War Stars: The Superweapon and the American Imagination* (Oxford University Press, 1988), 특히 1장부터 7장까지를 보라; 개정 확장판은 2008년에 University of Massachusetts Press에서 나왔다.

21 Schaffer, *Wings of Judgment*, 107–108. 리히터 규모 7.9에서 8.4 사이로 측정되는 간토대지진은 9월 1일 정오에 많은 이가 숯불 화로에서 요리를 하고 있을 때 일어났다. 뒤이어 발생한 화재는 산소를 빨아들이며 1945년 3월 도쿄 대공습에 버금가는 불 폭풍을 만들어 냈다. 사망자 총수는 10만 명을 훌쩍 넘어가며 일부 문헌은 14만 명까지 추정하기도 한다. 숯덩이가 된 시신 무더기를 비롯해 1923년 파괴 현장을 담은 사진들은 비슷한 수가 죽은 1945년 3월 9일 도쿄 대공습 당시 사진과 사실상 구별 불가능하다.

22 Larry I. Bland et al., eds., The Papers of George Catlett Marshall, vol. 2: *"We Cannot Delay," July 1, 1939–December 6, 1941* (Johns Hopkins University Press, 1986), 675–681; 11월 15일 자 이 약식 설명회 기록은 타임의 군사 분야 통신원 로버트 L. 셰러드(Robert L. Sherrod)가 작성한 것이다. 11월 19일 자 참모진 지시 사항은 John Costello, *The Pacific War, 1941–1945* (Quill, 1981), 105–106을 보라.

23 《유나이티드스테이츠뉴스(United States News)》의 도판은 Sherry, *The Rise of American Air Power*의 "Visual Essay"에 실려 있다. 복엽기(複葉機)가 아시아 민간인을 폭격하는 장면을 묘사한 훨씬 앞선 시기의 삽화도 보라. 이 삽화는 윌리엄 미첼 장군이 일본의 만주 점령이 지닌 의미를 설명하고자 1932년 1월 30일 자 주간지 《위클리》에 게재한 아시아의 공중전에 관한 글에 나란히 실린 것이다; Franklin, *War Stars*, 77ff에 수록. 삽화는 이텔릭체 인용문으로 강조되어 있다: "일본이 더없이 두려워하는 것은 우리의 공군이다. 일본 섬들은 공중 작전의 이상적 목표물이다."

24 진주만 이전 일본 관련 폭격 방안에 관해서는 Sherry, *The Rise of American Air Power*, 100–115, 383을 보라. 셰퍼는 아서 D. 리틀 컴퍼니(Arthur D. Little Company), E. I. 듀폰 컴퍼니(E. I. du Pont), 이스트먼 코닥(Eastman Kodak), 스탠더드 오일 컴퍼니(Standard Oil Development Company) 등 다양한 화학물질 공급업자와 보험 전문가, MIT와 하버드대학교 같은 기관들의 교수들을 비롯해 진주만 직후 "소이탄 공격 프로그램"에 기용된 민간 부문 참여자 다수를 파악했다; *Wings of Judgment*, 108, 122.

25 디즈니의 〈공군력을 통한 승리〉는 *Walt Disney Treasures—On the Front Lines* (1943)라는 제목의 디즈니 전시 선전영화 컬렉션의 일부로 2004년에 DVD로 출시됐다. 영화에 대한 다양한 논의는 James Agee, *Agee on Film* (Grosset and Dunlap, 1958), vol. 1: 43–44 (1943년 7월 3일 자 영화평); Richard Schickel, *The Disney Version: The Life, Times, Art and Commerce of Walt Disney*, 3rd edition (Ivan R. Dee, 1997; originally published by Simon & Schuster, 1968), 273–275; Sherry, *The Rise of American Air Power*, 127–131; Biddle, *Rhetoric and*

Reality in Air Warfare, 264, 268; "The Globe Presents 'Victory Through Airpower,' a Disney Illustration of Major de Seversky's Book," *New York Times*, July 19, 1943을 보라.

26 드레스덴 폭격을 포함하지 않은 69차례 임무 비행은 Davis, "German Rail Yards and Cities," 48에 낱낱이 제시되어 있다. 데이비스는 1944년 4분기에 이르면 제8공군 공습의 대략 80 퍼센트는 H2X "맹폭" 장치에 의존해 실시되었다고 계산한다. 그의 표현에 따르면, 방화 폭탄이나 소이탄은 "딱 한 가지 기능밖에 없었고, 그것은 병영, 주택, 상가건물, 관공서 같은 연성 표적을 불로 파괴하는 것이었다. 소형 소이탄 수천 개를 투하하는 중폭격기 공습은 거주지를 파괴하고, 주민들이 살 곳을 잃게 만들고, 심신을 약화하는 화상을 일으킨다. 그리하여 의료서비스를 묶어 놓고, 생산을 방해하며, 사기를 떨어뜨리는 화재를 발생시켰다"; 위의 책, 49. 그는 "철도 조차장을 상대로 사용하고자 대량의 소이탄을 지속적으로 탑재함으로써 제8공군이 차량기지와 '시가지' 공격 간의 선을 넘었다. 소이탄 탑재는 전시 규칙하 비례성 개념 위반으로 해석될 수 있다"라고 서술하여 전쟁 행위의 적법성 쟁점도 명시적으로 제기한다; 위의 책 56, 62n. 데이비스는 1995년 글보다 2년 앞서 출간한 책에서 유럽에서 발생한 공중전을 상세히 분석한다: 그의 *Carl A. Spaatz and the Air War in Europe*, 특히 543–564(1944년 후반부터 드레스덴까지 미국의 폭격 정책을 분석)과 564–571(미 제8공군의 독일 도시 표적화를 간략하게 요약하는 동시에, 이를 과학기술적 광신과 완전히 "악"의 관점에서 언급하는 마이클 셰리 같은 학자들에게 이의를 제기한다)을 보라. Searle, "'It Made a Lot of Sense to Kill Skilled Workers,'" 105–109; Biddle, *Rhetoric and Reality in Air Warfare*, 228–229, 239–240, 243–245, 253–254도 보라.

27 제8공군이 드레스덴에 투하한 폭탄에서 소이탄 비율(40퍼센트)은 쾰른(27퍼센트), 뉘른베르크(30퍼센트), 베를린(37퍼센트), 뮌헨(41퍼센트) 같은 독일의 다른 주요 도시 공습의 경우와 대략 일치한다. Davis, *Carl A. Spaatz and the Air War in Europe*, 570; Davis, "German Rail Yards and Cities," 57–58을 보라. 널리 분석된 드레스덴 공습에 관해서는 일례로 Davis, *Carl A. Spaatz and the Air War in Europe*, 556–564를 보라; Biddle, *Rhetoric and Reality in Air Warfare*, 254–259도 보라. 데이비스는 드레스덴 공습 당시 사망자 대다수는 왕립공군의 공습에 의해 발생했으며 3만 5000명이라는 수치를 받아들이지만, 추정치가 25만 명에 달하기도 한다고 지적한다 (543, 557); 그의 "German Rail Yards and Cities" 59도 보라. 비들은 2만 5000명이라는 낮은 사망자 수치를 지지한다.

28 Davis, *Carl A. Spaatz and the Air War in Europe*, 508, 568–571; Davis, "German Rail Yards and Cities," 49–53, 60, 61n; Biddle, *Rhetoric and Reality in Air Warfare*, 239–245. 그러한 완곡어법은 대중을 오도할 뿐 아니라 실제로 민간인 살상에 관여하고 있던 폭격기 승무원들과 계획가들에게 심리적 쿠션도 제공했다.

29 2월 18일에 미국 미디어를 강타한 2월 17일 자 AP통신의 급보[하워드 카원(Howard

Cowan) 작성]에 관해서는 Davis, *Carl A. Spaatz and the Air War in Europe, 558; Schaffer, Wings of Judgment*, 98–103; Sherry, *The Rise of American Air Power*, 261; Biddle, *Rhetoric and Reality in Air Warfare, 258*; Grayling, *Among the Dead Cities*, 72 ("이 발언은 미국 언론에서 1면을 차지했지만 영국에서는 검열됐다"라고 쓴다); Charles Webster and Nobel Frankland, *The Strategic Air Offensive against Germany, 1939–1945* (Her Majesty's Stationery Office, 1961), vol. 3, part 5: 113 (언론 검열에도 불구하고 이 인용 발언은 하원에서 거론되었다고 쓴다)를 보라. 3월 29일 해리스의 발언은 사실 본서의 주 30에 나오는 처칠 인용문에 대한 답변으로 나온 것이다; Davis, *Carl A. Spaatz and the Air War in Europe*, 581.

30 Webster and Frankland, *The Strategic Air Offensive against Germany*, vol. 3: 112.

31 Webster and Frankland, *The Strategic Air Offensive against Germany*, vol. 3: 112–119; 이 공식 역사서의 저자들은 3월 29일 자 회의록을 "총리의 장편 전시 회의록 가운데 가장 부적절한" 것이라고 묘사한다.

32 Kenneth P. Werrell, *Blankets of Fire: U.S. Bombers over Japan during World War II* (Smithsonian Institution Press, 1996), 48–49; Craven and Cate, *The Army Air Forces in World War II, vol. 5: 610; Schaffer, Wings of Judgment*, 115. 이러한 실험들은 더그웨이성능시험장(Dugway Proving Ground) 공식 웹사이트(dugway. army.mil)에서 논의되는데, 웹사이트의 설명에 따르면 이른바 독일 마을은 열악한 상태로 지금도 존재하며 "국가 사적지 지정이 가능"하다. "일본 마을"은 관측 벙커와 일부 소화전을 제외하면 사라졌다. 유사한 성격의 철거 실험은 플로리다 에글린필드(Eglin Field)에서도 실시됐다.

33 Antonin Raymond, *Antonin Raymond: An Autobiography* (Tuttle, 1973), 188–189. 나는 Mike Davis, *Dead Cities, and Other Tales* (New Press, 2003), 65–69를 통해 레이먼드의 회상록을 알게 됐다.

34 Searle, "'It Made a Lot of Sense to Kill Skilled Workers,'" 116–117; Craven and Cate, *The Army Air Forces in World War II*, vol. 5: 9, 26–28, 551–554, 610. 1945년 초까지 일본을 상대로 한 미국 폭격 정책에 대한 간명한 요약은 Schaffer, *Wings of Judgment*, 107–127; Biddle, *Rhetoric and Reality in Air Warfare*, 261–270을 보라.

35 Schaffer, *Wings of Judgment*, 116. 일부 문헌들은 이 놀라운 사망자 추정치를 "사상자" 수치와 뒤섞기도 한다; Werrell, *Blankets of Fire, 53*; Biddle, *Rhetoric and Reality in Air Warfare*, 264–265를 보라.

36 Schaffer, *Wings of Judgment*, 124.

37 Searle, "'It Made a Lot of Sense to Kill Skilled Workers,'" 119 (기상학적 고려 사항에 관해서). 앞서 언급한 대로 기상 예측은 1941년 일본의 개전과 2003년 부시 행정부의 이라크 침공 타이밍에도 영향을 주었다.

38 Craven and Cate, *The Army Air Forces in World War II*, vol. 5: 4–9, 574, 613, 623; Searle, "'It Made a Lot of Sense to Kill Skilled Workers,'" 114. "슈퍼포트리스"는 B-29기의 공식 명칭이었고, 흔히 "슈퍼포트(Superfort)"로 축약됐다. 암호 메시지에서는 "드림보트(Dreamboat)" "스토크(Stork)" "빅브라더(Big Brother)"라고도 불렸다.

39 Searle, "'It Made a Lot of Sense to Kill Skilled Workers,'" 113–114, 117–118, 121.

40 Craven and Cate, *The Army Air Forces in World War II*, vol. 5: 614–617; Curtis E. LeMay with MacKinlay Kantor, *Mission with LeMay: My Story* (Doubleday, 1965), 387; USSBS, *A Report on Physical Damage in Japan*, 97 (B-29기가 뒤집혔다는 보고). 새퍼는 이 대규모 첫 도쿄 공습의 현장 경험을 묘사한 문헌을 *Wings of Judgment*, 128–137에서 요약한다. 모든 사료가 일본 대공 방어망의 무력함과 1945년 3월 시가지 공습이 시작된 후 특히 적은 손실률을 강조하지만, 기계적 결함을 비롯한 여러 이유로 대일본 공중전에서 실제로 발생한 B-29기 손실을 간과해서는 안 된다. 미군 승무원 수천 명이 목숨을 잃었다. Craven and Cate, *The Army Air Forces in World War II*, vol. 5: 574, 606, 616, 641, 644를 보라; 직접 체험을 묘사한 사려 깊은 회상록은 Wilbur H. Morrison, *Hellbirds: The Story of the B-29s in Combat* (Duell, Sloan & Pearce, 1960)를 보라. 콘래드 C. 크레인(Conrad C. Crane)에 따르면, 대일본 공중전에서 미 공군의 손실은 "대단히 가벼웠는데 미국 쪽의 효과적인 전술과 일본 쪽의 허약한 방어 덕분이었다. 초(超)중폭격기[B-29기] 가운데 437대만이 작전 도중에 손실되었는데 대부분 기술적 결함 탓이었다. 반면 대독일전에서 제8공군은 3000대가 넘는 B-17기와 1000대가 넘는 B-24기를 잃었다"; Crane, *Bombs, Cities, and Civilians: American Airpower Strategy in World War II* (University Press of Kansas, 1993), 140–141을 보라.

41 Craven and Cate, *The Army Air Forces in World War II*, vol. 5: xix–xx, 618–623, 638 (황궁을 표적으로 삼지 않은 이유에 관해). 천황에 관한 전시 미국의 사고방식을 더 자세히 다룬 것은 John W. Dower, *Embracing Defeat: Japan in the Wake of World War II* (Norton and New Press, 1999), 280–286을 보라. 대일본 공중전 효과에 대한 더 철저한 기술적인 설명은 특히 이하의 전략폭격조사국 보고서를 보라: *Effects of Incendiary Bomb Attacks on Japan*, 도쿄에 관해서는 특히 65–117; *A Report on Physical Damage in Japan*, "일본 방화"에 관해서는 특히 38–115를 보라. 오키나와의 민간인 사망자는 George Feifer, *The Battle of Okinawa: The Blood and the Bomb* (Lyons Press, 2001; 초판은 *Tennozan: The Battle of Okinawa and the Atomic Bomb*, 1992), xi (민간인 사망자 15만 명); Richard Frank, *Downfall: The End of the Imperial Japanese Empire* (Random House, 1999), 72, 188 ("최소 6만 2000명이, 어쩌면 10만~15만 명의 민간인이 숨졌다"); Ronald H. Spector, *Eagle against the Sun: The American War with Japan* (Vintage, 1985), 540 (민간인 사망자 8만 명); Kodansha, *Japan: An Illustrated Encyclopedia* (Kodansha, 1993) vol. 2: 1141 ("일본인 25만 명의 목숨"이라는

표현은 군인 사망자와 비교하여 민간인 사망자 수를 14만 명 이상으로 잡는 셈이다). 대다수의 일본 문헌은 오키나와 민간인 사망자 수를 10만에서 15만 명 사이로 추정한다.

42 Craven and Cate, *The Army Air Forces in World War II*, vol. 5: 639, 643.

43 *New York Times*, May 30, 1945. 《뉴욕타임스》는 폭격기 51대가 손실되었다고 보도했지만 (3월 9일 공습에서 2대, 3월 23~24일과 24~25일 마지막 두 차례 공습에서 총 29대), 보도된 공습별 손실 폭격기 대수를 모두 합치면 48대에 그친다. 황궁은 막판 한 차례 공습에서 의도치 않게 살짝 피해를 입었다.

44 이하의 "2차적 표적" 데이터는 Craven and Cate, *The Army Air Forces in World War II*, vol. 5: 674–675에서 시간 순서로 배치된 "제2도시를 상대로 한 소이탄 공격" 표를 따랐다. 이 표는 60차례 공습을 낱낱이 나열했는데, 6대 도시 1차 공습 이후 두 번씩 폭격당한 "제2도시" 세 곳을 비롯해 총 57개 도시가 분별되었다. 늘 그렇듯이 데이터에는 불확실한 부분과 서로 어긋나는 부분이 있으며, 이와 상충하는 자료도 존재한다. 전략폭격조사국(크레이븐과 케이트가 진행한 연구의 주요 출처는 "총 10만 4000톤의 폭탄이 66개 도시지역에 투하됐으며"(이것이 원자폭탄을 포함한 것인지 제외한 것인지 약간의 오해의 소지가 있다) "공격받은 66개 도시 시가지의 44퍼센트가량이 파괴됐다"라고 결론 내린다; USSBS, *Summary Report*, 17. 크레이븐과 케이트의 표는 (58개가 아니라) 57개 "제2의 도시"만을 나열하지만 두 사람의 연구서 자체는 "두 차례 원폭 투하를 포함해 다해서 66개 도시가 폭격으로 총 178제곱마일(461제곱킬로미터) 면적이 불타 버렸다"라고 서술한다(vol. 5: xx). 하지만 일부 목록들은 히로시마와 나가사키 이전 소이탄 폭격 임무를 총 67회라고 계산한다; 일례로 Martin Caidin, *A Torch to the Enemy: The Fire Raid on Tokyo* (Ballantine, 1960), 159–160에서 자료를 밝히지 않은 부록을 보라. 이것은 위키피디아 "제2차세계대전 전략폭격(Strategic Bombing in World War II)" 항목에 (이유를 설명하지 않은 채 도시들이 바뀌어서) 인용, 게재되었고 다른 문헌들에도 실렸다. 일본 쪽 자료에도 존재하는 이런 차이들은 부분적으로는 폭격 공습을 "소이탄 공격 임무"로 구분하는 데 적용되는 기준이 다른 데서 유래한다. 도야마 공습이 "우유 배달"이었다는 일기 내용은 맨해튼계획유산보존협회(Manhattan Project Heritage Preservation Association) 웹사이트인 mphpa.org, 9–10에서 "Sgt. Abe Spitzer Collection"을 보라.

45 USSBS, *Summary Report (Pacific War)*, 17–18. 폭탄 투하량은 USSBS, *The Effects of Strategic Bombing on Japan's War Economy*, 35를 보라; R. J. Overy, *The Air War, 1939–1945* (Stein & Day, 1981), 128도 보라. 전략폭격조사국은 일본 본토에 투하된 폭탄의 양은 16만 1425톤, 독일에 투하된 양은 135만 6808톤이었다고 계산한다.

46 불 폭풍에 관해서는 Freeman Dyson, "A Failure of Intelligence: Operational Research at RAF Bomber Command, 1943–1945," *Technology Review* (Massachusetts Institute of

Technology), November/December 2006, 62-71을 보라. 1943년, 열아홉 살 때 연구원으로 폭격기 사령부에 합류한 다이슨은 "사령부가 도시를 공격할 때마다 우리는 불 폭풍을 일으키려고 했다. 하지만 우리가 좀처럼 성공을 거두지 못한 이유를 알아내지 못했다. 아마도 불 폭풍은 세 가지 조건이 한꺼번에 존재할 때만 일어날 수 있는 것 같다. 첫째, 표적 지역에 낡은 건물이 고도로 집중된 상태, 둘째, 표적 지역의 중심부에 고밀도 소이탄 폭격, 셋째, 대기 불안정성이다"라고 말한다. 도쿄와 원폭 투하 지점 두 곳을 제외하고 다른 폭격 지역에서 상대적으로 사망자 수가 적었던 여타 요인들로는 USSBS, *Summary Report (Pacific War)*, 20, 22를 보라.

47 Craven and Cate, *The Army Air Forces in World War II*, vol. 5: 653–658; USSBS, *The Effects of Strategic Bombing on Japan's War Economy*, 38; USSBS, *A Report on Physical Damage in Japan*, 39. "우유 배달"에 관해서는 일례로 Morrison, *Hellbirds*, 140; Manhattan Project Heritage Preservation Association, "Sgt. Abe Spitzer Collection," 9–10; Edwin P. Hoyt, *The Kamikazes* (Arbor, 1983), 264를 보라.

48 SGM Herb Friedman (Ret.), "The Strategic Bomber and American PSYOP," 6–28, 특히 11, 24–27. 이 장문의(51쪽짜리) 온라인 글은 컬러사진이 빽빽이 실려 있고 psywarrior.com 에서 접근할 수 있다. 이것은 제2차세계대전부터 현재까지 그래픽을 이용한 심리전 작전을 소개하는 훌륭한 웹사이트다. 여기에 실린 프리드먼의 다른 글 세 편도 이해에 크게 도움이 된다: "Japanese PSYOP during WWII" (45쪽), "OWI Pacific PSYOP Six Decades Ago" (86 쪽), "U.S. Army PWB Leaflets for the Pacific War" (91쪽). 12개 도시 전단지에 관해서는 Schaffer, *Wings of Judgment*, 140–142를 보라.

49 USSBS, *Summary Report (Pacific War)*, 20–22; Craven and Cate, *The Army Air Forces in World War II*, vol. 5: 754–756. 농촌 인구는 황군(일본 제국군) 징집병 가운데 대부분을 차지했고, 급속히 늘어나는 전사자 수치로 이미 전쟁의 여파를 실감하고 있었다(육해군 전사자 수는 최종적으로 200만 명에 달했다).

50 Crane, *Bombs, Cities, and Civilians*, 133.

51 일례로 A. C. 그레일링(A. C. Grayling)은 일본 민간인 폭격이 독일에서와 마찬가지로 불필요하고, 비효과적이고, 부도덕한 행위였다고 주장하면서 일본의 경우에, "일본 항복의 주된 이유"는 "일본의 전략 실행에 필요한 병력을 배출하고 무장시킬 능력을 무력화한 해상 봉쇄"였다는 요지로 로버트 A. 페이프의 연구가 도달한 결론에 크게 의지한다. 그에 따르면, 두 번째로 중요한 요인은 히로시마 원폭 이후 소련의 선전포고였고, 세 번째로 중요한 것은 순전히 연합군 침공 위협이었다. 페이프의 견해—전략폭격조사국의 비판적이지만 더 균형잡힌 평가를 본질적으로 거부하며, 다수의견도 아니다—로는 전략폭격 작전은 항복과 거의 무관했다; Robert A. Pape, *Bombing to Win: Air Power and Coercion in War* (Cornell

University Press, 1996)를 인용한 Grayling, Among the Dead Cities, 113-114를 보라.

52 나는 대중의 사기와 태도에 관한 일본 경찰과 상층계급의 불안을 다른 곳에서 자세히 다뤘다. "Sensational Rumors, Seditious Graffiti, and the Nightmares of the Thought Police" in Dower, *Japan in War and Peace*, 101-154를 보라; *Empire and Aftermath: Yoshida Shigeru and the Japanese Experience, 1878-1954* (Council on East Asian Studies, Harvard University, 1979), 특히 7장과 8장을 보라.

53 Craven and Cate, *The Army Air Forces in World War II*, vol. 5: 658.

54 Biddle, *Rhetoric and Reality in Air Warfare*, 269 (from "Highlights of the Twentieth Air Force," Office of Information Services, Headquarters, Army Air Forces, 1945)에서 인용.

55 표적화 우선순위에 관해서는 USSBS, *The Effects of Strategic Bombing on Japan's War Economy*, 2-3, 63-65를 보라; *Summary Report (Pacific War)*, 17, 19도 보라. 전략폭격조사국은 시가지 공격의 유효성을 부정하지도 비판하지도 않았지만, 그보다는 이런 작전들과 "철도 공격"이라는 더 진지한 의제를 결합했다면 더 일찍 항복을 이끌어 낼 수 있었을 것이라고 주장했다. 이것이 타당한 비판인지는 논쟁거리다.

56 Charles J. V. Murphy, "The Air War on Japan," *Fortune*, September/October 1945.

57 Dower, *Embracing Defeat*, 286에서 인용.

58 *The Fog of War* (Errol Morris 감독); 이 작품은 2003년 아카데미 장편 다큐멘터리 상을 수상했다.

9장 "세계사에서 가장 끔찍한 폭탄"

59 Otis Cary, "The Sparing of Kyoto, Mr. Stimson's 'Pet City,'" *Japan Quarterly*, vol. 11 (October-December 1975); Schaffer, *Wings of Judgment*, 143-146. 1945년 8월 이전에 다섯 차례 소규모 공습의 대상이었던 나가사키는 다른 도시들이 후보지로 지정된 이후에 임시위원회 목록에 추가됐다. 이 이전 공습들은 전체적으로 주택 몇백 채와 산업용 건물 20채만 파괴했다. 그러므로 전략폭격조사국이 주목한 대로 원자폭탄이 투하될 당시 나가사키는 "상대적으로 멀쩡한" 상태였다; *The Effects of Atomic Bombs on Hiroshima and Nagasaki*, 9. 원자폭탄의 개발과 사용에 관한 문헌—문서고 사료와 회고록, 인터뷰를 바탕으로 한—은 방대하다. 그 상당 부분은 이하의 주에서 인용된다. 빽빽한 각주가 달린 서술은 특히 Martin Sherwin, *A World Destroyed: Hiroshima and Its Legacies*, 3rd edition (Stanford University Press, 2003; 초판은 다른 부제를 달아 1975년 출간)를 보라. 이 책은 귀중한 기록 자료를 부록으로 담고 있다; Richard Rhodes, *The Making of the Atomic Bomb* (Simon & Schuster, 1986); Gar Alperovitz, *Atomic Diplomacy: Hiroshima and Potsdam—The Use of the Atomic*

Bomb and the American Confrontation with Soviet Power (Simon & Schuster, 1965); 광범위한 장문의 인용문을 담고 있는 Gar Alperovitz et al., *The Decision to Use the Atomic Bombs and the Architecture of an American Myth* (Knopf, 1995); Gerard DeGroot, *The Bomb: A Life* (Harvard University Press, 2004); Franks, *Downfall; Tsuyoshi Hasegawa, Racing the Enemy: Stalin, Truman, and the Surrender of Japan* (Harvard University Press, 2006); Kai Bird and Martin J. Sherwin, *American Prometheus: The Triumph and Tragedy of J. Robert Oppenheimer* (Knopf, 2005)(카이 버드·마틴 셔윈 지음, 최형섭 옮김, 『아메리칸 프로메테우스』, 사이언스북스, 2010.); Barton Bernstein의 무수한 글을 보라. 이런 쟁점들 다루는 스미스소니언 박물관의 "에놀라게이 전시"를 둘러싼 1994~1995년의 논쟁에서 극명해졌다. 논쟁에 대한 반응은 Edward Tabor Linenthal and Tom Engelhardt, eds., *History Wars: The Enola Gay and Other Battles for the American Past* (Metropolitan, 1996; 나는 이 책에 원폭 사용을 둘러싼 비극적이고 영웅적인 서사들을 다룬 에세이를 기고했다); 폭넓은 선집인 Kai Bird and Lawrence Lifschultz, eds., *Hiroshima's Shadow: Writings on the Denial of History and the Smithsonian Controversy* (Pamphleteer's Press, 1998)도 보라. 미국 원자력규제위원회의 역사가인 J. Samuel Walker는 원폭 역사 서술과 관련한 논쟁을 요약한 글을 여러 편 썼다. Michael J. Hogan, ed., *America in the World: The Historiography of American Foreign Relations since 1941* (Cambridge University Press, 1995), 206-233에서 그의 글을 보라; 그의 간명한 연구서 *Prompt and Utter Destruction: Truman and the Use of Atomic Bombs against Japan* (University of North Carolina Press, 1997)과 "Recent Literature on Truman's Atomic Bomb Decision: A Search for a Middle Ground," *Diplomatic History*, vol. 29, no. 2 (April 2005), 311-324도 보라. 원폭 사용에 관한 "수정주의적" 비판에서 벗어나거나 그에 비판적인 학술 논문은 Robert James Maddox, ed., *Hiroshima as History: The Myths of Revisionism* (University of Missouri Press, 2007)을 보라; 이 책에는 Sadao Asada, Edward J. Drea, D. M. Giangreco, Robert P. Newman 등의 글이 실려 있다. 논쟁과 관련한 온라인의 글은 엄청나게 많다. 특히 귀중한 1차 사료와 각종 인용문은 Doug Long(doug-long.com)과 Gar Alperovitz 등이 올린 광범위한 사이트에서 볼 수 있다(doug-long.com/debate.htm의 "'The Decision to Use the Atomic Bomb'—Gar Alperovitz and the H-Net Debate"에서 접근 가능).

60 우라카미 성당 상공에서 폭발한 두 번째 폭탄은 아내가 원폭으로 사망하고 본인도 1951년에 방사능증으로 사망한 가톨릭 과학자인 나가이 다카시(永井隆)의 전후 저서에서 중심적인 상징 테마가 됐다. 나가이는 핵무기가 불러온 파괴의 의미에 관해 내밀하고도 왕성한 집필 활동을 통해 일각에서 "나가사키의 성자"로 알려지게 되었는데, 그는 그러한 파괴를 신의 메시지로 그렸다; Dower, *Embracing Defeat*, 196-198을 보라. 나가사키 원폭의 흔적 등 전후 상징적 사진들을 남긴 토마츠 쇼메이(東松照明)의 사진에는 부서지고 검게 탄 기독

전쟁의 문화
686

교 성자들의 대리석 조각상을 담은 여러 장의 유명한 사진이 있다. 토마츠의 나가사키 사진 실례는 Leo Rubinfein and Sandra Phillips, eds., *Shomei Tomatsu: Skin of the Nation* (San Francisco Museum of Modern Art, in conjunction with Yale University Press, 2004)을 보라. 히로시마 원폭 생존자의 개인적 서술 가운데 가장 유명한 것은 하치야 미치히코 박사의 일기 겸 회상록인 Michihiko Hachiya, *Hiroshima Diary: The Journal of a Japanese Physician, August 6–September 30, 1945* (University of North Carolina Press, 1955)이다[나는 토마츠의 전시회 도록과 하치야의 책(1995년 재판)에 에세이를 기고했다].

61 사망자 추정치는 USSBS, *Effects of the Atomic Bombs on Hiroshima and Nagasaki*, 3, 5, 15를 보고, 가장 영향력 있는 초창기 개관은 표제 항목(23쪽)을 보라; Tadatoshi Akiba, "Atomic Bomb," *Kodansha Encyclopedia of Japan* (Kodansha, 1983), vol. 1: 107–111; Toshiyuki Kumatori, "Atomic Bomb Related Disease," *Kodansha Encyclopedia of Japan*, vol. 1: 111–114. 고단샤의 귀중한 9권짜리 백과사전의 2권짜리 축약본 *Japan: An Illustrated Encyclopedia* (1993), vol. 1: 74–79도 보라; 알 수 없는 이유로 이 축약본의 "원자폭탄 (Atomic Bombs)" 항목에는 1983년 원판에는 있었던 1950년 시점의 높은 사망자 추정치가 포함되지 않았다. 원자폭탄의 효과에 관한 (때로는 상충하는) 데이터를 집대성한 가장 두툼한 책은 1979년에 이와나미 출판사에서 나왔고 추후 영역본이 나왔다; Committee for the Compilation of Materials on Damage Caused by the Atomic Bombs in Hiroshima and Nagasaki, *Hiroshima and Nagasaki: The Physical, Medical, and Social Effects of the Atomic Bombings*, transl. by Eisei Ishikawa and David L. Swain (Basic Books, 1981). 이 706쪽짜리 책은 참고하기에 쉽지 않은 책이지만 이 문제들과 관련하여 현실적인 데이터수집의 난관에 관해 탁월한 통찰을 제공한다. 총사상자 수치는 일례로 위의 책, 113, 115, 349, 353–354, 367–369 (1950년 당시의 높은 사망자 추정치), 395, 406, 420, 457을 보라. 이하 본문에 나오는 정보의 상당 부분은 이 상세한 자료들에서 찾아볼 수 있다.

62 visualizingcultures.mit.edu에서 두 가지 "Ground Zero 1945" 웹사이트를 보라. 이 웹사이트 가운데 하나에는 원폭 체험을 묘사한 히로시마 생존자들의 그림과, 히로시마평화기념관이 소장한 400점 이상의 그와 같은 이미지 데이터베이스에 관해 (내가 쓴) 텍스트가 있다; 야마시타 마사오가 그린 이 그림의 색인 번호는 GE06-36이다. 두 번째 웹사이트는 당시 학생이었던 한 생존자의 회상을 도판과 함께 영어와 일본어로 제공한다.

63 USSBS, *Effects of the Atomic Bombs on Hiroshima and Nagasaki*, 19; *Kodansha Encyclopedia of Japan*, vol. 1: 110, 113; Committee for the Compilation of Materials, *Hiroshima and Nagasaki*, 154–156, 210–237, 449–454.

64 생존자들에게 원자폭탄이 미친 심리적 충격은 Robert Jay Lifton, *Death in Life: Survivors of Hiroshima* (Random House, 1967)를 보라. 나는 여러 출판물에서 특히 회화적이거나 시

각적 기억에 초점을 맞춰 일본인의 기억에 자리 잡은 원자폭탄에 관해 다뤘다. "Japanese Artists and the Atomic Bomb" in Dower, *Japan in War and Peace*, 242–256; "War, Peace, and Beauty," in Dower and John Junkerman, eds., *The Hiroshima Murals: The Art of Iri Maruki and Toshi Maruki* (Kodansha International, 1985); and "The Bombed: Hiroshimas and Nagasakis in Japanese Memory," in Michael J. Hogan, ed., *Hiroshima in History and Memory* (Cambridge University Press, 1996), 116–142를 보라. 방사선 피폭이 유전적 질병을 유발할 수도 있다는 두려움은 현재까지는 근거가 없는 것으로 드러났다.

65 원폭 투하 임무에 배정된 승무원들의 훈련은 General Leslie M. Groves, *Now It Can Be Told: The Story of the Manhattan Project* (Perseus, 1975), ch. 18 and 20(특히 286)을 보라. Gordon Thomas and Max Morgan Witts, *Enola Gay* (Stein & Day, 1977)에서도 자세하고 생생하게 묘사되지만 이 책에는 각주가 없다; David Samuels, "Atomic John," *New Yorker*, December 15, 2008 (155개 "테스트 유닛"). 방사선 복사에 관해서는 Nuel Pharr Davis, *Lawrence and Oppenheimer* (Simon & Schuster, 1968), 166–167; Rhodes, *The Making of the Atomic Bomb*, 632; Bernstein, "The Atomic Bombings Reconsidered," *Foreign Affairs*, January/February 1995를 보라. 나중에 그로브스는 앨라모고도 시험 이후에 원자폭탄이 지상에서 상당히 높은 곳에서 터질 것이기 때문에 "직접 복사와 낙진에 의한 사상자"는 최소한에 그칠 것이라고 예상했다고 주장했다; *Now It Can Be Told*, 269, 286. 그러나 예상과 달랐다.

66 트리니티 시험 당시 유일하게 참관을 허락받은 기자의 최초 현장 목격 보도는 전쟁부에서 뒤늦게 공개하고 1945년 9월 26일 자《뉴욕타임스》를 비롯해 여러 신문에 실린 윌리엄 로런스의 글을 보라. 이러한 세부 내용들은 원자폭탄 개발에 관한 광범위한 2차 문헌에 잘 논의되어 있다; 일례로 근래에 이 주제를 솜씨 좋게 간략히 다룬 DeGroot, *The Bomb*, ch. 5를 보라 ; Rhodes, *The Making of the Atomic Bomb*, 특히 트리니티 시험을 길게 다룬 18장을 보라. 출전을 밝히지 않는 초기 연구인 Robert Jungk, *Brighter than a Thousand Suns: A Personal History of the Atomic Scientists* (Harcourt Brace Jovanovich, 1956); Richard G. Hewlett, *The New World, 1939–1941* (Pennsylvania State University Press, 1962); and Margaret Gowing, *Britain and Atomic Energy, 1939–1945* (Macmillan, 1964)도 보라. Gowing은 영국원자력공사(United Kingdom Atomic Energy Authority)의 역사가이자 문서고 담당자였고, 이 글의 저작권은 영국원자력공사 소유다. "섬광에 실명" 일화는 "Sgt. Abe Spitzer Collection," 15를 보라.

67 표준화 사상률 계산은 Rhodes, *The Making of the Atomic Bomb*, 734를 보라.

68 Sherwin, *A World Destroyed*, 312 (패럴은 부록 P를 보라); Laurence in *New York Times*, September 26, 1945 (키스티아코우스키의 발언); Samuel Eliot Morison, *History of United States Naval Operations in World War II*, vol. 14: *Victory in the Pacific* (Little, Brown, 1960),

340 (처칠의 발언). 트루먼의 "포츠담 일기"는 Robert H. Ferrell, ed., *Off the Record: The Private Papers of Harry S. Truman* (Harper and Row, 1980), 46–59에 전재되어 있다. 이 매우 흥미로운 기록— 종이 20장에 급하게 쓰이고, 포츠담회담에 참석한 어느 하급 관리[찰스 G. 로스(Charles G. Ross)]의 서류 사이에 반세기 동안 묻혀 있었다— 은 Eduard Mark, *Diplomatic History*, vol. 4, no. 3 (Summer 1980), 317–326에서 처음 공개됐다. 트루먼의 묵시록적 언어는 4월 25일에 스팀슨 전쟁장관으로부터 신무기의 존재에 관해 처음 진지한 브리핑을 받았을 때의 언어를 떠올리게 하는데, 스팀슨 역시 "현대문명이 완전히 파괴될지도 모른다"라는 두려움을 표명했다; Sherwin, *A World Destroyed*, 291–292 (appendix I). 엘팅 모리슨은 스팀슨의 전시 일기가 비밀 무기가 거론될 때마다 "끔찍한" "무시무시한" "지독한" "무서운" "악마적인" 등등 불길한 형용사를 "쉴 새 없이 나열"한다고 지적한다; Morison, *Turmoil and Tradition: A Study of the Life and Times of Henry L. Stimson* (Houghton Mifflin, 1960), 618을 보라.

69 Bird and Sherwin, *American Prometheus*, 309; Len Giovannitti and Fred Freed, *The Decision to Drop the Bomb* (Coward-McCann, 1965), 197도 보라. 오펜하이머는 1980년에 존 엘스가 연출, 제작한 뛰어난 TV 다큐멘터리 *The Day after Trinity*에서 자주 인용되는 이 말을 읊조렸다. 버드와 셔윈은 그가 최소한 일찍이 1948년에 그리고 어쩌면 그 전부터 유사한 암시를 했다고 시사한다.

70 Groves, *Now It Can Be Told*, 267. 1945년 4월 27일, 이러한 준거들을 확립한 표적선정위원회 모임은 임시위원회 구성을 3주 앞선다. 트루먼은 루스벨트 대통령이 서거하자마자 4월 12일에 대통령이 됐다.

71 임시위원회의 유명한 5월 31일 회의록은 Sherwin, *A World Destroyed*, 295–304의 부록 L에 실려 있다.

72 Bird and Sherwin, *American Prometheus*, 296 ("섬세한 완곡어법"); DeGroot, *The Bomb*, 73 ("달리 말해 위원회는 테러 폭격을 승인하면서 그것을 달리 불렀다"), 77–78 ("단지 겉치레"); Ferrell, *Off the Record*, 55–56 (트루먼 일기). 민간인 폭격의 도덕성에 관한 스팀슨의 오락가락하는 입장은 일례로 Rhodes, *The Making of the Atomic Bomb*, 640, 647–648, 650을 보라.

73 *Public Papers of the Presidents of the United States: Harry S. Truman: 1945* (Government Printing Office, 1961), 97 (1945년 8월 9일 트루먼의 라디오 연설); Harry S. Truman, *Memoirs*, vol. 1: *Year of Decisions, 1945* (Signet Books edition, 1965; 초판은 1955년 출간), 462–463. 제2차세계대전 당시 연합군의 민간인 폭격을 둘러싼 숙의 과정을 "미친놈들"이라는 한마디로 일축해 버린 커티스 르메이도 심리적 차단이나 무감각화의 필요성을 인정했다. 그와 동시에 그는 아동을 죽이는 것마저도 전시 노동자라는 이유로 합리화했다. "우

리가 통구이로 만들어 버린 [일본의] 표적 도시들 한 군데를 찾아가 그 손바닥만 한 집들의 잔해를 살펴보는 것으로 충분했다. 무너진 집 잔해마다 천공반이 튀어나와 있었다. 남자, 여자, 아이 들…… 전인구가 생산에 참여하여 비행기나 군수품을 만들기 위해 일했다. 도시를 불태울 때 우리는 여자와 아이를 많이 죽일 것이라는 것을 알고 있었다. 그래도 그렇게 해야만 했다." 아닌 게 아니라 그는 더 나아가 특유의 거친 방식으로 "이런 민간인 학살에 새로운 것은 전혀 없다. 고대에 군대가 어느 도시에 포위전을 벌이면 모두가 싸움에 참여했다. 그리고 그 도시가 함락되면 약탈을 당하고 흔히 한 사람도 남김없이 죽임을 당했다"라고 쓰면서 "적의 잠재력"을 말소하거나 제거하는 일을 정당화하기까지 했다. 그러나 한편으로 르메이는 같은 회고록에서 독일 공중전에 관해 지나가는 대목에서 다음과 같이 썼다: "누구라도 엄청난 양의 폭탄을 떨어트리고 나서 조금이나마 상상력이라는 것에 시달린다면 침대에 누워 있는 아이 위로 커다란 석조가 와르르 무너져 내리거나 아니면 세 살짜리 여자애가 화상을 입어서 애타게 '엄마' '엄마'를 찾는 끔찍한 광경을 잠시 떠올릴 수밖에 없다. 그다음 그런 그림에서 고개를 돌려야 한다. 제정신을 유지하고자 한다면 그리고 조국이 자신에게 기대하는 일을 계속 수행하고자 한다면." Curtis E. LeMay with MacKinlay Kantor, *Mission with LeMay: My Story* (Doubleday, 1949), 383–384, 425를 보라.

74 USSBS, *Effects of the Atomic Bombs on Hiroshima and Nagasaki*, 21; J. Robert Oppenheimer, "Atomic Weapons and the Crisis in Science," *Saturday Review of Literature*, November 24, 1945, 10 (quoted in Bernard Brodie, ed., The Absolute Weapon: *Atomic Power and World Order* [Harcourt, Brace, 1946], 73).

75 Truman, *Memoirs*, vol. 1: 295 ("최소 50만 명인 미군 사상자"), 460 ("마셜 장군은 적의 본토에서 항복을 받아 내려면 미군이 최소 50만 명 희생될 수도 있다고 말했다"). 1959년에 있었던 컬럼비아대학교 담화는 Robert H. Ferrell, *Truman: A Centenary Remembrance* (Viking, 1984), 146을 보라.

76 Barton Bernstein, "A Postwar Myth: 500,000 U.S. Lives Saved," *Bulletin of the Atomic Scientists*, June/July 1986, 38 (처칠의 추정치); Winston Churchill, *The Second World War: Triumph and Tragedy* (Houghton Mifflin, 1953), 639.

77 Henry Stimson, "The Decision to Use the Bomb," *Harper's Magazine*, February 1947; Henry Stimson and McGeorge Bundy, *On Active Service in War and Peace* (Harper and Brothers, 1948), 632. 스팀슨의 글은 여러 곳에 다시 실렸으며, 뒤의 책 23장에 추가적인 논평과 함께 수록됐다.

78 Rhodes, *The Making of the Atomic Bomb*, 687–688; Groves, *Now It Can Be Told*, 264도 보라.

79 결호작전의 영역본과 그에 대한 분석은 *Reports of General MacArthur* (Japanese Demobilization Bureaux Records에서 편찬), vol. 2, part 2: *Japanese Operations in the*

Southwest Pacific Area (Government Printing Office, 1966), 601–609에 실려 있다.

80 D. M. Giangreco, "Casualty Projections for the U.S. Invasion of Japan, 1945–46: Planning and Policy Implications," *Journal of Military History*, vol. 61 (July 1997), 521–582, 특히 535–539, 561, 567. 르메이 장군은 회고록에서 일본 폭격 임무를 넘겨받았을 때 제20공군 참모장 로리스 노스태드(Lauris Norstad) 장군이 자신에게 "B-29기로 일을 진행해서 결과를 얻어 내. 결과를 얻지 못하면 자넨 잘릴 거야. 자네가 하지 못하면 결국 일본에 대규모 수륙 침공 작전이 펼쳐지고 미군이 50만 명 넘게 희생되겠지"라는 "요지로" 말했다고 회상했다; LeMay and Kantor, *Mission with LeMay*, 347. 전문 작가가 받아 쓴 이 회고록은 짓궂고 격의 없는 담화체 스타일을 의도적으로 채택하고 있으므로 인용의 정확성은 의심스럽지만 당시의 "사이판 비율" 사고방식에는 부합한다.
지언그레코의 분석은 원폭 투하 이전에 미 군부가 계획된 침공 작전에서 대단히 낮은 사망자 수치(2만~4만 6000명 사이)를 예상하고 있었다는 바턴 번스타인의 도발적인 주장에 대한 반박으로 나왔다; 특히 번스타인의 1986년 글 "A Postwar Myth," 38–40을 보라. "사망자" 숫자 싸움은 스미스소니언 항공우주박물관의 에놀라게이 전시를 둘러싼 1994~1995년의 논쟁에서 논란이 분분한 쟁점(이자 논쟁을 망치는 방해 요인)이 됐다. 이것은 광범위하며 종종 험악한 후속 논쟁도 야기했는데, 상당 부분은 온라인으로 접근할 수 있다. 지언그레코와 번스타인("사이판 비율"의 중요성에도 이의를 제기했다)을 둘러싼 논쟁은 이하 *Journal of Military History*에 실린 글들을 보라; 번스타인의 장문의 서평인 Barton Bernstein, "Truman and the A-Bombs: Targeting Noncombatants, Using the Bomb, and His Defending the 'Decision,'" vol. 62, no. 3 (July 1998), 547–570; exchange of letters, vol. 63, no. 1 (January 1999), 243–251; letters, vol. 63, no. 4 (October 1999), 1067–1070. 논쟁에서 지언그레코의 입장을 다시금 길게 설명한 1998년 7월 31일 자 글은 나중에 온라인에 "Casualty Estimates: D. M. Giangreco's Rebuttal of Barton J. Bernstein"으로 게재됐다(endusmilitarism.org, "nuclear weapons" 리스팅으로 접근 가능). 길게 이어진 논쟁 후폭풍의 사례는 Michael Kort, "Casualty Projections for the Invasion of Japan, Phantom Estimates, and the Math of Barton Bernstein," Passport (Newsletter of the Society for Historians of American Foreign Relations), December 2003와 번스타인이 쓴 장문의 반박 ("Marshall, Leahy, and Casualty Issues—Reply to Kort's Flawed Critique") in Passport, August 2004를 보라; Alperovitz, *The Decision to Use the Atomic Bomb*, 466–471도 보라.

81 Giangreco, "Casualty Projections," 564–567.

82 Giangreco, "Casualty Projections," 541–550; 지언그레코는 *Journal of Military History* 1999년 10월 호에 투고한 독자 편지에서 후버 보고서에 초점을 맞춘다. 지언그레코가 인용한 아이젠하워의 회고는 존 J. 매클로이(John J. McCloy)에게 보낸 편지에서 나온다. 지언그레

코는 나중에 트랜지스터 연구로 노벨 물리학상을 수상한 윌리엄 쇼클리(William Shockley) 박사가 종전 몇 달을 앞두고 준비한 군 내부 연구서도 인용하는데, 쇼클리의 연구는 가용한 사상자 데이터를 모두 분석했지만 정책 결정에 영향을 미칠 만한 시간 내에 마무리되지 못했다. 후버 보고서처럼, 이 연구도 침공 시 "아마 최소 500만~1000만 명의 일본인을 죽여야 할 것이다. 이 경우 우리 쪽에서는 40만~80만 명 사이의 전사자를 비롯해 170만~400만 명의 사상자가 나올 수도 있다"라고 결론 내리며 엄청난 인명 손실을 예상했다; Giangreco, "Casualty Projections," 568. 후버 메모(라고 제시되지는 않지만)를 비롯해 1945년 6월 시점에 최고위급에서 이뤄지던 사상자 예측에 관한 논의에 핵심이 되는 1차 사료는 appendices U, V, W in Sherwin, *A World Destroyed*, 335–363를 보라.

83 8장에서 《뉴욕타임스》 5월 30일 자 기사에 관한 논의를 보라. 침공 시 예측되는 미군 사망자 수치에 대한 전후(戰後) 과장된 평가의 반대면에는 히로시마와 나가사키의 실제 사망자 수에 대한 심각한 과소평가가 있었다. 이것이 반드시 고의적인 것은 아니었고, 상당 정도는 일본 관리들의 부정확한 평가에 의존한 탓이었다. 하지만 그와 동시에 방사선 중독을 비롯해 원폭의 효과에 관해 특정한 다수의 지식은 전후에 실제로 고의적으로 검열됐다; 전후 미국 과학자와 조사자 들의 주요 관심은 구조적·물리적 피해에 집중됐다. 근본적으로 승자든 전후 일본 정부든 생존자들이 방사선 효과에 관해 드러내 주는 것을 제외하면 희생자들에게 딱히 관심이 없었다.

84 Appendix M in Sherwin, *A World Destroyed*, 304–305.

85 6월 18일 회의에 대한 부분적 기록은 다양한 형태와 출처로 접근이 가능하다. U.S. Department of State, *Foreign Relations of the United States: The Conference of Berlin (The Potsdam Conference), 1945* (Government Printing Office, 1960), vol. 1: 903–910 (이하에서는 *FRUS: Conference of Berlin*으로 인용); appendix W in Sherwin, *A World Destroyed*, 355–363; Giangreco, "Casualty Projections," 552–560도 보라.

86 Rhodes, *The Making of the Atomic Bomb*, 676, 701; Peter J. Kuznik, "Defending the Indefensible: A Meditation on the Life of Hiroshima Pilot Paul Tibbets, Jr.," 온라인 *The Asia Pacific Journal: Japan Focus* (japanfocus.org), January 2008에 게재(티베츠에 관한 인용문은 Abe Spitzer의 것이다).

87 *Public Papers of the Presidents of the United States: Harry S. Truman, 1945*, 212, 362.

10장 거부할 수 없는 대량 살상 논리

88 한국전쟁에서 남한의 사망자는 100만 명 이상일 것이며, 그중 85퍼센트가량은 민간인이었다. 북한의 사망자 수도 비슷하다(북한 인구의 10퍼센트 이상). 베트남에서 1954년부터

1975년 사이 개연성 있는 사망자 추정치는 300만 명 이상이며, 이중 남북 베트남 민간인 사
망자는 200만 명가량으로 추산된다.

89 톰 잉글하트는 이러한 문화적 긴장을 *The End of Victory Culture: Cold War America and the Disillusioning of a Generation* (Basic Books, 1995)에서 창의적으로 다뤘으며 9·11 5주년 에 통찰력 있는 후기를 추가했다; Tom Engelhardt, "9-11 in a Movie-Made World," *Nation*, September 25, 2006을 보라.

90 트루먼 일기에서 이 대목 앞에는 "히틀러나 스탈린 일파가 이 원자폭탄을 발견하지 않은 것 은 세계에 확실히 좋은 일이다"라고 적혀 있다; Ferrell, *Off the Record*, 56. 레이히의 유명한 발언은 그의 회고록 *I Was There: The Personal Story of the Chief of Staff to Presidents Roosevelt and Truman. Based on His Notes and Diaries Made at the Time* (Whittlesey House, 1950), 441에 나온다. 라비에 대해서는 Kimball Smith, *A Peril and a Hope: The Scientists' Movement in America, 1945–7* (University of Chicago Press, 1965), ii를 보라. 제2차세계대전 이후 몇 십 년간의 불안과 양가적 태도에 대한 면밀한 분석은 Paul Boyer, *By the Bomb's Early Light: American Thought and Culture at the Dawn of the Atomic Age* (Pantheon, 1985)도 보라.

91 1947년 11월 MIT 강연에서 나온 오펜하이머의 자주 인용되는 발언은 다음과 같다. "저속 함이나 유머, 과장된 표현으로 완전히 지울 수 없는, 어떤 조야한 의미에서 물리학자들은 죄 악을 알았으며 이것은 그들이 잊어버릴 수 없는 지식이다."

92 맥아더는 *FRUS: Conference of Berlin*, vol. 1: 906을 보라. 연합군의 일본 본토 침공은 오키나 와에서 드러난 아수라장을 능가하는 참상을 불러왔을 수도 있다. 일례로 미군 계획가들은 방어자들을 무력화하기 위해 독가스 사용을 잠깐 고려했고, 일본의 벼농사를 망치고 심지 어 일본 주변의 어장을 파괴하기 위해 생화학 물질을 사용하는 것을 진지하게 고려했던 것 같다; Crane, *Bombs, Cities, and Civilians*, 137–138을 보라.

93 Sherwin, *A World Destroyed*, 207–208; 거의 무심하게 오고 간 이 대화는 어니스트 O. 로런 스(Ernest O. Lawrence)가 기억하고 있던 것이다.

94 무조건항복 쟁점에 대한 그루의 로비는 5월 28일 대통령에게 보내는 핵심 메모로 시작 됐고, 그의 두툼한 회고록 *Turbulent Era: A Diplomatic Record of Forty Years, 1904–1945* (Houghton Mifflin, 1952)에서 논의된다; 특히 일부 핵심 메모를 그대로 실은 ch. 36 ("The Emperor of Japan and Japan's Surrender"), 1406–1442를 보라. 상세한 주석이 달린 분석 은 Waldo H. Heinrichs Jr., *American Ambassador: Joseph C. Grew and the Development of the United States Diplomatic Tradition* (Little, Brown, 1966), 372–380을 보라; Alperovitz et al., *The Decision to Use the Atomic Bomb*, 특히 45–49, 58–61을 보라. 감청된 "소련을 통한 강 화 타진"은 *FRUS: Conference of Berlin*, vol. 1: 873–883과 vol. 2: 1248–1264, 1291–1298 을 보라. 도고 시게노리(東鄕茂德) 외무대신이 모스크바 주재 일본 대사에게 보낸 전문은

7월 12일 것으로서, 7월 13일에 해독되어 트루먼을 비롯해 고위 관리들에게 알려졌다. 포츠담선언의 여러 초안에 관해서는 *FRUS: Conference of Berlin*, vol. 1: 889–899와 vol. 2: 1265–1290, 특히 vol. 1: 894, 899 및 vol. 2: 1269를 보라; 최종안은 항복과 관련하여 뛰어난 부록이 딸린 Robert J. C. Butow, *Japan's Decision to Surrender* (Stanford University Press, 1954), 243–244를 비롯해 여러 출전에서 찾아볼 수 있다. 이 쟁점들에 관한 더 비판적인 논평 다수는 Alperovitz et al., *The Decision to Use the Atomic Bomb*에서 인용, 설명된다. 특히 31–79(무조건항복); 81–184(러시아 선택지); 221–317(일본 외교 전문 감청 내용을 포함한 포츠담)을 보라.

삭제된 "제12항" 앞으로는 수용 가능한 항복 조건들을 엄격히 나열해 놨다. 이러한 조건들로는 "세계 정복에 나서도록 일본 국민을 기만하고 오도한 모든 권력자와 유력 인사의 영구적 제거"(제6항); 승전국의 무기한 점령(제7항); 일본 주권은 4개 본섬과 불특정 군소 섬들로 제한(제8항); 일본군의 "완전한" 무장해제(제9항); "모든 전범에게…… 엄정한 정의"를 실현하는 한편 종교, 언론, 사상의 자유와 기본 인권을 존중 및 보장하는 것을 비롯해 "일본 국민 사이에서 민주적 경향" 강화, 지지(제10항); 전쟁 관련 산업 생산은 규제하나 경제를 지탱하는 데 불가결한 평화적인 산업이나 무역은 규제하지 않으며 배상금 지불(제11항) 등이 있었다. 7월 18일 부로 합동참모본부가 갖고 있던 제12항 초안은 다음과 같다: "점령 연합군은 우리의 목적이 달성되어 일본 국민을 대표하는 평화 성향의 책임 정부가 틀림없이 수립되는 대로 일본에서 철수할 것이다. 그런 정부가 다시는 침략을 꿈꾸지 않을 것으로 전 세계에 만족스럽게 드러난다면 이는 현 왕조하에서 입헌군주정을 포함할 수도 있다." 이 중 대한 두 번째 문장은 이 시점에 대체로 트루먼의 신임 국무장관 제임스 번스(7월 3일 취임)와 합동참모본부의 건의로 삭제됐다. 7월 26일에 포츠담에서 발표된 선언에서 제12항은 다음과 같다: "점령 연합군은 이러한 목적들이 달성되고 일본 국민의 자유롭게 표명된 의지에 따라 평화 성향의 책임 정부가 수립되는 대로 일본에서 철수할 것이다."

95 USSBS, *Summary Report (Pacific War)*, 26; USSBS, *Japan's Struggle to End the War*, 12–13도 보라. J. Robert Oppenheimer, "The International Control of Atomic Energy," *Bulletin of the Atomic Scientists*, vol. 1, no. 12 (June 1, 1946), 1; Bird and Sherwin, *American Prometheus*, 324, 348도 보라. 일본 붕괴의 임박성에 관한 조사국 결론을 상세히 분석한 것은 Barton Bernstein, "Compelling Japan's Surrender without the A-Bomb, Soviet Entry, or Invasion: Reconsidering the U.S. Bombing Survey's Early-Surrender Conclusion," *Journal of Strategic Studies*, vol. 18, no. 2 (June 1995), 101–148을 보라.

96 1945년 9월 20일 르메이는 기자회견에서 원자폭탄은 "종전과 아무 상관이 없"으며 전쟁은 원폭이든 소련의 선전포고든 2주 안으로 끝났을 것이라고 딱 잘라 말했다. 르메이는 원자폭탄의 개발이나 사용에 전혀 개입하지 않았고, 이런 직설적인 발언은 물론 일본의 항복을

재촉하는 데 그가 이끈 B-29 공습의 결정적 역할을 홍보하는 셈이었다. 홀지에게도 저의가 있었다고 한다면 그것은 일본이 각종 자원에 접근할 길을 차단하는 데 미 해군이 한 결정적 역할을 주장하는 것이었을 게다. Alperovitz et al., *The Decision to Use the Bomb*, 336(르메이), 331, 720(홀지)와 원폭 사용에 관한 군내 비판가들의 면면을 더 일반적으로 살펴본 같은 책 319-371을 보라. 여러 해 뒤에 르메이는 한 인터뷰에서 1945년 6월 워싱턴 합동참모본부 브리핑에 참석했을 때 공군 계획가들의 계산에 따르면 9월까지는 일본이 항복하게 만들 수 있다고 발표했다고 말했다. 그의 발표는 별다른 인상을 남기지 않았고(르메이가 기억하기에 "마셜 장군은 브리핑 거의 내내 잤는데 그럴 만도 했다. 틀림없이 아주 지쳐 있었을 것이다"), 같은 인터뷰에서 그는 "전쟁은 원자폭탄이 투하되기 전에 (사실상) 끝났다"라는 주장을 되풀이했지만 그와 동시에 모든 것을 고려해 봤을 때 "원자폭탄 사용은 현명한 결정"이었다고 말했다; Richard H. Kohn and Joseph P. Harahan, eds., *Strategic Air Warfare: An Interview with Generals Curtis E. LeMay, Leon W. Johnson, David A. Burchinal, and Jack J. Catton* (Office of Air Force History, United States Air Force, 1988), 63–65, 69–70. 홀지의 악명 높은 인종주의와 "일본 놈들을 죽여라" 웅변은 Dower, *War Without Mercy*, 36, 79, 85에 설명되어 있다. 아이젠하워의 자주 인용되는 비판은 그의 *Mandate for Change, 1953–1956: The White House Years* (Doubleday, 1963), 312–313을 보라. 레이히는 *FRUS: Conference of Berlin*, vol. 1: 909; Leahy, *I Was There*, ch. 23, 특히 441을 보라.

97 제너럴일렉트릭의 저명한 금속공학자인 위원장 제이 제프리스(Zay Jefferies)의 이름을 따 제프리스 보고서로 불리는 보고서의 초록은 appendix R in Sherwin, *A World Destroyed*, 315–322에 실려 있다; 본서 12장(본서 주 176)도 보라. 히로시마를 전후로 과학자들 사이에서 원폭 사용에 대한 우려를 표명한 문헌은 방대하다. 전시에 관해서는 특히 Smith, *A Peril and a Hope*, 그중에서도 ch. 1 (3–72)를 보라. 이와 같은 우려 대부분은 핵무기 경쟁을 방지하기 위한 국제 통제의 조속한 수립에 초점을 맞추며 닐스 보어(Niels Bohr)가 이 문제에 특히 관심을 갖고 루스벨트와 처칠에게 개인적으로 접근했지만, 그의 시도는 수포로 돌아갔다. 보어의 무익한 시도에 관한 문헌은 그 자체로 하나의 주제다. 일례로 Rhodes, *The Making of the Atomic Bomb*, 523–538, 620–621, 644–645, 782–788; Sherwin, *A World Destroyed*, ch. 4를 보라.

98 1945년 6월 11일에 나온 프랑크 보고서는 Smith, *A Peril and a Hope*, 371–383에 전문으로, appendix S in Sherwin, *A World Destroyed*, 323–333에 살짝 축약된 형태로 실려 있다. 보고서는 1946년 전쟁부에 의해 기밀 해제되어 *Bulletin of Atomic Scientists* 1946년 5월 호에 최초로 공개됐다. "로켓 폭탄"은 1944년 11월부터 독일이 수개월 동안 발사한 "V-2" 미사일을 가리키는 것으로 이 공격으로 주로 영국과 벨기에에서 민간인 3000명 이상이 사망했다.

99 Smith, *A Peril and a Hope*, 53–59; Alperovitz et al., *The Decision to Use the Atomic Bomb*,

185–191도 보라. 1945년 7월 12일 자인 여론조사 결과는 *Bulletin of the Atomic Scientists* 1948년 2월 호에 최초 공개됐다. 스미스의 전체적인 논의는 이러한 주도적 움직임들에 관여한 과학자들의 면면을 살펴보고, 그들의 우려를 해명하는 데 특히 도움이 된다. 다른 논평가들처럼 스미스는 시카고 과학자들이 이론적 문제들에 초점을 맞췄고 트리니티 시험 한참 전에 사실상 연구를 완료한 반면, 오펜하이머와 로스앨러모스 팀은 원폭 제조 작업에 마지막 순간까지 깊숙이 관여하고 있었음에 주목한다. 이는 신무기의 정치적 함의를 가장 예리하게 꿰뚫어 본 주도적 움직임들이 왜 로스앨러모스보다 시카고에서 나왔는지를 설명하는 데 도움이 된다. 로스앨러모스의 과학자들은 그런 문제들을 성찰할 시간이 없었던 것이다. 도덕적·정치적 이슈들에 매우 민감한—그리고 오펜하이머보다 워싱턴의 "정치가들"을 덜 신뢰한—프랑크와 레오 실라르드 같은 쟁쟁한 과학자들이 시카고에 존재했다는 사실도 차이를 낳았다.

100 Sherwin, *A World Destroyed*, 301 (5월 31일 마셜에 관해서는 appendix L) and 307–308 (appendix O for Bard); Herbert Feis, *The Atomic Bomb and the End of World War II* (Princeton University Press, 1966), 201. 자주 인용되는 미군 관계자들의 원폭 사용 비판 발언들은 Alperovitz et al., *The Decision to Use the Atomic Bomb*, 319–371에서 길고 자세히 볼 수 있다.

101 Truman, *Memoirs*, 462; Churchill, *The Second World War*, 638–639. 처칠은 전후 군비 통제라는 정치적 쟁점을 즉시 다뤄야 할 필요성과 관련해 과학자들의 우려를 잘 알고 있었는데 무엇보다도 그 주제를 둘러싸고 닐스 보어와 개인적으로 대단히 불쾌한 만남을 가졌기 때문이었다(위의 주 97을 보라). 이 문제에 관한 영국 공식 역사서는 "영국인들 사이에 존재한 의구심은 최고위급에서 표명되지 않았다"라는 말로 그 이슈를 더 조심스럽고 정확하게 표현한다; Margaret Gowing, *Britain and Atomic Energy, 1939–1945* (Macmillan, 1964), 370–371. 하지만 Gowing은 그가 살펴본 "수천 건"의 영국 문건 가운데에서 "원자폭탄을 사용해야 하는지 의구심을 표명한 것"은 단 두 건만 찾아냈으며 이를 미국 쪽에서 벌어진 논쟁들과 대비한다.

102 appendix M in Sherwin, *A World Destroyed*, 304–305를 보라(과학 패널 1945년 6월 16일 회의록). 신무기 사전 "시연"을 거부할 때 제시된 많은 논거가 여러 출처에 기록되어 있다; 예를 들어, Feis, *The Atomic Bomb and the End of World War II*, 196–199; Gowing, *Britain and Atomic Energy*, 373; Rhodes, *The Making of the Atomic Bomb*, 647–648; Sherwin, *A World Destroyed*, 207–208; Bird and Sherwin, *American Prometheus*, 298–299; Alperovitz et al., *The Decision to Use the Bomb*, 163–164 등을 보라. 트리니티 시험 자체는 사람이 살지 않는 장소에서 실시될 시연의 효과성을 둘러싼 회의론을 강화하는 경향이 있었다. 시험 폭발이 신무기의 무시무시한 파괴력을 확인해 주고 나서 결국 남은 건 뭐란 말인가? 유리로 변성된 사막의 모래 그뿐이었다. 오펜하이머는 나중에 "우리는 이것들 가운데 하나를

사막 위에 폭죽처럼 터트려 봤자 대단한 인상을 심어 줄 것 같지 않다고 생각했다⋯⋯ 사막에서의 파괴 효과는 제로였다"라고 말했다"; United States Atomic Energy Commission, *In the Matter of J. Robert Oppenheimer: Transcript of Hearing before Personnel Security Board, Washington, D.C., April 12, 1954 through May 6, 1954* (Government Printing Office, 1954; reprinted by MIT Press, 1971), 34.

103 Alperovitz et al., *The Decision to Use the Atomic Bomb*, 243–247, 300–301. 이것이 알페로비츠와 마틴 셔윈, 카이 버드를 비롯해 원폭 사용 결정에 관해 유력한 비판가들이 내놓는 핵심 테마다.

104 위의 주 94의 인용문 외에도 Barton J. Bernstein, ed., *The Atomic Bomb: The Critical Issues* (Little, Brown, 1976), 29–32에 발췌된 1947년 2월 12일 자 그루가 스팀슨에게 보낸 편지도 보라.

105 *FRUS: Conference of Berlin*, vol. 1: 909.

106 *FRUS: Conference of Berlin*, vol. 1: 895–897 and, for Grew's brief rejoinder, 900–901.

107 일본인들은 서양식 민주주의를 실시할 능력이 없다는 그루와 여타 인사들의 주장에 관해서는 본서 15장의 "'일반 행정가' 대 '지역 전문가'"를 보라. 대사로 주재한 10년 동안 일본인과의 교류 및 그들에 대한 그루의 지식은 한동안 내대신(內大臣)을 역임하기도 한 열렬한 충신인 마키노 노부아키(牧野伸顕) 백작 같은 천황의 측근들을 비롯해 거의 전적으로 상류층 개인들에게 집중되어 있었다; Dower, *Empire and Aftermath*, 108–112. 국무부 안팎의 "일본파" 및 그들의 정치적·이데올로기적 비판가들은 Howard B. Schonberger, *Aftermath of War: Americans and the Remaking of Japan, 1945–1952* (Kent State University Press, 1989), 특히 1장(그루)과 3장(T. A. 비슨)을 보라. 천황과 더 일반적으로 전후 대일 정책에 대한 일본파의 온건 노선에 대한 비판은 당시 *Amerasia*와 *Far Eastern Survey* 같은 좌파, 진보 성향 소규모 간행물을 통해 대중에 도달했다. 이런 비판은 오언 래티모어(Owen Lattimore)의 얇은 책을 통해 특히 비하 조로 전달되었는데, 그 책에서 저명한 아시아 전문가는 "우리의 싸구려 일본 전문가 브라민들(Brahmins, 배타적이고 오만한 지식인, 전문가 집단)의 성우(聖牛, 지나치게 신성시되어 비판이나 의심이 허용되지 않는 관습이나 제도)"를 폄하하며 더 나아가 "1번 성우이자 사실 모든 성우 가운데 끝판왕은 일본 천황"이라고 단언했다. (그가 꼽은 2번 성우는 브라민들이 평화 세력이라고 본 온건파나 "리버럴들"이었다); Owen Lattimore, *Solution in Asia* (Little, Brown, 1945), 특히 29, 46, 187–191를 보라. 중국파 입장의 강력한 지지자인 앤드루 로스는 항복 직후에 출간되어 일본 점령 초기에 리버럴한 개혁가들 사이에서 "성서"로 통하게 되는 책에서 이러한 주장들을 잘 포착했다; "국무부와 일본의 '구파'(The State Department and Japan's 'Old Gang')" 장과 "히로히토와 함께 일을 할 수 있는가?(Can We Do Business with Hirohito?)"라는 제목이 붙은

또 다른 장이 포함된 Andrew Roth, *Dilemma in Japan* (Little, Brown, 1945)을 보라. 매클리시와 애치슨을 비롯해 중국파의 입장에 동조한 유력한 국무부 관리들로는 스탠리 혼벡(Stanley Hornbeck)과 존 카터 빈센트(John Carter Vincent)가 있었다.

루스벨트 아래서 국무장관으로 재직했던 코델 헐은 긴 회고록에서 "무조건항복"에 한 장을 할애했다. 그는 천황이 일정 역할을 계속 유지하는 것이 바람직하다는 주장에 공감하긴 했어도 포츠담 직전에 번스가 이 문제를 두고 연락했을 때 "일본에 대해 너무 유화책같이 보인다"라는 근거에서 제12항의 무조건항복 문구 수정에 반대했다; *FRUS: Conference of Berlin*, vol. 2: 1267–1269; Cordell Hull, *The Memoirs of Cordell Hull* (Macmillan, 1948), vol. 2, ch. 113, 특히 1591–1594를 보라. 헐과 당시 여타 비판가들은 원자폭탄 정책 결정 과정에서 배제되어 있었고, 제12항에서 "입헌군주정"이라는 말을 삭제하는 데 결정적 역할을 한 배후 인물로 일반적으로 간주되는 신임 국무장관 번스에게 그들의 사고가 얼마나 영향력을 미쳤는지는 불분명하다. 하지만 전후 회고록에서 번스는 "우리가 천황의 축출을 요구해야 하는지를 둘러싸고 항복 당시에 국무부 내 의견 차이"에 관해 알고 있었으며, 이 특정한 이슈에 관해 실질적으로 그의 반대 입장은 그들의 입장과 일치했다고 언급했다; James F. Byrnes, *Speaking Frankly* (Harper & Brothers, 1947), 204.

108 모스크바 주재 일본 대사 사토 나오타케(佐藤尚武)도 소련 정부에 전달하라고 지시받은 메시지가 미사여구가 가득하지만 "현실과 동떨어져 있고 내용에 알맹이가 없다"라고 그 공허한 성격을 지적했다. 그는 소련이나 다른 연합국이 이 메시지를 진지하게 받아들일 가능성은 "거의 없다"라고 곧장 도조 총리에게 말했다; *FRUS: Conference of Berlin*, vol. 1: 877–883을 보라. 7월 26일 포츠담선언이 나온 뒤에도 외무대신(도조가 외무대신도 겸했다) 이 모스크바에 중재 의사를 타진해 보라고 지시하자 사토는 다시금 코웃음을 금치 못했다. 그는 도조에게 "천황 폐하의 뜻을 받들어 우리는 이 비참한 전쟁을 끝내고 싶다는 소망을 표현하고 스탈린은 세계평화의 옹호자가 될 것이라는 등을 말해 봤자" 이런 제스처는 모두 "허사일 것"이라고 답신을 보냈다. 그는 상관에게 "귀하의 시각과 현 실정 사이에 심각한 간극이 보인다"라고 대담하게 말했다; 위의 책, vol. 2: 1296–1297. 이 결정적 국면에서 천황의 무능과 우유부단은 Herbert Bix, "Japan's Delayed Surrender: A Reinterpretation," *Diplomatic History*, vol. 19, no. 2 (Spring 1995), 197–225과 살짝 수정된 형태로 Bix's *Hirohito and the Making of Modern Japan*, ch. 13 (487–530)에서 볼 수 있다. Tsuyoshi Hasegawa, *Racing the Enemy: Stalin, Truman, and the Surrender of Japan* (Harvard University Press, 2005), 특히 106–110를 보라. 하세가와는 모스크바를 향한 중재 의사 타진을 "서투른 외교로 귀중한 시간을 허비"한 것으로 묘사하며, "일본 정부가 빠져 있던 환상의 세계"를 반영한 것이자 "처참한 실패" "몽상"이라고 표현한다.

109 나는 Dower, *Japan in War and Peace*, 164–165 (특히 n. 10)에서 일본과 독일의 "완전하고

영구적인" 무장해제에 대한 전시의 집요한 요구들에 주목했다. 일찍이 1943년 12월 1일 카이로선언에서 미국, 영국, 비점령 지역 중국 지도자들은 일본이 식민지를 박탈당하고 "폭력과 탐욕으로 빼앗은 여타 영토에서 축출될 것"이며, 일본의 주권은 본토의 주요 4개 섬에 국한될 것임을 분명히 했다; FRUS: *Conference of Berlin*, vol. 1: 926.

110 Truman, *Memoirs*, 472–476, 481, 484, 503–504; *Public Papers of the Presidents of the United States: Harry S. Truman, 1945*, 216–218; Butow, *Japan's Decision to Surrender*, 241–250 (일본 항복과 관련한 문서). 번스 각서에 관한 본서의 13장도 보라.

111 나는 *Embracing Defeat*, 9~11장에서(277–345) 점령기의 "천황제 민주주의"를, 12장과 13장(346–404)에서 신헌법을 논의했다. 맥아더가 실시하고 엄중한 포츠담선언이 밝힌 것보다도 한참 더 나간 초창기 개혁주의 의제에 관해서는 위의 책 2장(65–84)을 보라. 일본 점령은 본서의 3부에서 논의되며 2003년 이라크 침공 이후 미국의 점령과 대비된다.

112 *FRUS: Conference of Berlin*, vol. 1: 905, 930 (1945년 6월 평가); Truman, *Memoirs*, vol. 1: 458 (스탈린에게 신무기에 관해 "무심히" 언급했다는 내용). 1941년 4월 13일에 일본과 소련은 5년간의 상호 불가침 협정을 맺었고; 1944년 4월 5일에 소련은 협정이 만료되면 갱신하지 않겠다는 의사를 밝혔다. 이는 앞날을 예고하는 전조였지만 1945년 8월 8일 소련의 대일본 선전포고는 어쨌거나 협정 위반이었다.

113 이 반공, 반소 방첩의 강도와 범위는 1954년 오펜하이머의 신뢰성과 충성심에 관한 원자력위원회 조사에서 대중에게 생생하게 드러났고, 오펜하이머는 나중에 보안허가를 거부당했다. 비록 이 청문 조사의 근본적 이유는 열핵(수소)폭탄의 개발 같은 관련 이슈들에 대한 오펜하이머의 전후 견해들을 자세히 취급하긴 하지만, 조사의 상당 부분은 1930년대 중반부터 이른바 공산주의 동조자로서 그의 활동과 정치적 관심사, 지인들에 관해 캐묻는 데 할애됐다. *In the Matter of J. Robert Oppenheimer*; Groves, *Now It Can Be Told*, 특히 ch. 10을 보라. 카이 버드와 마틴 셔윈은 여러 상을 수상한 *American Prometheus*에서 이 문제를 길게 다룬다.

114 요나이는, Bix, "Japan's Delayed Surrender," 217–218과 동일 저자의 *Hirohito and the Making of Modern Japan* (HarperCollins, 2000), 509–510에서 길게 인용된다. 고노에는 Hasegawa, *Racing the Enemy*, 198을 보라.

115 Alperovitz et al., *The Decision to Use the Atomic Bomb*, 418 (해독된 8월 12일 전문); Hasegawa, *Racing the Enemy*, 3, 5, 198–199, 295–298. 원자폭탄의 충격을 강조한 다른 일본 학자의 반대 의견은 Sadao Asada, "The Shocks of the Atomic Bomb and Japan's Decision to Surrender: A Reconsideration," *Pacific Historical Review*, vol. 67, no. 4 (1998)를 보라. 하세가와는 이런 의견을 반박하고 "Tsuyoshi Hasegawa vs. Sadao Asada: Debating Hiroshima," *Journal of Strategic Studies*, vol. 29, no. 3 (June 2006), 565–569에서 아사다와 논쟁을 벌였다.

116 원자폭탄**보다는** 소련의 선전포고가 일본 항복을 재촉하는 데 결정적이었다는 주장은 실제로 미국 일각에서도 즉각 표명됐다. 일례로 1945년 8월 15일《뉴욕타임스》는 중국에서 "플라잉 타이거" 항공대를 이끌며 전설이 되다시피 한 지도자 클레어 셔놀트에 관한 기사를 다음과 같은 2단 표제와 함께 실었다: "셔놀트, 소련이 종전 강요했다고 주장 / 원폭에도 불구하고 러시아 참전이 일본과의 전쟁을 결정했다고 공군 장군 말해". 기사 서두는 다음과 같다: "러시아 참전은 전쟁 종식을 앞당기는 데 결정적 요인이었고 원자폭탄이 떨어지지 않았어도 종전을 앞당겼을 것이라는 게 오늘 독일을 거쳐 귀국 중에 [로마에] 도착한 클레어 셔놀트 소장의 견해다." (기사에 묻혀 지나가듯 언급되는 또 다른 내용은 천황에 대한 셔놀트의 입장으로, 그의 입장은 조지프 그루의 마음에 들지 않았을 것이다. 기사는 "셔놀트 장군은 일본 황가에 동정적이지 않으며 민중 봉기가 발생해 황가를 축출했더라면 더 좋았을 것이라고 생각한다"라고 전한다.

117 P. M. S. Blackett, *Fear, War, and the Bomb: Military and Political Consequences of Atomic Energy* (Wittlesey House, McGraw-Hill, 1948), 139–140. 책의 영국판 제목은 *Military and Political Consequences of Nuclear Energy*였다. 블래킷은 여러 전후 정보 출처 가운데 특히 미국 전략폭격조사국이 제시한 정보와 결론으로부터 이런 내용들을 추론하고 있었다.

118 Atomic Energy Commission, *In the Matter of J. Robert Oppenheimer*, 561; 같은 책, 34에서 오펜하이머가 전시와 전후 고려 사항들을 어떻게 결합했는지도 보라.

119 Truman, *Memoirs*, vol. 1: 87; 스팀슨 보고에 관해서는 appendix I in Sherwin, *A World Destroyed*, 291–292를 보라. 이 문제들에 관한 이른바 수정주의 연구는 1965년에 처음 출판되어 20년 뒤에 신판(Penguin, 1985)이 나온 Gar Alperovitz, *Atomic Diplomacy: Hiroshima and Potsdam*의 출간과 더불어 대중적 관심과 사료적 뒷받침 측면에서 새로운 수준으로 뛰어올랐다. Martin Sherwin, Kai Bird, Richard Rhodes, Barton Bernstein, Tsuyoshi Hasegawa와 여타 학자들도 원폭과 소련 전쟁 간의 연결 고리를 설득력 있고 상세하게 입증해 왔다. 1995년 원폭 투하 50주년을 맞아 알페로비츠와 여러 협력자는 입수 가능한 기록들을 끌어모아 재평가한 거의 백과사전 같은 *The Decision to Use the Atomic Bomb*을 펴냈다.

120 로트블랫은 그로브스의 발언을 1989년 마틴 셔원과의 인터뷰에서 회고했다. Bird and Sherwin, *American Prometheus*, 284–285를 보라. 재정의된 신무기의 목적에 낙심한 로트블랫은 1944년 12월에 맨해튼계획에서 탈퇴하여 이런 식으로 단호하게 행동한 극소수 과학자 중 한 명이 되었고 전후에 반핵운동에 헌신했다. 그는 '과학과 국제정세에 관한 퍼그위시회의(Pugwash Conferences on Science and World Affairs)' 사무총장으로서 핵무기 폐기를 위해 노력해 온 공로로 1995년 노벨평화상을 수상했다. 그로브스는 Atomic Energy Commission, *In the Matter of J. Robert Oppenheimer*, 173을 보라; 이 발언은 맨해튼계획 참가자들을 상대로 빈틈없이 수행된 반공 방첩 감시를 설명하는 맥락에서 나왔다. 그로브스

의 회고록 *Now It Can Be Told*, 132, 141도 보라.

121 Spencer R. Weart and Gertrud Weiss Szilard, eds., *Leonard Szilard: His Version of the Facts* (MIT Press, 1978), 184; James F. Byrnes, *All in One Lifetime* (Harper, 1958), 284. Rhodes, *The Making of the Atomic Bomb*, 636–638; Smith, *A Peril and a Hope*, 29–30도 보라. 맨해튼계획이 시작될 때부터 소련에 관대한 입장이라고 의심되는 과학자들은 미행을 당하고, 대화가 녹음되는 등 그로브스에게 보고하는 방첩요원들로부터 가능한 모든 방식으로 철저하게 감시받았다. 1954년 원자력위원회의 오펜하이머 조사 청문회와 Bird and Sherwin, *American Prometheus*를 보라. 실라르드와 동료들은 이 성과 없던 방문 당시에도 늘 그렇듯 미행을 당했다.

122 스팀슨 일기 1945년 5월 14, 15, 16일 자와 6월 6일 자; doug-long.com/stimson의 "Hiroshima: Henry Stimson's Diary and Papers"에서 접근 가능. 하버드대학교 총장이자 임시위원회의 위원이던 코넌트는 일찍이 1944년에 미국의 신무기 보유가 향후 러시아와의 군비제한 협상에서 "협상 카드"라는 개념을 도입했다; Sherwin, *A World Destroyed*, xxiii.

123 Truman, *Memoirs*, vol. 1: 295, 454–455, 469, 475–476, 501.

124 Byrnes, *Speaking Frankly*, 208; Gregg Herken, *The Winning Weapon: The Atomic Bomb in the Cold War, 1945–1950* (Vintage, 1982), 44 (7월 24일 월터 브라운의 일기 인용).

125 Morison, *Turmoil and Tradition*, 615–616; Groves, *Now It Can Be Told*, 135; Sherwin, *A World Destroyed*, 138, 199–200; Thomas and Witts, *Enola Gay*, 90–92. 1945년 3월 15일 루스벨트와의 마지막 만남에서 스팀슨은 "맨해튼계획의 낭비 소문에 우려가 크고" 그 프로젝트가 "헛짓거리"로 드러날까 봐 걱정하는 "저명한 어느 공직자"에게서 온 메모를 논의했다. 스팀슨은 일은 순조롭게 잘 진행되고 있지만 "전쟁이 끝난 뒤 향후 [무기] 통제"와 관련하여 "첫 번째 발사체가 사용되기 전"에 해결되어야 할 사안들이 있다고 말했다.; Stimson and Bundy, *On Active Service in Peace and War*, 615–616.

126 Weart and Szilard, *Leonard Szilard*, 184. Sherwin, *A World Destroyed*, 138, 330 (appendix S 에서 프랑크 보고서)도 보라. 허버트 페이스는 오크리지를 방문한 뒤 "정말로 걱정할 필요가 없다. 프로젝트가 성공한다면 무슨 일이 있었는지 아무도 조사하지 않을 거고, 성공하지 못한다면 모두가 평생 동안 이것만 조사할 것"이라는 말로 은근슬쩍 장난스레 상관을 안심시킨 전쟁부 차관의 전시 보좌관을 인용한다; *The Atomic Bomb and the End of World War II*, 198. 1945년에 20억 달러는 2008년에 200억 달러가 넘는 액수였다.

127 Blackett, *Fear, War, and the Bomb*, 138.

128 번스의 부관인 월터 브라운의 일기는 사우스캐롤라이나대학교에 소장된 F. Byrnes Papers 에 포함되어 있다; 더 온전한 인용문은 Wilson D. Miscamble, *From Roosevelt to Truman: Potsdam, Hiroshima, and the Cold War* (Cambridge University Press, 2007), 232를 보라. 천

황에 관한 6월 29일《워싱턴포스트》설문조사에서 응답자의 나머지 23퍼센트는 "기타 의견과 의견 없음"으로 분류됐다; George H. Gallup, *The Gallup Public Opinion, 1935–1971* (Random House, 1972), vol. 1: 488–489도 보라.

11장 달콤함, 아름다움, 그리고 이상주의적 절멸

129 Rhodes, *The Making of the Atomic Bomb*, 734.

130 Joseph Rotblat, "Leaving the Bomb Project," *Bulletin of the Atomic Scientists*, vol. 41, no. 7 (August 1985), 18.

131 Kenneth D. Campbell, "Sweetness, Shame of the A-Bomb," *MIT Tech Talk*, October 2, 1991 (바이스코프의 MIT 강연에서 인용). 많은 과학자가 나가사키 원폭 투하는 불필요했다는 믿음을 공유했다; Smith, *A Peril and a Hope*, 78을 보라. 당시 내부 인맥이 있었던 한 일본 과학자의 유사한 주장은 Taro Takemi, "Remembrances of the War and the Bomb," *Journal of the American Medical Association*, vol. 250, no. 5 (August 5, 1983), 618–619를 보라. 로스앨러모스에서 이론물리학 팀을 이끈 한스 베테(Hans Bethe)는 바이스코프와 유사한 말로 당시를 돌이키며 후회를 드러냈다. "많은 이가 로스앨러모스의 원자폭탄 프로그램에서 알아차린 도덕적이거나 인도적 문제들"을 과학자들은 어떻게 봤는가라는 질문을 받았을 때 그는 다음과 같이 대답했다: "안타깝게도 전시에— 적어도—나는 이 문제에 그다지 관심을 기울이지 않았다고 답해야겠다. 우리에게는 해야 할 일이, 매우 어려운 일이 있었다. 우리가 무엇보다 원했던 일은 그 일을 완수하는 것이었다. 우리가 할 수 있는 방식으로 승리에 기여하는 것이 가장 중요한 일인 듯했다. 우리의 노고가 마침내 결실을 맺고 일본에 폭탄이 떨어진 다음에야, 오로지 그때서야 어쩌면 그보다 조금 전에야 우리는 그 도덕적 함의에 관해 생각하기 시작했다."; Atomic Energy Commission, *In the Matter of J. Robert Oppenheimer*, 326.

132 텔러와 터크는 Nuel Pharr Davis, *Lawrence and Oppenheimer* (Simon & Schuster, 1968), 177, 185–187에서 인용; 오펜하이머는 Atomic Energy Commission, *In the Matter of J. Robert Oppenheimer*, 14를 보라. 1954년 오펜하이머의 충성심을 심사하는 청문회는 "끔찍한" 수소폭탄을 개발하기 위한 전후 속성 집중 프로그램을 그가 처음에 반대한 탓이 꽤 컸지만, 그와 동시에 그는 "그것이 달콤하고 멋지고 아름다운 일"이자 "기술적으로 너무 달콤해서 이러쿵저러쿵 따질 수 없다"라고 시인했으며 결국에는 프로젝트에 찬성했다; 위의 책 229, 251을 보라. 그로브스 장군이 이 문제에 관해 1954년 청문 위원들에게 한 발언은 천연덕스럽고 거의 익살맞기까지 하다. 그는 전쟁이 끝났을 때 과학자들은 전부 "나가길 원했"지만, "6개월간 그렇게 극도의 자유를 누리고 난 뒤 그들은 몸이 근질거리기 시작했고 아시

다시피 거의 모두가 정부 연구로 복귀했는데, 그 일이 너무 흥미진진했기 때문이고 내 생각
엔 지금도 흥미진진할 거다"라고 촌평했다; 위의 책 178.

133 Atomic Energy Commission, *In the Matter of J. Robert Oppenheimer*, 13, 81.

134 Alice Kimball Smith and Charles Weiner, eds., *Robert Oppenheimer: Letters and Recollections* (Harvard University Press, 1980), 315–325, 특히 317.

135 〈하이 눈〉 비유는 I. I. 라비가 존 엘스(Jon Else)의 1980년 다큐멘터리영화 *The Day after Trinity*에서 한 것이다. Rhodes, *The Making of the Atomic Bomb*, 676에서도 인용된다. 페르미는 Robert Junck, *Brighter than a Thousand Suns*, 202를 보라. 미국 동료들을 상대로 한 페르미의 신랄한 발언들은 양면성을 띠기도 하는데, 1943년 초창기에 로스앨러모스에서 과학자들과 만난 어느 자리에서 그는 오펜하이머가 "놀란"이라고 묘사한 목소리로 "당신 네들 실제로 폭탄을 만들고 **싶어 하는** 것 같군"이라고 외쳤다고 한다; Davis, *Lawrence and Oppenheimer*, 182.

136 Stimson Diary, April 6–11, 1945; June 6, 1945. 그로브스와 스팀슨이 의견이 달랐던 몇몇 쟁점 가운데 하나는 4월에 작성된 원래 폭격 후보지 목록에 교토를 포함시키는 문제였다. 그로브스는 목록에 오른 후보지 중에 인구 최대 도시인 교토가 "면적이 넓어서 원자폭탄의 효과를 빠짐없이 알아볼 수 있는 반면, 히로시마는 이런 측면에서 교토만큼 만족스럽지 못하다"라는 근거에서 교토를 포함시키는 것을 강하게 지지했다. 전전에 고도를 방문하고 그곳의 문화적·역사적 중요성에 감명을 받은 스팀슨은 교토 파괴는 심리적으로 역효과를 불러일으킬 수도 있다고 생각했다; Groves, *Now It Can Be Told*, 273–276.

137 Truman, *Memoirs*, vol. 1: 460; Gowing, *Britain and Atomic Energy*, 367–368. 독일의 핵 활동의 범위를 파악하기 위한 올소스 작전을 다루는 2차 문헌은 방대하다. 그로브스도 이 작전을 회고하는 데 여러 장을 할애했다.

138 Richard G. Hewlett and Oscar E. Anderson Jr., *A History of the United States Atomic Energy Commission*, vol. 1: *The New World, 1939/1946* (Pennsylvania State University Press, 1962), 252–254; Sherwin, *A World Destroyed*, 209–210, 284 (9월 18일 하이드파크 비망록은 appendix C); Arjun Makhijani, "'Always' the Target?" *Bulletin of the Atomic Scientists*, vol. 51, no. 3 (May/June 1995), 23–27; Makhijani, "Nuclear Targeting: The First 60 Years," *Bulletin of the Atomic Scientists*, vol. 59, no. 3 (May/June 2003), 60–65. 셔윈도 1943년 5월 회의 한 달 뒤에 버니바 부시가 자신이 루스벨트와 함께 "일본이나 일본 함대를 상대로" 한 원폭 "사용 가능성에 관해 잠깐 이야기했고" 계속하여 다소 애매모호하게 이는 독일에서 일본으로 사고의 변화를 반영한다고 적었음을 지적한다. 셔윈은 1944년 봄까지 분명하게 폭격 대상이 이렇게 바뀐 데 대해 다음과 같은 추가적 요인들을 제시한다: "(1) 유럽에서의 전쟁이 먼저 종식될 것으로 예상됐다; (2) 영국보다는 태평양 섬에서 폭탄을 조립하는 것이

더 안전했다; (3) 미군 항공기(B-29)로 미국 전쟁 권역의 목표를 상대로 폭탄을 투하한 것은 영미 공동 개발에서 '미국의' 우위를 강조했다.

139 그로브스는 일본이 핵무기를 제조할 우라늄이나 산업적 능력이 없다는 것이 분명했으므로 일본의 원자폭탄 개발 가능성에 관한 우려는 전혀 없었다고 시인했다; *Now It Can Be Told*, 187. 일본의 막연한 전시 핵무기 프로젝트는 "'NI' and 'F': Japan's Wartime Atomic Bomb Research," in Dower, *Japan in War and Peace*, 55–100에서 논의된다; Walter F. Grunden, *Secret Weapons and World War II: Japan in the Shadow of Big Science* (University Press of Kansas, 2005), ch. 2 (48–82)도 보라.

140 Agee, *Agee on Film*, 43–44; 본서 8장(주 25)도 보라.

141 Morrison, *Hellbirds*, 146.

142 Stimson and Bundy, *On Active Service in War and Peace*, 613 (본문의 인용문); Groves, *Now It Can Be Told*, 253, 265–266와 140("우리의 임무는 전쟁을 최대한 조기에 종식할 강력한 원자폭탄을 개발하는 것이었다")도 보라. *In the Matter of J. Robert Oppenheimer*, 163에서 그로브스가 원자력위원회에 출석해 한 발언도 보라. 종전 직후 시기에 가장 명료하게 생각을 표현한 "현실주의자"인 조지 케넌(George Kennan)은 1954년 오펜하이머 청문회에 팽배했던 관점을 드러낸다. 그의 발언은 (1945년의 핵분열 폭탄보다는) 구체적으로는 수소폭탄에 관해 이야기하고 있었지만 널리 공유된 일반적 견해에 가까웠다: "결국에 여기서 우리가 다루고 있는 것은 무기이며, 우리가 무기를 다루고 있다는 것은 사람을 죽이는 물건을 다루고 있다는 뜻이고, 이 문제에서 도덕성에 관한 고려 사항들은 무관하다고 생각한다"; Atomic Energy Commission, *In the Matter of J. Robert Oppenheimer*, 368.

143 Atomic Energy Commission, *In the Matter of J. Robert Oppenheimer*, 11, 31–33.

144 Arthur H. Compton, *Atomic Quest: A Personal Narrative* (Oxford University Press, 1956), 238; Groves, *Now It Can Be Told*, 253, 260, 279, 283; Atomic Energy Commission, *In the Matter of J. Robert Oppenheimer*, 773 (알바레즈에 관해서); Smith, *A Peril and a Hope*, 37, 63, 65.

145 Smith, *A Peril and a Hope*, 49; Gowing, *Britain and Atomic Energy*, 368–373. 대독일 공중전에 관한 영향력 있는 에세이에서 W. G. 제발트는 영국의 폭격 공습이 영국 전시 물자 생산의 3분의 1을 "빨아들였다"라는 추정치를 인용하고, 더 나아가 그러한 "규모의 물질적·조직적 생산은 자체의 추진력이 생겨서…… 단기적인 경로 수정이나 제한은 배제되며, 지난 3년 동안 공장과 생산 시설이 집중적으로 확장되어 그 기획이 정점에 도달했을 때, 다시 말해 최대의 파괴성에 도달했을 때에는 특히 그렇다"라고 지적한다. 제발트가 본 대로, 경제적 요구와 후방 전선의 사기 진작, 보복, 그리고 "전쟁이란 적의 주거지, 역사, 자연환경과 더불어 적을 최대한 궤멸하는 것이 목표라는 모든 전쟁의 가장 깊숙한 곳에 자리한 원칙에

대한 공감" 등이 이 추진력에 힘을 보탰다; *On the Natural History of Destruction*, 18–19; 폭탄이 낭비해서는 안 될 "비싼 품목"이었다는 점에 관해서는 65를 보라.

146 Sherry, *The Rise of American Air Power*, 특히 ch. 6 ("The Dynamics of Escalation"), 7 ("The Sociology of Air War"), 8 ("The Sources of Technological Fanaticism"), 그리고 9 ("The Triumphs of Technological Fanaticism"); 노동력은 190에, "파괴의 실험장"이라는 평가는 234–235에서 다룬다.

147 그로브스는 원폭의 개발과 사용에서 자신이 한 역할을 설명하면서 "구획화 규칙"에 지속적으로 방점을 찍었다; 일례로 그의 *Now It Can Be Told*, 140을 보라; *In the Matter of J. Robert Oppenheimer*, 164, 175에서 원자력위원회에서의 진술도 보라.

148 텔러의 회고는 1962년 텔러의 출판물을 바탕으로 한 Smith, *A Peril and a Hope*, 56을 보라. 오펜하이머 인용은 Atomic Energy Commission, *In the Matter of J. Robert Oppenheimer*, 236을 보라. 1954년 원자력위원회 청문회는 냉전과 이른바 매카시즘에 앞서 미국 사회에 나타난 애국주의와 충성심의 전제 및 근간 원칙 들을 극명하게 드러냈다. 어떤 비판적 성찰이든, 그리고 "정치적·외교적·군사적 고려 사항들"에 관해서나 "전략적·전술적 무기 사용과 과학자들의 기술적 임무 바깥에 위치한 기타 사안들"에 관해 표명된 의견은 확실히 부적절하거나 수상쩍은 것으로 여겨졌다; 일례로 위의 책, 455, 958–960을 보라. 증인들은 "국가에 대한 충성"을 "친구에 대한 의리"보다 더 중시하는가라는 질문도 받았다; 위의 책, 624–625, 654.

149 Groves, *Now It Can Be Told*, 265, 271.

150 Morison, *Turmoil and Tradition*, 620–621. 여러 공식 문서가 기밀 해제되기 전에 글을 쓴 모리슨은 원폭 사용의 주된 이유는 "대일본 전쟁의 종식 그 자체를 위해서였다"라고 결론 내렸다(622). 스팀슨의 일기에 친숙하고 이 사안들과 밀접했던 개인들과 수차례 대화를 주고받은 그는, 스팀슨이 온갖 번민에도 불구하고 원폭 투하에 진짜로 의구심을 품었다는 주장을 지지할 만한 증거를 발견하지 못했음도 분명히 했다(635).

151 링컨은 1848년 1월 12일 하원 연설에서 이같이 발언했다.

152 트리니티 암호명에 관해서는 Davis, *Lawrence and Oppenheimer*, 224–225를 보라.

153 Sherry, *The Rise of American Air Power*, 195–196 (볼스의 발언 인용).

154 Morison, *Hellbirds*, 126, 141.

155 Robert Guillain, *I Saw Tokyo Burning: An Eyewitness Narrative from Pearl Harbor to Hiroshima* (Doubleday, 1981; 원서는 프랑스어로 출간), 181–182; Paul Abrahams, "Breathing Fire," *Financial Times*, March 4, 2000. 토마츠와 다케미츠는 Dower, "Contested Ground: Shomei Tōmatsu and the Search for Identity in Postwar Japan," in Rubinfein and Phillips, *Shomei Tomatsu*, 72–85를 보라. 더 큰 그림에서 볼 때, 1930년대와 1940년대 초 전쟁의 미

학화에서 일본인들을 능가할 이들은 없었다고 주장할 수 있을 것이다. 이는 (시각예술과 영화, 대중음악 등에서) 문자 그대로 사실이었고 앞서 논의된 "황도" 사상의 주입과 이에 동반한 "죽음을 위한 사회화"에서 보다시피 이데올로기적으로도 사실이었다. 일례로 Dower, "Japan's Beautiful Modern War," in the exhibition catalogue *Wearing Propaganda: Textiles on the Home Front in Japan, Britain, and the United States—1931–1945*, ed. by Jacqueline Atkins (Bard Graduate School and Yale University Press, 2005), 93–113을 보라.

156 Williamson Murray, *War in the Air, 1914–1945* (Smithsonian Books/HarperCollins, 2005; 1999년에 영국에서 처음 출간), 73 (Tirpitz).

157 appendix P in Sherwin, *A World Destroyed*, 312를 보라. 트리니티 시험의 시각적 효과에 관해 더 절제된 묘사는 1938–1939년 핵분열 발견 연구의 참여자 중 한 명으로 트리니티 시험을 참관한 영국인 관찰자인 O. R. 프리시의 묘사를 보라; appendix 5 in Gowing, *Britain and Atomic Energy*, 441–442.

158 로런스의 8월 9일 보도 기사는 1945년 9월 5일 자《뉴욕타임스》를 비롯해 여러 신문에 실렸다.

159 슈퍼 무기가 등장하는 미래전에 관한 목시록적 문학에서 가져온 인용은 Franklin, *War Stars*, 특히 19, 32, 41, 76, 84를 보라. "실제"와 과학"소설"들의 묘사적 언어가 이렇게 융합하는 양상은 사라지지 않았다. 그러므로 60년 뒤, 히로시마와 나가사키 임무에 참여한 비행사에 대한 부고는 소설의 언어를 구사하는 그의 발언을 인용한다: "버섯구름 꼭대기는 여태 본 것 가운데 가장 무시무시하면서도 가장 아름다운 것이었다. 무지개의 모든 빛깔이 거기서 나오고 있는 듯했다; "Charles Albury, 88, Co-Pilot of Nagasaki Bomber," *New York Times*, June 5, 2009.

160 9월 26일《뉴욕타임스》는 "원자폭탄의 드라마는 7월 16일 시험에서 클라이맥스에 이르렀다(Drama of the Atomic Bomb Found Climax in July 16 Test)"라는 제목으로 역시 언론인으로는 로런스만 유일하게 참관했던 트리니티 시험 보도기사를 실었다. 로런스는 전례 없는 인위적 파괴의 스펙터클에 과학자들과 여타 참관인들이 보인 열광적·원초적·부족적인 반응을 담은 굉장하고 거의 기괴하다시피 한 인류학적인 초상을 그려 보였다:

"대섬광 이후 대략 100초 뒤에 거대한 굉음이 들렸다. 새로 태어난 세계의 첫울음. 그 소리는 조용하고 움직임이 없는 실루엣에 생명을 불어넣고, 거기에 목소리를 주었다.

커다란 함성이 사방을 채웠다. 그때까지 사막식물처럼 땅에 붙박여 있던 작은 무리들의 춤이 터져 나왔다. 봄이 찾아와 불꽃 축제에서 춤을 추는 원시인들의 리듬이었다.

그들은 손뼉을 치며 펄쩍펄쩍 뛰었다—자유 속에서의 새로운 탄생을 상징하는 지상에 매인 인간—자신을 붙드는 지구 중력에서 벗어날 수단을 인간에게 처음으로 부여한 새로운 힘의 탄생.

원시인들의 춤은 몇 초만 이어졌을 뿐이며 그 짧막한 순간에 대략 1만 년 진화의 시간이 단축되어 있었다. 원시인은 현대인으로 탈바꿈했다. 손을 흔들고 서로 등을 두드리며 행복한 어린아이처럼 웃고 있는 현대인으로."

로런스의 핵무기 관련 글과 더 일반적으로 이 소재에 관한《뉴욕타임스》보도에 대한 비판적 분석은 Beverly Ann Deepe Keever, *News Zero: 'The New York Times' and the Bomb* (Common Courage Press, 2004)을 보라. 2004년 "Hiroshima Cover-up: How the War Department's Timesman Won a Pulitzer"라는 제목의 온라인 논평에서 언론인 에이미 굿맨 (Amy Goodman)과 데이비드 굿맨(David Goodman)은 퓰리처상 위원회에 로런스에 대한 수상을 소급하여 철회해 줄 것을 요청했다: commondreams.org for August 10, 2004를 보라.

161 Hadley Cantril and Mildred Strunk, *Public Opinion, 1935–1946* (Princeton University Press, 1951), 1067 (1941년 12월 10일 여론조사). 적국 일본과 독일에 대한 상이한 태도를 비롯해 이런 문제들은 Dower, *War Without Mercy*에서 자세히 다룬다. 다른 여론조사는 53을 보라. 〈목표는 버마!〉와 관련된 논쟁은 Clayton R. Koppes and Gregory D. Black, *Hollywood Goes to War: How Politics, Profits and Propaganda Shaped World War II Movies* (University of California Press, 1988), 261–264를 보라. 내부 메모[알바 베시(Alvah Bessie) 가 제리 월드(Jerry Wald)에게 보낸 것]는 I. C. Jarvie, "Fanning the Flames: Anti-American Reaction to *Objective Burma* (1945)," *Historical Journal of Film, Radio, and Television, vol. 1, no. 2* (1981), 117–137에 전문이 실려 있다.

162 일본의 만행 관련 보도 검열의 해제는 Dower, *War Without Mercy*에서 논의된다; 특히 41–57을 보라.

163 Groves, *Now It Can Be Told*, 324; *Public Papers of the Presidents of the United States: Harry S. Truman, 1945*, 212.

164 연방교회협의회 사무총장과 트루먼 사이에 오간 전문은 전미교회협의회 웹사이트 (ncccusa.org)의 "A moment in ecumenical history—August 1945: the churches and the bomb"에서 찾아볼 수 있다. 연방교회협의회의 추후(1946) 공식 발표 "Atomic Warfare and the Christian Faith"는 Bird and Lifschultz, *Hiroshima's Shadow*, 488–499를 보라. 여론은 폭탄 사용을 지지하긴 했지만, 다양한 미국 유명 인사들(과 알베르 카뮈 같은 다른 나라 인사들)의 초창기 비판은 보통 기억되는 것보다 광범위하다; 일례로 위의 책, 237–311에서 "The First Critics" 부분을 보라.

165 Craven and Cate, *The Army Air Forces in World War II, vol. 5*: 732–733 [이 건조한 반(半) 공식적 문헌은 "아널드는 최대한 커다란 피날레를 원한" 한편, 칼 스파츠(Carl Spaatz) 장군은 세 번째 원폭을 떨어트릴 시간이 있길 기대하고 있었다고 밝힌다]; DeGroot, *The Bomb*, 102 (나가사키 이후에 벌어진 공습으로 1만 5000명이 사망했다.) 8월 8일과 이 "피날레"

사이에 15회의 폭격 임무가 수행됐고, 미군의 손실은 없었다; Kohn and Harahan, *Strategic Air Warfare*, 70.

166 "The Tokyo Express: A Life Photographer Takes a Ride to Hiroshima on Japan's Best Train," *Life*, October 8, 1945, 27–36. 같은 호는 "화상과 골절을 입은 히로시마 원폭 피해자들이 더럽고 파리가 들끓는 은행 건물 안에서 치료를 받고 있다. 의사 대신 훈련받지 않은 어린 일본 소녀들이 상처를 처치했다"라는 사진 설명과 함께 화상을 입은 여성이 남성 피해자를 보살피고 있는 사진도 실었다. 심지어 동일 기사에서도 언급되지 않은 사실은 대다수 의사와 간호사가 사망했으며 병원과 의료 장비 대부분이 파괴되었다는 사실이었다. 자주 인용되는 원폭 사용 여론조사 결과는 "The Fortune Survey," *Fortune*, December 1945, 305에 실렸다. 응답자 가운데 53.5퍼센트는 "실제로 그렇게 한 것처럼 도시를 상대로 폭탄 2기를 사용했어야 한다"에 찬성했고, 4.5퍼센트만이 "폭탄을 사용하지 말았어야 한다"라고 믿었다; 13.8퍼센트는 "일본인들에게 폭탄의 위력을 보여 주기 위해 첫 번째 폭탄을 사람이 살지 않는 지역에 투하했어야 하며, 첫 번째 투하 이후에도 항복하지 않았을 때만 두 번째 폭탄을 도시에 투하했어야 한다"를 지지했다. 일본이 항복할 기회를 갖기 전에 더 많은 폭탄을 투하하는 것을 지지한 응답자의 정확한 비율은 22.7퍼센트였다. 거의 인종학살적인 이같은 복수심은 일본인을 상대로 한 미국인들만이 가진 특유한 것이 아니었다. 프리먼 다이슨(Freeman Dyson)은 드레스덴 폭격 이후에 "교육을 잘 받고 지적인", 어느 영국 장교의 아내와 나눈 대화를 기억하는데, 전쟁 막판에 그렇게 많은 독일 여성과 아기를 죽이는 것이 과연 옳았다고 생각하느냐고 물었을 때, 그는 "오 물론이죠"라고 대답했다고 한다. "아기들을 죽이는 게 특히 잘한 일이에요. 나는 이번 전쟁이 아니라 20년 뒤에 벌어질 다음 전쟁을 염두에 두고 있는 거예요. 다음번에 독일인들이 전쟁을 시작하면 우린 그들과 또 싸워야 할 텐데, 그 아기들이 병사가 되어 있을 거니까요." 71.

167 Henry A. Wallace, *The Price of Vision: The Diary of Henry A. Wallace, 1942–1946*, ed. by John M. Blum (Houghton Mifflin, 1973), 473–474. 이 문제들에 관한 트루먼의 (그가 가꾸고, 그를 칭송하는 이들이 보통 아끼는 공적 이미지와 반대되는) 복잡다단한 사고에 관해서는 Gar Alperovitz의 흥미로운 에세이, "The Truman Show," *Los Angeles Times Book Review*, August 9, 1998을 보라.

168 Rhodes, *The Making of the Atomic Bomb*, 697에서 인용됐다. Sherwin, *A World Destroyed*, 217–218도 보라. 과학 패널은 appendix M (304–305)을 보라.

169 Compton, *Atomic Quest*, 236; Sherwin, *A World Destroyed*, 200 (코넌트에 관한 스팀슨의 인용). Smith, *A Peril and a Hope*, 46도 보라.

170 Blackett, *Fear, War, and the Bomb*, 139.

171 본인들은 인정하기 싫겠지만 이런 '폭탄을 투하하자' 노선의 이상주의자들은 《뉴욕타임스》

의 윌리엄 로런스처럼 20세기 전환기로 거슬러 가는 대중소설에 확고하게 뿌리를 둔 생각들을 어느 정도 전달하고 있었는데, 이런 소설들에서 "공중전"의 묵시록적 비전들은 유토피아적인 "평화를 위한 전쟁"이자 전 세계적인 군비 축소의 전주곡으로 제시됐다. 일례로 H. G. 웰스는 1914년 소설 『풀려난 세계(The World Set Free)』에서, "계속 폭발하며" 소규모 불만분자 무리도 이용할 수 있을 만큼 세상을 쉽게 파괴할 수 있는 원자폭탄을 상상했다. 웰스의 예언에서 전쟁은 "불가능해지고 있었고", 지도자들은 이제 "원자폭탄에 의해 새로이 발생하는 파괴로부터 다 함께" 세계를 지키고 "항구적이고 보편적인 평화"를 가져와야만 했다. 제1차세계대전이 끝난 뒤 발명가 토머스 에디슨은 1921년에 "전쟁을 불가능하게 만드는 법(How to Make War Impossible)"이라는 제목으로, ("원자력"을 비롯한) 과학의 진보를 군사적으로 철저히 이용하는 미래상을 그리고, "너무 끔찍하여 모든 나라와 인류가 전쟁이 문명의 종말일 것임을 금방 깨달을 만한 죽음의 도구를 생산"하도록 모든 정부에 촉구하는 논설을 써서 이런 가상 시나리오들에 기여했다. 이런 문학에 대한 몰입력 있는 개관은 Franklin, *War Stars*, 특히 32–33, 41–44, 75–76을 보라; 그는 에디슨에게 한 장 전체를 할애한다.

고색창연한 시(詩)도 유토피아적 전망을 강화했는데, 1842년에 출간된 테니슨(Tennyson)의 유명한 (그리고 비판적으로 독해하면 인종주의적이고 여성혐오적인) 「록슬리 홀(Locksley Hall)」이 특히 그랬다. 트루먼과 처칠 둘 다 "창공 한복판에서 싸우는 하늘의 해군들에게서" 폭탄이 비처럼 쏟아지는 "끔찍한 이슬(a ghastly dew)"의 비전과 그것이 "전쟁의 북소리 더는 울리지 않고 군기(軍旗)는 접히며 / 인류의 의회, 세계 연방"의 시대의 전주곡이 될 것이라는 전망에 매혹됐다. 트루먼은 20대 중반부터 「록슬리 홀」의 주요 시구를 적은 쪽지를 지갑에 넣고 다니며 각종 창립 모임에서 수시로 인용했고, 이것은 1945년 유엔 창립총회에서 절정에 달했다; 심지어 포츠담으로 가는 길에 지갑에서 그 꼬깃꼬깃한 쪽지를 꺼내 어느 백악관 출입기자에게 그 시구를 읽어 준 적도 있었다; A. Merriman Smith, *Thank You, Mr. President: A White House Notebook* (Harper and Brothers, 1946), 286. 처칠은 이 시구들을 "현대의 가장 멋진 예언"이라고 불렀다; Arthur Schlesinger Jr., "Bye, Bye, Woodrow," *Wall Street Journal*, October 27, 1993에서 인용. 의식했는지 몰랐는지 오펜하이머도 1945년 11월 2일, 새로 설립된 로스앨러모스과학자협회에 대한 "고별"사에서, 핵무기가 열어젖힌 신세계를 "커다란 위험일 뿐만 아니라 커다란 희망"이라고 묘사했을 때, 테니슨이 한 세기 전에 공상한 끔찍한/유용한 시구를 환기하고 있었다; Smith and Weiner, *Robert Oppenheimer*, 315–325, 특히 319를 보라. 이전 세대 SF 작가들의 공상과 1945년에 이상주의적 절멸을 합리화한 현자들의 소위 깊이 있는 사유 간의 이러한 공명은, 20세기 전환기 유혈로 얼룩진 필리핀 정복에 동반된 연설들과 백악관 연설문 작가들이 이라크를 상대로 선택한 전쟁을 지지하기 위해 동원한 이상주의적 언어 간의 친연관계와 유사하다. 아주 진지한 독창적 사유로 통하는 것이 알고 보면 많은 부분 상투적인 소리다.

172 *Bulletin of the Atomic Scientists of Chicago*, vol. 1, no. 1 (December 10, 1945), 1; 회지는 직후에 제호에서 '시카고(of Chicago)'를 뺐다. 진주만을 핵무기 시대를 위한 경고성 상징으로 이렇게 극적으로 재현하는 일은 1945년 6월 프랑크 보고서에서 이미 시도됐다.

12장 세상의 새로운 악들: 1945/2001

173 Averill A. Liebow, "Encounter with Disaster—Medical Diary of Hiroshima, 1945," *Yale Journal of Biology and Medicine*, vol. 38 (October 1965), 61–239; 인용문은 64에 나온다. 이 38호 전체는 해설이 딸린 리보의 일기에 할애됐다.

174 Bird and Sherwin, *American Prometheus*, 290 [오펜하이머는 323도 보라. 여기서 오펜하이머는 전쟁이 끝난 뒤에 원자폭탄을 "사악한 것(evil thing)"이라고 부른다]; *Public Papers of the Presidents of the United States: Harry S. Truman, 1945*, 223, 255.

175 Liebow, "Encounter with Disaster," 237–239. 성찰이 담긴 리보 박사의 일기 결말부 전문은 다음과 같다: "우리가 이 무기 사용을 계획했을 때, 그다음 그것의 효과를 보았을 때는 더욱이, 그리고 그에 관해 글을 쓸 때도 우리의 마음은 혐오감으로 가득 찼다. 우리는 프로메테우스 콤플렉스에 빠져 자신의 중요성을 내세우기 위해 '내 탓이오'를 외치는 주변부 사람들이 아니라 원자폭탄 개발에 실질적인 책임을 지고 진정한 양심의 고통을 겪은 물리학자들에게 동정심을 갖게 됐다. 심지어 그 여파 속에서 우리 역시 인류에 대한 범죄의 종범이었을까? 물론 무고한 사람을 죽이고 다치게 하는 것은 결코 용납될 수 없는 악이다. 하지만 '기사도'의 전통을 지키면서 전투 중에 두 손으로 죽이는 것조차도 여전히 살인이다. 그것은 똑같은 종류의 범죄다. 눈이 달리지 않은 최초의 투석과 불붙은 나뭇조각이 던져졌을 때 기사도는 짓밟히고 불태워졌다. 그것은 히로시마보다 몇 세기 전에 죽었다. 우리는 이제 다시 이용되지 않을 마리아나제도의 병상 1만 5000개와, 일본의 본토 섬을 공격하고 정복하는 과정에서 희생되었을 수십만 미국인과 일본인의 생명에 대해서도 생각했다. 우리는 두 도시에서 목숨을 잃고 불구가 된 사람들보다 더 많은 사람의 목숨을 살린 것일까? 하지만 살아 있는 도시 위가 아닌 그 근처에서 터진 원자폭탄은 왜 설득력이 없었을 것이란 말인가? 한 도시를 파괴하는 것은 '필요했다'라고 해도 또 다른 도시의 파괴는 어떻게 정당화할 수 있을까? 우리는 전략과 더불어 도덕성에 기반한 이유에서 결정이 내려졌기를 바랄 수밖에 없다.

가엾게도 불구가 되고 팔다리가 잘린 사람들을 볼 때면 우리는 죄책감과 부끄러움을 느꼈다. 하지만 [일본인들에게서] 원망이 보이지 않은 것은 용감하고 자제력 있는 국민의 꿋꿋한 인내였을까, 아니면 그네들의 어떤 죄책감이 반영된 것일까? 그 두 가지가 섞여 있을지도 모르겠다.

1946년 9월 6일, 완성된 1300쪽짜리 보고서가 여섯 권의 두툼한 책으로 묶여 애시(Ash) 대령에게 제출되었을 때 여전히 생생한 한 장이 끝이 났다. 하지만 그 장은 끝이 났어도 우리는 책이 아직 끝나지 않았다는 불안한 느낌이 들었다. 그리고 그것은 떨쳐지지 않는 기억으로 계속된다. 그 책이 이야기하는 악이 다시 돌아오지 않기를!"

176 Sherwin, *A World Destroyed*, appendix R (제프리스 보고서), 316. 보고서는 본서 10장(주 97)에서 논의된다.

177 Vera Brittain, *Seed of Chaos: What Mass Bombing Really Means* (published in London for the Bombing Restriction Committee by New Vision Publishing, April 1944); 평화주의적인 화해협회(Fellowship of Reconciliation)가 펴낸 이 소책자의 미국판 제목은 『폭격에 의한 학살: 영미의 독일 공격 배후의 사실들(Massacre by Bombing: The Facts behind the British-American Attack on Germany)』이었다. 브리튼이 책 도입부에 이용한 두 번째 인용문은 예레미야서 6장 15절에서 따온 성서적 질문인 "그들이 가증한 일을 행할 때 부끄러워하였느냐?"였다. 브리튼에 대한 반응으로는 영국에서 조지 오웰의 비판과 루스벨트 대통령의 폭격 정책 옹호론, 그리고 소책자에 관한 기사를 실은 《뉴욕타임스》에 답지한 대체로 부정적인 독자 편지 등이 있었다. 반응들은 Sherry, *The Rise of American Air Power, 138-143*; Crane, *Bombs, Cities, and Civilians*, 28-31을 보라.

178 Merle Miller, *Plain Speaking: An Oral Biography of Harry S. Truman* (Berkley, 1973), 248. 밀러는 "트루먼기념도서관에 있는 트루먼의 개인 장서"에는 "원자폭탄에 관해 그때까지 출간된 책이 빠짐없이" 들어 있었다고 결론 내렸다. 트루먼은 이 대목에 줄을 그어 놨고 마지막 행에는 밑줄을 두 번 그었다. [나는 여기서 클래런던(Clarendon)출판사 셰익스피어 전집의 『햄릿』 판본을 따랐다. 밀러가 옮겨 적은 판본은 편집상에서 살짝 차이가 있다.]

179 Peter Baker, "Bush Tells Group He Sees a 'Third Awakening,'" *Washington Post*, September 13, 2006. 미국사에서 첫 번째 대각성은 대략 1730년부터 1760년까지 식민지에서 폭발적으로 일어난 기독교적 열기를 가리키며, 두 번째 대각성은 19세기 초반에 일어난 것으로 간주된다. 9·11 5주기 당시 행정부의 선악 이분법에 대한 언론계의 논평은 일례로 "In the World of Good and Evil," *Economist*, September 16, 2006을 보라.

180 대통령 국정연설에서 찬송가 가사 "기적을 행하는 힘"을 환기한 것은 CBS 기자 레슬리 스탈(Lesley Stahl)과 백악관에서 연설문 작가로 일하다가 공화당의 슬로건 "온정적 보수주의"가 수사에 그칠 뿐이라고 결론 내리고 결국 사임한 복음주의 기독교도 데이비드 쿠오(David Kuo) 간 대화를 보도한 온라인 기사에서 논의된다; "A Loss of Faith," CBSNews.com, October 15, 2006. 가사 전문은 온라인에서 볼 수 있다.

181 "The World Islamic Front," February 23, 1998, in bin Laden, *Messages to the World*, 58-62;

"To Our Brothers in Pakistan," September 24, 2001, 위의 책, 100–102; "The Winds of Faith," October 7, 2001(이거나 그보다 앞서), 위의 책, 103–105. 빈라덴은 의로운 테러 균형이라는 테제를 이후로도 줄기차게 주장했다: 일례로 "Terror for Terror," October 21, 2001 (106–129)과 "Crusader Wars," November 3, 2001 (133–138)를 보라.

182 "Terror for Terror," October 21, 2001, in bin Laden, *Messages to the World*, 121.

183 일본인들은 망자를 공경했다; 무덤가나 위패에 꽃과 쌀, 담배, 쌀로 빚은 술(사케)과 여타 평범한 공양물을 바쳤고 심지어 매년 한여름 오봉(お盆) 명절에는 저승에서 돌아오는 망자들을 맞이하기도 했다. 진주만공격 당시 일본 군인들이 신적 존재에게 기원한 산발적인 사례들은 Donald M. Goldstein and Katherine V. Dillon, eds., *The Pearl Harbor Papers: Inside Japanese Plans* (Brassey's, 2000), 195, 207, 215, 256–257; Gordon W. Prange, *At Dawn We Slept: The Untold Story of Pearl Harbor* (McGraw-Hill, 1981), 325, 345를 보라. 미국을 하루빨리 공격해야 한다고 생각한 군 강경파도 1941년 11월 말의 소위 헐 각서를 수용 불가능한 최후통첩이자 천우(天佑)로 해석하며 유사하게 반응했다; Yomiuri Shimbun, *Who Was Responsible? From Marco Polo Bridge to Pearl Harbor,* ed. James E. Auer (Yomiuri Shimbun, 2006), 119.

184 반(反)서양 사상의 지적·이데올로기적 지주들은 Cemil Aydin, *Politics of Anti-Westernism in Asia: Visions of World Order in Pan-Islamic and Pan-Asian Thought* (Columbia University Press, 2007); Ian Buruma and Avishi Margalit, *Occidentalism: The West in the Eyes of Its Enemies* (Penguin, 2004); Tetsuo Najita and H. D. Harootunian, "Japanese Revolt against the West: Political and Cultural Criticism in the Twentieth Century," in Peter Duus, ed., *The Cambridge History of Japan*, vol. 6: *The Twentieth Century* (Cambridge University Press, 1988), 711–774. 쉽게 접근할 수 있는 이슬람주의 측 1차 사료는 bin Laden, *Messages to the World*; 1964년에 처음 출간되어 엄청난 영향력을 발휘한 Sayyid Qutb, *Milestones*를 보라. 이 책은 본서의 주 193에서 인용된다; 지하드와 테러에 관한 온라인에 있는 방대한 무슬림 및 이슬람주의 문헌도 보라. 일본의 1차 문헌은 이하의 소중한 출전을 비롯해 번역으로 접할 수 있다: Wm. Theodore de Bary, Carol Gluck, and Arthur Tiedemann, eds., *Sources of Japanese Tradition*, vol. 2: *1600–2000* (Columbia University Press, 2005), 특히 "Nationalism and Pan-Asianism" (789–820), "The Rise of Revolutionary Nationalism" (948–979), "Empire and War" (980–1017); John Owen Gauntlett, transl. and Robert King Hall, ed., *Kokutai no Hongi: Cardinal Principles of the National Entity of Japan* (Harvard University Press, 1949); Robert King Hall, *Shūshin: The Ethics of a Defeated Nation* (Columbia University Press, 1949); "The Way of the Subject" *(Shimin no Michi)*, Otto Tolischus, *Tokyo Record* (Reynal & Hitchcock, 1943), 405–427에 부록으로 수록; Joyce C.

Lebra, ed., *Japan's Greater East Asia Co-Prosperity Sphere in World War II: Selected Readings and Documents* (Oxford University Press, 1975). 일본 군국주의자들과 이데올로그들이 신 도와 불교를 이용한 것은 D. C. Holtom, *Modern Japan and Shinto Nationalism* (University of Chicago Press, 1943); James W. Heisig and John C. Maraldo, eds., *Rude Awakenings: Zen, the Kyoto School and the Question of Nationalism* (University of Hawaii Press, 1994); Brian Victoria, *Zen at War* (Weatherhill, 1997)를 보라. 일본의 반유대주의에 관한 기본 문헌은 David Goodman and Masanori Miyazawa, *Jews in the Japanese Mind: The History and Uses of a Cultural Stereotype* (Free Press, 1994). Donald Keene은 여러 에세이에서 풍 성한 인용과 함께 일본의 작가들과 전쟁을 다룬다: "Japanese Writers and the Greater East Asia War," *Journal of Asian Studies,* vol. 23, no. 2 (1964), 209–225; "Japanese Literature and Politics in the 1930s," *Journal of Japanese Studies,* vol. 2, no. 2 (1976), 225–248; "The Barren Years: Japanese War Literature," *Monumenta Nipponica,* vol. 33, no. 1 (1978), 67– 112; and "War Literature," in his book *Dawn to the West: Japanese Literature of the Modern Era* (Holt, Reinhart and Winston, 1984), 906–961. 나는 "Global Policy with the Yamato Race as Nucleus"라는 제목으로 *War Without Mercy,* ch. 10 (262–290)에서 일본 전시 내부 문서를 길게 인용해 분석했다.

185 일제의 죽음을 위한 사회화에 가장 초점을 맞춘 분석은 Kazuko Tsurumi, *Social Change and the Individual: Japan before and after Defeat in World War II* (Princeton University Press, 1970)이다; 특히 2장("The Army: The Emperor System in Microcosm")과 3장("Socialization for Death: Moral Education at School and in the Army")을 보라. 가미카제 조종사들과 전사 한 여타 일본 젊은이들의 일기와 마지막으로 남긴 내밀한 글들을 번역한 문헌으로는 Nihon Senbotsu Gakusei Kinenkai, comp., *Listen to the Voices of the Sea (Kike Wadatsumi no Koe),* transl. by Midori Yamanouchi and Joseph L. Quinn (University of Scranton Press, 2000) (일본전몰학생기념회 엮음, 한승동 옮김, 『들어라 와다쓰미의 소리를』, 서커스, 2018.); Hagoromo Society of Kamikaze Divine Thunderbolt Corps Survivors, ed., *Born to Die: The Cherry Blossom Squadrons* (Ohara, 1973); Emiko Ohnuki-Tierney, transl., *How Lonely Is the Sound of the Clock: Diaries of Japanese Soldiers in the Special Attack Force* (University of Chicago Press, 2006) 등이 있다. 전쟁에서 살아남은 가미카제나 그들을 잘 알았던 사람들 의 회고로는 Yasuo Kuwahara and Gordon T. Allred, *Kamikaze* (Ballantine, 1957); Ryuji Nagatsuka, *I Was a Kamikaze* (Macmillan, 1974); Rikihei Inoguchi, Tadashi Nakajima, and Roger Pineau, *The Divine Wind: Japan's Kamikaze Forces in World War II* (Ballantine, 1958); Rikihei Inoguchi and Tadashi Nakajima, Kennosuke Torisu and Masataka Chihara, Toshiyuki Yokoi, and Mitsuru Yoshida의 수기 in David C. Evans, ed., *The Japanese Navy* *in World War II: In the Words of Former Japanese Naval Officers* (Naval Institute Press, 1969; second edition, 1986); Hatsuo Naito, *Thunder Gods* (Kodansha International, 1989); Yutaka Yokota with Joseph D. Harrington, *Kamikaze Submarine* (Leisure Books, 1962); Haruko Taya Cook and Theodore F. Cook, eds., *Japan at War: An Oral History* (New Press, 1992)에서 15장의 인터뷰 등을 보라. 2차 문헌은 아이번 모리스의 탁월한 에세이 "If Only We Might Fall," in Ivan Morris, *The Nobility of Failure: Tragic Heroes in the History of Japan* (New American Library, 1975), 276–334, 438–462; Denis Warner and Peggy Warner, with Commander Sadao Seno, *The Sacred Warriors: Japan's Suicide Legions* (Avon, 1984); Peter Hill, "Kamikaze, 1943–5," in Diego Gambetta, ed., *Making Sense of Suicide Missions* (Oxford University Press, 2005), 1–41; Richard O'Neill, *Suicide Squads: Axis and Allied Special Attack Weapons of World War II—Their Development and Their Missions* (Ballantine, 1981); Morison, *History of United States Naval Operations in World War II*, vol. 14; ch. 12 in Frank, *Downfall*. 오오누키 에미코(大貫惠美子)는 *Kamikaze, Cherry Blossoms, and Nationalisms: The Militarization of Aesthetics in Japanese History* (University of Chicago Press, 2002) (오오누키 에미코 지음, 이향철 옮김, 『사쿠라가 지다, 젊음도 지다』, 모멘토, 2004.)에서 이 주제를 상징 인류학의 관점에서 통찰한다; 특히 오오누키 교수가 프로 파트리아 모리(pro patria moi)(호라티우스의 "조국을 위해 죽는 것")와 프로 레게 에트 파트리아 모리(pro rege et patria mori)(군주와 조국을 위해 죽는 것) 이데올로기 및 프로 파트리아 모리의 애국주의와 정치적 내셔널리즘의 더 조야한 표현 간의 차이점을 길게 논의하는 5장을 보라.

186 나의 영역. 〈가장 아름다운 이〉는 구로사와의 아주 초기작으로 그의 작품 가운데 가장 알려지지 않은 작품이며, 아무래도 작품의 프로파간다적 성격 때문에 외국 관객이 비디오로 쉽게 접할 수 없는 구로사와의 극소수 작품 가운데 하나다. 도널드 리치(Donald Ritchie)는 뛰어난 안내서인 *The Films of Akira Kurosawa* (University of California Press, 1984), 26–29에서 이 작품을 논의한다. 구로사와 본인은 *Akira Kurosawa: Something Like an Autobiography* (Vintage, 1983) (구로사와 아키라 지음, 김경남 옮김, 『구로사와 아키라 자서전 비슷한 것』, AK커뮤니케이션즈, 2020.)에서 이 영화를 애정을 담아 추억하며 "대표 영화는 아니지만…… 나한테는 가장 소중한 작품"이라고까지 말한다; 132–135를 보라.

187 일본의 경험과 나란히 두고 유사성과 차이점을 이끌어 낼 수 있게 테러리즘과 죽음을 위한 사회화를 통찰하는 책으로는 Louise Richardson, *What Terrorists Want: Understanding the Enemy, Containing the Threat* (Random House, 2006)와 Jessica Stern, *Terror in the Name of God: Why Religious Militants Kill* (HarperCollins, 2003)을 보라. 종교보다는 향토 수호를 강조하며 자주 인용되는 자살폭탄테러 연구는 Robert A. Pape, *Dying to Win: The Strategic Logic of Suicide Terrorism* (Random House, 2005)을 보라; 주로 2001년까지의 사례 연구

를 바탕으로 한 이 책의 내용은 영향력 있는 "The Strategic Logic of Suicide Terrorism," *American Political Science Review*, vol. 97, no. 3 (August 2003)으로 먼저 나온 바 있다. Gambetta, *Making Sense of Suicide Missions*, 특히 Gambetta와 Luca Ricolfi의 에세이도 보라. 일본과 이슬람주의 자살 공격 임무 간의 도발적인 유사점 가운데 하나는 "순교"와 자살 공격 사건 발생 숫자 그리고 심지어 그에 따른 직접적인 사상자 수가 공격 대상인 적들 사이에서 발생한 패닉과 비교할 때 대단히 적다는 것이다.

188 루이즈 리처드슨(Louise Richardson)은 탁월한 연구에서 테러를 "국가가 아닌 아(亞)국가 집단의 행위"로 명시적으로 정의하지만 이런 정의가 논쟁적임을 시인하며, 제2차세계대전 연합국의 폭격 공세와 같은 작전들과 히로시마와 나가사키 원폭 투하가 "도덕적으로 테러리즘과 상응"한다는 주장을 수용한다; *What Terrorists Want*, 5. 리처드슨의 초점은 이해할 만하다. 하지만 국가와 아국가 테러의 심리, 정당화 언어 그리고 도덕적(또는 비도덕적) 등 가성은 면밀한 비교 연구를 요구하는 여러 측면에서 일치하며 리처드슨이 아국가 테러리즘에 관한 개관에서 제시하는 여러 논점 역시 일제의 성전과 연합국의 대독·대일 공중전을 규명하는 데 도움이 된다. 예를 들어 복수(revenge)는 리처드슨이 살펴보는 개별 테러리스트의 동기 부여 요소인 "세 가지 R(three R's)" 중 하나다[나머지 둘은 명성(renown)과 반응 (reaction)이다]; 일례로 위의 책, 41–45, 88–94, 100을 보라. 이러한 일치성은 근대나 포스트모던 이슈만은 아니다. 테러와의 전쟁이 내포한 위선과 이중 잣대가 분명해진 뒤, 5세기 초반 아우구스티누스의 『신국론』에서 한 해적이 했다는 다음과 같은 말이 온라인과 반전 진영에서 널리 인용됐다: "나는 작은 배 한 척으로 그렇게 하기 때문에 테러리스트라고 불린다. 너희는 거대한 함대를 가지고 그렇게 하니까 제국이라고 불린다."

189 무수한 직접적 체험담은 가미카제 공격의 심리적 효능을 증언한다. 일례로 1980년대 탁상토론에서 미 공군 고위 장교는 "한 제독이 '24시간 동안 이것[가미카제 공격]이 더 이어지면 난 그만두겠다'라고 말했다. 그는 가미카제 때문에 오키나와 작전에서 빠지겠다고 으름장을 놨다. 그래서 우리는 매일같이 비행장을 공격해야 했다"라고 말했다; Kohn and Harahan, *Strategic Air Warfare*, 49–50.

190 체니 부통령이 9월 11일 닷새 뒤에 TV에 나와 "음지"에서의 작전이 불가피하다고 말했을 때 이것이 실제로 의미하는 바는 대다수 시청자가 상상한 비밀공작을 넘어서는 것이었다. 이것은 체계적인 고문과 여타 포로 학대와 같이 부시 행정부가 끝나기 한참 전에 폭로되고 후임 행정부에서 비밀 문건들이 공개되면서 자세히 조명된 정책과 관행을 예비한 발언이었다. 여러 비판가 중에서 특히 마크 대너와 제인 메이어는 이런 위반 사항들을 광범위하고 집중적으로 조사했다. 일례로 Mark Danner, *Torture and Truth: America, Abu Grahib, and the War on Terror* (New York Review of Books, 2004)와 Tom Englehardt, *Mission Unaccomplished: Tomdispatch Interviews with American Iconoclasts and Dissenters*

(Nation Books, 2006)에서 그가 잉글하트와 한 인터뷰 그리고 그의 무수한 글을 보라; Jane Mayer, *The Dark Side: The Inside Story of How the War on Terror Turned into a War on American Ideals* (Doubleday, 2008)와 후속 르포르타주; Steven Strasser, ed., *The Abu Ghraib Investigations: The Official Reports of the Independent Panel and the Pentagon on the Shocking Prisoner Abuse in Iraq* (PublicAffairs, 2004); Richard Falk, Irene Gendzier, and Robert Jay Lifton, eds., *Crimes of War: Iraq* (Nation Books, 2006)도 보라.

191 리밍턴이 데카 에이킨헤드(Decca Aitkenhead)와 한 인터뷰는 the *Guardian,* October 18, 2008을 보라. 맥도널드의 연설은 영국 검찰청이 온라인 cps. gov.uk에 올린 "CPS Lecture— Coming Out of the Shadows," October 20, 2008을 보라.

192 Abu Bakr Naji, *The Management of Savagery: The Most Critical Stage through Which the Umma Will Pass,* translated by William McCants for the John M. Olin Institute for Strategic Studies at Harvard University, May 2006. 원문은 2004년에 온라인에 발표됐고, 번역문은 매칸츠가 소속된 Combating Terrorism Center at West Point(ctc.usma. edu) 등과 같은 웹사이트를 통해 접근이 가능하다. 관련 논의는 Stephen Ulph, "New Online Book Lays Out Al-Qaeda's Military Strategy," *Terrorism Focus,* vol. 2, no. 6 (March 17, 2005); Jarret M. Brachman and William F. McCants, "Stealing Al-Qa'ida's Playbook," *CTC (Combating Terrorism Center) Report,* February 2006; William F. McCants, "Terror's Playbook," *New York Daily News,* July 29, 2006을 보라. "Abu Bakr Naji"는 알카에다 온라인 저널에 발표됐고 매칸츠는 이 이름이 집단 필명일 수도 있다고 생각한다. *The Management of Savagery* 를 9·11 이후 지하드식 전략적 사고에 대한 더 폭넓은 맥락에 위치시키는 냉철한 분석은 Lawrence Wright, "The Master Plan," *New Yorker,* September 11, 2006을 보라.

193 Sayyid Qutb, *Milestones* (Cedar Rapids, Iowa: The Mother Mosque Foundation, n.d.). "악" 의 어휘는 10장에서 특히 뚜렷하게 등장한다; 여기에 인용된 문장들은 특히 9–11, 73, 129, 138–139를 보라. Paul Berman, "The Philosopher of Islamic Terror," *New York Times,* March 23, 2003도 보라. 이라크 침공을 지지하고 전쟁이 막 시작될 때 이 명쾌한 비판적 시론을 발표한 버만은 궁극적으로는 병리적이고 전체주의적이라는 평가를 내리면서도 쿠틉의 글, 특히 더 단순화된 『이정표』보다 먼저 썼던 글들의 진지함과 박력에 찬사를 아끼지 않는다. 그의 논지는 이 전쟁이 정말로 진지한 이념들 간의 전쟁이며, 부시 대통령이나 그의 보좌진, 미국 리버럴 진영 누구도 이 점을 진지하게 직시하지 않는다는 것이었다. 버만은 쿠틉을 알카에다의 카를 마르크스라고 부르는 반면, 다른 비판가들은 『이정표』가 이슬람주의자들의 성전에서 『나의 투쟁』에 버금간다고 주장한다; Jonathan Raban, "Truly, Madly, Deeply Devout," *Guardian,* March 2, 2002.

194 Nasir bin Hamid al-Fahd, *A Treatise on the Legal Status of Using Weapons of Mass Destruction* *against Infidels*, 2003년 5월에 jihadspin.com에 게재됨. Michael Scheuer, *Imperial Hubris: Why the West Is Losing the War on Terror* (Potomac Books, 2004), 154–156도 보라. 나는 알파흐드의 쿠란 인용을 그의 인용문과는 절 번호가 살짝 다른 여타 번역판들에 맞추려고 하지 않았다. 알파흐드는 그 직후에 사우디아라비아 당국에 체포됐다. "복된 화요일"이라는 완곡어법은 9·11 공격의 여러 기획자 중 한 명인 람지 빈알시브(Ramzi bin al-Shibh)가 앞서 발표한 더 긴 합리화 논변에 등장한다. 그는 "불신자 여자와 아이를 죽이는 것에 관한 판단"을 비롯해 "새로운 십자군에 관한 진실"이라는 제목의 장문 메시지를 작성했는데, 이 글은 미국이 아프가니스탄을 침공한 뒤 궤멸된 탈레반 세력과 알카에다 지도자들이 카불에서 도망치면서 버리고 간 컴퓨터 하드드라이브에서 발견됐다. Alan Cullison, "Inside Al Qaeda's Hard Drive," *Atlantic Monthly*, September 2004를 보라; 컬리슨은 이 메시지를 길게 인용한다.

195 "Terror for Terror," October 21, 2001, in bin Laden, *Messages to the World*, 106–129, 특히 124–125.

196 다소 뜻밖에도 나는 패전 일본에 관한 연구에서 이를 자세히 탐구하게 됐다. "Bridges of Language"라는 제목의 *Embracing Defeat*, 5장(168–200)을 보라.

3부 전쟁과 점령
— 평화를 얻기, 평화를 잃기

13장 점령지 일본과 점령지 이라크

1 나는 여러 글에서 요시다의 경력을 다뤘다: *Empire and Aftermath: Yoshida Shigeru and the Japanese Experience, 1876–1954* (Council on East Asian Studies, Harvard, 1988); "Yoshida in the Scales of History," in John W. Dower, *Japan in War and Peace: Selected Essays* (New Press, 1993), ch. 6 (208–241); and the "Yoshida Shigeru" entry in *Kodansha Encyclopedia of Japan* (Kodansha, 1983), vol. 8: 343–345. "역사는 전쟁에서 진 뒤 외교로 승리한 사례들을 제공한다"라는 그의 생각은 *Empire and Aftermath*, 312를 보라.

2 Ali Allawi, *The Occupation of Iraq: Winning the War, Losing the Peace* (Yale University Press, 2007); 알라위의 연설은 2007년 4월 11일에 카네기 위원회의 후원으로 이루어졌다.

3 육군대학원의 2002년 12월 워크숍을 기반으로 한 예리한 보고서는 "미국이 전쟁에서 이기고 평화를 잃을 가능성은 실제적이고 심각하다"라고 경고했다; Conrad C. Crane and W. Andrew Terrill, *Reconstructing Iraq: Insights, Challenges, and Missions for Military Forces in a*

Post-Conflict Scenario (Strategic Studies Institute, United States Army War College, February 2003), 42. 같은 시기 외교협회가 공동 후원한 한 연구 보고서도 서론에서 "간단히 말해 미국은 전쟁을 이기더라도 평화를 잃을 수 있다"라고 유사하게 진술했다; Edward P. Djerejan and Frank G. Wisner, co-chairs, *Guiding Principles for U.S. Post-Conflict Policy in Iraq: Report of an Independent Working Group Co-sponsored by the Council on Foreign Relations and the James A. Baker III Institute for Public Policy of Rice University* (January 2003), 1. 2월 초에 펜타곤이 "이라크에서 전투 작전 수행 중 공공질서 유지"라는 제목으로 중부 사령부에 제출한 "행동 메모"도 전투 후 사회 혼란의 위험성이 커서 미국이 "전쟁에서 이기지만 평화를 잃을" 수도 있다고 강조했다; Douglas J. Feith, *War and Decision: Inside the Pentagon at the Dawn of the War on Terrorism* (Harper, 2008), 364. 이러한 인식은 침공 직전에 시작되어 여러 달 뒤에 마무리된 또 다른 싱크 탱크 연구에서 명시적으로 진술되지는 않아도 뚜렷이 느껴진다; 독일, 일본, 소말리아, 아이티, 보스니아, 코소보, 아프가니스탄 사례 연구를 제시하는 James Dobbins et al., *America's Role in Nation-Building: From Germany to Iraq* (RAND, 2003)를 보라.

4 CIA는 일찍이 2002년 8월에 실제로 '전후 독일과 일본 점령: 이라크에 주는 함의'라는 제목의 보고서를 준비했다. 2007년 5월 25일 상원 보고서, appendix C of *Report of the Select Committee on Intelligence on Prewar Intelligence Assessments about Postwar Iraq*, 102-103을 보라 (online at intelligence.senate.gov/prewar에서 접근 가능). 백악관이 일본과 독일을 이라크 점령의 가능한 모델로 처음 거론한 것은 2002년 10월 10일이다; David E. Sanger and Eric Schmitt, "U.S. Has a Plan to Occupy Iraq, Officials Report," *New York Times*, October 11, 2002를 보라. 이로 인해 미국 정부는 여전히 전쟁이 일어나지 않기를 희망하고 있지만, 전쟁이 일어난다면 일본과 독일을 비롯해 (파월 국무장관이 10월 11일 NPR 라디오방송에서 말한 것처럼) "역사에서 살펴볼 수 있는 다양한 모델들이 많다"라는 각종 관계자와 대변인의 발언을 인용한 보도가 한바탕 쏟아져 나왔다. 2007년 8월, 해외 참전 용사회 연설에서 부시 대통령은 이라크에서 민주주의가 가능할지 의심하는 사람들을 비판하면서 이름을 밝히지 않은 한 학자를 인용했다. 공교롭게도 내가 그 학자였고, 나는 언론에서 접촉해 왔을 때 대통령의 왜곡에 공개적으로 이의를 제기했다; 일례로 "Historian: Bush Use of Quote 'Perverse,'" politico.com, August 23, 2007을 보라.

5 이라크와 일본 점령 간 "일종의 수렴"은 본서 14장과 15장에서 논의된다.

6 일본 정부는 실제로 아프가니스탄과 이라크에 "자위대" 지원 병력을 파견했지만 그들의 임무는 제한적이었다.

7 1999년 자살한 문학 및 사회 비평가 고(故) 에토 준(江藤淳)은 전후 좌파 학자들이 일본 "15년 전쟁"(1931~1945)의 "암흑의 골짜기"라고 특징지은 것을 일본 근대사에서 진정으

로 어두운 시기는 전쟁이 끝난 뒤 1945년부터 1952년까지 지속된 주권 상실기였다는 주장으로 대체하는 데 특히 영향력을 발휘했다.

8 일본 내부의 논쟁을 오랫동안 지켜봐 온 기민한 관찰자의 분석은 Gavan McCormack, *Client State: Japan in the American Embrace* (Verso, 2007)를 보라.

9 나도 침공 이전 두 편의 글로 소소하게 비판에 힘을 보탰다: "Lessons from Japan about War's Aftermath," *New York Times*, October 27, 2002; "A Warning from History: Why Iraq Is Not Japan," *Boston Review*, February 2003, 6–8. 후자의 글은 원래 문답 형식으로 *JPRI Occasional Paper No. 30* (Japan Policy Research Institute, April 2003)에 실렸다. 오히려 일본의 만주 점령과 그 배후의 극우 급진주의가 미국의 이라크 점령에 더 나은 유비일 것이라고 시사한 Dower, "The Other Japanese Occupation," *Nation,* July 7, 2003 (11–14)도 보라. 하지만 이하에 나오는 논의가 가리키듯이 쉽게 무시되는 이런 외부인의 비판보다 이제 와서 더 흥미로운 것은 당시 행정부와 군의 정보 관계자들 다수 역시 이라크가 제기하는 전례 없고 만만찮은 도전들을 지적하는 내부 보고서들을 내놓고 있었지만 역시 소용이 없었다는 사실이다.

10 대체로 일본 동원해제국(Japanese Demobilization Bureau)의 기록을 편찬한 전쟁 종결 단계에 관한 상세한 서술은 *Reports of General MacArthur*, vol. 2, part 2: *Japanese Operations in the Southwest Pacific Area* (Government Printing Office, 1966), 특히 20장 "Decision to Surrender"과 21장 "The Return to Peace"를 보라. 인용문은 728과 743에 나온다.

11 *Reports of General Macarthur*, vol. 2: 2; 인용문은 754과 755에 나온다.

12 침공을 정당화하는 침공 전 정부 주장과 침공 후 미 정보 당국이 찾아낸 사실 간의 간극은 상원 정보위원회 보고서, *Report on Whether Public Statements Regarding Iraq by U.S. Government Officials Were Substantiated by Intelligence Information, Together with Additional and Minority Views*, June 2008에 조목조목 나열되어 있다. 보고서 다수의견은 이라크와 알카에다 간 긴밀한 관계와 사담이 테러리스트들에게 대량살상무기를 제공할 용의, 이라크의 전후 상황과 관련한 대통령과 부통령의 발언, 이라크의 화학무기 제조와 관련한 첩보의 불확실성 등 같은 이슈들에서 "행정부의 공식 발표는 **첩보에 의해 뒷받침되지 않았다**"라고 결론 내렸다.

13 나는 이것들과 여타 "통전기(通戰期, 1930년대 공황기부터 전시를 관통하여 전후인 대략 1950년대까지 일본 사회를 연속성 측면에서 바라보는 시대 구분)" 유산을 "The Useful War" in Dower, *Japan in War and Peace*, ch. 1 (9–32)에서 요약했다.

14 침공 이후 연합국임시행정당국에서 헌법 수정 작업을 한 법률가이자 법학자인 노아 펠드먼은 저서 *What We Owe Iraq: War and the Ethics of Nation Building* (Princeton University Press, 2004), 71–82에서 이라크에서 유의미한 시민사회가 부재한 현실을 지적했다.

15 요시다의 한탄은 Dower, *Empire and Aftermath*, 313에서 더 길게 인용된다.

16 유럽에서 연합국이 승리한 뒤 자행된 만행은 Giles Mac Donogh, *After the Reich: The Brutal History of the Allied Occupation* (Basic Books, 2007)을 보라.

17 점령 정책과 관행을 상세히 분석한 최상의 연구서는 Eiji Takemae, *Inside GHQ: The Allied Occupation of Japan and Its Legacy* (Althone Press, 2002)이다. 나는 다양한 각도에서 이 주제를 자세히 다뤄 왔다; *Empire and Aftermath; Embracing Defeat: Japan in the Wake of World War II* (Norton and New Press, 1999). 이 세 책은 모두 각주가 풍부하며 영어권 사료와 더불어 일본어 사료에도 크게 의지한다. 1949년 맥아더 사령부는 지금도 점령 연구에 기초가 되는 각종 기록과 서술을 편집해 두 권짜리 방대한 책을 출간했다: *Political Reorientation of Japan: September 1945 to September 1948: Report of Government Section, Supreme Commander for the Allied Powers* (Government Printing Office, 1949).

18 Takemae, *Inside GHQ*; 5장은 특히 항복 이전 준비 작업을 잘 다루고 있다; 양성소와 안내서, 지침들은 206-209를 보라.

19 본서 10장에서 번스 각서에 관한 논의를 보라. *Political Reorientation of Japan* 제2권은 점령 정책과 관련한 미국의 문서를 살펴보기에 가장 편리한 사료다. 423-424에서 천황에 대한 입장을 서술한 8월 29일 자 "항복 후 초기 정책(Initial Post-Surrender Policy)"을 보라; 427에서 연합국 최고사령관으로서 맥아더의 권한을 명확히 규정한 9월 6일 자 문서도 보라. 이것은 무조건항복과 맥아더의 권한 행사에 제약이 없음을 재차 강조했다.

20 이 기본 문서의 가장 이른 시기 초안들은 1994년으로 거슬러 가며, "SWNCC" 최종 수정안(SWNCC 150/4)은 8월 31일에 승인됐다. 트루먼의 공식 승인은 9월 6일에 이루어졌다. 맥아더는 추후에 합동참모부의 더 자세한 항복 후 기본 정책(JCS 1380/15)의 지침을 따랐으며, 이 지침은 1948년 11월에 가서야 기밀 해제됐다. JCS의 기본 텍스트를 부록으로 수록한 Edwin M. Martin, *The Allied Occupation of Japan* (American Institute of Pacific Relations, 1948)을 보라.

21 T. A. Bisson, *Prospects for Democracy in Japan* (Macmillan, 1949); Robert B. Textor, *Failure in Japan: With Keystones for a Positive Policy* (John Day, 1951).

22 패전 후 일본과 일본인에 대한 미국의 대중적 이미지는 Naoko Shibusawa, *America's Geisha Ally: Reimagining the Japanese Enemy* (Harvard University Press, 2006)에서 논의된다. 호버레흐트는 "Japanese Best-Seller: A U.S. War Correspondent Tickles the Oriental Fancy with a Tale of Interracial Romance," *Life*, April 7, 1947 (107-111); "Nipponese Best-Seller," *Time*, October 28, 1946; "Earnest Hoberecht, Popular Novelist in Occupied Japan, Is Dead at 81," *New York Times*, September 26, 1999를 보라. 맥아더 앞으로 온 편지들은 Rinjiro Sodei, *Dear General MacArthur: Letters from the Japanese during the American Occupation*

(Rowman & Littlefield, 2001)을 보라. 필자의 책 *Embracing Defeat*도 특히 대중과 풀뿌리 층위에서 일본이 본 점령에 초점을 맞춘다.

23 사진들은 Dower, *Embracing Defeat*를 보라(이 책의 일본어 개정판에는 각 장마다 영어판에는 없는 포토에세이가 실려 있다). 점령지 일본에 대한 미국의 이미지에서 "여성과 어린이"의 중심성은 Shibusawa, *America's Geisha Ally*, ch. 1에서 다뤄진다. 이라크 점령 당시 발표된 RAND 연구는 미국 주도의 점령에 대한 일곱 가지 사례 연구 가운데 일본, 독일, 보스니아, 코소보에서 "분쟁 종식 이후 전투로 인한 사망"이 발생하지 않았다고 지적한다. Dobbins et al., *America's Role in Nation-Building*, 153.

24 최초의 IED—반군 활동의 대표 무기로서 안정에 대한 초창기 희망을 모두 날려 버린 "사제 폭발물(improvised explosive devices)"—는 연합국이 바그다드에 진입하기 1주일 전인 2003년 3월 20일에 터졌던 것 같다; *Washington Post National Weekly Edition*, October 8–14, 2007.

25 L. Paul Bremer III, *My Year in Iraq: The Struggle to Build a Future of Hope* (Threshold Editions, 2006), 24–25; Feith, *War and Decision*, 347–350도 보라.

26 Bob Woodward, *State of Denial: Bush at War, Part III* (Simon & Schuster, 2006), 112–113, 124–126 (ORHA와 록 드릴); Office of Reconstruction and Humanitarian Assistance, "Inter-Agency Rehearsal and Planning Conference," February 21–22, 2003, 더글러스 파이스의 웹사이트인 waranddecision.com (2월 20일에 마련된 중요 항목 의제); Michael R. Gordon and General Bernard E. Trainor, *Cobra II: The Inside Story of the Invasion and Occupation of Iraq* (Pantheon, 2006), 145–146 (도하 보고서). 제이 가너는 재건·인도지원 처 팀이 이라크를 다시 정상 궤도로 올려놓기 위해 이라크 부처 20곳에 의존해야 할 것이라고 결론 내렸지만, 약탈로 17개 부처의 건물이 파괴되었다고 나중에 지나가듯 언급했다; PBS 텔레비전 프로그램 〈프론트라인(Frontline)〉과의 2006년 8월 11일 인터뷰 편집 녹취록(2006년 10월 17일에 pbs.org/wgbh에 "The Last Year in Iraq"로 올라옴).

27 2002년 9월 26일 자인 이 문서 전문은 (사례 연구 부록은 빼고) Richard Haass, *War of Necessity, War of Choice: A Memoir of Two Iraq Wars* (Simon & Schuster, 2009), 279–293에 실려 있으며 226–228에서 논의된다.

28 이라크의 미래 프로젝트는 2006년 9월에 조지워싱턴대학교 국가안보아카이브(National Security Archive: NSA)에 의해 온라인(gwu.edu/~nsarchiv/)에 올라왔다; 특히 "New State Department Releases on the 'Future of Iraq' Project"라는 제목의 9월 1일 자 포스트와 파워포인트 "Overview" 개요를 보라. 이 프로젝트하에서 작업한 "Conference of the Iraqi Opposition"이 낸 102쪽짜리 보고서는 파이스의 웹사이트(waranddecision.com)에서 "Final Report on the Transition to Democracy in Iraq" (November 2002)를 보라. James Fallows, "Blind into Baghdad," *Atlantic Monthly*, January–February 2004; Packer, *The*

Assassins' Gate: America in Iraq (Farrar, Straus & Giroux)도 보라. 이 프로젝트가 쓸모없었다
는 평가는 Feith, *War and Decision*, 375–378; Bremer, *My Year in Iraq*, 25를 보라. 이라크의
미래 프로젝트를 폄하하는 목소리는 심지어 국무부 내부에서도 나왔다. 당시 정책기획국장
이었던 리처드 하스는 "현실은 과대 포장에 훨씬 못 미쳤다. 이 보고서들은 길고 상세했지
만 대다수는 현실 적합성이나 실용성이 없었다. 보고서들은 국방부의 계획가들 사이에서
(내 생각에는 그럴 만한 이유로) 진지하게 받아들여지지 않았다"라고 쓴다; *War of Necessity,
War of Choice*, 257.

29 보통은 럼즈펠드를 대단히 칭송하는 파이스는 이 "지독한" 일화를 *War and Decision*, 385–
389에서 묘사한다. 가너의 발언과 ORHA 머리글자 우스갯소리는 Rajiv Chandrasekaran
의 활기 넘치는 회고록 *Imperial Life in the Emerald City: Inside Iraq's Green Zone* (Knopf,
2006), 30, 52에 나온다.

30 신세키는 Eric Schmitt, "Pentagon Contradicts General on Iraq Occupation Force Size,"
New York Times, February 28, 2003을 보라; PBS의 〈프론트라인〉 다큐멘터리 "Rumsfeld's
War" 방송 대본(2004년 10월 26일에 pbs.org/wgbh에 올라옴). 랜드(RAND)의 연구는
Bremmer, *My Year in Iraq*, 8–12; Dobbins et al., *America's Role in Nation-Building*을 보라.

31 이 지점에서 나는 회고록과 여타 공적 발언에서 계획이 있었다고 열렬히 주장하는 파이스
에게 동의하지 않는다. 하지만 파이스 본인은 대립적 입장들을 해소하지 못한 고위층 지도
자들, 특히 라이스의 태만을 인정한다

32 Gordon and Trainor, *Cobra II*, 142 (라이스); Feith, *War and Decision*, 142, 149, 393–394
(작은 발자국과 아프가니스탄); Office of Reconstruction and Humanitarian Assistance,
"Inter-Agency Rehearsal and Planning Conference," February 21–22, 2003, 파이스의 웹사
이트 waranddecision. com.

33 Gordon and Trainor, *Cobra II*, 152 (휴즈); Thomas F. Ricks, *Fiasco: The American Military
Adventure in Iraq* (Penguin, 2006), 109–110 (켈로그); "Turf Wars and the Future of Iraq,"
PBS *Frontline* 2003년 10월 3일 방송 대본, pbs.org/wgbh (워커); Feldman, *What We Owe
Iraq*, 32. 조지 패커는 *The Assassins' Gate*에서 "플랜 B는 없었다"라고 딱 잘라 말한다(118).
릭스도 펜타곤 계획가들이 "실제로는 전후 이라크를 운영하기 위한 쓸모 있는 청사진을 제
시하지 않았다"라는 동일한 결론에 도달한다(*Fiasco*, 80); 또 "만일을 위한 대비책 논의는
없었다"라고도 말한다(162).

34 노아 펠드먼이 *Mother Jones* 온라인(motherjones.com)에서 브래드퍼드 플러머(Bradford
Plumer)와 한 인터뷰, 2005년 1월 16일 포스팅.

35 Robin Wright, "From the Desk of Donald Rumsfeld," *Washington Post National Weekly
Edition*, November 5–11, 2007; Feith, *War and Decision*, 57–58; 럼즈펠드의 스타일에 관

해서는 110–115도 보라.

36 "이라크 과도행정처(Iraqi Interim Authority, IIA)" 계획은 "행정부가 이라크를 위한 전후 계획 수립을 등한시했다는 비난이 틀렸다"라는 파이스의 열성적 주장의 기초다. 그는 이 문제를 *War and Decision*에서 길게 논의한다. 특히 275, 401–413, 423–424, 435–441, 549–551(와 여타 색인 항목)을 보라; 그 책에 부수적인 웹사이트(waranddecision.com)에서 "IIA"에 관한 짤막한 세 문건도 보라. 파이스는 2008년 4월 24일 국제전략연구센터에서 열린 출판기념회 연설 "War and Decision: Inside the Pentagon at the Dawn of the War on Terrorism"에서 자신의 주장을 간명하게 요약한다(csis.org에서 동영상으로, waranddecision.com에서 녹취록으로 접할 수 있다). 하지만 파이스 본인의 설명으로도 이 지나치게 희망적인 "계획"을 진지하게 받아들이기는 힘들다. 그리고 본인은 최고위급에서 이 계획을 정말로 진지하게 받아들인 사람이 거의 없었던 것을 아쉬워한다. 문제의 핵심에는 미국 주도 과도정부에서 이라크 "외부자들"이 수행할 역할을 둘러싼 격한 논쟁이 있었는데 펜타곤은 이들의 역할을 강하게 지지한 반면 국무부는 그러한 과도정부는 대다수 이라크인이 보기에 "정당성"을 얻지 못할 것이라고 주장했다. 적대행위 이후 계획 수립은 여기서부터 좌초했다.

37 Feith, *War and Decision*, 277–279, 283–286, 605. "National Intelligence Council: Principal Challenges in Post-Saddam Iraq"라는 제목으로 살짝 축약된 판본의 2003년 1월 보고서는 appendix B (52–91) *in Report of the Select Committee on Intelligence on Prewar Intelligence Assessments about Postwar Iraq*를 보라. 인용문은 이 보고서 10쪽(디지털 텍스트에서는 61쪽)에 나온다.

38 Feith, *War and Decision*, 285; 278, 409–410, 453도 보라. 대체로 무시된 재건·인도지원처의 2월 보고서도 다양한 지점에서 1년 이상 대규모 투입이 필요할— 심지어 안정을 보장하는— 활동들을 언급했다; "Inter-agency Rehearsal and Planning Conference."

39 Leslie H. Gelb, *Power Rules: How Common Sense Can Rescue American Foreign Policy* (HarperCollins, 2009), 237–239; 조지 패커는 앞서 *Assassins' Gate*, 111–112에서 이 일화를 재현했다. 추후에 외교협회는 이라크에 관한 침공 이전 보고서 두 편을 내놨다: The Council on Foreign Relations, *Guiding Principles for U.S. Post-Conflict Policy in Iraq* (January 1, 2003)와 *Iraq: The Day After* (March 12, 2003). 이 가운데 특히 첫 번째 보고서는 이라크에서 "기본적 인권과 자유시장경제"를 지지하는 기본 목표를 옹호하지만 행정부가 주의를 기울이지 않은 상식적 주장도 다수 내놓는다. 여기에는 "무력분쟁 이후 이라크가 무정부상태로 전락하는 것을 막기 위해 전투에서 평화유지 활동으로 빠르게 전환할 필요성", 이라크인 스스로 나라를 운영하게 하고 "미국이 이라크의 사실상 통치자가 될 의사가 없음"을 분명히 하는 것의 중요성, 미국의 영향력은 "가급적 배후에 머문 채" 이라크를 관리하는 데 유

엔과 국제사회의 강력하고 단기적인 역할 강조, 과도 임시 정부 내에 "망명 이라크인 지도자들"을 앉히려는 유혹을 뿌리칠 것 등이 포함됐다; 이 보고서는 "전후 일본이나 독일 노선을 따른 미 군정에 관한 계속되는 공개적 논의는 도움이 되지 않는다"라고도 역설했다.

40 럼즈펠드의 "국가 건설을 넘어서" 연설은 국방부에 의해 defense.gov/speeches에 올라와 있다. 침공 전 또 다른 자리에서 럼즈펠드는 이후에 벌어진 사태와 반대로 이라크의 미래 정부는 "미국이나 실은 유엔조차도 처방할 수 없는 것이다. 그것은 뚜렷하게 이라크인들에 의한 것이 될 것"이라고 천명했다; 외교협회 보고서, *Guiding Principles for U.S. Post-Conflict Policy in Iraq*, 4에서 인용. 아프가니스탄은 펜타곤에서 "가벼운 발자국"의 단골 사례였고, 파이스는 국가 건설은 "나쁜 짐덩어리(bad baggage)"라고 주장하면서 아프가니스탄을 선례로— 소련의 경험에서는 부정적 사례이자 9·11 이후 미국 침공의 긍정적 사례로— 거듭 거론한다; *War and Decision*, 76, 89, 101–102, 134, 139, 145, 149. 이는 행정부 내 다른 곳은 아니라 해도 이라크 침공 당시 백악관과 펜타곤에 만연했던 탈레반 축출 이후 사태에 관한 낙관적 평가를 반영했다; 국무부 내의 유보적 태도는 Haass, *War of Necessity, War of Choice*, 196–201을 보라. 2008년 부시 행정부가 끝나 갈 때쯤이면 이러한 평가 역시 착각이었던 것으로 널리 인식되게 된다. 탈레반 세력은 다시 부상하고 있었고, 《워싱턴포스트》같은 간행물들은 "'국가 건설'을 회피하고 배후지의 질서를 유지하기 위해 아프간 군벌들에게 의존한" 잘못된 결정을 지적하고 있었다; *Washington Post National Weekly Edition*, August 18–24, 2008에서 Ahmed Rashid, *Descent into Chaos: The U.S. and the Failure of Nation Building in Pakistan, Afghanistan, and Central Asia* (Viking, 2008)에 대한 서평을 보라.

41 NSA 온라인 포스팅(gwu.edu/~nsarchive/에서 접근 가능), "Future of Iraq Project" 문서와, 특히 "New State Department Releases on the 'Future of Iraq' Project"라는 제목의 2006년 9월 1일 자 포스팅을 보라. 고든과 트레이너는 국가 건설에 대한 이 같은 적대감이 부시 행정부의 "통탄할 다섯 가지 잘못"임을 *Cobra II* 에필로그에서 부각한다; 특히 503–504를 보라.

42 브리머 인터뷰는 "The Lost Year in Iraq," an October 17, 2006, pbs.org/wgbh에 올라온 *Frontline* 방송; Bremer, *My Year in Iraq*, 7–13, 117도 보라. 브리머는 폭력과 반란이 격화되는 가운데 "총독의 책임" 권한을 행사하는 끔찍한 임기가 끝나 가고 있을 때도, 부시가 "이라크 해방을 위해 미국인들이 감수한 희생에 기꺼이 일어나 감사를 표할" 이라크 지도자를 얻을 중요성을 특히 강조했다고 말한다.; 위의 책 359.

43 Bremer, *My Year in Iraq*, 19–20.

44 Bremer, *My Year in Iraq*, 114–119.

45 Bremer, *My Year in Iraq*, 13, 36–37.

46 Bremer, *My Year in Iraq*, 37.

47 Department of Defense, *The National Defense Strategy of the United States of America* (March 2005), 2, 5.

48 잭 골드스미스는 회고록 *The Terror Presidency: Law and Judgment inside the Bush Administration* (Norton, 2007)에서 고문을 정당화하는 기초적 법률 의견에 대한 자신의 환멸과 "법리전"에 대한 보수파의 입장에 상당한 주의를 할애한다. 특히 53–70(법리전), 85–89("일원적 집행권" 사고방식)와 10, 141–151(심문을 관장하는 원래 법률 의견에 관한 그의 법적 비판). 골드스미스의 논지에 대한 자세한 요약은 Jeffrey Rosen, "Conscience of a Conservative," *New York Times*, September 9, 2007을 보라.

49 Richard A. Clarke, *Against All Enemies: Inside America's War on Terror* (Free Press, 2004), 24. 이라크 침공과 점령을 포함해 법적 쟁점들에 관한 출판물과 온라인 문헌은 방대하다. 부시 행정부를 지지하거나 비판하는 많은 법학자의 평가는 *Future Implications of the Iraq Conflict: Selections from the "American Journal of International Law"* (American Society of International Law, January 2004)를 보라. 이것은 이라크에서의 무력 사용과 추후의 점령 조치들의 적법성에 초점을 맞추며 이와 관련한 유엔 안보리 결의안을 부록으로 실었다. 점령의 법적 지위와 관련하여 특히 흥미로운 글은 David J. Scheffer, "Beyond Occupation Law," 130–148이다; Eyal Benvenisti, "Water Conflicts during the Occupation of Iraq," 148–152도 보라. 중대한 유엔 결의한 1483호를 비롯한 영국 쪽의 반(半)공식적 분석은 Paul Bowers, "Iraq: Law of Occupation" (International Affairs and Defense Section, House of Commons Library, Research Paper 03/51, June 2, 2003)을 보라. Center for Economic and Social Rights, *Beyond Torture: U.S. Violation of Occupation Law in Iraq*도 보라. 연합국 임시행정당국이 종료됨에 따라 2004년 7월 무렵에 cesr.org에 포스팅된 이 글은 행정부가 위반했다고 비난받은 국제법의 다양한 범주들을 항목별로 제시하고 많은 링크를 담고 있다. 나중에 위반 사항을 더 짧게 정리한 글은 "NGO Letter to the Security Council on Iraq" 라는 제목으로 2006년 5월 19일에 유엔 안보리에 제출됐다.

50 Pitman B. Potter, "Legal Basis and Character of Military Occupation in Germany and Japan," *American Journal of International Law*, vol. 43, no. 2 (April 1949), 323–325; Eyal Benvenisti, *The International Law of Occupation* (Princeton University Press, 1993), 59–63, 91–96(인용문은 91에 나온다).

51 일본 점령의 법적 측면에 대한 가장 자세한 연구는 Nisuke Ando, *Surrender, Occupation, and Private Property in International Law: An Evaluation of US Practice in Japan* (Clarendon Press, 1991)으로서 포츠담선언과 항복문서에 공식화된 무조건항복이 만들어 낸 독특한

조건들을 고려할 때 자이바츠 해체 정책과 토지개혁으로 인해 발생한 경제적 손실은 사실 불법이 아닌 반면, 연금 미지급은 점령 당국의 권한 남용에 해당한다고 결론 내린다; 특히 111-115를 보라. 안도의 종종 장황한 분석은 독일 점령과 일본 점령이 중요한 여러 측면에서 달랐음을 지적한다(독일이 항복할 당시에는 기존 독일 정부가 존재하지 않았으므로 승전 연합국은 군정을 통해 직접 다스렸다). 그는 일본의 항복에는 기존의 정부가 항복 문서(포츠담선언의 조건들을 재천명했다)에 서명할 때 동의한 계약적 차원이 애매하게나마 존재하며 이것은 일본 정부의 연속성을 전제했다고 주장한다; 그와 동시에 이로써 미국은 점령에 관한 헤이그육전법규를 위반하는 조치들을 취할 수 있었고 실질적으로 일본 정부는 권한이 거의 없었다고도 본다. 이 책은 분석하기 어려운 책이지만 81, 101-102, 108, 123-124에서 더 일반적인 진술들을 보라.

52 Political *Reorientation of Japan*, vol. 1: 88-89.

53 Ando, *Surrender, Occupation, and Private Property in International Law*, 31 (the December public-relations release); *Political Reorientation of Japan*, vol. 2: 427. 이것은 앞서 전쟁이 끝나기 몇 주 전에 국무부에서 스팀슨 전쟁장관에게 제출한 정책 문서에서 다음과 같이 진술됐다: "무조건항복 문서에 의거해 일본 천황은 그의 권력과 권한을 포기하고 연합군 최고사령관은 최고의 입법, 사법, 행정 권한을 갖는다"; U.S. Department of State, *Foreign Relations of the United States, 1945*, vol. 6: *The British Commonwealth, the Far East*, 560. 이하에서 국무부 공식 문서 시리즈는 *FRUS*로 인용한다.

54 Benvenisti, "Water Conflicts," 149 (처음에는 군사 점령 부정). 결의안 1483호는 *Future Implications of the Iraq Conflict* 등 여러 곳에 실려 있다.

55 Benvenisti, "Water Conflicts," 149, 152; Scheffer, "Beyond Occupation Law," 이라크에 적용될 수 있는 정확한 헤이그와 제네바 "협정서"는 특히 135n을, "법적 책임의 덫"은 142-144를 보라. 셰퍼의 비판 축약본, Scheffer, "A Legal Minefield for Iraq's Occupiers," *Financial Times*, July 24, 2003도 보라.

56 Bremer, *My Year in Iraq*, 158.

57 도쿄의 A급 전범 재판에서 미국이 주도한 기소 역시 고위급 전쟁범죄 가운데 가장 악랄한 범죄, 다시 말해 만주에서 3000명 이상의 포로를 이용한 "731부대"의 치명적인 의학 실험을 빠트렸다. 이 범죄들은 은폐됐고 알려진 범죄자들은 과학적인 발견 사실을 미군 연구자들에게 제공하는 대가로 기소를 면제받았다. 이것과 전범재판의 여타 측면에 관한 논의는 Dower, *Embracing Defeat*, ch. 15 ("Victor's Justice, Loser's Justice"), 443-484를 보라. 일본인 전범 기소 과정에서 "승자의 정의" 측면에서 일탈한 가장 흥미로운 경우는 요코하마에서 열린 부수적 "B급과 C급" 전범 재판에서 오카다 다스쿠 중장의 재판이었다. 오카다는 전쟁 막판에 나고야 공습 당시 추락하는 비행기에서 탈출했다가 붙잡힌 미 공군 38명을 약

식 처형한 혐의로 기소됐다. 그는 혐의를 부인하지 않았고 오히려 그 군인들이 제네바협약에 정의된 전쟁포로가 아니라 비전투원을 폭격하여 국제법을 위반한 전범이라고 주장했다. 오카다는 이것이 확실한 유죄판결로 이어질 것임을 알면서도― 실제로 그는 그 군인들의 처형은 오로지 자기책임이었다고 주장했다― 피고 측 변호인인 조지프 피더스톤(Joseph Featherstone)의 지원을 받아 이런 변론을 채택했다. 그는 무차별적 공중전에 반대하는 일관된 주장을 펼치길 원했다. 요코하마 재판에서 특이한 점은 검찰과 재판부 모두 이를 허용했다는 점이다. 오카다의 재판 과정에서 놀라울 정도로 상호 존중하는 분위기가 형성됐고, 사형선고가 내려진 후 주(主) 기소 검사와 판결을 내린 미군 장교들은 모두 사면을 건의했지만 맥아더 장군은 이를 거부했다. 오카다 자신도 재판 과정의 공정성을 칭찬했다. 저명한 작가인 오오카 쇼헤이(大岡昇平)는 나중에 오카다 재판에 관한 논픽션을 썼고, 2008년에는 이 책을 바탕으로 한 영화 〈내일에의 유언(明日への遺言)〉― 영화는 피카소의 〈게르니카〉, 중국에서 일본군의 공습, 나치 독일 공군의 런던 폭격, 영국 왕립공군의 유럽 공중전을 보여 주는 화면으로 시작한다― 이 일본에서 개봉되어 호평을 받았다. 일례로, Roger Pulvers, "A New Movie about WWII Japanese Asks Where the War-Crimes Buck Stops," *Japan Times*, May 20, 2007; Norio Murio, "Japanese Film a Poetic Look at a WWII War Crime Trial," *Stars and Stripes*, March 9, 2008을 보라. 오카다 재판은 규칙을 증명하는 예외였다. 더 일반적으로 자기편이 동일한 범죄를 저질렀을 수도 있다는 문제에서, 미군이 펴낸 제2차세계대전 후 전범재판에 관한 한 연구는 "명백한 정치적 이유 때문에 어느 나라도 자국 시민을 전쟁범죄 행위로 기소하지는 않을 것이다"라고 말한다; Major William H. Parks, "Command Responsibility for War Crimes," *Military Law Review*, vol. 62 (Headquarters, Department of the Army: Fall 1973; Department of the Army Pamphlet 27–100–6으로도 발행됨), 100.

58 잔혹한 바트당 정권이 장기 집권하는 동안 사담과 그의 이라크인 공범들이 자행한 범죄들을 진정으로 진지하고 철저하게 기소했다면― 뉘른베르크와 도쿄 재판처럼 기소된 정권의 위반행위에 대한 대량의 문서 기록을 구축한다는 목표를 갖고서― 피고 측 변호인에게 미국과 여타 주요 열강이 초기에 사담을 지지하고, 사담의 전쟁 기구를 구축하는 데 일조했으며, 1980년부터 1988년까지 이란과의 전쟁에서 이라크를 지원하고, 1988년 쿠르드족 마을 할라브자 마을에 독가스를 살포한 것과 같이 훗날 악명을 떨치게 되는 여러 만행에 대한 국제사회의 고발을 잠재우는 데 (럼즈펠드처럼 나중에 조지 W. 부시 행정부의 핵심 일원이 되는 사람들을 비롯해) 미국이 암묵적 지지를 보냈다는 증거를 제시할 기회를 주었을 것이다.

59 B. V. A. Röling and Antonio Cassese, *The Tokyo Trial and Beyond* (Polity Press, 1993), 80 (맥아더), 85 (윌러비). 일본인에 대한 전범재판과 더 일반적으로 전쟁범죄 책임 문제는

Dower, *Embracing Defeat*, ch. 15 and 16을 보라; 도쿄재판에 대한 연합국 측 비판은 451-454를 보라. "극동 국제군사재판소 판결"을 가장 자세히 조목조목 비판한 사람은 판결에 소수의견을 낸 라다비노드 팔(Radhabinod Pal) 판사였다. 가장 잘 알려진 학술적 비판은 Richard Minear의 *Victors' Justice: The Tokyo War Crimes Trial* (Princeton University Press, 1971)이며, Minear의 논지에 대한 간명한 요약은 *Kodansha Encyclopedia of Japan*, vol. 8: 223-225에서 그가 작성한 "War Crimes Trials" 항목을 보라. 또 다른 간결하고 비판적인 개관은 Stephen Large, "Far East War Crimes Trials" in I. C. B. Dear and M. R. D. Foot, eds., *The Oxford Companion to World War II* (Oxford University Press, 1995), 347-351을 보라. 도쿄재판에서 A급 전쟁범죄 지도자들 기소에 핵심이었던 전쟁 "모의" 사실은 2006년에 미국 전직 검사가 실시한 부시 대통령과 고위 보좌관들에 대한 모의 전범재판에서도 기소 근거였는데, 이 경우에는 이라크를 상대로 한 선제공격의 필요성과 관련해 고의로 틀린 주장들을 제시해 미국 대중을 속였다는 것이었다; Elizabeth de la Vega, *United States v. George W. Bush et al.* (Seven Stories Press, 2006)을 보라.

60 야마시타 재판을 비판적으로 논의하는 예리한 연구는 Parks, "Command Responsibility for War Crimes," 1-104를 보라. 나중에 나온 사려 깊은 평가는 Richard L. Lael, *The Yamashita Precedent: War Crimes and Command Responsibility* (Scholarly Resources, 1982); 짤막한 요약은 Bruce D. Landrum, "The Yamashita War Crimes Trial: Command Responsibility Then and Now," *Military Law Review*, vol. 149 (Summer 1995), 293-301을 보라. 야마시타 재판을 상세히 재구성한 것은 ess.uwc.ac.uk에서 "Case No. 21: Trial of General Tomoyuki Yamashita" from *Law Reports of Trials of War Criminals, Selected and Prepared by the United Nations War Crimes Commission*, vol. 4 (Her Majesty's Stationery Office, 1948)를 보라. 이 재판 건에서 연방대법원 프랭크 머피 판사의 이견은 특히 잘 알려져 있다. 이것과 야마시타의 항소에 대한 맥아더의 거부에 관해서는 Parks, 35-37을 보라. 야마시타의 미국인 변호인 A. Frank Reel은 자신의 의뢰인이 결백했다고 저서 *The Case of General Yamashita*로 더 폭넓은 대중에게 호소했는데, 1949년에 보급판으로 나온 이 책은 추후 Parks와 Lael 같은 이들의 설득력 있는 비판에도 불구하고 상당한 (그리고 상당히 오도하는) 영향력을 발휘해 왔다. Reel이 출판한 야마시타 변론의 번역이나 배포는 일본에서 미 점령 당국에 의해 금지됐다; Parks, 70.

61 Parks, "Command Responsibility for War Crimes," 22, 70-71, 87-88 (미흡하게 작성된 판결문); 위의 책 30 (판결 자체에 대한 평가).

62 Parks는 야마시타 판결의 부적절한 표현들이 제거된, 독일과 일본 장교들의 "지휘 책임"에 관한 추후의 재판들도 길게 논의한다.

63 헤이그육전법규에 의거한 지휘 책임에 관해서는 Parks, "Command Responsibility for War

Crimes," 10, 14, 23, 34, 43, 49, 56, 83을 보라.

64 전쟁포로에 대한 상이한 태도들을 간략히 정리한 것은 Charlotte Carr-Gregg, *Japanese Prisoners of War in Revolt: The Outbreaks at Featherston and Cowra during World War II* (St. Martin's Press, 1978), 특히 ch. 1 ("The Status of Prisoners of War in Western and Japanese Society")를 보라. 일본 병사들의 항복을 절대적으로 부정하는 일본 군부의 입장은 연합국과의 전쟁 개시까지 1년이 채 남지 않은 1941년 1월에 내려진 "군인칙유(Field Code)"에서 가장 완벽하게 표현됐다.

65 재판 기록을 바탕으로 일본 전쟁범죄에 대한 통렬한 사례 연구는 Yuki Tanaka, *Hidden Horrors: Japanese War Crimes in World War II* (Westview Press, 1996)를 보라. Gavin Dawes 는 *Prisoners of the Japanese* (Morrow, 1993)에서 전쟁포로 학대를 다룬다. 수용소의 다양한 생존 환경은 John A. Glusman, *Conduct under Fire: Four American Doctors and Their Fight for Life as Prisoners of the Japanese, 1941–1945* (Viking, 2005)를 보라. 존 스워프는 풀려난 전쟁포로들이 가급적 인도적으로 대우하려 한 경우를 비롯해 수용소 감시원들의 다양한 행위들에 주의를 환기했다고 언급한다; Carolyn Peter, ed., *A Letter from Japan: The Photographs of John Swope* (Hammer Museum at UCLA, 2006)를 보라. 2006년 무렵부터 일본의 물고문 관행이 미국 미디어에서 점차 강도 높은 논쟁의 초점이 됐다. 일례로 Evan Wallach, "Waterboarding Used to Be a Crime," Washington Post, November 4, 2007; Kinue Tokudome, "Waterboarding: The Meaning for Japan," *Asia-Pacific Journal*, January 24, 2009 (japanfocus.org에 게재); 2009년 4월 24일에 온라인에 널리 올라온(일례로 huffingtonpost.com을 보라) Paul Begala, "Yes, *National Review*, We Did Execute Japanese for Waterboarding"을 보라. 트루먼의 발언을 둘러싼 더 넓은 맥락은 본서의 11장 주 163을 보라.

66 Roling and Cassese, *The Tokyo Trial and Beyond*, 86, 89.

67 Parks, "Command Responsibility for War Crimes," 101–104.

68 *Political Reorientation of Japan*, vol. 2: 737.

69 이 특히 일본적인 구호는— "아시아의 지도자 일본, 아시아의 수호자 일본, 아시아의 빛 일본"으로 흔히 번역된다—는 1942년 3월에 인도네시아에서 도입되었고, 3A (또는 AAA) 운동으로 알려졌다. 일례로 Benedict R. O'G. Anderson, *Java in a Time of Revolution: Occupation and Resistance, 1944–1945* (Cornell University Press, 1972), 27을 보라.

70 Lieutenant-Colonel A. J. F. Doulton, *The Fighting Cock: Being the History of the 23rd Indian Division, 1942–1947* (Gale and Polden, 1951), 232. 자바에서의 약탈과 반란, 테러에 관한 덜튼의 묘사—그리고 "현대 정치사상에 대한 몰이해"를 운운하며 인도네시아 정치인들을 은근히 무시하는 태도—는 돌이켜 보면 2003년 이라크 침공 이후에 바그다드에서 들려오

는 이야기처럼 읽히기도 한다; 예를 들어, 233, 241, 277을 보라.

71 John W. Dower, "Occupied Japan and the American Lake, 1945–50," in Edward Friedman and Mark Selden, eds., *America's Asia: Dissenting Essays on Asian-American Relations* (Pantheon, 1971), 145–206; Dower, "Occupied Japan and the Cold War in Asia," in Michael J. Lacey, ed., *The Truman Presidency* (Woodrow Wilson International Center for Scholars and Cambridge University Press, 1989), reprinted as chapter 5 in Dower, *Japan in War and Peace* (155–207); Major-General S. Woodburn Kirby et al., *The War against Japan*, vol. 5: *The Surrender of Japan*(Her Majesty's Stationery Office, 1969), 271 (〈브리타 니아여 지배하라!〉). 미국 전략가들의 은유적인 상상의 나래에는 전후 군사와 상업 부문의 비행 기지라는 측면에서 일본을 "극동의 중앙역"으로 묘사하는 것도 포함됐다; Wm. Roger Louis, *Imperialism at Bay: The United States and the Decolonization of the British Empire, 1941–1945* (Oxford University Press, 1978), 74 and 75 (태평양은 "우리의 호수").

72 Cordell Hull, *The Memoirs of Cordell Hull* (Macmillan, 1948), vol. 2, ch. 114, 특히 1599. 1945년 6월 22일에 국무부가 스팀슨 전쟁장관에게 제출한 장문의 정책 제안서도 다음과 같이 동일한 요점을 제기한다: "미국 정부는 수시로 표명해 온 정치적 원칙, 즉 예속 민족들 이 필요하다면 적절한 준비 기간을 거쳐 더 많은 자치를 달성할 기회를 얻어야 한다는 원 칙을 적절하게 계속 천명해도 되지만 국제연합 주요 일원들의 단합을 심각하게 저해할 행 동 노선은 피해야 한다."; *FRUS*, 1945, vol. 6: 558. 이러한 논쟁들을 문서고의 기록을 바 탕으로 자세히 분석한 것은 Louis, *Imperialism at Bay*; also Christopher Thorne, *Allies of a Kind: The United States, Britain and the War against Japan, 1941–1945* (Oxford University Press, 1978), 특히 ch. 27과 30을 보라. 국무부 인사들이 관여한 장기간의 교섭 과정은 항복 을 전후로 한 시기 국무부의 *FRUS* 기록 문건 시리즈를 보라. 좋은 평가를 받는 사례 연구 로는 Robert J. McMahon, "Toward a Post-colonial Order: Truman Administration Policies toward South and Southeast Asia," in Lacey, *The Truman Presidency*, 339–365; George McT. Kahin, "The United States and the Anticolonial Revolutions in Southeast Asia, 1945–1950," in Yonosuke Nagai and Akira Iriye, eds., *The Origins of the Cold War in Asia* (Columbia University Press, 1977), 338–363; George C. Herring, "The Truman Administration and the Restoration of French Sovereignty in Indochina," *Diplomatic History*, vol. 1 (Spring 1977), 97–117 등이 있다. 근래에 나온 개설서로는 Ronald H. Spector, *In the Ruins of Empire: The Japanese Surrender and the Battle for Postwar Asia* (Random House, 2007)를 보라.

73 송환 문제에 관해 쉽게 접근할 수 있는 미국 쪽 서술은 *Reports of General MacArthur*, vol. 1, Supplement: *MacArthur in Japan: The Occupation: Military Phase* (Government Printing Office, 1966; 이것은 실제로 1949년 무렵에 맥아더 참모부가 작성한 것이다) ch. 6 (149–

191). (이 시기의 다른 추정치들이 그렇듯이) 제시된 데이터가 다루기 번거롭고 흔히 혼란스러우며 심지어 상충할 때도 있긴 하지만 여기서 논의되는 합산 수치 다수는 이 공식 문헌에서 나온 것이다. 종전 직후에 본국 송환을 기다리는 일본인이 분포한 지역들과 공식 숫자를 유일하게 누계해 제시한 상세한 지도는 148을 보라; 누계를 분석해 보면 다음과 같다: 가라후토(樺太, 사할린)와 쿠릴열도에 37만 2000명, 시베리아에 70만 명, 만주에 110만 5800명, 다롄과 뤼순에 22만 3100명, 북한에 32만 2550명, 남한에 59만 4800명, 일본 인근 북쪽 섬들에 6만 2400명, 중국에 150만 1200명, 타이완에 47만 9050명, 류큐에 6만 9000명, 홍콩에 1만 9200명, 인도차이나 북부에 3만 2000명, 태평양 지역에 13만 900명, 동남아 지역에 71만 650명, 네덜란드령동인도에 1만 5550명, "오스트레일리아 지역"에 13만 8700명, 하와이에 3600명, 뉴질랜드에 800명. 이를 합치면 총 648만 1300명이다.

(필리핀과 인도차이나 북부를 제외하고) 동남아 전역에서 일본군의 항복을 관장한 영국 주도의 동남아 사령부가 직면했던 과제는 영국의 공식 전쟁사 마지막 권에서 상세히 다뤄진다; Kirby et al., *The War against Japan*, vol. 5, part 3 (223–375)와 appendix 27 (504–506)을 보라. 송환이라는 일반적 주제는 향후 더 면밀한 검토가 필요하다. 무엇보다 민간인과 군 관계자를 구분하고, 일본군에 입대한 한국인과 타이완인 수만 명이 겪은 고난과 운명을 살펴봐야 한다. 전쟁범죄 기소 가능성 때문에 따로 분류된 해외의 일본 군인을 파악하고, 항복 이후 탈영의 다양한 패턴을 추적해야 하며, (무려 민간인 10만 명이 일본으로 귀국을 시도하는 도중에 사망한 만주에서처럼) 공식 송환 절차의 틈새에서 빠진 엄청난 인원을 파악하고, 승자에 의해 노역과 기술적·군사적 업무에 강제 동원된 수십만 명을 더 정확하게 파악해야 하며, 가장 까다로운 일이지만 송환을 기다리던 수백만 명 가운데 사망과 질병 발생 정도를 최대한 분석할 필요가 있다.

74 *Reports of General MacArthur*, vol. 1: Supplement: 159–161, 179–191; Dower, *Embracing Defeat*, 52–53. 패전 독일과 서양의 여타 "해방" 지역들에서와 마찬가지로 소련군은 만주와 여타 지역들에서도 닥치는 대로 강간과 약탈을 자행했다. Giles MacDonogh는 *After the Reich: The Brutal History of the Occupation* (Basic Books, 2007; 영국 초판의 부제는 "From the Liberation of Vienna to the Berlin Airlift")에서 소련(과 여타 연합국)의 약탈과 강간을 다룬다. 맥도너는 1945년 6월 당시 독일군 포로 약 400만~500만 명이 소련에서 "그곳 도시들의 재건을 돕기 위해" 노역을 하고 있었다고 추산하며, 독일 측 자료를 따라서 소련에 의해 사망한 독일군 포로 숫자는 총 109만 4250명이고 이 가운데 절반은 1945년 4월 독일이 항복한 이후에 죽은 것으로 추정한다; 위의 책, 420–425. 다른 대목에서 맥도너는 독일인들은 그들대로 "러시아군 포로 300만 명을 체계적으로 죽였다"라고 지적한다; 위의 책, 394.

75 이하의 중국 관련 데이터는 주로 Donald G. Gillin and Charles Etter, "Staying On: Japanese

Soldiers and Civilians in China, 1945–1949," *Journal of Asian Studies*, vol. 42, no. 3 (May 1983), 497–518을 참고하라. 이 논문은 *Reports of General MacArthur*, vol. 1: Supplement: 170–176에 나오는 중국에서의 송환 작업에 대한 순화된 공식 서술을 상쇄, 보완하며 이 문제에 대한 이해를 돕는다. 일본 항복 직후 중국의 정치적 상황을 생생히 전달하며 향후 몇 년간 이어질 혼란과 격동을 포착하는 책은 Theodore H. White and Annalee Jacoby, *Thunder Out of China* (William Sloane, 1946), ch. 19 (279–297)를 보라.

76 Gillen and Etter, "Staying On," 499–503; *Reports of General MacArthur*, vol. 1: Supplement: 173–174 (타이완의 일본인들). 여타 추정치는 White and Jacoby, *Thunder Out of China*, 284, 289.

77 Gillen and Etter, "Staying On," 506–508, 511–515; *Reports of General MacArthur*, vol. 1: Supplement: 176. 중국 내 일본인 송환 지연 문제는 국무부의 *FRUS*에 수록된 외교 서신들에서도 다뤄진다. 일례로 1946년 12월에 중국 내 미군 당국은 "만주에 송환을 허락받지 못한 이른바 기술자와 그들의 가족"인 일본인 70만 명이 여전히 남아 있다고 추정한다; *FRUS 1946*, vol. 10: *The Far East: China*, 909. 이듬해 4월 일본 정부는 최대 8만 7000명의 일본인이 여전히 중국에 남아 있으며 이들은 주로 기술자와 그 가족들인 것 같다고 미국 관계자들에게 알렸다; *FRUS 1947*, vol. 7: *The Far East: China*, 993–995. 1947년 9월에 중국 정부는 송환되기를 기다리는 일본인이 7만 6000명 이상이며 이 가운데 대다수는 국민당(1만 8000명)과 공산당(5만 명)이 통제하는 만주 지역에 있다고 통보했다. 미국은 만주에 남아 있는 일본인 숫자가 꼭 믿을 만한 것은 아니라고 봤다; *FRUS 1947*, vol. 7: 998.

78 동남아 사령부의 우선 사항은 8월 13일 자 지령으로 마운트배튼에게 전달됐다; Kirby et al., *The War against Japan*, vol. 5: 228–230. Peter Dennis, *Troubled Days of Peace: Mountbatten and South East Asia Command, 1945–46* (St. Martin's Press, 1987)도 보라. 후자는 마운트배튼의 사령부가 직면한 도전들을 면밀히 살펴보면서 커비의 공식 역사를 보완한다.

79 *FRUS 1945*, vol. 6: 573, 1158, 1178; Kirby et al., *The War against Japan*, vol. 5: 311, 316. 데니스는 유사하게 "무지와 자기기만, 태만이 네덜란드령동인도의 현실과 상황에 대한 연합국의 인식에서 두드러졌다"라고 쓴다; *Troubled Days of Peace*, 68, 75–78. Thorne, *Allies of a Kind*, 613, 625, 681도 보라. 일본 점령기와 종전 직후 인도네시아 상황을 전반적으로 다룬 훌륭한 서술은 Anderson, *Java in a Time of Revolution*을 보라. 점령과 독립운동의 대두는 특히 ch. 2 and 3 (16–60)을, 정치화된 인도네시아 청년 그룹인 전투적인 페무다(pemuda)와, 일본군이 개입되어 자바에서 벌어진 전후 초기 잔혹한 무력충돌은 7장을 보라. 수마트라는 Anthony Reid, *The Blood of the People: Revolution and the End of Traditional Rule in Northern Sumatra* (Oxford University Press, 1979)를 보라. 특히 일본 점령하에서의 사태 전개는 ch. 5 (104–147)를, "항복한 일본군 관계자"들이 개입된 가장 격렬한 무장충돌은 165–

169를 보라. 리드는 (7장에서) 인도네시아 독립운동을 지지한 일본인에 대한 사례연구도 제공한다.

80 *FRUS 1945*, vol. 6: 1186–1188; *FRUS 1946*, vol. 8: *The Far East*, 797–798도 보라. 해럴드 아이작스는 1945년 11월에만 왕립공군의 모스키토(Mosquitoes, 정식 명칭은 드 하빌랜드 모스키토(de Havilland Mosquito)이며 제2차세계대전에서 전투기, 경폭격기, 정찰기 등으로 활약한 다목적 군용기) 와 "대여 P–47기(lend–lease P–47s)"(정식 명칭이 P–47 선더볼트(P–47 Thunderbolt)인 미국산 전투기. 대여는 1941년 3월에 통과된 무기대여법(Lend-lease Act)에 따라 미국이 다른 연합국들에 지원한 군수물자임을 뜻한다) 가 인도네시아 촌락들을 상대로 148회 출격했으며 트지바닥(Tjibadak) 마을을 "지도에서 지워" 버리는 등 많은 전과를 올렸다고 밝힌 공식 발표문을 인용한다; Harold R. Isaacs, *No Peace for Asia* (Macmillan, 1947), 132. 10월 중반에 일어난 특히 악명 높은 세마랑(Semarang) 무력충돌은 Anderson, *Java in a Time of Revolution*, 146–149를 보라.

81 Andrew Roadnight, "Sleeping with the Enemy: Britain, Japanese Troops and the Netherlands East Indies, 1945–1946," *History*, vol. 87 (April 2002), 245–268. 로드나이트는 자바에서 가장 피비린내 나는 몇몇 무력분쟁에 참가한 "기도부대(木戸部隊)"를 지휘한 한 일본군 소령이 현지 영국군 장교들에 의해 무공훈장(DSO) 서훈을 추천받았으나 윗사람들은 수훈을 치하하는 말 이상은 하지 않았다고 쓴다. 영국 공식 역사서는 1946년 5월 당시 자바 서부에 있던 일본군 무장 병력은 1만 300명, 수마트라는 2만 8000명가량이라고 밝히며, 추가로 2만 5000명(이 가운데 1만 5000명은 무장해제된 상태였다)이 자바 동부와 중부에서 "인도네시아인들 휘하"에 있었다고 쓴다. SEAC는 또한 2700명가량의 무장 일본군에게 악명 높은 버마–시암(Burma-Siam) 철도를 순찰하라고 지시했다; Kirby et al., *The War against Japan*, vol. 5: 296, 504. 영국군 휘하에서 네덜란드군 휘하로 일본군의 이전은 *Reports of General MacArthur*, vol. 1: Supplement: 179, 191; Kirby et al., *The War against Japan*, vol. 5: 506을 보라. 인도네시아에서의 전후 일본인 사상자와 관련하여 고토 겐이치는 전후 첫 6개월 동안 목숨을 잃은 일본인은 총 627명에 달한다고 쓴다; Ken'ichi Goto, *Tensions of Empire: Japan and Southeast Asia in the Colonial and Postcolonial World* (Ohio University Press, 2003), 171을 보라. 앤더슨은 세마랑 충돌에서만 일본군 500명이 죽었다고 추정하며 그 수치를 850명으로 추정하는 다른 문헌들도 인용한다; *Java in a Time of Revolution*, 146–149.

82 *FRUS 1945*, vol. 6: 568.

83 Isaacs, *No Peace for Asia*, 150–162; Spector, *In the Ruins of Empire*, 128–129 (사상자), 129–130 (탈영자), 134, 137. 공산당이 이끄는 베트민으로 도망친 일본군 탈영자들은 Christopher Goscha, "Belated Asian Allies: The Technical and Military Contributions of Japanese Deserters (1945–1946)," in Marilyn Young and Robert Buzzanco, eds., *A Companion to the Vietnam War* (Blackwell, 2002), 37–64, 특히 42–44를 보라. 고샤는 이런 병사들의 수를 북부에서는 1000~2000명가량으로, 남부에서는 500~1000명가량으로 추정한다.

84 항복한 일본군이 상황이 역전되었다면 범죄라고 여겨졌을 수용 환경에 처한 사례는 Spector, *In the Ruins of Empire*, 86을 보라. 그는 1941~1942년 일본군의 기습 공격으로 영국이 치욕을 당한 말라야와 싱가포르에서 송환을 기다리던 일본인 5만 9000명가량이 처음에는 인구가 희박한 렘팡(Rempang)섬으로 이송되어 그곳에서 정글을 개간하고, 거처를 짓고, 채소와 여타 먹을 것을 재배해야 했다고 쓴다. 억류 생활 첫 두 달 동안 SEAC가 제공한 일일 식량의 열량은 1인당 1100칼로리에 불과했으며, 1946년에 이르자 약 20퍼센트가 말라리아, 이질, 각기병 같은 병에 시달리고 있었다. 마지막 송환자들은 항복한 지 1년도 더 지나서야 렘팡에서 귀국할 수 있었다. 말라야와 버마에서의 소개 지연은 *Reports of General MacArthur*, vol. 1: Supplement: 158–159, 178, 191을 보라. 영국의 공식 역사서는 1946년 12월 이후에 "노동력으로 남겨진 일본인" 수를 총 9만 8000명(네덜란드 당국에 맡겨진 1만 3500명을 포함한 수치)이라고 밝히며 그들의 소개가 1947년 6월부터 12월까지 "매달 공중 수송"으로 진행되고 있었다고 묘사한다; Kirby et al., *The War against Japan*, vol. 5: 506.

85 *Reports of General MacArthur*, vol. 1: Supplement: 158, 166–170. 고바야시는 1994년 다큐멘터리영화 *Music for the Movies: Toru Takemitsu*를 위한 피터 그릴리와의 인터뷰에서 억류 경험을 지나가듯 언급한다; Linda Hoaglund의 번역을 *Positions*, vol. 2, no. 2 (Fall 1994), 382–405에서 보라.

86 독일군의 항복에 관해서는 MacDonogh, *After the Reich*, ch. 15, 특히 392–396을 보라. 인도된 독일군을 항복 후 "노동력"으로 이용하기로 한 연합국의 결정은 얄타회담으로 거슬러 가며 특히 영국 측의 열성적 지지를 받았다. 미국은 독일군 포로들을 항복 후 중노동에 광범위하게 이용하지 않았지만, 그들을 그렇게 이용한 다른 나라들, 특히 프랑스에 엄청난 수의 포로를 넘겼다; 위의 책, 397, 416, 419. 항복한 일본군을 취급하는 과정에서 전투 종식 이후 포로를 위해 적용된 새로운 용어는 Roadnight, "Sleeping with the Enemy," 265–268을 보라. 영국 공식 역사서는 전쟁포로라는 지위가 본국에서 오명을 사고 있으므로 전쟁포로로 취급되길 원치 않는다는 일본군 쪽의 요청에서 "항복한 일본인 관계자Japanese Surrendered Personnel"라는 명칭이 기인한 것이라는 친절한 설명을 제시한다; Kirby et al., *The War against Japan*, vol. 5: 218, 252. 하지만 이런 주장은 항복의 "비협상적" 성격을 초지일관 강조한 연합국의 태도와 모순되며 항복한 독일군을 상대로 한 연합국의 선례나 그런 명명이 용이하게 만든 포로 학대를 설명하지 못하므로 설득력이 없다. 더욱이 일본군은 "항복" 자체가 커다란 치욕이라는 생각을 주입해 왔고, 일본 정부는 항복 과정에서 그 용어 사

용을 조심스레 피했다.

87 Dennis, *Troubled Days of Peace*, 27 (SEAC 머리글자 재해석); Isaacs, *No Peace for Asia*, 161 (프랑스의 인도차이나 회복에 미국의 물적 지원); *FRUS 1945*, vol. 6: 1164 ("U.S.A." 표식을 지워 달라는 미국의 공식 요청).

88 Isaacs, *No Peace for Asia*, 129.

89 *FRUS 1946*, vol. 8: 816 ("원주민 대표단"), 839 ("인도들"), 801 (애치슨); Issacs, *No Peace for Asia*, 129 (이슬람 학자). Christopher Thorne은 인종 이슈에 특히 민감하며 그의 대작 *Allies of a Kind*의 색인은 이 점과 관련해 대단히 도움이 된다; 그의 책에서 "인종; 인종주의; 인종차별주의(Race; racialism; racism)" 항목과 윈스턴 처칠 항목 아래 "~의 인종주의(racism of)" 항목을 보라. 윈스턴 처칠의 발언들만 모아도 아시아인에 대한 멸칭을 모은 소사전이 하나 나올 만하다. 아이작스의 책은 중국과 동남아의 미군 병사들의 눈에 비친 "워그들(Wogs, 비백인 그중에서도 주로 북아프리카나 서남아시아 사람에 대한 멸칭)" "깜둥이(Niggers)" "째진 눈들(Slopeys)"에 대한 생생한 묘사로 시작한다.

90 Isaacs, *No Peace for Asia*, 39, 187–200, 특히 199. 일본을 "다음 작전을 위한 대기 지역"으로 간주한 것과, 부시 행정부 내 고위 관료들이 이라크 침공과 점령을 추후 중동에서 전개할 일련의 전략적 선제 공세 가운데 첫 단추로 보면서 울린 전쟁의 북소리 간의 공명은 시사적이다.

91 Isaacs, *No Peace for Asia*, 231–242, 특히 233과 239.

15장 국가 건설과 시장근본주의

92 나는 *Empire and Aftermath* (318–329)와 *Embracing Defeat* (ch. 12 and 13)에서 헌법 수정을 자세히 다뤘다.

93 2008년 중반 부시 임기가 끝나 가고 있을 때 한 BBC 탐사보도는 "이라크에서 활동하는 계약업체들에 배정된 미 원조 자금 가운데 무려 230억 달러가 사라지거나 절취되거나 제대로 파악되지 않았을 수도 있다"라고 보도했다. Michael Massing, "Embedded in Iraq," *New York Review of Books*, July 17, 2008. 재건 과정에 대한 비판적 공식 평가는 2008년 12월에 온라인에 공개되고 본서 에필로그에서 논의되는 Office of the Special Inspector General for Iraq Reconstruction, *Hard Lessons: The Iraq Reconstruction Experience*를 보라. 보고서 전문은 sigir. mil에서 접근할 수 있다.

94 2003년 11월 24일 자 《뉴요커》는 이라크에서 벌어진 약탈의 경제적 비용이 120억 달러에 달한다고 추정했다. "매점 스캔들"이 일본 경제에 끼친 피해 비용은 헤아릴 수 없지만, 스캔들이 폭로됐던 1947년에 대략 추산한 빼돌려진 물자의 총액은 3000억 엔이었고, 당시 일본

정부 1년 예산은 2050억 엔이었다; Dower, *Embracing Defeat*, 112–120과, 정부 부흥 기금
이 엮인 악명 높은 "쇼와덴코(昭和電工)" 스캔들에 관해서는 535를 보라.

95 Dower, *Embracing Defeat*, 97–100. 이런 활동들에 미국인들이 연루된 사례를 저널리즘풍
으로 생생하게 다룬 책은 Robert Whiting, *Tokyo Underworld: The Fast Times and Hard Life
of an American Gangster in Japan* (Pantheon, 1999), 특히 1장과 2장을 보라.

96 요코하마가 위치한 가나가와현에서 점령 첫 열흘 사이에 보고된 강간은 1336건이었다. 중
국과 여타 지역에서 자국 군대가 저지른 포식자적 행위를 알고 있던 일본 정부는 성폭력
을 예상하고 섹스를 비롯해 정복자들에게 여성 상대를 제공하는 "특수위안시설협회"를 설
립하여 점령에 대비했다. (초창기 우려 사항들을 다룬 일본 경찰의 한 내부 보고서는 "약탈
과 강간을 언급하며 주민들을 불안에 빠트리는 사람들 다수는 귀환병들이다"라고 솔직하
게 지적한다). 1946년 SCAP의 명령에 따라 이 시설이 해체되자 성범죄가 증가했다는 주장
이 있다; 일례로 Takemae, *Inside GHQ*, 67, 441; Dower, *Embracing Defeat*, 124, 130, 211,
412, and 579 (n. 16); Yuki Tanaka, *Japan's Comfort Women: Sexual Slavery and Prostitution
during World War II and the U.S. Occupation* (Routledge, 2002); Allan S. Clifton, *Time of
Fallen Blossoms* (Cassell, 1950), ch. 20에서 히로시마를 점령한 오스트레일리아 병사들에
의한 강간과 폭행에 대한 불편한 서술을 보라. 오키나와에서 미군 장병들이 저지른 강간
사례는 George Feifer, *Tennozan: The Battle of Okinawa and the Atomic Bomb* (Ticknor and
Fields, 1992), 178, 338, 495–499, 555를 보라. 유럽에서 승전 연합군에 의해 자행된 성폭
력은 대체로 소련군에 초점이 맞춰져 있으나 MacDonogh, *After the Reich*, and William I.
Hitchcock, *The Bitter Road to Freedom: A New History of the Liberation of Europe* (Free Press,
2008)에서 더 폭넓게 다뤄진다. 히치콕은 점령지 독일의 영미 연합군이 대체로 "승자의 관
대함"을 보여 주었다고 인정하면서도 독일과 프랑스, 벨기에, 네덜란드, 이탈리아에서 전투
의 마지막 국면만이 아니라 그 이후에도 "해방이 전례 없는 폭력 및 잔혹성"과 함께 찾아왔
다고 쓴다; 주제별로 요약한 그의 짤막한 서문을 보라. 제2차세계대전 당시 이른바 해방 군
대의 폭력은 점령군이 치명적 적과 우호적 민간인 간 가시적 구분 선이 보이지 않는 낯선
세계에서 완전무장한 채로 조마조마한 불안 상태에서 살아야 한 "해방된" 이라크에서의 미
군의 행위와는 성격이 완전히 다른 것이었다. 비교 가능한 지점은 범죄의 은폐와 아군 쪽의
범법자에게 일상적으로 부여되는 면제다.

97 Dower, *Embracing Defeat*, 특히 107–110 (범죄), 123–139 (매춘), 그리고 97–102, 139–
148 (암시장 활동)

98 Gordon and Trainor, *Cobra II*, 479–485; Ricks, *Fiasco*, 158–166; Packer, *The Assassins' Gate*,
189–196; Bremer, *My Year in Iraq*, 54–58을 보라. 이 두 가지 초기 명령이 금방 동네북이
되자 전쟁 지지자들은 브리머가 대체로 독자적으로 행동했다고 시사함으로써 부시 행정부

와 거리를 두려고 했다. 브리머는 군대와 관련해서는 이라크군이 2003년 4월에 이르면 이미 와해된 상태라 재조직하려는 시도는 어리석고 불가능한 일이었을 것이라고 주장했다. 어쨌거나 그는 자신이 받은 지령이 워싱턴의 불투명한 채널을 통과해 전달된 것이었다고 강조했다. 이 사안은 2007년 여름에 언론에서 재조명됐다; *New York Times*, September 4, 2007 ("Envoy's Letter Counters Bush on Dismantling of Iraq Army")와 이틀 뒤에 브리머가 실은 기명 논평("How I Didn't Dismantle Iraq's Army")을 보라. 부시의 7월 2일 발언의 공식 녹취록은 "어디 덤벼 봐라(bring them on)"이지만 이 기자회견 영상은 대통령의 표현이 더 구어적인 "어디 뎀벼 봐라(bring 'em on)"임을 확인시켜 준다.

99 브리머의 "사담주의" 발언은 Michael R. Gordon, "The Conflict in Iraq: Winning the Peace; Debate Lingering on Decision to Dissolve the Iraqi Military," *New York Times*, October 21, 2004를 보라.

100 일본의 숙청 작업은 *Political Reorientation of Japan*, vol. 1: 8–81 ("Removal of Ultranationalists"); Takemae, *Inside GHQ*, 266–270; Hans H. Baerwald, "Occupation Purge," in *Kodansha Encyclopedia of Japan*, vol. 6: 57–58. 사정을 잘 아는 점령 참여자인 마틴 브론펜브레너는 기업인 숙청은 일본의 경제 지도부를 제거해 버릴 것이라며 일부 미국인들에게서 우려의 목소리를 자아냈지만 "그것이 경제회복에 미친 영향은 의문스러웠다…… 숙청된 많은 기업가가 '고문'이라는 이름으로 비공식적으로 기업을 계속 이끌었다. 다른 경우들에서는 적극적인 젊은이들이 새로운 환경에 적응할 능력이 떨어지는 노쇠한 기업가들을 대체했다"; Martin Bronfenbrenner, "Occupation-Period Economy (1945–1952)," in *Kodansha Encyclopedia of Japan*, vol. 2: 155를 보라. 브론펜브레너는 타케마에(269) 등이 이용한 더 일반적인 수치와 달리 숙청된 "엘리트 경제인" 수를 8309명이라고 본다.

101 "United States Post-Surrender Policy for Japan," in *Political Reorientation of Japan*, vol. 2: 423. 일본의 육군성과 해군성은 1945년 11월 30일에 제1복원성과 제2복원성으로 이름이 바뀌었다가 결국에는 문민 행정 부처인 복원청 산하의 일개 국으로 강등되어 1947년 10월까지 기능을 유지했다. 참전군인들과 생존자들에 대한 원호는 1946년 2월에 종료됐다; Takemae, *Inside GHQ*, 107–108.

102 Alfred Oppler, *Legal Reform in Occupied Japan: A Participant Looks Back* (Princeton University Press, 1976), 12.

103 Bronfenbrenner, "Occupation-Period Economy," 154. SCAP의 영향력이 큰 경제과학부에서 근무한 브론펜브레너는 전시에 일본어 교육을 받아서 실제로 점령지 일본에서 근무하게 된 소수 미국인 중 한 명이다.

104 Joseph C. Grew, *Turbulent Era: A Diplomatic Record of Forty Years, 1904–1945* (Houghton

Mifflin, 1952), 1440–1441; 그가 1945년 4월에 쓴 편지("나는 우리식의 민주주의를 일본에 이식할 수 없다고 확신합니다. 그들은 거기에 맞지 않으며 그것이 도저히 작동할 수 없으리라는 걸 잘 알고 있으니까요")를 인용하는 1420도 보라. Dower, *Embracing Defeat*, 217–224 ("The Experts and the Obedient Herd")와 본서 10장(주 107)에서 논란이 분분한 이 사안에 대한 긴 인용들도 보라.

105 샌섬의 논평은 점령 정책에 대한 다른 폄하 발언들과 더불어 Jerome B. Cohen, *Japan's Economy in War and Reconstruction* (University of Minnesota Press, 1949), vii–x에 나온다. 1945년 5월, 그루의 건의로 국무부의 일본 점령 계획 개요를 제시받은 샌섬은 "연합국이 박학다식한 대천사 무리를 마음대로 부릴 수 있다 해도 일본 국민이 그들의 가르침에 호응할지 극히 의문"이라는 이유로 계획된 개혁주의 의제에 의문을 제기했다; Thorne, *Allies of a Kin*d, 655–656. 1946년 1월 당시 일본의 상황에 대한 샌섬의 사적인 인상은 Katharine Sansom, *Sir George Sansom and Japan: A Memoir* (Diplomatic Press, 1972), ch. 12 (144–159)를 보라. 그는 맥아더에게 깊은 인상을 받았고, 전쟁범죄와 초민족주의를 조사하는 임무를 맡은 방첩국의 미국인 직원들을 "정치 현실을 잘 모르는 선의와 열성이 가득한 젊은이들"로 보았으며, 자이바츠를 비판하면서 이러한 금융 이해집단이 "미국이나 고도로 산업화된 다른 나라들의 유사한 기업결합"과 근본적으로 다르다고 보는 "이론적 민주주의 지지자들"이 "환상과 착각에 빠져 있다"라고 비판했으며, 배상 정책이 "순전히 보복적"이라고 여겼다. 공보와 교육을 담당하는 미국인들의 "쾌활한 낙관주의"는 그를 우려에 빠트린 한편("그들은 재단사가 새 옷을 맞춰 주듯이 일본에 새로운 교육체제를 공급할 수 있다고 생각하는 것 같았다"), 경제학에 정통한 표면상으로 진보적인 두 일본인 지인과의 대화는 지식인들의 "근본적인 반백인" 편견과 "우리가 점령의 목표들을 증진하는 데 지식인들에게 의지할 수 없다"라는 것을 상기시켜 주었다. 점령지 일본에 발을 디딘 지 약 2주 후인 1월 15일에 이미 그는 익숙한 보수주의적 허깨비를 들먹이고 있었다: "미국인들이 자유에 대한 열정으로 자신들이 무슨 짓을 하고 있는지를 아는지 모르겠다. 만일 일본이 소련의 품에 안기게 된다면 그것은 점령의 아이러니한 결과가 될 것이다."

106 맥아더는 Oppler, *Legal Reform in Occupied Japan*, viii에서 인용된다. 케이즈와 이런 쟁점들을 둘러싼 내부 논쟁은 Dower, *Embracing Defeat*, 370–373 ("이상주의와 문화제국주의에 대한 사고")을 보라.

107 블레어 연설 녹취록은 CNN 방송이 cnn.com에 올려놓았다.

108 카니는 David Rieff, "Blueprint for a Mess," *New York Times Magazine*, November 2, 2003을 보라. 주의 깊은 기자들의 전형적인 보도는 Gordon and Trainor, *Cobra II*, 475: "브리머는 30년 전 포드 행정부 시절 알고 지낸 럼즈펠드를 만나 채용 심사를 받았다. 그는 중동 전문가가 아니었고 외교관 재직 시절에 그 지역에서 근무한 적이 없었지만 럼즈펠드의 펜타

곤에서는 그 점이 플러스 요인이었다. 럼즈펠드는 제이 가너가 지명한 몇몇 인사들의 선임을 막으려고 했는데 그들이 이라크를 개조하려는 부시의 대담한 계획의 열렬한 지지자가 아닐 수도 있는 국무부 아랍 전문가들이었기 때문이다. 브리머한테라면 그런 문제가 생기지 않을 터였다." 브리머는 회고록 *My Year in Iraq*에서 연합국 임시행정당국 고위 보좌관들의 유창한 언어 실력을 비롯해 지역 전문성을 강조하며 이런 주장들을 거듭 반박했다.

109 Shane Harris, "Outsourcing Iraq," *Government Executive*, July 1, 2004.

110 *Political Reorientation of Japan*, vol. 2: 435 (초기 정책), 565 (자이바츠 해체), 741 (소득과 소유 분배 재천명), 760 (토지개혁), 780 (자이바츠).

111 이것은 Chalmers Johnson in *MITI and the Japanese Miracle: The Growth of Industrial Policy, 1925–1975* (Stanford University Press, 1982)에서 더 넓은 맥락에서 설명된다.

112 Harris, "Outsourcing Iraq." 2003년 말에 후안 콜은 "비록 아무도 그를 그 자리에 뽑지 않았지만 브리머는 명령을 내리고 거부권을 행사하며 공산당 중앙위원회 정치국원 행세를 하고 있고 핼리버턴(Halliburton)과 벡텔(Bechtel)은 국가 지원 기업체 역할을 하고 있으니, 이라크인들이 이라크에 들어온 미국식 체제가 일종의 국가사회주의라고 결론 내린다 해도 용서될 수 있을 것이다. 이라크는 지금까지는 자본주의적 민주주의 체제라기보다는 어쩌면 쿠바의 모습에 더 가까워 보인다"라고 관찰했다.; 콜 교수의 *Informed Comment* 웹사이트 (juancole.com), October 31, 2003 포스트.

113 Neil King Jr., "U.S. Prepares for Rebuilding of Iraq—nitial Plan Could Spend as Much as $900 Million on Repairs after a War," *Wall Street Journal*, March 10, 2003. [최초 5개 건설 회사는 벡텔, 플루오르(Fluor), 켈로그 브라운 앤드 루트(Kellogg Brown and Root), 루이스 버거 그룹(Louis Berger Group), 파슨스(Parsons)였다.] Patrick Cockburn, "From Triumph Has Sprung Murderous Fiasco," *Independent*, October 9, 2003 (아메리카 인디언). 2003년 8월, '리버벤드(Riverbend)'라는 이름으로 유명해진 바그다드의 익명 여성 블로거가 1차 걸프전 당시 파괴된 교량 20개를 복구한 회사 소속의 엔지니어인 사촌에 관한 글을 올렸다. 2003년 5월, CPA가 교량 1개[뉴 디얄라 다리(New Diyala Bridge)]를 재건하기 위한 견적을 요청했을 때, 그의 회사는 입찰가 30만 달러를 제시했지만 거절당했다. 일주일 후, 5000만 달러의 견적을 제시한 미국 회사에 계약이 돌아갔다. 리버벤드는 더 나아가 이라크에는 13만 명이 넘는 엔지니어가 있으며, 그중 수천 명은 "독일, 일본, 미국, 영국 및 기타 국가에서" 교육을 받았다고 지적했다; Riverbend, *Baghdad Burning: Girl Blog from Iraq* (Feminist Press at the City University of New York, 2005), 34–37. 점령이 시작되었을 당시 이라크 내 민간 계약업자 대 미군 병사 비율은 1 대 10이었다. 2006년 말에 이르자 5만 명에 가까운 민간 고용 용병을 포함해 계약업자 대략 10만 명이 미군 14만 명과 나란히 일하는 가운데 그 비율은 대략 1 대 1.14가 됐다. Renae Merle, "Hired Boots on the Ground," *Washington*

Post National Weekly Edition, December 11–17, 2006; Naomi Klein, *The Shock Doctrine: The Rise of Disaster Capitalism* (Metropolitan, 2007), 378–380도 보라. 소위 시카고학파의 시장근본주의에 대한 클라인의 비판은 민영화 의제를 1970년대나 그 이전으로 거슬러 가는 "충격 요법" 프로그램에 확고하게 위치시킨다; 이라크에 관한 16, 17, 18장을 보라.

114 Neil King Jr., "Bush Officials Draft Broad Plan for Free-Market Economy in Iraq," *Wall Street Journal*, May 1, 2003. 침공 이전에 영향력 있는 여러 보수 진영에서 적극 논의되고 있던 민영화 의제에 관한 설득력 있는 서술은 일례로 Ariel Cohen and Gerald P. O'Driscoll Jr., "Privatization and the Oil Industry: A Strategy for Postwar Iraqi Reconstruction," *National Interest*, January 22, 2003을 보라.

115 Noah Feldman, *What We Owe Iraq*, 1; Francis Fukuyama, "Nation-Building 'Lite,'" *Wall Street Journal*, October 1, 2003. 블랙월의 발언은 2006년 10월 17일 pbs. org/wgbh에 올라온 브리머와 여타 인사들과의 〈프론트라인〉 인터뷰 "The Lost Year in Iraq"에서 인용. 럼즈펠드의 침공했다가 철군(invade-and-leave) 견해로 대표되는 전통적 보수주의와 이라크를 민주주의 모델 국가로 개조하는 데 초점을 맞춘 신보수주의 간 충돌에 대한 흥미로운 해석은 Marina Ottaway, "Iraq: One Country, Two Plans," *Foreign Policy*, July/August 2003을 보라. (carnegieendowment.org에서도 볼 수 있다.)

116 브리머의 발언은 globalsecurity.org에서 2003년 6월 1일 자 미국의 소리(Voice of America) 녹취록을 보라. *My Year in Iraq*, 28, 61–66에서 바트당 정권하 경제에 대한 그의 묘사도 보라. 자주 인용되는 "이라크는 사업에 다시 열려 있다" 연설은 5월 27일에 한 것이다. 럼즈펠드의 공식 발언은 2003년 5월 27일 외교협회 발표에서 나왔다. 후안 콜은 "5퍼센트 고정 관세율은 각각 1838년 조약과 1840년 런던조약으로 영국이 오스만 제국과, 패배한 이집트에 부과한 수준과 정확히 같다"라고 지적한다; 콜의 *Informed Comment* 웹사이트(juancole. com)에 2003년 9월 23일에 게재됨.

117 점령지 일본에서는 "숍 플랜(Shoup Plan)"에 따라 최대 한계세율이 개인은 35퍼센트, 기업은 55퍼센트로 낮춰졌다; 일례로 columbia.edu/cu/economics에서 칼 섬너 숍에 대한 David Weinstein의 온라인 논평을 보라; Dick K. Nanto, "Shoup Mission," in *Kodansha Encyclopedia of Japan*, vol. 7: 172–173도 보라.

118 Donald Rumsfeld, "Prepared Statement for the Senate Appropriations Committee," September 24, 2003, quoted in Klein, *The Shock Doctrine*, 346. "Let's All Go to the Yard Sale," *Economist*, September 25, 2003; 이 기사는 연합국임시행정당국의 의제를 "충격 프로그램"이라고 묘사했다. 추후에 《이코노미스트》는 이것이 "원래는 열성적이었던 이라크 부르주아들마저도" 멀어지게 했다고 지적했다. 2004년 10월 4일 호에서 "Cleaner, but Still Bare: Iraq's Reconstruction"을 보라. 대체로 비판적인 대중적 반응은 방대하다. 몇

몇 예만 들자면 T. Christian Miller, *Blood Money: Wasted Billions, Lost Lives, and Corporate Greed in Iraq* (Little, Brown, 2006); Jonathan Weisman and Anitha Reddy, "Spending on Iraq Sets Off Gold Rush: Lawmakers Fear U.S. Is Losing Control of Funds," *Washington Post*, October 9, 2003; Ibrahim Warde, "Iraq: A License to Loot the Land," *Le Monde diplomatique*, May 2004; David Usborne, Rupert Cornwell, and Phil Reeves, "Iraq Inc: A Joint Venture Built on Broken Promises," *Independent*, May 10, 2003 ("한탕주의자들의 쟁탈전"). 리버벤드 블로그의 2003년 9월 24일 자 제목은 "판매 중: 이라크(For Sale: Iraq)"였다; *Baghdad Burning*, 76–81. 승자의 전리품은 Haass, *War of Choice, War of Necessity*, 251–252를 보라. 이라크의 경제 및 금융 위기에 대한 진단은 위기의 해결책과 원인에 관해서 서로 달랐다. 따라서 브리머와 같은 자유시장 "충격 요법" 지지자들은 거의 전적으로 바트당 사회주의와 사담 후세인의 전쟁 도발 및 부패의 치명적인 조합에 관해서만 이야기한 반면, 좀 더 리버럴한 좌파 쪽 논평가들은 이를 인정하면서도 (1) 1991년 걸프전 당시 이라크 기반 시설의 대규모 파괴, (2) 그에 뒤따라 미국이 주도한 유엔 경제제재의 파괴적인 영향, (3) 침공에 뒤따른 외주화 광풍의 혼란, 무능, 부패에 대해서도 강조했다. 연합국임시행정당국이 해체된 후 뒤늦게야 미국 관리들은 이라크의 국영기업 중 적어도 일부는 실제로 이라크인들이 다시 복귀할 수 있을 정도로 재건이 가능하다고 인정했다.

119 new-fields.com/iraq/agenda.htm에서 "Rebuilding Iraq Conference." 이런 회의들은 여러 해에 걸쳐 계속됐다. "1000억 달러"라는 수치는 외교협회의 2003년 1월 1일 보고서 *Guiding Principles for U.S. Post-Conflict Policy in Iraq*에서 유래하는데 보고서는 "전문가들은 즉각적인 인도주의적 필요를 제쳐 두고도 재건 비용이 250억~1000억 달러에 이를 것으로 추산한다"라고 예측했다.

120 "U.S. Prepares for Rebuilding of Iraq," *Wall Street Journal*, March 10, 2003; Ehsan Ahrai, "The Lucrative Business of Rebuilding Iraq," *Asia Times*, March 26, 2003.

121 "Bush Officials Draft Broad Plan for Free-Market Economy in Iraq," *Wall Street Journal*, May 1, 2003; Klein, *The Shock Doctrine*, 341–343.

122 골드스미스의 메모 전문은 John Kampfner, "Blair Was Told It Would Be Illegal to Occupy Iraq," *New Statesman*, May 26, 2003에 실렸다(이 주간지가 실제로 가판대에 나온 날짜는 5월 22일이다). Clare Dyer, "Occupation of Iraq Illegal, Blair Told," *Guardian*, May 22, 2003; John Innes, "US and UK Action in Post-War Iraq May Be Illegal," *Scotsman*, May 22, 2003도 보라.

123 점령 정책에서 "법, 정의, 위반"의 전체적인 쟁점은 본서 14장에서 논의된다; 상충하는 견해들과 사료상의 부록을 포함해 상세한 분석은 *Future Implications of the Iraq Conflict: Selections from the "American Journal of International Law"* (2004)를 보라. 민영화 의제에 초

점을 맞춘 간명한 약술은 Thomas Catan, "Iraq Business Deals May Be Invalid, Law Experts Warn," *Financial Times*, October 30, 2003; Daphne Eviatar, "Free-Market Iraq? Not So Fast," *New York Times*, January 10, 2004를 보라.

124 Nina Serafino, Curt Tarnoff, and Dick Nanto, *U.S. Occupation Assistance: Iraq, Germany and Japan Compared* (Congressional Research Service, Library of Congress, March 23, 2006). 1946~1952년에 현재 달러 기준으로 미국의 총원조액은 독일에 43억 달러, 일본에 22억 달러에 달했다. 이러한 총액 데이터와 관련하여 무상 증여 대 융자, 경제 재건 및 기타 기반 시설 프로젝트가 아닌 식량을 포함한 인도주의적 지원, 수혜국에서 관리하는 "대충(counterpart)"자금 형태의 원조금 재순환, 명백한 군사적 목적의 지원 등 많은 세부 사항을 구분할 필요가 있다.

125 이라크 재건 지원과 관련하여 마셜플랜의 비유가 회자되고 있을 때, 마셜 문서의 편집자(래리 블랜드)는 기자들에게 "마셜플랜의 주안점은 무역을 재활성화하는 데 있었다"라고 지적했다; David Firestone, "The Struggle for Iraq: The Cost—Debate Rises Where Bush and Marshall Plans Diverge," *New York Times*, September 27, 2003. 마셜의 유명 연설 60주년을 맞아 2007년 5월 21, 22, 23일에 빈스 크롤리의 허가를 받아 국무부 국제정보기획국이 널리 배포한 세 편의 회고적 평론도 보라; 이 글들은 유럽연합 미 대표부 웹사이트인 useu.usmission.gov를 비롯해 여러 곳에서 쉽게 접근할 수 있다. 이 가운데 세 번째 평론은 "[미국의] 제의는 후했지만, 미국은 고도의 자기 이익도 추구하고 있었다. 경제적으로 강한 유럽은 더 이상 미국의 지원을 필요로 하지 않고 미국 상품 구매를 재개할 수 있을 것이며, 공산주의가 유럽 대륙을 석권하는 것을 방지할 수 있다"라고 말한다; Crawley, "Marshall Plan Seen as Model for Well-Run, Short-lived Program." 부시 대통령의 이라크 재건 지원 요청에 대해 민주당 하원의원들은 9월 23일 대통령의 유엔 연설을 인용하며 "분명히 말하건대 이것은 마셜플랜이 아니다"라고 선언한 결의안을 발의했다. 이들은 행정부의 지출 승인 요청을 "장황한 경제개발 프로젝트 리스트"로 묘사하고 "전시 부당이득 취득"의 위험성을 경고하며 우선순위를 정하고 프로그램을 관리하는 데 책임성과 투명성, 국무부의 리더십, 이라크인들의 의견 적극 반영을 촉구했다. 이 결의안은 2003년 10월 16일 로사 들러로(Rosa DeLauro) 의원과 공동 발의자 61명에 의해 발의됐다.

126 독일을 대상으로 한 기본 지령은 *FRUS 1945, vol. 3: European Advisory Commission, Austria, Germany*, 484-503에 실려 있다; 경제적 목표에 관해서는 특히 487-488과 493-494를 보라. 이러한 목표들에 대한 더 이른 시기의 표명은 378-388 (1945년 1월 6일), 432-438 (3월 10일), and 471-473 (3월 28일)을 보라; *FRUS 1944, vol. 1: General*, 344-346 (September 29, 1944)도 보라. 독일을 위한 수정된 "산업 수준 정책"은 1947년 7월 11일에 군사 지령(JCS 1779호)으로 하달됐고 *Department of State Bulletin*, July 27, 1947 (186–

193)에 실려 있다; 같은 책, September 7, 1947 (468–472)도 보라.

127 *Political Reorientation of Japan*, vol. 2: 424. 일본의 배상 정책에 대한 전체적인 개관은 William S. Borden, *The Pacific Alliance: United States Foreign Economic Policy and Japanese Trade Recovery, 1947–1955* (University of Wisconsin Press, 1984), 71–83을 보라.

128 *FRUS 1948, vol. 6: The Far East and Australasia*, 857–862 (NSC 13/2). NSC 13/2는 "미국의 안보 이익 다음으로 경제회복이 일본에서 미국 정책의 주요 목표가 되어야 하며", "경제 부흥 프로그램의 성공 여부는 열심히 일하고, 조업 중단을 최소화하고, 내부 긴축 조치를 취하고 가급적 조속히 균형 예산을 달성하려는 노력을 비롯해 인플레이션 추세에 대한 엄정한 대처 등을 통해 생산을 유지하고 높은 수출 수준을 유지하려는 일본 쪽의 노력에 대체로 달려 있음을 일본 정부에 분명히 해야 한다"라고 강조했다.

129 이라크 점령을 배경 삼아 쓰인 마셜플랜에 대한 간결하고도 풍부한 주석을 제공하는 개관은 Barry Machado, *In Search of a Usable Past: The Marshall Plan and Postwar Reconstruction Today* (George C. Marshall Foundation, 2007) "마셜 플래너들(Marshall Panners)"을 존경한다고 고백한 마차도는 국내 기업의 로비에 저항하는 경제협력행정처의 기조가 통하지 않았던 유일한 두 분야로 해운과 "빅 오일(Big Oil)" 분야를 꼽는다; 같은 책, 122–123. 그의 결론은 기풍이 커다란 역할을 하는 이라크 지원 프로그램에 대한 간접적 비판에 해당한다. 마차도는 "품성이 지성보다 고등하다"라고 말한 랠프 월도 에머슨을 인용하여 "오늘날 품성은 1940년대 후반보다 훨씬 부족한 것 같다"라고 꼬집는다.

130 이러한 분석들은 문헌마다 차이가 있다. *U.S. Occupation Assistance* report issued by the Congressional Research Service in 2006 외에도 Shinji Takagi, "From Recipient to Donor: Japan's Official Aid Flows, 1945 to 1990 and Beyond," *Essays in International Finance*, no. 196 (March 1995), 특히 1–8과 Robert A. Fearey, *The Occupation of Japan: Second Phase, 1948–1950* (Macmillan, 1950), 218–219를 보라.

131 문서고 사료를 토대로 점령지 일본의 경제 노선 역전을 개관하는 책은 Dower, *Empire and Aftermath*, chapters 10, 11, and 12; Dower, "Occupied Japan and the Cold War in Asia," in Dower, *Japan in War and Peace*, 155–207; Borden, *Pacific Alliance*; Howard B. Schonberger, *Aftermath of War: Americans and the Remaking of Japan, 1945–1952* (Kent State University Press, 1989), esp. chs. 5, 6, and 7; Michael Schaller, *The American Occupation of Japan: The Origins of the Cold War in Asia* (Oxford University Press, 1987); Schaller, *Altered States: The United States and Japan since the Occupation* (Oxford University Press, 1997), 특히 chapter 1; Schaller, "Securing the Great Crescent: Occupied Japan and the Origins of Containment in Southeast Asia," *Journal of American History*, vol. 69, no. 2 (September 1982), 392–414; Yutaka Kosai, "The Postwar Japanese Economy, 1945–1973," in Michael Smitka, ed.,

Japan's Economic Ascent: International Trade, Growth, and Postwar Reconstruction (Garland, 1998), 72–116을 보라.

132 "Economic Stabilization in Japan," December 10, 1948, *FRUS 1948*, vol. 6: 1059–1060. 전후 일본에서 "국가와 사회 간 경계의 흐려짐"을 개괄하는 책은 Brian J. McViegh, *The Nature of the Japanese State: Rationality and Rituality* (Nissan Institute/Routledge, 1998), 특히 chapter 4를 보라. 행정 지도에 대한 법률적 논평은 Meryll Dean, ed., *Japanese Legal System*, 2nd edition (Cavendish, 2002), 168–191를 보라.

133 차머스 존슨은 점령기 말에 이르러 일본 관료 기구가 전시에서보다 더 막강해졌다고 결론 내린다. 그의 *MITI and the Japanese Miracle*을 보라.

134 Robert S. Ozaki, "Foreign Exchange Control," in *Kodansha Encyclopedia of Japan*, vol. 2: 314–316.

135 Schonberger, *Aftermath of War*, chapter 6(드레이퍼에 관해)와 Dower, *Embracing Defea*t, 537(덜레스에 관해)를 보라.

136 Fearey, *The Occupation of Japan*, 149–150. 마틴 브론폰브레너도 외환, 무역, 투자에 관한 핵심 법률들이 "일본에서 자본 도피를 방지하고 외국의 '한탕주의 투자자들'이 일본 자산을 값싸게 사들이는 것을 막기 위한 것이었다"라고 쓴다: "Occupation-Period Economy," 157.

137 토니 주트는 유럽에 초점을 맞춘 평론집 Reflections *on the Forgotten Twentieth Century* (Penguin Press, 2008) (토니 주트 지음, 조행복 옮김, 『재평가: 잃어버린 20세기에 대한 성찰』, 열린책들, 2014.) 머리말에서 "망각의 시대에 최근 역사가 차지하는 위치"를 강조한다. 물론 더 일반적인 측면에서 일본과 아시아의 역사는 역사가와 정책 결정자 들에게 동일한 난관을 제기하며 비교 분석 작업이 훨씬 더 어렵지만 그만큼 더 잠재적으로 우리의 이해를 도울 수 있다.

138 Bronfenbrenner, "Occupation-Period Economy," 158.

139 Dower, *Embracing Defeat*, 540–546 [특수, 한국전쟁 붐, 데밍(Deming)].

140 간결한 개관은 Gary R. Saxonhouse, "United States, economic relations with, 1945–1973," in *Kodansha Encyclopedia of Japan*, vol. 8: 161–164를 보라.

141 차머스 존슨은 잘 알려진 삼부작: *Blowback: The Costs and Consequences of American Empire*, 2nd edition (Holt Paperbacks, 2004); *The Sorrows of Empire: Militarism, Secrecy, and the End of the Republic* (Metropolitan, 2004); and *Nemesis: The Last Days of the American Republic* (Metropolitan, 2006)에서 미국의 "기지 제국(Empire of bases)"에 대한 가장 광범위한 비판적인 분석을 발전시켰다. 그의 세심한 추산에 따르면 미국은 무수한 비밀 기지를 제외하고도 해외에 700개가 넘는 군사기지를 유지하고 있으며 50개 국가에 950개 이상의 기지를 두고 있다. 오키나와는 삼부작의 첫째 권인 *Blowback*에서 특히 면밀한 주목을 받는다.

에필로그

1   David Kilcullen, *The Accidental Guerrilla: Fighting Small Wars in the Midst of a Big One* (Oxford University Press, 2009), 3. 킬컬런은 현대 테러와 반군 활동을 특징짓는 데 특히 "포스트모던"과 "세계화된"이라는 개념을 사용한다; 일례로 위의 책, xvii, xxviii을 보라.

2   Philip Taubman, "Learning Not to Love the Bomb," *New York Times*, February 19, 2009.

3   Lewis Mumford, *The City in History* (Harcourt, Brace and World, 1961), 432f. (루이스 멈퍼드 지음, 김영기 옮김, 『역사 속의 도시』, 지만지, 2016.) (펜타곤 사진을 설명하는 "Caption 49"). 나는 Andrew J. Bacevich, *The Limits of Power: The End of American Exceptionalism* (Metropolitan, 2008), 85–86 덕분에 멈퍼드에게 관심을 돌리게 됐다.

4   Office of the Inspector General, Office of the Director of National Intelligence, *Critical Intelligence Community Management Challenges,* November 12, 2008. 기밀로 지정되지 않은 이 16쪽짜리 보고서는 2009년 4월 2일에 공개됐고 globalsecurity.org에서 접근할 수 있다. 인용문은 2, 6, 10, 12에 나온다.

5   Office of the Special Inspector General for Iraq Reconstruction, *Hard Lessons: The Iraq Reconstruction Experience* (508쪽짜리 보고서 "초안"은 sigir.mil, December 2008을 보라), 5, 478. (이 문서의 페이지 표시는 뒤죽박죽이며 여기서는 온라인에 발표된 보고서의 페이지 순서를 따랐다.)

6   이런 주제들 대다수와 마찬가지로 텃밭 싸움은 보고서를 일관되게 관통하는 주제다. 지나가듯 언급되는 구체적인 사례들은 *Hard Lessons*, 17 ("즉석에서 간단히 끼적거린"), 19 (비밀리에 작업), 28 ("관료주의적 무기력증"), 47, 461 ("최상의 경우" 시나리오), 61 ("지휘 계통 충돌"), 66 ("훌륭한 군인"), 145 ("기정사실"), 307–308, 314, 338 (이라크인의 감수성 무시), 472–473 (62개 기관) 등을 보라. 시사적이게도, 미군이 베트남전 경험에서 대반군 활동에 대한 기본적인 교훈을 얻지 못했다는 존 네이글의 영향력 있는 9장짜리 비판서 2개 장에서도 끔찍한 결과를 초래하며 무시된 "힘들게 얻은 교훈" 개념을 사용한다; John Nagl, *Learning to Eat Soup with a Knife: Counterinsurgency Lessons from Malaya and Vietnam* (University of Chicago Press, 2005; originally published in 2002)을 보라.

7   치명적인 "임시변통" 계획 수립의 구체적 사례들은 *Hard Lessons*, 59, 121, 124, 170, 187, 238, 336, 460, 466 ("임시변통 통치"). 찰라비의 비판은 기명 논설 "Thanks, But You Can Go Now," *New York Times*, November 23, 2008에 나온다. 아프가니스탄의 재건 프로그램을 감사한 미국 정부 회계 감사관들은 이러한 프로그램이 "파편적"이고 "일관성이 없다"라고 지적하면서 동일한 비판적 결론에 도달했다. 부시 대통령 임기 말까지 아프가니스탄에 지출된 자금은 실제로 이라크에 지출된 자금(총 600억 달러이며 이 중 320억 달러가 미

국에서 제공됨)을 초과했다; Karen DeYoung, "It's Worse Than They Realized," *Washington Post National Weekly Edition*, February 9–15, 2009를 보라.

8 백악관이 제공한 "President George W. Bush's farewell address," January 15, 2009 온라인 텍스트; 이것은 georgewbush-whitehouse.archives.gov의 "The Bush Record"에서 접근할 수 있다.

9 이것은 일례로 David Sanger, "'Political Anthropologists' Find Surprises during the Transition," *New York Times*, December 2, 2008 등으로 널리 보도됐다.

10 금융 붕괴 이후 미국 상품선물거래위원회 의장의 1996년부터 1999년까지 초기 경고들은 파국을 예고하는 이들이 어떻게 주변화되었는지를 보여 주는 대표적 사례로 주목을 끌었다. 일례로 Manuel Roig-Franzia, "Credit Crisis Cassandra—Brooksley Born's Unheeded Warning Is a Rueful Echo 10 Years On," *Washington Post*, May 26, 2009를 보라. 원래 위험을 분산하고 최소화하는 방법으로 고안된 파생상품 시스템이 이후 실무자들에 의해 남용되었다는 설득력 있는 주장은 Gillian Tett, *Fool's Gold: How the Bold Dream of a Small Tribe at J.P. Morgan Was Corrupted by Wall Street Greed and Unleashed a Catastrophe* (Free Press, 2009)(질리언 테트 지음, 이경식·김지욱·이석형 옮김『폴스 골드』, 랜덤하우스코리아, 2010.)를 보라.

11 금융 모델링의 불투명한 "유사 과학"이나 "유사 객관성"에 관해서는 Benoit Mandelbrot and Nassim Nicholas Taleb, "How the Finance Gurus Get Risk All Wrong," *Fortune*, July 11, 2005의 초기 경고들과 Jerry Z. Muller, "Our Epistemological Depression," *American*, January 29, 2009; Felix Salmon, "Recipe for Disaster: The Formula That Killed Wall Street," *Wired*, February 23, 2009를 보라. 테트의 연구는 불투명한 전문용어들과 머리글자들이 나열된 "알파벳 수프"를 어쩔 수 없이 소개한다: 일례로 *Fool's Gold*, 32–33 ("VaR")과 215 ("ABS 자산의 최선순위 CDP").

12 Daniel Gross, "Boom, Bust, Repeat," *New York Times Book Review*, December 28, 2008 (Michael Lewis, ed., *Panic: The Story of Modern Financial Insanity*의 서평); Jill Drew, "Frenzy," *Washington Post*, December 16, 2008; Nick Paumgarten, "The Death of Kings: Notes from a Meltdown," *New Yorker*, May 18, 2009.

13 여왕에게 보내는 답신은 영국학사원 웹사이트(britac.ac.uk)에서 "The Global Financial Crisis—Why Didn't Anybody Notice?"를 보라(2009년 7월 29일에 접근). bloomberg.com 에서 Matthew Lynn, "Royal Reasons for Overlooking Financial Meltdown"을 통해서도 접근할 수 있다.

14 Simon Johnson, "The Quiet Coup," *Atlantic*, May 2009; Tett, *Fool's Gold*, 31, 137; "Unfinished Business," *Economist*, February 7, 2009. 자본주의와 기업 행위에서의 "집단

사고"와 무리 행위는 2002년 엔론 사태 이후 미디어의 상당한 주목을 끌었고 사실 경제학 문헌에서 광범위한 계보를 자랑한다. Abhijit V. Bannerjee, "A Simple Model of Herd Behavior," *Quarterly Journal of Economics*, vol. 107, no. 3 (August 1992), 797–817과 광범위한 각주가 딸린 Laurens Rook, "An Economic Psychological Approach to Herd Behavior," *Journal of Economic Issues*, vol. 40 (2006), 75–95를 보라. 왜 이것이 "비이성적 과열"을 완화하지 못하고 파국으로 끝났는지는 그 자체로 하나의 주제다.

15 Tett, *Fool's Gold*, 210, 217, 225–226.

16 Salmon, "Recipe for Disaster." 금융위기의 원인에 관한 그린스펀의 진단은 2008년 10월 23일 의회의 정부관리감독위원회에서 발표되었고 온라인에도 널리 실렸다; 그의 준비된 답변은 《월스트리트저널》 웹사이트 wsj.com, "Greenspan Testimony on Sources of Financial Crisis"에서 볼 수 있다.

17 Edward Carr, "Greed—and Fear: A Special Report on the Future of Finance," *Economist*, January 22, 2009. 카는 "금융위기가 1945년과 1971년 사이에는 38차례만 발생한 데 반해 1973년과 1997년 사이에는 139차례(이 중 44차례는 고소득 국가들에서 발생)"가 일어났다고 파악한 학술 연구를 가리킨다. 거부된 일본 비유는 Tett, *Fool's Gold*, 180–181을 보라.

18 Joe Nocera, "Risk Mismanagement," *New York Times Magazine*, January 4, 2009; Muller, "Our Epistemological Depression"; Carr, "Greed—and Fear"; Tett, *Fool's Gold*, 100 ("등급평가기준표 차익거래"), 131. Paumgarten, "The Death of Kings" ("통계분석 조작"과 "원하는 결과가 나올 때까지 데이터와 모델 조작").

19 George A. Akerlof and Robert J. Shiller, *Animal Spirits: How Human Psychology Drives the Economy, and Why It Matters for Global Capitalism* (Princeton University Press, 2009); 특히 1–5, 167–174를 보라. 예리한 서평들로는 Benjamin M. Friedman, "The Failure of the Economy and the Economists," *New York Review of Books*, May 28, 2009; Louis Uchitelle, "Irrational Exuberance," *New York Times*, April 19, 2009를 보라. 금융 붕괴 이후 출간된 또 다른 장문의 비판은 효율적 시장 가설의 계보를 추적하는 Justin Fox, *The Myth of the Rational Market: A History of Risk, Reward, and Delusion on Wall Street* (HarperBusiness, 2009) (저스틴 폭스 지음, 윤태경 옮김, 『죽은 경제학자들의 만찬』, 랜덤하우스코리아, 2011.)이다. 재발견된 회의론의 정신은 폭스의 책에 대한 2009년 6월 13일 자 《이코노미스트》의 한 서평에서 잘 포착되는데 이 서평은 실패한 정통 교리를 "시장 합리주의자들의 니케아 신경"이라고 묘사하고, 그 기원을 "시카고대학교 강단에서 시장은 잘못을 할 리가 없다고 외쳐 온" "노벨상 수상 설교자"들로 거슬러 간다.

감사의 말

이 책의 주제를 탐구해 나가는 과정에서 내게 가장 귀중한 자원은 읽고 쓰고 고쳐 쓸 시간이었다. 그런 시간을 너그러이 허락해 준 두 기관인 앤드루W.멜런재단(Andrew W. Mellon Foundation)과 매사추세츠 공과대학교(Massachusetts Institute of Technology, MIT)에 커다란 빚을 졌다. 멜런재단이 다년간 지원한 연구비 덕분에 나는 이 책(과 다른) 프로젝트에 더 초점을 맞출 수 있었고 특히 멜런재단의 해리엇 주커먼(Harriet Zuckerman)은 이 연구에 격려를 아끼지 않았다. 그에게 감사 드린다. MIT는 멜런 연구 지원금을 처음 도입했으며 거의 20년 전 내가 그곳에 합류한 이래로 연구와 가르치는 일 간에 균형을 맞추려는 시도를 뒷받침해 주었다. 또한 나는 MIT에서 진보적인 인문예술사회과학대학의 역사학부에 소속되는 행운을 줄곧 누려 왔다.

광범위한 후주는 본서의 내용과 관련하여 내가 진 커다란 빚을 드러낸다. 후주가 긴 한 가지 이유는 수수께끼 같고 모호한 언급을 부연하고

자 내가 후주를 일종의 '보충 논평'으로 이용하기 때문이다. 이를 넘어서 후주는 내가 다른 저자와 저작으로부터 얼마나 많이 배우고 빌려 왔는지를 보여 준다. 우리 역사가들은 "1차" 사료— 문서, 정부간행물, 청문회 회의록, 회고록, 일기, 당대의 대중 담론 등등—에 중독되는 경향이 있고 나도 그것들을 이용했다. 그러나 나보다 앞서 다른 이들도 그 1차 사료를 이용했으므로 내가 그들의 연구로부터 많은 도움을 받았다는 점을 후주에서 잘 전달했기를 바란다.

내가 다른 저자들에 진 빚은 여러 층위에 걸쳐 있다. 한 가지 층위는 제2차세계대전, 그리고 더 구체적으로는 아시아와 태평양에서의 전쟁으로 가는 길, 진주만공격, 전략폭격과 비전투원 표적화 결정 및 궁극적으로 원자폭탄 사용 결정, 그리고 전후 일본 점령에 초점을 맞춘 수 세대에 걸친 학문 연구다. 나는 오랫동안 학계의 연구자로 활동하면서 이런 문헌 상당 부분에 친숙했지만 이번에 새로운 비교적 질문들을 염두에 두고 다시 접근했다.

이런 질문들은 물론 9·11과 뒤따른 이라크 침공 및 점령으로부터 유래했다. 웹 덕분에 내가 1960년대에 역사를 공부하기 시작할 때에는 꿈도 꾸지 못할 만큼 쉽게 자료들을 구할 수 있게 됐다. 우리는 문서, 보고서, 연설문, 인터뷰 녹취록, 기사, 논설 등에 훨씬 더 쉽게 접근할 수 있다. 하지만 그와 동시에 전통 인쇄매체 형식인 책과 논문도 활발히 출간됐다. 나는 다양한 시각에서 나온 회고록, 내부자 보고, 성명서에도 의존했지만 많은 탐사 저널리스트들에게 특히 커다란 빚을 졌음을 강조하고 싶으며 물론 이들은 후주에서 자주 인용된다. 사건과 밀접한 어려운 질문들을 던지고 그들이 없었다면 역사에서 사라졌을 답변들을 기록한 탐사 저널리스트들은 지칠 줄 모르며, 우리 시대 구술사가들에게 둘도 없이 소중한 이들이다. 후주는 또한 테러와 대테러리즘 그리고 더 일반적으로 이슬람과 중동 위기에 관한 여러 분석가들의 통찰력 있는 저술에 진 빚도 보여 준다.

『전쟁의 문화』는 W.W.노턴출판사와 뉴프레스출판사에서 공동으로 출간한다. 나를 아낌없이 지원해 준 두 출판사의 에드윈 바버(Edwin Barber)와 앙드레 시프랭(Andre Schiffrin)에게 감사드린다. 두 사람은 내 에이전트인 조지 보샤트(Georges Borchardt)와 함께 이 책의 탐구가 진화하고 있다는 내 생각과 그에 따라 예정된 마감 기한들을 무시한 것에 변함없이 인내심을 보여 주었다. 카나 다우어(Kana Dower)와 켄 다우어(Ken Dower)는 컴퓨터가 어려움을 야기할 때 좋은 안내자가 되어 주었고 마고 콜릿(Margo Collett)은 많은 출력 자료와 온라인 자료를 추적해 주었다. 베드로스 데르 마토시안(Bedross Der Matossian)과 하미드 레자이(Hamid Rezai)는 몇몇 도판에 등장하는 중동 언어로 쓰인 글을 설명해 주었다. 본서가 제작 단계에 들어가면서 나는 다양한 사람들로부터 귀중한 도움을 받았으며 이 자리에서 그들에게 감사를 표하게 되어 기쁘다. 교정을 해 준 매리 배브콕(Mary Babcock), 도판 수록 허가를 받아 준 엘리제 리더(Elyse Rieder), 시각 자료에 대한 나의 관심을 담아서 페이지 표시 디자인을 해준 크리스 웰치(Chris Welch), 그리고 W.W.노턴의 동료들—줄리아 드러스킨(Julia Druskin), 낸시 팜퀴스트(Nancy Palmquist) 그리고 특히 모든 일을 순조롭게 진행시켜 준 멜라니 토르토롤리(Melanie Tortoroli)에게 감사드린다.

마지막으로 늘 그렇듯이 인내심을 품고 지지해 준 아내 야스코에게 감사하다. 이번에 나는 보스턴 우리 집 거실의 상당 부분을 책과 서류로 채우고 거기서 눌러살다시피 했다. 이런 일이 나보다 더 큰 집단들에 의해 더 공식적으로 이루어지면 식민화라고 부른다. 나는 이 점을 언급하지 않아 준 아내에게 깊이 감명받았고 그 은혜에 영원히 고마워할 것이다.

2009년 7월 5일

찾아보기

고딕체 볼드로 표시된 페이지는 도판이 수록된 쪽을 가리킵니다.

Philos 034

전쟁의 문화

1판 1쇄 인쇄 2024년 12월 3일
1판 1쇄 발행 2024년 12월 20일

지은이 존 다우어
옮긴이 최파일
해제 김동춘
펴낸이 김영곤
펴낸곳 (주)북이십일 아르테

책임편집 김지영
기획편집 장미희 최윤지
디자인 어나더페이퍼
마케팅 한충희 남정한 최명열 나은경 한경화
영업 변유경 김영남 강경남 황성진 김도연 권채영 전연우 최유성
제작 이영민 권경민
해외기획 최연순 소은선 홍희정

출판등록 2000년 5월 6일 제406-2003-061호
주소 (10881) 경기도 파주시 회동길 201(문발동)
대표전화 031-955-2100 팩스 031-955-2151 이메일 book21@book21.co.kr

(주)북이십일 경계를 허무는 콘텐츠 리더

북이십일 채널에서 도서 정보와 다양한 영상자료, 이벤트를 만나세요!

인스타그램 instagram.com/21_arte   페이스북 facebook.com/21arte
instagram.com/jiinpill21   facebook.com/jiinpill21
포스트 post.naver.com/staubin   홈페이지 arte.book21.com
post.naver.com/21c_editors   book21.com

ISBN 979-11-7117-930-5 (03900)

이 책은 그 자체로 텍스트 역할을 하는 시각이미지가 가미된, 현대 전쟁의 비교 역학과 병리학에 대한 열정적이고 도발적인 탐구이다.

◇ **글렌 알츠슐러**Glenn C. Altschuler
　　코넬대학교 미국학 명예교수, 《필라델피아인콰이어러Philadelphia Inquirer》

형식과 내용 모두에서 엄청난 책이다. 미국이 일본 도시를 상대로 한 소이탄 집중포화 공격과 원자폭탄 사용, 핵무기 경쟁에 관한 내용 등 그 논란의 여지가 있는 역사에 대한 가장 현명한 해석으로서 높은 가치를 지닌다.

◇ **마이클 셰리**Michael Sherry
　　노스웨스턴대학교 역사학 명예교수, 《디아메리칸스칼러The American Scholar》

방대하고 야심 찬 내용을 담았다. 태평양전쟁 등을 연구한 저명한 역사학자인 존 다우어는 퓰리처상과 전미도서상 등 다수 상을 받았으며, 이 책으로 다양한 전쟁을 비교 분석해 통찰을 제시하는 데 정점을 찍었다. 그는 1941년 진주만공격에 대한 일본의 오판에 비추어, 9·11 테러 이후 미국 정부가 내린 결정─저자의 관점으로 보아 잘못 내린 결정─을 이해하는 것을 목표로 한다. …… 이 책에는 역사가 어떻게 이용되어 왔고, 오남용되어 왔는지에 관한 도발적이고 전문적인 탐구가 담겼다. 이는 학식을 갖춘 다우어로서 크고 가치 있는 주제이다. 히로시마와 9·11의 비교 또한 저자의 분석에서 매우 좋은 결과를 가져왔다고 본다. …… 최근 미국 정치의 지혜(또는 그의 부재)에 관한 저자의 자극적이고 인상적인 통찰을 통해 독자들은 많은 것을 배울 수 있을 것이다.

◇ **배리 스트라우스**Barry Strauss
　　코넬대학교 역사학·고전학 교수, 《컬럼비아저널리즘리뷰Columbia Journalism Review》

지난 세기 미국 전쟁의 근본 원인을 이해하는 데 진지하게 관심이 있는 사람이라면, 훌륭히 쓰인 이 책을 그냥 지나칠 수 없을 것이다. …… 미국과 일본 제국주의에 대한 가장 통찰력 있는 비교연구물이다.

◇ **허버트 빅스**Herbert P. Bix
　　빙엄턴대학교 역사학 교수, 『히로히토 평전Hirohito and Making of Modern Japan, 퓰리처상 수상』

일관되고 통찰력 있는 해석.

◇ **제러드 드그루트**Gerard De Groot
　　세인트앤드루스대학교 현대사 교수《워싱턴포스트Washington Post》

필리핀에서 일어난 유감스러운 극악무도한 만행(마을 전체가 불타고 민간인들이 학살당했던 사건)을 이라크 침공과 연관시키려면 융통성 있는 정신과 민첩한 손재주가 필요하다. 존 다우어는 그러한 정신과 손을 지녔으며, 전쟁의 문화를 가진 국가들은, 정의와 상관없이 실제로 전쟁을 일으킬 것이라는 매우 도발적이고 강력한 주장을 펼친다.

폭넓은 분석과 사고를 이끄는 이 책은, 단순히 정책을 분석하는 것이 아닌 행동과 그 행동을 둘러싼 논리에 대한 치밀한 해부에 가깝다. …… 저자의 주장이 무척 설득력 있게 전개된다.

◇ **스콧 마텔**Scott Martelle
    역사비평가, 《로스앤젤레스타임스Los Angeles Times》

전쟁에 대한 심오하고 냉정한 성찰. 점점 더 깊어 가는 위험을 무시하는 치명적 위험을 지닌 국가들의 자기 망상, 자기기만의 문화를 폭넓게 조명했다.

◇ **가 알페로비츠**Gar Alperovitz
    정치경제학자, 역사학자, 『원폭 투하 결정The Decision to Use the Atomic Bomb』 저자

저자는 부시와 체니 시대의 어리석음과 공포에 대해 새로운 이야기를 폭로하며, 우리가 알고 있다고 생각하는 역사에 대해 훨씬 더 깊이 파고들어 충격적인 질문을 제기한다.

◇ **시모어 허시**Seymour M. Hersch
    탐사 저널리스트, 『체인 오브 커맨드: 9·11에서 아부 그라이브로 가는 길Chain of Command: The Road from 9/11 to Abu Ghraib』 저자

역사를 이념적 무기로 사용하지 않고, 역사를 통해 어떻게 배워야 하는지를 명확하고 설득력 있게 보여 준다.

◇ **드루 드실버**Drew DeSilver
    퓨리서치센터 수석 저널리스트, 《시애틀타임스Seattle Times》

'우리 시대와 근현대 전쟁의 광범위한 역학 관계 및 병리학'에 관한 매우 통찰력 있는 연구.

◇ **조지 스칼라바**George Scialabba
    서평가, 《더네이션The Nation》

이 책은 미국 역사상 가장 심각한 두 차례 기습 공격 이후, 미군과 정보 커뮤니티 등의 사고 방식을 명확하고 신중하게 분석했다는 점에서 매우 추천한다. 이 책은 테러와의 전쟁에 관한 지적·역사적 뿌리를 밝히는 데 관심 있는 사람이라면 반드시 읽어야 할 중요한 저작이다.

◇ **조너선 이튼**Jonathan Eaton
    《밀리터리타임즈Military Times(UK)》

끈질기고, 날카로우며, 역사학 대가다운 비교연구.

◇ **《커커스리뷰Kirkus Reviews》**

복잡한 이슈들, 대규모 주제들을 통찰하기 위해 잘 수행된 비교 역사물로서 매우 추천한다.

◇ **《초이스Choice》**